손에 잡히는 파이썬

주피터 노트북을 이용한
파이썬 프로그래밍

손에 잡히는 파이썬

문용준 지음

주피터 노트북을 이용한
파이썬 프로그래밍

개념부터
코어까지

이 책이 나오기까지

금융권 프로젝트에서 아키텍처를 수립하다 보니 15년 넘게 직접 개발하기보다는 프로그램 문법책만 보고 어떻게 진화하는지만을 알아봤다. 다시 오십이 되면서 이제는 개발도 가능해야 빅데이터나 인공지능 등을 할 수 있다고 생각되어 혼자 파이썬을 공부하기로 했다.

파이썬은 Python.org에서 제공하는 매뉴얼이 가장 다양한 정보를 제공하기 때문에 보고 하나씩 직접 확인하면서 실행해봤다. 매일 한두 시간씩 하다 보니 생활이 되었고 실행한 결과를 정리해서 공유하게 되었다.

처음에는 파워포인트로 슬라이드쉐어(https://www.slideshare.net/dahlmoon)에 올리기 시작했고 깃허브(https://github.com/zerosum99/)에도 올리기 시작했다. 지금도 파이썬 모듈이 설명된 매뉴얼을 보면서 실행해본 것을 지속적으로 공유하고 있다.

이 책의 대부분은 주피터 노트북을 사용하고 있어 다른 툴을 사용하시는 분들에게 불편할 수도 있지만 파이썬을 공부하고 정리하는 데에는 가장 좋은 툴이라 생각한다.

이 책으로 도움을 받을 수 있는 방법

이 책은 파이썬 언어의 초급자 및 중급자를 위한 책이다. 개발을 하다가 파이썬 개념이 궁금할 때 사전처럼 찾아볼 수 있는 구조로 만들었다.

파이썬은 버전이 계속 변경되지만 내부 원칙을 일관성 있게 준수한다. 이 말은 버전이 바뀌어도 만들어진 개념을 항상 유지하면서 이를 확장하고 있다는 뜻이다. 파이썬 2와 파이션 3 버전을 공부하면서 변경된 부분을 보면 점점 개발자 편리성에 맞춰지고 있다. 참고로 이 책은 파이썬 3.6.3 버전을 기반으로 테스트한 것이라서 3.6.4 버전과는 아주 조금 차이가 생길 수 있지만 큰 오류는 없을 것이다.

이 책은 파이썬 문법을 공부하거나 파이썬 개발자가 파이썬 내부의 작동 원리를 이해하기 위한 책이다. 또한 이 책에 있는 많은 개념들이 데이터 분석을 위한 다양한 모듈에서 확장되어 사용되므로, 데이터 분석을 제대로 하기 위해 꼭 필요한 여러 지식을 얻을 수 있다.

이 책을 읽기 위해 필요한 것들은?

파이썬 언어에 대한 기본 문법에 대한 설명이 많지 않고, 파이썬을 개발할 때 필요한 개념이 많으므로 이해하기 쉬운 파이썬 문법책을 본 후에 이 책을 보면 더 효과적이다.

이 책의 구성

이 책은 총 23장으로 되어 있고 초보적인 개념부터 함수, 클래스, 데코레이터, 디스크립터, 함수형 프로그래밍, 추상 클래스, 파일 처리 등 차례대로 개념을 확장해서 처리한다. 특히 메타 프로그래밍 기법인 메타 클래스와 상속을 하지 않지만 추상 클래스와 구상 클래스 간의 관계를 명기했다. 꼭 알아야 할 내부 처리 패턴인 덕 파이핑이나 Mixin 처리 등도 간략히 추가했다.

스페셜 속성과 메서드를 제외한 속성, 내부 구성 요소를 알아보면서 파이썬이 어떻게 작동되고 있는지를 알아보고 다양한 모듈들이 구현된 개념을 이해하는 법을 알아본다.

특히 파이썬은 리플렉션을 지원하기에 내부의 속성과 메서드를 전부 조회할 수 있으며 내부의 스페셜 속성과 메서드의 구성에 따라 추상 클래스와의 관계도 암묵적으로 처리되고 있는 것을 알 수 있다.

파이썬의 일반적인 문법보다 내부 구조를 중심으로 다양한 예제를 통해 개념에 접근할 수 있도록 구성했으므로 좀 지루할 수도 있다. 하지만 파이썬 언어의 특징을 조금이라도 더 이해할 수 있도록 다양한 예제를 같이 실었다.

이 책의 구현은 주피터 노트북상에서 실행하고 테스트를 수행했다. 다른 개발 툴도 있지만 데이터 과학 분야에서 많이 사용되는 툴로 처리했으므로 이 사용법도 배울 필요가 있다.

저자와의 연락

독자 여러분의 다양한 의견을 환영한다. 질문이나 의견이 있는 경우 혹은 책에서 실수가 발견되는 경우에는 myjlms99@gmail.com으로 연락하기 바란다.

감사의 글

파이썬을 공부하면서 도움을 주신 강대명 님, 항상 질문을 해주는 임종문 님, 처음 쓰는 지라 어설픈 글을 검토해주신 전민수 님, 김창덕 님, 고요한 님 그리고 필자의 자료를 보고 책으로 출판하게 해주신 서현 팀장님 그리고 필자를 응원해준 가족들에게 감사의 말을 전한다.

문용준

은행, SI 기업, 컨설팅 회사 등 20년 넘게 여러 회사를 다녔다. 금융기관 관련 ISP, EA 및 차세대 프로젝트에서 주로 비즈니스나 애플리케이션 아키텍처를 설계했고, 프로젝트에서 데이터 모델링, 객체 모델링, 서비스 모델링과 아키텍트 역할을 했다.

요즘 주 관심 분야는 금융권에 적용하는 핀테크, 빅데이터, 인공지능이며 아마도 평생 파이썬을 하면서 살 것 같다.

베타리더 리뷰

AI 분야에서 70대까지 개발하는 게 목표인 저에게 꼭 필요했던 그리고 오랫동안 기다려온 책입니다. 이 책을 통해 파이썬에 대한 개념을 잡아갑니다.

— 황후순(Ahpro9 CTO)

파이썬의 문법, 사용법에 대해서만 그저 나열하는 책이 아닌 파이썬에 대해 깊고 은밀한 곳까지 설명해주는 책이 드디어 나왔네요. 감격입니다!

— 현솔(AllesPaaS System Engineer)

저는 메인 개발 언어로 자바를 사용하고 있지만, 일괄 처리나 간단한 처리를 할 때 파이썬을 자주 사용하고 있습니다. 이 책은 파이썬을 메인 프로그래밍 언어로 사용하려고 하는 분들에게도 좋지만, 저와 같이 가끔 필요한 부분만 빠르게 처리하고 싶은 분들에게도 많이 유용할 것으로 생각됩니다.

명확하게 기억나지 않는 부분에 대해서 빠르게 필요한 부분을 참조하거나 파이썬의 원리를 이해하기에 좋은 책입니다.

— 전민수(Rakuten, Inc. Principal Architect)

여러 파이썬 책을 봐왔지만 이 책은 단순히 파이썬의 문법과 사용법을 설명하는 수준을 넘어, 언어를 컴퓨터 과학적인 측면에서 접근해 파이썬이 어떻게 동작하고 왜 이렇게 동작하는지에 초점을 맞추고 있어 파이썬이라는 언어를 좀 더 깊게 이해하는 데 도움이 되었습니다.

— 권민재(SundayToz)

이 책을 한 줄로 정의한다면 "파이썬에 대해서 아는 만큼 보이는 책"이라고 할 수 있습니다. 이 책에는 파이썬에 대해 필수적으로 알아야 하는 개념들과 쉬운 예제들이 필요할 때마다 마치 사전처럼 찾아 볼 수 있는 형태로 구성되어 있어 좋았습니다. 현업에서 파이썬으로 딥러닝 개발을 진행하면서 이 책이 많은 도움이 되었습니다.

— 신성진(CompanyAI Deep Learning Engineer)

목차

1

파이썬
기본 핵심 이해하기

파이썬은 다양한 소프트웨어 개념을 수용해서 점진적으로 버전을 진화한 프로그래밍 언어이다. 객체지향, 함수형 언어의 특징도 파이썬 언어에 추가되어 문법과 모듈을 제공한다. 이뿐만 아니라 데이터 과학 등을 처리하는 모듈들도 제공되면서 발전하고 있다.

대부분 프로그래밍 언어 책에서는 주로 문법에 대한 활용을 기준으로 배웠지만, 문법이 왜 적용되었는지에 대한 개념이나 작동 원리도 이제 알아야 한다.

이번 장에서는 기본 용어에 대한 문법을 하나하나씩 알아가 보면서 왜 모든 프로그래밍 언어가 동일한 개념 용어, 연산자, 자료형 등을 사용하는지 이해할 것이다.

- 값 처리 기준: 리터럴, 표현식, 조건식
- 이름 처리 기준: 예약어, 변수 명명 규칙, 변수 할당, 함수와 클래스 명명
- 데이터 모델: 클래스, 객체, 인스턴스 등 자료형 처리 규칙, 자료형 즉, 클래스를 만드는 메타 클래스
- 바인딩하기
- 표현식 평가
- 인터페이스 규칙
- 내장 자료형과 내장 함수 보관 위치

1.1 값(value) 처리

파이썬은 모든 것을 값(value)으로 처리하고, 이를 재사용하려면 값을 변수에 저장하여야 한다. 값으로 처리하는 이유는 실행된 것을 객체로 관리하므로 객체를 일관성을 가지고 평가할 수 있는 규칙을 도입했기 때문이다.

왜 모든 것을 값으로 관리하는지 천천히 알아본다.

1.1.1 리터럴(literal)

리터럴이란 프로그래밍 언어로 작성된 코드에서 값을 대표하는 용어이다. 파이썬 언어에서는 기본으로 사용되는 정수, 부동 소수점 숫자, 문자열, 불린(boolean) 등의 객체로 평가되며 모든 것을 값으로 처리하고 이를 통해 결과를 출력한다.

예제 1-1 : 리터럴 값을 넣고 즉시 실행하기

리터럴은 값이므로 셀에 입력하고 실행하면 그 결과를 처리한다. 정수, 실수, 문자열 등의 자료형은 입력하고 실행하면 자기 자신을 그대로 출력한다.

주피터 노트북을 실행한 후에 빈 셀(cell)에 1을 입력한 후 Shift + Enter(실행 단축키)를 입력하면 정수 1을 평가 후 출력을 한다.

```
In :  1
Out:  1
```

실수 1.1를 빈 셀에 입력하고 실행하면 실수값인 1.1이 그대로 출력된다.

```
In :  1.1
Out:  1.1
```

"문자열"을 입력하고 실행하면 결과가 문자열로 출력되는 것을 볼 수 있다.

```
In :  "문자열"
Out:  "문자열"
```

1.1.2 표현식(expression)

리터럴은 단순히 하나의 값을 처리한다. 여러 개의 값을 하나로 묶어서 처리하는 방법도 있다. 이를 표현식이라고 한다.

표현식을 표시하려면 일반적인 리터럴 값인 피연산자(operand)와 이 피연산자를 평가하거나 계산하는 연산자(operator)가 필요하다. 하나의 연산자와 피연산자를 묶어서 처리하는 단항 연산자(unary), 하나의 연산자와 두 개의 피연산자를 묶여서 처리하는 이항 연산자(binary) 등이 있고 여러 개의 표현식을 괄호로 묶어서 처리할 수 있다.

표현식의 결과는 항상 평가된 결과인 값으로 처리가 된다.

> **표현식(expression)**
>
> 표현식(expression)은 프로그래밍 언어가 해석하는 하나 이상의 명시적 값, 상수, 변수, 연산자 조합이고 함수도 실행되면 하나의 값이 되어 이를 조합해도 표현식으로 인식한다.
>
> 표현식을 평가해서 실행될 때에는 우선순위 및 연관 규칙에 따라 해석해 실행되며 평가된 결과는 하나의 값인 리터럴로 표현된다.
>
> 표현식 처리 순서는 좌측부터 우측으로 가며 평가하고 ( ) 연산자를 만나면 최우선으로 처리된다.

예제 1-2 : 표현식 평가

정수나 문자열 사이에 연산자를 표현하면 하나의 표현식이 된다. 이를 실행하면 결과값이 나온다.

두 정수를 넣고 + 연산자로 두 정수를 처리하도록 표현식을 사용한 후에 이를 평가하면 결과는 두 수를 덧셈한 결과가 출력된다.

```
In :  3+4
Out:  7
```

"문자"와 "열"이라는 두 문자열과 덧셈 연산자를 이용하면 두 문자를 하나로 연결하는 연산 처리가 된다.

```
In :  "문자" + "열"
Out:  '문자열'
```

1.1.3 조건식(condition expression)

표현식에서 특정 조건문 등에 제한적으로 사용되는 것을 조건식이라 말한다. 주로 특정 문장인 if 문이나 while 문에서 처리된다. 조건 판단이 필요한 경우에는 표현식 중에 조건식을 사용하여 항상 참과 거짓으로 평가해서 처리하는 것이 좋다.

예제 1-3 : 조건식 평가

빈 문자열을 놓고 bool 클래스의 인스턴스 객체를 하나 만들면 False라는 값이 표시된다.
이런 표현식을 특정 조건문에 사용하면 참과 거짓을 평가한 것을 처리한다.

```
In :  bool("")

Out:  False
```

위의 bool의 평가된 결과처럼 if 조건문에 넣어서 처리하면 참일 경우는 True를 출력하지
만, 거짓일 경우는 False를 출력한다. if 문의 조건식을 평가하면 False이므로 실행된 결과
는 False이다.

```
In :  if "" :
          print(" True ")
      else :
          print(" False ")

Out:  False
```

1.2 이름(name) 처리

1.1에서 파이썬 내의 객체들이 값으로 처리되는 것을 확인했다. 이번 장에서는 이 값을 어
떻게 재사용할 수 있는지를 알아본다.

프로그램을 작성한다는 것은 값들을 저장하고, 다음에 필요할 경우 이를 읽어와서 계산하
고 다시 저장해서 처리한다는 뜻이다.

프로그램에서 이런 값들의 변화를 저장해서 관리하는 기준이 필요하고, 파이썬에서는 이를 위해 네임스페이스(Name space)를 만들어서 관리한다.

이 네임스페이스에 들어갈 수 있는 이름은 프로그램 내에서 유일해야 하며 이 이름을 사용할 경우에 그 안에 들어산 값을 검색해서 사용할 수 있다.

이름을 구별해야 하므로 이를 식별자(identifier)라는 용어를 사용한다. 각 이름을 구별할 수 있도록 프로그램 내에 식별자 별로 의미를 부여해서 지정한다.

이름으로 지정할 요소들은 변수(variable), 함수(function), 클래스(class), 모듈(module), 패키지(package) 등이다.

이 중에 변수를 빼면 다 객체로 사용되므로 값으로 관리되는 것을 알 수 있다.

파이썬은 변수, 함수, 클래스 등에 대한 이름을 구별하지 않으므로 변수, 함수, 클래스 등의 명명 규칙을 명확히 해서 각각을 이름으로 식별할 수 있어야 한다.

내부에서 이름으로 처리할 수 있는 것을 하나씩 알아보자.

1.2.1 예약어(keyword)

파이썬에서 변수, 함수, 클래스 등은 예약어와 동일한 이름으로 정의할 수 없고 파이썬 내부 문법 규칙에서만 사용할 수 있도록 정의한 것을 예약어라고 한다.

이 예약어를 다른 이름으로 사용하지 못하도록 명확히 예외 처리한다.

✚ keyword 모듈 확인하기

파이썬에서 모듈(module)은 프로그램을 관리하는 하나의 단위이고 이 내부에 변수, 함수, 클래스 등을 지정해서 관리한다.

파이썬 내부의 예약어를 보여주기 위해 하나의 모듈로 관리하며 그 모듈의 이름이 keyword이다.

예제 1-4 : Keyword 모듈 알아보기

모듈을 사용하기 위해서는 그 모듈을 import해서 현재 프로그램을 작성하는 곳으로 가져와야 한다. 일단 keyword 모듈을 사용하기 위해 import keyword를 셀에 작성한다. Keyword 모듈 내에 키워드들이 문자열로 보관하는 하나의 변수인 kwlist가 지정되어 있다.

이 변수를 불러오기 위해서는 모듈명, 변수명을 사용해서 호출한다. 또한 pprint 모듈 내부의 pprint 함수를 호출해서 keyword.kwlist를 보기 편하게 출력을 했다.

```
In :  import keyword
      import pprint

      pprint.pprint(keyword.kwlist, width=60, compact=True)

Out:  ['False', 'None', 'True', 'and', 'as', 'assert', 'break',
       'class', 'continue', 'def', 'del', 'elif', 'else',
       'except', 'finally', 'for', 'from', 'global', 'if',
       'import', 'in', 'is', 'lambda', 'nonlocal', 'not', 'or',
       'pass', 'raise', 'return', 'try', 'while', 'with',
       'yield']
```

✚ Pretty print(pprint) 처리

위의 pprint 모듈 내의 pprint 함수가 어떻게 작동하는지를 알아보기 위해 help 함수를 이용해서 조회해본다.

특히 help 함수로 함수와 클래스들이 어떻게 처리되는지에 대한 정보를 출력해서 볼 수 있다.

예제 1-5 : pprint 모듈 알아보기

모듈 pprint를 import한 후 help 함수 내에 pprint.pprint를 넣어서 실행하면 pprint 함수에 대한 처리 기준을 보호할 수 있다. 도움말을 보여주는 것을 볼 수가 있다. 출력된 결과를 확인해보면 object에 출력 값을 넣고 출력할 때 들여쓰기(indent), 출력 라인 폭

(width) 등에 대해 조정이 가능하다는 것을 보여준다.

```
In :    import pprint

        help(pprint.pprint)
```

```
Out:    Help on function pprint in module pprint:

        pprint(object, stream=None, indent=1, width=80, depth=None, *,
        compact=False)
            Pretty-print a Python object to a stream [default is sys.
            stdout].
```

✚ keyword로 변수를 정의할 때 SyntaxError를 처리

예약어인 keyword는 프로그램 작성할 때만 별도의 이름을 정의할 때 사용하면 안 된다. 다른 용도로 사용하면 내부적으로 SyntaxError(구문상 에러)를 발생시킨다.

예제 1-6 : keyword를 변수로 지정 시 예외 발생

keyword인 in을 변수인 이름으로 지정해서 값인 1을 할당하면 SyntaxError를 발생시킨다. keyword는 변수로 정의해서 사용할 수 없다는 것을 명확히 알려준다.

```
In :    in = 1
```

```
Out:        File "<ipython-input-15-f096fef00864>", line 1
              in = 1
               ^
        SyntaxError: invalid syntax
```

✚ 모듈 내에 식별자 이름이 중복될 경우

파이썬은 하나의 프로그램을 작성하는 기준이 모듈이므로 모듈 단위로 이름을 관리할 수 있는 하나의 영역이 존재한다. 이렇게 모듈 단위로 관리하는 하나의 이름 관리 영역을 전역 네임스페이스(global name space)라고 한다.

동일한 모듈 내에서 동일한 이름으로 변수, 함수를 지정하면 동일한 이름으로 처리되어 사용되어 명확한 에러가 발생하지 않지만, 이 이름을 호출해서 사용할 때 실행 상의 예외나 다른 처리 결과가 발생한다.

작성된 모듈 내에 동일한 이름으로 지정되지 않도록 변수와 함수 등을 구분해서 정의하고 사용한다.

예제 1-7 : sys 모듈 이름을 변수로 사용

모듈 sys를 사용하기 위해 'import sys'를 정의했다. 이 모듈에 대한 정보를 확인하기 위해 type 클래스로 확인하면 '<class module>'이라고 출력되는 것을 볼 수 있다. 모듈 sys는 예약어가 아니므로 프로그램 작성할 때 변수로 정의할 수 있다. 변수 sys를 정의해서 100 이라는 값을 할당하면 sys라는 것이 가리키는 것이 100이라는 값이므로 출력하면 모듈이라는 정보가 나오는 것이 아니라 100이라는 정수가 출력되는 것을 볼 수 있다.

```
In :   import sys

       print(type(sys))

       sys = 100
       print(type(sys))

Out:   <class 'module'>
       <class 'int'>
```

1.2.2 명명 규칙(naming convention)

위에 예약어를 알아볼 때 변수와 함수 등이 이름이 필요하다고 했다. 동일한 이름으로 모듈과 변수를 정의할 경우 변수에 최종적으로 할당된 값을 처리하는 것을 확인했다.

파이썬은 변수, 함수, 클래스, 모듈, 패키지 등 다양한 이름에 대한 명명 규칙을 처리하는 규약을 제공하고 관행적으로 이를 따라 이름을 정의하면 이름 간의 충돌을 예방할 수 있다.

각 변수, 함수, 메서드, 클래스, 모듈, 패키지 등이 이름을 부여해서 누가 보더라도 이를 구분할 수 있어야 하지만 제공되는 많은 모듈 등도 이런 규칙에 어긋나는 이름이 사용되는 것을 볼 수 있다. 최대한 명명 규칙을 준수해야 버전이 변경될 경우에도 일관성 있는 규칙을 준수할 수 있다.

하지만 명명 규칙은 식별자 정의하는 방식을 이해하는 첫걸음이고 추후에 설명할 Name space와 scope 규칙을 이해하는 데 도움이 될 것이다.

이번 장에서 이름을 구분하는 명명 규칙을 이해하고 이를 기반으로 어떻게 이름을 식별하는지를 알아본다.

> ■ **식별자(identifier) 가능 문자**
>
> 파이썬 3.X 버전부터 문자열이 아스키(ASCII)에서 유니코드(Unicode)로 변경되었다. 이름을 지정하는 방법은 유니코드에 맞춰 다양한 언어로 지정할 수 있다. 하지만 관행상 영어로 지정해서 사용한다.

예제 1-8 : 문자열 모듈 알아보기

문자열(string) 모듈을 import해서 아스키 문자를 확인해보고 이름으로 사용이 가능한 문자를 확인한다.

이름으로 사용하는 아스키 문자와 숫자를 확인해보자. string 모듈 내의 ascii_letters를 조회하면 소문자와 대문자 영어 알파벳이 나온다. string.digits를 조회하면 0부터 9까지 숫자가 나온다.

```
In :   import string

       print(string.ascii_letters)
       print(string.ascii_lowercase)
       print(string.ascii_uppercase)
       print(string.digits)
```
```
Out:   abcdefghijklmnopqrstuvwxyzABCDEFGHIJKLMNOPQRSTUVWXYZ
```

```
abcdefghijklmnopqrstuvwxyz
ABCDEFGHIJKLMNOPQRSTUVWXYZ
0123456789
```

구두점을 확인해보면 다양한 문자가 나오지만 이 중에서 밑줄 문자(underscore or underline, '_')는 이름을 지정할 때 사용이 된다. 다른 문자는 문자열을 정의할 때만 사용되고 이름으로는 사용이 안 된다.

```
In :   print(string.punctuation)
Out:   !"#$%&'()*+,-./:;<=>?@[\]^_`{|}~
```

✚ 파이썬 권장 명명 규칙: 모듈, 패키지

- 모듈 이름은 짧아야 하고, 전부 소문자로 작성하는 것을 권장한다. 가독성을 위해서라면 밑줄 문자( )를 쓸 수 있다.
- 패키지 이름 또한 짧아야 하고, 전부 소문자로 작성하지만, 밑줄은 권장하지 않는다.

✚ 파이썬 권장 명명 규칙: 클래스

- 클래스 이름은 Capitalized words 형식(단어를 대문자로 시작)을 따른다. 카멜 표기법도 사용이 가능하다.
- exception은 클래스로, class와 동일하게 Capitalized words 형식이 적용된다. 다만, 맨 뒤는 "Error"로 끝내는 것을 권장한다.

✚ 파이썬 권장 명명 규칙: 상수, 변수, 함수, 메서드

- 변수, 함수와 메서드의 이름은 원칙적으로 소문자여야 하고, 가독성을 위해서 밑줄 문자( ) 단어로 쓰는 것을 권장한다.
  - 보호 속성일 때는 맨 앞에 '_' (leading underscore)를 추가적으로 붙인다.

- 키워드와 동일 변수일 때는 맨 뒤에 ' ' (leading underscore)를 추가적으로 붙인다.
- 비공개 속성일 때는 맨 앞에 '__'(double underscore) 하나를 붙인다.
- 스페셜 속성일 때는 앞과 뒤에 '__'(double underscore) 하나를 붙인다.
- 모듈에서 정의되는 상수는 all capitalized words 형식인 대문자로 작성한다.

1.2.3 변수(Variable)

위의 명명 규칙에 따라 변수를 정의하기 위해서 변수를 어떻게 사용하는지 알아본다.

파이썬에서 변수는 다른 언어의 변수와 차이가 크다. 큰 차이점은 변수에 특정한 자료형 등을 배정하지 않는다. 변수는 단순히 이름만 지정하고 이 변수에 값을 할당해서 사용하므로 다양한 자료형이 할당된다.

파이썬에서 변수는 단순히 값을 보관하는 장소가 아니라 값들의 임시 저장 장소로만 사용한다. 프로그램 내에서 변수는 단순히 이름으로 구별을 하는 것이고 변수에는 값인 객체가 어디에 있는지에 대한 주소인 레퍼런스(reference)만 보관한다. 프로그램을 작성할 때 이 변수에 다양한 객체를 할당할 수 있는 이유는 단순히 레퍼런스만 저장하고 있으므로 자료형의 종류와 상관없이 관리되기 관리한다.

✚ 변수를 처리하는 예시

변수를 정의하면 파이썬 내에 정의된 다양한 자료형을 할당할 수 있다. 변수는 단순히 자료형으로 만들어진 객체에 대한 주소만을 관리하는 역할을 수행한다.

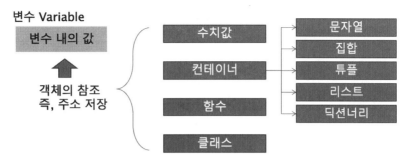

Variable 정의= 값 할당 리터럴(객체)

✚ 변수 정의

변수를 정의 즉 이름을 부여할 때 처음 글자는 반드시 문자(알파벳)나 밑줄 문자가 위치하며 두 번째부터는 문자, 숫자, 밑줄 문자를 조합해서 구성할 수 있다.

그리고 별도로 초기화하는 문법이 없으므로 반드시 변수가 정의되면 이 변수에 어떠한 값이라도 할당해야 한다.

예제 1-9 : 변수 정의

변수 var_x를 정의 후 아무런 값을 부여하지 않고 실행을 하면 정의된 변수가 프로그램에 있는지를 확인하고 기존에 정의가 되어 있지 않으므로 'NameError'가 발생한다.

변수에 값을 할당한 정보가 없으므로 파이썬에서는 변수가 정의되어 있지 않다고 예외를 발생시킨다.

```
In :  var_x

Out:  ---------------------------------------------------------------
      NameError                          Traceback (most recent call last)
      <ipython-input-25-b52d75b58333> in <module>()
      ----> 1 var_x

      NameError: name 'var_x' is not defined
```

변수를 정의하면 반드시 값을 할당해서 이 변수가 프로그램 내의 Namespace에 저장이 되어야 한다. 아래의 예제처럼 변수를 정의하고 정수 1을 할당한 후에 실행하면 변수 정의 가 처리되는 것을 알 수 있다.

```
In :   var_x = 1
```

변수가 정의된 것을 확인하기 위해 변수명을 셀에 주고 실행을 시키면 변수 안에 저장된 정수를 검색해서 1을 출력한다.

```
In :   var_x
Out:   1
```

예제 1-10 : 변수 이름 오류

변수의 이름을 정의하는 명명 규칙에 첫 자리는 반드시 문자나 _(underscore)로 변수를 구 성한다. 파이썬에서 숫자가 맨 처음에 오면 문장 구성의 오류인 Syntax 에러가 발생한다.

```
In :   1a = 1
Out:     File "<ipython-input-27-a0b8bd664e29>", line 1
           1a = 1
            ^
       SyntaxError: invalid syntax
```

1.2.4 함수(function), 클래스(class) 이름 관리 방법

함수나 클래스에 대한 이름을 정의하고 관리하는 방안에 대해서만 알아본다. 함수나 클래 스의 정의 및 활용은 다른 장에서 알아본다.

변수 정의처럼 함수와 클래스도 이름을 정의하고 파이썬에서 프로그램 내에 정의된 변수 나 함수, 클래스의 이름은 하나의 네임스페이스에 관리한다.

함수와 클래스가 정의되면 함수명과 클래스명은 내부 속성인 __name__ 내에 문자열로 보관한다.

예제 1-11 : 함수와 클래스 정의 및 함수명과 클래스명 확인

함수를 정의할 때 아무런 내부 로직이 없는 pass 문을 이용해서 만들었다.

변수처럼 함수 이름을 사용하면 함수의 레퍼런스를 가리키고 함수명은 함수 정의한 '이름.__name__'으로 조회하면 문자열로 함수명이 출력되는 것을 확인할 수 있다.

```
In :    def func() :
            pass

        print(func.__name__)
        print(func)
```

```
Out:    func
        <function func at 0x000000000554D1E0>
```

Klass 클래스를 정의하고 내부에는 아무런 속성과 메서드가 없다는 표시로 pass문을 사용한다. 함수 정의와 동일하게 클래스 정의한 이름을 출력하면 클래스가 가진 정보를 출력한다. 레퍼런스이지만 내부적으로 출력할 때 클래스에 대한 정보를 표시하도록 구성했기 때문에 클래스라는 것만 알 수 있다.

클래스의 이름은 __name__으로 조회하면 문자열로 클래스의 이름을 출력하는 것을 알 수 있다.

```
In :    class Klass(object) :
            pass
        print(Klass.__name__)
        print(Klass)
```

```
Out:    Klass
        <class '__main__.Klass'>
```

1.3 데이터 모델(data model)

이제 값에 대한 처리가 왜 객체인지를 확인하기 위해 파이썬이 제공하는 자료형에 대한 관리 규칙인 데이터 모델(data model)을 알아본다.

파이썬은 내부에서 제공하는 모든 객체들 즉, 자료형(data type)을 어떻게 만드는지에 대한 규칙을 데이터 모델로 관리한다.

클래스가 어떤 기준으로 만들어지는지, 이 클래스로 생성된 인스턴스에 대한 비교, 다른 자료형으로 변환해서 처리하는 방법 등이 정의되어 있다.

1.3.1 클래스(class), 객체(object), 인스턴스(instance)

파이썬은 객체지향 개념(object-oriented paradigm)을 수용해서 모든 것을 객체로 관리한다. 만들어지는 모든 값은 객체이고 객체를 처리하기 위해 속성과 메서드를 제공한다.

일단 객체지향 내의 용어 중에 클래스, 객체, 인스턴스에 대한 개념부터 알아보자.

클래스는 객체를 만드는 틀로 사용하도록 고안되었다. 파이썬에서도 클래스를 정의하고 이 클래스를 이용해서 객체를 만든다. 이때 만들어진 객체를 인스턴스 객체라고 한다. 파이썬은 클래스도 별도의 객체로 인식해서 사용할 수 있으므로 클래스 객체로 사용된다.

명확히 구분을 위해 파이썬에서는 클래스와 인스턴스로 구분해서 사용하는 것이 좋다.

파이썬에서 클래스가 정의되면 모든 메서드와 클래스 내부에 있는 속성은 클래스에서 관리하고 객체가 만들어질 경우만 인스턴스 속성을 관리한다.

인스턴스로 인스턴스 메서드를 호출하면 클래스에 메서드 이름을 검색한 후에 바인딩해서 사용하는 개념으로 처리가 된다.

클래스와 인스턴스에 대해 하나하나씩 조회하면서 내부 구조를 알아본다.

✚ 객체 내부 검사(object introspection)

파이썬은 클래스와 인스턴스를 알아보기 위해 내장에서 제공하는 함수와 클래스가 있다.

클래스와 인스턴스 내부에서 사용할 수 있는 정보를 확인하는 dir 함수 및 클래스와 인스턴스의 레퍼런스를 정수로 보여주는 id 함수가 있다. 또한 클래스와 인스턴스가 누구에 의해 만들어졌는지에 대한 정보를 확인하는 type 메타 클래스도 있다.

- dir 함수: 객체 내부의 속성과 메서드 확인
- type 클래스: 객체를 누가 만들었는지에 대한 정보를 확인
- id 함수: 객체들의 레퍼런스를 정수로 확인

✚ 클래스 객체(class object)

파이썬에서 내장으로 제공하는 최상위 클래스인 object 클래스를 이용하여 클래스 내에 어떤 속성과 메서드가 만들어져있는지를 확인해보자.

예제 1-12 : object 클래스 내의 속성과 메서드 관리

최상위 클래스인 object 클래스를 가지고 내부의 속성을 확인한다. 클래스의 이름인 object로 출력하면 object 클래스라고 출력되고 object도 하나의 변수처럼 사용되는 것을 알 수 있다.

이 클래스의 레퍼런스를 id 함수로 확인하려 id 함수에 object를 넣어 실행시키면 정수로 레퍼런스 주소를 알려준다.

```
In :   print(object)
        print(object.__str__(object))
        print(id(object))
```

```
Out:   <class 'object'>
        <class 'object'>
        1520338848
```

클래스가 어느 클래스에 의해 만들어졌는지에 대한 정보는 __class__ 속성이 갖고 있다.

type 클래스를 이용하면 이 클래스를 만든 클래스를 표시하므로 동일한 정보를 출력한다. Object 클래스의 이름은 __name__ 속성에 들어가 있는 것을 확인할 수 있다.

```
In :   print(object.__class__)
       print(type(object))
       print(object.__name__)

Out:   <class 'type'>
       <class 'type'>
       object
```

또한, 이 object 클래스 내부에 가진 속성과 메서드를 출력하기 위해 dir 함수를 이용해서 출력하면 위에서 출력한 __class__, __name__ 속성도 들어가 있는 것을 알 수 있다.

클래스 object로 출력할 경우는 내부적으로 __str__ 메서드를 호출해서 출력하는 것이므로 __str__을 호출해서 출력해도 동일한 결과를 출력하는 것을 확인할 수 있다.

```
In :   import pprint

       pprint.pprint(dir(object), width=60, compact=True)
       print(object.__str__(object))

Out:   ['__class__', '__delattr__', '__dir__', '__doc__', '__eq__',
        '__format__', '__ge__', '__getattribute__', '__gt__',
        '__hash__', '__init__', '__init_subclass__', '__le__',
        '__lt__', '__ne__', '__new__', '__reduce__',
        '__reduce_ex__', '__repr__', '__setattr__', '__sizeof__',
        '__str__', '__subclasshook__']
       <class 'object'>
```

예제 1-13 : 프로퍼티(property) 처리할 경우 속성 구분하기

파이썬에서 프로퍼티(property)는 속성(attribute)과 메서드(method)가 추가된 정보이다. 프로퍼티가 어떻게 구성되는지도 간단히 알아본다.

클래스를 정의하고 하나의 메서드 위에 @property를 지정하면 메서드이면서 이름으로 호출이 가능한 구조를 구성한다. 속성이 아닌 메서드이지만 속성처럼 사용하면서 내부적으로는 메서드가 실행되는 구조이다.

```
In :    class Klass :
            @property
            def Name(self) :
                return Klass.__name__
```

Klass 클래스로 하나의 인스턴스를 만들어서 메서드 Name을 이름으로 호출하면 메서드
가 실행되어 클래스의 이름이 출력된다.

```
In :    c = Klass()
        print(c.Name)
```
```
Out:    Klass
```

✦ 인스턴스 객체(instance object)

사용자 정의 클래스(user defined class)를 정의하고 이 클래스를 기반으로 객체를 생성한
후 인스턴스를 만들어서 사용한다. 이 인스턴스 객체가 어떻게 클래스를 위해 생성되는지
를 확인하고 인스턴스 객체 내부에서 관리하는 속성들이 무엇인지를 확인한다.

예제 1-14 : 사용자 클래스에 대한 인스턴스 객체 확인하기

사용자 클래스 Person을 정의하고 인스턴스를 생성할 때 기본적으로 속성을 생성하는 스
페셜 메서드인 __init__가 정의된다. 이 __init__ 메서드는 클래스에서 인스턴스를 생성
할 때 이 내부에 정의된 매개변수(parameter)를 클래스에 인자로 받는다. 이 인자를 가지고
인스턴스 내부 속성에 값을 생성한다.

그리고 인스턴스 메서드인 getName을 정의하고 이 메서드는 인스턴스 내의 속성 name
을 반환한다.

```
In :    class Person :
            def __init__(self,name) :
                self.name = name
```

```
    def getName(self) :
        return self.name
```

Person 클래스 이름과 호출 언산자 괄호, 그리고 매개변수 name에 맞는 인지로 문지열 "요한"을 넣었다. 클래스는 인스턴스를 생성한 후 변수 p에 할당된다.

인스턴스 내부에 어떤 속성이 있는지를 확인하기 위해서 인스턴스의 속성인 __dict__로 조회하면 인스턴스 내부에 name을 키로 하고 요한을 값으로 하는 딕셔너리 타입이 있는 것을 확인할 수 있다.

```
In :   p = Person("요한")

       print(p.__dict__)

Out:   {'name': '요한'}
```

Person 클래스 내의 속성을 확인하기 위해 클래스 내의 속성인 __dict__로 조회하면 내부에 __init__, getName 메서드가 있는 것을 확인할 수 있다. __doc__, __module__ 등 모든 클래스를 정의하면 만들어지는 속성들도 확인할 수 있다.

```
In :   import pprint
       pprint.pprint(Person.__dict__)

Out:   mappingproxy({'__dict__': <attribute '__dict__' of 'Person' objects>,
                     '__doc__': None,
                     '__init__': <function Person.__init__ at 0x109ded950>,
                     '__module__': '__main__',
                     '__weakref__': <attribute '__weakref__' of 'Person' objects>,
                     'getName': <function Person.getName at 0x109ded8c8>})
```

✚ 내장 자료형(built-in data type)의 클래스 정보 확인

사용자 정의 클래스를 확인해봤으니 파이썬에서 제공하는 내장 클래스인 자료형에 대한 기본적인 사항을 확인해본다.

사용자 정의한 클래스와 내장 클래스 간의 차이점과 인스턴스에서의 차이점도 알아본다.

예제 1-15 : float 클래스 내부의 일반 속성과 메서드 조회

클래스 float를 출력해보면 클래스라고 표시해준다.

```
In :   print(float)

Out:   <class 'float'>
```

내장 클래스인 float 내의 속성과 메서드를 dir 함수를 통해 확인하면 스페셜 속성들도 전부 출력한다. dir 함수 실행 결과는 리스트 자료형이고 내부의 원소들은 문자열로 제공되므로 이를 for 순환문에 넣어 처리하면 리스트의 원소 하나하나씩 처리한다.

스페셜 속성과 메서드의 명명 규칙은 앞과 뒤에 두 개의 언더스코어(_)가 붙어 있으므로 문자열 내의 메서드인 startswith문을 이용해서 인자로 "_"과 동일하면 출력을 하지 않도록 처리하고 이 클래스만 가진 속성과 메서드를 출력하는 것을 확인할 수 있다.

```
In :   for i in dir(float) :
           if not i.startswith("_") :
               print(i)

Out:   as_integer_ratio
       conjugate
       fromhex
       hex
       imag
       is_integer
       real
```

예제 1-16 : float 자료형의 인스턴스 확인하기

내장 자료형 float는 생성자 없이 리터럴로 직접 지정해도 인스턴스가 float 클래스에 의해 만들어진다. type 메타 클래스 내에 인스턴스를 넣으면 확인할 수 있다.

(1.0)이 float 클래스의 인스턴스이므로 내부 속성을 객체 접근 연산자인 점 연산자를 통해

내부의 real 속성에 접근해서 보관하는 값을 출력할 수 있다.

```
In :   print(type(1.0))
       print((1.0).real)

Out:   <class 'float'>
       1.0
```

인스턴스인 (1.0)을 가지고 메서드를 호출하면 이 인스턴스의 상태 변화를 확인할 수 있다.

점 연산자를 통해 is_integer() 메서드를 호출해서 이 인스턴스의 값이 정수로 변환이 가능한지를 확인하면 결과는 True로 출력한다.

```
In :   print(type((1.0)))
       print((1.0).is_integer())

Out:   <class 'float'>
       True
```

1.3.2 파이썬 기본 내장 함수 이해

파이썬은 공통으로 사용하는 다양한 함수를 제공한다. 내장으로 만들어진 기본 함수에 대한 사용법을 알아본다.

✚ 내장 자료형 int에 대한 help 조회

정수값을 관리하는 int는 함수가 아닌 클래스이며 내부의 속성과 메서드에 대한 정보를 출력한다.

예제 1-17 : help 보기

내장 함수 help는 int 클래스가 어떻게 작동하는지를 알 수 있다. 일단 내장 클래스 int를 이용해서 생성하면 정수가 나오고 base로 진법을 넣어서 처리할 수 있다.

```
In :   help(int)

Out:   Help on class int in module builtins:

       class int(object)
        |  int(x=0) -> integer
        |  int(x, base=10) -> integer
        |
        |  Convert a number or string to an integer, or return 0 if no arguments
        |  are given.  If x is a number, return x.__int__().  For floating point
        |  numbers, this truncates towards zero.
        |
        |  If x is not a number or if base is given, then x must be a string,
        |  bytes, or bytearray instance representing an integer literal in the
        |  given base.  The literal can be preceded by '+' or '-' and be
        |  surrounded by whitespace.  The base defaults to 10.  Valid bases are
        |  0 and 2-36.
        |  Base 0 means to interpret the base from the string as an integer
        |  literal.
        |  >>> int('0b100', base=0)
        |  4
        |
        |  Methods defined here:
        |
        |  __abs__(self, /)
        |      abs(self)
        |
        |  __add__(self, value, /)
        |      Return self+value.
        |
        |  __and__(self, value, /)
        |      Return self&value.
        |
        |  __bool__(self, /)
        |      self != 0
        |
        |  __ceil__(...)
        |      Ceiling of an Integral returns itself.
        |
        |  __divmod__(self, value, /)
        |      Return divmod(self, value).
        |
        |  __eq__(self, value, /)
```

```
|      Return self==value.
|
|  __float__(self, /)
|      float(self)
|
|  __floor__(...)
|      Flooring an Integral returns itself.
|
|  __floordiv__(self, value, /)
|      Return self//value.
|
|  __format__(...)
|      default object formatter
|
|  __ge__(self, value, /)
|      Return self>=value.
|
|  __getattribute__(self, name, /)
|      Return getattr(self, name).
|
|  __getnewargs__(...)
|
|  __gt__(self, value, /)
|      Return self>value.
|
|  __hash__(self, /)
|      Return hash(self).
|
|  __index__(self, /)
|      Return self converted to an integer, if self is suitable for use
|      as an index into a list.
|
|  __int__(self, /)
|      int(self)
|
|  __invert__(self, /)
|      ~self
|
|  __le__(self, value, /)
|      Return self<=value.
|
|  __lshift__(self, value, /)
|      Return self<<value.
```

```
|  __lt__(self, value, /)
|      Return self<value.
|
|  __mod__(self, value, /)
|      Return self%value.
|
|  __mul__(self, value, /)
|      Return self*value.
|
|  __ne__(self, value, /)
|      Return self!=value.
|
|  __neg__(self, /)
|      -self
|
|  __new__(*args, **kwargs) from builtins.type
|      Create and return a new object.  See help(type) for accurate
|      signature.
|
|  __or__(self, value, /)
|      Return self|value.
|
|  __pos__(self, /)
|      +self
|
|  __pow__(self, value, mod=None, /)
|      Return pow(self, value, mod).
|
|  __radd__(self, value, /)
|      Return value+self.
|
|  __rand__(self, value, /)
|      Return value&self.
|
|  __rdivmod__(self, value, /)
|      Return divmod(value, self).
|
|  __repr__(self, /)
|      Return repr(self).
|
|  __rfloordiv__(self, value, /)
|      Return value//self.
```

```
|  __rlshift__(self, value, /)
|      Return value<<self.
|
|  __rmod__(self, value, /)
|      Return value%self.
|
|  __rmul__(self, value, /)
|      Return value*self.
|
|  __ror__(self, value, /)
|      Return value|self.
|
|  __round__(...)
|      Rounding an Integral returns itself.
|      Rounding with an ndigits argument also returns an integer.
|
|  __rpow__(self, value, mod=None, /)
|      Return pow(value, self, mod).
|
|  __rrshift__(self, value, /)
|      Return value>>self.
|
|  __rshift__(self, value, /)
|      Return self>>value.
|
|  __rsub__(self, value, /)
|      Return value-self.
|
|  __rtruediv__(self, value, /)
|      Return value/self.
|
|  __rxor__(self, value, /)
|      Return value^self.
|
|  __sizeof__(...)
|      Returns size in memory, in bytes
|
|  __str__(self, /)
|      Return str(self).
|
|  __sub__(self, value, /)
|      Return self-value.
```

```
|   __truediv__(self, value, /)
|       Return self/value.
|
|   __trunc__(...)
|       Truncating an Integral returns itself.
|
|   __xor__(self, value, /)
|       Return self^value.
|
|   bit_length(...)
|       int.bit_length() -> int
|
|       Number of bits necessary to represent self in binary.
|       >>> bin(37)
|       '0b100101'
|       >>> (37).bit_length()
|       6
|
|   conjugate(...)
|       Returns self, the complex conjugate of any int.
|
|   from_bytes(...) from builtins.type
|       int.from_bytes(bytes, byteorder, *, signed=False) -> int
|
|       Return the integer represented by the given array of bytes.
|
|       The bytes argument must be a bytes-like object (e.g. bytes or
|       bytearray).
|
|       The byteorder argument determines the byte order used to
|       represent the integer.
|       If byteorder is 'big', the most significant byte is at the
|       beginning of the byte array.  If byteorder is 'little', the most
|       significant byte is at the end of the byte array.  To request
|       the native
|       byte order of the host system, use `sys.byteorder' as the byte
|       order value.
|
|       The signed keyword-only argument indicates whether two's
|       complement is
|       used to represent the integer.
|
```

```
|  to_bytes(...)
|      int.to_bytes(length, byteorder, *, signed=False) -> bytes
|
|      Return an array of bytes representing an integer.
|
|      The integer is represented using length bytes.  An OverflowError
|      is raised if the integer is not representable with the given
|      number of bytes.
|
|      The byteorder argument determines the byte order used to
|      represent the
|      integer.  If byteorder is 'big', the most significant byte is at
|      the beginning of the byte array.  If byteorder is 'little',
|      the most significant byte is at the end of the byte array.
|      To request the native byte order of the host system,
|      use `sys.byteorder' as the byte order value.
|
|      The signed keyword-only argument determines whether two's
|      complement is
|      used to represent the integer.  If signed is False and a negative
|      integer is given, an OverflowError is raised.
|
|  ----------------------------------------------------------------
|  Data descriptors defined here:
|
|  denominator
|      the denominator of a rational number in lowest terms
|
|  imag
|      the imaginary part of a complex number
|
|  numerator
|      the numerator of a rational number in lowest terms
|
|  real
|      the real part of a complex number
```

내장 클래스에 10을 넣고 생성해도 10이 표시된다. 문자열 '0b10'은 2진법으로 표기되어 있다는 정보를 함께 주면 정수로 변환한다. 2진수이기 때문에 base=2를 넣어 문자열인 2진수를 10진수로 변환해서 출력하는 것을 알 수 있다.

```
In :   int(10)
```
```
Out:   10
```

```
In :   int('0b10',base=2)
```
```
Out:   2
```

✚ 사용자 정의 함수와 클래스에 docstring 처리하기

사용자 정의 함수나 클래스에는 내부 속성 __doc__에 도움말인 docstring을 넣을 수 있다.

사용자 정의 함수나 클래스의 헤드를 정의한 후 바로 밑에 "", """, ' '으로 도움말을 정의하면 로딩하는 시점에 자동으로 __doc__에 저장된다.

이를 help 함수로 호출하면 이 정보를 가져와 출력한다.

예제 1-18 : 함수 내부의 도움말 추가

함수를 정의하고 바로 아래에 함수에 대한 설명을 추가할 수 있다.

```
In :   def kor_root() :
           """ 한글로 이 함수의 설명을 추가 """
           pass
```

함수 내의 속성인 __doc__로 조회하면 함수 정의 바로 밑에 정의된 문자열이 저장된 것을 알 수 있고 help 함수로 출력하면 함수명과 함수 설명이 출력되는 것을 알 수 있다.

```
In :   print(kor_root.__doc__)
       help(kor_root)
```
```
Out:    한글로 이 함수의 설명을 추가
       Help on function kor_root in module __main__:

       kor_root()
```

예제 1-19 : 클래스 내부의 도움말 추가

클래스를 정의할 때 헤더를 정의하고 로직을 정의하기 전에 이를 문자열로 추가하면 이것이 __doc__ 에 할당이 된다.

```
In :   class Klass :
            """ 한글로 이 클래스의 설명을 추가 """
            pass
```

클래스 내의 __doc__ 속성을 출력하면 docstring이 출력된다. Help 함수를 출력하면 docstring가 내부의 정보와 같이 출력된다.

```
In :   print(Klass.__doc__)
       help(Klass)

Out:    한글로 이 클래스의 설명을 추가
       Help on class Klass in module __main__:

       class Klass(builtins.object)
        |  한글로 이 클래스의 설명을 추가
        |
        |  Data descriptors defined here:
        |
        |  __dict__
        |      dictionary for instance variables (if defined)
        |
        |  __weakref__
        |      list of weak references to the object (if defined)
```

✛ 함수 print 처리 예시

출력을 하는 기본 함수가 print이다.

예제 1-20 : print 함수 출력

print 함수를 help로 조회하면 여러 개의 인자를 넣어서 전달할 수 있다. 내부에 sep, end, file, flush 등에 새로운 값을 줄 수 있다.

```
In :  help(print)

Out:  Help on built-in function print in module builtins:

      print(...)
          print(value, ..., sep=' ', end='\n', file=sys.stdout, flush=False)

          Prints the values to a stream, or to sys.stdout by default.
          Optional keyword arguments:
          file: a file-like object (stream); defaults to the current sys.stdout.
          sep:   string inserted between values, default a space.
          end:   string appended after the last value, default a newline.
          flush: whether to forcibly flush the stream.
```

print 함수로 출력하려면 여러 개의 매개변수를 다음과 같이 입력 후 출력한다. 빈 공간이 하나 더 들어가서 출력된다.

```
In :  print("Hello", "World")

Out:  Hello World
```

함수 내부의 매개변수인 분리자(sep)에 쉼표 "," 를 넣고 출력하면 문자열 중간에 쉼표가 표시된다.

```
In :  print("Hello", "World",sep=",")

Out:  Hello,World
```

함수 내부의 매개변수인 end는 기본값이 개행 문자이다. 이곳에 다른 문자를 주면 맨 뒤에 ***가 출력된다.

```
In :  print("Hello", "World",end="***")

Out:  Hello World***
```

1.3.3 메타 클래스(meta class): type class

파이썬 언어는 클래스를 생성하는 별도의 클래스를 만들어서 관리한다. 클래스를 만드는 클래스는 메타 클래스이고 type class를 내장으로 제공한다.

보통 이 메타 클래스의 사용 용도는 일반적인 사용자 정의 클래스(class)와 인스턴스 (instance)가 누구에 의해 만들어졌는지를 확인하는 함수처럼 사용된다.

메타 클래스에 대한 다양한 용도는 객체지향을 설명하는 장에서 상세히 다루고, 여기서는 간단히 메타 클래스가 어떻게 사용되는지를 알아본다.

✚ help 함수를 이용해서 type class 조회

내장 함수 help를 이용해서 메타 클래스인 type이 어떤 기능이 있는지를 확인한다.

예제 1-21 : 메타 클래스인 type 조회

메타 클래스의 이름으로 출력하면 이 type이라는 변수가 가리키고 있는 class type이라는 것을 출력한다. 내장 함수 help를 이용해서 출력하면 2가지 기능을 하는 것을 확인할 수 있다.

인스턴스를 인자로 전달하면 이 인스턴스를 만든 클래스의 정보를 보여주고 클래스명, 상속 관계, 네임스페이스를 인자로 전달하면 새로운 클래스를 만들어준다.

```
In :    print(type)
        help(type)
```

```
Out:    <class 'type'>
        Help on class type in module builtins:

        class type(object)
         |  type(object_or_name, bases, dict)
         |  type(object) -> the object's type
         |  type(name, bases, dict) -> a new type
         |
         |  Methods defined here:
```

```
 |
 |  __call__(self, /, *args, **kwargs)
 |      Call self as a function.
 |
 |  __delattr__(self, name, /)
 |      Implement delattr(self, name).
 |
 |  __dir__(...)
 |      __dir__() -> list
 |      specialized __dir__ implementation for types
 |
 |  __getattribute__(self, name, /)
 |      Return getattr(self, name).
 |
 |  __init__(self, /, *args, **kwargs)
 |      Initialize self.  See help(type(self)) for accurate signature.
 |
 |  __instancecheck__(...)
 |      __instancecheck__() -> bool
 |      check if an object is an instance
 |
 |  __new__(*args, **kwargs)
 |      Create and return a new object.  See help(type) for accurate
 |       signature.
 |
 |  __prepare__(...)
 |      __prepare__() -> dict
 |      used to create the namespace for the class statement
 |
 |  __repr__(self, /)
 |      Return repr(self).
 |
 |  __setattr__(self, name, value, /)
 |      Implement setattr(self, name, value).
 |
 |  __sizeof__(...)
 |      __sizeof__() -> int
 |      return memory consumption of the type object
 |
 |  __subclasscheck__(...)
 |      __subclasscheck__() -> bool
 |      check if a class is a subclass
 |
```

```
|  __subclasses__(...)
|      __subclasses__() -> list of immediate subclasses
|
|  mro(...)
|      mro() -> list
|      return a type's method resolution order
|
|  ----------------------------------------------------------------
|  Data descriptors defined here:
|
|  __abstractmethods__
|
|  __dict__
|
|  __text_signature__
|
|  ----------------------------------------------------------------
|  Data and other attributes defined here:
|
|  __base__ = <class 'object'>
|      The most base type
|
|  __bases__ = (<class 'object'>,)
|
|  __basicsize__ = 864
|
|  __dictoffset__ = 264
|
|  __flags__ = -2146675712
|
|  __itemsize__ = 40
|
|  __mro__ = (<class 'type'>, <class 'object'>)
|
|  __weakrefoffset__ = 368
```

✚ 타입 체크하기

위의 도움말 기능 중에 첫 번째인 클래스와 인스턴스의 자료형에 대한 체크를 해보고 어떠한 결과가 나오는지를 확인해보자.

예제 1-22 : int 클래스와 정수 인스턴스 타입 체크

내장 클래스인 int를 출력하면 int가 클래스라는 것을 확인할 수 있다. 이 클래스가 어느 클래스에 의해 만들어졌는지를 확인하면 <class 'type'>이 출력된다.

또한, 정수 100을 아래와 같이 확인해보면 int 클래스에 의해 만들어진 것을 확인할 수 있다.

```
In :  print(int)
      print(type(int))
      print(type(100))

Out:  <class 'int'>
      <class 'type'>
      <class 'int'>
```

1.3.4 내장 자료형(built-in data type)

파이썬은 객체지향을 수용해서 구현되어 처리되는 모든 값을 객체로 관리한다. 그리고 기본적인 클래스를 내장 자료형으로 제공해서 사용하도록 지원한다.

데이터 모델의 핵심도 파이썬에서 어떻게 자료형을 관리하는지를 이해하는 것이므로 내장 자료형을 파악하면서 데이터 모델에 대한 개념을 알 수 있다.

✚ 아무 것도 없는 자료형(None data type)

프로그램을 작성할 때 내부의 값으로 가져야 할 것들 중에 아무런 값도 없다는 것을 정의한다. 보통 다른 프로그램 언어에서는 Null이 많이 사용되지만 파이썬에서는 None으로 정의한다.

이 표현은 변수 등으로 사용하지 못하도록 키워드로 관리하고 이 데이터 자료형은 하나의 인스턴스만 사용한다.

예제 1-23 : None 타입의 None 인스턴스 확인

None은 하나의 인스턴스이므로 type으로 어느 클래스에 의해 생성되었는지 확인하면 클래스 NoneType이라는 것을 알 수 있다.

```
In :    print(None)
        print(type(None))
```

```
Out:    None
        <class 'NoneType'>
```

함수 func을 정의하였지만 pass를 사용해서 내부적으로 아무런 일을 하지 않는다. 이 함수를 실행하면 실행된 결과가 없다. 하지만 파이썬에서는 return이 없는 함수여도 아무런 일을 하지 않으므로 None을 자동으로 반환한다.

이 함수의 처리 결과를 변수에 할당한 후에 출력해보면 None이 출력되는 것을 확인할 수 있다.

```
In :    def func() :
            pass

        a = func()
        print(a)
```

```
Out:    None
```

✚ 숫자 자료형(number data type)

숫자는 자기 자신만을 갖는 인스턴스를 만들어서 사용하므로 하나의 원소만을 가진 원자(atom) 타입으로 사용한다.

파이썬에서 제공되는 숫자 자료형에는 정수(int), 실수(float), 복소수(complex)가 있다.

예제 1-24 : 숫자 클래스를 만든 메타 클래스 확인

정수, 실수, 복소수가 클래스인 것을 확인하기 위해 메타 클래스 type에 인자로 넣어 확인하면 이 클래스들이 전부 type 클래스에 의해 생성된 것을 확인할 수 있다.

```
In :   print(type(int), type(float), type(complex))

Out:   <class 'type'> <class 'type'> <class 'type'>
```

✚ 시퀀스(Sequence) 자료형

여러 원소를 가지는 분자형 자료형에는 문자열(string), tuple, list, 바이트(bytes), 바이트
어레이(bytearray) 등을 제공한다.

- Sequence의 특징
    1. 동질성을 가지고 각 원소가 순서를 가지는 모임이다. 단, 리스트(list)만 동질성
       보다 상위 수준인 객체 모임이다.
    2. 순서와 원소가 정해진 형태도 있지만 순서와 원소의 수가 고정적이지 않을 수
       도 있다. 순서를 처리할 때는 index를 기준으로 처리가 된다.
    3. Sequence의 형태를 유지하면 기본 연산은 동일하게 처리된다. 단, 각 자료형
       의 특징인 변경 가능 여부에 따라 내부의 원소를 갱신하거나 삭제할 수 있는
       연산도 제공된다.

예제 1-25 : Sequence 자료형에 대한 메타 클래스 확인

문자열, 바이트 문자열, 바이트 문자열의 배열, 튜플, 리스트는 전부 type에 의해 만들어
진 것을 확인할 수 있다.

```
In :   print(str)
       print(bytes)
       print(bytearray)
       print(type(str), type(bytes), type(bytearray))

Out:   <class 'str'>
       <class 'bytes'>
       <class 'bytearray'>
       <class 'type'> <class 'type'> <class 'type'>
```

```
In :   print(tuple)
       print(list)
       print(type(tuple), type(list))
```

```
Out:   <class 'tuple'>
       <class 'list'>
       <class 'type'> <class 'type'>
```

✚ 스트림(Stream) 형태 자료형

파이썬에서는 한 번 만들어지면 고정적으로 처리되는 정적인 sequence 자료형도 있지만 특정 시점에만 사용되는 동적인 Sequence 자료형인 스트림(stream)도 제공한다.

예제 1-26 : range 클래스

보통 반복적 처리를 위해 사용되는 range 클래스이지만 시작, 종료, 간격 등을 주고 구성하면 호출된 결과가 한 번 사용되고 사라진다. 사용할 때마다 정의해서 사용하는 구조를 제공한다.

```
In :   print(range)
       print(type(range))
```

```
Out:   <class 'range'>
       <class 'type'
```

✚ Mapping 형태 자료형(data type)

순서에 상관없이 키와 값을 쌍으로 구성해서 관리하는 자료형인 매핑 자료형, 즉 사전형 자료형(dictionary data type)인 딕셔너리(dict)가 있다.

예제 1-27 : 딕셔너리(dict) 클래스를 만든 메타 클래스

딕셔너리도 클래스이고 이를 print하면 클래스 정보가 나오지만 type으로 출력하면 type에 의해 만들어졌다는 것을 표시한다.

```
In :   print(dict)
       print(type(dict))
```
```
Out:   <class 'dict'>
       <class 'type'>
```

✚ Set 형태 자료형

집합형(Set data type)인 set, frozenset 자료형을 제공한다. set 자료형에는 원소에 대한 변경이 가능한 set과 변경이 불가한 frozenset이 있다.

예제 1-28 : Set 클래스를 만든 메타 클래스

클래스를 출력하면 자기 자신을 보여주지만 type으로 클래스를 확인하면 메타 클래스로 만들었다는 내용을 출력한다.

```
In :   print(set)
       print(frozenset)
       print(type(set), type(frozenset))
```
```
Out:   <class 'set'>
       <class 'frozenset'>
       <class 'type'> <class 'type'>
```

1.3.5 객체 비교 방식(is, ==), 레퍼런스 확인 함수

모든 값이 객체이므로 객체 간의 비교를 어떻게 할지도 중요하다. 파이썬은 동일한 객체를 비교하는 is 키워드도 존재하고 동일한 원소를 가졌는지를 확인하는 == 연산자도 있다.

객체 레퍼런스의 동일 여부를 is로 확인할 수 있지만, 파이썬은 관행상 내부 처리하는 is를 권고하지 않는다. 동일한 객체로 인식되는 경우에도 내부적으로 동일하지 않게 관리하기에 객체를 비교할 경우에는 == 연산으로 처리하는 것을 권고한다.

굳이 레퍼런스를 점검하고 싶을 경우에는 id 함수를 이용해서 레퍼런스를 비교하는 것이 더 맞을 수도 있다.

✚ 키워드 is

is는 두 객체가 동일한 객체인지 확인할 때 사용하지만 일부 내장 객체 등을 처리할 때 여러 개의 인스턴스를 만들어서 처리되므로 동일한 인스턴스가 아닌 경우가 발생한다.

객체의 유일함이 보장되는 None 같은 경우는 is를 사용해도 좋다.

예제 1-29 : 인스턴스의 주소 확인 및 동일한 객체 여부 점검하기

정수 1을 변수 i와 j에 할당한다. 정수는 프로그램을 실행할 때마다 항상 동일한 객체이므로 is 키워드로 비교하면 True가 반환된다.

```
In :    i = 1
        j = 1

        print(id(i))
        print(id(j))

        print(i is j)
```

```
Out:    1528412624
        1528412624
        True
```

정수 257를 두 변수에 할당했다. 정수이므로 동일한 객체가 맞지만 내부적으로는 두 개의 인스턴스를 만들어서 관리하므로 is 키워드로 비교할 경우 False가 나온다.

```
In :    i = 257
        j = 257

        print(id(i))
        print(id(j))
```

```
print(i is j)
```

Out: 79950544
        79950608
        False

✦ 원소의 동일한지 체크: == 연산자, id 함수

== 연산자는 두 인스턴스 객체 간 원소들을 비교해서 같으면 True를 표시한다. 파이썬은 내장 자료형 중에 정수, 실수 등은 같은 값이 동일한 레퍼런스를 유지하지만 파이썬 내부적으로 두 개의 다른 인스턴스 객체를 만들 경우도 있으므로 객체의 비교는 == 연산자를 권고한다. 객체들의 레퍼런스는 id 함수로 조회한다.

예제 1-30 : 인스턴스 내 원소의 동등성 점검하기

두 개의 리스트를 정의해서 두 개의 리스트 인스턴스 객체의 레퍼런스(reference)를 출력한다.

두 개 리스트의 원소들이 동일한지를 == 연산자로 비교하면 동일한 원소들로 구성되었으므로 True라고 표시한다.

In :
```
l1 = [1,2,3]
l2 = [1,2,3]

print(id(l1))
print(id(l2))

print(l1 == l2)
```

Out: 79744840
        79860104
        True

1.3.6 자료형의 변환(Mutation)

클래스에 의해 생성된 인스턴스들을 다른 클래스에 의해 생성된 것처럼 변환해서 처리할 경우가 많다.

프로그래밍 언어마다 내부적으로 동일한 자료형만 연산을 처리할 수 있도록 구성하고 다른 자료형일 때는 형 변환을 통해 연산을 처리하도록 구성이 된다.

파이썬에서 인스턴스들이 다른 자료형을 가질 경우 어떻게 처리되는지 알아본다.

✚ 자료형 변경 가능 여부

일단 형 변환에 앞서 클래스로 생성된 인스턴스 내부의 값을 변경할 수 있는지 알아야 한다.

파이썬 자료형은 단일 원소만 가지는 경우 변경을 할 수 없다. 문자열은 단일 원소는 아니지만 문자열이 생성되면 단일 원소로 처리가 되어 변경이 불가능하다.

다양한 원소를 가진 자료형인 경우는 기본으로 변경할 수 있지만 객체를 변경하는 것이 아닌 내부에 있는 원소들을 추가하거나 변경을 할 수 있는 구조로 만들어져 있다.

이런 변경 가능(Mutable)과 변경 불가능(Immutable)이라는 용어를 먼저 이해해보자.

- 변경 가능 : Mutable
  다양한 원소들로 구성된 자료형일 경우 원소의 추가나 삭제 등이 가능한 리스트, 딕셔너리 등이 속한다. 사용자 정의 클래스는 여기에 속한다.

- 변경 불가능 : Immutable
  하나의 원소로 구성될 경우는 원소가 하나밖에 없으므로 원소를 변경하는 것 자체가 객체를 대체하는 것이다. 내부적으로 원소를 변경하는 메서드가 존재하지만 이럴 경우 새로운 인스턴스를 만들어서 처리한다. 즉 새로운 인스턴스를 만들어서 대체하는 것이지 변경을 하는 것이 아니다. 내장 클래스인 정수, 실수, 복소수, 문자열 등이 이에 속한다.

예제 1-31 : 변경 불가능한 문자열 대체 및 형 변환

문자열 자료형은 변경이 불가능한 단일 원소로 구성된 자료형이다. 일단 문자열 리터럴로 Hello와 World를 정의하고 각각 인스턴스의 레퍼런스를 id 함수로 조회해서 인스턴스의 레퍼런스가 다른지를 확인한다.

```
In :  sh = "Hello"
      print(id(sh))
      sw = "World"
      print(id(sw))

Out:  93496688
      93496520
```

두 개의 문자열을 하나로 합칠 경우 다른 인스턴스가 생기는 것을 id 함수로 조회하면 확인할 수 있다. 변수 내에 할당된 것을 확인하면 'HelloWorld'가 출력되는 것을 볼 수 있다.

```
In :  sh += sw
      print(id(sh))
      print(sh)

Out:  93538736
      HelloWorld
```

하나의 문자열을 정의하고 다른 자료형인 리스트로 변환한 뒤 동일한 변수에 할당하면 변수명은 값을 가르키는 역할만 해서 자료형이 변환되는 것을 알 수 있다.

```
In :  sp = "Seoul"
      print(type(sp))
      sp = list(sp)
      print(type(sp))
      print(sp)

Out:  <class 'str'>
      <class 'list'>
      ['S', 'e', 'o', 'u', 'l']
```

예제 1-32 : 변경 가능한 리스트에 문자열을 원소로 처리

두 개의 리스트를 만든다. 하나의 리스트에는 문자열을 원소로 해서 구성하고 다른 리스트에는 정수로만 원소를 구성한다.

이 리스트로 만들어진 인스턴스의 레퍼런스를 출력하면 두 개가 다르다는 것을 보여준다.

```
In :   ls = ['a','b','c']
       print(id(ls))
       li = [1,2,3]
       print(id(li))

Out:   93537288
       87696968
```

두 개의 리스트를 하나로 결합해보면 리스트 내의 원소는 추가되었지만 원래 가진 리스트의 레퍼런스는 변하지 않는 것을 확인할 수 있다. 변경 가능하다는 것은 원소들이 변한다는 의미임을 확인할 수 있다.

```
In :   ls += li
       print(id(ls))
       print(ls)

Out:   93537288
       ['a', 'b', 'c', 1, 2, 3]
```

1.4 바인딩(binding) 및 평가 방식(evaluation)

프로그램이 실행될 때, 프로그램으로 작성된 다양한 이름과 클래스에 의해 만들어진 많은 인스턴스가 어떻게 연결되어 처리되는지가 아주 중요하다.

파이썬의 모든 메서드는 클래스 내의 네임스페이스에서 관리되지만 인스턴스가 이를 호출해서 처리하는 구조를 따른다. 언제 이 메서드와 연결이 되어 실행이 되는지가 아주 중요하다.

또한 변수를 사용할 경우 이 이름이 언제부터 내부에서 관리되는 값의 레퍼런스를 가지고 처리할 수 있게 묶어서 실행이 되도록 바인딩을 하는지도 중요하다.

이번 장에서 어떻게 바인딩이 되어 실행되는지에 대해 간단히 알아본다.

1.4.1 바인딩에 따른 자료형 결정

파이썬은 재사용하기 위해 이름인 변수를 정의하고 이 변수들의 모듈, 클래스, 함수 등의 네임스페이스에 저장되어 관리된다.

이 이름을 프로그램에서 사용하면 관리되는 값(value)인 객체(object)를 호출해서 그 객체에 맞춰 처리하게 되어 있다. 프로그램이 실행되는 시점에 변수에 할당된 값이 있을 경우 변수가 하나의 값에 바인딩되어 동적으로 처리한다.

프로그래밍 언어에서는 변수가 값인 객체와 어떻게 묶이는지에 따라 정적 타입과 동적 타입으로 나뉘므로 이런 기본 개념을 알아보자.

✚ 정적 타입(static typing)과 동적 타입(dynamic typing) 처리 방식

컴파일 언어는 컴파일 시점에서 변수에 어떤 데이터 타입을 사용할지 결정한다. 먼저 결정된 자료형만 변수에서 사용이 가능하므로 정적 타입으로 처리된다.

파이썬은 변수에 타입을 먼저 결정하지 않고 실행하는 시점에 할당된 값을 보면서 타입을 결정하므로 어떤 데이터 타입도 동적으로 할당이 가능해서 동적 타입을 지원한다.

예제 1-33 : 동적 타입에 대한 변수 할당

일단 정수를 변수 var에 할당하고 이 변수에 할당된 값에 대한 자료형을 확인한다.

```
In :   var = 100
       print(type(var))

Out:   <class 'int'>
```

동일한 변수 var에 실수를 할당해도 특정 자료형으로 고정되어 있지 않기 때문에 변수 var가 실수 자료형으로 변경된 것을 확인할 수 있다.

```
In :   var = 100.1
       print(type(var))
```

```
Out:   <class 'float'>
```

```
In :   var = 100
       print(type(var))

       var = 100.1
       print(type(var))
```

```
Out:   <class 'int'>
       <class 'float'>
```

아무 것도 하지 않는 함수를 정의해서 동일한 변수에 할당하면 자료형이 함수로 변경된 것을 알 수 있다.

실행할 때 할당되는 자료형을 변수가 가진 자료형으로 처리하는 것이 동적 타입의 특징이다.

```
In :   def func() :
           pass

       var = func
       print(type(var))
```

```
Out:   <class 'function'>
```

➕ 강한 타입(strong typing)과 약한 타입(weak typing)

파이썬은 자료형을 구성하는 데이터 모델이 정의되어 있고 이 자료형은 변경할 수 없으므로 자료형을 엄격히 적용하는 강한 타입(strong typing) 언어이다.

변수에 자료형을 지정하지 않아서 자료형이 명확하지 않아 덜 엄격한 약한 타입(weaktyping)

언어처럼 보이지만 변수는 객체에 대한 레퍼런스만을 관리하므로 강한 타입을 유지한다.

예제 1-34 : 인스턴스는 모두 클래스의 객체

변수 var에 정수 100을 할당한다. 정수는 int 클래스의 인스턴스이므로 100이라는 값은 int 클래스로 생성한 인스턴스라는 것을 알 수 있다.

정수 클래스와 정수 값의 관계를 isinstance 함수로 확인해보면 True로 출력한다. 인스턴스의 관계는 클래스로 생성한 인스턴스인지를 알아보는 것이므로 100이라는 정수는 int 클래스에서 하나의 인스턴스가 맞음을 표시하는 것이다.

```
In :   var = 100
       print(type(var))

       print(isinstance(100, int))
Out:   <class 'int'>
       True
```

1.4.2 표현식(expression)의 평가 방법

대부분 프로그램을 작성한 로직을 표현식으로 인식하고 산식을 평가해서 처리된 결과를 가지고 변수에 할당한다. 그러면 평가를 어떻게 할 것인지도 프로그래밍 언어별로 약간씩 차이가 생기고 단일 프로그램 언어에도 평가를 하는 방식이 혼재되어 있을 수 있다.

파이썬에서는 표현식을 평가할 때 어떤 기준으로 하는지를 알아야 한다. 표현식을 평가하는 두 가지 방식인 엄격한 평가와 지연 평가가 있는데 이 두 가지 전부를 파이썬에서는 사용한다.

변수의 할당 등 처리가 필요한 경우는 엄격한 평가를 해서 결과를 변수에 할당한다. 축약형 논리 연산 등일 경우는 모든 수식을 다 처리할 필요가 없으므로 지연 평가를 사용해서 처리한다.

✚ 엄격한 평가(eagar evaluation)

다른 표현으로 탐욕스러운 평가(greedy evaluation)라고 부르기도 한다. 대부분의 전통적인 프로그래밍 언어에서 사용되는 평가 전략이다.

엄격 평가에서 표현식 등 문장이 처리하는 것을 즉시 모두 처리한다.

예제 1-35 : 연속 변수 할당하기

변수 할당은 평가된 결과가 변수에 할당되는 것까지 완벽히 수행되어야 하므로 엄격한 평가를 마치고 결과를 변수에 할당한다.

리터럴로 정수 5를 변수에 할당하면 평가된 결과가 5이고 4개의 변수에 전부 5가 할당된다.

이를 전부 더하면 20이라는 결과가 평가되어 출력된다.

```
In :   a = b = c = d = 5

       print(a+b+c+d)
Out:   20
```


✚ 지연 평가(Lazy evaluation)

표현식 등을 전부 실행하지 않고 일부만 실행해도 처리가 된다. 특정한 계산이 발생할 경우에만 전체를 계산해서 결과값을 처리하는 방식이다.

예제 1-36 : 파이썬 지연 평가

축약형 연산을 하기 위해 두 개의 표현식 사이에 or 연산을 넣었다. 앞의 표현식을 평가해서 참인 경우 즉 0 이 아니면 전부 참으로 처리되므로 두 표현식 중에 하나만 처리하고 출력한다.

뒤의 표현식은 앞에 있는 게 0인 거짓으로 뒤에 있는 것을 처리해서 결과를 나타냄을 볼 수 있다.

```
In :    (1+5) or (10)
Out:    6
```

```
In :    0 or (10+5)
Out:    15
```

1.4.3 interface 처리 규칙

파이썬 언어는 내부에 주어진 모든 것을 언제라도 사용할 수 있도록 공개되어 있다. 이것은 속성이나 메서드 등도 다 공개되어 있다는 뜻이므로 자바 등의 프로그래밍 언어와 차이점을 가지고 있다.

파이썬에서 클래스를 정의해 특정 메서드로 속성을 변경할 수도 있지만 모든 것이 공개되므로 속성명을 알면 직접 접근해서 처리도 가능하다. 그래서 다양한 방식으로 속성에 간접적으로 접근해서 처리하는 것을 권고하지만 이름만 알면 직접 접근해서 사용이 가능하므로 공개 원칙은 변하지 않는다.

파이썬에서는 interface를 제어하는 문법이 없어서 클래스 내의 모든 정보에 접근할 수 있도록 구성되어 있다는 것을 알고 프로그램을 작성한다.

간단한 예제를 통해 메서드와 속성에 접근해서 처리하는 방법을 알아본다.

예제 1-37 : interface 규약 이해하기

클래스 A를 정의했다. 인스턴스를 만들기 위해 __init__ 메서드에서 인스턴스 속성 _name을 정의해서 생성할 때 들어오는 매개변수 name을 할당했다.

인스턴스 메서드인 getname을 통해 인스턴스 속성인 _name을 반환한다.

```
In :   class A :
           def __init__(self,name) :
               self._name = name

           def getname(self) :
               return self._name
```

클래스를 통해 하나의 인스턴스인 a를 생성했다. 인스턴스 a를 통해 인스턴스 메서드 getname을 실행했다. 속성에 저장된 값이 출력된다.

```
In :   a = A("창덕")
       print(a.getname())

Out:   창덕
```

메서드를 호출하지 않고도 직접 속성에 접근해서도 저장된 값을 가져올 수 있다. 인스턴스 a 내의 속성인 _name에 직접 접근해서 조회해도 동일하게 처리되는 것을 알 수 있다.

```
In :   print(a._name)

Out:   창덕
```

1.5 내장 자료형 보관 모듈

위에서 내장 자료형 등에 대해 여러 개의 클래스를 알아봤다. 그럼 내장 자료형을 어디에서 검색해서 처리하는지 궁금할 것이다.

파이썬은 모든 것을 모듈에서 가져다 사용하므로 내장 자료형이나 함수 등도 다 모듈에 정의해서 만들어져있다.

내장 자료형은 전부 __builtins__ 모듈 내에 있으므로 이를 확인하고 자동으로 검색해서 처리한다.

예제 1-38 : 내장 자료형을 알아보기

리스트를 만들 때 각 자료형에 대해 문자열로 이름를 정의한다. 내장 모듈인 __builtins __ 내의 네임스페이스인 __dict__를 검색하고 내장 자료형을 조회해서 출력한다.

```
In : l = ["int",'float','complex','str','list','tuple','dict','bytes','byte
     array']

     for key in l :
         print(key , ": ", __builtins__.__dict__[key])
```
```
Out: int : <class 'int'>
     float : <class 'float'>
     complex : <class 'complex'>
     str : <class 'str'>
     list : <class 'list'>
     tuple : <class 'tuple'>
     dict : <class 'dict'>
     bytes : <class 'bytes'>
     bytearray : <class 'bytearray'>
```

예제 1-39 : 내장 함수 알아보기

내장 함수도 제공하는데 이 내장 함수도 어디에 저장되어 관리되는지를 확인해보면 __ builtins__ 모듈 내에 들어가 있는 것을 확인할 수 있다.

```
In : l = ["dir","help","print","isinstance"]

     for key in l :
         print(key , ": ", __builtins__.__dict__[key])
```
```
Out:  dir : <built-in function dir>
     help : Type help() for interactive help, or help(object) for help
     about object.
     print : <built-in function print>
     isinstance : <built-in function isinstance>
```

2

파이썬 문장(statements)

1장에서 파이썬을 구성하는 기본인 리터럴과 표현식을 배웠다. 이제 파이썬 로직을 실행하는 데 필요한 다양한 문장에 대해 알아보겠다.

문장은 한 라인으로 처리되는 단순 문장부터 여러 라인을 처리하는 블록 문장 등이 있다. 특히 제어문, 순환문 등은 여러 라인을 하나의 블록으로 묶어서 처리하므로 블록 문장이다.

여러 문장을 재사용하기 위해 사용되는 함수나 클래스 등의 정의문도 어떻게 여러 로직을 하나의 기능으로 묶어서 블록 단위로 구성하는지를 간단히 알아본다.

✦ 알아볼 주요 내용

- 기본 문장 이해하기 : 할당, 인용, 주석 등의 기본 문장
- 프로그램 내의 문장 이해하기 : 제어문, 순환문, 컨텍스트, 예외 처리 등의 문장
- 함수와 클래스 정의 : 함수와 클래스를 정의하는 문장
- 모듈과 패키지 처리 : 모듈과 패키지들의 관리 방법 및 import해서 사용하는 법
- 함수와 모듈 등의 네임스페이스 : 지역 네임스페이스와 전역 네임스페이스 관리 기준
- 함수는 항상 자신의 속한 모듈의 전역 네임스페이스를 사용

2.1 문장 꾸미기

한 라인을 넘어갈 경우 블록 단위로 묶어서 문장을 작성하므로 블록을 어떻게 구성하는지, 또는 문장에 대한 설명을 어떻게 표시할지 등을 작성하는 법을 알아본다.

한 라인으로 문장을 쓰거나 여러 문장을 작성할 때의 들여쓰기(indentation), 인용(quotation)과 주석(commemt)에 대한 기본 사항부터 알아본다.

2.1.1 줄과 들여쓰기(Lines and Indentation)

문장을 작성할 때 한 라인으로 작성하는 것을 명확히 구분하고 여러 문장을 묶어서 블록으로 만들려고 할 때도 이를 구분하는 것이 필요하다.

다른 프로그래밍 언어처럼 블록을 구분하는 별도의 기호가 없는 파이썬에서는 블록 단위로 구분을 하려면 들여쓰기를 사용해서 구분한다.

블록 구분은 콜론(:) 다음의 문장부터 해당하므로 콜론 이후에 문장은 4칸 들여쓰기를 권장한다. 블록 구문이 사용되는 문장은 클래스와 함수, 제어문과 순환문 등이 해당한다.

✚ 라인 이해하기

괄호 기호 { }, ( ) ,[ ] 로 사용되는 것은 여러 줄을 사용하지만 하나의 라인으로 이해한다.
내부에 쓴 들여쓰기는 인식되지 않는다.

하나의 문장이 너무 길어질 때 한 라인으로 연결해서 사용하기 위해 라인 끝에 역슬래쉬로
연결하면 하나의 라인으로 인식해서 처리된다.

예제 2-1 : 라인에 대해 이해하기

리스트를 리터럴로 정의할 때 여러 라인으로 작성해도 하나의 라인으로 인식한다.

```
In :   l = [1,
           2,
           3]

       print(l)
```

```
Out:   [1, 2, 3]
```

딕셔너리를 리터럴로 정의할 때도 중괄호 사이의 처리는 하나의 라인으로 인식해서 처리
가 된다.

```
In :   d = {'a': 1,
            'b' : 2}

       print(d)
```

```
Out:   {'a': 1, 'b': 2}
```

괄호일 경우 여러 라인에 작성되어도 하나의 라인으로 인식해서 처리된다.

```
In :   t = (1,
           2,
           3)

       print(t)
```

```
Out:   (1, 2, 3)
```

문장이 길어지면 하나의 라인으로 인식하므로 역슬래쉬를 이용해서 하나의 라인으로 처리하도록 할 수 있다.

```
In :   e = 1 + \
       3 * \
       5

       print(e)
Out:   16
```

멀티 라인으로 작성이 필요할 경우 멀티 라인을 표시하지 않으면 SyntaxError가 발생한다.

```
In :   total = "item_one" +
           "item_two" +
           "item_three"
Out:      File "<ipython-input-3-5282baac591e>", line 1
           total = "item_one" +
                              ^
       SyntaxError: invalid syntax
```

✦ 문장의 블록 만들기: 4칸 들여쓰기

콜론(:) 즉 블록 구문은 다음에 문장을 작성할 경우 4칸을 들여쓰기한다. 기본 권고 사항이므로 명확히 준수한다.

들여쓰기는 공백(Space), 탭(Tab) 모두 가능하지만 공백 방법과 횟수는 한 블럭 내에 동일하게 유지되어야 한다.

예제 2-2 : 들여쓰기 오류

함수 정의문을 작성할 경우 블록 구문인 콜론 이후에 들여쓰기를 하지 않으면 오류가 발생한다. 들여쓰기가 필요한 경우 예외는 IndentationError가 처리된다.

```
In :    def a() :
        pass
```

```
Out:       File "<ipython-input-1-5f0480a001d3>", line 2
             pass
                ^
        IndentationError: expected an indented block
```

4칸을 들여쓰기해야 하지만 3칸만 해도 실행은 된다.

```
In :    def a() :
           print("aaa")

        a()
```

```
Out:    aaa
```


2.1.2 인용(Quotation)

single('), double("), triple(''' or """) 를 사용하여 문자열을 감싸서 사용한다.

특히 triple 따옴표는 여러 줄에 걸쳐 문자열을 작성할 때나 함수 등의 docstring을 작성할 때 사용된다.

✚ 인용: 문자열 처리

인용은 코딩 시 문자열을 표시하는 방법이다. 3가지 방법을 이용해서 문자열을 출력한다.

예제 2-3 : 문자열을 정의하기

하나의 문자열을 정의할 때 인용 부호를 사용해서 한 줄로 표시하면 된다.

```
In :    word = 'word'
        sentence = "This is a setence"

        print(word)
```

```
print(sentence)
```

```
Out:    word
        This is a setence
```

여러 라인에 대한 문자열을 작성할 경우 단순 인용 부호를 이용할 경우는 문장의 끝을 알지 못해 예외가 발생한다.

```
In :    multi_line = " string
                multiline "
```

```
Out:      File "<ipython-input-7-a15e3dc7e2c8>", line 1
            multi_line = " string
                             ^
        SyntaxError: EOL while scanning string literal
```

여러 라인을 만들 때는 세 개의 인용 부호로 연결한 인용을 사용해서 작성하면 멀티라인 인용을 하나의 문자열로 이해한다. 특히 함수나 클래스의 docstring으로 사용할 때 여러 줄을 문자열로 써야 할 경우에 사용한다.

```
In :    paragraph = """단락이란
        여러 문장을 하나로 묶어 단락으로 본다.
        """

        print(paragraph)
```

```
Out:    단락이란
        여러 문장을 하나로 묶어 단락으로 본다.
```

2.1.3 주석 (Comments)

주석은 프로그램 내에서는 일반적으로 단순한 설명으로 보기 때문에 별도의 기호가 필요하다. 기호 ? (#)을 사용해서 한 줄에 주석을 표시한다.

예제 2-4 : 문장에 주석문 달기

빈 문장에 주석을 표시하면 그 문장은 프로그램이 실행될 때는 아무런 인식도 하지 않는다.

```
In :   # 문장으로 보지 않는다.
       var = 100

       print(var)
```

```
Out:   100
```

프로그램 로직을 사용 시 바로 옆에 설명이 필요한 경우 바로 주석을 달아서 그 문장의 설명을 표시할 수 있다. 이럴 경우도 실행할 때 주석은 무시된다.

```
In :   var = 100 # var = 100

       print(var)
```

```
Out:   100
```

예제 2-5 : 변수 주석 달기

파이썬 3.6 버전이 되면서 파이썬 변수에 대한 주석을 추가할 수 있도록 문법이 추가되었다. 이 주석을 표시해도 실행할 때에는 아무런 영향이 없다. 정수를 할당했다가 후에 문자열을 할당해도 예외가 발생하지 않고 할당된 대로 처리되는 것을 알 수 있다.

```
In :   var : int

       var = 100

       print(var)

       var = 'str'
       print(var)
```

```
Out:   100
       str
```

예제 2-6 : 매개변수 주석 달기

함수나 메서드 내의 매개변수도 주석을 표시할 수 있다. 함수 내의 매개변수와 처리된 결과를 주석으로 표시할 수 있다. 실행될 경우에는 이 주석과 다른 자료형이 매치되어도 예외는 발생하지 않는다.

```
In :   def func(x:int, y:int) -> int :
           pass

       print(func.__annotations__)
Out:   {'x': <class 'int'>, 'y': <class 'int'>, 'return': <class 'int'>}
```

클래스 내 __init__ 메서드 내의 매개변수에도 주석으로 타입을 정의할 수 있다. 이것도 주석으로 확인은 되지만 실행할 때는 자료형을 체크하지 않으므로 주석으로만 사용되는 것을 알 수 있다.

```
In :   class Klass :
           def __init__(self:object, name:str) :
               self.name = name


       k = Klass("지원")
       print(Klass.__init__.__annotations__)
Out:   {'self': <class 'object'>, 'name': <class 'str'>}
```

2.2 프로그램 문장(statements)

프로그램을 작성해서 리터럴과 표현식을 재활용하고 여러 줄의 문장 등을 제어하려면 문장에 대한 처리 기준인 작성 방법을 알아야 한다.

단순히 값만 처리하면 한번 처리된 결과는 다시 사용할 수 없으므로 문장에 상태를 저장하는 할당문부터 복잡한 제어 및 순환을 위한 문장 등을 처리하는 방법을 알아본다.

2.2.1 할당(assignment) 문장

파이썬에는 별도 변수 정의가 없다. 변수에 리터럴과 표현식이 평가된 결과가 변수에 할당되어야 변수가 초기화되는 것과 같다.

✚ 변수에 리터럴 할당(변수 정의)

직접 값을 변수에 할당하도록 표현이 되었지만 실제는 변수에 인스턴스 레퍼런스만 할당해서 이 인스턴스 객체를 찾을 수 있는 참조만 할당한다.

예제 2-7 : 변수 정의

변수를 선언해서 정의하는 방법이 따로 없으므로 변수에 바로 할당한다. 변수 x에 1을 할당했다. 이것을 출력하면 1이 나오는 것을 알 수 있다.

```
In :   x = 1

       print(x)

Out:   1
```

여러 변수에 동일한 값을 할당하기 위해 변수를 여러 개 적고 각 변수에 할당하도록 정의하면 제일 우측의 할당부터 평가되면서 모든 변수에 동일한 값이 할당되어 처리된다.

```
In :   a = b= c = 1
       print(a,b,c)

Out:   1 1 1
```

변수에 값을 할당하는 것도 가능하지만 함수가 실행된 결과를 변수에 할당해도 동일한 결과가 나오는 것을 알 수 있다.

```
In :   def func() :
           return 100

       d = func()
```

```
        print(d)
```

Out: 100

예제 2-8 : 변수 할당되는 순서 이해하기

파이썬에서 할당 기호는 = 표시이고 이 우측부터 평가한 결과를 좌측의 변수에 할당하게 된다. 할당이 없는 변수를 먼저 사용하면 이 변수가 지정되어 있지 않다고 예외가 발생한다.

변수가 들어가 있지 않은데 먼저 사용했기 때문에 이런 에러가 발생하는 것이다.

In :   ```
        xxxx = xxxx + 1
        ```

Out:    ```
        ---------------------------------------------------------------
        NameError                          Traceback (most recent call last)
        <ipython-input-11-de634f63d52b> in <module>()
        ----> 1 xxxx = xxxx + 1

        NameError: name 'xxxx' is not defined
        ```

위의 에러를 없애기 위해서는 반드시 변수를 먼저 정의하고 할당을 해서 정의한다. 이런 정의가 있고 난 후에 변수를 사용해야 정의 후에 사용하는 것이다.

In :   ```
        defined_var = 100

        defined_var = defined_var + 30

        print(defined_var)
        ```

Out:    130


## 2.2.2 단순 제어문(simple control statement)

제어문은 if문 내에 있는 조건식을 평가해서 참일 경우는 if문을 실행하고 거짓이면 제어문을 빠져나간다. Else문이 추가된 경우에는 else문 내의 블록을 실행해서 처리한다.
        ```

예제 2-9 : 조건식의 평가 결과는 True/False

조건식(conditional expression)은 평가된 결과가 참과 거짓으로만 판별된다. 파이썬에서는 특정한 결과를 빼면 참으로 평가한다. 특정한 결과는 거짓으로만 인식하는 경우인데 숫자일 경우는 0이고 문자열 등 다른 자료형일 경우는 원소가 없다는 것을 나타낼 때이다.

```
In :   a = None
       if a :
           print("True")
       else :
           print("False")
```

```
Out:   False
```

빈 값이 어떻게 평가되는지를 알아보기 위해 bool 클래스를 이용해서 인자로 넣고 인스턴스를 만들어보면 전부 False라는 값을 출력한다.

```
In :   a = ""
       print(bool(a))
       b = []
       print(bool(b))
       c = None
       print(bool(c))
```

```
Out:   False
       False
       False
```

특정한 경우가 아닐 경우는 숫자가 들어가 있으므로 참으로 인식된다.

```
In :   a = 100

       if a :
           print("True")
       else :
           print("Else")
```

```
Out:   True
```

✦ 조건식을 사용할 때 주의할 점

조건식을 평가할 때도 예외가 발생할 수 있다. 그래서 예외로 평가가 예상한 곳에서는 예외를 처리한다.

또한 조건에 대한 평가를 할 때는 긍정 표현식의 부정보다는 인라인 부정(변수 is not 변수)을 사용한다. 길이를 조건식으로 평가할 경우 len(변수명) == 0과 같이 길이를 평가하는 것보다는 빈 값은 False를 의미하므로 not 변수명으로 사용한다.

예제 2-10 : 조건식 평가 시에 예외 발생

조건식 평가(condition expression evaluation)할 때 예외가 발생하면 조건식 평가가 제대로 안되고 예외가 먼저 처리된다.

```
In :  a = 1
      b = 1

      if a/0 == 1 and b == 1 :
          print(" True ")
      else :
          print(" False ")
```

```
Out: -----------------------------------------------------------------
ZeroDivisionError                       Traceback (most recent call last)
<ipython-input-13-24ef035beb61> in <module>()
      2 b = 1
      3
----> 4 if a/0 == 1 and b == 1 :
      5     print(" True ")
      6 else :

ZeroDivisionError: division by zero
```

예외가 발생할 경우를 대비하기 위해 try except 구문을 이용해서 위의 예제를 예외 발생 없이 처리해봤다. 예외에 대한 자세한 부분은 뒤에서 자세히 알아본다.

```
In :  try :
          if a/0 == 1 and b == 1 :
```

```
        print(" True ")
    else :
        print(" False ")
except ZeroDivisionError as e:
    print(" except ", e)
```

Out: except division by zero

예제 2-11 : 인라인 부정 처리

인라인 부정 시 주의할 점이 있는데, is 키워드 앞에 not을 사용하면 SyntaxError가 발생한다.

In :
```
a = 100
b = 50

if a not is  b :
    print(" True ")
else :
    print(" False ")
```

Out:
```
    File "<ipython-input-14-451887d8b94d>", line 4
      if a not is  b :
                ^
SyntaxError: invalid syntax
```

위의 예제를 해결하기 위해 키워드 is 다음에 not을 넣어서 부정을 처리한다.

In :
```
a = 100
b = 50

if a is not b :
    print(" True ")
else :
    print(" False ")
```

Out: True

✚ 값을 비교 연산으로 처리

제어문을 이용해 조건식에서 값에 대한 비교를 연산할 경우 비교된 값에 대한 참과 거짓을 평가한 후에 결과에 따라 if문이나 else 문에 정해진 로직을 처리한다.

예제 2-12 : 값에 대한 동등성 비교

두 개의 변수에 들어간 값들이 동일한지 여부는 ==을 사용해서 동등성을 비교하여 bool 에 넣고 실행하면 결과가 False로 출력된다.

```
In :   a = 1
       b = 2

       print(bool(a==b))
Out:   False
```

이를 단순 제어문을 사용해서 조건식에 넣고 평가하면 위의 결과가 맞는 평가가 되므로 False로 처리된다.

```
In :   if a == b :
           print(" True ")
       else :
           print(" False ")
Out:   False
```

✚ 삼항 연산 처리(Ternary operators)

단순 제어문을 하나의 라인에 작성하면 삼항 연산자로 처리가 가능하다. 이 제어문을 하나의 라인으로 사용하려면 블록 구문이 없어지고 내부에도 문장을 사용할 수 없다. 하나의 라인으로만 처리하려면 내부의 결과가 표현식으로만 작성된다.

예제 2-13 : 삼항 연산자 : 인라인으로 if문 사용

두 변수가 있고 이 변수가 동일한 값을 가지면 변수 a가 처리되고 동일한 결과가 아니면 변수 b가 반환되어 처리된다.

삼항 연산의 결과를 다른 변수 c에 할당했으므로 이를 출력하면 변수 b 내의 값이 변수 c로 넘어간 것을 알 수 있다.

```
In :   a = 100
       b = 50

       c = a if a == b else b
       print(c)
```
```
Out:   50
```

삼항 연산자로 처리되는 곳에서 pass문 등 문장을 사용할 경우는 예외가 발생한다. 삼항 연산자에서는 표현식으로 평가가 되는 것만 처리가 되는 것을 알 수 있다.

```
In :   d = a if a==b else pass
       print(d)
```
```
Out:     File "<ipython-input-26-1ac540b51551>", line 1
           d = a if a==b else pass
                                ^
       SyntaxError: invalid syntax
```

2.2.3 복합 제어문(complex control statement)

복합 제어문은 여러 개의 조건식을 별도로 평가하기 위해 elif문을 여러 번 사용하는 것을 말한다.

제어문은 아무리 조건식이 많아도 최종적으로 처리되는 것은 조건식에 해당된 결과가 만족할 경우만 실행되는 것을 볼 수 있다.

✚ 복합 제어문: elif

다양한 조건식을 사용하고 싶을 경우 elif문에 조건을 추가해서 로직을 넣는다. 해당 if 조건이 만족하지 않으면 그 다음에 정의된 elif 조건식을 평가하고 만족하면 내부 블록의 로직을 처리한다.

예제 2-14 : 조건식 세분화하기

비교 연산과 논리 연산 처리 시 주의할 점은 연산자 우선순위에 따른 결과값이 다르게 나올 수 있다는 것이다.

```
In :   a = 10
       b = 20

       if a > 5 & b > 20 :
           print(" first  a > 5 & b > 20 ")
       elif a > 7 & b > 20 :
           print(" second a > 7 & b > 20 ")
       elif a > 7 & b >= 20 :
           print(" third a > 7 & b >= 20 ")
       else :
           print(" other ")
```

```
Out:   other
```

복잡한 조건식이 있을 경우 괄호를 사용해서 우선순위를 지정한다. 우선순위에 따라 다른 결과가 나올 수 있다.

```
In :   a = 10
       b = 20

       if (a > 5) & (b > 20) :
           print(" first  a > 5 & b > 20 ")
       elif (a > 7) & (b > 20) :
           print(" second a > 7 & b > 20 ")
       elif (a > 7) & (b >= 20) :
           print(" third a > 7 & b >= 20 ")
       else :
           print(" other ")
```

```
Out:    third a > 7 & b >= 20
```

마지막 else문을 사용하는 경우보다는 elif문을 사용해서 조건식을 평가하는 경우가 더 명확한 결과를 표시할 수 있다. 또한 조건식을 지정할 때 비교 연산자로 동시에 비교할 수 있는 장점도 있다.

```
In :    a = 100

        if 50 < a <= 70 :
            print(" first ")
        elif 70 < a <= 80 :
            print(" second ")
        elif 80 < a <= 90 :
            print(" third ")
        elif 90 < a <= 100 :
            print(" fourth ")
```

```
Out:    fourth
```

✚ 스위치 케이스(switch case)문 처리 방법

다른 프로그래밍 언어에서는 복합 제어문을 단순하게 처리하기 위해 스위치 케이스(switch case)문을 제공한다. 파이썬에서는 복합 제어문만 제공한다.

하지만 딕셔너리와 함수를 이용해서 단순하게 스위치 케이스문을 처리할 수 있다. 또한 복합 제어문을 단순하게 처리할 수 있는 방법으로 사용해도 된다.

예제 2-15 : 딕셔너리의 값으로 함수를 넣어 케이스 처리

함수 2개를 정의하는데 하나는 10일 경우 처리하고 다른 하나는 100일 때 처리하는 것으로 정의했다.

```
In :    def func_10() :
            print(" 10 ")

        def func_100() :
            print(" 100 ")
```

하나의 딕셔너리를 지정해서 키에 10을 주고, 값으로 함수 func_10을 할당하고, 키로 100
을 할당하고, 값에 함수 func_100을 할당했다.

```
In :   switch_case ={ 10: func_10, 100: func_100}
```

이 switch_case 변수에 할당된 딕셔너리 내부를 읽기 위해 10과 100을 넣어서 검색하면
함수가 조회된다. 이 함수를 실행 연산자로 실행을 하면 두 개의 함수가 실행되어 출력을
한다.

이처럼 필요한 경우마다 하나를 호출해서 처리하면 복합 제어문과 스위치 케이스문을 처
리하는 것과 동일한 결과가 나오는 것을 알 수 있다.

```
In :   switch_case[10]()
       switch_case[100]()

Out:   10
       100
```

2.2.4 순환문 처리 : for

파이썬 for문과 다른 언어와 차이점은 반복형(iterable)/반복자(iterator) 등의 자료를 순환하
면서 자동으로 처리한다는 것이다. 이런 반복형에는 문자열, 리스트, 딕셔너리 등의 내장
자료형이 있고 파일 등도 반복형으로 인식되므로 for문에서 순환해서 처리가 가능하다.

반복형을 반복자로 전환하고 구성 원소들을 하나씩 검색해서 처리하면서 마지막까지 처리
가 된다. 그 마지막 이후의 처리가 있을 경우 StopIteration이 발생한다. for 순환문에서
는 예외를 처리하지 않고 마지막까지 처리된 것이라는 것을 인지해서 순환문을 종료한다.

예제 2-16 : 반복자 처리

반복형 range 클래스로 인스턴스를 만들 수가 있지만 이를 반복해서 처리할 수 있도록
iter 함수를 이용해서 만들면 일단 한 번만 사용이 가능한 반복자로 만들어진다.

```
In :  a = iter(range(3))

      print(a)
```

```
Out:  <range_iterator object at 0x10cdbb270>
```

next로 호출해서 하나씩 처리하면 3번째까지 실행된다. 4번째 호출하면 반복자가 다 사용이 되었기 때문에 예외가 발생한다.

```
In :  print(next(a))
      print(next(a))
      print(next(a))
      print(next(a))
```

```
Out:  0
      1
      2
      ---------------------------------------------------------------
      StopIteration                        Traceback (most recent call last)
      <ipython-input-35-a2e7f9524bb1> in <module>()
            2 print(next(a))
            3 print(next(a))
      ----> 4 print(next(a))

      StopIteration:
```

예제 2-17 : 반복형으로 for 순환 처리

for문은 반복형을 받고 반복자로 변환해서 순환을 처리한다.

일단 반복형인 range를 이용해서 10개의 원소를 처리하도록 순환을 실행한다.

```
In :  for i in range(10) :
          print(i)
```

```
Out:  0
      1
      2
      3
      4
```

```
5
6
7
8
9
```

반복형인 문자열을 for문으로 순환을 시키면 문자열의 원소 하나씩 검색되어 출력이 되는
것을 볼 수 있다.

```
In :   for i in "Hello" :
           print(i)
```

```
Out:   H
       e
       l
       l
       o
```

리스트가 주어질 경우도 원소 하나씩 출력하는 것을 볼 수 있다.

```
In :   for i in [1,2,3] :
           print(i)
```

```
Out:   1
       2
       3
```

2.2.5 순환문 처리 : while

while문은 for문과 달리 특정 조건식을 만족할 때까지 순환문 내를 실행한다. 조건식에
거짓이 발생하면 순환문을 종료하고 다음 문장을 처리하도록 한다.

반복형이나 반복자가 처리되지 않으므로 내부의 로직 중에서 별도로 순환할 수 있는 로직
을 처리한다.

예제 2-18 : 순환하기

순환문에 리스트로 평가해서 빈 리스트가 아니면 True이다. 따라서 원소가 다 사라지기 전까지는 순환이 되므로 리스트 내의 원소를 맨 앞에서부터 하나씩 꺼내도록 pop 메서드 내에 인자로 0을 넣어서 실행한다.

```
In :  l = [1,2,3,4]

      while l :
          print(l.pop(0))
Out:  1
      2
      3
      4
```

특정 조건을 판단할 때 for문에서 range를 바로 사용하는 것과 유사하게 작성하려면 지능형 리스트를 먼저 만들고 이를 while 조건절에 넣은 뒤 내부에서 이 리스트를 하나씩 줄여가면 모든 원소를 다 처리한 후에 종료한다.

일단 모든 리스트의 원소를 덧셈해서 결과를 출력한다.

```
In :  total = 0
      l = [x for x in range(5)]
      print(l)
      while l :
          total +=  l.pop()

      print(total)
Out:  [0, 1, 2, 3, 4]
      10
```

2.2.6 continue/break

순환문 등에서 특정 기능을 처리하지 않거나 중단하려면 continue문과 break문을 사용한다.

- continue : 순환 처리는 특정 로직을 처리하지 않을 경우 순환문으로 돌아감
- break : 순환 처리 시 순환을 종료하는 경우 사용

✚ 순환문에서 continue와 break 처리 예시

While문에 조건을 True로 지정할 때 특별하게 이 순환문을 빠져나오지 않으면 무한 순환
을 실행한다.

예제 2-19 : 무한 순환 시 특정값 배제 및 순환을 강제 종료하기

일단 count라는 변수가 5와 값이 동일하면 break문을 이용해서 이 순환문을 종료시킨다.

```
In :    count = 0

        while True :
            if count == 5 :
                break

            print(count)
            count += 1
```

```
Out:    0
        1
        2
        3
        4
```

또한 특정 숫자만큼만 처리를 하도록 구성하고 짝수값만 출력하도록 하려면 홀수일 조건
일 경우 출력을 하지 않고 순환문으로 돌아와서 실행되도록 한다. 그러면 이 홀수 조건이
만족할 경우 출력을 하지 않는다.

```
In :    count = 0

        while True :
            count += 1
            if count == 10 :
                break
```

```
    if count % 2 == 1 :
        continue

    print("even", count)
```

Out: even 2
        even 4
        even 6
        even 8

2.2.7 else문 추가하기

파이썬에서는 다른 언어와 달리 순환문이나 예외 처리문에 else문을 추가해서 사용할 수 있도록 별도의 문장으로 구성했다.

일단 순환문에서 else문을 사용하면 break가 발생하지 않을 경우에만 이 결과를 처리해서 표시한다.

예제 2-20 : 순환 처리 시에 강제 중단 없을 경우 추가 처리

순환문에서 강제 종료인 break문이 처리가 되지 않으면 이 순환문이 처리된 후에 반드시 else문을 수행한다.

출력된 결과를 보면 짝수일 경우 출력을 하고 종료된 후에 else문 내의 출력을 표시했다.

In :   ```
        count = 0

        while count < 10 :
            count += 1
            if count % 2 == 1 :
                continue
            print(count)
        else :
            print(" no break ")
        ```

Out:    2
        4
        ```

```
 6
 8
10
 no break
```

예제 2-21 : 순환문에서 break가 발생할 경우

이번에는 순환문 for문에 else문을 사용해서 처리한다. For 순환문도 특정 시점에 강제로 종료를 원할 경우 내부에 특정 조건을 만족하면 break문을 이용해서 강제 종료도 가능하다.

위의 예제와 동일하게 홀수는 continue문을 이용해서 출력을 하지 않았고 짝수만 출력했다. 특정 값이 9일 경우 강제 종료를 했기때문에 for문에 붙은 else문이 실행이 되지 않는 것을 확인할 수 있다.

```
In :    for i in range(10) :
            if i == 9 :
                break
            if i % 2 == 1 :
                continue
            print(i)
        else :
            print(" no break ")
Out:    0
        2
        4
        6
        8
```

2.2.8 global문과 nonlocal문 처리

파이썬 모듈은 하나의 전역 네임스페이스를 가진다. 모듈에 변수, 함수, 클래스 등을 지정하면 전역 네임스페이스에 이 모듈 내에 정의된 모든 이름을 관리한다.

함수나 클래스도 자기만의 네임스페이스를 가지며 함수와 클래스 내부에 정의된 이름을 관리한다.

함수 내부에서 전역 네임스페이스를 호출하여 변경하고 싶을 경우는 변수가 모듈에 있다는 것을 global 키워드를 이용해서 명기한다.

또한 함수 내부에 내부 함수를 정의할 경우 함수 단위로 네임스페이스를 관리하므로 외부 함수의 네임스페이스 영역을 변경하고 싶을 경우는 변수가 외부 함수에 있다는 것을 nonlocal 키워드를 이용해서 확정한다.

이런 이슈가 발생하는 이유는 변수가 할당되어야 네임스페이스에 등록이 되므로 이를 검색해서 사용이 가능하지만 가끔 내부적으로 검색했는데 참조가 안 될 경우가 발생하므로, 전역과 자기 지역이 아니라는 것을 표시해줘야 자기 지역에서 찾지 않고 상위에서 찾아서 실행을 할 수 있기 때문이다.

이번에는 사용될 때 예외가 왜 발생하는지에 대한 설명만 할 것이다. 네임스페이스와 스코프에 대한 세부적인 요건은 함수를 설명할 때 추가적으로 설명한다.

✚ 모듈 내에서 지정되지 않는 변수 변경

모듈을 작성할 때 변수를 정의 즉 변수를 먼저 할당하지 않고 연산을 수행할 경우 이 변수가 먼저 네임스페이스에서 등록이 되지 않아 검색할 때 없으므로 예외가 발생한다.

예제 2-22 : 모듈에서 변수 정의 없이 사용할 경우 예외 발생

모듈에 변수 정의를 하지 않고 변수에 덧셈을 할 경우 일단 모듈 내의 네임스페이스에서 var_x를 검색하지만 정의된 것이 없기 때문에 정의되지 않았다는 예외가 발생한다.

```
In :   var_x = var_x + 100

Out:   ---------------------------------------------------------------
       NameError                          Traceback (most recent call last)
       <ipython-input-41-20db88d605bf> in <module>()
       ----> 1 var_x = var_x + 100
```

```
NameError: name 'var_x' is not defined
```

✚ 함수 내에서 지정되지 않는 변수 변경

위의 모듈이 예제와 동일하게 함수 내에서도 발생한다. 파이썬에서 변수는 반드시 할당을 해야 네임스페이스에 들어간다. 특히 할당문 우측에 있는 변수는 자기 영역에 없으면 상위에서 찾지 않는다.

예제 2-23 : 함수 내 표현식에 할당되지 않은 변수가 존재

함수 내에 x = x+1에서 x+1이 처리될 때 x 내의 값이 갱신되어야 하므로 일단 함수 내 지역 영역의 x 변수를 검색했지만, 실제로는 없어서 지역 영역에 없는 변수를 갱신한다는 에러가 발생했다.

```
In :    x = 10

        def func() :
            print(locals())
            x = x+ 1
            return x

        print(func())
```

```
Out:    {}
        ----------------------------------------------------------------
        UnboundLocalError                    Traceback (most recent call last)
        <ipython-input-48-6d2e2b0e044e> in <module>()
              6     return x
              7
        ----> 8 print(func())
              9

        <ipython-input-48-6d2e2b0e044e> in func()
              3 def func() :
              4     print(locals())
        ----> 5     x = x+ 1
              6     return x
```

```
      7

UnboundLocalError: local variable 'x' referenced before assignment
```

예제 2-24 : 함수 내에서 전역 변수만 조회할 경우

함수 내에서 단순히 전역 변수를 조회할 경우는 지역 변수에 없으면 이를 상위 전역 네임
스페이스를 검색해서 처리하는 것을 볼 수 있다.

```
In :  x = 10

      def func() :
          print(locals())
          print(x)

      func()
Out:  {}
      10
```

✚ 키워드 global을 사용

위의 예제처럼 할당문 우측에 할당되지 않는 변수를 갱신할 경우 예외를 발생시켰다. 이
변수를 지역에서 정의하지 않을 경우 반드시 전역 네임스페이스에 있다는 것을 명기한다.

예제 2-25 : 함수에 없는 전역 변수를 지정해 사용하기

전역 변수 x에 정수 10을 할당해서 정의했다. 함수 내에서 이 변수를 갱신한다. 이 결과를
전역 네임스페이스와 공유해서 사용하도록 했다.

함수의 결과를 출력한 것과 전역 변수 x를 출력한 것이 동일한 결과가 나오는 것을 확인할
수 있다.

```
In :  x = 10
```

```
def func() :
    global x
    print(locals())
    x = x+ 1
    print(locals())
    return x

print(func())
print(x)
```

Out:
```
{}
{}
11
11
```

✚ 내부 함수에서도 변수 할당 없이 갱신하는 경우

함수 내부에 함수를 정의할 경우에도 지역 변수가 별도로 생성되므로 변수 할당 없이 사용하면 변수가 정의되지 않고 사용하는 것이므로 예외가 발생한다. 예외 발생을 해결하려면 변수를 할당해서 정의한 후에 사용한다.

예제 2-26 : 내부 함수 내에 미지정된 변수 사용

외부 함수 outer를 정의하고 내부 변수로 x를 지정했다. 이 외부 함수의 지역에 내부 함수 inner를 정의하고 변수 x를 갱신했다. 함수 내부에서 갱신을 할 때 일단 함수가 지역 변수에 있는지를 확인하는데 지역에는 x라는 변수가 없어서 예외가 발생했다.

In :
```
def outer() :
    x = 10
    def inner() :
        print("inner", locals())
        x = x+ 1
    print("outer ", locals())
    return inner()

print(outer())
```

Out:
```
outer  {'inner': <function outer.<locals>.inner at 0x0000000004BD0598>,
```

```
'x': 10}
inner {}
-------------------------------------------------------------------------
UnboundLocalError                       Traceback (most recent call last)
<ipython-input-55-514fd25bc913> in <module>()
      7         return inner()
      8
----> 9 print(outer())

<ipython-input-55-514fd25bc913> in outer()
      5             x = x+ 1
      6         print("outer ", locals())
----> 7         return inner()
      8
      9 print(outer())

<ipython-input-55-514fd25bc913> in inner()
      3         def inner() :
      4             print("inner", locals())
----> 5             x = x+ 1
      6         print("outer ", locals())
      7         return inner()

UnboundLocalError: local variable 'x' referenced before assignment
```

예제 2-27 : 내부 함수 내에 미지정된 변수를 nonlocal로 지정

inner 함수 내에 미정의된 변수를 nonlocal 키워드를 이용해서 inner 함수에 정의된 변수가 아니라고 표시했다. outer 함수에 x가 정의되어 있으므로 x = x+1에서 x라는 변수를 처리 시 outer 함수의 x를 찾아서 처리한다. 처리된 결과는 inner 함수 내의 지역에 저장되어 변경된 것을 확인할 수 있다.

```
In :   def outer() :
           x = 10
           def inner() :
               nonlocal x
               print("inner", locals())
               x = x+ 1
               print("inner", locals())
```

```
    print("outer ", locals())
    return inner()

print(outer())
```

Out: outer {'inner': <function outer.<locals>.inner at 0x0000000004BD01E0>,
     'x': 10}
     inner {'x': 10}
     inner {'x': 11}
     None

2.3 함수 및 클래스 정의문 처리

함수와 클래스는 정의문을 지정해야 로딩이 된 후에 사용할 수 있다.

로딩되는 시점에 함수와 클래스로 정의한 이름이 모듈 내의 네임스페이스에 할당되며 할당된 이후에 이 함수와 클래스를 사용할 수 있다.

2.3.1 함수 정의문

함수를 정의하면 함수도 하나의 인스턴스가 만들어진다. 함수는 function 클래스의 인스턴스가 하나로 만들어진다. 모든 함수는 function 클래스로 만드는 인스턴스라는 것을 알 수 있다.

✚ 함수(function) 정의문

함수가 호출되면 파이썬 엔진에 호출된 함수가 올라가 실행되는 것을 지원한다.

- 함수 정의 키워드 : def 함수명
  함수명은 함수의 이름으로도 사용되지만 함수가 작성된 모듈 내의 네임스페이스가 관리되는 변수명으로 사용된다. 함수명은 함수의 __name__ 속성에서 함수명

82

을 문자열로 관리한다.

예제 2-28 : 함수를 정의할 때 아무 기능이 없이 정의도 가능

함수 func를 정의하고 매개변수는 아무 것도 표현하지 않았다. 함수 내부의 블록 안에도 pass문을 정의했으므로 아무 것도 하지 않는다.

이 함수를 정의한 후에 함수의 이름을 사용해서 __name__을 호출하면 함수의 이름이 출력된다. 메타 클래스를 가지고 함수가 어느 클래스에 의해 만들어졌는지를 확인해보면 function 클래스라고 표시되는 것을 볼 수 있다.

```
In :   def func() :
           pass

       print(func.__name__)
       print(type(func))
Out:   func
       <class 'function'>
```

- 함수 매개변수(parameter) :
  함수의 매개변수는 함수가 호출될 때 전달되는 인자(argment)들과 매칭되는 지역 변수(local variable)이다. 매개변수와 인자는 항상 동일한 개수가 매칭되어야 하지만 매개변수에 초기값을 부여할 경우 인자가 다 들어오지 않아도 처리된다.

예제 2-29 : 매개변수 처리

함수에 매개변수 2개를 넣고 locals 함수로 출력하면 함수를 호출할 때 인자가 매개변수에 들어가서 지역 변수로 표시되는 것을 알 수 있다.

```
In :   def func(para1,para2) :
           print(locals())
           return para1, para2
```

함수를 호출할 때 100, 1200을 넣고 실행해서 변수 c에 할당했다. 이 c 변수를 출력하면 두 개의 변수를 튜플로 처리해서 출력하는 것을 알 수 있다.

```
In :   print(func.__name__)
       print(type(func))
       c = func(100,1200)
       print(c)
```

```
Out:   func
       <class 'function'>
       {'para2': 1200, 'para1': 100}
       (100, 1200)
```

- 함수의 결과를 반환하기 : return

  함수가 처리된 결과를 반환하려면 반드시 return문을 사용해서 처리한다.

예제 2-30 : 함수는 return문이 없어도 반드시 반환값을 처리

함수에 return문은 옵션이라 필히 지정하는 것은 아니므로 함수를 정의할 때 return문이 없다.

```
In :   def func(para1,para2) :
           print(locals())
```

반환되는 결과를 명기하지 않았지만 이 함수를 실행해서 변수에 할당했다. 반환값이 없다면 할당할 것이 없어 예외가 발생하지만 예외 없이 처리되는 것을 알 수 있다.

파이썬에서는 return문이 없어도 None이 반환된 것을 알 수 있다.

```
In :   print(func.__name__)
       print(type(func))
       c = func(100,1200)
       print(c)
```

```
Out:   func
       <class 'function'>
       {'para2': 1200, 'para1': 100}
```

```
None
```

2.3.2 클래스 정의문

클래스도 사용하려면 먼저 클래스를 정의문을 이용해 정의한다. 클래스가 정의된 후에 로딩이 되면 이 클래스가 하나의 객체로 사용되기 때문에 다양한 방법으로 이 클래스를 이용할 수 있다.

✚ 클래스(class) 정의문

사용자 정의 자료형인 클래스를 만들어서 다양한 기능을 처리할 수 있도록 정의하면 파이썬 내부에서는 클래스 객체를 만들어준다.

예제 2-31 : 아무 것도 하지 않는 클래스 정의

클래스 정의문만 정의하고 내부 로직이 아무 것도 하지 않는다는 의미에서 pass문만 정의했다.

```
In :   class Klass :
            pass
```

클래스를 이용해서 자기의 이름을 __name__으로 검색했다. 아무 일도 하지 않는 클래스이지만 인스턴스를 생성해서 k라는 변수에 할당했다. 이 변수 k를 출력하면 하나의 인스턴스가 만들어졌다는 것을 표시한다.

이 인스턴스가 어느 클래스에 의해 만들어졌는지를 type 클래스로 확인하면 동일한 클래스라는 것을 알 수 있다.

```
In :   print(Klass.__name__)

       k = Klass()
       print(k)
```

```
    print(type(k))
```

Out: ```
      Klass
      <__main__.Klass object at 0x10cdc22e8>
      <class '__main__.Klass'>
      ```

아무 것도 하지 않는 클래스인 Klass를 정의해서 인스턴스를 하나 만들었지만 내부적으로 어떻게 작동하는지를 간단히 알아보자.

최상위 클래스인 object 내에 새로운 인스턴스를 만드는 생성자 메서드인 __new__ (Klass)를 호출해서 인스턴스를 만들어본다.

이 방식은 Klass()로 인스턴스를 만드는 것과 동일한 행위인 인스턴스를 생성하는 일을 한다.

이 object 생성자로 만든 인스턴스가 어느 클래스로 만들어졌는지를 확인해보면 Klass 클래스로 만들어진 것을 알 수 있다.

이렇게 작동하는 원리는 클래스 생성자를 설명할 때 자세히 알아본다.

In :  ```
      o = object.__new__(Klass)
      print(o)
      print(isinstance(o,Klass))
      ```

Out: ```
      <__main__.Klass object at 0x10cdc2e48>
      True
      ```

## 2.3.3 pass 문장

파이썬을 구현할 때 로직이 필요하지 않으면 pass문을 넣을 수 있다. 함수나 클래스 외에 도 다양한 곳에 사용이 가능하다. 문장의 완성을 위해 아무런 일을 하지 않는 표현이 필요 하다.

위에서 함수와 클래스 정의문에 pass문을 사용해서 처리하는 방법을 알아봤다. 그 이외의 문장에서 사용이 가능한지를 알아본다.
      ```

예제 2-32 : pass문 사용

순환문일 경우 내부에 아무 것도 하지 않는 pass문을 넣으면 아무 것도 처리하지 않는다.

```
In :    for i in range(3) :
            pass

        print(" pass 실행")
```

```
Out:    pass 실행
```

제어문에도 pass문을 사용하면 아무 것도 처리하지 않는다.

```
In :    if True :
            pass

        print(" pass 실행")
```

```
Out:    pass 실행
```

2.4 모듈(module)/패키지(package) 처리

파이썬만 해도 내장 함수와 클래스를 처리하는 모듈과 사용자가 작성하는 기본적인 프로그램을 관리하는 모듈 등이 있다.

이 다양한 모듈을 다시 묶어서 하나의 패키지로 사용할 수 있다. 프로그램의 양이 많아지면 패키지로 많이 분리해서 프로그램들을 나눠 관리할 수 있다.

2.4.1 import 구문

작성하고 있는 프로그램에서 타 모듈이나 타 패키지 내의 모듈에 있는 함수나 클래스 등을 사용하고 싶을 경우 이를 현재 작성하는 모듈에서 사용한다는 표시를 한다.

이런 모듈을 사용하기 위해 import문을 이용해서 처리한다.

✚ Import 구문 사용법

- 모듈명을 직접 올리기

  import 패키지명.모듈명, import 모듈명

- 패키지나 모듈 내에 일부 요소만 올리기

  from 패키지명 import 모듈명, from 패키지명.모듈명 import 함수/클래스명

- 이름의 충돌을 막거나 축약형으로 명칭을 사용하기

  as 다음에 별칭(alias)를 부여해서 사용

- import 구문을 사용할 때 주의사항

  ○ 모듈을 작성할 때 import문은 항상 처음에 위치하도록 작성한다.

  ○ 모듈을 import할 때는 항상 절대 경로를 사용하도록 한다.

  ○ 상위와 하위의 모듈이 존재할 때 이를 import할 경우에는 알파벳 순으로 작성한다.

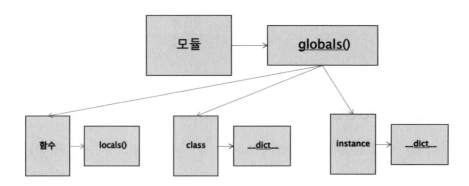

✚ Import 직접 사용

모듈을 바로 import 모듈명이나 이 모듈명에 별칭을 지정해서 축약형의 이름으로 사용한다.

예제 2-33 : 파이썬에서 제공하는 전체 모듈을 import하기

파이썬 내에 수학을 처리하는 함수들을 제공하는 모듈인 math를 import하여 이 math라는 이름을 출력하면 모듈이라는 정보를 출력한다. 이 math에 대한 __name__을 확인하

면 math라고 출력하는 것을 볼 수 있다.

```
In :    import math

        print(math)
        print(math.__name__)
```

```
Out:    <module 'math' from '/Users/dahlmoon/anaconda/lib/python3.6/lib-
        dynload/math.cpython-36m-darwin.so'>
        math
```

예제 2-34 : 내부 제공 모듈을 import할 때 별칭을 부여하기

수학 함수를 제공하는 모듈에 별칭을 부여해서 pi 상수를 점 연산으로 접근하여 출력할 수 있다. 별칭은 math 모듈을 별도의 mt로 할당해서 처리하는 것과 동일한 결과를 나타낸다.

```
In :    import math as mt

        print(mt)
        print(mt.__name__)

        print(mt.pi)
```

```
Out:    <module 'math' from '/Users/dahlmoon/anaconda/lib/python3.6/lib-
        dynload/math.cpython-36m-darwin.so'>
        math
        3.141592653589793
```

키워드 as를 사용하지 않으면 별도의 mt 변수를 정의하고 이곳에 import한 모듈 math를 직접 할당해서 처리해도 동일한 결과가 나오는 것을 볼 수 있다.

별칭이란 별도의 변수를 지정해서 그 변수에 모듈의 변수를 재할당하는 것임을 확인할 수 있다.

```
In :    import math

        mt = math
        print(mt)
        print(mt.__name__)
```

```
print(mt.pi)
```

```
Out:   <module 'math' (built-in)>
       math
       3.141592653589793
```

✚ from/import로 모듈 내에 특정 속성만 사용하기

특정 모듈이나 패키지에 전부를 import하는 것이 아니라 특정 요소만 사용이 필요한 경우에 필요한 요소만 지정해서 import 처리한다.

예제 2-35 : 모듈 내의 특정 속성만 원래 이름으로 사용하기

모듈을 import해서 처리하는 것이 아니라 모듈 내의 변수와 함수 이름을 직접 import해서 사용도 가능하다. 기존에 동일한 이름이 있다면 이 이름과 충돌이 나서 다르게 처리할 수 있으므로 권장하지는 않는다.

```
In :   from math import pi, sin

       print(pi)
       print(sin)

       print(sin(0))

       pi = 100
       print(pi)
```

```
Out:   3.141592653589793
       <built-in function sin>
       0.0
       100
```

예제 2-36 : 모듈 내의 특정 속성에 별칭 부여하기

속성에 대한 이름이 충돌하는 것을 방지하기 위해 pi 변수에 대해 별칭으로 mtpi를 할당해서 처리하도록 할 수도 있다.

```
In :   from math import pi as mtpi

       print(mtpi)

Out:   3.141592653589793
```

별칭은 별도의 변수를 지정하고 import한 것을 할당해서 사용하는 것과 동일한 처리라는 것을 알 수가 있다.

```
In :   from math import pi

       mtpi = pi

       print(mtpi)

Out:   3.141592653589793
```

2.4.2 모듈 생성 및 실행하기

사용자 정의 모듈에 함수를 정의하고 이를 import해서 처리하는 예시를 확인해보겠다.

✛ 모듈을 생성하고 import 후에 메인 모듈에서 처리하기

파이썬에는 main 함수를 제공하지 않는다. 대신 module의 __name__ 관리 규칙이 현재 실행되는 모듈일 경우는 "__main__"으로 관리하므로 이 기준으로 실행을 확인확인한다.

예제 2-37 : 함수를 정의해서 파이썬 파일로 저장

주피터 노트북에서 %%writefile add.py를 입력하고 그 다음 라인에 add 함수를 정의하여 실행하면 add.py 모듈이 만들어진다. 파이썬에서 프로그램 모듈에 대한 확장자는 py이다.

```
In :   %%writefile add.py
```

```
    def add(x,y) :
        return x+y
```

Out: Writing add.py

이 모듈을 다른 프로그램에서 사용하려면 add.py 모듈을 import해서 사용한다.

이 add라는 모듈 내에 있는 함수 add를 사용하려면 모듈명.함수명을 쓰고 다음 호출 연산자에 인자를 넣고 호출하면 된다.

모듈의 이름을 확인하고 싶을 경우는 add.__name__으로 검색하면 이 모듈의 이름을 출력한다.

In :   **import add**

```
print(add.add(10,10))
print(add.__name__)
```

Out: 20
        add

위의 예제는 타 모듈을 호출해서 바로 실행하는 것을 의미한다. 현재 사용하는 모듈이 항상 처음으로 실행되는 메인 역할을 하므로 파이썬에서는 처음으로 실행되는 프로그램의 이름을 __main__으로 인지해서 처리한다.

파이썬에서는 별도의 main 함수가 없으므로 첫 번째 모듈이 실행될 때 이 모듈 이름이 __main__인지를 확인해서 내부에 로직을 넣으면 이 모듈이 처음으로 호출될 때 실행되는 것을 볼 수 있다.

In :   **import add**

```
if __name__ == "__main__" :
    print(add.add(10,10))
```

Out: 20

✦ 모듈을 생성하고 shell에서 실행하기

주피터 노트북에서 실행된 것을 파이썬 실행창에서 실행해도 동일한지를 알아보자.

두 개의 모듈을 작성하고 하나의 모듈을 먼저 호출하면 __main__으로 모듈명이 바뀌어서 실행되는지를 확인한다.

예제 2-38 : 두 개의 모듈을 생성하고 shell에서 실행하기

호출되는 관계를 확인하기 위해서 2개의 모듈을 작성한다. 첫 번째 모듈은 곱셈을 하는 함수를 가진 mul.py이다.

```
In :   %%writefile mul.py

        def mul(x,y) :
            return x*y
```

```
Out:   Writing mul.py
```

두 번째 모듈은 Main_mul.py이다. 모듈 mul을 불러서 main_mul.py가 처음으로 호출될 경우 mul 모듈 내의 mul 함수를 호출해서 계산된 결과를 출력한다.

```
In :   %%writefile main_mul.py
        import mul

        if __name__ == "__main__" :
            print(mul.mul(10,10))
```

```
Out:   Writing main_mul.py
```

shell 명령어는 주피터 노트북 내의 cell에서도 작동이 가능하다. 이때 명령어 앞에 느낌표 (!)를 붙여서 사용하면 shell창에서 실행하는 것과 동일하다.

```
In :   !python main_mul.py
```

```
Out:   100
```

주피터 노트북 내의 magic 명령은 % 다음에 명령어를 붙여서 사용할 수 있다.

빈 cell에 %run 프로그램 모듈을 실행하면 모듈이 실행된다. 결과를 확인해보면 내부의
모듈명이 __main__ 으로 결정되고 제어문 내에 함수가 실행되어 결과를 출력하는 것을
볼 수 있다.

```
In :  %run main_mul.py

Out:  100
```

2.4.3 모듈 네임스페이스 확인하기

프로그램을 관리하는 단위는 모듈이다. 이 모듈 내에 변수, 함수, 클래스들이 정의된다.
이를 호출해서 함수의 결과 또는 클래스의 인스턴스가 만들어지고 이 인스턴스의 메서드
가 실행되어 결과를 처리한다.

이처럼 모듈 내에서 실행되는 것을 관리할 기준을 만들어야 하는데 이를 네임스페이스라
하고 이 네임스페이스 중에 어떤 것부터 검색해서 처리하는 방식을 스코프라 한다.

파이썬에서는 모듈 내의 전역 네임스페이스를 조회할 수 있는 globals 내장 함수가 있고
함수 등 지역 네임스페이스를 관리하는 locals 함수를 지원하고 있다. 이 함수를 통해 전
역과 지역에 대한 네임스페이스를 알아본다.

✛ 모듈과 함수 내의 네임스페이스 확인

현재 작성하는 모듈에는 변수, 함수, 클래스 등이 모듈 내 네임스페이스에 등록된다. 네임
스페이스는 파이썬에서 제공되는 딕셔너리 자료형으로 관리하므로 키와 값의 쌍으로 구성
된다.

파이썬에서 왜 이름과 값으로 관리할까라는 의문이 있었을 것이다. 네임스페이스 관리 원
칙이 키와 값으로 구성되어 키는 이름이고 값은 객체를 유지하기 때문이다.

예제 2-39 : globals와 locals 함수 처리

내장 함수 globals는 모듈에서 실행하면 모듈 내의 모든 이름을 관리하는 네임스페이스이다. 이 네임스페이스를 관리하는 자료형이 딕셔너리 타입이라는 결과를 보여준다.

```
In :  print(type(globals()))

Out:  <class 'dict'>
```

하나의 함수 내에 locals 함수를 실행하고 이 타입을 확인하면 딕셔너리 자료형이라는 것을 알 수 있다.

```
In :  def add(x,y) :
          print(type(locals()))
          return x+y

      print(add(10,10))

Out:  <class 'dict'>
      20
```

함수 add 내에 있는 속성__globals__는 모듈에 있는 전역 네임스페이스를 가지고 처리해보면 globals 함수를 처리하는 것과 동일한 결과가 나오는 것을 알 수 있다.

```
In :  print(add.__globals__['add'])
      print(add.__globals__['__name__'])

Out:  <function add at 0x10cda9d08>
      __main__
```

```
In :  print(globals()['add'])
      print(globals()['__name__'])

Out:  <function add at 0x10cda9d08>
      __main__
```

예제 2-40 : 모듈에 변수와 함수를 정의하고 전역에서 조회

모듈 func_st를 작성해서 이 안에 함수 하나와 변수 하나를 정의한다. 전역 네임스페이스를 관리하는 globals 함수를 실행하고 add_f 함수와 CONT 변수를 조회한다. 함수의 이름을 전역 네임스페이스에서 소사한 후 호출 연산자에 인자를 넣고 호출한다.

```
In :   %%writefile func_st.py

       def add_f(x,y) :
           return x+y

       CONT = 100

       if __name__ == "__main__" :
           print(globals()["add_f"])
           print(globals()["CONT"])
           print(globals()["add_f"](CONT,20))
```

```
Out:   Writing func_st.py
```

이 모듈을 실행하면 모듈 내의 네임스페이스를 조회하고 함수를 실행해서 함수의 결과도 보여주는 것을 볼 수 있다.

```
In :   !python func_st.py
```

```
Out:   <function add_f at 0x10b8a2ea0>
       100
       120
```

```
In :   %run func_st.py
```

```
Out:   <function add_f at 0x10cdfeea0>
       100
       120
```

2.4.4 패키지(package) 처리

다양한 모듈들을 어떻게 관리할 것인가를 고민할 경우가 많다. 다양한 모듈들을 분류해서 패키지로 묶는 방법을 알아본다.

✚ testpk 패키지 생성하기

모듈을 관리하는 상위 testpk 패키지를 만든다. 파이썬 모듈이 관리하는 패키지에는 반드시 __init__.py 모듈을 만들어야 한다.

예제 2-41 : os 모듈 확인

파이썬에서 os 모듈은 다양한 operating system을 위한 wrapper 처리용 모듈로써 리눅스와 윈도우 등의 os 명령어를 함수로 처리할 수 있도록 지원한다.

```
In :   import os

       print(os)
```
```
Out:   <module 'os' from '/Users/dahlmoon/anaconda/lib/python3.6/os.py'>
```

함수를 통해 현재 디렉터리를 확인한다.

```
In :   os.getcwd()
```
```
Out:   '/Users/dahlmoon/Documents/GitHub/python_book/python_gram'
```

주피터 노트북 내의 magic 명령을 통해 현재 디렉터리를 확인한다.

```
In :   %pwd
```
```
Out:   '/Users/dahlmoon/Documents/GitHub/python_book/python_gram'
```

예제 2-42 : 패키지 만들기 : testpk

모듈 os 내의 함수 makedirs를 이용해서 현재 디렉터리에 testpk를 만든다.

```
In :    os.makedirs("testpk")

In :    print(os.getcwd())

Out:    /Users/dahlmoon/Documents/GitHub/python_book/python_gram
```

모듈 os 내의 chdir 함수를 이용해서 방금 만든 testpk 디렉터리(패키지)로 이동한다. 모듈 os 내의 getcwd를 이용해서 현재 디렉터리를 확인하면 testpk 디렉터리에 있는 것을 확인할 수 있다.

```
In :    os.chdir("testpk")

In :    print(os.getcwd())

Out:    /Users/dahlmoon/Documents/GitHub/python_book/python_gram/testpk
```

파이썬은 패키지(디렉터리)도 하나의 객체로 관리한다. 객체가 되려면 __init__.py를 반드시 지정한다. __init__.py 내부에는 아무 것도 없어도 패키지로 인식하는 데는 이상이 없다.

```
In :    %%writefile __init__.py
        ## init

Out:    Writing __init__.py
```

✚ testpk 패키지 내의 하위 패키지 생성하기

최상위 testpk 패키지를 만들었다. 이 아래에 모듈을 관리할 패키지를 만들고 이를 기반으로 모듈을 만들 것이다.

패키지도 모두 객체로 인식되므로 각 패키지 안에 기본적으로 하나의 모듈인 __init__.py을 만들어야 한다.

98

예제 2-43 : 하위 패키지 만들기 : spam

상위 패키지 testpk 내부에 다른 패키지인 spam을 만들고 패키지 내부에 __init__.py를 정의했다.

```
In :  os.getcwd()
Out:  '/Users/dahlmoon/Documents/GitHub/python_book/python_gram/testpk'
```

```
In :  os.makedirs("spam")
In :  os.chdir("spam")
In :  os.getcwd()
Out:  '/Users/dahlmoon/Documents/GitHub/python_book/python_gram/testpk/spam'
```

```
In :  %%writefile __init__.py
      ## init
Out:  Writing __init__.py
```

이 패키지 내에 spam이라는 모듈을 만들었고 그 내부에 spam이라는 함수를 정의했다.

```
In :  %%writefile spam.py
      def spam():
          print("call spam")
Out:  Writing spam.py
```

예제 2-44 : 하위 패키지 만들기 : grok

다시 상위 패키지인 testpk로 이동하기 위해 현재 디렉터리(..)에서 상위(.)로 이동하는 인자를 상대 경로로 제시했다. Chdir 함수가 실행되면 디렉터리를 이동하는 것을 확인할 수 있다.

```
In :  os.chdir(r"../ ./")
```

```
In :   os.getcwd()
```
```
Out:   '/Users/dahlmoon/Documents/GitHub/python_book/python_gram/testpk'
```

다시 패키지 grok을 만들고 이 디렉터리 내부로 들어가서 __init__.py를 만든다.

```
In :   os.makedirs("grok")
```
```
In :   os.chdir("grok")
```
```
In :   os.getcwd()
```
```
Out:   '/Users/dahlmoon/Documents/GitHub/python_book/python_gram/testpk/grok'
```

```
In :   %%writefile __init__.py
       ## init
```
```
Out:   Writing __init__.py
```

이 패키지 밑 grok 모듈 내에 grok 함수를 정의한다.

```
In :   %%writefile grok.py
       def grok():
           print("call grok")
```
```
Out:   Writing grok.py
```

예제 2-45 : 상위 패키지 내부 정보 확인하기

현재 작성된 패키지에서 최상위 패키지 바로 위로 이동하려고 한다. 일단 한 단계를 상위
로 올라가본다.

그 다음에 다시 한 단계를 상위로 올라가본다. 그러면 지금까지 만든 패키지보다 더 상위
로 올라가있는 것을 알 수 있다.

```
In :   os.chdir(r"../../")
```

```
        print(os.getcwd())
```
Out: /Users/dahlmoon/Documents/GitHub/python_book/python_gram/testpk

In :   os.chdir(r"../../")
```
        print(os.getcwd())
```
Out: /Users/dahlmoon/Documents/GitHub/python_book/python_gram

지금까지 만든 testpk 패키지 내부에 어떤 것이 만들어져 있는지를 확인해본다. 모듈 os 내의 listdir 함수를 이용하거나 주피터 노트북 %ls에 패키지 이름을 주고 조회하면 내부에 있는 패키지와 파일을 보여준다.

In :   os.listdir("testpk")

Out: ['__init__.py', 'grok', 'spam']

In :   %ls testpk

Out: __init__.py grok/   spam/

윈도우에서 확인하면 아래의 그림처럼 볼 수 있다.

상위 패키지(testpk) 내부의 spam 패키지 내에 만들어진 정보를 조회해본다.

In :   os.listdir("testpk/spam")

Out: ['spam.py', '__init__.py']

In :   %ls testpk/spam

```
Out:    __init__.py  spam.py
```

상위 패키지(testpk) 내부의 grok 패키지 내에 만들어진 정보를 조회해본다.

```
In :    os.listdir("testpk/grok")
Out:    ['grok.py', '__init__.py']
```

```
In :    %ls testpk/grok
Out:    __init__.py  grok.py
```

✚ testpk 패키지 내부 속성 확인

파이썬은 패키지도 객체로 인식하므로 패키지도 dir 함수로 조회하면 스페셜 메서드가 자동으로 만들어져 있다. 내부 모듈들에 대한 재로딩을 import로만 처리하는 것을 기준으로 설명한다.

예제 2-46 : package를 import해서 내부 속성을 확인

파이썬은 두 패키지를 전부 import하고 testpk 패키지의 내부 정보를 dir 함수로 조회하면 만들지 않은 속성들이 자동으로 생성되어 있는 것을 볼 수 있다.

```
In :    import testpk
        import pprint

        pprint.pprint(dir(testpk))
        print(testpk.__path__)

Out:    ['__builtins__',
         '__cached__',
         '__doc__',
         '__file__',
         '__loader__',
         '__name__',
         '__package__',
         '__path__',
```

```
                '__spec__']
['/Users/dahlmoon/Documents/GitHub/python_book/python_gram/testpk']
```

하위 패키지를 로딩해서 확인한다. 로딩이 제대로 안될 경우 로딩해서 처리하면 패키지까지 재로딩이 된다.

```
In :    import testpk.grok

        dir(testpk.grok)

Out:    ['__builtins__',
         '__cached__',
         '__doc__',
         '__file__',
         '__loader__',
         '__name__',
         '__package__',
         '__path__',
         '__spec__']


In :    import testpk.spam

        dir(testpk.spam)

Out:    ['__builtins__',
         '__cached__',
         '__doc__',
         '__file__',
         '__loader__',
         '__name__',
         '__package__',
         '__path__',
         '__spec__']
```

다시 최상위 패키지 testpk를 import할 경우 내부에 하위 패키지들이 들어와있는 것을 확인할 수 있다.

```
In :    import testpk
```

```
import pprint

pprint.pprint(dir(testpk))
```

Out:
```
['__builtins__',
 '__cached__',
 '__doc__',
 '__file__',
 '__loader__',
 '__name__',
 '__package__',
 '__path__',
 '__spec__',
 'grok',
 'spam']
```

✚ 내부 모듈의 함수 실행

Testpk 내부 패키지 내의 패키지와 모듈을 import하고 내부 함수를 호출해서 실행시킨다.

예제 2-47 : import로 패키지 내부의 모듈 내 함수를 호출하기

grok 패키지와 spam 패키지 내의 grok과 spam 모듈을 로딩시키고 이것을 types 모듈 내의 자료형으로 확인해본다.

패키지와 모듈은 types.ModuleType으로 인식되고 모듈 내의 함수는 FunctionType으로 인식되는 것을 확인할 수 있다.

In :
```
import testpk.grok.grok
import testpk.spam.spam
import types

if type(testpk.grok) == types.ModuleType :
    print(" module")

if type(testpk.grok.grok) == types.ModuleType :
    print(" module")
```

```
if type(testpk.grok.grok.grok) == types.FunctionType :
    print(" function")
```
Out: module
        module
        function

패키지 testpk 내부에서 서브 패키지 grok과 spam 밑의 grok과 spam 모듈 내에 grok과 spam 함수를 호출해서 처리한다.

In :   **import testpk.grok.grok as grok**
        import testpk.spam.spam as spam

        grok.grok()
        spam.spam()
Out: call grok
        call spam

2.5 네임스페이스(Namespace) 관리 규칙

위에서 모듈과 함수의 네임스페이스를 조회하는 globals와 locals 함수를 알아봤다. 네임스페이스를 지정하는 키워드인 global, nonlocal도 배웠다. 또 한 번 강조해서 다시 설명하는 이유는 이름과 값으로 처리되는 파이썬에 대한 개념을 알아보기 위해서이다.

2.5.1 모듈 네임스페이스에 할당하고 조회하기

프로그램을 작성하면 문장에 있는 이름을 관리해서 다시 호출할 때 재사용할 수 있도록 만들어야 한다. 이때 해당하는 이름을 관리하는 것을 네임스페이스라 하고 이 네임스페이스에 등록하고 조회해서 처리하는 방식을 알아본다.

예제 2-48 : 네임스페이스는 변수 할당하고 조회

하나의 모듈별로 별도의 네임스페이스가 만들어진다. Variable이라는 모듈을 만들고 변수 x에 1을 할당한다.

이 모듈이 전역 네임스페이스에서 함수 globals()로 이 안에 들어가 있는 이름 x를 조회해서 출력한다.

```
In :   %%writefile variable.py
       x = 1

       print(globals()['x'])
Out:   Writing variable.py
```

```
In :   %run variable.py
Out:   1
```

함수만을 지정한 모듈에 add 함수를 정의했다. 이 모듈 내에서 이름으로 add를 검색하면 함수 레퍼런스를 출력하고 이 함수를 호출 연산자에 의해 실행시키면 함수 객체가 실행되어 처리되는 것을 알 수 있다.

함수가 정의되면 함수명이 네임스페이스의 이름으로 등록되고 함수 객체가 값으로 저장되기에 이 이름으로 호출해서 실행하면 함수로 정의한 것이 호출되어 처리된다.

```
In :   %%writefile functions.py
       def add(x,y) :
           print("namespace")
           return x+y

       print(globals()['add'])
       print(globals()['add'](10,20))
Out:   Writing functions.py
```

```
In :   %run functions.py
```

```
Out:    <function add at 0x10cda9e18>
        namespace
        30
```

별도의 모듈에 Car 클래스를 정의하면 위의 함수처럼 Car라는 이름과 이 클래스의 로딩된 객체가 값으로 등록된다. 이를 검색해서 실행시키면 하나의 인스턴스를 만들고 그 인스턴스의 속성을 조회해서 출력도 가능하다.

```
In :    %%writefile Klass.py
        class Car :
            def __init__(self,name) :
                self.name = name

        print(globals()['Car'])
        c = globals()['Car']("Ford")
        print(c.name)
```

```
Out:    Writing Klass.py
```

```
In :    %run Klass.py
```

```
Out:    <class '__main__.Car'>
        Ford
```

2.5.2 전역 네임스페이스 접근 방식

파이썬은 모듈별로 생긴 전역 네임스페이스를 호출할 수 있는 기능도 그 모듈에 속한 함수에서 사용이 가능하다.

다른 모듈에 전역 네임스페이스는 참조가 안 되므로 이를 사용할 경우는 함수의 인자로 전달한다.

✚ 함수가 보는 전역 네임스페이스 확인

함수가 모듈 안에 작성될 때부터 전역 영역이 결정된다. 어떻게 자기의 전역을 검색해서 결과를 주는지를 확인해본다.

예제 2-49 : 함수 내의 전역 네임스페이스 확인

함수 func에 속한 모듈인 func_nam에서 x라는 변수를 정의하고 결과로 x를 리턴한다.

```
In :   %%writefile func_name.py

       x = 100

       def func() :
           print(globals()['x'])
           return x
```
```
Out:   Writing func_name.py
```

함수 func_main이 속한 모듈인 func_main에서 x라는 변수를 정의하고 결과로 x를 리턴한다.

```
In :   %%writefile func_main.py

       x = 888

       def func_main() :
           return x
```
```
Out:   Writing func_main.py
```

두 개의 모듈 func_name, func_main을 import하고 이 모듈을 이용해서 함수를 호출하면 각 모듈 내 변수 x에 대해 출력한다. 함수가 속한 모듈을 import했고 x라는 변수를 별도의 모듈인 main_call.py에 지정했지만 함수는 항상 자신의 속한 모듈 내의 전역 네임스페이스에서 x 변수를 검색해서 처리하는 것을 알 수 있다.

```
In :   %%writefile main_call.py

       import func_name
       import func_main
```

108

```
x = 999

print(func_name.func())
print(x)
print(func_main.func_main())
```

Out: Writing main_call.py

In :   !python main_call.py

Out: 100
        100
        999
        888

2.6 단순한 네임스페이스 처리용 클래스

네임스페이스가 어떻게 작동하는지를 확인하기 위해 파이썬 내의 types 모듈에서 제공하는 SimpleNamespace 클래스를 확인하고 이 클래스가 어떻게 구성되었는지를 클래스로 정의해서 작동되는 원리를 알아본다.

예제 2-50 : 간단한 네임스페이스 처리

모듈 types 내의 SimpleNamespace 클래스는 단순하게 네임을 관리하는 클래스의 기능만을 제공한다.

인스턴스 생성을 위한 초기화 부분과 __repr__로 출력하는 것만 제공한다.

일단 이 모듈을 이용해서 간단하게 인스턴스를 생성하고 name과 age를 추가해서 출력해 본다.

In :   **import types**

In :   c = types.SimpleNamespace(name="dahl")

```
print(type(c))
print(c.name)
c.age = 50
print(c.__dict__)
```

Out:
```
<class 'types.SimpleNamespace'>
dahl
{'name': 'dahl', 'age': 50}
```

위의 SimpleNamespace를 사용자 클래스로 정의하고 동일하게 출력한다. 일단 클래스 내에 초기화 메서드와 __repr__ 메서드를 정의한다. 초기화된 값들은 __dict__ 내에 **kwargs로 들어온 인자 즉 딕셔너리 자료형으로 들어온 인자를 딕셔너리 자료형에 연결하는 update 메서드로 추가하도록 정의했다.

__repr__ 메서드는 인스턴스 내의 속성을 sorted 함수로 정렬을 하고 이 내부의 키와 값을 items라는 변수에 할당할 때 출력 포맷 중 키는 그대로 표시하며, !r을 통해 일반 문자열이 아닌 repr에 맞게 처리한다.

In :
```
class SimpleNamespace:
    def __init__(self, **kwargs):
        self.__dict__.update(kwargs)
    def __repr__(self):
        keys = sorted(self.__dict__)
        items = ("{}={!r}".format(k, self.__dict__[k]) for k in keys)
        return "{}({})".format(type(self).__name__, ", ".join(items))
```

이 클래스처럼 인스턴스를 하나 만들고 추가적인 속성 age는 직접 실행 시점에 할당해서 추가했다.

이를 repr 함수를 이용해서 출력하면 __repr__이 호출되어 출력되는 것을 볼 수 있다.

In :
```
c = SimpleNamespace(name="dahl")

print(type(c))
print(c.name)
c.age = 50
```

```
print(c.__dict__)
print(repr(c))
```

Out:
```
<class '__main__.SimpleNamespace'>
dahl
{'name': 'dahl', 'age': 50}
SimpleNamespace(age=50, name='dahl')
```

3

숫자 자료형(Data type)

파이썬 데이터 모델(Data Model)은 내장된 클래스에 대한 명확한 데이터 자료형 기준이다. 이 중에서 먼저 숫자들을 처리하는 숫자 자료형에 대한 클래스와 추가적인 숫자를 처리하는 모듈에 있는 클래스를 알아본다.

기본 숫자형은 정수, 실수, 복소수를 제공한다. 추가적인 모듈에서 유리수와 큰 수를 처리하는 모듈들이 제공된다. Decimal은 실수와 바로 연계해서 처리가 되지 않으므로 숫자를 계산할 경우 자료형을 맞춰 처리한다.

숫자 계산을 어떻게 처리하는지를 연산자와 함께 알아본다. 연산자 우선순위에 따라 처리 방식도 변하므로 이에 대한 기본 처리의 기준을 알아보자.

- 숫자 자료형: int, float, complex
- 숫자 모듈: fractions, decimal
- 산술 연산자
- 비교 연산자
- 비트 연산자
- 논리 연산자
- 축약형 논리 연산자

3.1 숫자 자료형의 특징

숫자 자료형의 특징은 값이 곧 인스턴스이다. 하나의 값이 만들어지면 이 값은 하나의 인스턴스로 관리된다. 동일한 숫자는 원칙적으로 하나의 인스턴스이어야 하지만 파이썬 내부적으로는 특정 숫자까지만 동일한 인스턴스로 관리한다.

숫자는 하나의 값만을 관리해서 원소가 하나인 원자형 구조이고 한번 만들어지면 값이 변경이 될 수 없으므로 항상 불변(Immutable) 객체이다.

숫자 자료형으로 만들어진 인스턴스들의 연산을 통해 항상 새로운 인스턴스가 만들어진다.

또한 내장 자료형은 공통으로 사용되므로 런타임에 사용자에 의해 속성이나 메서드를 추가할 수 없도록 제한을 주고 있다.

3.1.1 숫자 자료형의 특징

정수, 실수, 복소수가 생성되면 이 원소는 별도의 속성이 없이 보관된다. 값과 레퍼런스가 유일해야 하지만 성능을 위해서는 필요할 때마다 생성하게 된다.

그러므로 동일한 숫자이지만 인스턴스 간 레퍼런스의 차이가 발생한다. 이를 해결하기 위해 단일 원소만 있을 때 값으로 비교해서 동일하면 같은 인스턴스로 처리하도록 권고한다.

정수는 기본 10진법을 표시하지만 2진법, 8진법, 16진법 등으로 변환해서 처리할 수 있다.

예제 3-1 : 원자형 정수의 레퍼런스 처리

파이썬에서 인스턴스 처리 기준으로 동일한 정수를 두 번 만들어도 레퍼런스는 동일하다. 정수의 숫자를 만들어서 어느 범위가 동일한지를 알아본다.

숫자 10을 두 개의 변수에 할당하고 is 키워드를 이용해서 두 변수 내의 동일한 정수 인스턴스가 들어가있는지를 확인한다. 동일한 인스턴스일 경우는 동일한 레퍼런스를 가져야 하므로 True를 반환한다.

```
In :    vari = 10
        varb = 10

        print(vari is varb)
```
```
Out:    True
```

정수 1000을 두 변수에 할당했다. 두 변수가 동일한 레퍼런스를 가지는 인스턴스 여부를 is 키워드로 처리하면 False가 나온다. 동일한 레퍼런스를 가져야 할 규칙을 따르지 않는다. == 연산자를 이용해서 하나의 원소만 가지므로 값이 같다는 것을 체크하도록 권고하는 이유이다.

```
In :    vari = 1000
        varb = 1000

        print(vari is varb)
        print(vari == varb)
```
```
Out:    False
        True
```

파이썬에서는 내부적으로 빠른 처리를 위해 특정 숫자까지는 동일한 레퍼런스를 유지하도록 처리하지만, 더 큰 숫자일 경우는 성능을 위해 다른 인스턴스를 만들어서 처리하도록 구조화되어 있다.

그래서 동일한 인스턴스인지를 체크할 때도 == 연산자로 처리하라는 권고 사항이 있다.

```
In :  vari = 256
      varb = 256

      print(vari is varb)
      print(vari == varb)

Out:  True
      True
```

예제 3-2 : 런타임에 속성 추가 금지

내장 숫자 자료형에는 인스턴스에 속성이나 메서드가 추가되지 않는다. 그 이유는 정수의 인스턴스를 관리하는 네임스페이스(__dict__)가 없기 때문이다.

int 클래스 생성자를 이용해서 정수를 만들어 변수에 할당 후 이 정수의 네임스페이스를 조회하면 AttributeError가 발생한다. 내부에 이 속성이 없다는 것이다.

```
In :  b = int(100)
      print(b)
      print(b.__dict__)

Out:  100
      -----------------------------------------------------------------
      AttributeError                         Traceback (most recent call last)
      <ipython-input-4-26dca5bfbabf> in <module>()
            1 b = int(100)
            2 print(b)
      ----> 3 print(b.__dict__)

      AttributeError: 'int' object has no attribute '__dict__'
```

정수에 대한 추가 내용을 가지고 싶을 경우에는 사용자 클래스를 만들어야 한다. 정수 클래스를 상속받은 사용자 클래스 Int를 정의했다.

내부 인스턴스 속성을 추가했다. 하나의 인스턴스를 만들어서 그 인스턴스 내부의 네임스페이스를 조회하면 속성이 있는 것을 알 수가 있다.

```
In :  class Int(int) :
          def __init__(self, value) :
              self.value = value


      a = Int(100)
      print(a.__dict__)
```

```
Out:  {'value': 100}
```

사용자 클래스에 연산자를 추가해서 정수와 INT 클래스가 모두 덧셈을 할 수 있도록 정의했다. 반환값을 보면 항상 새로운 인스턴스를 만들어서 새로운 것으로 변환하도록 처리한다. 하나의 원자만을 갖는 자료형이므로 항상 계산된 값을 처리한 후에 하나의 새로운 인스턴스가 만들어져야 하기 때문이다.

```
In :  class INT(int) :
          def __init__(self, value) :
              self.value = value

          def __add__(self, other) :
              print(" add ")
              if isinstance(other, int) :
                  return Int(self.value + other)
              else :
                  return Int(self.value + other.value )
```

두 개의 인스턴스를 만들어서 덧셈한 경우에는 새로운 값을 가진 인스턴스가 만들어져 있다.

정수와 덧셈을 한 경우에도 사용자 클래스의 인스턴스가 만들어져 있다.

```
In :  aa = INT(100)
      bb = INT(200)
```

```
aa = aa + bb
print(aa.__dict__)

aa = aa + 500
print(aa.__dict__)
```

Out:　　add
{'value': 300}
　add
{'value': 800}

3.1.2 숫자 타입의 형 변환(type conversion)

별도의 형 변환하는 함수가 없고 생성자를 이용해서 새로운 인스턴스를 만들어 형 변환을
하므로 원본은 변경이 되지 않는다. 혹시 동일한 변수를 사용한다면 형 변환을 할 때 동일
한 변수에 새로운 인스턴스를 만들고 할당해서 사용하도록 한다.

예제 3-3 : 정수와 실수 형 변환

실수를 하나 정의해서 자료형과 인스턴스 레퍼런스를 확인한다.

```
In :   f = 100.11

       print(type(f), id(f), f)
```

Out: <class 'float'> 87938152 100.11

실수를 정수로 형 변환을 하기 위해 정수를 생성하는 int 클래스의 생성자에 실수를 넣고
정수 인스턴스를 생성한다.

정수에 대한 자료형, 레퍼런스를 출력해서 다른 인스턴스가 만들어졌다.

```
In :   i = int(f)

       print(type(i), id(i), i)
```

Out: <class 'int'> 1520485936 100

실수의 값을 int를 이용해 소수점 이하의 숫자를 버려 정수로 바꾸는 것은 round 함수를 이용해도 동일하게 할 수 있다.

이 함수도 처리된 결과를 반환할 때 정수이면 int로 인스턴스를 생성해서 결과를 보내고 실수이면 float를 이용해서 인스턴스를 생성하고 결과를 반환하는 것이다. 왜냐하면 모든 숫자 객체는 자신의 값만 가지기 때문에 값이 달라지게 하려면 새로운 객체를 만들어야 한다.

```
In :    f = 100.33
        print(type(f),id(f),f)
        c = round(f)
        print(type(c),id(c),c)
        d = round(f,1)
        print(type(d),id(d),d)
```

```
Out:    <class 'float'> 87938080 100.33
        <class 'int'> 93701040 100
        <class 'float'> 87938296 100.3
```

예제 3-4 : 복소수, 정수, 실수 형 변환

정수나 실수를 복소수(complex)로 전환하면 정수와 실수에는 허수부가 없으므로 허수부가 전부 0으로 변경되는 것을 확인할 수 있다.

```
In :    a = complex(1)
        b = complex(100.22)

        print(type(a),a)
        print(type(b),b)
```

```
Out:    <class 'complex'> (1+0j)
        <class 'complex'> (100.22+0j)
```

정수와 실수를 형 변환 복소수를 가지고 비교하면 동일한 값으로 판단한다는 것을 알 수 있다.

```
In :   print(1 == a )
       print(100.22 == b)
```

```
Out:   True
       True
```

복소수를 정수나 실수로 형을 바꾸면 복소수 부분이 처리가 되지 않는다.

```
In :   int(a)
```

```
Out:   ------------------------------------------------------------------
       TypeError                           Traceback (most recent call last)
       <ipython-input-14-c8db2292b237> in <module>()
       ----> 1 int(a)

       TypeError: can't convert complex to int
```

```
In :   float(b)
```

```
Out:   ------------------------------------------------------------------
       TypeError                           Traceback (most recent call last)
       <ipython-input-15-c3f4d1eb8547> in <module>()
       ----> 1 float(b)

       TypeError: can't convert complex to float
```

위의 복소수를 만든 예제에서 실수부만 가지고 형 변환을 하면 허수부가 없으므로 형 변환
이 가능하다.

```
In :   print(int(a.real))
       print(float(b.real))
```

```
Out:   1
       100.22
```

3.1.3 문자열 중에 숫자 형태의 숫자 형 변환

문자열로 들어온 숫자에 대한 형 변환이 필요한 경우가 있다. 프로그램에서 io 처리는 기

본적으로 바이트나 텍스트가 다 문자열이므로 이 문자열을 숫자 자료형으로 변환해야 숫자로 계산이 가능하다.

문자열로 들어온 숫자에 대해 정수와 실수 등 숫자로 어떻게 변환이 되는지를 알아본다.

예제 3-5 : 문자열을 정수로 형 변환

문자열 내의 isdigit 메서드를 이용해서 문자열 내의 모든 것이 숫자일 경우만 정수에서 처리가 된다.

```
In :    s = "100"
        print(s.isdigit())
        print(int(s))

Out:    True
        100
```

문자열에 숫자가 아닌 점은 정수로 형 변환할 경우 문자로 인식된다. 숫자가 아닌 값들이 들어왔을 때는 형 변환 시에 예외가 발생한다.

```
In :    sf = "100.11"
        print(sf.isdigit())
        print(int(sf))

Out:    False
        ----------------------------------------------------------------
        ValueError                          Traceback (most recent call last)
        <ipython-input-9-9bd7ff72df45> in <module>()
              1 sf = "100.11"
              2 print(sf.isdigit())
        ----> 3 print(int(sf))

        ValueError: invalid literal for int() with base 10: '100.11'
```

위의 예제를 해결하기 위해 실수로 형 변환을 한 후에 다시 정수로 형 변환을 한다.

```
In :    sf = "100.11"
        print(sf.isdigit())
```

```
print(int(float(sf)))
```

Out:
```
False
100
```

3.1.4 2, 8, 16진법을 정수에서 변환하기

파이썬에서는 정수일 때만 2진수는 bin 함수를 이용해서 0b+ 숫자로 표시하고 8진수는 oct 함수를 이용해서 0o+ 숫자로 표시하며, 16진수는 hex 함수를 사용해서 0x+숫자로 표현한다.

예제 3-6 : 2/8/16진법으로 변환

변수 x에 100을 할당하고 내장 함수 bin을 이용해서 이진수로 변환한다. 변환된 값이 0x 가 붙으므로 문자열로 처리되는 것을 알 수 있다.

다시 정수로 변환하기 위해서는 int 클래스의 인자에 2진수라는 것을 명기한다.

In :
```
x = 100

print(bin(x), type(bin(x)))
print(int(bin(x),2))
```

Out:
```
0b1100100 <class 'str'>
100
```

8진수와 16진수도 2진수로 변환하는 방식과 동일하지만 내장 함수 oct, hex를 사용하는 것이 다르다.

In :
```
print(oct(x), type(oct(x)))
print(int(oct(x),8))
```

Out:
```
0o144 <class 'str'>
100
```

```
In :   print(hex(x), type(hex(x)))
       print(int(hex(x),16))

Out:   0x64 <class 'str'>
       100
```

8진수에 대해 2진수로 변환이 필요할 경우 내부적으로 base가 상이해서 처리가 되지 않으므로 int로 전환했다가 다시 2진수로 처리한 후에 이 값이 정수로 전환했을 때 값이 맞는지를 10진수로 확인했다.

```
In :   print(int(bin(int(oct(x),8)),2))

Out:   100
```

3.1.5 숫자 자료형 최대 처리 수 확인

파이썬에서 처리되는 숫자의 범위를 확인한다. 정수는 거의 무제한 처리되지만, 내부적인 시스템에 따라 다를 수도 있다.

기본적인 os에 대한 정보 중 sys 모듈을 이용해 숫자 자료형 정보를 확인해본다.

예제 3-7 : 숫자에 대한 범위 확인하기

숫자에 대한 기본 처리 범위에 대해서는 sys 모듈을 import하고 int_info, float_info 함수를 통해 확인할 수 있다.

내부적인 정수의 범위는 2**bits_per_digit까지이지만 더 큰 수도 생성해서 처리된다.

```
In :   import sys

       print(sys.int_info)

Out:   sys.int_info(bits_per_digit=30, sizeof_digit=4)
```

정수일 경우는 더 큰 수인 10의 3300제곱을 연산하며 10964비트까지 처리되는 것을 볼 수 있다.

```
In :    a = 10**3300
        print(a.bit_length())
```

```
Out:    10963
```

실수 자료형은 범위에 대해 한정하므로 이 범위가 넘을 경우 overflow도 발생할 수 있다.

```
In :    import sys

        print("max",sys.float_info.max)
        print("min",sys.float_info.min)
        print("10 max",sys.float_info.max_10_exp)
        print("10 min",sys.float_info.min_10_exp)
        print("e max",sys.float_info.max_exp)
        print("e min",sys.float_info.min_exp)
        print("epsilon",sys.float_info.epsilon)
```

```
Out:    max 1.7976931348623157e+308
        min 2.2250738585072014e-308
        10 max 308
        10 min -307
        e max 1024
        e min -1021
        epsilon 2.220446049250313e-16
```

실수 e의 지수 제곱에 대한 최댓값 범위를 넘어서 처리하면 오버플로(overflow) 에러가 발생한다.

```
In :    import math

        print(math.exp(1025))
```

```
Out:    ----------------------------------------------------------------
        OverflowError                         Traceback (most recent call last)
        <ipython-input-28-d99dba7b5536> in <module>()
              1 import math
              2
        ----> 3 print(math.exp(1025))
```

```
OverflowError: math range error
```

예제 3-8 : 엡실론(epsilon) 이해하기

엡실론은 함수의 극한에서 사용되는 작은 수를 의미하며 파이썬 실수 계산에서도 정밀도 처리를 위해 아주 작은 값으로 사용된다. 1에다 엡실론을 더한 후에 1.0과 비교하면 동일한 수가 아니라고 인지한다.

```
In :   import sys

       a = sys.float_info.epsilon

       print(a)
       b = 1+ a
       print(b)
       print( 1.0 == b )
Out:   2.220446049250313e-16
       1.0000000000000002
       False
```

엡실론보다 수가 한 자리 낮아지면 1.0과 비교하여 정밀도 범위 밖임을 얘기하므로 동일한 숫자로 인지한다.

```
In :   a = a * (1/10)
       print( 1.0 == (1.0+a) )
Out:   True
```

엡실론보다 더 작은 수로 들어오면 정밀도 범위 밖이므로 이 숫자는 정수로 인식되는 것도 알 수 있다.

```
In :   import sys

       a = sys.float_info.epsilon
```

```
a = a * (1/10)
print((1.0 + a).is_integer())
print(int((1.0+a)))
```

```
Out:    True
        1
```

3.2 내장 숫자 자료형

파이썬에서 제공하는 내장 자료형과 필수 모듈을 알아보고 숫자를 어떻게 처리하는지를
알아본다.

특히, 정수, 유리수(모듈), 실수, 복소수, decimal(모듈) 등의 자료형 즉 클래스와 내부 속성
그리고 메서드에 대해 자세히 알아보자.

3.2.1 정수 int class

파이썬 3 버전에서 정수는 수학의 정수와 동일하게 처리되며 다른 프로그래밍 언어와 달
리 long 타입이 없다. 위에서 본 결과와 같이 엄청 큰 수도 정수로 표현할 수 있다는 것을
알 수 있다.

예제 3-9 : 리터럴과 생성자에 의한 생성

파이썬 정수는 리터럴과 생성자로 인스턴스를 만들 수 있다. 리터럴과 생성자로 만들어도
동일하게 int 클래스 인스턴스라는 것을 알 수 있다.

```
In :    a = 100
        b = int(3000)

        print(type(a),a)

        print(type(b),b)
```

```
Out:    <class 'int'> 100
        <class 'int'> 3000
```

예제 3-10 : 정수의 주요 속성 및 메서드

정수 int 클래스 내부의 스페셜 속성과 메서드를 제외하면 일반적인 속성과 메서드를 조회
할 수 있다.

```
In :    for i in dir(int) :
            if not i.startswith("_") :
                print(i)
```

```
Out:    bit_length
        conjugate
        denominator
        from_bytes
        imag
        numerator
        real
        to_bytes
```

정수에서만 이진 연산도 가능하므로 이진수로 변환한 경우 bit_length 메서드로 이진수
크기를 알 수 있다. 정수를 bin 함수를 이용해서 변환하면 0b인 이진수 표현을 제외하고
총 7개 bit로 숫자가 만들어진 것을 볼 수 있다.

```
In :    x = 100

        print(x.real)
        print(x.bit_length())
        print(bin(x))
```

```
Out:    100
        7
        0b1100100
```

정수도 분모(denominator)와 분자(numerator)로 표시해서 최적의 유리수 값을 표시한다.

```
In :    print(x.denominator)
```

```
print(x.numerator)
```

Out:
```
1
100
```

예제 3-11 : 바이트 문자열을 정수로 처리

바이트로 생성된 숫자 문자열을 받아서 정수로 변환도 가능하다. 바이트 문자열이 숫자를 표시하는 방식으로 빅 엔디언과 리틀 엔디언이 있으므로 변환하는 숫자의 값들이 위치를 확인해서 정수로 변환되고 이를 다시 바이트로 전환하면 변환 전의 값으로 처리된다.

빅 엔디언으로 바이트 변환했을 때 숫자는 뒤에 표시된다.

In :
```
c = bytes('123',encoding="utf-16be")
print(c)
```

Out:
```
b'\x001\x002\x003'
```

위의 바이트를 받아서 정수로 변환하고 이를 다시 빅 엔디언('big')으로 처리하면 바이트와 동일한 숫자로 처리되는 것을 알 수 있다.

In :
```
d = int.from_bytes(c,'big')

print(d)

print(d.to_bytes(6,'big'))
```

Out:
```
210456674355
b'\x001\x002\x003'
```

리틀 엔디언으로 처리하여 바이트로 변환했을 때 숫자는 뒤에 표시된다.

In :
```
c = bytes('123',encoding="utf-16le")
print(c)
```

Out:
```
b'1\x002\x003\x00'
```

위의 바이트를 받아서 정수로 변환하고 이를 다시 리틀 엔디언('little')으로 처리하면 바이트와 동일한 숫자로 처리되는 것을 알 수 있다.

```
In :    e = int.from_bytes(c,'little')

        print(e)

        print(e.to_bytes(6,'little'))
Out:    219046608945
        b'1\x002\x003\x00'
```

3.2.2 불리언 타입 : bool class

파이썬에서는 불리언 처리를 위해서 bool 클래스를 사용한다. bool 클래스에는 True와 False 두 개의 인스턴스가 고정으로 만들어져 있다.

이 클래스는 int 클래스를 상속받아 처리되므로 숫자로 계산도 가능하다.

예제 3-12 : bool 클래스 및 False 추론

상속을 int 클래스로 받아 동일한 속성과 메서드를 가지고 있다.

```
In :    for i in dir(bool) :
            if not i.startswith("_") :
                print(i)
Out:    bit_length
        conjugate
        denominator
        from_bytes
        imag
        numerator
        real
        to_bytes
```

bool 클래스의 인스턴스인 True와 False의 값을 확인해보면 정수 1과 정수 0이라는 것을 알 수 있다.

```
In :   print(True.real)
       print(False.real)

Out:   1
       0
```

내장 자료형의 불리언 값이 False로 추론이 되어 처리되는 경우를 보면 자료형 인스턴스 안에 원소가 없는 경우를 False로 처리되는 것을 알 수 있다.

아래의 예제처럼 처리되는 값을 출력해보면 아무 것도 없다는 None, 숫자 0 ,문자열에 없음(""), 빈 리스트([ ]), 빈 튜플(()), 빈 dict({ }, set( )) 등의 인스턴스가 모두 False라는 것을 알 수 있다.

```
In :   for i in [0,0.0,"",(),{},[],set(), None] :
           print(str(i), bool(i))

Out:   0 False
       0.0 False
        False
       () False
       {} False
       [] False
       set() False
       None False
```

✚ Bool 클래스 내부 정보 조회

클래스 bool를 조회해보면 int를 상속했고 특정 값을 bool 타입으로 변환하는 것을 설명한다.

예제 3-13 : bool 자료형에 대한 수치 계산

상속을 받았는지를 _ _bases_ _로 확인하면 int 클래스가 있는 것을 볼 수가 있고

issubclass로 확인해보면 결과도 True로 표시한다.

```
In :    print(bool.__bases__)

        print(issubclass(bool, int))

Out:    (<class 'int'>,)
        True
```

내장 타입 bool은 int 클래스를 상속받아 만들어진 클래스이므로 수치 계산이 가능하지만, True는 1이고 False는 0으로만 처리되는 점도 알고 있어야 한다.

```
In :    True + 1

Out:    2
```

```
In :    False + 1

Out:    1
```

예제 3-14 : 불리언 자료형으로 형 변환 처리

클래스 bool로 생성할 때 리터럴, 표현식, 조건식이 다 가능하며 최종 평가된 결과를 기준으로 결과값을 True와 False로 반환한다.

예제 3-15 : 함수와 논리식을 변환

Bool 생성자에 함수, 클래스, 논리식 등을 넣어도 평가해서 논리값이 적용된다.

```
In :    bool(lambda x : x)

Out:    True
```

```
In :    class A :
            pass

        bool(A)
```

```
Out:  True
```

```
In :  bool(10 < 20)
```

```
Out:  True
```

3.2.3 실수 float class

파이썬에서 부동소수점 숫자인 실수에 대한 클래스는 float 클래스로 처리한다. 실수형은
기본으로 배정밀도로 처리하지만 정밀도상의 이슈는 그대로 있다. 정밀도에 대한 조정이
필요해서 계산할 때 decimal 모듈을 이용하면 더 정밀도를 높게 처리할 수 있다.

✚ 실수 생성 방법

리터럴과 생성자를 가지고 실수를 표현할 수 있다. 리터럴에 소수점이 표시되면 실수로
인식한다.

예제 3-16 : 실수 리터럴과 생성자 호출

실수 값을 소수점 이하로 표시한 리터럴이나 생성자의 인수로 넣어 처리할 수 있다.

```
In :  x = 100.1
      print(x)
```

```
Out:  100.1
```

```
In :  x = float("100.999")
      print(x)
```

```
Out:  100.999
```

✦ 실수 속성과 메서드

정수와 동일한 속성과 메서드도 있고, 실수에서만 제공하는 메서드들도 있다.

예제 3-17 : 속성과 메서드 처리

실수에 대한 내장 속성과 메서드를 조회한다.

```
In :   for i in dir(float) :
           if not i.startswith("_") :
               print(i)
```

```
Out:   as_integer_ratio
       conjugate
       fromhex
       hex
       imag
       is_integer
       real
```

이 중에 is_integer 메서드를 이용하면 정수로 바로 변환이 가능한 실수가 표시되는 경우는 True로 표시한다. as_integer_ratio 메서드는 정수로 변환될 때 가장 적절한 수의 비율로 표시한다.

```
In :   x = 100.11
       i = 100.0

       print(x.is_integer())
       print(i.is_integer())

       print(x.as_integer_ratio())
       print(i.as_integer_ratio())
```

```
Out:   False
       True
       (7044614979625943, 70368744177664)
       (100, 1)
```

동일한 값인 1과 1.0에 대해 어떻게 판단하는지를 확인해본다. 정수 int를 단순히 float화한 경우를 비교하면 True로 인식한다.

```
In :   j = 100
       k = 100.0

       print(j == k)
```

```
Out:   True
```

실수를 hex 값으로 전환하면 문자열 표시는 [sign] ['0x'] integer ['.' fraction] ['p' exponent] 형태로 만들어진다. 특히 fraction 부분은 16진수의 소수점 이하 부분이므로 이를 산술식으로 계산해도 동일한 값이 처리된다. Fromhex 메서드를 이용하면 이 산술식을 그대로 계산해서 실수로 출력된다.

```
In :   d = (3740.0).hex()

       ## [sign] ['0x'] integer ['.' fraction] ['p' exponent]
       print( (1 + 13./16 + 3./16**2 + 8./16**3) * 2.0**11)
       print(d)
       print(float.fromhex(d))
```

```
Out:   3740.0
       0x1.d380000000000p+11
       3740.0
```

3.2.4 복소수 complex class

파이썬에서 복소수 계산을 기본 자료형으로 제공하고 이 클래스는 complex 클래스이다. 수학과 차이점은 허수부에 정의되는 표기법이 i에서 j로 바뀌어서 사용된다는 것이다.

✚ 생성 방법, 속성과 메서드

복소수도 다른 숫자 자료형과 동일한 방식으로 생성 및 메서드 처리를 한다. 차이점은 허수부가 추가로 존재한다는 것이다.

예제 3-18 : 복소수 리터럴과 생성자로 생성

리터럴과 클래스로 인스턴스를 생성하는 두 가지 방법이 다 가능하다.

```
In :   x = 100 + 4j
       print(x)
```

```
Out:   (100+4j)
```

```
In :   y = complex(100,4)
       print(y)

       print(x == y)
```

```
Out:   (100+4j)
       True
```

예제 3-19 : 복소수 속성과 메서드

속성으로는 real(실수부), imag(허수부)가 있고 메서드 conjugate만 가지고 있다.

```
In :   for i in dir(complex) :
           if not i.startswith("_") :
               print(i)
```

```
Out:   conjugate
       imag
       real
```

복소수를 만들어서 속성과 메서드를 실행하면 현재 만들어진 복소수의 실수부, 허수부 그리고 허수부의 부호가 반대인 켤레복소수를 표시한다.

```
In :   xx = 200 + 5j

       print(xx.real)
       print(xx.imag)
       print(xx.conjugate())
```

```
Out:   200.0
```

```
5.0
(200-5j)
```

3.2.5 유리수 Fraction class

유리수(Rational)는 정수를 포함해서 소수점이 없는 분수로 구성되는 숫자까지 포함된다. 유리수의 구조는 분모(denominator)와 분자(numerator)로 표시한다.

파이썬에서는 이 유리수를 지원하는 fraction 모듈을 제공하고 이 내부에 Fraction 클래스로 생성해서 계산할 수 있다. 유리수는 정수와 계산될 때만 유리수로 남아 있고 실수와 계산하면 실수로 자료형이 바뀌는 것을 알 수 있다.

예제 3-20 : 유리수 클래스의 속성과 메서드

숫자 자료형과의 차이점은 from_decimal, from_float, limit_denominator이다.

```
In :   import fractions

       for i in dir(fractions.Fraction) :
           if not i.startswith("_") :
               print(i)

Out:   conjugate
       denominator
       from_decimal
       from_float
       imag
       limit_denominator
       numerator
       real
```

Fractions 모듈이 Fraction 클래스에 인자로서 분모와 분자의 값을 주고 생성한다.

```
In :   import fractions

       x = fractions.Fraction(345,23)
```

```
print(x, type(x))

y = fractions.Fraction(20,20000)
print(y, type(y))
```

Out:
```
15 <class 'fractions.Fraction'>
1/1000 <class 'fractions.Fraction'>
```

유리수는 분자와 분모가 정수일 경우만 처리가 되므로 실수가 오면 생성이 되지 않는다.

In :
import fractions

```
x = fractions.Fraction(345.0,23)
print(x, type(x))
```

Out:
```
---------------------------------------------------------------
TypeError                            Traceback (most recent call last)
<ipython-input-101-1bf1a6729788> in <module>()
      1 import fractions
      2
----> 3 x = fractions.Fraction(345.0,23)
      4 print(x, type(x))

C:\ProgramData\Anaconda3\lib\fractions.py in __new__(cls, numerator,
denominator, _normalize)
    172                )
    173            else:
--> 174                raise TypeError("both arguments should be "
    175                                "Rational instances")
    176

TypeError: both arguments should be Rational instances
```

예제 3-21 : 다른 자료형을 처리하기

실수를 가지고 임의의 유리수로 변경이 가능한 경우에 from_float를 이용해서 처리가 가
능하다. 특정 분모를 제한하면 이 숫자에 맞춰 조정도 가능하다.

In :
import fractions

```
c = fractions.Fraction.from_float(100.1)
print(c)
print(c.limit_denominator(10))
```

Out: 3521955646092083/35184372088832
        1001/10

또한 큰 수를 처리하는 decimal 모듈의 Decimal을 가지고도 유리수로 표현할 수 있다.

In :   **import fractions**
        import decimal

        d = fractions.Fraction.from_decimal(decimal.Decimal(100.1))
        print(d)
        print(d.limit_denominator(10))

Out: 3521955646092083/35184372088832
        1001/10

3.2.6 큰 수 decimal class

정밀한 수치 계산이 필요한 경우 decimal 모듈을 이용해서 처리한다. Decimal로 생성하면 정밀도에 대해 조정이 가능해서 실수로 계산하는 것보다 더 큰 정밀도도 계산이 가능하고 정밀도에 대한 조정도 가능하다.

✚ Decimal 클래스 이해하기

실수보다 더 정밀한 계산을 위해서는 decimal 모듈을 이용해서 계산하는 것이 더 좋다.

예제 3-22 : Decimal 모듈의 환경 이해하기

Decimal 모듈을 사용하기 위해서는 context를 알아야 하고 현재 context는 getcontext 함수로 조회하면 Context 인스턴스를 가져온다. 그 내부의 속성인 prec는 소수점 이하의 정밀도이므로 정밀도에 대한 처리 기준을 알 수 있다.

```
In :   import decimal

       c = decimal.getcontext()

       print(type(c))
       print(c.prec)

Out:   <class 'decimal.Context'>
       28
```

입력한 것보다 더 높은 정밀도가 표시되는 이유는 정밀도가 28자리까지이기 때문이다.

```
In :   import decimal

       d = decimal.Decimal(0.1111111111111)
       print(type(d))
       print(d)

Out:   <class 'decimal.Decimal'>
       0.111111111111110000271295916718372609466314315795898437
```

계산된 결과를 더 작은 정밀도로 처리하기 위해 정밀도 컨텍스트를 줄이고 계산을 하면 정밀도가 조정된다.

```
In :   decimal.getcontext().prec = 6

       d = decimal.Decimal(1) / decimal.Decimal(7)
       print(d)
       print(repr(d))

Out:   0.142857
       Decimal('0.142857')
```

✚ 생성 방법 및 계산 처리

Decimal 클래스의 인자로서 정수와 실수 또는 문자열로 정수와 실수를 정의해서 생성하지만 다른 클래스와 계산 시 오류가 발생할 수 있으므로 자료형을 맞춰 계산을 수행한다.

예제 3-23 : Decimal 클래스 생성 및 실수와 연산

문자열로 정수나 실수를 배정해서 생성할 수 있다. 숫자 문자열일 경우 표시되는 숫자까지만 생성한다.

```
In :   import decimal

       a = decimal.Decimal('123456789')
       print(a, repr(a))


       b = decimal.Decimal('1234567.1234567')
       print(b, repr(b))

Out:   123456789 Decimal('123456789')
       1234567.1234567 Decimal('1234567.1234567')
```

숫자로 생성하면 컨텍스트 내의 정밀도 길이만큼 소수점 이하가 생기는 것을 확인할 수 있다.

```
In :   c = decimal.Decimal(1234567.1234567)
       print(c)
       print(repr(c))

Out:   1234567.12345670000064998865127563476563 5625
       Decimal('1234567.12345670000064998865127563476 5625')
```

파이썬 float와 decimal 모듈의 인스턴스는 서로 다른 자료형이므로 계산 시 예외가 발생한다. 동일한 타입을 맞춰 계산한다.

```
In :   import decimal

       a = 1234.123
       print(a)

       b = decimal.Decimal('1234567.1234567')
       print(b)

       c = a + b
```

```
Out:    1234.123
        1234567.1234567
        ---------------------------------------------------------------
        TypeError                           Traceback (most recent call last)
        <ipython-input-128-ab62e8972ef8> in <module>()
              7 print(b)
              8
        ----> 9 c = a + b

        TypeError: unsupported operand type(s) for +: 'float' and 'decimal.
        Decimal'
```

실수와 Decimal을 연산하려면 각 자료형에 맞춰 계산한다. 현재까지는 실수와 큰 수에 대해 동일한 연산자로는 처리하지 못하게 구성되었다.

일단 실수 자료형에 맞춰 계산하고 두 번째는 큰 수에 대한 자료형을 맞춰 계산하면 두 숫자 자료형에 맞춰 정밀도가 계산되는 것을 확인할 수 있다.

```
In :    import decimal

        a = 1234.123
        print(a)

        b = decimal.Decimal('1234567.1234567')
        print(b)

        c = a + float(b)
        print(type(c),c)

        d = decimal.Decimal(a) + b
        print(type(d),d)
```

```
Out:    1234.123
        1234567.1234567
        <class 'float'> 1235801.2464567
        <class 'decimal.Decimal'> 1235801.2464567000000047293724
```

예제 3-24 : 화폐 단위 등 특정 단위 계산이 필요한 경우

Penny 등 화폐 단위의 계산이 필요한 경우는 별도의 단위를 만들어서 이를 quantize 메서드에 넣어 단위를 조정할 수 있다.

단위의 값을 문자로 생성해야 소수점 이하의 값도 유지해서 처리되는 것을 알 수 있다.

```
In :   import decimal

       a = decimal.Decimal(1234.123)
       print(a)

       penny = decimal.Decimal('0.00')
       print(penny)

       print(a.quantize(penny))
Out:   1234.12300000000004729372449219226837158203125
       0.00
       1234.12
```

3.3 연산자(Operator)

수학을 기반으로 연산자를 만들었으므로 수학에서 처리되는 연산자의 원칙에 따라 파이썬 내에서도 연산 방식이 동일하게 처리된다. 연산 시 연산자 우선순위에 따라 처리되므로 이 기준을 이해하고 처리해야 정확한 값이 계산된다. 연산자 우선순위를 정확히 맞추기 위해서는 제일 우선순위가 높은 괄호 연산을 사용해서 묶어주면 된다.

파이썬 내의 operator 모듈에는 이런 연산자를 함수로 만들어서 제공한다. 다른 함수에서 이 함수를 매개변수로 전달을 받아 실행하면 함수형 프로그래밍 기법을 처리할 수 있다.

함수와 연산자가 동일하게 실행되는지를 확인해보자.

3.3.1 연산자 우선순위

연산자 우선순위를 보면 함수의 호출, 람다 함수, 참조 등도 연산자에 해당하며 이런 연산자로 구성된 것을 전부 표현식으로 인식한다.

표현식이 평가되면 결과가 나오므로 과연 어떤 표현식부터 처리할지가 아주 중요하다. 그러므로 이런 표현식을 어떻게 나눠서 계산이 처리되는지를 이해할 필요가 있다.

순위	구분	Operator	Description
0	그룹	( )	Parentheses (grouping)
1	함수	f(args...)	함수 호출
2	참조	x[index:index]	부분 구조 읽기(슬라이싱)
3	참조	x[index]	원소 참조
4	참조	x.attribute	속성 참조
5	산술	**	제곱 구하기
6	비트	~x	Bitwise not
7	부호	+x, −x	양수, 음수
8	산술	*, /, %	곱하기, 나누기, 나머지 구하기
9	산술	+, −	Addition, subtraction
10	비트	〈〈, 〉〉	시프트 연산
11	비트	&	비트 AND
12	비트	^	비트 XOR
13	비트	|	비트 OR
14	비트	in, not in, is, is not, 〈, 〈=, 〉, 〉=,〈〉, !=, ==	Comparisons, membership, identity
15	논리	not x	NOT 논리 연산
16	논리	and	AND 논리 연산
17	논리	or	OR 논리 연산
18	함수	lambda	람다 표현식

예제 3-25 : 참조가 왜 연산자인가?

나중에 스페셜 메서드에서 더 자세히 설명하겠지만 파이썬에서 모든 연산자는 스페셜 메서드로 처리된다. 문자열에 대해 참조를 할 경우도 __getitem__ 메서드를 호출해서 처리하는 것을 알 수 있다.

문자열 참조와 문자열 덧셈을 전부 메서드로 연결해서 처리한 경우와 참조와 + 연산자로 처리한 결과가 동일한 결과가 나오는 것은 연산자가 내부에서는 메서드로 처리되기 때문임을 알 수 있다.

```
In :    s = "123"

        print(s[0] + s[1])
        print(s.__getitem__(0) + s.__getitem__(1))
        print(s.__getitem__(0).__add__(s.__getitem__(1)))
Out:    12
        12
        12
```

3.3.2 산술 연산(arithmetic operation)

산술 연산자는 수학에서 숫자를 계산하는 연산자를 말한다. 수치에 대한 양수와 음수 구분 및 사칙 연산을 통해 수치 계산을 담당한다.

✚ 단항 연산

하나의 연산과 하나의 리터럴인 오퍼런드가 묶여서 하나의 표현식이 평가되는 연산이다.

예제 3-26 : 부호 연산 : +, −

부호 표시를 하는 +,−는 단항 연산자(unary operation)로 숫자에 대한 부호를 표시한다.

음수를 표시할 때는 마이너스 기호를 숫자 앞에 표시하면 된다. 모듈 operator 내의 neg 함수를 이용해도 동일한 결과를 처리한다.

```
In :   import operator as op

       print(op.neg(10),-10 )

Out:   -10 -10
```

양수를 표현할 때는 숫자 앞에 플러스 기호를 넣거나 operator 모듈에서 pos 함수를 이용해서 처리하면 된다.

```
In :   import operator as op

       print(op.pos(10),+10)

Out:   10 10
```

✚ 이항 연산

하나의 연산과 두 개의 리터럴인 오퍼런드가 묶어서 하나의 표현식이 평가되는 연산이다.

예제 3-27 : 산술 연산(arithmetic operation)

이항 연산자(binary operation)인 덧셈, 뺄셈, 곱셈, 나눗셈을 계산하며 operator 모듈 내의 각 함수도 동일한 처리를 한다. 값을 계산해서 연산자 특징에 맞춰 계산된 결과를 처리한다.

덧셈 연산자는 두 개의 수를 더하고 add라는 함수도 이 연산자와 동일한 처리를 한다.

```
In :   import operator as op

       print(op.add(1,1),1 + 1)

Out:   2 2
```

뺄셈도 두 수 사이의 마이너스 기호로 처리하고 sub 함수도 뺄셈을 처리한다.

```
In :   import operator as op
```

```
      print(op.sub(1,1), 1 - 1)
```

Out: 0 0

곱셈도 * 기호를 사용해서 처리하고 mul 함수를 이용해서 처리한다.

In :   **import operator as op**

```
      print(op.mul(1,1),1 * 1)
```

Out: 1 1

파이썬에서 나눗셈은 두 종류를 제공한다. 이항 연산자(binary operation)인 truedevide 나누기(/)는 소수점 이하의 값도 계산된 결과를 보여준다.

In :   **import operator as op**

```
      print(op.truediv(10,3), 10/3)
```

Out: 3.3333333333333335 3.3333333333333335

이항 연산자인 floordivide 나누기(//)는 정수나 실수를 나눠도 정수값만 처리한다. 소수점 이하는 삭제된다.

In :   **import operator as op**

```
      print(op.floordiv(10,3),10//3)
      print(op.floordiv(10.6,3),10.6//3)
```

Out: 3 3
       3.0 3.0

나눠서 나머지 값만을 처리하는 모드 연산자 %도 제공한다. Floordiv 계산 결과 나머지가 버려지지만 divmod로 계산하면 두 값을 튜플로 제공한다.

In :   **import operator as op**

146

```
print(op.mod(10,3),10 % 3 )
print(divmod(10,3))
```

Out:
```
1 1
(3, 1)
```

3.3.3. 비교 연산(comparison operation)

비교 연산자도 이항 연산자(binary)이다. 비교 연산자는 두 수식을 비교하는 연산자로써 비교 연산한 결과를 True, False로 표현한다.

>(큼), <(작음), >=(크거나 같음), <=(작거나 같음), !=(같지 않음), ==(같음) 등 비교 연산은 조건식을 평가하는 if문이나 while문에 사용된다. 또한 비교 연산에 대해서 operator 모듈에서 함수를 만들어서 제공한다.

예제 3-28 : 비교 연산(comparison operation)

앞의 수가 뒤의 수보다 작거나 같을 경우에는 Operator 모듈에서 le, lt 함수로 처리한다.

In :
```
import operator as op

print(op.le(10,5), 10 <= 5)
print(op.lt(10,5), 10 < 5)
```

Out:
```
False False
False False
```

앞의 수가 뒤에 수보다 크거나 같을 경우에는 ge, gt 함수로 처리한다.

In :
```
import operator as op

print(op.ge(10,5), 10 >= 5)
print(op.gt(10,5), 10 > 5)
```

Out:
```
True True
True True
```

앞과 뒤의 수가 같거나 같지 않을 경우에는 eq, ne 함수로 처리한다. 최종 결과는 True/False 값으로 반환한다.

```
In :  print(op.eq(10,5), 10 == 5)
      print(op.ne(10,5), 10 != 5)
```

```
Out:  False False
      True True
```

3.3.4 비트 연산(bits wise operation)

파이썬의 비트 연산자는 숫자를 2진법으로 계산하는 연산자이다. 숫자 타입에서 비트 연산자는 내장 타입 int 타입일 경우에만 처리된다.

예제 3-29 : 논리곱, 논리합

논리곱 연산자(&/and)로서 비트가 두 항에 모두 나타나는 경우 비트 결과를 표시, 논리합 연산자(|/or)로서 비트가 두 항 중 어떤 곳에 나타나는 경우 비트 결과를 표시한다.

```
In :  import operator as op
```

```
In :  print(op.and_(10,11), 10 & 11)
```

```
Out:  10 10
```

```
In :  print(op.or_(10,11), 10 | 11)
```

```
Out:  11 11
```

예제 3-30 : 배타적 논리합, invert

배타적 논리합 연산자(^)로서 한쪽의 항에만 비트가 존재할 경우 비트 결과를 표시, 단항 연산자 invert(~)로 비트를 뒤집어서 각 비트에 대하여 정확히 반대를 반환하며 처리 결과는 숫자 1을 추가하고 부호를 바꾸면 된다.

```
In :   import operator as op

In :   print(op.xor(10,11), 10 ^ 11)

Out:   1 1


In :   print(op.invert(10), ~10)

Out:   -11 -11
```

예제 3-31 : shift 연산

비트 연산 중에 비트의 자리를 이동해서 계산하는 방식으로 왼쪽으로 이동하면 곱하기 연산과 같고 오른쪽으로 이동하면 나누기 연산과 동일하게 처리된다.

정수에 대해 비트 연산을 사용하면 2를 가지고 곱하기와 나누기 중 한 값으로 처리된 결과를 확인할 수 있다.

```
In :   import operator as op

In :   print(op.lshift(10,2), 10 << 2 )

       print(10 * 2**2)

Out:   40 40
       40


In :   print(op.rshift(10,2), 10 >> 2 )

       print(10 // 2**2)

Out:   2 2
       2
```

3.3.5 논리 연산(logica operation) 및 단축 연산(short cut operation)

논리 연산자(Logical operation)는 Logical operator와 Boolean value를 함께 사용하여 Boolean value를 반환(return)한다.

단축 연산(short cut operation)은 표현식을 평가할 경우 둘 다 논리적인 평가를 하지 않고 논리적인 판단에 해당하면 결과를 반환해서 처리한다.

예제 3-32 : 논리 연산

논리합(and) x and y 평가에 있어서, x가 거짓으로 판명되면 x를 반환하고, 그렇지 않은 경우에는 y를 평가하여 결과값을 반환한다. 논리곱(or) x or y 평가에 있어서, x가 참으로 판명되면 x를 반환하고, 그렇지 않은 경우에는 y를 평가하여 결과값을 반환한다. 논리 부정(not) not x 평가에 있어서, x가 거짓이라는 것은 x의 반대를 참값으로 반환한다는 뜻이다.

```
In :  import operator as op
```

```
In :  print(op.and_(True, False), True and False)
Out:  False False
```

```
In :  print(op.or_(True, False), True or False)
Out:  True True
```

```
In :  print(op.xor(True, False), True ^ False)
Out:  True True
```

```
In :  print(op.not_(True), not True)
Out:  False False
```

예제 3-33 : 축약 연산

and 연산은 첫 번째가 True일 경우는 and 우측 편을 반환하고 첫 번째가 False이면 and
의 좌측 편을 반환한다.

```
In :  a = 100
      c = (a*10) and (a*a)
      print(c)
```

```
Out:  10000
```

or 연산의 경우는 첫 번째가 True일 경우는 or 좌측 편을 반환하고 False이면 or의 우측
편을 반환한다.

```
In :  a = 100
      c = (a*10) or (a*a)
      print(c)
```

```
Out:  1000
```

4

Sequence 자료형

숫자 자료형은 하나의 원소만으로 이루어졌다. 이번 장에서는 순서를 유지하는 다양한 원소로 구성된 자료형에 대해 알아본다.

여러 원자로 구성된 자료형은 대표적인 명칭으로 시퀀스(Sequence) 자료형이라고 부른다. 파이썬에서는 문자열, 리스트, 튜플, 바이트, 바이트 어레이 등을 포함하고 있다.

Sequence 자료형의 특징은 동일한 타입의 원소를 가질 수도 있고 리스트처럼 객체를 원소로 가질 수도 있다. 특정 자료형은 한번 생성되면 원소를 변경할 수 없고 다른 경우는 원소들을 변경할 수 있다.

순서가 있으므로 인덱스를 이용해서 검색이 가능하고 슬라이스로 부분도 검색이 가능하다.

- 문자열 처리 : str
- 바이트 문자열 처리 : bytes, bytearray
- 배열 처리 : list, tuple
- 얇은 복사와 깊은 복사

4.1 Sequence 자료형의 특징

Sequence 자료형에는 다양한 클래스들이 존재하고 순서적으로 데이터가 저장되며 이 연속적인 순서에 따라 검색도 가능하다.

문자열(str)은 주로 유니코드 문자의 순서대로 처리되며, 아스키 문자대로 처리되는 바이트(bytes, bytearray), 다양한 객체를 넣을 수 있는 리스트(list), tuple 등은 다양한 원소를 가진 컬렉션을 구성한다. 또한 숫자 자료형처럼 인스턴스에 속성을 추가할 수 없는 문자열, 튜플, 바이트는 한번 생성되면 원소를 변경할 수 없고 바이트 어레이, 리스트는 생성된 후에 원소 추가 및 생성도 가능하다.

변경 가능한 리스트 등의 내부 메서드는 실행되면 내부 원소를 변경하지만 문자열 같은 변경 불가능한 자료형은 새로운 인스턴스를 생성한다. 또한 변경 불가능한 경우 생성자로 생성할 때 기존에 만들어진 인스턴스에 대해서는 새로 만든 것이 아니라 만들어져 있는 것을 반환하는 interning 처리를 한다.

4.1.1 런타임에 속성 추가 여부

왜 파이썬 내장 자료형에는 런타임에 속성을 추가하지 못하도록 만들었을까? 일단 Cython 엔진이 실행되는 파이썬이라면 c 언어로 제공되는 공통 기능에 대한 일관성을 유지하기 위해 내장 자료형은 변경할 수 없도록 차단했다.

특히 클래스나 인스턴스에서 속성이나 메서드를 관리하는 네임스페이스(__dict__) 속성이 없는 경우 접근해서 갱신이나 삭제가 불가능하다.

내부에 만들어진 속성이나 메서드만 이용해서 사용한다. 다른 기능과 속성을 추가하고 싶을 경우에는 이를 상속받고 사용자 클래스를 만들어서 추가 속성과 기능을 확장한다.

예제 4-1 : Sequence 내장 타입의 인스턴스 Namespace 미존재

리스트를 리터럴로 생성하고 이 리스트 인스턴스에 네임스페이스를 조회하면 예외가 발생한다. 내부 속성에 __dict__ 가 존재하지 않는다.

```
In :   l = [1,2,3]
       l.__dict__
```

```
Out:   --------------------------------------------------------------
       AttributeError                        Traceback (most recent call last)
       <ipython-input-1-0461b467dbc8> in <module>()
             1 l = [1,2,3]
       ----> 2 l.__dict__

       AttributeError: 'list' object has no attribute '__dict__'
```

리스트를 상속한 List 클래스를 정의하고 추가적인 속성으로 name을 만들었다.

```
In :   class List(list) :
           def __init__(self, name, value) :
               super().__init__(value)
               self.name = name
```

List 클래스의 인스턴스를 생성하고 네임스페이스를 확인하면 name 속성이 있는 것을 알 수 있다.

```
In :   l = List("리스트",[1,2,3])

       print(l.__dict__)
```

```
Out:   {'name': '리스트'}
```

리스트에 대한 원소들은 부모 클래스 리스트 내부에 생성했으므로 부모 리스트 클래스의 메서드를 그대로 사용해서 처리가 가능하다.

```
In :   print(l+l)
       print(l.__dict__)
```

```
Out:   [1, 2, 3, 1, 2, 3]
       {'name': '리스트'}
```

4.1.2 변경 가능 여부 : Mutable & Immutable

변경 가능(Mutable)과 변경 불가능(immutable)에 대한 기본 개념 중 변경 가능하다는 말은 객체 내부의 원소들을 추가, 삭제, 변경할 수 있다는 것이지만 객체 자신을 변경할 수 있다는 말은 아니다.

변경 가능과 변경 불가능에 대한 처리를 세부적으로 알아보도록 하자.

예제 4-2 : 문자열은 변경 불가

문자열을 리터럴로 정의하고 첫 번째 원소의 값을 변경할 경우 변경이 불가능하다는 예외가 발생한다.

```
In :   s = "창덕"

       print(s[0])
       s[0] = "성"
```

```
Out:   -----------------------------------------------------------------
       TypeError                         Traceback (most recent call last)
       <ipython-input-3-89e2a22c7d40> in <module>()
             2
             3 print(s[0])
       ----> 4 s[0] = "성"

       TypeError: 'str' object does not support item assignment
```

변경할 수 없다는 뜻은 변경하는 __setitem__ 메서드가 만들어져 있지 않다는 뜻이다.

```
In :   str.__setitem__
```

```
Out:   ------------------------------------------------------------
       AttributeError                        Traceback (most recent call last)
       <ipython-input-1-c43c45c0b3f5> in <module>()
       ----> 1 str.__setitem__

       AttributeError: type object 'str' has no attribute '__setitem__'
```

예제 4-3 : 튜플(tuple) 변경 불가

튜플을 리터럴로 정의하고 첫 번째 원소의 값을 변경하려고 하면 문자열과 동일하게 원소가 변경이 되지 않는다.

```
In :   t = ("고","요","한")

       print(t[0])
       t[0] = "김"
```

```
Out:   ------------------------------------------------------------
       TypeError                             Traceback (most recent call last)
       <ipython-input-4-862b5e4a5e81> in <module>()
            2
            3 print(t[0])
       ----> 4 t[0] = "김"

       TypeError: 'tuple' object does not support item assignment
```

튜플도 변경이 불가능한 것은 __setitem__ 메서드가 없다는 것이다.

```
In :   tuple.__setitem__
```

```
Out:   ------------------------------------------------------------
       AttributeError                        Traceback (most recent call last)
       <ipython-input-2-d126425e5ffe> in <module>()
       ----> 1 tuple.__setitem__

       AttributeError: type object 'tuple' has no attribute '__setitem__'
```

✦ 변경 가능 자료형(Mutable)

Sequence 자료형에서 변경이 가능한 자료형은 리스트와 바이트 어레이가 있다. 이 자료형은 기존에 만들어진 원소들의 변경, 삭제 및 추가 등을 자유롭게 할 수가 있다.

예제 4-4 : 리스트(list) 원소 변경

리스트를 생성하고 리스트 첫 번째 위치를 변경해서 출력하면 첫 번째 위치 원소가 변경된 것을 확인할 수 있다.

```
In :    l = ["전","민","수"]

        print(type(l))
        l[0] = "김"

        print(l)
```

```
Out:    <class 'list'>
        ['김', '민', '수']
```

리스트 클래스 내의 메서드를 확인해보면 __setitem과 __delitem__이 제공된다. 이를 가지고 원소를 추가 및 삭제할 수 있다.

```
In :    list.__setitem__
```

```
Out:    <slot wrapper '__setitem__' of 'list' objects>
```

```
In :    list.__delitem__
```

```
Out:    <slot wrapper '__delitem__' of 'list' objects>
```

4.1.3 컬렉션(collections) 여부

컬렉션이란 다양한 원소를 가진 데이터 구조를 말한다. Sequence 자료형은 여러 원소들로 구성되므로 기본 컬렉션이다. 컬렉션 여부는 원소 개수, 포함 관계, 반복 가능 여부를 확인할 수 있으면 된다.

✚ 자료형(data type) 내의 원소 개수 확인: len 함수

파이썬 Sequence 자료형 내부에 여러 원소를 가지므로 그 데이터에 대한 원소의 개수를 len 함수로 확인할 수 있다.

예제 4-5 : 원소의 개수 확인

한글로 작성된 문자열과 리스트 원소의 개수를 확인할 수 있다. 이때 함수를 len을 이용해서 처리한다.

파이썬 3 버전에서는 문자열이 유니코드이므로 문자코드 단위 즉 문자 단위로 길이를 표시한다.

```
In :   s = "강대명"
       l = ["고","요","한"]

       print(len(s))
       print(len(l))

Out:   3
       3
```

✚ 반복형을 반복자로 변형 처리 : iter 함수

Sequence 자료형들은 내부에 원소들이 없거나 연속적으로 들어 있어 반복해서 원소를 읽을 수 있으므로 반복형(Iterable)으로 처리가 가능하다.

반복자를 생성하는 iter 함수로 호출하려면 내부에 반드시 __iter__ 스페셜 메서드가 존재해야 하지만 기존 버전과의 호환성을 유지하기 위해 __getitem__ 이 구현되어 있으면 이를 호출해서 반복자로 처리하도록 만들어준다.

예제 4-6 : 반복형을 반복자로 변환

문자열, 튜플, 리스트 등 반복형 자료형을 반복자로 변형하는 함수 iter를 이용해서 변환을 했다. 각 타입에 맞는 반복자(iterator)형이 만들어지는 것을 확인할 수 있다.

문자열을 정의해서 반복자로 변환을 시키면 문자열 반복자라는 인스턴스를 하나를 만들어 준다. 이를 가지고 순환문에 실행하면 하나의 원소씩 출력한다.

```
In :    s = "강대명"
        si = iter(s)
        print(si)

        for i in si :
            print(i)
```

```
Out:    <str_iterator object at 0x0000000004DC6550>
        강
        대
        명
```

리스트를 생성하고 iter 함수로 처리하면 리스트 반복자 인스턴스가 만들어지고 순환문으로 처리하면 원소 하나씩 출력한다.

```
In :    l = ["고","요","한"]
        li = iter(l)
        print(li)
        for i in li :
            print(i)
```

```
Out:    <list_iterator object at 0x0000000004DD3198>
        고
        요
        한
```

✚ Sequence 자료형 내에 원소 포함 확인: in 연산자

Sequence 자료형 내에 특정 원소가 들어가 있는지를 확인할 수 있다. in 연산자를 통해 내부에 포함 관계를 처리한다.

예제 4-7 : 원소들에 대한 포함 여부 확인하기

Sequence 타입으로 생성된 모든 자료형 내의 원소의 포함 여부를 확인할 수 있는 키워드이다. 포함이 되면 True, 포함이 안 되면 False로 표시한다.

문자열을 생성하고 하나의 문자가 이 문자열에 속하는지를 확인하여 있으면 True로 표시한다.

```
In :   s = "강대명"
       print("대" in s)

Out:   True
```

리스트를 생성하고 하나의 문자열로 만들어진 원소가 특정 문자열과 같은지를 확인하여 포함되어 있다면 True로 표시한다.

```
In :   l = ["고","요","한"]
       print("한" in l)

Out:   True
```

4.1.4 sequence 타입 내의 메서드 처리 기준

변경 가능(Mutable) 여부에 따라 내부 메서드 처리도 다른 기준이 적용된다. 변경 가능한 자료형이 메서드를 실행하면 내부의 원소들이 변경된다. 변경이 불가능한 자료형의 메서드를 실행하면 새로운 인스턴스를 만들지만 원본 인스턴스는 변경하지 않는다.

✛ 내장 메서드 처리 기준

메서드 대부분은 자기 객체 내를 변경하므로 메서드 처리 결과값을 None으로 처리한다.

예제 4-8 : 변경 가능한 자료형의 메서드는 내부를 갱신

리스트를 가지고 내부의 원소를 정렬하는 메서드를 호출한다. 내부의 원소들이 순서가 바뀌므로 내부 값의 위치를 변경하게 된다.

변경 가능한 자료형은 내부의 값을 변경하고 메서드의 결과값은 None으로 처리한다.

```
In :    l = ["고","가","한"]

        c = l.sort()
        print(c)
        print(l)
```

```
Out:    None
        ['가', '고', '한']
```

예제 4-9 : 변경 불가능한 경우는 별도의 객체를 만들어서 반환 처리

문자열은 내부 원소를 변경할 수 없으므로 변경하는 메서드인 replace를 실행하면 다른 인스턴스를 하나 더 생성한다. 기존 문자열 인스턴스는 변경되지 않는다.

```
In :    s = "강대명"

        sr = s.replace("명","한")

        print(id(s), s)
        print(id(sr),sr)
```

```
Out:    81568656 강대명
        81631392 강대한
```

4.1.5 interning 처리

기존에 만들어진 변경이 불가능한 Sequence 자료형이 있을 경우 생성자를 통해 인스턴스를 다시 생성하면 새로운 인스턴스를 만드는 것이 아니라 기존에 있는 것을 불러다 반환해준다. 이런 처리 방식을 interning이라 한다.

예제 4-10 : 변경 불가능한 자료형의 interning 처리

튜플을 리터럴로 생성하고 이것을 다시 tuple 생성자로 인스턴스를 만들면 새로운 인스턴스를 만들지 않고 기존의 인스턴스를 반환한다. 동일한 인스턴스를 처리하기 위해 이렇게 만들어진다.

```
In :   t = ("고","가","한")

       ti = tuple(t)
       print(t is ti)
```

```
Out:   True
```

하지만 두 개의 리터럴을 생성해서 처리하면 interning이 만들어지지 않고 두 개의 인스턴스가 별도로 만들어진다. 생성자로 호출하지 않아서 기존에 만들어진 것을 확인하지 않기 때문이다.

```
In :   t = ("고","가","한")
       ti = ("고","가","한")

       print(t is ti)
```

```
Out:   False
```

변경이 가능한 리스트를 리터럴로 만들고 다시 생성자로 처리하면 새로운 리스트 인스턴스가 만들어진다. 변경이 가능한 경우에는 interning이 발생하지 않는다.

```
In :   l = ["고","요","한"]
       li = list(l)
       print(l is li)
```

```
Out:   False
```

4.2 문자열 자료형(string data type)

파이썬 3 버전은 문자열이 기본 문자 코드로 유니코드(Unicode)를 사용하면서 다양한 언어로 처리가 가능하다.

파이썬 2 버전에 있는 Unicode 클래스는 사라졌고 대신 bytes 클래스가 만들어져 있어 바이트 처리는 bytes 클래스를 가지고 처리한다.

4.2.1 문자열 생성 방법

내장 자료형은 리터럴 표기법과 생성자 표기법을 다 지원한다. 문자열에서 리터럴 생성은 인용 기호를 이용해서 만들면 된다.

또한 바이트를 만들고 이를 복호화 처리하면 문자열로 변환이 되므로 문자열 생성에 활용할 수 있다.

예제 4-11 : 문자열을 리터럴과 생성자로 생성

인용 기호를 사용해서 직접 리터럴로 생성한다. 리터럴로 생성해도 해당 자료형은 문자열 클래스이다.

```
In :   sl = "파이썬"
       print(sl)
       print(type(sl))
```

```
Out:   파이썬
       <class 'str'>
```

생성자는 문자열 클래스 str 다음에 호출 연산자를 붙이고 인자를 넣어서 실행하면 인스턴스를 반환한다. 문자열은 정수, 문자열, 실수 등 다양한 자료형으로 생성이 가능하다.

```
In :   s = str(123)
       ss = str("성대현")
       sf = str(123.00)
```

```
print(s, type(s))
print(ss, type(ss))
print(sf, type(sf))
```

Out:
```
123 <class 'str'>
성대현 <class 'str'>
123.0 <class 'str'>
```

바이트로 생성하면 문자열이지만 앞에 바이트라는 표시로 b가 붙는다. 이 말은 유니코드로 된 문자열이 아니라는 것이다. 이를 복호화하기 위해 decode 메서드로 처리하면 문자열로 변환된다.

In :
```
b = b"abc"

c = b.decode()
print(type(c),c)
```

Out:
```
<class 'str'> abc
```

4.2.2 문자열 주요 메서드

문자열 자료형에도 다양한 메서드를 지원한다. 이 메서드들은 문자열 인스턴스를 변경할 경우 새로운 문자열 인스턴스를 만들어서 반환한다.

✚ 문자열 내의 문자 조정하기

문자열 내의 문자를 대문자나 소문자로 변형하거나 문자들을 특정 형태에 맞춰 패턴화해서 조정한다.

예제 4-12 : 대소문자 처리

문자열을 소문자로 생성했다. 이 문자열 전체를 대문자로 변환하려면 upper 메서드를 사용한다. 전체 대문자를 가진 문자열을 전부 소문자로 변환하려면 lower 메서드를 사용한다.

```
In :   sl = "spiderman"

       sh = sl.upper()
       print(sh)

       su = "WONDER WOMEN"
       sh = su.lower()
       print(sh)
```

```
Out:   SPIDERMAN
       wonder women
```

문자열을 보통 소설이나 영화의 제목처럼 사용하기 위해서는 단어별로 첫글자를 대문자로
나머지 글자는 소문자로 변환한다. 이때 사용하는 메서드가 title이다.

```
In :   su = "WONDER WOMEN"
       st = su.title()
       print(st)
```

```
Out:   Wonder Women
```

특정 단어의 앞문자만 대문자로 처리하기 위해서는 capitalize 메서드를 사용한다.

```
In :   sl = "spiderman is ..."
       sc = sl.capitalize()
       print(sc)
```

```
Out:   Spiderman is ...
```

casefold 메서드는 특수한 희랍 문자 등의 경우를 제외하고는 모든 글자를 소문자 처리
한다.

```
In :   su = "WONDER WOMEN"
       scc = su.casefold()
       print(scc)
```

```
Out:   wonder women
```

예제 4-13 : 문자열 위치 조정해서 꾸미기

문자열을 처리할 때 포매팅 처리는 내장 메서드로도 가능하다. 간단히 위치를 조정하고 빈 칸을 어떻게 채울지에 대해 알아본다.

먼저 문자열의 글자를 중앙에 놓고 빈 칸을 채우기 위해 %를 넣어서 출력해본다. 글자를 중앙에 위치시키려면 먼저 center 메서드를 사용한다. 인자로는 총 문자가 들어갈 버퍼 길이와 빈 칸에 들어갈 한 자리 문자를 넣고 실행하면 중앙에 맞춰 글자가 배치되고 빈 칸은 주어진 문자로 채워진다.

빈 칸을 채울 문자를 주지 않으면 빈 공간으로 채워진다.

```
In :   s = "빅데이터와 인공지능"

       sc = s.center(30,"%")
       print(sc)
       sb = s.center(30)
       print(sb)
```

```
Out:   %%%%%%%%%%빅데이터와 인공지능%%%%%%%%%%
                    빅데이터와 인공지능
```

특정 버퍼를 정의하고 문자열을 위치를 왼쪽으로부터 채워지도록 만들려면 ljust 메서드를 이용해서 처리한다. Center 메서드와 동일하게 길이와 빈 칸을 채울 문자를 받는다.

```
In :   s = "빅데이터와 인공지능"

       sc = s.ljust(30,"%")
       print(sc)
       sb = s.ljust(30)
       print(sb)
```

```
Out:   빅데이터와 인공지능%%%%%%%%%%%%%%%%%%%%
       빅데이터와 인공지능
```

특정 버퍼를 정의하고 문자열을 오른쪽으로 배치되어 표시하기 위해서는 rjust 메서드를 이용해서 처리하면 된다.

```
In :   s = "빅데이터와 인공지능"

       sc = s.rjust(30,"%")
       print(sc)
       sb = s.rjust(30)
       print(sb)
```

```
Out:   %%%%%%%%%%%%%%%%%%%빅데이터와 인공지능
                         빅데이터와 인공지능
```

위의 메서드에 빈칸을 채울 문자를 넣어야 한다고 했다. 이 문자는 유니코드 기준의 문자를 의미하므로 한글을 넣어도 하나의 문자로 인식한다.

```
In :   s = "빅데이터와 인공지능"

       sc = s.center(30,"파")
       print(sc)
```

```
Out:   파파파파파파파파파파빅데이터와 인공지능파파파파파파파파파파
```

문자를 2개 넣으면 범위를 벗어나서 예외가 발생하므로 문자를 하나만 넣고 처리한다.

```
In :   sb = s.center(30,"bb")
       print(sb)
```

```
Out:   ---------------------------------------------------------
       TypeError                          Traceback (most recent call last)
       <ipython-input-16-08e0cdd763a4> in <module>()
       ----> 1 sb = s.center(30,"bb")
             2 print(sb)

       TypeError: The fill character must be exactly one character long
```

✚ 문자열 찾기 및 패턴 매칭하기

문자열에 대한 검색(find, index) 및 개수(count)를 확인하는 메서드를 제공한다. 패턴 매칭을 위해서는 처음(startswith)과 마지막(endswith) 메서드를 이용해서 문자열의 부분 문자열로 매칭을 처리한다.

168

예제 4-14 : 특정 문자 세기 및 찾기

특정 문자열 내에 동일한 문자가 몇 개 있는지를 확인하기 위해 count 메서드를 이용해서 특정 문자를 확인하면 총 개수가 나온다.

```
In :   s = "특정 문자 찾기를 한다. 찾은 문자는"

       print(s.count("찾"))
```

```
Out:   2
```

문자열 내의 특정 문자를 찾을 때 사용하는 find 메서드가 있다. 특정 문자 하나를 찾아서 위치 정보를 반환한다. 문자열 내에 찾으려는 문자가 여러 개 있을 경우는 검색을 시작할 인덱스를 넣어서 위치 정보를 검색해야 한다.

```
In :   s = "특정 문자 찾기를 한다. 찾은 문자는"

       print(s.find("찾"))
       print(s[s.find("찾")])

       print(s.find("찾", 7))
```

```
Out:   6
       찾
       14
```

우측부터 검색할 경우 rfind 메서드가 있다. 마찬가지로 첫 번째는 바로 찾을 수 있다. 그다음을 검색해서 찾을 경우 시작과 끝을 넣어서 하나의 슬라이스를 만들고 그 내부에서 검색하면 된다.

```
In :   print(s.rfind("찾"))
       print(s[s.rfind("찾")])

       print(s.rfind("찾", 0,10))
```

```
Out:   14
       찾
       6
```

특정 문자를 검색해서 index도 find 메서드와 동일하게 처리한다.

```
In :   s = "특정 문자 찾기를 한다. 찾은 문자는"

       print(s.index("찾"))
       print(s[s.index("찾")])
       print(s.index("찾", 7))
Out:   6
       찾
       14
```

우측부터 검색하는 rindex 메서드도 rfind 메서드와 유사하게 처리되는 것을 알 수가 있다.

```
In :   print(s.rindex("찾"))
       print(s[s.rindex("찾")])
       print(s.rindex("찾", 0,10))
Out:   14
       찾
       6
```

예제 4-15 : 문자열 패턴 매칭하기

문자열로 작성된 문자를 체크해서 매칭된 경우에 True 결과가 나온다. 특히 제어문에 넣어 사용하면 문자열에 대한 조건을 점검할 수 있다.

문자열의 네임스페이스 내 정보를 dir 함수로 받으면 리스트로 제공하고 내부의 원소를 문자열로 표시한다.

```
In :   s = dir(str)

       print(type(s))
       print(s[0])
Out:   <class 'list'>
       __add__
```

문자열이 가지는 속성 내에서 스페셜 속성과 메서드를 제외해서 출력을 하고 싶을 경우 스페셜 속성과 메서드의 이름에는 앞과 뒤에 "_ _"가 붙어 있으므로 시작하는 문자 매칭을 "_ _"로 처리하는 startswith 메서드를 사용한다.

문자열이 "_ _"로 시작되는 경우만 if문에서 True로 처리되므로 이를 출력한다. Print문에 end=" "을 지정했기에 라인별로 출력을 하지 않고 한 줄에 여러 개를 출력한다. 특정 개수 출력 후 print문에 인자 없이 출력하면 다음 라인으로 넘어가서 그 다음 출력은 다음 줄에 출력되는 것을 알 수 있다.

```
In :   count = 1
       for i in s :
           if i.startswith("__") :
               continue
           else :
               print(i, end=" ")

           if count % 6 == 0 :
               print()
           count += 1
```

```
Out:   capitalize casefold center count encode endswith
       expandtabs find format format_map index isalnum
       isalpha isdecimal isdigit isidentifier islower isnumeric
       isprintable isspace istitle isupper join ljust
       lower lstrip maketrans partition replace rfind
       rindex rjust rpartition rsplit rstrip split
       splitlines startswith strip swapcase title translate
       upper zfill
```

마지막 문자열에 "_ _""으로 되어 있는 문자열에 매칭되는 경우를 처리하기 위해 endswith 메서드를 사용한다. 스페셜 속성과 메서드들을 출력하는 것을 볼 수 있다.

```
In :   count = 1
       for i in s :
           if i.endswith("__") :
               print(i, end=" ")
           else :
               continue
```

```
    if count % 6 == 0 :
        print()
    count += 1
```

Out:
```
__add__ __class__ __contains__ __delattr__ __dir__ __doc__
__eq__ __format__ __ge__ __getattribute__ __getitem__ __getnewargs__
__gt__ __hash__ __init__ __init_subclass__ __iter__ __le__
__len__ __lt__ __mod__ __mul__ __ne__ __new__
__reduce__ __reduce_ex__ __repr__ __rmod__ __rmul__ __setattr__
__sizeof__ __str__ __subclasshook__
```

✚ 문자열을 분리 및 문자열 결합

메서드 split은 문자열을 분리하려면 문자열 분리자를 인자로 넣어서 분리자별로 리스트의 원소로 구성한다. 메서드 join은 분리자를 문자열로 정하고 리스트를 인자로 받아 리스트의 원소를 분리자별로 나눠 문자열로 변경한다.

예제 4-16 : 빈 문자열로 분리하고 결합

문자열 내에서 단어별로 분리하기 위해서는 공백으로 분리하는 것이 가장 편하다. Split 메서드의 인자에 공백을 주면 문자열 사이의 공백을 기준으로 분리해서 리스트의 원소로 넣어 처리하는 것을 볼 수 있다.

In :
```
s = "빈 문자열로 분리하고 결합하기"

ss = s.split(" ")
print(ss)
```

Out:
```
['빈', '문자열로', '분리하고', '결합하기']
```

리스트 내에 원소들이 문자열로 된 경우에는 공백 문자열을 기준으로 join 메서드를 사용하면 리스트의 원소들을 하나로 연결하면서 중간에 공백을 넣어 연결한다.

In :
```
sl = " ".join(ss)
print(sl)
```

Out:
```
빈 문자열로 분리하고 결합하기
```

예제 4-17 : 개행 문자가 있는 경우 문자열을 라인 단위로 분리

여러 문장을 처리하는 문자열(""" """." ")을 처리할 때는 라인을 기준으로 분리도 가능하다.
일단 개행 문자("\")를 기준으로 split 메서드를 사용해서 분리하면 하나의 라인 단위로 분
리되어 리스트에 원소로 들어간다.

```
In :    import pprint

        s ="""A simple object subclass
        that provides attribute access
        to its namespace,
        as well as a meaningful repr."""

        ss = s.split("\n")
        pprint.pprint(ss)
```

```
Out:    ['A simple object subclass ',
         'that provides attribute access ',
         'to its namespace, ',
         'as well as a meaningful repr.']
```

라인 단위로 분리된 리스트를 가지고 결합할 때 슬라이스를 사용해서 특정 원소 단위로 나
누고 결합해서 사용할 수 있다.

```
In :    sl1 = " ".join(ss[:2])
        print(sl1)

        sl2 = " ".join(ss[2:])
        print(sl2)
```

```
Out:    A simple object subclass  that provides attribute access
        to its namespace,  as well as a meaningful repr.
```

✚ 문자열 길이

여러 원소를 가지고 만들어진 문자열이기 때문에 길이를 확인하면 문자 단위로 원소를 표
시한다.

이때 사용하는 함수는 len이며 문자열의 원소 개수를 출력한다.

예제 4-18 : 길이 확인하기

문자열의 길이는 문자열 내부에 있는 모든 문자들 개수의 합이다. 유니코드로 처리하므로 한글도 하나의 문자로 처리되어 문자열의 길이를 계산할 때 한글 문자도 하나씩 증가하는 것을 확인할 수 있다.

```
In :   s = "문자열 검색"

       print(len(s))

       sa = " string indexing"
       print(len(sa))
```

```
Out:   6
       16
```

문자열을 인덱스로 확인하면 한글도 하나의 문자로 처리된다.

```
In :   s = "문자열 검색"

       print(s[0])
       print(s[1])
```

```
Out:   문
       자
```

역방향으로 검색하기 위해 음수로 인덱스를 넣어도 한글은 문자 단위로 검색되는 것을 알 수 있다.

```
In :   s = "문자열 검색"

       print(s[-1])
       print(s[-2])
```

```
Out:   색
       검
```

✚ 문자열(str)에서 bytes로 전환하기

유니코드가 파이썬 3.0에서 문자열로 반영되었기에 바이트 단위로 관리하는 별도의 자료형이 필요하다. 바이트는 문자 단위가 아닌 바이트 단위로 관리하므로 문자의 길이가 보는 것과 달라진다.

문자열과 바이트는 관리 기준이 다르므로 변환을 하기 위해 인코딩 처리한다.

예제 4-19 : 암호화(encode)와 복호화(decode) 기준

문자열에서 바이트로 인코딩해서 변환하는 것을 암호화라고 하고 이 암호화는 문자열 내의 encode 메서드로 수행한다. 유니코드 문자열을 바이트로 변환할 때 바이트 길이가 다르게 변하므로 한글을 바이트 코드로 바꿀 때 인코딩을 utf-8로 지정하면 한글이 3bytes로 변경되는 것을 알 수 있다.

```
In :   s = "성균관대학교"

       print(len(s))

       sb = s.encode("utf-8")
       print(len(sb))
       print(sb)
```

```
Out:   6
       18
       b'\xec\x84\xb1\xea\xb7\xa0\xea\xb4\x80\xeb\x8c\x80\xed\x95\x99\xea\
       xb5\x90'
```

바이트 자료형에서 문자열 자료형으로 변환은 복호화한다고 하고 이를 처리하기 위해서는 바이트 자료형에 있는 decode 메서드를 이용한다.

```
In :   sc = sb.decode("utf-8")
       print(len(sc))
       print(sc)
```

```
Out:   6
       성균관대학교
```

문자 코드를 관리하는 유니코드에는 다른 인코딩 방식이 있다. utf-16으로 처리를 한다는 것은 문자 코드가 2바이트 단위로 처리된다는 것이다. 이 중에 두 바이트 코드를 앞과 뒤에 어떻게 배열할지 결정한다. 특히 유니코드의 기준 언어들이 관리 키인 평면을 뒤에 놓고 그 안에 문자의 위치를 앞에 처리하는 구조가 리틀 엔디언이다.

기본으로 utf-16으로 처리하면 리틀엔디언으로 표시된다. 첫 번째 코드에 hex 값으로 문자가 처리된 정보를 fffe로 보여준다.

```
In :    s = "성균관대학교"
        print(s[0].encode("utf-16"))
        sb = s.encode("utf-16")
        print(sb)
        print(sb.decode("utf-16"))
```

```
Out:    b'\xff\xfe1\xc1'
        b'\xff\xfe1\xc1\xe0\xad\x00\xad\x00\xb3Y\xd5P\xad'
        성균관대학교
        In [12]:
```

인코딩 기준을 utf-16으로 주면 리틀 엔디언으로 처리하라고 명기했기에 utf-16에 맨 앞에 표시된 바이트 생성 규칙이 없이 변환된다.

특히 유니코드로 한글 "성"자는 uc131이다. 리틀 엔디언으로 표시하면 31c1으로 처리된 것을 알 수 있다. 출력된 것을 보면 숫자 1이 출력되었다. 숫자 1은 아스키 코드이므로 31이라는 것을 알 수 있다.

```
In :    s = "성균관대학교"

        print(s[0].encode("utf-16le"))
        print('\uc131')
        sb = s.encode("utf-16le")
        print(sb)
        print(sb.decode("utf-16le"))
```

```
성
b'1\xc1'
b'1\xc1\xe0\xad\x00\xad\x00\xb3Y\xd5P\xad'
성균관대학교
```

인코딩을 utf-16으로 하면 변환된 바이트 순서를 빅 엔디언 처리한다. 유니코드에서 정한 그대로 출력되는 한글 성이라는 유니코드 uc131과 동일한 헥사값을 가지도록 처리된 결과를 확인할 수 있다.

```
s = "성균관대학교"

print(s[0].encode("utf-16be"))
print('\uc131')

sb = s.encode("utf-16be")
print(sb)
print(sb.decode("utf-16be"))
```

```
b'\xc11'
성
b'\xc11\xad\xe0\xad\x00\xb3\x00\xd5Y\xadP'
성균관대학교
```

4.3 바이트 자료형(bytes data type)

컴퓨터가 기본으로 처리하는 바이트 자료형을 파이썬 3 버전에 별도로 만들었다. 저장되는 형태가 16진수의 hexa 값으로 관리되고 아스키 코드일 경우는 hexa 값 대신에 문자로 보여준다.

바이트 또한 파이썬 기본 문자열인 유니코드와 동일한 메서드들을 가지고 처리된다. 문자열 자료형처럼 변경이 불가능한 구조를 따른다.

4.3.1 바이트 생성

바이트 자료형의 생성은 리터럴 형태로 b를 문자열 앞에 붙여서 표시한다. Bytes 생성자를 기반으로 인스턴스도 만들 수 있다.

예제 4-20 : 바이트 생성

바이트 리터럴로 생성해서 어떤 클래스를 위해 만들어져 있는지를 확인하면 bytes 자료형이라고 표시한다. 영문자이므로 헥사값으로 표시되지 않고 알파벳으로 표시되는 것을 알수 있다.

```
In :   b = b"hello"
       print(type(b), b)

Out:   <class 'bytes'> b'hello'
```

한글 문자열을 하나 만들고 바이트 생성자에 인자로 넣을 때는 바이트로 전환해서 처리한다.

일단 한글을 바이트로 변환할 때 한 문자당 3개의 바이트로 변환하는 utf-8로 전환해서처리한다. 문자열은 6개이지만 바이트로 변환되면 18개로 구성된 것을 알 수 있다.

```
In :   s = "성균관대학교"
       bs = bytes(s.encode("utf-8"))
       print(type(bs))
       print(bs)

       print(bytes("성균관대학교",encoding="utf-8"))

Out:   <class 'bytes'>
       b'\xec\x84\xb1\xea\xb7\xa0\xea\xb4\x80\xeb\x8c\x80\xed\x95\x99\xea\
       xb5\x90'
       b'\xec\x84\xb1\xea\xb7\xa0\xea\xb4\x80\xeb\x8c\x80\xed\x95\x99\xea\
       xb5\x90'
```

4.3.2 바이트 주요 메서드

주요 메서드는 문자열과 거의 유사하지만 유니코드가 아닌 바이트 단위로 처리되므로 상이한 것이 몇 개 존재한다.

✦ 문자열과 다른 메서드들

바이트 자료형 내에서 제공하는 문자열만 추가적으로 알아본다.

예제 4-21 : 바이트 자료형의 메서드 확인

아직 배우지는 않았지만 동일한 원소는 하나만 만드는 집합(Set) 자료형을 이용해서 문자열과 바이트 내의 속성과 메서드를 비교하고 간단히 바이트 내에만 있는 메서드만을 추출한다.

집합 클래스 내의 차집합을 하기 위해서는 뺄셈 기호만을 사용해서 표현할 수 있다. 3개의 다른 hex, decode, fromhex 메서드를 가지고 있다.

```
In :    b = set(dir(bytes))
        s = set(dir(str))

        bs = b - s
        print(bs)

Out:    {'hex', 'decode', 'fromhex'}
```

바이트 자료형을 기본 16진수로 표현하므로 이를 hex 메서드를 통해 문자열로 전환하고 숫자만 출력하도록 처리한다.

```
In :    bb = b"Hello"
        bh = bb.hex()

        print(type(bh), bh)

Out:    <class 'str'> 48656c6c6f
```

이처럼 처리된 값이 fromhex 메서드를 실행하면 바이트에 16진수로 표시된다.

```
In :    bfh = bytes.fromhex('B901EF')
        print(b fh)

Out:    b'\xb9\x01\xef'
```

✚ 바이트 타입에서 문자열로 전환

한글 등 유니코드 문자열을 바이트 자료형으로 암호화해서 만들 때는 문자열의 encode 메서드를 가지고 처리한다. 반대로 바이트를 문자열로 변경하려면 decode 메서드로 처리한다.

예제 4-22 : encode/decode 메서드 처리

한글 문자열을 encode 메서드로 bytes 변환했다.

```
In :    s = "하늘과 바람과 별과 시"
        b = s.encode("utf-8")

        print(type(b))
```

```
Out:    <class 'bytes'>
```

이것을 가지고 다시 bytes에서 decode 메서드를 이용하여 한글 문자열로 변환 처리하면 동일한 한글이 출력되는 것을 확인할 수 있다.

```
In :    bs = b.decode("utf-8")
        print(type(bs))
        print(bs)
```

```
Out:    <class 'str'>
        하늘과 바람과 별과 시
```

예제 4-23 : bytes/str 생성자에서 직접 encode, decode하기

문자열에서 암호화하면서 인코딩을 처리하면 바이트 자료형으로 변경이 된다.

또한 이 문자열을 바이트에 넣고 인코딩을 부여하면 바이트 자료형의 인스턴스가 만들어 지는 것을 알 수 있다.

두 개 인스턴스의 변환된 값을 비교하면 동일하므로 True가 표시된다.

```
In :    s = "훼훾훿훷훻"
```

```
b = s.encode("utf-8")

print(b)

bb = bytes(s, "utf-8")
print(bb)

print(b == bb)
```

```
Out:   b'\xed\x9c\x80\xed\x9c\x81\xed\x9c\x82\xed\x9c\x83\xed\x9c\x84'
       b'\xed\x9c\x80\xed\x9c\x81\xed\x9c\x82\xed\x9c\x83\xed\x9c\x84'
       True
```

바이트를 문자열 생성자에서 인코딩하면 문자열로 처리되는 것을 확인할 수 있다.

```
In :   print(str(bb, "utf-8"))
```

```
Out:   휀휁휂휃휄
```

4.4 바이트 어레이 자료형(bytearray data type)

바이트 자료형은 문자열처럼 변경이 불가능하지만 바이트 어레이 자료형은 리스트처럼 변경이 가능한 구조를 지원한다.

변경이 가능하므로 리스트처럼 원소를 변경, 추가, 삭제할 수 있는 메서드를 지원한다. 또한 바이트 자료형처럼 바이트 기준으로 데이터를 관리한다.

4.4.1 바이트 어레이 생성

바이트 어레이 자료형은 기본적으로 바이트 자료형에 대한 갱신을 위한 버퍼로 사용하는 경우가 많다.

예제 4-24 : 바이트로 생성한 것을 바이트 어레이로 변환

바이트 자료형으로 인스턴스를 만들고 이를 바이트 어레이로 전환했다. 직접 문자열을 넣고 인자에 인코딩을 하면 바이트로 만들어지므로 바이트 어레이로 생성할 수 있다.

```
In :   b = b"abcde"
       ba = bytearray(b)

       print(type(ba))
       print(ba)

       bs = bytearray("바이트 어레이","utf-8")
       print(bs)
```
```
Out:   <class 'bytearray'>
       bytearray(b'abcde')
       bytearray(b'\xeb\xb0\x94\xec\x9d\xb4\xed\x8a\xb8\xec\x96\xb4\xeb\xa0\
       x88\xec\x9d\xb4')
```

예제 4-25 : 버퍼 처리하기 : 바이트 어레이

바이트 어레이에 숫자를 인자로 주고 인스턴스를 생성하면 길이가 20인 바이트 어레이가 만들어진다.

내부를 확인하면 x00으로 20개가 만들어져 있다. 이 버퍼를 슬라이스로 지정해서 5개 문자를 가진 바이트 인스턴스를 할당하면 변경되는 것을 확인할 수 있다.

```
In :   buffer = bytearray(20)

       print(buffer)

       b = b"abcde"
       buffer[:len(b)] = b
       print(buffer)
```
```
Out:   bytearray(b'\x00\x00\x00\x00\x00\x00\x00\x00\x00\x00\x00\x00\x00\x00\
       x00\x00\x00\x00\x00\x00')
       bytearray(b'abcde\x00\x00\x00\x00\x00\x00\x00\x00\x00\x00\x00\x00\x00\
       x00\x00')
```

182

4.4.2 바이트 어레이 속성/메서드

변경 가능한 bytearray는 리스트(list) 자료형처럼 내부 원소들을 갱신 및 삭제, 복사할 수 있는 메서드들을 가지고 있다.

예제 4-26 : 바이트와 바이트 어레이 메서드 차이 확인

바이트 어레이는 변경이 가능하므로 스페셜 메서드인 __setitem__, __delitem__을 제공한다.

내부 원소를 변경 및 삭제할 수 있는 append, extend, remove, pop 메서드 등이 있다. 역으로 정렬하는 reverse 메서드도 제공되는 것을 알 수 있다.

```
In :    import pprint

        bs = set(dir(bytes))
        bb = set(dir(bytearray))

        pprint.pprint(bb - bs)
```
```
Out:    {'__alloc__',
         '__delitem__',
         '__iadd__',
         '__imul__',
         '__setitem__',
         'append',
         'clear',
         'copy',
         'extend',
         'insert',
         'pop',
         'remove',
         'reverse'}
```

메서드 insert는 특징 인덱스 위치에 정수값을 인자로 받아 처리한다.

```
In :    buffer = bytearray(20)

        print(buffer)
```

```
buffer.insert(0, 31)
print(buffer)
```

Out:
```
bytearray(b'\x00\x00\x00\x00\x00\x00\x00\x00\x00\x00\x00\x00\x00\x00\
x00\x00\x00\x00\x00\x00')
bytearray(b'\x1f\x00\x00\x00\x00\x00\x00\x00\x00\x00\x00\x00\x00\x00\
x00\x00\x00\x00\x00\x00\x00')
```

메서드 pop에 0번째 인덱스를 지정해서 처리하면 첫 번째에 들어간 31 값이 삭제되는 것을 알 수 있다.

In :
```
print(buffer)
cc = buffer.pop(0)
print(cc)
print(buffer)
```

Out:
```
bytearray(b'\x1f\x00\x00\x00\x00\x00\x00\x00\x00\x00\x00\x00\x00\x00\
x00\x00\x00\x00\x00\x00\x00')
31
bytearray(b'\x00\x00\x00\x00\x00\x00\x00\x00\x00\x00\x00\x00\x00\x00\
x00\x00\x00\x00\x00\x00')
```

메서드 append로 붙이면 제일 뒤에 원소가 추가된 것을 확인할 수 있다.

In :
```
print(buffer)
buffer.append(31)
print(buffer)
```

Out:
```
bytearray(b'\x1f\x00\x00\x00\x00\x00\x00\x00\x00\x00\x00\x00\x00\x00\
x00\x00\x00\x00\x00\x00')
bytearray(b'\x1f\x00\x00\x00\x00\x00\x00\x00\x00\x00\x00\x00\x00\x00\
x00\x00\x00\x00\x00\x00\x1f')
```

예제 4-27 : 바이트 어레이 갱신할 때 값을 할당하는 방법

바이트 어레이 자료형을 슬라이스로 처리할 때는 바이트 문자로 직접 할당해서 처리가 가능하다.

184

```
In :   buffer[:3] = b'abc'
       print(buffer)
```

```
Out:   bytearray(b'abc\x00\x00\x00\x00\x00\x00\x00\x00\x00\x00\x00\x00\
       x00\x00\x00\x00\x1f')
```

바이트 어레이 자료형에 하나의 원소를 검색해서 값을 갱신할 때는 정수를 사용하지 않으면 처리가 되지 않고 예외를 발생시킨다.

```
In :   buffer[0] = b'a'
```

```
Out:   ------------------------------------------------------------
       TypeError                              Traceback (most recent call last)
       <ipython-input-131-61113b78b6ee> in <module>()
       ----> 1 buffer[0] = b'a'

       TypeError: an integer is required
```

바이트 어레이의 insert 메서드로 특정 위치에 원소를 추가할 때도 바이트 인스턴스를 넣어서 처리하면 예외가 발생한다. 항상 정수값으로 넣어서 처리한다.

```
In :   buffer.insert(0,b'a')
```

```
Out:   ------------------------------------------------------------
       TypeError                              Traceback (most recent call last)
       <ipython-input-133-5fcfc6c82405> in <module>()
       ----> 1 buffer.insert(0,b'a')

       TypeError: an integer is required
```

4.5 튜플 자료형(tuple data type)

튜플 자료형은 리스트 자료형과 동일하게 처리되지만 변경이 불가능하다. 그러므로 리스트와의 차이점은 내부 원소를 변경하거나 갱신할 메서드들이 존재하지 않는다.

튜플 자료형이 필요한 부분은 파이썬 내부적으로 변경이 되지 않으면서 관리되어야 할 기능으로 이 튜플을 이용해서 데이터를 전달할 때 많이 사용된다.

일단 함수의 매개변수에 가변으로 들어오는 인자를 처리할 때나 특정 변수에 여러 데이터를 할당할 때, 함수의 반환값 여러 개를 하나로 묶어서 반환이 필요할 때 등 다양한 목적으로 사용된다.

4.5.1 튜플 생성

튜플도 다른 자료형과 동일하게 리터럴과 생성자를 통해 인스턴스를 만들 수 있다.

✚ 튜플 리터럴 및 생성자

튜플 리터럴은 다른 자료형과 차이가 많다. 기본적으로 튜플의 리터럴은 쉼표를 기준으로 분리한다. 괄호는 이 튜플을 인식하기 편리한 용도로 사용한다.

예제 4-28 : 튜플 리터럴 및 생성자로 생성

튜플 리터럴을 괄호를 제외하고 생성해본다. 튜플이 생성되는 것을 볼 수 있다. 괄호로 묶어서 표현해도 튜플이 생성되는 것은 동일하다.

```
In :   t = 1,2,3,4
       print(t)
       t1 = (1,2,3,4)
       print(t1)

Out:   (1, 2, 3, 4)
       (1, 2, 3, 4)
```

튜플을 리터럴로 생성하는 다른 방법은 함수의 결과를 반환할 때 많이 사용한다. 쉼표로 분리한 2개의 변수를 return문 다음에 사용했다.

이 결과를 출력하면 튜플로 반환된 것을 확인할 수 있다.

```
In :    def func(x,y) :
            return x,y

        t2 = func(10,10)
        print(type(t2))
        print(t2)

Out:    <class 'tuple'>
        (10, 10)
```

튜플 생성자에 리스트를 넣고 생성해도 튜플로 전환된다. 문자열을 튜플에 넣어 처리하면
리스트에 문자열을 넣어서 처리하는 것과 동일하게 원소별로 분리되어 처리되는 것을 확
인할 수 있다.

```
In :    t = tuple([1,2,3,4])
        print(t)
        ts = tuple("광화문")
        print(ts)

Out:    (1, 2, 3, 4)
        ('광', '화', '문')
```

✚ 튜플 내의 원소가 하나일 경우 주의 사항

튜플 리터럴을 표기할 때 주의할 점은 하나를 표시할 때 연산자의 괄호와 튜플의 괄호를
구분해야 한다.

하나의 원소만 가진 튜플은 괄호 내에 반드시 쉼표(,)를 넣어서 처리한다. 그래야 파이썬에
서 단순한 연산자의 괄호로 인지하지 않고 튜플로 인지한다.

예제 4-29 : 단일 원소도 쉼표로 분리

괄호 연산자로 정수 1을 처리해서 출력하면 정수 1만 출력된다. 정수 1인 원소 하나를 가
진 튜플은 괄호 내에 쉼표가 붙어 있다. 이를 출력하면 튜플이라는 것을 알 수 있다.

```
In :    o = (1)
```

```
t = (1,)

print(type(o), o)
print(type(t), t)
```

Out:
```
<class 'int'> 1
<class 'tuple'> (1,)
```

4.5.2 튜플 메서드

변경이 불가능한 튜플은 메서드를 가지고 다양한 것을 처리하지 않는다.

간단히 원소들에 동일한 개수를 세는 count나 특정 원소의 위치를 확인하는 index 메서드만 지원한다.

예제 4-30 : 튜플의 count, index 메서드

원소에 대한 개수(count)와 원소의 인덱스(index)를 찾아주는 메서드가 있다.

인덱스 메서드는 처음으로 동일한 것이 만나면 현재 위치의 결과를 반환해주므로 그 다음에 동일한 것을 찾지 않는다. 찾으려면 두 번째 인자에 위치를 주고 다시 실행해서 찾아야 한다.

In :
```
t = dir(tuple)

for i in t :
    if not i.startswith("__") :
        print(i)
```

Out:
```
count
index
```

동일한 원소의 개수를 확인하고 특정 원소의 위치를 확인해서 처리한다.

In :
```
t = (1,2,3,2,3)
```

```
print(t.count(2))
print(t.index(2))

print(t.index(2,3))
```

Out: 2
        1
        3

4.5.3 튜플 원소로 Mutable 자료형 처리 방법

튜플 자료형은 불완전한 부분이 존재한다. 튜플을 생성할 때 리스트나 딕셔너리 등 변경이 가능한 원소를 가질 수 있다.

파이썬은 각 객체가 변경이 가능할 경우에는 내부의 원소들을 변경할 수 있으므로 튜플의 변경은 불가하지만 내부의 원소까지 변경이 불가능한 것은 아니다.

튜플이 완전히 변경이 불가능하려면 내부의 원소들도 전부 변경이 불가능한 자료로 구성한다.

예제 4-31 : 원소가 리스트일 경우

튜플을 리터럴로 생성할 때 리스트가 원소로 들어왔다. 이 리스트를 갱신해도 튜플의 레퍼런스가 변경되는 것도 아니고 리스트의 레퍼런스가 변경이 되는 것도 아니다.

단지 튜플 내의 리스트 내부 원소가 바뀌는 것이기 때문에 처리가 되는 것을 볼 수 있다.

In :   ```
        t = (1,2,[1,2])
        print(id(t))
        t[2][0] = 99
        print(t)

        print(id(t))
        ```

Out:    83995312
        (1, 2, [99, 2])
        83995312
        ```

4.6 리스트 자료형(list data type)

파이썬에서 가장 자주 사용되는 리스트에 대해 알아볼 차례이다. 리스트는 변경 가능한 Sequence 자료형이고 내부의 원소로는 다양한 자료형을 다 수용할 수 있다. 위의 바이트 어레이에서 리스트와 동일한 메서드 등을 먼저 알아봤지만 리스트를 처리하면서 더 상세하게 메서드들의 작동 원리를 다시 알아본다.

리스트 자료형은 일반적인 배열과 차이가 있으므로 이런 점도 간단히 알아본다.

4.6.1 리스트 생성

리스트도 다른 자료형들과 같이 대괄호를 사용해서 리터럴을 표시할 수 있고 리스트 생성자를 통해 리스트 인스턴스를 만들 수 있다.

예제 4-32 : 리스트 생성하기

빈 리스트를 생성해본다. 원소가 아무 것도 가지지 않는 원소를 리터럴로 생성한다. 리터럴로 생성된 인스턴스의 자료형을 확인하면 list라고 표시한다.

```
In :   l1 = []
       print(l1)
       print(type(l1))

Out:   []
       <class 'list'>
```

리터럴로 세개의 원소를 가진 리스트를 생성한다. 출력해보면 동일한 리스트를 출력한다.

```
In :   l2 = [1,2,3]
       print(l2)

Out:   [1, 2, 3]
```

리스트 생성자에 튜플을 넣고 리스트로 전환하면 리스트가 만들어지는 것을 알 수 있다.

```
In :  l3 = list((1,2,3,))
      print(l3)

Out:  [1, 2, 3]
```

4.6.2 리스트 복사 처리

파이썬에서 복사가 되는 기준을 이해하고 있어야 한다. 리스트 내에 변경이 가능한 원소가 들어올 경우 단순히 복사하면 내부까지 전부 복사가 되지 않아 동일한 인스턴스를 공유해서 처리될 수 있다.

이런 점을 방지하기 위해서는 복사할 때 원소도 전부 다른 인스턴스로 변환이 되어야 다른 로직에서 리스트를 갱신할 때 공유된 리스트로 처리되는 것을 막을 수 있다.

✚ 2가지 복사 기능

- 얕은 복사(shallow copy) : 새로운 객체를 만들지만 내부 원소는 기존 원소를 참조한다.
- 깊은 복사(deep copy) : 새로운 객체를 만들고 내부 원소들도 다른 원소로 만든다.

✚ 얕은 복사(shallow copy)

복사에서 기본은 일단 자기 자신을 새로운 인스턴스로 만들고 그 내부의 원소들은 그대로 가져가는 것이다.

일단 리스트 내의 copy 메서드는 얕은 복사를 처리해서 새로운 리스트 인스턴스를 하나 만드는 데 사용한다.

예제 4-33 : 리스트로 선언된 변수의 별칭 사용

리스트를 리터럴로 만들고 이 리스트를 다른 변수에 할당하면 복사가 생기는 것이 아니라 하나의 리스트의 레퍼런스만 공유하는 것이다.

변수가 두 개이지만 리스트 인스턴스는 하나이므로 하나의 리스트에 접근할 수 있는 변수가 하나 더 만들어진 것을 알 수 있다. 이를 별칭(alias)이라고 부른다.

별칭으로 만들어지면 두 리스트는 is 연산자를 통해 레퍼런스를 비교하여 서로 동일한 인스턴스라는 것을 알 수 있다.

```
In :  l = [1,2,3,4]

      alias = l

      print(alias is l)
      print(alias ==  l)
```
```
Out:  True
      True
```

예제 4-34 : 리스트로 copy 메서드 사용

리스트를 리터럴로 하나 만들고 리스트 내의 copy 메서드로 다른 변수에 할당한다.

새로운 리스트 인스턴스가 만들어졌으므로 원소의 동질성을 비교하는 == 연산자로 체크하면 True가 나오지만 레퍼런스를 체크하면 False로 출력된다.

```
In :  l = [1,2,3,4]

      lc = l.copy()

      print(lc == l)
      print(lc is l)
```
```
Out:  True
      False
```

리스트 생성자에 기존에 만들어진 리스트를 넣고 처리하는 경우와 동일한 결과가 나오는 것을 알 수 있다. 리스트 생성자를 이용해서 리스트를 만들면 항상 새로운 리스트를 만든다.

```
In :   ld = list(l)

       print(ld == l)
       print(ld is l)
```

```
Out:   True
       False
```

예제 4-35 : 리스트 내의 원소로 리스트를 가질 경우 copy 메서드 사용

리스트를 리터럴로 생성한 뒤 하나의 변수 l에 할당하고 이 리스트의 주소를 확인한다.

이 변수 l을 첫 번째와 두 번째에 넣고 리스트 리터럴로 다른 리스트를 생성한 뒤, 변수 ll에 할당한 후 첫 번째와 두 번째 원소에 대한 주소를 확인하면 동일한 레퍼런스라는 것을 알 수 있다.

```
In :   l = [1,2,3,4]
       print(id(l))

       ll = [l,l]
       print(ll)
       print(id(ll[0]),id(ll[1]))
```

```
Out:   4530898120
       [[1, 2, 3, 4], [1, 2, 3, 4]]
       4530898120 4530898120
```

위에 만들어진 리스트를 copy 메서드를 이용해서 복사하고 변수 lc에 할당하면 새로운 리스트가 만들어진다.

새로운 리스트는 만들어졌지만 내부의 원소들은 새로운 리스트로 만들어지지 않았다. lc 내의 원소인 리스트를 변경하면 원본이 변경되므로 출력하면 모든 리스트의 원소가 변경되는 결과를 확인할 수 있다.

```
In :   lc = ll.copy()

       print(lc)
```

```
lc[0][0] = 999

print(l)
print(lc)
```

Out:
```
[[1, 2, 3, 4], [1, 2, 3, 4]]
[999, 2, 3, 4]
[[999, 2, 3, 4], [999, 2, 3, 4]]
```

예제 4-36 : 깊은 복사(deep copy)를 하는 이유

위의 사례처럼 리스트 내의 copy 메서드는 리스트 자체만을 복사해서 새로운 사본을 만들고 리스트 내의 원소에 대해서는 사본을 만들지 않았다.

리스트를 복사할 때 원본 리스트와 전혀 다른 리스트를 만들기 위해서는 리스트 내의 리스트 원소들도 다 다른 리스트가 만들어져야 한다.

이를 처리하기 위해 copy라는 모듈을 별도로 제공하고 그 내부의 deepcopy 함수를 사용해서 복사하여 원본과는 전혀 다른 리스트가 생성된다.

위의 예제를 사용해서 처리할 경우 변수 ll에 할당된 내부 리스트는 동일한 것이 되므로 깊은 복사를 처리해도 동일한 리스트 원소가 만들어진다. 깊은 복사를 해도 별로 혜택이 없이 처리되는 것을 알 수 있다.

In :
```
import copy

l = [1,2,3,4]

ll = [l,l]
print(ll)

lc = copy.deepcopy(ll)

print(lc)
lc[0][0] = 999

print(id(l),id(ll[0]),id(ll[1]))
print(lc)
```

```
Out:   [[1, 2, 3, 4], [1, 2, 3, 4]]
       [[1, 2, 3, 4], [1, 2, 3, 4]]
       4531789640 4531789640 4531789640
       [[999, 2, 3, 4], [999, 2, 3, 4]]
```

리스트를 생성할 때 원소에 동일한 값을 갖지만 동일한 레퍼런스를 가지지 않도록 만들어
야 하므로 리스트 내의 copy 메서드를 이용해서 리스트 내의 전혀 다른 인스턴스라는 것
을 명기했다.

그리고 난 다음에 deepcopy 함수를 이용해서 처리하므로 특정 위치만 갱신할 경우 다른
곳에 영향이 없는 것을 알 수 있다.

```
In :   import copy

       l = [1,2,3,4]

       ll = [l.copy(),l.copy()]
       print(ll)

       lc = copy.deepcopy(ll)

       print(lc)
       lc[0][0] = 999

       print(id(l),id(ll[0]),id(ll[1]))
       print(lc)
```
```
Out:   [[1, 2, 3, 4], [1, 2, 3, 4]]
       [[1, 2, 3, 4], [1, 2, 3, 4]]
       4530899848 4530358408 4531917896
       [[999, 2, 3, 4], [1, 2, 3, 4]]
```

4.6.3 리스트 자료형의 메서드

리스트 내의 원소들을 처리하는 주요 메서드들에 대해 알아보자.

예제 4-37 : 주요 메서드

리스트 자료형에 있는 주요 메서드를 보면 바이트 어레이에 있는 메서드와 거의 유사하다. 처리 방식도 원소를 변경할 수 있으므로 거의 동일하게 처리된다.

```
In :    for i in dir(list) :
            if not i.startswith("__") :
                print(i)
```

```
Out:    append
        clear
        copy
        count
        extend
        index
        insert
        pop
        remove
        reverse
        sort
```

예제 4-38 : 리스트의 원소 추가 삭제하기

빈 리스트를 생성하고 정수와 리스트 원소를 append 메서드로 추가했다. 추가되는 순서에 따라 원소가 들어가 있는 것을 알 수 있다.

```
In :    ll = []

        ll.append(1)
        ll.append([2])
        print(ll)
```

```
Out:    [1, [2]]
```

리스트의 원소를 pop 메서드로 삭제하면 기본적으로는 제일 나중에 들어간 순서로 삭제해서 결과값을 반환한다.

다시 append 메서드를 이용해서 정수 2를 추가했다. 이번에는 pop 메서드에 인덱스 위치를 부여해서 삭제했다. 결과를 확인해보면 첫 번째 위치한 원소가 삭제된 것을 알 수 있다.

```
In :  a = ll.pop()
      print(a)
      print(ll)

      ll.append(2)
      print(ll)

      b = ll.pop(0)
      print(b)
      print(ll)

Out:  [2]
      [1]
      [1, 2]
      1
      [2]
```

예제 4-39 : 리스트를 합치기 : cxtcnd

원본 리스트에서 다른 리스트를 받아서 자신의 원소로 리스트 내의 원소를 합칠 필요도 있다. 이때 extend 메서드에 리스트를 인자로 넣어서 처리하면 하나의 리스트로 합쳐진다.

```
In :  l13 = [1,2,3]
      l46 = [4,5,6]

      l13.extend(l46)
      print(l13)

Out:  [1, 2, 3, 4, 5, 6]
```

리스트들을 + 연산자로 합치면 새로운 리스트가 하나 더 만들어진다. 원래 있는 리스트들은 그대로 유지하고 있다. Extend 메서드와 처리되는 방식이 유사하지만 처리된 결과가 다른 것을 알 수 있다.

```
In :   l9 = [1,2,3]
       l = l9 + l46
       print(l9)
       print(l46)
       print(l)
```

```
Out:   [1, 2, 3]
       [4, 5, 6]
       [1, 2, 3, 4, 5, 6]
```

예제 4-40 : 리스트 특정 위치에 삽입 및 전체 삭제

특정 원소를 삽입하는 insert 메서드는 위치와 값을 주고 리스트 내에 원소를 추가한다.

동일한 값을 동일한 위치에 두 번 insert를 처리해서 출력해보면 동일한 값이 위치가 변경되어서 처리된 결과를 확인할 수 있다.

```
In :   l2 = [1,2,3,4]
       l2.insert(0,5)
       print(l2)

       l2.insert(0,5)
       print(l2)
```

```
Out:   [5, 1, 2, 3, 4]
       [5, 5, 1, 2, 3, 4]
```

특정 값 하나를 삭제하는 remove 메서드를 이용한다. 리스트에 동일한 5 값이 2개가 있으므로 remove 메서드를 2번 사용해서 동일한 값을 삭제했다.

```
In :   l2.remove(5)
       print(l2)

       l2.remove(5)
       print(l2)
```

```
Out:   [5, 1, 2, 3, 4]
       [1, 2, 3, 4]
```

리스트 내의 모든 원소를 전부 삭제할 경우는 clear 메서드를 실행하면 된다.

결과를 확인하면 빈 리스트만 남고 모든 원소가 삭제된 것을 확인할 수 있다.

```
In :    l2.clear()
        print(l2)

Out:    []
```

예제 4-41 : 리스트 내의 동일 원소를 확인하고 삭제하기

동일한 값을 가진 원소가 여러 개일 경우 이를 확인하는 count 메서드를 이용해서 확인하고 동일한 값을 삭제할 때 remove를 count 개수만큼 순환 실행해서 처리하면 삭제가된다.

```
In :    l4 = [1,2,3,4,5,2,2,2]

        c = l4.count(2)
        print(c)

        for i in range(c) :
            l4.remove(2)

        print(l4)

Out:    4
        [1, 3, 4, 5]
```

예제 4-42 : 리스트 원소들 정렬하기 : sort, reverse

리스트 내부 원소들을 올림차순별로 정렬은 sort로 하고 내림차순은 reverse로 처리를 한다.

```
In :    l4 = [1,2,3,4,5,2,2,2]

        l4.sort()
        print(l4)
```

```
l4.reverse()
print(l4)
```

Out: ```
[1, 2, 2, 2, 2, 3, 4, 5]
[5, 4, 3, 2, 2, 2, 2, 1]
```

reverse=True을 인자로 주면 내림차순별로 정렬이 가능하다. 정렬을 처리하는 sort 메서드 내의 인자로 reverse=True를 주고 정렬하면 reverse 메서드 처리하는 것과 동일한 결과가 나온다.

In : ```
l4 = [1,2,3,4,5,2,2,2]
print(l4)

l4.sort(reverse=True)
print(l4)
```

Out: ```
[1, 2, 3, 4, 5, 2, 2, 2]
[5, 4, 3, 2, 2, 2, 2, 1]
```

## 4.6.4 리스트 내의 리스트 초기화하는 법

리스트를 만들 때 동일한 리스트가 들어가면 리스트 내의 원소인 리스트들을 변경할 때 동시에 변경되는 경우가 발생해서 원하지 않는 결과를 만들 수 있다.

리스트 내에 리스트를 만들 때에 다른 인스턴스로 리스트가 들어가는 방식을 명확히 이해해보자.

### 예제 4-43 : 리스트로 * 연산자 비교하기

일단 리스트를 반복 처리해서 원소를 확장하는 것부터 알아보자. 리스트에 리스트를 넣어서 내부 원소로 만드는 방식과 유사하게 처리되지만 연산자를 사용하면 별도의 리스트 인스턴스를 만드는 것을 알 수 있다.

In : ```
l = [4,5,6]
```

```
l2 = l*2

print(l2)
l.extend(l)
print(l)
```

Out: [4, 5, 6, 4, 5, 6]
     [4, 5, 6, 4, 5, 6]

✚ 리스트를 초기화할 때 주의사항

리스트에 리스트를 넣어서 처리할 때 리스트 인스턴스가 서로 다른 인스턴스로 만들어져야 한다. 이를 위해서는 리스트 내의 리스트를 만들 때 어떻게 리스트 인스턴스가 리스트 내에 연결되는지를 이해한다.

예제 4-44 : 외부에 리스트 원소를 반복해서 처리하고 내부에 넣어 처리

리스트를 리터럴로 정의하고 내부의 리스트 원소를 * 연산자로 증가시켰다. 이 리스트 인스턴스를 가지고 for문 내에서 3번 리스트에 추가했다.

동일한 리스트 인스턴스를 3번 넣었기 때문에 한 리스트의 레퍼런스만 li에 할당된 리스트의 원소로 들어갔다. 이 리스트의 내부에 있는 리스트의 주소를 확인하면 동일한 레퍼런스를 가지는 것을 확인할 수 있다.

In :
```
row = [3] * 3
print(row)

li = []
for _ in range(3) :
    li.append(row)

print(li)
print(id(li[0]), id(li[1]),id(li[2]))
```

Out: [3, 3, 3]
     [[3, 3, 3], [3, 3, 3], [3, 3, 3]]
     4531937928 4531937928 4531937928

리스트 내의 리스트 원소를 갱신할 경우 변수 row에 있는 값이 변경된다. 변수 li 내의 리스트 원소는 전부 row 변수에 할당된 리스트 레퍼런스를 가지므로 원본이 변경된 값을 동일하게 보여주는 것을 볼 수 있다.

```
In :   li[0][0] = 99

       print(li)
       print(row)
Out:   [[99, 3, 3], [99, 3, 3], [99, 3, 3]]
       [99, 3, 3]
```

예제 4-45 : 리스트를 for문 안에서 초기화

리스트를 for문 내에 넣어서 할당하면 순환문이 작동할 때마다 새로운 값은 동일하지만, 다른 리스트 인스턴스가 할당되어 li에 할당된 리스트 내의 원소로 추가해도 다른 레퍼런스를 가진 리스트가 들어가는 것을 알 수 있다.

```
In :   li = []
       for _ in range(3) :
           row = [3] * 3
           print(id(row))
           li.append(row)

       print(li)
Out:   4530357320
       4530358408
       4531928008
       [[3, 3, 3], [3, 3, 3], [3, 3, 3]]
```

변수 li 내의 첫 번째 리스트 원소의 첫 번째 정수의 값을 갱신하면 내부의 리스트들이 다른 인스턴스이므로 하나만 갱신되는 것을 알 수 있다. row 변수에 저장된 리스트도 순환문에서 마지막에 생긴 것이므로 내부의 원소값 변경이 없는 것을 확인할 수 있다.

하나의 리스트를 생성하고 이를 리스트 내의 원소로 넣으면 계속 같은 인스턴스가 들어간다. 매번 리스트 인스턴스를 만들어서 다른 리스트가 들어가도록 처리해야 동시에 같이 변경되는 상황을 막을 수 있다.

```
In :   li[0][0] = 99

       print(li)
       print(id(row), row)
```

```
Out:   [[99, 3, 3], [3, 3, 3], [3, 3, 3]]
       4531928008 [3, 3, 3]
```

예제 4-46 : 지능형(comprehension) 리스트로 처리하기

리스트를 리터럴로 처리하면 많은 원소를 나열해야 하지만 리스트 내에 표현식을 넣어서 로딩할 때 리스트를 생성해서 처리하면 표기법도 간단해진다.

지능형 리스트 내에서는 순환해서 처리되는 for문을 사용하므로 위의 설명된 for문 안에서 리스트를 호출하는 경우와 동일하게 순환될 때마다 리스트가 새로 생성되는 것을 알 수 있다.

지능형 리스트를 통해 만들어서 변수 li에 할당하고 첫 번째 원소를 갱신하면 변경되는 것을 알 수 있다.

```
In :   li = [ [3]*3 for _ in range(3)]
       print(li)

       li[0][0] = 99

       print(li)
```

```
Out:   [[3, 3, 3], [3, 3, 3], [3, 3, 3]]
       [[99, 3, 3], [3, 3, 3], [3, 3, 3]]
```

4.7 Sequence 자료형 형 변환

파이썬도 다른 언어처럼 형 변환을 지원하지만 별도의 형 변환 기능이 없다. Sequence

자료형도 숫자 자료형처럼 형 변환은 새롭게 인스턴스를 만든다. 내부의 원소들을 어떻게 구조화하는지를 예제를 통해 알아본다.

예제 4-47 : 클래스만 사용한 형 변환

문자열을 정의하고 리스트 생성자를 통해 리스트 인스턴스를 만들면 문자열의 한 원소로 들어가는 것이 아니라 각 문자별로 원소로 나눠져서 리스트가 생성된다.

```
In :    s = "문자열 처리"
        print(repr(s))

        l = list(s)
        print(l)
```

```
Out:    '문자열 처리'
        ['문', '자', '열', ' ', '처', '리']
```

리스트와 튜플 간의 형 변환은 배열의 구조가 동일하므로 쉽게 변환이 된다.

```
In :    l = [1,2,3,4]

        t = tuple(l)
        print(t)
```

```
Out:    (1, 2, 3, 4)
```

리스트를 문자열로 형 변환을 하면 리스트 전체가 문자열로 변환된다. 문자열로 출력된 것을 확인하고 repr로 출력해보면 전체 리스트가 문자열로 변환된 것을 알 수 있다.

```
In :    l = [1,2,3,4]

        s = str(l)
        print(repr(s))
```

```
Out:    '[1, 2, 3, 4]'
```

5

Mapping/Set 자료형(data type)

파이썬 데이터 모델 중에 숫자 자료형과 Sequence 자료형에 대해 알아봤다. 이제 키와 값을 쌍으로 관리하는 매핑 자료형과 키로만 관리하는 집합 자료형에 대해 알아본다.

매핑 자료형과 집합 자료형은 Sequence 자료형처럼 여러 개의 원소를 관리하고 처리할 수 있는 collection 형태의 자료형들이다. 차이점은 원소들을 검색할 때 index가 아닌 키로 접근하고 읽어서 처리한다. 키로 검색해서 읽기 위해 유일성을 유지해야 하므로 키를 생성할 때 해시(hash) 알고리즘을 통해 유일한 값만 구성해준다.

파이썬 클래스 이름에서 매핑 자료형은 딕셔너리(dict), 집합형은 set, frozenset 총 3가지를 제공한다. 이 중에 frozenset만 변경할 수 없는 형태를 구성하고 나머지는 원소들의 변경, 추가, 삭제가 가능하다.

딕셔너리는 파이썬 내에서 다양한 용도로 사용되며 모듈, 함수, 클래스 등의 네임스페이스로 사용해서 모듈 내에 정의된 모든 변수, 함수, 클래스의 이름을 키로 등록하고 이를 관리하는 기능을 지원하고 있다.

✚ 알아볼 주요 내용

- Mapping과 Set에 대한 키 처리: 해시 처리
- Mapping 자료형: 딕셔너리
- 딕셔너리 내부의 항목 처리: view 자료형 이해
- Set 자료형: set, frozenset

5.1 파이썬 Mapping 자료형의 특징

매핑 자료형도 많은 원소를 관리해서 처리하는 기능을 제공한다. 키는 유일성을 유지하는 자료형만 처리되지만, 값으로는 모든 자료형이 들어온다.

딕셔너리는 들어가는 항목의 key와 value가 쌍으로 들어가며 반드시 키를 넣으면 값도 같이 할당된다.

5.1.1 딕셔너리(dict)의 키 구성 및 생성 기준

딕셔너리는 항상 키와 값을 쌍으로 처리하므로 생성할 때부터 키는 해시 알고리즘으로 생성할 때 변경이 불가능한 자료형들(int, float, tuple, str, bytes, frozenset 등)로만 만들어진다.

변경이 가능한 리스트나 딕셔너리 등은 원소들이 변경되어 동일한 형태를 유지할 수 없어 키로는 구성할 수 없다. 또한 튜플도 완전한 불변성을 유지하지 못하므로 원소 일부 리스트가 들어오면 키로 사용할 수 없다.

✚ 딕셔너리(dict)의 구조

딕셔너리는 별도의 키를 관리하는 해시로 만들어진 구조가 별도로 생기며 이를 기반으로 값이 다양한 인스턴스와 일대일 매핑된 구조가 만들어진다. 이런 일대일 형태의 매핑을 유지하므로 키가 중복되어 관리될 수 없다.

보통 수학에서는 이런 관계 구조가 함수라고 하지만, 파이썬 등 프로그램에서는 딕셔너리 등의 매핑 자료형을 말한다. 내부적인 알고리즘은 파이썬 등 프로그램 언어에 적합한 것을 사용하고 있다.

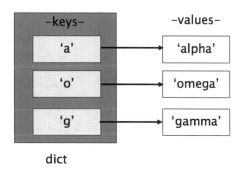

dict

예제 5-1 : 키를 구성하는 해시(hash)를 구성하는 기본 정보

파이썬에서 해시에 대한 정보를 가진 모듈을 확인해본다. 이 알고리즘이 어떻게 작동해서 처리되는지에 대해 이 책의 범위를 넘는 설명은 하지 않는다.

다만 해시에 대한 정보를 조회해서 어떻게 관리하는지 알아본다.

해시는 모듈 sys 내의 hash_info 속성에서 관리한다.

- width: 해시 값에 사용되는 비트의 너비
- hash_bits: 해시 알고리즘의 내부 출력 크기
- seed_bits: 해시 알고리즘의 seed key 크기
- inf: 양의 무한대에 해시 값이 반환
- nan: Nan에 대한 해시값
- algorithm: str, bytes, memoryview의 해시 알고리즘의 이름

```
In :   import sys

       print(sys.hash_info.width)
       print(sys.hash_info.hash_bits)
       print(sys.hash_info.seed_bits)
       print(sys.hash_info.inf)
       print(sys.hash_info.nan)
       print(sys.hash_info.algorithm)
```
```
Out:   64
       64
       128
       314159
       0
       siphash24
```

5.1.2 딕셔너리(dict) 생성하기

중괄호({ }) 사이에 키와 값을 쌍으로 구성한 리터럴과 dict 생성자로 딕셔너리 인스턴스를 만들 수 있다. 생성자로 생성할 때는 키=값을 인자로 처리하는 키워드 인자(keyword argment)를 사용해서 처리한다.

✚ 딕셔너리(dict)의 빈 인스턴스 생성하기

먼저 아무 값도 없는 빈 딕셔너리를 리터럴 표기법에 따라 중괄호({ })로 생성한다.

다음에 배우는 set 자료형도 표시될 때 중괄호를 사용하지만, 빈 딕셔너리만 중괄호 표기법을 사용하므로 두 개의 표현법에 익숙해져야 한다.

예제 5-2 : 빈 딕셔너리 생성

{} 기호를 이용해서 리터럴 표기법으로 딕셔너리 인스턴스를 생성하거나 dict() 생성자 표기법을 이용해서 빈 딕셔너리를 생성할 수 있다.

빈 딕셔너리를 출력하면 리터럴 표기법인 중괄호로 표시되는 것을 볼 수 있다.

```
In :    d = {}

        print(type(d),d)

        dc = dict()
        print(type(dc),dc)
```

```
Out:    <class 'dict'> {}
        <class 'dict'> {}
```

✚ 딕셔너리(dict) 키의 중복 처리

딕셔너리의 키는 유일성을 가져야 하므로 딕셔너리를 생성할 때도 유일한 키를 만들어서 생성한다.

특히 생성자에 키워드 인자로 표시할 때는 키를 중복해서 처리하면 내부적으로 예외를 발생시킨다.

예제 5-3 : 키워드 인자에 동일한 키를 중복시킬 경우

딕셔너리 생성자(dict(keyword argment) 표기법으로 인스턴스를 생성할 때 키의 이름을 중복시킬 경우에는 일단 keyword argment가 중복된다는 예외가 발생한다.

```
In :    d = dict(a=10,b=20,a=20)
```

```
Out:      File "<ipython-input-9-0a724cb5dcb5>", line 1
            d = dict(a=10,b=20,a=20)
                         ^
        SyntaxError: keyword argument repeated
```

위의 예제를 수정하여 키워드 인자의 이름을 변경해서 처리하면 값은 동일한 것이 있더라도 키가 다르면 딕셔너리가 생성되는 것을 알 수 있다.

```
In :    d = dict(a=10,b=20,c=20)
        print(d)
```

```
Out:    {'a': 10, 'b': 20, 'c': 20}
```

예제 5-4 : 튜플 원소 리스트로 동일한 키를 중복시킬 경우

리터럴로 리스트 내 2개의 원소를 갖는 튜플을 만들어서 키를 중복시킨다. 이 리터럴 값을 생성자에 넣어서 딕셔너리를 생성하면 예외는 발생하지 않는다.

대신 키가 동일한 때 나중에 들어온 값이 마지막으로 갱신되어 처리되는 것을 확인할 수 있다.

딕셔너리는 키를 변경할 수 없기에 동일한 키에 값이 여러 개 들어오면 제일 마지막에 처리되는 값이 최종적인 결과가 되는 것이다.

```
In :   l = [ ('a',1),('b',2),('a',3)]

       d = dict(l)
       print(d)
```

```
Out:   {'a': 3, 'b': 2}
```

✚ 딕셔너리(dict)를 생성할 때 키의 자료형

딕셔너리를 생성할 때 키는 변경이 불가능한 자료형을 가지고만 생성된다. 파이썬에서 제공하는 자료형들을 가지고 키로 생성이 가능한지에 대해 예제를 통해서 생성 여부 및 예외 발생을 확인한다.

예제 5-5 : 딕셔너리 키에 대한 처리 방식

문자열을 딕셔너리의 키로 구성하고 딕셔너리 리터럴 표기법을 이용해서 만들어서 출력되는 결과를 확인한다.

딕셔너리 인스턴스를 하나 만들고 변수 d에 할당했다. 키는 문자열로 name, age를 구성했고 값은 Jonm과 30으로 매핑해서 처리했다. 생성된 인스턴스가 어느 클래스로 만들어져 있는지를 type 클래스로 확인하고 인스턴스를 출력해서 결과를 확인해보면 <class dict>에 의해 생성이 되었고 리터럴 표기법과 동일하게 딕셔너리 인스턴스가 출력되는 것을 볼 수 있다.

```
In :    d = {'name': 'John', 'age': 30 }

        print(type(d), d)

Out:    <class 'dict'> {'name': 'John', 'age': 30}
```

정수를 키로 구성하고 값을 문자열로 넣어서 딕셔너리를 생성하여 변수에 할당한 후에 type 클래스로 확인하면 딕셔너리 클래스에 의해 만들어져 있는지를 확인할 수 있다.

```
In :    d = {1: 'apple', 2: 'ball'}

        print(type(d), d)

Out:    <class 'dict'> {1: 'apple', 2: 'ball'}
```

딕셔너리의 키를 정수와 문자열을 혼용해서 만들어도 동일한 결과가 나오는 것을 확인할 수 있다.

```
In :    d = {'name': 'John', 1: [2, 4, 3]}

        print(type(d), d)

Out:    <class 'dict'> {'name': 'John', 1: [2, 4, 3]}
```

예제 5-6 : bytes와 frozenset도 키로 사용가능

변경 불가한 자료형 중 바이트를 하나의 변수에 할당했다. 이 변수를 딕셔너리 리터럴 키에 표시하고 값으로 정수 1을 넣어서 딕셔너리를 생성했다.

```
In :    b = bytes(b'123')

        d = {b:1}

        print(d)

Out:    {b'123': 1}
```

frozenset도 변경이 불가능한다. 리스트는 변경이 가능하지만 이를 frozenset에 넣으면 frozenset로 구성할 수 있다. 이를 키에 넣으면 딕셔너리의 키로 구성되는 것을 알 수 있다.

```
In :   b = frozenset([1,2,3])

       d = {b:1}

       print(d)
Out:   {frozenset({1, 2, 3}): 1}
```

✚ 리터럴을 딕셔너리 생성자의 인자로 처리

파이썬 자료형의 리터럴로 생성된 것을 생성자의 인자로 넣어서 딕셔너리를 생성한다.

대신 키와 값을 구성하는 스타일로 만들어지면 생성자 내부에서 자동으로 매칭하여 처리한다.

예제 5-7 : 2 튜플 원소를 가진 리스트 인자

딕셔너리 생성자에 딕셔너리 리터럴을 가지고 딕셔너리의 인스턴스를 만들 수 있다.

```
In :   # using dict()
       my_dict = dict({1:'apple', 2:'ball'})
       print(my_dict)
Out:   {1: 'apple', 2: 'ball'}
```

위의 딕셔너리 인스턴스를 만드는 구조는 키와 값을 쌍으로 구성한다. 튜플로 생성하기 위해 키와 값을 쌍으로 구성할 수 있는 튜플을 구성해서 넣으면 딕셔너리로 생성되는 것을 볼 수 있다.

```
In :   # from sequence having each item as a pair
       my_dict1 = dict([(1,'apple'), (2,'ball')])
```

```
print(my_dict1)
```

Out:
```
{1: 'apple', 2: 'ball'}
```

두 개의 원소를 가진 리스트를 만들어서 생성자를 이용해 딕셔너리 인스턴스를 만들 수 있다.

In :
```
my_dict2 = dict([[1,'apple'], [2,'ball']])

print(my_dict2)
```

Out:
```
{1: 'apple', 2: 'ball'}
```

예제 5-8 : 리스트나 튜플을 이용해서 키만 생성

특정 리스트나 튜플의 원소들이 해시가 될 수 있는 자료형일 경우에는 딕셔너리의 fromkeys 메서드를 이용해서 딕셔너리를 생성할 수 있다. 특히 키가 생성되었지만 값이 없어서 자동으로 None으로 처리한다.

In :
```
l = [1,2,3,4]

d = {}

d = d.fromkeys(l)

print(d)
```

Out:
```
{1: None, 2: None, 3: None, 4: None}
```

튜플의 원소도 fromkeys 메서드를 가지고 새로운 딕셔너리 인스턴스를 생성할 수 있다.

In :
```
t = (1,2,3,4)

d = {}

d = d.fromkeys(t)
```

```
print(d)
```

Out:
```
{1: None, 2: None, 3: None, 4: None}
```

다만, 튜플 내의 원소가 리스트로 들어오면 이 리스트는 변경이 가능하므로 유일한 키인 해시로 변환되지 않는다. 예외의 정보에 unhashable 타입이라고 명기되는 것을 알 수 있다.

In :
```
a = (1,2,[1,2])
d = {}

d.fromkeys(a)
```

Out:
```
---------------------------------------------------------------
TypeError                          Traceback (most recent call last)
<ipython-input-21-e5b159033d08> in <module>()
      2 d = {}
      3
----> 4 d.fromkeys(a)

TypeError: unhashable type: 'list'
```

예제 5-9 : 클래스와 인스턴스를 이용해서 딕셔너리 생성

사용자 클래스를 정의하고 이를 딕셔너리에 키로 할당해서 처리해도 유일한 값으로 생성되므로 딕셔너리가 만들어진다.

In :
```
class Klass :
    pass

d = {Klass : Klass}
print(d)
```

Out:
```
{<class '__main__.Klass'>: <class '__main__.Klass'>}
```

사용자 클래스의 인스턴스를 만들어서 딕셔너리를 생성해도 유일한 값을 가지므로 딕셔너리로 생성되는 것을 볼 수 있다.

```
In :   k = Klass()

       d = { k: Klass}
       print(d)
```
```
Out:   {<__main__.Klass object at 0x000000000562ACC0>: <class '__main__.Klass'>}
```

함수를 정의해서 키로 넣고 딕셔너리를 생성해도 유일한 키로 생성이 되므로 딕셔너리가 만들어지는 것을 볼 수 있다.

```
In :   def func() :
            pass

       d = { func : func}
       print(d)
```
```
Out:   {<function func at 0x00000000056BD048>: <function func at
       0x00000000056BD048>}
```

5.2 딕셔너리(dict) 클래스 메서드

딕셔너리 내의 세부 메서드들을 먼저 조회하고 이 메서드들을 가지고 예제를 실행하면서 메서드를 이해해본다.

5.2.1 딕셔너리(dict) 갱신 및 삭제 메서드

딕셔너리 클래스에 어떤 메서드들을 관리하는지를 확인하고 이 중에서 딕셔너리 내의 항목들을 갱신하고 삭제 등을 처리하는 메서드들을 알아본다.

예제 5-10 : 딕셔너리 메서드 조회

딕셔너리 클래스에 메서드 등의 정보를 가지고 있다. dir 함수를 이용해서 내부의 정보를 리스트 내의 문자열로 받아 스페셜 메서드를 제거하고 사용하는 메서드를 확인해본다.

```
In :   for i in dir(dict) :
           if not i.startswith("_") :
               print(i)
```
```
Out:   clear
       copy
       fromkeys
       get
       items
       keys
       pop
       popitem
       setdefault
       update
       values
```

리스트와 딕셔너리 내의 메서드에 대한 차이를 비교해보면 원소 추가에 대한 기본 메서드 이름은 동일하지만 딕셔너리 내의 항목을 처리하는 get, setdefault, popite, update 메서드를 가지고 기존에 있는 항목을 검색, 변경, 삭제하는 부분이 추가되었고 내부의 항목들을 조회할 수 있는 view를 제공하는 keys, values, items 등이 추가되어 있다.

```
In :   l = set(dir(list))
       s = set(dir(dict))

       print(s - l)
```
```
Out:   {'setdefault', 'items', 'update', 'keys', 'values', 'get', 'popitem',
        'fromkeys'}
```

예제 5-11 : 딕셔너리에 딕셔너리 추가 : update

딕셔너리는 항목을 추가하므로 만들어져 있는 딕셔너리에 딕셔너리를 넣어서 하나의 딕셔너리로 만드는 방식은 update 메서드를 제공한다.

리터럴로 딕셔너리를 만들어서 변수 d에 할당하고 생성자로 딕셔너리 인스턴스를 만들어서 d2에 할당했다. 이를 변수 d에 할당된 딕셔너리로 통합하려고 update 메서드에 인자로 d2를 넣어 실행했다. 두 개의 딕셔너리 내부의 항목을 보면 동일한 키가 없으므로 네

개의 항목을 그대로 유지하는 것을 볼 수 있다.

```
In :   d = {1:1,2:2}
       d2 = dict([("a",'apple'), ("b",'ball')])

       d.update(d2)
       print(d)
```

```
Out:   {1: 1, 2: 2, 'a': 'apple', 'b': 'ball'}
```

동일한 키가 하나 존재할 때 새로 가져온 딕셔너리가 나중에 들어오는 항목이므로 기존에
있는 값이 나중에 들어오는 값으로 갱신이 된 것을 알 수 있다.

```
In :   d = {1:1,2:2}
       d2 = dict([("a",'apple'), (1,'ball')])

       d.update(d2)
       print(d)
```

```
Out:   {1: 'ball', 2: 2, 'a': 'apple'}
```

리스트 간에 + 연산자를 이용한 결합으로 새로운 리스트가 만들어진다. 딕셔너리는 + 연
산자가 처리되지 않고 update 메서드에 의해서만 추가되는 것을 확인할 수 있다.

```
In :   d + d2
```

```
Out:   ---------------------------------------------------------------
       TypeError                             Traceback (most recent call last)
       <ipython-input-11-9b3a7ccf14a7> in <module>()
       ----> 1 d + d2

       TypeError: unsupported operand type(s) for +: 'dict' and 'dict'
```

예제 5-12 : 딕셔너리 내부 item 삭제하기

딕셔너리(dict)는 키에 대한 순서가 없이 관리가 되지만 키에 대한 유일성을 가지므로, 항
목을 삭제할 때도 키를 명기해서 처리할 수도 있지만 임의의 키를 삭제할 수 있는 메서드

도 추가된다.

일단 빈 딕셔너리 하나를 리터럴로 만들고 딕셔너리 검색에 키를 지정한 뒤, 바로 값을 넣어서 할당하면 키와 값이 런타임에 들어가는 것을 볼 수 있다.

```
In :  my_dict = {}

      for i in range(10) :
          my_dict[i] = i
      print(my_dict)
```

```
Out:  {0: 0, 1: 1, 2: 2, 3: 3, 4: 4, 5: 5, 6: 6, 7: 7, 8: 8, 9: 9}
```

딕셔너리 내의 popitem 메서드를 호출해서 처리되면 임의의 항목을 삭제한다. 또 한 번 삭제하면 임의의 항목을 또 삭제하는 것을 볼 수 있다.

```
In :  d = my_dict.popitem()
      print(d)
      print(my_dict)
      f = my_dict.popitem()
      print(f)
      print(my_dict)
```

```
Out:  (9, 9)
      {0: 0, 1: 1, 2: 2, 3: 3, 4: 4, 5: 5, 6: 6, 7: 7, 8: 8}
      (8, 8)
      {0: 0, 1: 1, 2: 2, 3: 3, 4: 4, 5: 5, 6: 6, 7: 7}
```

특정 키를 인자로 넣어서 딕셔너리 항목을 삭제한 후에 반환값으로 받을 수 있다.

```
In :  f1 = my_dict.pop(1)
      print(f1)
      print(my_dict)
```

```
Out:  1
      {0: 0, 2: 2, 3: 3, 4: 4, 5: 5, 6: 6, 7: 7}
```

딕셔너리 내부의 모든 항목을 제거하기 위해 메서드 clear를 실행하면 빈 딕셔너리만 남고 키와 값인 항목들이 전부 삭제된다.

```
In :    fc = my_dict.clear()
        print(fc)
        print(my_dict)
Out:    None
        {}
```

5.2.2 딕셔너리(dict) 타입 keys, values, items 이해하기

딕셔너리 내부에 저장된 키와 값에 대해 검색해서 어떤 내용이 있는지를 확인할 수 있도록 추가적인 메서드를 제공한다.

이 자료형으로 원본은 그대로 있지만 세부 항목에 대한 정보를 검색하기 위한 별도의 클래스를 만드는 것을 볼 수 있다.

일단 항목으로 키와 값을 처리하는 items 메서드, 키를 조회하는 keys 메서드, 값을 조회하는 values 메서드 등이 있다.

파이썬 3 버전에서는 이 메서드가 실행되면 반복자를 생성해서 내부의 원소를 볼 수 있는 view를 제공한다. 이에 대한 세부 자료형은 dict_keys, dict_values, dict_items이다. 반복자이므로 하나씩 호출해서 처리가 가능하고 한번 사용되면 종료가 되므로 다시 메서드를 생성하고 반복자를 만들어서 처리한다.

예제 5-13 : keys 메서드로 key만 읽어오기

딕셔너리 내부 항목의 키만을 읽어와서 처리할 수 있는 keys 메서드를 실행하고 반복형 타입인 dict_keys 인스턴스를 가져온다.

```
In :    d = dict([('a',1),('b',2)])

        keys = d.keys()
        print(keys)
```

```
Out:   dict_keys(['a', 'b'])
```

이를 iter 함수를 통해 반복자로 전환하면 dict_keyiterator로 변환한다. next 함수로 내부의 키를 하나씩 호출해서 처리한다. 마지막까지 오면 StopIteration이 발생한다.

```
In :   keys = iter(keys)
       print(keys)
       print(next(keys))
       print(next(keys))
       print(next(keys))
```
```
Out:   <dict_keyiterator object at 0x1025019f8>
       a
       b
       ------------------------------------------------------------------
       StopIteration                        Traceback (most recent call last)
       <ipython-input-10-74a8100a78d5> in <module>()
             3 print(next(keys))
             4 print(next(keys))
       ----> 5 print(next(keys))

       StopIteration:
```

순환문을 이용하면 반복형을 반복자로 변환하지 않아도 동일하게 처리되는 것을 확인할 수 있다.

```
In :   l = [('a',1), ('b',2)]
       d = dict(l)
       print(d.keys())
       for i in d.keys() :
           print(i)
```
```
Out:   dict_keys(['a', 'b'])
       a
       b
```

또한 리스트로 형 변환을 원할 경우에는 list 생성자를 통해 변환도 가능하다.

```
In :   print(list(d.keys()))
```

```
Out:   ['a', 'b']
```

예제 5-14 : 딕셔너리 내의 값들을 value로 읽어오기

딕셔너리(dict) 타입 내에 value값을 가져오는 메서드로 결과값을 views 타입의 인스턴스로 반환한다.

```
In :   l = [('a',1), ('b',2)]
       d = dict(l)

       print(d.values())
       print(list(d.values()))
Out:   dict_values([1, 2])
       [1, 2]
```

예제 5-15 : items로 key/value 읽어오기

key와 value를 전부 조회할 경우 사용하는 메서드로 이를 리스트로 변환하면 내부는 튜플로 전환되어 보여준다.

```
In :   l = [('a',1), ('b',2)]
       d = dict(l)
       print(d.items())

       print(list(d.items()))
Out:   dict_items([('a', 1), ('b', 2)])
       [('a', 1), ('b', 2)]
```

예제 5-16 : 딕셔너리(dict) 내부 원소를 조회하고 tuple/set 변환

items, keys, values 메서드의 결과 tuple, set으로 변환도 가능한 이유는 반복자 타입으로 만들어져 있기에 생성자와 만나면 그 생성자에 맞춰 새로운 자료형의 인스턴스가 만들어지기 때문이다.

```
In :   l = [('a',1), ('b',2)]
       d = dict(l)

       # 튜플로 데이터 변환
       print(tuple(d.items()))
       print(tuple(d.keys()))
       print(tuple(d.values()))

       # set로 데이터 변환
       print(set(d.items()))
       print(set(d.keys()))
       print(set(d.values()))

Out:   (('a', 1), ('b', 2))
       ('a', 'b')
       (1, 2)
       {('a', 1), ('b', 2)}
       {'a', 'b'}
       {1, 2}
```

5.2.3 딕셔너리(dict) 내의 키값 조회 메서드

딕셔너리 인스턴스에 없는 키를 조회하면 KeyError가 발생한다. 이를 방지하기 위해 추가된 메서드가 get, setdefault 메서드이다.

없는 키를 조회할 때 예외를 발생시키지 않으려면 이 두 메서드를 가지고 어떻게 처리하는지 알아본다.

예제 5-17 : 없는 키를 조회하거나 갱신

두 개의 키를 가지는 딕셔너리 인스턴스를 만들었지만 다른 키를 [ ] 연산자를 통해 검색했다. 해당된 키가 없으므로 키가 없다고 예외를 발생시킨다.

```
In :   l = [('a',1), ('b',2)]
       d = dict(l)
       print(d['c'])

Out:   ----------------------------------------------------------------
```

```
KeyError                           Traceback (most recent call last)
<ipython-input-49-614f7fc6c77c> in <module>()
      1 l = [('a',1), ('b',2)]
      2 d = dict(l)
----> 3 print(d['c'])

KeyError: 'c'
```

딕셔너리를 검색할 때 [ ] 연산자 사용보다는 get 메서드를 사용해서 예외 발생을 예방하는 방법으로 사용을 권고한다.

딕셔너리를 get 메서드로 사용하다가 키가 없을 때 반환하는 인자를 같이 넣어서 처리하면 키가 없을 경우 예외가 발생하지 않고 인자로 넘긴 값이 출력되는 것을 볼 수 있다.

```
In :  l = [('a',1), ('b',2)]
      d = dict(l)

      print(d.get("c", "default value"))
```
```
Out:  default value
```

이 메서드에 특별한 값을 인자로 넣지 않아도 예외는 발생하지 않고 None을 반환한다.

```
In :  print(d.get("c"))
```
```
Out:  None
```

또 키가 없을 경우 다른 방식으로 처리하는 setdefault 메서드를 제공한다. 이 방식은 get 메서드와 달리 일단 주어진 키가 없을 경우 딕셔너리에 키와 값을 추가한 후에 이 값을 반환한다.

```
In :  l = [('a',1), ('b',2)]
      d = dict(l)

      print(d.setdefault("c", "default value"))
      print(d)
```
```
Out:  default value
```

```
{'a': 1, 'b': 2, 'c': 'default value'}
```

기존에 키가 있으면 갱신을 하지 않고 기존에 있는 값을 반환한다.

```
In :   print(d.setdefault("c", "default value"))
       print(d)
```

```
Out:   default value
       {'a': 1, 'b': 2, 'c': 'default value'}
```

5.3 set 자료형

해시 처리를 하는 set과 frozenset이 있다. 집합을 처리하므로 동일한 값이 여러 번 나올 수 없기 때문에 원소를 해시로 처리해서 유일성을 유지하고 있다.

일반적인 수학의 집합을 구현한 자료형이므로 집합에서 처리하는 산식을 메서드로 제공한다.

5.3.1 set

집합을 구성하면 내부에 제공하는 모든 원소는 유일해야 한다. 리터럴 표기법이 중괄호를 사용해서 딕셔너리와 동일한 중괄호 표기이지만 내부에 키만 원소로 가지므로 값에 대한 정보는 없다.

✚ set 생성하기

딕셔너리 자료형에서 아무 것도 없는 딕셔너리 표현이 { }으로 정의되어 있어 빈 set 타입은 set()으로 표현한다.

예제 5-18 : 빈 set 생성은 반드시 set()으로 처리

빈 집합을 표현할 때는 중괄호 표기법 대신 set() 표기법을 사용한다.

빈 집합과 빈 딕셔너리를 생성해서 비교하면 중괄호는 딕셔너리 내에 원소가 없다고 표시하는 것을 확인할 수 있다.

```
In :    s = set()
        d = {}

        print(type(s), s)
        print(type(d), d)

Out:    <class 'set'> set()
        <class 'dict'> {}
```

예제 5-19 : 리터럴이나 생성자로 집합 만들기

생성자를 이용해서 set 인스턴스를 만들 때 리스트나 문자열로 인자가 들어오지만 원소가 해시 처리가 되는 경우에는 set 인스턴스가 만들어진다.

```
In :    l = set([1,2,3,'a','b'])
        s = set("abc")
        print(l)
        print(s)

Out:    {1, 2, 3, 'a', 'b'}
        {'c', 'a', 'b'}
```

집합 리터럴 표기법으로 바로 작성해도 인스턴스가 만들어진다.

```
In :    sl = {1,2,3}
        print(sl)

Out:    {1, 2, 3}
```

리스트 내에 원소 리스트가 들어온 경우에 리스트는 해시 처리가 불가능하므로 예외가 발생한다.

```
In :   ll = set([[1,2,3],4,5])
       print(ll)
```

```
Out:   ---------------------------------------------------------------
       TypeError                              Traceback (most recent call last)
       <ipython-input-30-2b0e93317527> in <module>()
       ----> 1 ll = set([[1,2,3],4,5])
             2 print(ll)

       TypeError: unhashable type: 'list'
```

리스트 내에 튜플이 원소로 들어올 경우에는 set 생성자로 인스턴스가 만들어진다.

```
In :   ll = set([(1,2,3),4,5])
       print(ll)
```

```
Out:   {4, 5, (1, 2, 3)}
```

✚ set 기본 연산 처리하기

집합 자료형은 수학의 집합 연산을 그대로 수용해서 처리하며 메서드와 연산자를 사용해서 연산이 가능하다.

예제 5-20 : 집합 연산에 대한 연산자와 메서드 처리하기

합집합(|, union), 교집합(&, intersection), 차집합(-, difference), 대칭 차집합(^,symmetric_ difference)의 집합 연산을 처리한다. 이 메서드들의 처리는 내부를 변경하는 것이 아니라 새로운 set 인스턴스를 만든다.

두 개의 set 인스턴스로 이용해서 만들어서 변수에 할당한다.

```
In :   l = set([1,2,3,'a','b'])
       s = set("abc")
```

논리 연산자(|)와 union 메서드를 이용해서 두 집합의 합집합을 구해 출력한다. 집합에서 메서드로 합집합을 만드는 경우는 리스트의 extend 메서드나 딕셔너리의 update 메

서드와 다르게, 원본 집합을 변경하지 않고 새로운 인스턴스를 만드는 것을 알 수 있다.

```
In :   u1 = l | s
       print(u1)

       u2 = l.union(s)
       print(u2)

       print(l)
       print(s)
```
```
Out:   {1, 2, 3, 'a', 'c', 'b'}
       {1, 2, 3, 'a', 'c', 'b'}
       {1, 2, 3, 'a', 'b'}
       {'c', 'a', 'b'}
```

두 집합에 대한 교집합을 & 연산자와 intersection 메서드로 처리해도 동일한 결과를 출력한다.

```
In :   u3 = l & s
       print(u3)
       u4 = l.intersection(s)
       print(u4)

       print(l)
       print(s)
```
```
Out:   {'a', 'b'}
       {'a', 'b'}
       {1, 2, 3, 'a', 'b'}
       {'c', 'a', 'b'}
```

두 집합에 대한 차집합을 연산자와 메서드로 처리해도 동일한 결과를 출력한다.

```
In :   u5 = l - s
       print(u5)

       u6 = l.difference(s)
       print(u6)
```

```
print(l)
print(s)
```

Out:
```
{1, 2, 3}
{1, 2, 3}
{1, 2, 3, 'a', 'b'}
{'c', 'a', 'b'}
```

집합에 대한 대칭 차집합에 대해서도 연산자와 메서드를 가지고 처리하면 동일한 결과가 출력된다.

In :
```
u7 = l ^ s
print(u7)


u8 = l.symmetric_difference(s)
print(u8)
```

Out:
```
{1, 2, 3, 'c'}
{1, 2, 3, 'c'}
```

예제 5-21 : 집합 연산을 통해 자기 내부 변경하기

기본 메서드들은 내부의 원소를 변경하지 않지만 내부 원소를 갱신하는 추가적인 메서드를 제공한다.

difference_update, intersection_update, symmetric_difference_update 메서드는 자기 내부의 원소들을 변경한다.

합집합은 update 메서드를 통해서 set 인스턴스 내부의 값을 추가하므로 별도의 메서드는 제공하지 않는다.

In :
```
ll = set([1,2,3,'a','b'])
ss = set("abc")

ll.update(ss)
print(ll)
```

```
Out:   {1, 2, 3, 'a', 'c', 'b'}
```

차집합을 처리하고 기존 set 인스턴스 내부의 원소를 갱신하려면 difference_update 메
서드로 처리하여 차집합의 결과로 변경한다.

```
In :   ll = set([1,2,3,'a','b'])
       ss = set("abc")

       ll.difference_update(ss)
       print(ll)
```
```
Out:   {1, 2, 3}
```

교집합을 처리하고 인스턴스 내부를 갱신하려면 intersection_update 메서드로 실행하
면 된다.

```
In :   ll = set([1,2,3,'a','b'])
       ss = set("abc")
       ll.intersection_update(ss)
       print(ll)
```
```
Out:   {'a', 'b'}
```

대칭 차집합을 처리하고 인스턴스 내부를 symmetric_difference 메서드로 실행하면
된다.

```
In :   ll = set([1,2,3,'a','b'])
       ss = set("abc")
       ll.symmetric_difference_update(ss)
       print(ll)
```
```
Out:   {1, 2, 3, 'c'}
```

✚ set 내부 원소 값 조정하기

set 자료형은 변경이 가능하므로 내부 원소에 대한 원소 추가, 삭제 등을 처리하는 메서드
를 제공한다.

예제 5-22 : 집합 원소 처리

원소를 추가하는 add 메서드, 원소를 삭제하는 pop 메서드, 원소의 값을 삭제하는 remove 메서드, discard 메서드가 있고 discard는 원소가 없으면 처리하지 않는다.

집합에 하나의 원소만 추가할 경우는 add 메서드로 처리하면 된다. 합집합을 만드는 update 메서드와의 차이점은 원소 하나만 처리된다는 것이다.

```
In :   s = set([1,2,3,'a','b'])

       s.add('c')
       print(s)

       s.update({4,5,})
       print(s)
```

```
Out:   {1, 2, 3, 'a', 'c', 'b'}
       {1, 2, 3, 4, 'a', 'c', 5, 'b'}
```

원소 하나를 삭제할 때 remove 메서드에 삭제할 원소를 인자로 전달해서 처리한다.

```
In :   s = set([1,2,3,'a','b'])

       s.remove('b')
       print(s)
```

```
Out:   {1, 2, 3, 'a'}
```

원소를 삭제할 때 삭제할 키가 없으면 KeyError가 발생한다.

```
In :   s.remove('c')
       print(s)
```

```
Out:   ----------------------------------------------------------------
       KeyError                            Traceback (most recent call last)
       <ipython-input-47-f076a8819ac5> in <module>()
       ----> 1 s.remove('c')
             2 print(s)

       KeyError: 'c'
```

230

원소에 해당하는 것이 없을 때에는 discard 메서드를 이용해서 처리하는 것이 더 좋다. 일단 처리가 되지 않으면 None으로 반환한다.

```
In :   sp = s.discard('c')
       print(s)
       print(sp)
```

```
Out:   {1, 2, 3, 'a'}
       None
```

있는 원소를 삭제해도 변환 결과는 None을 반환하는 단점이 있지만 있는 원소를 삭제하는 것을 알 수 있다.

```
In :   sp = s.discard('a')
       print(s)
       print(sp)
```

```
Out:   {1, 2, 3}
       None
```

원소를 임의로 삭제하는 pop 메서드를 실행하면 삭제가 된다. 결과로 반환된 결과는 삭제된 원소이다.

```
In :   s = set([1,2,3,'a','b'])
       sp = s.pop()
       print(sp)
       print(s)
```

```
Out:   1
       {2, 3, 'a', 'b'}
```

✚ 집합 간의 관계를 확인하기

두 개의 집합을 만들어서 두 집합의 어느 집합의 부분집합인지에 대한 메서드나 연산자로 집합 간의 계층 관계를 확인할 수 있다.

예제 5-23 : 집합 간의 관계 확인 연산자 및 메서드

두 집합을 비교해서 하나의 집합이 다른 집합의 부분집합인지를 확인해본다. 이때
issubset 메서드를 이용해서 관계가 맞는지를 확인하면 된다.

```
In :  s = set([1,2,3,'a','b'])
      ss = set([1,2,3])

      print(ss < s)
      print(ss.issubset(s))
```

```
Out:  True
      True
```

서로의 관계를 비교할 때도 집합에서는 부분집합의 관계가 명확할 때만 비교 연산이 실행
되는 것을 확인할 수 있다.

```
In :  s = set([1,2,3,'a','b'])
      ss = set([1,2,3,'a','b'])

      print(ss <= s)
      print(ss.issubset(s))
```

```
Out:  True
      True
```

두 집합이 동등하면 진부분집합이므로 원소가 같으면 진부분집합도 issubset 메서드에서
는 True로 표시한다.

```
In :  s = set([1,2,3,'a','b'])
      ss = set([1,2,3])

      print(s.issuperset(ss))
      print(s.issuperset(s))
```

```
Out:  True
      True
```

위의 부분집합과 반대로 점검도 가능하다. 더 큰 집합에서 부분집합을 확인하는 issuperset
도 있다.

```
In :   s = set([1,2,3,'a','b'])
       ss1 = set([1,2,3])
       ss2 = set([1,2,4])

       print(ss1 < s )
       print(ss2 < s )
```

```
Out:   True
       False
```

5.3.2 frozenset 이해하기

집합 자료형에 변경 가능한 set과 변경 불가능한 frozenset을 제공한다. set은 딕셔너리의 키로 사용하지 못하므로 불변형을 제공하고 필요할 경우 frozenset으로 형 변환을 해서 처리할 수 있다.

한번 만들어지면 변경이 불가능하므로 사용되는 범위는 작을 수밖에 없다.

예제 5-24 : frozenset 생성하기

집합을 만들 때 변경되지 않는 집합도 필요하다. 이 집합은 딕셔너리 타입의 key로도 사용이 가능하지만 한번 생성되면 원소를 추가나 삭제할 수 없다.

생성자의 인자를 넣지 않고 빈 객체를 만들면 frozenset()로 표현된다.

```
In :   s = frozenset()

       print(s)
       print(type(s))
```

```
Out:   frozenset()
       <class 'frozenset'>
```

변경이 불가능하지만 최초 생성 시에는 생성되는 원소를 넣고 만든다.

```
In :   s = frozenset([1,3,4])
```

```
l = frozenset([1,2,4])
print(s)
print(l)
```

Out:
```
frozenset({1, 3, 4})
frozenset({1, 2, 4})
```

set으로 인스턴스를 만들고 이를 frozenset으로 형 변환을 할 수 있다.

In :
```
s = frozenset(set([1,3,4]))
l = frozenset(set([1,2,4]))
print(s)
print(l)
```

Out:
```
frozenset({1, 3, 4})
frozenset({1, 2, 4})
```

✚ 연산 처리

변경 불가한 자료형이므로 집합 연산 결과는 내부를 변경하지 않고 새로운 인스턴스 객체를 만든다.

예제 5-25 : 집합 연산 처리

집합 연산은 set과 동일한 처리를 한다. 집합 연산을 하고 난 후에 다른 인스턴스를 생성하므로 원본 frozenset은 갱신되지 않는다.

합집합, 교집합을 처리하면 연산의 결과로 새로운 frozenset 인스턴스가 만들어진다.

In :
```
s = frozenset([1,3,4])
l = frozenset([1,2,4])

u = s.union(l)
print(u)
u = s.intersection(l)
print(u)
```

Out:
```
frozenset({1, 2, 3, 4})
```

```
frozenset({1, 4})
```

차집합과 대칭차집합을 처리해도 새로운 frozenset을 반환하는 것을 알 수 있다.

```
In :   s = frozenset([1,3,4])
       l = frozenset([1,2,4])

       u = s.difference(l)
       print(u)
       u = s.symmetric_difference(l)
       print(u)

Out:   frozenset({3})
       frozenset({2, 3})
```

부분집합에 대한 관계도 issubset, issuperset 메서드로 확인할 수 있다.

```
In :   s = frozenset([1,2,3,4])
       ss = frozenset([1,2,4])

       print(ss.issubset(s))
       print(s.issuperset(ss))

Out:   True
       True
```

정수형 검색, 지능형,
문자열 포매팅하기

기본적인 Sequence 자료형인 문자열, 리스트, 튜플 등과 mapping 타입인 dict에 대해 알아봤다. 이런 자료형들의 원소를 검색하는 방식은 이번 장에서 같이 설명한다.

하나의 원소를 검색하는 정수 검색과 부분을 검색하는 슬라이스를 어떻게 처리하는지를 알아본다.

리터럴 표기법 중에 원소를 나열해 작성해서 인스턴스를 만드는 방식을 알아봤지만 원소를 나열하지 않고 특정한 조건을 산식으로 표현해서 작성된 문장이 로딩될 때 원소들이 생성되는 방식인 지능형 처리 방식도 알아본다. 지능형 처리 방식으로는 리스트, 딕셔너리, set 클래스의 리터럴 처리 방식을 제공한다.

마지막으로 텍스트를 처리해서 사용자가 볼 수 있는 출력을 만드는 문자열과 날짜에 대한 포매팅 방식도 알아본다.

- 정수 및 키 검색 : integer indexing & key indexing
- 인덱싱 갱신 및 삭제
- 슬라이싱 검색 : slicing
- 슬라이스 클래스(slice)
- 슬라이스 갱신 및 삭제
- 지능형 리스트(list comprehension)
- 지능형 딕셔너리(dict comprehension)
- 지능형 집합(set comprehension)
- 문자열 포매팅 처리
- 날짜에 대한 문자열 포매팅 처리

6.1 정수 및 키 검색(indexing)

검색은 대괄호([ ]) 연산자를 사용하여 인스턴스 내 하나의 원소를 검색해서 해당 원소의 조회한 결과를 보여주거나 이 조회한 결과에 값을 할당해서 변경도 가능하다.

Sequence(문자열, 리스트, 튜플 등) 자료형은 정수를 사용해서 검색하지만 Mapping(딕셔너리) 자료형은 키를 가지고 조회가 된다.

인덱싱 처리는 특정 원소 하나만을 검색한다. Sequence 자료형은 인덱스 범위가 중요하고 이 범위 내에서만 조회, 갱신, 삭제가 가능하다. 딕셔너리는 키에 대해 유일성만 체크하므로 새로운 키를 가지고 갱신하면 추가된다. 단지 조회나 삭제할 때 조회한 키가 없다면 예외가 발생한다.

6.1.1 Sequence 타입 인덱스 순서

인덱스는 정수로 생성되면 순방향은 0부터 시작해서 원소의 개수보다 하나가 작은 수만큼 양수로 처리한다. 역방향으로도 처리가 가능하므로 역방향은 첫 번째 위치가 −1부터 시작해서 원소를 가진 개수만큼 증가시켜 처리할 수 있다.

예제 6-1 : 순방향(forward)과 역방향(backward)으로 검색

순방향으로 원소를 찾아서 처리할 경우는 0부터 양수를 인덱스로 처리한다. 조회할 최대 크기는 원소의 개수에서 −1을 처리한다. 처음 시작점이 0이라서 총 개수보다 1이 작아야 처리가 된다. 원소의 개수를 검색하면 인덱스 처리하는 범위가 넘어가서 예외가 발생한다.

빈 공간을 포함해서 6개의 문자열을 만들었다. 정방향으로 이동하므로 인덱스도 0부터 5까지 출력되는 것을 볼 수 있다.

```
In :   s = "순방향 검색"

       for i in range(len(s)) :
           print("index : ",i," value :",s[i])
```

```
Out:   index :  0  value : 순
       index :  1  value : 방
       index :  2  value : 향
       index :  3  value :
       index :  4  value : 검
       index :  5  value : 색
```

역방향일 경우는 반대 방향으로 이동을 해서 음수로 인덱스를 넣어 처리한다. 음수이기 때문에 −1부터 시작해서 총 원소 개수만큼 음수로 처리한 부분까지 마지막을 처리한다.

빈 공간을 포함해서 6개 원소를 가지는 문자열을 만들어 역방향으로 조회를 하면 인덱스가 −1부터 −6까지 출력되는 것을 알 수 있다.

```
In :   s = "역방향 검색"

       for i in range(1,len(s)+1) :
           print("index : ",-1*i," value :",s[-1*i])
```

```
Out:   index :  -1  value : 색
       index :  -2  value : 검
```

```
index :  -3  value :
index :  -4  value : 향
index :  -5  value : 방
index :  -6  value : 역
```

예제 6-2 : 인덱스 범위가 넘어갈 경우

Sequence 자료형에서는 원소의 개수 즉 인덱스의 범위가 정해져 있다. 인덱스 범위가 벗어나서 검색이 발생하면 예외를 발생시킨다. 항상 범위 내에서 검색할 수 있어야 한다.

리스트를 리터럴 표기법으로 원소가 3개인 경우를 만들었다. 이 리스트에 인덱스를 정수로 4를 넣을 경우 이 인덱스 처리하는 범위를 넘어서 IndexError가 발생하는 것을 볼 수 있다.

```
In :   l = [1,2,3]

       print(l[4])

Out:   ---------------------------------------------------------------
       IndexError                         Traceback (most recent call last)
       <ipython-input-5-b183477db7a2> in <module>()
             1 l = [1,2,3]
             2
       ----> 3 print(l[4])

       IndexError: list index out of range
```

예제 6-3 : 길이보다 작은 경우까지 인덱스가 처리

인덱스를 조회할 경우 범위를 별도로 체크한다. 별도의 함수를 지정해 들어가는 범위를 제약해서 처리한다.

인덱스 범위를 관리하는 인덱스 체크 로직을 만든다. Sequence 자료형 인스턴스와 처리할 인덱스 정수를 인자로 받아 길이보다 작을 때까지만 처리하도록 한다. 인덱스 범위를 넘으면 제일 마지막 위치는 역방향일 경우에는 항상 −1이므로 범위가 넘을 경우는 마지막 부분만 처리되도록 할당해서 예외 발생을 방지한다.

```
In :    def index_check(l,a) :
            if a < len(l) :
                return a
            else :
                return -1
```

리스트를 하나 만들고 검색하는 대괄호 내에 함수 호출을 하면 함수 호출된 결과를 처리한 후에 결과값이 정수로 나오므로 검색이 처리된다.

범위가 벗어나는 경우에도 제일 마지막 원소를 처리하므로 예외가 발생하지 않는 것을 알 수 있다.

```
In :    l = [1,2,3]

        print(l[index_check(l,4)])
        print(l[index_check(l,0)])
        print(l[index_check(l,1)])
Out:    3
        1
        2
```

6.1.2 딕셔너리(dict) 키 인덱싱 이해하기

딕셔너리는 인덱스를 사용하지 않고 hash 처리한 키를 가지고 검색을 한다. 동일한 대괄호 기호([ ])를 사용해서 키가 존재할 경우에는 결과를 반환하지만 키가 없는 경우에는 예외가 발생한다.

해시 처리된 키에는 방향성이 없기 때문에 순방향과 역방향 조회는 별도로 없고 유일한 키만 처리가 된다.

✚ 딕셔너리 원소 검색

딕셔너리를 검색할 경우 해시가 가능한 자료형을 기준으로 키가 만들어진다. 키가 만들어진 범위 이내에서 검색할 수 있다.

예제 6-4 : 딕셔너리 키가 정수일 경우

키 값이 정수로 되어 있으면 이를 이용해서 정수로 하나의 원소를 읽을 수 있다. 키 값이 없는 경우를 처리하면 index 오류가 아닌 key 오류가 발생한다.

```
In :   a = { 1: 1, 2:2}

       print(a[1])
       print(a[2])
       print(a[3])
```

```
Out:   1
       2
       ----------------------------------------------------------------
       KeyError                            Traceback (most recent call last)
       <ipython-input-11-bf86105b63a1> in <module>()
             3 print(a[1])
             4 print(a[2])
       ----> 5 print(a[3])

       KeyError: 3
```

Key 범위를 벗어난 것을 해결하기 위해 하나의 함수를 정의한다. 범위가 벗어날 경우 내부 Key 중의 하나를 할당해서 조회가 되도록 정의한다.

```
In :   def key_check(d,a) :
           if a in d :
               pass
           else :
               a = list(d.keys())[0]
           return a
```

딕셔너리의 키가 정수로 처리될 경우에도 범위가 벗어날 때 예외가 발생하지 않고 내부 키에 맞는 값을 가지고 처리했다.

```
In :   a = { 1: 1, 2:2}

       print(a[key_check(a,1)])
       print(a[key_check(a,2)])
```

242

```
          print(a[key_check(a,3)])
Out:      1
          2
          1
```

문자열이 키일 경우도 동일하게 처리되는 것을 확인할 수 있다.

```
In :    d = {'a': 1, 'b':2}

        print(d[key_check(d,1)])
        print(d[key_check(d,"c")])

        print(d[key_check(d,'a')])
        print(d[key_check(d,'b')])
Out:    1
        1
        1
        2
```

✚ operator 모듈의 함수 이용하기

검색도 하나의 연산이므로 이 연산에 대한 함수도 operator 모듈에 만들어져 있다. getitem, itemgetter라는 함수를 이용해서 검색을 할 수 있다.

예제 6-5 : getitem으로 검색

Sequence나 Mapping 자료형에서 검색 연산자는 대괄호([ ])이고 이를 함수로 만들 때 getitem으로 정의를 했다. 첫 번째 인자에 자료형을 넣고 두 번째 인자에 인덱스나 키를 넣어서 처리가 가능하다.

리스트를 만들어 리스트 범위 내의 인덱스로 조회해서 값을 가져왔고 범위를 넘은 인덱스로 조회하면 IndexError가 발생한다.

```
In :    import operator as op
```

```
l = [1,2,3,4]

print(op.getitem(l,0))
print(op.getitem(l,4))
```

Out: 1

       IndexError   Traceback (most recent call last)
       <ipython-input-12-7089df53f22e> in <module>()
            4
            5 print(op.getitem(l,0))
       ----> 6 print(op.getitem(l,4))

       IndexError: list index out of range

딕셔너리도 동일하게 처리가 가능하므로 리스트에서는 인덱스를 부여했지만 딕셔너리에서는 Key를 넣어서 검색을 한다. 키의 범위가 벗어날 경우는 동일하게 예외가 발생한다.

In :   **import operator as op**

       a = {'a': 1, 'b':2}

       print(op.getitem(a,'a'))
       print(op.getitem(a,'c'))

Out: 1

       KeyError   Traceback (most recent call last)
       <ipython-input-13-b25e019db480> in <module>()
            4
            5 print(op.getitem(a,'a'))
       ----> 6 print(op.getitem(a,'c'))

       KeyError: 'c'

예외가 발생하지 않으려면 위에서 정의된 key_check 함수를 불러서 범위를 벗어날 경우에 특정 값을 처리해서 사용하도록 구현한다.

In :   print(op.getitem(a,key_check(a,'c')))

Out: 1
```
```

예제 6-6 : itemgetter로 여러 개의 key를 동시에 검색

항목들의 키 여러 개를 동시에 조회해서 값을 처리하고자 할 때는 itemgetter 함수를 이용해 키를 등록해서 사용할 수도 있다.

해당되는 키의 범위를 벗어나지 않도록 하기 위해 읽을 수 있는 키를 지정해서 처리할 수있다.

두 개의 키를 놓고 만든 itg_two에 딕셔너리 인스턴스를 전달하면 튜플로 값들이 출력된다.

```
In :  import operator as op

      a = {'a': 1, 'b':2}

      itg_two = op.itemgetter('a','b')
      print(itg_two(a))

Out:  (1, 2)
```

이 경우에도 내부에 키가 없을 경우에는 처리 중에 예외가 발생한다.

내부적으로 작성할 때 키가 있어야 특별한 문제가 없다는 것을 알 수 있다.

```
In :  itg_ac = op.itemgetter('a','c')

      print(itg_ac(a))

Out:  ---------------------------------------------------------------
      KeyError                          Traceback (most recent call last)
      <ipython-input-18-b2ee225d55bb> in <module>()
            1 itg_ac = op.itemgetter('a','c')
            2
      ----> 3 print(itg_ac(a))

      KeyError: 'c'
```

딕셔너리로 키를 검색해서 값을 호출할 때 예외가 발생하는 것을 방지하기 위해 두 개의 특별한 메서드를 제공한다.

런타임에 예외를 방지하기 위해 검색을 위한 연산자 사용보다 이 get, setdefualt 두 메서드를 사용해서 처리하는 것이 더 무난할 수 있다.

✚ KeyError를 방지하기 위한 메서드 처리

딕셔너리 get, setdefault 메서드를 사용해서 검색해 처리하면 KeyError를 예방할 수 있으므로 위에 나온 방식보다 더 편리하게 사용할 수 있다.

예제 6-7 : 딕셔너리 내부 원소를 메서드로 검색하기

딕셔너리 인스턴스에 키가 없을 것을 대비해서 get 메서드 Key가 없는 경우 get 메서드를 이용해서 내부에 default 값을 지정할 수 있다. 조회 시 없으면 default 값을 전달한다.

```
In :    d = {'a': 1, 'b':2}

        print(d.get('c',"defaults"))
Out:    defaults
```

Setdefault 메서드를 사용하면 키가 없을 경우에는 추가하고 있을 경우에는 조회한다. 기존에 키가 없을 경우는 default 값을 세팅하고 조회를 처리한다.

```
In :    d.setdefault('c',"defaults")
        print(d)
        print(d['c'])
Out:    {'a': 1, 'b': 2, 'c': 'defaults'}
        defaults
```

6.1.3 인덱싱을 이용한 갱신 및 삭제하기

인덱스는 현재 정해진 범위 내에서만 조회, 갱신이 가능하다. 인덱스를 이용해서 추가하면 범위가 벗어나서 추가할 수 없다.

예제 6-8 : 인덱스로 갱신하기

리스트는 인덱스를 검색하고 = 이후에 할당하면 인덱스가 가리키는 곳을 갱신한다.

```
In :  l = [1,2,3,4]

      l[2]= 99

      print(l)
Out:  [1, 2, 99, 4]
```

리스트의 인덱스 범위가 넘는 곳에 값을 추가하려고 했지만 인덱스로 검색하는 경우는 기존에 만들어진 범위를 벗어나서 추가할 수 없다. 기존에 있는 범위를 검색해서 갱신만 가능하다.

```
In :  l[4] = 100

Out:  ---------------------------------------------------------------
      IndexError                           Traceback (most recent call last)
      <ipython-input-24-59f9aea0ef4c> in <module>()
      ----> 1 l[4] = 100

      IndexError: list assignment index out of range
```

딕셔너리를 생성하고 주어진 키를 검색해서 이를 갱신한다. 주어진 키로 검색한 내부의 값이 갱신된다.

```
In :  d = {'a':1, 'b':2}

      d['b'] = 99

      print(d)
Out:  {'a': 1, 'b': 99}
```

딕셔너리는 리스트와 달리 해시로 유일성을 관리하기 때문에 키가 다른 것이 들어오면 새롭게 추가해서 딕셔너리 내에 항목을 추가한다.

```
In :   d['c'] = 100
       print(d)
```

```
Out:   {'a': 1, 'b': 99, 'c': 100}
```

예제 6-9 : 인덱스로 삭제하기

리스트를 정의하고 특정 위치의 인덱스의 원소를 삭제하려면 del l[2]로 삭제하여 지정된 인덱스를 조회하고 이를 삭제한다. 리스트가 삭제되면 내부의 원소들이 다시 재인덱싱 처리되어 리스트가 줄어든 것을 알 수 있다.

```
In :   l = [1,2,3,4]

       del l[2]

       print(l)
```

```
Out:   [1, 2, 4]
```

리스트의 인덱스 범위를 벗어난 것을 삭제하면 예외가 발생한다.

```
In :   del l[3]
```

```
Out:   ---------------------------------------------------------------------
       IndexError                             Traceback (most recent call last)
       <ipython-input-31-2e17e54224b5> in <module>()
       ----> 1 del l[3]

       IndexError: list assignment index out of range
```

딕셔너리를 만들고 키로 검색하고 del 키워드를 이용해서 삭제할 수 있다.

```
In :   d = {'a':1, 'b':2}

       del d['b']

       print(d)
```

```
Out:   {'a': 1}
```

리스트와 마찬가지로 딕셔너리도 기존에 없는 키를 검색해서 키워드 del로 삭제할 때 예외가 발생한다.

```
In :   del d['b']

Out:   --------------------------------------------------------------------
       KeyError                                Traceback (most recent call last)
       <ipython-input-32-14d28ad6b85d> in <module>()
       ----> 1 del d['b']

       KeyError: 'b'
```

6.2 슬라이싱(slicing)

인덱싱 처리와 슬라이싱은 대괄호([ ]) 연산자를 사용한다. 인덱싱은 하나의 원소만을 조회 및 삭제하고 변경한다. 존재하는 원소에 대한 처리를 사용한다.

슬라이싱은 Sequence 자료형에서만 사용할 수 있으며 이 슬라이싱으로 검색하는 경우는 Sequence 자료형의 부분 Sequence 자료형의 인스턴스를 추출하는 과정이다.

슬라이싱을 이용해서 갱신할 경우는 범위와 상관없이 다양한 조건에 따라 갱신이 된다.

또한, 슬라이싱에 쓰이는 범주를 지정하는 것은 슬라이스 클래스에 의해 만들어진 슬라이스 인스턴스로 만들어진다. 슬라이스 생성자를 할 인자로 [start: end: step]이 들어간다.

6.2.1 리터럴로 직접 슬라이스 처리하기

검색은 대괄호([ ])를 사용한다. 검색은 기본 하나의 값만 넣는다. 그래서 슬라이싱 처리를 위해 파이썬 내부에서는 slice 클래스를 제공한다.

예제 6-10 : 부분집합을 슬라이스로 생성

리스트를 만들고 이 리스트를 슬라이싱으로 조회해서 다른 변수에 할당한다. 출력된 결과를 보면 원소 2개를 가진 리스트가 만들어져 있다.

```
In :   l = [1,2,3,4]

       lsub = l[0:2]
       print(lsub)
```
```
Out:   [1, 2]
```

부분집합의 리스트 원소를 갱신해도 원본 리스트는 내의 원소는 변경되지 않는다.

```
In :   lsub[0] = 999

       print(l)
       print(lsub)
```
```
Out:   [1, 2, 3, 4]
       [999, 2]
```

문자열도 Sequence 자료형이므로 슬라이싱으로 처리하면 새로운 부분 문자열을 만들 수 있다.

```
In :   s = "부분문자열 만들기"

       ssub = s[0:5]

       print(ssub)

       print(s))
```
```
Out:   [부분문자열
       부분문자열 만들기
```

250

✚ 슬라이싱으로 순방향과 역방향 검색하기

슬라이싱으로 처리할 경우는 순방향과 역방향으로 접근해서 부분집합을 만들 수 있다. 순방향과 역방향을 주고 방향성을 스텝에 주면 처리되는 방향을 알 수가 있다.

예제 6-11 : 순방향(forward) 인덱스

슬라이싱 첫 번째 인덱스부터 처리할 때 0을 표시하지 않으면 0부터 처리한다는 것을 인식해서 자동으로 처리한다.

두 번째 표시되는 숫자인 3은 포함되지 않고 바로 전까지만 처리된다.

이 슬라이싱 내용은 0번부터 총 3개의 원소를 검색해서 부분 Sequence 자료형의 인스턴스를 만들라는 뜻이다.

```
In :  ls = [1,2,3,4,5,6]

      ls3 = ls[:3]
      print("앞에서 세개 출력",ls3)
```

```
Out:  앞에서 세개 출력 [1, 2, 3]
```

또한 앞에 숫자를 부여하고 마지막에 숫자를 부여하지 않으면 중간부터 마지막까지 전부 검색해서 부분 Sequence 인스턴스를 만들라는 뜻이다.

```
In :  ls4 = ls[3:]
      print("마지막 세개 출력",ls4)
```

```
Out:  마지막 세개 출력 [4, 5, 6]
```

리스트 내의 원소가 총 6개인데 슬라이싱은 1부터 10까지를 지정했다. 예외가 발생하지 않고 포함된 원소만 부분 리스트로 만들어져 할당되는 것을 볼 수 있다. 슬라이스 범위가 리스트 인스턴스보다 커도 리스트의 원소 개수 내에서 처리가 된다.

```
In :  ls = [1,2,3,4,5,6]
```

```
lsn = ls[1:10]
print(lsn)
```

Out: [2, 3, 4, 5, 6]

모든 리스트 전체를 전부 새로운 인스턴스로 만들 수 있도록 슬라이싱을 처리할 수 있다. 이것은 기존에 만들어진 리스트를 리스트 생성자에 넣어서 새로운 인스턴스를 생성하는 것과 동일한 결과를 출력한다.

In :
```
l_all = ls[:]
print(l_all)

l_s = list(ls)
print(l_s)
```

Out: [1, 2, 3, 4, 5, 6]
        [1, 2, 3, 4, 5, 6]

리스트에 간격을 주고 처리하면 이 간격에 따라 인덱스로 검색해서 하나의 부분 리스트를 다시 만들어준다.

In :
```
l_a = ls[::2]

print(l_a)
```

Out: [1, 3, 5]

예제 6-12 : 역방향(backward)으로 역방향 슬라이스 처리

문자열을 지정하고 모든 것을 처리하도록 시작과 끝을 지정하지 않았다. 그리고 방향성을 역으로 처리하고 할당해서 역으로 처리한 것을 출력한다.

In :
```
s = "역방향으로 슬라이스 처리"

ss = s[::-1]
print(ss)
```

Out: 리처 스이라슬 로으향방역

252

첫 번째는 -3 : 부여하지 않은 값을 주고 step에 -1을 부여하면 역방향으로 처리가 된다.
간격에 음수를 넣으면 항상 반대 방향으로 처리하는 것을 알 수 있다.

두 번째에 -3 : -8를 주고 step을 -1로 처리하면 역방향으로 처리하는 것을 볼 수 있다.

```
In :    ss = s[-3::-1]
        print(ss)

Out:    스이라슬 로으향방역
```

```
In :    ss = s[-3:-8:-1]
        print(ss)

Out:    스이라슬
```

음수로 슬라이스 처리를 해도 항상 역방향은 아니다. 더 작은 수를 먼저 놓고 더 큰 수를
나중에 넣으면 정방향으로 처리한다.

-3을 넣은 다음에 아무런 숫자를 지정하지도 않고 step이 없으면 양수로 이해하기 때문에
정방향으로 이동해서 처리한다.

```
In :    ss = s[-7:-3]
        print(ss)

Out:    슬라이스
```

```
In :    ss = s[-3:]
        print(ss)

Out:    처리
```

예제 6-13 : 시작과 끝을 명확히 표시해서 처리하기

전체를 다 읽기 위해 시작점에 0을 주고 마지막 부분에는 문자열의 길이를 표시했다.

```
In :    s = "시작점과 끝점을 명확히 이해하기"
```

```
ss = s[0:len(s)]
print(len(s))
print(ss)
```

17
시작점과 끝점을 명확히 이해하기

시작에 3, 끝점에 7을 주면 총 4개를 검색해서 표시하는 것을 볼 수 있다.

In : ```
s = "시작점과 끝점을 명확히 이해하기"

ss = s[3:7]
print(ss)
```

Out: 과 끝점

끝점이 범위가 벗어나도 전체를 읽어와서 출력해주는 것을 확인할 수 있다.

In : ```
s = "시작점과 끝점을 명확히 이해하기"

ss = s[3:17]
print(ss)
```

Out: 과 끝점을 명확히 이해하기

음수와 양수가 동시에 작성이 되었지만 –3이 가리키는 양수 인덱스보다 두 번째 주어진 양수 인덱스가 더 크면 정방향으로 처리되어 나머지 3글자를 검색해서 부분 문자열을 만드는 것을 볼 수 있다.

In : ```
s = "시작점과 끝점을 명확히 이해하기"

ss = s[-3:17]
print(ss)
```

Out: 해하기

시작점과 끝점이 역방향일 경우 시작점보다 더 작은 음수를 끝점에 넣으면 검색한 것이 없어서 빈 문자열을 반환한다. 이럴 경우 항상 역방향으로 처리를 하려면 step에 –1을 표
```

시한다. 이를 생략하면 step이 기본값이 양수 1로 처리되어 정방향으로 인덱스를 증가시킨다.

```
In :   s = "시작점과 끝점을 명확히 이해하기"

       ss = s[-3:-5]
       print(ss)
       print(len(ss))

       ss_r = s[-3:-5:-1]
       print(ss_r)
Out:
       0
       해이
```

음수로 정방향을 처리하려면 더 작은 음수를 시작점에 넣고 끝점에는 더 큰 음수를 넣으면 양수의 인덱스와 동일한 처리를 한다.

```
In :   s = "시작점과 끝점을 명확히 이해하기"

       ss = s[-7:-3]
       print(ss)
       print(len(ss))
Out:   확히 이
       4
```

✚ 슬라이스로 검색한 후에 갱신하기

클래스 slice(시작점, 종료점,스텝)을 이용해서 인스턴스를 만들면 하나의 값으로 처리가 된다. 기본적인 대괄호 연산자를 이용한 검색은 하나의 값만을 처리하므로 정수 대신 슬라이스 인스턴스가 들어가서 특정 범위를 처리하는 것이다.

슬라이스의 장점은 부분집합을 만들어서 처리하는 것이므로 인덱스의 범위에 차이가 있어도 들어오는 데이터를 보고 자동으로 조정을 해서 처리한다.

예제 6-14 : 슬라이스를 지정해서 내부 원소 갱신하기

리스트를 하나 만들고 이 리스트의 부분집합을 슬라이스를 통해 만들어서 이를 별도의 변수에 할당한다. 새로운 리스트가 하나 생성되는 것을 알 수 있다.

```
In :   list1 = [1,2,3,4,5]

       list_up = list1[2:]

       print(list_up)
Out:   [3, 4, 5]
```

새로 만들어진 리스트를 가지고 전체를 슬라이싱해서 더 많은 원소를 가진 리스트를 할당했다. 원소 3개를 가지고 있던 리스트가 원소 6개를 가진 리스트로 변경이 된다.

슬라이스로 처리하면 기존 리스트를 가지고 전혀 다른 리스트를 만들었으므로 원본 리스트는 변화가 없는 것을 확인할 수 있다.

```
In :   list_up[:] = [8,9,10,11,12,13]
       print(list_up)
       print(list1)
Out:   [8, 9, 10, 11, 12, 13]
       [1, 2, 3, 4, 5]
```

그러면 리스트를 만들고 이 리스트를 슬라이스로 참조하는 데 원래 원본보다 더 큰 리스트가 할당될 때 처리도 가능한지를 확인해본다.

왼쪽 편에 리스트를 슬라이스로 참조하면 새로운 부분집합이 만들어지는 것이 아니라 참조만 생긴다. 그리고 다른 리스트가 들어오면 처리되는 것은 리스트의 확장 처리가 되는 것을 알 수 있다.

```
In :   list2 = [1,2,3,4,5]

       list2[2:] = [99,98,97,96,95]
```

```
        print(list2)
```

Out: [1, 2, 99, 98, 97, 96, 95]

슬라이스로 검색을 하고 할당해서 처리할 때 만들어진 리스트의 범위를 벗어나는 것은 insert 처리가 되는 것을 알 수 있다.

In :
```
list3 = [1,2,3,4,5]

x = 99
for i in range(2,len(list3)+2) :
    if i < len(list3) :
        list3.pop(i)
    list3.insert(i, x)
    x -= 1

print(list3)
```

Out: [1, 2, 99, 98, 97, 96, 95]

슬라이스를 처리할 때 더 작은 리스트가 들어오면 주어진 리스트 개수만 처리되고 나머지는 전부 삭제가 된다.

In :
```
list4 = [1,2,3,4,5,6,7,8,9,10]

list4[2:] = [99,98,97]

print(list4)
```

Out: [1, 2, 99, 98, 97]

6.2.2 슬라이스 클래스 이용하기

슬라이싱을 처리하면서 대괄호 사이에 콜론을 붙여서 처리하는 이유는 이 값들이 전부 slice 클래스에 의해 생성되는 슬라이스 인스턴스가 처리된다는 뜻이다.

slice 클래스로 인스턴스를 생성하려면 생성자 인자로 start, stop, step을 받아야 한다. 이를 슬라이싱으로 표시하면 [start : stop : step]으로 표기해서 연산자를 처리한다.

✚ slice도 하나의 클래스

클래스 slice를 이용해서 하나의 인스턴스를 만들어 인덱싱 검색 내에 넣으면 슬라이싱 처리가 된다.

예제 6-15 : 슬라이스 클래스로 인스턴스 생성하기

클래스 slice 생성자에 0,10을 인자로 전달해서 인스턴스를 생성하고 이를 변수에 할당했다.

문자열 할당된 변수 s 내의 대괄호 안에 슬라이스 인스턴스를 넣고 검색한 결과를 출력하면 총 10자의 문자를 표시하는 것을 알 수 있다.

```
In :    s = "특정 문자열을 슬라이스로 처리"

        s_slice = slice(0,10)
        print(s[s_slice])
```
```
Out:    특정 문자열을 슬라
```

긴 문자열 처리가 필요할 경우 구분자가 없다면 슬라이스로 각 문자 간의 간격을 지정해서 이를 변수(NAME, COMPANY, SALARY)에 할당하고 검색을 처리하면 문자열을 필요한 부분 단위로 뽑아내어 출력한 값을 얻을 수 있다.

```
In :    s = "문성혁,아토규브,1000000"

        NAME = slice(0,3)
        COMPANY = slice(4,8)
        SALARY = slice(9,16)
        print(s[NAME])
        print(s[COMPANY])
        print(s[SALARY])
```

6.3 지능형(comprehension) 처리

수학에서 집합을 표현할 때 원소 나열법과 조건 제시법이 있다. 파이썬도 리터럴 표기법은 원소 나열법을 사용한다. 또한 조건 제시법을 리터럴 표기법에 적용해서 리스트, 딕셔너리, set 자료형에 내부적인 산식을 처리할 수 있도록 포함했다.

현재 Comprehesion을 한국어로 번역할 때 내장, 내포 등을 사용하지만 로딩할 때 이 값이 자동으로 변경되는 것을 봤을 때 지능형이라는 단어로 대체하는 것이 적합하다고 생각해서 이 책에서는 지능형이라고 사용한다.

파이썬 3 버전에서는 지능형 내부에서 사용되는 변수가 외부에 영향을 미치지 않기 위해 내부에 사용되는 변수는 지역 변수로 사용된다. 지능형 처리도 하나의 네임스페이스를 만들어서 변수를 관리하는 것을 알 수 있다.

6.3.1 지능형 list

리스트는 리터럴 표기로 많은 원소를 나타내기가 힘들다. 별도의 순환문을 이용해서 리스트 인스턴스에 원소를 추가하는 것도 별도의 로직으로 필요하다. 이 두 가지를 하나로 처리하기 위해 통합한 표기법이 지능형이다.

✚ 지능형 리스트 표기법

리스트 리터럴 표기법 내에 for문과 if문을 인라인으로 작성한다. 이 내부에는 표현식만 가능하고 문장이 들어올 수 없다.

인라인을 처리하는 것은 로딩될 때 바로 평가해서 표현식처럼 사용한다는 뜻이다.

내부적으로 for 순환을 여러 번 사용해도 되고 제어문은 각 for 순환에 대한 필터링 처리를 위해 사용이 가능하다.

예제 6-16 : 지능형 리스트 처리

일반적인 for문을 사용해서 리스트의 원소를 추가하는 방식이 다른 프로그래밍 언어의 처리 방식이다.

큰 리스트가 발생할 때마다 여러 라인으로 작성하면 실행 시점에서 원소가 많은 리스트를 만들 수 있다.

```
In :    list2 = []

        for i in range(5) :
            list2.append(i)

        print(list2)
```
```
Out:    [0, 1, 2, 3, 4]
```

함수형 언어들은 함수를 반복해서 처리하므로 순환문 대신 map 함수의 사용 원소가 많은 리스트를 만들 수 있다. 파이썬 3 버전부터는 map 함수 처리 결과가 리스트 자료형이 아니므로 list 클래스를 사용해서 형 변환을 한다.

```
In :    list2 = list(map(lambda x : x, range(5)))

        print(list2)
```
```
Out:    [0, 1, 2, 3, 4]
```

파이썬에서 권장하는 지능형 리스트 방식을 이용하면 리터럴 표기법 내에 순환문과 제어문을 이용해서 간단하게 작성해 처리가 가능하다. 위의 다른 표기법보다 단순해서 코딩하기도 편하다.

```
In :    list3 = [x for x in range(5)]

        print(list3)
```
```
Out:    [0, 1, 2, 3, 4]
```

예제 6-17 : 지능형 리스트 필터 처리

리스트를 제어문을 통해 만들면 순차적으로 전부 리스트의 원소로 생긴다. 이 중에 일부를 제외하려면 원소를 만들 수 없어야 한다. 제어문을 이용해서 특정 조건이 만족하는 것만 리스트의 원소로 처리하도록 한다.

예제는 0부터 9까지의 숫자 중에 짝수를 제외하고 홀수만 출력하게 하는 처리이다.

```
In :    list2 = []

        for i in range(10) :
            if i % 2 == 0 :
                continue

            list2.append(i)

        print(list2)
```
```
Out:    [1, 3, 5, 7, 9]
```

함수를 이용해서 처리하는 map을 이용해서 전체 원소를 가진 리스트를 만든다.

이를 밖에서 filter 함수로 묶고 다시 순환해서 특정 조건이 만족할 때만 처리할 수 있도록 필터링을 할 수 있다. 홀수만 출력하는 리스트가 만들어진다.

```
In :    print(list(map(lambda x : x, range(10))))

        list2 = list(filter(lambda x : x% 2 ==1 , list(map(lambda x : x,
        range(10)))))

        print(list2)
```

```
Out:   [0, 1, 2, 3, 4, 5, 6, 7, 8, 9]
       [1, 3, 5, 7, 9]
```

지능형 리스트에서 필터링은 for문 다음에 제어문을 주면 이 제어문의 조건이 참일 경우만 처리되므로 한 라인에서 모든 것이 다 처리가 되는 것을 알 수 있다.

```
In :   list3 = [x for x in range(10) if x % 2 == 1]

       print(list3)
```

```
Out:   [1, 3, 5, 7, 9]
```

예제 6-18 : 지능형 내의 연속적인 순환문 처리

리스트 내에 리스트나 튜플을 이용해서 원소를 만들려면 순환문이 여러 개가 필요해진다. 일단 순환문 2개를 사용해서 2개의 원소를 가지는 튜플을 원소로 한 리스트를 일반적인 for문으로 만들었다.

```
In :   list5 = []
       for x in range(3) :
           for y in range(3) :
               list5.append((x,y))

       print(list5)
```

```
Out:   [(0, 0), (0, 1), (0, 2), (1, 0), (1, 1), (1, 2), (2, 0), (2, 1), (2, 2)]
```

지능형 리스트를 사용할 경우는 한 라인에 순환문을 2개 연결해서 처리하면 위의 예제와 동일한 처리 결과가 나오는 것을 볼 수 있다.

```
In :   list5 = [(x,y) for x in range(3) for y in range(3)]
       print(list5)
```

```
Out:   [(0, 0), (0, 1), (0, 2), (1, 0), (1, 1), (1, 2), (2, 0), (2, 1), (2, 2)]
```

세 개 이상일 경우도 지능형 리스트에서는 for문을 연결해서 사용하면 된다. 대괄호 사이는 라인을 나눠서 코딩을 해도 내부적으로는 한 라인으로 인식하므로 하나의 라인으로 작성된 것을 알 수 있다.

결과는 3개의 원소를 가지는 튜플이 출력되는 것을 볼 수 있다.

```
In :    import pprint

        list6 = [(x,y,z)
                for x in range(2)
                for y in range(2)
                for z in range(2)]

        pprint.pprint(list6)
```

```
Out:    [(0, 0, 0),
         (0, 0, 1),
         (0, 1, 0),
         (0, 1, 1),
         (1, 0, 0),
         (1, 0, 1),
         (1, 1, 0),
         (1, 1, 1)]
```

지능형 리스트에서 각 순환문마다 필터를 넣어서 짝수로만 쌍을 갖는 튜플을 원소로 한 리스트를 처리하고 싶다면, 순환문 뒤에 제어문으로 짝수일 경우만 처리되도록 구성한다.

```
In :    import pprint

        list6 = [(x,y)
                for x in range(5) if x % 2 ==0
                for y in range(5) if y % 2 ==0]

        pprint.pprint(list6)
```

```
Out:    [(0, 0), (0, 2), (0, 4), (2, 0), (2, 2), (2, 4), (4, 0), (4, 2), (4, 4)]
```

✛ 내포된 지능형 리스트 처리

지능형 리스트는 리터럴 표기법이므로 지능형 리스트 내에 또 작성해도 리터럴로 인식해서 처리가 된다.

다차원 리스트를 작성할 경우에 순환문을 여러 개를 넣고 처리하는 것보다 지능형 리스트를 내포시켜서 처리하는 것이 더 편리할 수도 있다.

예제 6-19 : 지능형 리스트 내의 내포된 지능형 리스트 처리

지능형 리스트 내에 지능형 리스트를 넣어서 리스트를 생성하면 2차원 리스트가 만들어진다. 내부 지능형 리스트에 대한 변수만 처리해서 리스트의 원소를 추가하기 위해 _를 사용하고 두 번째 순환에 변수는 사용하지 않았다.

```
In :    l = [ [x for x in range(3)] for _ in range(3)]

        print(l)
```
```
Out:    [[0, 1, 2], [0, 1, 2], [0, 1, 2]]
```

내부에 생성된 리스트의 레퍼런스를 확인하면 동일한 리스트가 생기지 않았다는 것을 알수 있다.

```
In :    for i in range(len(l)) :
            print(id(l[i]))
```
```
Out:    85910024
        85910472
        85579912
```

6.3.2 지능형 딕셔너리

지능형 리스트처럼 지능형 딕셔너리도 리터럴 표기법에 의해 동일한 처리를 할 수 있다. 지능형 리스트와의 차이점은 중괄호를 사용하고 딕셔너리라서 항상 키와 값을 쌍으로 처리한다. 그리고 키는 유일성을 유지할 수 있는 자료형으로 처리해야 한다.

✚ 지능형 딕셔너리 표기법

키와 값을 표현하여 순환문에서 실행할 때 이 키와 값이 매칭되도록 2개의 변수로 처리
된다.

{key: value 표현식 for 표현식 in iterable/iterator if 표현식}

예제 6-20 : 지능형 dict 생성

두 개의 순환문을 통해 키와 값을 나눠서 처리했다. 일단 키는 문자열을 이용했고 값은 숫
자로 처리했다.

제어문으로 값은 문자열의 인덱스와 동일할 경우만 처리되도록 했으므로 문자열의 문자와
인덱스 값이 매칭되어 처리되는 것을 확인할 수 있다.

```
In :    s = "abcde"

        d = { x : y for x in s for y in range(5) if y == s.index(x) }
        print(d)

Out:    {'a': 0, 'b': 1, 'c': 2, 'd': 3, 'e': 4}
```

위의 내용을 필터링 없이 처리하면 숫자의 최종 값이 처리되므로 모든 값이 4로 처리된다.

```
In :    s = "abcde"

        d = { x : y for x in s for y in range(5)}
        print(d)

Out:    {'a': 4, 'b': 4, 'c': 4, 'd': 4, 'e': 4}
```

보다 단순한 방법으로 enumerate 함수를 이용해서 처리도 가능하다.

```
In :    s = "abcde"

        d = { y : x for x,y in enumerate(s)}
        print(d)
```

```
Out:   {'a': 0, 'b': 1, 'c': 2, 'd': 3, 'e': 4}
```

값으로 지능형 딕셔너리를 이용해서 처리가 가능하다. 값이 들어가는 부분에 지능형 딕셔
너리를 내포해서 사용하며 이를 이용해서 중복된 딕셔너리를 처리할 수 있다.

```
In :   import pprint

       s = "abcde"

       d = { x : { y:z for y,z in enumerate(range(5))} for x in s}

       pprint.pprint(d)
```
```
Out:   {'a': {0: 0, 1: 1, 2: 2, 3: 3, 4: 4},
        'b': {0: 0, 1: 1, 2: 2, 3: 3, 4: 4},
        'c': {0: 0, 1: 1, 2: 2, 3: 3, 4: 4},
        'd': {0: 0, 1: 1, 2: 2, 3: 3, 4: 4},
        'e': {0: 0, 1: 1, 2: 2, 3: 3, 4: 4}}
```

6.3.3 지능형 set

지능형 set은 지능형 딕셔너리와 유사한 리터럴 표기법을 사용하지만 키만 처리하는 구조
이다.

✚ 지능형 set 표기법

키만 표현해서 순환문 처리할 때는 지능형 리스트 표기법과 유사하지만 동일한 값이 여러
개가 없으므로 유일한 원소만 처리되는 것이 다르다.

{key 표현식 for 표현식 in iterable/iterator if 표현식}

예제 6-21 : 지능형 set

표기법은 지능형 dict와 유사하지만 key만 존재하고 key를 기준으로 생성한다. 필터링은

조건이 참인 경우만 처리된다. 짝수일 경우만 만들어지도록 나머지가 0인 경우만 처리되어 짝수의 원소만 출력된다.

```
In :   s = { x for x in range(10) }
       print(s)

       s = { x for x in range(10) if x % 2 == 0}
       print(s)
Out:   {0, 1, 2, 3, 4, 5, 6, 7, 8, 9}
       {0, 2, 4, 6, 8}
```

지능형 set을 처리하면 hash 처리가 되지 않으므로 forzenset을 이용해서 지능형 set이 중복되게 만들 수 있다.

0부터 4까지 원소를 특정 집합에 대한 부분집합들로 만들기 위해서는 공집합부터 모든 원소 전부를 가진 집합까지 전부 표현한다.

```
In :   import pprint

       z = 5

       sz = { x for x in range(z)}
       print(sz)

       s = { frozenset(x for x in range(y))
             for y in range(z+1)}

       pprint.pprint(s)
Out:   {0, 1, 2, 3, 4}
       {frozenset(),
        frozenset({0}),
        frozenset({0, 1}),
        frozenset({0, 1, 2}),
        frozenset({0, 1, 2, 3}),
        frozenset({0, 1, 2, 3, 4})}
```

6.3.4 지능형을 혼합해서 사용하기

지능형 처리도 혼용해서 사용이 가능하다. 특히 리스트나 딕셔너리는 값을 처리하는 원소에 들어가므로 이때에 혼용해서 많이 사용한다.

지능형 set은 유일성을 처리하므로 리스트나 딕셔너리를 다른 자료형으로 변형해서 처리해야 혼합해서 사용이 가능하다.

예제 6-22 : 지능형을 혼용해서 사용하기

지능형 딕셔너리 내의 값에 지능형 리스트를 넣어서 생성한다. 한 라인으로 표현이 가능하므로 간편하게 생성이 가능하다.

```
In :   import pprint

       s = "abcde"

       d = { x : [y for y in range(5)] for x in s}

       pprint.pprint(d)
```
```
Out:   {'a': [0, 1, 2, 3, 4],
        'b': [0, 1, 2, 3, 4],
        'c': [0, 1, 2, 3, 4],
        'd': [0, 1, 2, 3, 4],
        'e': [0, 1, 2, 3, 4]}
```

지능형 set 내부에 지능형 리스트로 생성하려면 예외가 발생하므로 리스트를 튜플로 형 변환해서 처리했다.

```
In :   d = { tuple([y for y in range(x)]) for x in range(3)}

       print(d)
```
```
Out:   {(0, 1), (), (0,)}
```

268

6.3.5 지능형 네임스페이스 이해하기

파이썬 3 버전부터는 지능형 처리 내에 지정된 변수들도 지역 영역으로만 처리된다. 이 말은 내부적으로 네임스페이스를 별도로 관리해서 처리한다는 것이다.

예제 6-23 : 지능형 리스트의 지역 네임스페이스 조회

지능형 리스트 내부에 locals 함수로 조회하면 지능형 내부 지역 영역의 네임스페이스가 조회된다. 지역 변수 x의 마지막 값이 처리되는 것을 알 수 있다.

```
In :   import pprint

       lns = [ locals() for x in range(3) ]

       pprint.pprint(lns)
```

```
Out:   [{'.0': <range_iterator object at 0x0000000004B34A70>, 'x': 2},
        {'.0': <range_iterator object at 0x0000000004B34A70>, 'x': 2},
        {'.0': <range_iterator object at 0x0000000004B34A70>, 'x': 2}]
```

지역 변수에 대해 순환문이 작동할 때마다 어떤 값이 들어가있는지를 확인해볼 수도 있다. 이 지역 변수를 외부에서 참조하면 정의가 되어 있지 않다며 예외가 발생한다.

```
In :   lns = [ locals()['xxx'] for xxx in range(3) ]

       print(lns)

       print(xxx)
```

```
Out:   [0, 1, 2]
       ---------------------------------------------------------------
       NameError                               Traceback (most recent call last)
       <ipython-input-135-20f6bc4d78e4> in <module>()
             3 print(lns)
             4
       ----> 5 print(xxx)

       NameError: name 'xxx' is not defined
```

6.4 문자열 포매팅(string formatting) 처리

파이썬 3 버전부터는 문자열이 텍스트 기반인 유니코드로 처리되므로 문자열을 가지고 처리하는 포매팅도 텍스트 기반으로 처리된다.

파이썬에서 제공하는 format 함수와 문자열 자료형에 있는 format 메서드를 이용하지만 파이썬 3 버전부터는 f 문자열을 사용해서 더 간단하게 출력이 가능하다.

포매팅 문자열에서 데이터를 매칭하는 방식이 % 표기와 {} 표기로 처리된다. 이 2가지 기준으로 포매팅된 곳에 값이 할당되는 법을 자세히 알아본다.

6.4.1 포매팅 기본 이해하기

파이썬 내의 포맷을 사용해서 출력하는 f 문자열 처리, format 내장 함수 처리와 문자열 내의 format 메서드 처리에 대한 부분부터 하나씩 알아본다.

✦ 내장 함수 format 구조

함수 help로 format 내장 함수를 조회해보면 값과 format spec를 넣어서 처리하도록 되어 있다. format 처리는 __format__ 스페셜 메서드가 실행되어 처리되는 구조이다.

예제 6-24 : format 내장 함수 기본 알아보기

함수 format을 보면 값을 넣는 value 매개변수와 format이 들어가는 format_spec을 넣어서 처리한다.

```
In :   help(format)

Out:   Help on built-in function format in module builtins:

       format(value, format_spec='', /)
           Return value.__format__(format_spec)

           format_spec defaults to the empty string
```

포맷 문자열을 지정하고 실수를 소수점 4자리까지 넣으면 자동으로 포매팅에 맞춰 반올림이 일어나는 것을 알 수가 있다.

```
In :  fs = "4.3f"
      value = 100.3456

      print(format(value, fs))

Out:  100.346
```

✚ 문자열 format 메서드

문자열 내에 포매팅 폼을 지정하고 메서드 인자에 값들이 들어와서 포매팅 폼과 매칭해 처리하는 메서드이다.

예제 6-25 : 문자열 format 메서드 알아보기

문자열 내의 format 메서드는 문자열에 포매팅 정보를 처리하고 메서드 매개변수로 데이터를 전달해서 처리한다.

```
In :  help(str.format)

Out:  Help on method_descriptor:

      format(...)
          S.format(*args, **kwargs) -> str

          Return a formatted version of S, using substitutions from args and
          kwargs.
          The substitutions are identified by braces ('{' and '}').
```

포맷 문자열을 지정하면 이 문자열을 기준으로 값을 매칭해서 처리하는 방식을 사용한다. 인덱스 번호로 메서드 인자와 매칭해서 값을 처리하는 것을 볼 수 있다.

```
In :  fs = "{0:4.3f}"
      value = 100.3456
```

```
                  print(fs.format(value))
```

Out: 100.346

✚ f 문자열을 사용해서 처리

포매팅 문자열을 사용하고 변수명을 할당하면 별도의 매핑 없이 바로 처리되는 구조가 f
문자열 방식이다.

예제 6-26 : 문자열 포매팅 처리

문자열 내에 포매팅 코드를 차례로 넣고 인자를 % 다음에 넣으면 매핑되어 처리된다.

```
In :      fs = " 이름 : %5s, 나이: %3d "

          name = "전민수"
          age  = 30

          print(fs % (name,age))
```

Out: 이름 :   전민수, 나이: 30

파이썬 3.6 버전에서 추가된 f 문자열은 포맷만 정의하고 매핑되는 변수를 지정하여 출력
하면 자동으로 변수가 매칭되어 처리되는 것을 알 수 있다.

```
In :      fstr = f" 이름 : {name:5s}, 나이: {age:3d} "

          name = "전민수"
          age  = 30

          print(fstr)
```

Out: 이름 : 전민수 , 나이: 30

272

6.4.2 포매팅 코드 이해하기

문자열을 포매팅 주요 코드를 이해해야 포매팅을 위한 문자열을 정의하고 이곳에 변수를 할당해서 출력이 처리된다.

✚ 주요한 포매팅 코드

포매팅 코드는 포맷을 정의하는 대표적인 코드로서 포매팅 함수나 메서드에서 주어진 값들에 대한 포매팅 기준을 표시하는 코드들이다.

코드	설명
s	문자열 (String)
d, i	정수 (Integer), i는 old 포매팅만 지원
f	부동소수 (floating-point)
o	8진수
x	16진수
X	16진수
%, %%	% 표시
!r, %r	__repr__ 처리
!s, %r	__str__

예제 6-27 : 숫자 포매팅 코드 처리하기

일단 포매팅 문자열을 만들어서 내부적으로 매칭하는 방식을 이용한다.

실수, 정수, 정수, 팔진수, 육진수를 처리하는 포매팅 코드를 정의하고 값을 매칭하는 기호로 %를 지정해서 처리하므로 주어진 위치의 값을 매칭해서 출력한 결과를 보여준다.

```
In :   fstr = " %f, %d, %i, %o , %x %X"

       print(fstr % (100.22,100,22, 22,22, 22))
Out:   100.220000, 100, 22, 26 , 16 16
```

포맷 문자열을 처리하기 위해 중괄호 {} 표기법을 사용할 경우에 위치 인자로 작성할 때 위치 번호를 부여하지 않으면 순서별로 매칭되어 처리되는 것을 알 수 있다.

```
In :   fstr = " {:f}, {:d},  {:o} , {:x} {:X}"

       print(fstr.format(100.22,22, 22,22, 22))

Out:   100.220000, 22,  26 , 16 16
```

f 문자열은 중괄호 표기를 이용하지만 위치 인자로는 매칭이 되지 않으므로 변수를 명기 해야 처리가 가능하다. 변수는 중괄호 내의 콜론 앞에 할당하면 변수 값을 포매팅 코드에 맞춰 출력하는 것을 볼 수 있다.

```
In :   f0 = 100.22
       d0 = 22

       fstr = f" {f0:f}, {d0:d},  {d0:o} , {d0:x} {d0:X}"

       print(fstr)

Out:   100.220000, 22,  26 , 16 16
```

예제 6-28 : 포매팅 코드에서 repr 함수 호출 처리

포매팅 코드 중에는 단순히 텍스트로 출력하는 s 코드와 repl 창의 eval 함수에서 실행이 가능한 문자열인 r 코드가 있다. 이 코드는 주로 값을 배정해서 처리한다.

포매팅 코드 r을 이용하면 내부적으로 스페셜 메서드인 __repr__를 호출해서 실행하도록 한다. % 표기법을 이용해서 r을 호출하여 출력하면 값들이 __repr__ 메서드를 호출해서 처리된 결과를 출력한다.

```
In :   print("%r, %r" % (100, 99.99))

Out:   100, 99.99
```

중괄호 표기법을 이용하면 r 코드 앞에 !를 붙여야 __repr__ 메서드를 호출해 처리된다.

```
In :   print(" {!r} , {!r} ".format(100, 99.99))
```
```
Out:   100 , 99.99
```

!r, %r 표기법을 가지고 만들어진 문자열의 결과가 eval이나 exec 함수에서 실행되는지를
확인한다.

두 수를 쉼표로 분리한 문자열을 할당하고 이를 eval로 실행하면 내부 문자열의 표현이 튜
플을 처리하라는 뜻이므로 실행 결과가 튜플로 나타나는 것을 알 수 있다.

```
In :   a = "%r, %r" % (100, 99.99)

       print(type(a), a)

       print(eval(a))
```
```
Out:   <class 'str'> 100, 99.99
       (100, 99.99)
```

표기법만 다르지 처리되는 것은 동일하다.

```
In :   a = " {!r} , {!r} ".format(100, 99.99)

       print(type(a), a)

       print(eval(a))
```
```
Out:   <class 'str'>  100 , 99.99
       (100, 99.99)
```

예제 6-29 : 포매팅 코드에서 str 함수 호출 처리

일반적인 print문에서 사용되는 __str__ 메서드를 호출해서 처리한다. 문자열을 단순히
eval로 평가하면 내부적으로는 변수 정의로 이해해서 변수가 없다는 예외가 발생한다. 문
자열을 eval로 평가하면 변수로 인지되므로 이 변수가 없는 경우는 예외를 발생시킨다.

```
In :   a = "%s, %s" % ("가을", "동화")
```

```
    print(type(a), a)

    print(eval(a))
```

Out:
```
<class 'str'> 가을, 동화
-----------------------------------------------------------------
NameError                           Traceback (most recent call last)
<ipython-input-185-18f3731b4be5> in <module>()
      3 print(type(a), a)
      4
----> 5 print(eval(a))

<string> in <module>()

NameError: name '가을' is not defined
```

문자열 처리할 때 repr로 처리하면 문자열도 eval로 평가되어 문자열이 출력되는 것을 알 수 있다. Repr로 처리된 결과는 문자열도 이 중으로 인용 부호가 있어 eval로 평가할 때 문자열로 출력이 되는 것을 확인할 수 있다.

In :
```
a = "%r, %r" % ("가을", "동화")

print(type(a), a)

print(eval(a))
```

Out:
```
<class 'str'> '가을', '동화'
('가을', '동화')
```

숫자가 문자열로 표현된 것을 eval로 평가하면 숫자로 표시되는 것은 repr로 처리되는 것과 동일하다. 문자열일 경우만 eval로 평가하면 변수로 인식하므로 변수가 정의되지 않았다는 예외가 나오는 것을 알 수 있다.

In :
```
a = " {!s} , {!s} ".format(str(100), str(99.99))

print(type(a), a)
print(eval(a))
```

276

```
Out:   <class 'str'> 100 , 99.99
       (100, 99.99)
```

6.4.3 포매팅에 대한 인자 매핑

문자열에서 포매팅 폼과 인자 사이를 연결하는 방법은 % , { } 두 가지 방법이 있다. 위치
와 이름으로 매핑이 가능하므로 이를 상세하게 알아본다.

예제 6-30 : 인자와 포매팅 연결하기 : 위치 인자

문자열 내에 %로 지정된 인자 개수를 지정하고 문자열 밖에 %로 표시된 다음에 인자의 개
수를 넣으면 매칭되어 처리한다.

```
In :   fstr = " %s, %d, %f "

       print(fstr %  ("첫 번째",100,200.333))
Out:    첫 번째, 100, 200.333000
```

문자열 내에 중괄호 { }를 지정해서 format 메서드 내의 숫자를 이용해 위치 인자를 명기
해서 처리할 수 있다.

```
In :   fstr = " {0:f}, {1:d},  {1:o} , {1:x} {1:X}"

       print(fstr.format(100.22,33))
Out:    100.220000, 33,  41 , 21 21
```

예제 6-31 : 이름으로 인자 매핑

딕셔너리 자료형으로 전달할 때 포매팅 코드 앞에 딕셔너리 내의 키를 괄호 ( )에 정의하면
이름으로 처리한다.

딕셔너리를 만들어서 %로 지정하여 매핑할 경우는 딕셔너리가 할당된 변수만 넘기면 딕

셔너리 내부의 키에 맞춰 자동으로 할당되어 처리되는 것을 알 수 있다.

```
In :    fdata = {'name': "첫 번째","num":100}

        fstr = " %(name)s, %(num)d, %(num)f "

        print(fstr % (fdata))

Out:    첫 번째, 100, 100.000000
```

중괄호 표기법에서는 딕셔너리 내부의 이름을 사용했으면 메서드에 전달할 때도 딕셔너리가 할당된 변수를 전달하는 것이 아니라 키워드 인자로 변환해서 딕셔너리 내부의 키와 값을 키워드 인자로 분리해서 전달해야 한다.

```
In :    fdata = {'name': "첫 번째","num":100}

        fstr = " {name:s}, {num:d}, {num:f} "

        print(fstr.format(**fdata))

Out:    첫 번째, 100, 100.000000
```

중괄호 표기법에서 딕셔너리로 전달할 경우 키워드 인자의 값으로 딕셔너리가 할당된 변수를 값에 할당해서 처리하고 포매팅 내에는 딕셔너리 키 검색을 위한 대괄호 표기법을 이용해서 처리하면 된다.

```
In :    fdata = {'name': "첫 번째","num":100}

        fstr = " {fdata[name]:s}, {fdata[num]:d}, {fdata[num]:f} "

        print(fstr.format(fdata=fdata))

Out:    첫 번째, 100, 100.000000
```

중괄호 표기법은 클래스와 인스턴스를 이용해서도 내부의 속성을 직접 읽어서 처리할 수 있다.

클래스와 인스턴스를 키워드 속성으로 전달하고 포매팅 내에서는 키워드를 이용해서 객체 접근 연산인 점으로 그 내부 속성을 찾아 처리한다.

```
In :   class Klass :
           name = "임종문"
           def __init__(self,name) :
               self.name = name

       k = Klass("정찬혁")

       print(" {k.name:s}".format(k = k))
       print(" {k.name:s}".format(k = Klass))

Out:   정찬혁
       임종문
```

% 연산을 이용해서 클래스 속성을 이용하려면 딕셔너리를 전달한다. 딕셔너리를 전달하면 그 내부에 동일한 이름이 있을 경우 이를 호출해서 동일한 이름이 있으면 그 값을 출력한다.

```
In :   class Klass :
           name = "임종문"
           def __init__(self,name) :
               self.name = name

       k = Klass("정찬혁")

       print(" %(name)s" % k.__dict__)
       print(" %(name)s" % Klass.__dict__)

Out:   정찬혁
       임종문
```

6.4.4 포매팅 꾸미기

지금까지 포매팅은 어느 위치에 있는 값과 매칭되지 않을 때 이름으로 호출했을 때 그 값을 출력하는 것만 알아봤다.

이제 값을 자료형에 맞춰서 꾸미는 방식을 알아보자.

예제 6-32 : 출력 값들을 정렬하기

문자열 처리일 경우 포매팅 코드 앞에 길이를 부여한 후 좌측과 우측 그리고 중앙으로 정렬하는 방식이 있다.

좌측(% 표기:빈 칸, {} 표기 :>)이나 우측(% 표기: -, {} 표기: <)으로 부여한다. 또한 f 문자열에서는 new 방식을 준수하지만 변수명도 같이 작성해줘야 한다.

```
In :   old_fmt = " %-10s, %10s "

       new_fmt = " {:<10s}, {:>10s}"

       f_fmt   = f" {f_value:<10s}, {f_value:>10s}"

       f_value = "긍정과 비판"
```

% 표기법을 이용해서 좌측과 우측 정렬을 실행한다.

```
In :   print(old_fmt % (f_value,f_value))
```
```
Out:    긍정과 비판   ,     긍정과 비판
```

{} 표기법을 이용해서 메서드와 f 문자열을 통한 좌측과 우측 정렬을 실행한다.

```
In :   print(new_fmt.format(f_value,f_value))
```
```
Out:    긍정과 비판   ,     긍정과 비판
```

```
In :   print(f_fmt)
```
```
Out:    긍정과 비판   ,     긍정과 비판
```

정렬을 좌측, 우측, 중앙으로 처리할 수 있도록 하고 나머지 빈 공간에 임의의 문자(_)를 출력하는 것은 {} 표기 방식과 f 문자열로 처리가 가능하다.

```
In :    new_fmt = " {:_<10s}, {:_^10s}, {:_>10s}"

        f_fmt   = f" {f_value:_<10s},{f_value:_^10s}, {f_value:_>10s}"

        f_value = "긍정과 비판"
```

포매팅을 한 결과를 출력해보면 빈 공간에 언더스코어가 들어가 있는 것을 알 수 있다.

```
In :    print(new_fmt.format(f_value,f_value,f_value))
```
```
Out:    긍정과 비판____, __긍정과 비판__, ____긍정과 비판
```

```
In :    print(f_fmt)
```
```
Out:    긍정과 비판____,__긍정과 비판__, ____긍정과 비판
```

예제 6-33 : 포매팅 형식을 매개변수로 정의하고 키워드 인자로 정의

포매팅 꾸미기도 특정 패턴을 변경하면서 사용할 수 있다. 이런 패턴을 꾸미기 위해서는 포매팅 코드 앞에 중괄호 표기법을 이용해서 포매팅 꾸미기에 대한 정보를 특정한 이름을 통해 매칭할 수 있도록 지정해야 한다.

문자열을 출력할 때 정렬 기호를 align에 지정하고 폭은 width로 지정한다.

이 포매팅 문자열이 메서드 실행할 때의 값을 넣은 다음에 이 이름의 키워드 인자를 통한 값을 넣어 매칭하면 이 포맷에 맞춰 출력하는 것을 볼 수 있다.

```
In :    new_fmt = " {:{align}{width}s}"

        print(new_fmt.format(f_value,align="^", width="10"))
```
```
Out:    긍정과 비판
```

% 표기 방식일 경우는 * 표를 부여해서 사용이 가능하다. *는 숫자 처리만 가능하므로 문자일 경우는 예외가 발생한다.

```
In :   print(" %**s " % ("^",10, "포매팅"))
```

```
Out:   --------------------------------------------------------------------
       TypeError                           Traceback (most recent call last)
       <ipython-input-32-3dead3af0b3e> in <module>()
       ----> 1 print(" %**s " % ("^",10, "포매팅"))

       TypeError: * wants int
```

좌측 정렬 기호는 포매팅 문자열에 표기하고 길이는 *로 지정해서 인자로 전달하면 좌측
정렬된 결과가 출력된다.

```
In :   print(" %-*s " % (10, "포매팅"))
```

```
Out:   포매팅
```

% 방식에서 숫자 처리할 때도 소수점 기호는 포매팅 문자열에 넣고 숫자만 정수로 받아서
처리한다.

```
In :   print(" %*.*f " % (5,3, 55.89345))
```

```
       55.893
```

{ } 표기법에서 수치 처리를 위해 소수점은 포매팅 문자열에 넣고 숫자로 받아야 할 것을
변수로 정의하여 이를 키워드 인자로 받아서 처리하면 된다.

실수 포매팅 코드 f 앞에 {width}.{prec}를 부여하고 width=5, prec=2로 부여해서 처리
한다.

```
In :   print(" {:{width}.{prec}f} ".format(55.89345, width=5, prec=3))
```

```
Out:   55.893
```

f 문자열에서는 { } 표기법과 동일하게 처리하면 된다.

```
In :   value = 55.89345
       width = 5
```

```
prec = 3

print( f" {value:{width}.{prec}f} ")
```

Out: 55.893

✚ 숫자 포매팅 처리

숫자에 대한 정밀도 처리는 다양하게 변경할 수 있다. 정밀도 부분도 별도의 인자로 주어
서 처리한다면 포매팅 폼을 유지한 상태에서 인자 값만을 변경해 다양한 포맷으로 처리가
가능하다.

예제 6-34 : 숫자 정밀도를 문자 포매팅

문자열에 숫자 정밀도를 부여하면 소수점 이하로 숫자를 처리할 수 있다.

숫자의 정밀도를 처리한다.

In :
```
old_nfmt = " %20.4f"

print(old_nfmt % 2000.33333)
```

Out: 2000.3333

In :
```
new_nfmt = " {:20.4f}"

print(new_nfmt.format(2000.33333))
```

Out: 2000.3333

% 표기법일 경우 숫자 꾸미기를 사용하면 앞의 숫자는 전체 길이이고 소수점 이후 숫자는
문자가 들어갈 길이를 표시한다. 20.6으로 지정되어 있으므로 전체 길이가 20이고 이 중
에 6개만 우측으로 정렬해 출력한다.

In :
```
old_nfmt = " %20.6s"
```

```
print(old_nfmt % "문자열을 소수점 이후")
```

Out: 문자열을 소

{ } 표기법일 경우는 문자열 처리하면 위와 동일하게 처리되지만 정렬 방식이 좌측이라는
것을 알 수 있다.

In :
```
new_nfmt = " {:20.6s}"

print(new_nfmt.format("문자열을 소수점이후"))
```
Out: 문자열을 소

예제 6-35 : 숫자 꾸미기

정수 포매팅 코드 앞에 음수와 양수에 대한 표시를 +/- 기호로 처리한다.

In :
```
old_fmt = " %+d, %d, %-d "

print(old_fmt % (5,5,5))
print(old_fmt % (-5,-5,-5))
```
Out:
```
+5, 5, 5
-5, -5, -5
```

In :
```
new_fmt = " {:+d}, {:d}, {:-d} "

print(new_fmt.format(5,5,5))
print(new_fmt.format(-5,-5,-5))
```
Out:
```
+5, 5, 5
-5, -5, -5
```

10진법을 제외한 다른 진법을 구분하기 위해서는 포매팅 코드 앞에 #을 넣어 처리한다.

In :
```
new_fmt1 = " {:d}, {:o}, {:x} {:b}"
new_fmt2 = " {:d}, {:#o},  {:#x} {:#b}"
```

```
print(new_fmt1.format(15,15,15,15))
print(new_fmt2.format(15,15,15,15))
```

Out:
```
15, 17, f 1111
15, 0o17,  0xf 0b1111
```

포맷 기호 다음에 퍼센트 표시를 하고 싶을 경우 % 표기법에서는 %%를 사용하고 { } 표기
법에서는 %만 사용해도 된다.

In :
```
points = 19
total = 22
print(points/total)
print('correct answers: {:.2%}'.format(points/total))
print("correct answers: %2.2f%%" % ((points/total)*100))
```

Out:
```
0.8636363636363636
correct answers: 86.36%
correct answers: 86.36%
```

금액을 천 단위로 표시가 필요하면 { } 표기법의 포매팅 코드에 쉼표(,)를 사용하면 된다.

In :
```
print(" {:,}".format(1234567890))
```

Out:
```
1,234,567,890
```

In :
```
value = 1234567890

print(f" {value:,}")
```

Out:
```
1,234,567,890
```

6.4.5 날짜 포매팅 처리

문자열 꾸미기에서 날짜가 들어오면 datetime에서 제공하는 날짜 포매팅 코드를 사용해
처리가 가능하다.

✚ 날짜 포매팅 코드 사용하기

날짜 처리를 위한 포매팅은 datatime 모듈을 참조해서 세부적으로 이해한다. 간단히 날짜 처리에 대한 포매팅 규칙도 가능하다는 것을 예시로 처리하는 것이다.

- 연 표시 : 대문자 Y는 4자리 년도, 소문자 y는 두자리 년도
- 월 표시 : 소문자 m은 숫자, 소문자 b는 축약형 문자, 대문자 B는 전체 문자
- 일 표시 : d는 day 숫자
- 시간 표시 : 대문자 H는 숫자(00~23) ,대문자 I는 숫자(01~12)
- 분 표시 : 대문자 M은 숫자
- 초 표시 : 대문자 S는 숫자

예제 6-36 : 날짜를 포매팅 처리

연도, 월, 일, 시간과 분을 넣어서 format 메서드를 처리한다. 일단 포매팅 코드를 정리한 것을 문자열에 넣고 datatime으로 생성된 인스턴스를 매핑하면 날짜가 처리되어 출력된다.

연도, 월, 일에 대한 다양한 표현도 가능하도록 표시를 해봤다.

```
In :   from datetime import date, datetime

       print(date.today())
       print("{:%Y-%m-%d}".format(date.today()))

       print("{:%m/%d/%y}".format(date.today()))
       print("{:%D}".format(date.today()))

Out:   2017-07-13
       2017-07-13
       07/13/17
       07/13/17
```

월 표시를 영문으로 하고 시간, 분, 초를 표시하도록 한다.

```
In :   from datetime import date, datetime
```

```
print(datetime.now())
print("{:%B %d %Y %H:%M:%S }".format(datetime.now()))
```

Out: 2017-07-13 12:37:47.348742
        July 13 2017 12:37:47

날짜에 포맷도 인자로 전달해서 다양하게 변경이 가능하도록 꾸밀 수 있다.

In :   ```
        from datetime import date, datetime

        print("{:{yfmt} {sfmt}}".format(datetime.now(),
                                        yfmt="%B %d %Y",
                                        sfmt= "%H:%M:%S"))
        ```

Out:    July 13 2017 12:43:41
        ```

7

함수(function)

프로그램 문장들을 나열해서 작성하는 것보다 반복되는 로직을 하나의 기능으로 묶어 재사용할 수 있도록 구조화해서 모듈 내의 하나로 처리할 수 있는 기능으로 정의해 활용하는 방법을 함수라고 한다.

함수는 정의문을 통해 정의한 후에 호출해서 사용할 수 있는 방식과 표현식으로 정의한 후에 바로 실행이 가능한 방식이 있다. 이런 방식으로 표기하는 것을 람다(lambda) 표현식이라고 한다. 람다 표현식은 이름이 없어서 다른 표현으로는 익명 함수(Anonymous function)라 한다.

함수 내부의 기능은 블랙박스로 매개변수(parameter)에 함수를 호출할 때 넣어지는 인자(argument)가 반영되어 처리한다.

또한, 함수를 정의할 때 함수 내부에 다시 함수를 정의한 내부 함수를 정의하는 방법도 알아본다.

✚ 알아볼 주요 내용

- 함수 정의와 함수 호출
- 함수의 지역 네임스페이스 및 스코핑 규칙
- 람다 함수 정의와 호출
- 함수 내 내부 함수 정의 및 처리
- 전역과 지역 네임스페이스 처리
- 파이썬 제공 내장 함수
- 함수 __code__의 정보
- 함수의 소스와 바이트 코드 처리 모듈

7.1 함수(function) 정의 및 호출

함수는 사용하기 전에 먼저 정의하고 이를 사용할 때마다 호출해서 매개변수에 할당해서 실행해 결과를 반환한다. 왜 먼저 하는지를 알아보고 호출할 때 처리하는 방식을 알아본다.

7.1.1 함수 정의 및 호출

문장을 설명할 때 아무 것도 하지 않는 함수를 정의해서 간단하게 알아봤다. 이번에는 함수 내부에 로직을 정의하고 결과를 return으로 반환하는 절차를 알아본다.

함수가 호출될 때 함수의 매개변수와 매칭되는 인자 및 처리하는 부분도 알아본다.

✦ 함수 정의: def와 parameter

먼저 함수를 정의하는 헤더 부분부터 알아본다. 함수의 헤더 부분에는 def 키워드와 함수명을 적고 괄호 내에 매개변수를 정의한다. 헤더 부분의 마지막은 로직을 작성할 수 있는 블록 구문의 시작을 표시하는 콜론(:)을 처리한다.

또한 몸체 부분은 블록 구문을 시작하므로 들여쓰기(보통 4칸) 후에 함수 내의 로직을 처리한다.

끝으로 함수의 꼬리 부분은 함수 내의 모든 로직이 처리된 결과를 반환하는 return과 전달한 결과를 처리하는 값을 표시한다. 반환 값이 없을 경우 마지막 꼬리 부분은 생략할 수 있다.

예제 7-1 : 함수를 정의하는 이유

함수 헤더 부분, 몸체, 꼬리 부분을 정의한다. 함수를 먼저 정의해야 로딩할 때 함수가 실행될 수 있는 구조를 내부적으로 만든다.

함수의 매개변수는 함수의 지역 변수로 사용되므로 바로 사용할 수 있다. 이 함수의 로직은 두 변수의 값을 바꾸는 로직을 작성한 것이다.

```
In :   def func(par1, par2) :
           """ 함수의 도움말 """
           par2, par1 = par1, par2
           return par1, par2
```

함수를 정의한 후에 함수가 로딩되었는지를 확인하기 위해 함수 이름을 출력하면 함수가 function func 다음에 16진수로 함수의 레퍼런스가 같이 출력되는 것을 알 수 있다. 이 말은 function 클래스에 의해 만들어진 하나의 인스턴스 객체라는 것을 알 수 있다.

함수 헤더 부분 다음에 문자열을 사용한 것은 자동으로 도움말로 처리되므로 이를 __ doc__로 조회하면 함수를 정의할 때 사용된 도움말이 출력된다.

함수가 클래스에 의해 생성된 인스턴스인지 알아보기 위해 type 클래스 내에 함수명을 전달해서 확인하면 class function이라고 출력된다. 이 말은 함수도 클래스의 인스턴스라는 것을 표시하는 것이다.

```
In :   print(func)
       print(type(func))
       print(func.__doc__)
```

```
Out:   <function func at 0x105895bf8>
       <class 'function'>
          함수의 도움말
```

정의된 함수를 help 함수로 조회하면 함수의 헤더 부분과 함수 도움말이 출력된다.

```
In :   help(func)
```

```
Out:   Help on function func in module __main__:

       func(par1, par2)
          함수의 도움말
```

✚ 함수 호출(function call)

위에서는 함수를 정의했다. 함수가 정의되면 내부적으로 로딩이 되면서 function class의 인스턴스로 만들어지는 것을 확인할 수 있다.

이제 이 함수를 어떻게 사용할 것인지에 대해 알아보자. 함수를 호출하려면 함수명을 사용하고 실행 연산자인 괄호(( ))를 표시하여 이 괄호 내에 함수 정의할 때 표시된 매개변수와 동일한 인자를 전달한다.

예제 7-2 : 함수의 호출

함수 호출할 때 매개변수 정의된 것과 동일하지 않게 인자를 전달하면 예외가 발생한다. 예외에 특정 파라미터가 없다는 것을 표시한다.

```
In :   print(func(10))
```

```
Out:     -----------------------------------------------------------------
         TypeError                              Traceback (most recent call last)
         <ipython-input-7-7be88ad437a7> in <module>()
         ----> 1 print(func(10))

         TypeError: func() missing 1 required positional argument: 'par2'
```

함수를 정의한 매개변수와 동일하게 인자를 넣고 실행한다. 인자로 전달된 값이 변경되어 출력되는 것을 볼 수 있다. 파이썬은 함수의 결과는 하나만 반환하므로 함수 내부의 로직에는 return문 다음에 변수가 2개 지정되어 있지만 반환한 결과는 하나의 튜플로 처리되는 것을 알 수 있다.

```
In :   print(func(10,20))
```
```
Out:   (20, 10)
```

✛ 함수 정의와 함수 호출 간의 순서

함수 정의문을 작성한 후에 이 모듈이 로딩이 되면 함수가 호출될 준비를 한다. 함수가 정의되지 않는 상태로 함수를 호출할 때 어떻게 되는지를 알아본다.

예제 7-3 : 함수 정의와 호출 순서

모듈 내에 함수가 정의되었다면 이 모듈이 로딩될 때 함수가 로딩이 되는 것이다. 모듈의 전역 네임스페이스에 변수가 할당되듯이 함수도 함수 정의문에 작성한 함수 이름을 키로, 함수 인스턴스가 값으로 들어간다.

함수가 호출되는 것은 함수 이름으로, 모듈의 전역 네임스페이스에 이 함수 이름이 있는지를 확인하고 존재하면 함수 인스턴스를 실행해서 결과를 반환한다.

함수 addx가 정의되지 않았는데 이를 먼저 호출하고 함수 정의는 함수 호출 이후에 넣었다. 함수 이름을 가지고 모듈의 전역 네임스페이스를 조회했지만 이 addx가 없으므로 이름이 정의되지 않았다는 예외가 발생한다.

```
In :   addx(7,3)

       def addx(x,y) :
           return x+y
```

```
Out:   ------------------------------------------------------------------
       NameError                            Traceback (most recent call last)
       <ipython-input-8-45f42ad991c0> in <module>()
       ----> 1 addx(7,3)
             2
             3 def addx(x,y) :
             4     return x+y

       NameError: name 'addx' is not defined
```

위의 예제와 달리 함수를 정의하면 모듈의 전역 네임스페이스에 함수 이름을 키로, 함수 인스턴스는 값으로 들어간다고 했는데 어떻게 조회하는지를 알아본다.

```
In :   def addx(x,y) :
           print(" addx call ")
           return x+y
```

모듈 내의 전역 네임스페이스를 조회하는 내장 함수인 globals를 실행한다. 파이썬 네임 스페이스는 딕셔너리 자료형으로 관리하므로 이름은 키로, 인스턴스는 값으로 들어간다.

내장 함수를 실행하면 결과는 딕셔너리이므로 함수 이름인 addx를 문자열로 조회한다.

인스턴스의 레퍼런스가 동일한지를 확인하기 위해 is 키워드를 가지고 비교하면 동일한 레퍼런스라서 결과가 True로 표시된다.

```
In :   print(globals()["addx"])
       print(addx)
       print(globals()["addx"] is addx)
```

```
Out:   <function addx at 0x10598abf8>
       <function addx at 0x10598abf8>
       True
```

294

addx(50,60)으로 호출하면 함수가 실행되어 출력된 결과가 110으로 출력된다.

```
In :   print(addx(50,60))
Out:    addx call
        110
```

키로, 함수 인스턴스가 레퍼런스로 들어간다는 것을 확인하기 위해 모듈의 전역 네임스페이스를 globals 함수로 조회해서 그 결과를 가지고 함수명으로 조회하면 결과가 함수의 인스턴스로 전달된다. 이 인스턴스에 함수 호출 연산자와 인자를 주고 실행을 시키면 결과가 50이라고 출력되는 것을 알 수 있다.

```
In :   print(globals()["addx"](20,30))
Out:    addx call
        50
```

✚ 제너릭(Generic) 함수

파이썬 변수를 지정할 때도 별도의 자료형을 할당할 수 없다. 함수의 매개변수도 동일하게 자료형을 지정할 수 없다.

함수의 매개변수를 지정하면 어떠한 자료형도 인자로 전달해서 호출할 수 있다. 이런 함수를 정의해서 처리하는 방식을 제너릭 함수라고 한다.

파이썬 함수는 기본적으로 제너릭 함수가 기본이다. 함수 처리할 때 매개변수에 전달하는 인자를 특정 자료형으로만 제어할 필요가 있을 경우에는 함수 내부에서 별도의 로직으로 처리를 해야 한다.

예제 7-4 : 함수 파라미터 자료형 제한하기

일반적인 덧셈을 하는 제너릭 함수를 정의하고 정수를 전달하면 정수에 대한 덧셈을 처리하고 문자열로 전달하면 문자열을 연결 처리한다.

```
In :   def generic_add(x,y) :
           return x+y
```

특정 자료형을 처리하지 않았으므로 전달된 인자가 지원하는 덧셈을 처리하면 예외가 발생하지 않고 처리되는 것을 알 수 있다.

```
In :   print(generic_add(5,5))
       print(generic_add("Hello","World"))
```

```
Out:   10
       HelloWorld
```

이 함수의 인자로 딕셔너리를 전달하면 덧셈을 처리하지 못하므로 덧셈이 불가능하다는 결과를 전달했다.

이런 예외를 해결하려면 전달되는 인자의 자료형을 제한할 필요가 있다.

```
In :   print(generic_add({'a':5}, {'b':5}))
```

```
Out:   -----------------------------------------------------------------
       TypeError                          Traceback (most recent call last)
       <ipython-input-21-3bb874cb04c6> in <module>()
       ----> 1 print(generic_add({'a':5}, {'b':5}))

       <ipython-input-19-9dd074ecba0b> in generic_add(x, y)
             1 def generic_add(x,y) :
       ----> 2     return x+y

       TypeError: unsupported operand type(s) for +: 'dict' and 'dict'
```

인자에 대한 전달을 제한하는 덧셈 함수 add를 정의할 때 내부에 두 매개변수가 정수의 인스턴스가 아니면 예외를 발생시키라는 로직을 표현했다. 이 로직은 isinstance 함수를 이용해서 정수 자료형에 의해 만들어졌으면 실행되고 정수가 아니면 예외를 발생시킨다.

```
In :   def add(x,y) :
           if not isinstance(x,int) :
               raise ValueError(" x is not integer ")
           if not isinstance(y,int) :
```

```
            raise ValueError(" y is not integer ")

    return x+y
```

함수를 호출할 때 실수를 첫 번째 x 매개변수에 매칭되도록 전달했다. 첫 번째 x 매개변수를 내부에서 처리할 때 예외가 발생하는 것을 알 수 있다.

```
In :   add(11.1, 10)
```

```
Out:   --------------------------------------------------------------
       ValueError                           Traceback (most recent call last)
       <ipython-input-19-c7b8d28eb680> in <module>()
       ----> 1 add(11.1, 10)

       <ipython-input-18-946f74918e85> in add(x, y)
             1 def add(x,y) :
             2     if not isinstance(x,int) :
       ----> 3         raise ValueError(" x is not integer ")
             4     if not isinstance(y,int) :
             5         raise ValueError(" y is not integer ")

       ValueError:  x is not integer
```

함수를 호출할 때 실수가 y 매개변수와 매칭되어 예외가 발생한 것을 알 수가 있다.

```
In :   add(10,11.1)
```

```
Out:   --------------------------------------------------------------
       ValueError                           Traceback (most recent call last)
       <ipython-input-21-ecb6909acf54> in <module>()
       ----> 1 add(10,11.1)

       <ipython-input-18-946f74918e85> in add(x, y)
             3         raise ValueError(" x is not integer ")
             4     if not isinstance(y,int) :
       ----> 5         raise ValueError(" y is not integer ")
             6
             7     return x+y

       ValueError:  y is not integer
```

함수를 호출할 때 두 매개변수에 각각 매칭되는 정수를 인자로 넣어야 예외 없이 처리되는 것을 확인할 수 있다.

```
In :   add(10,10)
Out:   20
```

7.1.2 함수 호출 연산자 이해하기

함수를 호출할 때 괄호를 사용하고 인자를 전달하면 함수가 실행되는 것을 알 수 있다. 함수 호출 연산자 괄호가 어떻게 호출되어 처리되는지를 알아본다.

✚ 함수 호출 이해하기: __call__

함수가 기본적으로 function 클래스의 인스턴스이므로 호출 연산자도 메서드를 이용해서 처리하는 것이다. 내부적으로 함수 호출 연산자는 __call__ 메서드를 실행해서 처리하는 것을 알 수 있다.

예제 7-5 : 함수 호출 연산자

함수가 호출이 가능한지를 확인하기 위해 내장 함수 callable에 함수의 이름을 인자로 전달하면 True가 표시된다. 함수가 호출이 가능하다는 것은 함수 호출 연산자로 실행이 가능하다는 것이다.

```
In :   def mul(x,y) :
           return x*y

       print(mul)
Out:   <function mul at 0x0000000004DA5598>
```

```
In :   print(callable(mul))
```

내장 함수 callable은 객체 내의 스페셜 메서드인 __call__의 존재 여부를 확인해서 있으면 True로 출력한다. 이 사항을 확인하기 위해 함수의 이름에 점 연산을 이용해서 메서드 __call__을 출력해보면 이 메서드의 레퍼런스가 출력되는 것을 볼 수 있다.

특히 method-wrapper로 출력된 것은 이 메서드가 호출이 가능한 내부적인 메서드를 제공한다는 뜻이다.

__call__ 메서드에 인자를 넣고 실행하면 곱셈의 결과를 출력하는 것을 알 수 있다.

```
In :    print(mul.__call__)
        print(mul.__call__(10,10))
```

```
Out:    <method-wrapper '__call__' of function object at 0x0000000004DA5598>
        100
```

✚ 함수 객체 바인딩 규칙

파이썬에서 클래스는 모든 메서드를 관리한다. 인스턴스는 클래스를 검색해 인스턴스 메서드에 인스턴스 인자를 전달하면 메서드를 실행한다.

인스턴스는 클래스 검색 후에 메서드를 호출해서 인스턴스 메서드일 경우에는 인스턴스 인자를 전달하고 이를 바인딩해서 메서드를 실행한다.

함수도 클래스 function의 인스턴스이므로 실행을 처리할 때 __call__ 메서드를 바인딩해서 처리하는 방식은 동일하다. 예제를 통해 처리 방식을 알아본다.

예제 7-6 : 함수 호출 바인딩 절차

뺄셈하는 함수를 정의했다. 이 함수가 어떤 클래스의 인스턴스인지를 확인하기 위해 이 인스턴스의 __class__ 속성을 점 연산자로 확인하면 클래스 정보를 출력하는 것을 알 수 있다.

```
In :    def sub(x,y) :
            return x-y

        print(type(sub))
        print(sub.__class__)

Out:    <class 'function'>
        <class 'function'>
```

클래스에 메서드가 있는지를 확인해보자. sub.__class__가 클래스의 레퍼런스를 보관하므로 이 클래스 내의 __call__ 메서드 이름을 출력하면 이 함수가 아직 메서드가 아닌 함수라는 것을 알 수 있다.

함수가 인스턴스이므로 __call__ 메서드를 점 연산자로 해서 이름을 출력하면 메서드라는 것을 알 수 있다.

```
In :    print(sub.__class__.__call__)
        print(sub.__call__)

Out:    <slot wrapper '__call__' of 'function' objects>
        <method-wrapper '__call__' of function object at 0x10598a840>
```

클래스에 바인딩된 경우에는 인스턴스 정보가 없으므로 첫 번째 인스턴스 정보를 넣어 처리해야 하고 메서드로 호출할 때는 첫 번째가 인스턴스로 바인딩했으므로 나머지 인자만 전달하면 동일한 뺄셈 결과가 나오는 것을 알 수 있다.

```
In :    print(sub.__class__.__call__(sub,10,10))
        print(sub.__call__(10,10))

Out:    0
        0
```

7.1.3 함수 return문 처리

함수를 정의할 때 꼬리 부분에 함수 내의 모든 로직 처리가 끝난 결과를 반환되도록 반드시 return문을 사용한다.

함수의 모든 로직이 처리된 후에 결과를 반환할 필요가 없을 때는 return문이 필요하지 않지만 내부적으로는 반드시 None으로 반환한다.

예제 7-7 : 함수는 반환 처리

반환이 없는 함수를 정의하면 return문이 없다. 이 none_return 함수를 호출하면 x를 출력하고 종료한다.

이 함수 처리 결과를 a라는 변수에 할당했다. 이 변수를 출력하면 반환값이 None이라는 것을 알 수 있다. 함수가 처리되면 반환문이 없어도 항상 임의의 값인 None을 반환한다.

```
In :   def none_return(x) :
           print(x)

       a = none_return(" return문이 없을 때 ")
       print(a)

Out:    return문이 없을 때
       None
```

함수를 정의할 때 반환문을 작성했다. 이 함수를 실행하면 return 다음의 값이 외부로 전달된다.

함수 return_에 인자를 전달해서 실행하면 인자가 그대로 할당된 변수에 전달이 되는 것을 알 수 있다.

```
In :   def return_(x) :
           return x

       a = return_(" return문이 있을 때 ")
       print(a)

Out:    return문이 있을 때
```

예제 7-8 : 함수의 반환 여러 개가 필요한 경우

함수가 실행된 후에 여러 개의 값을 반환하려면 여러 개의 원소를 하나로 구성하는 자료형에 묶어서 반환한다. 일반적으로 return문 다음에 쉼표로 구분하는 것은 튜플을 만드는 것이므로 하나의 튜플로 반환되는 깃을 알 수 있다.

```
In :   def func_tuple(x,y,z) :
           return x,y,z

       a = func_tuple(10,20,30)
       print(type(a), a)

Out:   <class 'tuple'> (10, 20, 30)
```

함수의 결과로 지역 네임스페이스를 통해 외부로 전달했다. 지역 네임스페이스는 딕셔너리로 구성되었으므로 전달한 결과도 딕셔너리를 출력하는 것을 알 수 있다.

```
In :   def func_dict(x,y,z) :
           return locals()

       a = func_dict(10,20,30)
       print(type(a), a)

Out:   <class 'dict'> {'z': 30, 'y': 20, 'x': 10}
```

7.1.4 함수는 function 클래스의 인스턴스 객체

파이썬은 모든 것을 다 객체로 관리하고, 함수는 function 클래스의 인스턴스이므로 이에 대한 기본 정보를 이해해야 한다. 함수가 만들어지면 자동으로 생기는 내부 스페셜 속성들을 알아본다.

✚ 함수 내부의 스페셜 속성 알아보기

함수가 만들어지면 기본 정보는 function class의 속성에서 관리하고 실행에 필요한 정보는 code 클래스 내에서 관리한다.

스페셜 속성이 들어가 있는 부분을 확인해보자.

예제 7-9 : 함수의 기본 속성을 확인해보기

함수를 정의할 때 매개변수에 자료형과 초기값을 할당한다. 함수 매개변수를 할당할 때 별표에 아무런 변수를 부여하지 않는 것은 이 다음에 인자를 전달할 때는 반드시 키워드 인자로 전달을 해야 한다는 것을 의미한다.

반환값에 필요한 자료형을 선언하기 위해 매개변수를 정의한 다음 -> 이후에 자료형을 정의하면 반환값의 결과에 대한 자료형을 확정한다.

```
In :   def div(x:int=100,*, y:int=100) -> float:
           return x/y
```

일단 함수 div를 통해 내부의 속성을 dir 함수로 추출하면 리스트가 만들어진다. 이를 set 자료형으로 형 변환을 해서 변수 s에 할당한다.

최상위 클래스인 object도 동일하게 내부 속성과 메서드의 이름을 set 자료형으로 만들어 변수 o에 할당한다.

차집합을 이용해서 함수 내부에만 있는 스페셜 속성과 메서드를 확인한다.

```
In :   import pprint

       s = set(dir(div))
       o = set(dir(object))

       pprint.pprint(s-o)
```
```
Out:   {'__annotations__',
        '__call__',
        '__closure__',
        '__code__',
        '__defaults__',
        '__dict__',
        '__get__',
        '__globals__',
```

```
    '__kwdefaults__',
    '__module__',
    '__name__',
    '__qualname__'}
```

함수 div를 가지고 이름과 이 함수가 속한 모듈을 확인하기 위해 __name__, __
qualname__, __module__ 속성에 접근해서 출력을 해본다.

현재 작성하는 모듈이 첫 번째 모듈이므로 __main__ 이라고 출력된 것을 알 수 있다.

```
In :  print(div.__name__)
      print(div.__qualname__)
      print(div.__module__)

Out:  div
      div
      __main__
```

함수의 매개변수에 대한 정의를 세부적으로 확인하기 위해 일단 매개변수와 반환값에 대
한 주석을 확인하고 매개변수를 정의할 때 초기값으로 할당한 것도 확인해본다.

매개변수에 대한 주석은 __annotations__으로 확인하고 위치변수에 대한 초기값은 __
defaults__, 키워드 인자에 대한 초기값은 __kwdefaults__에 할당되는 것을 알 수
있다.

```
In :  print(div.__annotations__)
      print(div.__defaults__)
      print(div.__kwdefaults__)

Out:  {'x': <class 'int'>, 'y': <class 'int'>, 'return': <class 'float'>}
      (100,)
      {'y': 100}
```

이 함수를 인자 없이 실행하면 초기값이 지정되어 있는 것을 사용해서 결과를 반환함을 알
수 있다.

```
In :  print(div())
```

```
Out:    1.0
```

✚ 함수 인스턴스 내에 속성 추가

함수도 하나의 인스턴스 객체이므로 인스턴스 내부의 네임스페이스가 있다. 함수에도 함수의 인스턴스를 추가하거나 삭제가 가능하다.

예제 7-10 : 함수에 대한 사용자 객체 속성 추가

함수의 인스턴스 속성을 이해하기 위해 인스턴스를 함수 로직에 정의해서 사용해보자.

함수 func_state를 정의하고 내부 로직 func_state.count에 1씩 증가하도록 한다.

```
In :    def func_state(x,y) :
            func_state.count += 1
            return x+y
```

함수의 이름으로 내부의 속성 중에 __dict__를 읽어서 그 안의 네임스페이스를 조회한다. 함수가 정의될 때 하나의 속성에 대해 계산되도록 했지만 호출이 되지 않았으므로 현재 이 함수의 속성이 없어 예외는 발생하지 않는다.

```
In :    print(func_state.__dict__)
Out:    {}
```

count라는 속성을 함수에 추가하고 값을 0으로 할당했다. 이제 함수의 인스턴스 네임스페이스를 조회하면 count와 0이 추가된 것을 알 수 있다.

이 함수를 3번 호출해서 계산된 결과를 출력했다. 함수의 인스턴스 네임스페이스를 조회하면 함수 인스턴스 내의 count 속성이 3으로 변한 것을 알 수 있다.

함수 인스턴스의 속성은 함수가 호출될 때 공유되므로 함수 내에서 이 함수 인스턴스의 속성을 변경하면 값이 저장되고 함수가 호출될 때마다 이 인스턴스의 속성은 공유된다.

```
In :   func_state.count = 0

       print(func_state.__dict__)
       print(func_state(10,10))
       print(func_state(10,10))
       print(func_state(10,10))
       print(func_state.__dict__)
```

```
Out:   {'count': 0}
       20
       20
       20
       {'count': 3}
```

예제 7-11 : 함수 인스턴스 내 함수를 속성에 할당하기

함수 인스턴스 내의 인스턴스 속성을 정의해서 사용해보려고 한다. 함수를 정의할 때 함수 이름과 점 연산자를 이용해서 인자를 전달받아 함수 호출을 실행하도록 로직을 작성했다.

```
In :   def func_func(x,y) :

           return func_func.func(x,y)
```

이 함수 인스턴스의 네임스페이스를 확인해보면 현재는 아무 것도 들어가지 않음을 알 수 있다.

```
In :   print(func_func.__dict__)
```

```
Out:   {}
```

덧셈 함수 하나를 정의하고 func_func 함수의 인스턴스에 func라는 속성의 함수를 할당했다. 이 인스턴스의 네임스페이스를 확인하면 func라는 키에 add라는 함수가 값으로 들어가있는 것을 볼 수 있다.

```
In :   def add(x,y) :
           return x+y
```

```
func_func.func = add
print(func_func.__dict__)
```

Out: `{'func': <function add at 0x10599a488>}`

이 함수를 실행하면 내부의 로직처럼 함수 인스턴스의 네임스페이스 내 함수를 호출해서
실행한 결과를 출력한다.

In : `print(func_func(5,5))`

Out: `10`

7.2 함수의 변수 네임스페이스와 스코프 처리

7.1에서는 함수를 정의하는 방법에 대해 알아보았다. 7.2에서는 프로그램 실행에 아주 중
요한 변수가 어떻게 관리되는지 알아보자.

일단 함수가 작성될 때 변수들이 어떻게 함수 내에서 관리되고 함수별로 생기는 지역 네임
스페이스에서 처리되는지, 그 방식을 이해해보겠다. 또한, 먼저 함수와 모듈 간의 네임스
페이스 관계를 이해해야 한다.

함수 내 지역 네임스페이스에 없는 것을 상위인 모듈의 전역 네임스페이스를 검색해서 처
리한다. 이렇게 지역과 전역 등에 대한 처리 규칙을 스코프(scope)라 한다.

함수를 정의할 때 매개변수를 지정하면 함수 호출이 될 때 변수와 값이 지역 네임스페이스
에 할당된다.

함수를 정의할 때 매개변수에 초기값을 주면 이 초기값은 함수의 지역 네임스페이스에 만
들어지는 것이 아니다. 초기값은 객체의 네임스페이스에서 별도의 속성에 들어간다. 여러
번 함수가 호출되어도 네임스페이스를 갱신하는 것이니 함수의 인스턴스 속성이 초기값
스페셜 속성은 변경하지 않는 것을 알 수 있다.

함수의 네임스페이스는 함수를 호출할 때마다 생기므로 함수 실행이 종료되면 지역 네임스페이스는 사라진다.

함수가 모듈과 전역 네임스페이스에 대한 정보를 가지고 다니는 이유는 이 함수가 항상 자신의 속한 모듈에서 처리되고 전역 네임스페이스는 항상 자기가 속한 모듈을 사용하기 때문이다. 그래야 함수에 없는 것을 모듈의 전역 네임스페이스에서 찾아 호출하거나 이곳에도 없으면 내장(__builtins__) 네임스페이스를 검색하고 이곳도 없으면 예외로 처리한다.

7.2.1 함수 Namespace 및 Scope 규칙

파이썬 네임스페이스에는 전역(global)과 지역(local) 그리고 제일 상위인 내장(builtins)이 있다.

지역과 전역 네임스페이스를 명확히 구분하는 법을 알아보자.

✚ 지역(local)과 전역(global)의 범위: Scope Rule

파이썬의 모든 네임스페이스는 기본이 딕셔너리이므로 항상 키와 값을 쌍으로 처리한다. 다르게 표현하면 이름과 값을 처리한다.

함수와 모듈에 정의된 변수가 네임스페이스의 키로 들어간다. 이 키를 검색하고 있으면 값을 가져와서 어떤 자료형으로 저장되었나에 따라 처리하는 연산들이 달라지는 것이다.

그러므로 변수가 정의되면 이 변수가 어느 영역의 네임스페이스에 저장이 되는지가 아주 중요하다. 그래야 변수의 참조에 대한 규칙에 따라 검색해서 발견되면 더 이상 상위로 가지 않고 그 값을 로직에서 처리한다.

이런 변수의 참조 규칙이 Local > Global > Built-in 순서로 처리되는 것을 이해해야 한다.

- 함수가 호출될 때 현재 위치부터 출발해서 네임스페이스를 처리한다. 현재 위치에서 변수의 이름을 검색했는데 없으면 상위로 올라가면서 검색하고 최상위에 올

라갔는데도 없다면 예외가 발생된다. 이런 처리 규칙을 스코프(scope)라고 한다.

- 함수의 전역 규약은 항상 자신의 속한 모듈이다. 함수의 속성에 모듈과 전역 네임
  스페이스를 항상 가지고 있는 이유이다.
- 파이썬 엔진에서 기본으로 제공하는 네임스페이스는 내장(builtin)이라고 한다. 변
  수 네임스페이스의 최상위가 된다.

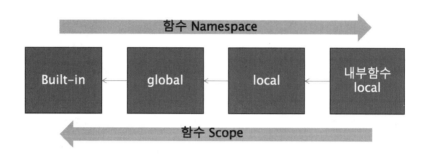

예제 7-12 : 모듈은 전역, 함수는 지역으로 인식

주피터 노트북의 셀에서 %%writefile 파이썬 모듈명을 주고 그 밑으로 변수와 함수 등을
정의하면 하나의 모듈이 만들어진다.

일단 변수로 glb_var, 함수 add를 정의했다. 그리고 이 모듈에 print 함수를 통해 add 함
수 내의 모듈명과 전역 네임스페이스를 확인해봤다.

```
In :    %%writefile glb_loc1.py

        glb_var = 100

        def add(x,y) :
            print(locals())
            print("globals ",add.__globals__["glb_var"])
            return x+y

        print(add.__module__)
        print(add.__globals__["add"])
```

```
Out:    Writing glb_loc1.py
```

위에 정의된 모듈을 사용하려면 새로 작성하는 모듈에서는 import 모듈명을 이용해서 사용하는 것을 정의한다. 이 정의는 로딩이 되면 내부에 print문이 실행되어 출력되는 것을 볼 수 있다.

타 모듈을 사용하기 위해 한번 import하면 이를 사용하는 모듈의 전역 네임스페이스에 이 모듈 이름을 키로, 모듈의 인스턴스를 값으로 할당한 것을 알 수 있다.

```
In :    import glb_loc1

        print(globals()["glb_loc1"])
```
```
Out:    glb_loc1
        <function add at 0x10d81af28>
        <module 'glb_loc1' from '/Users/dahlmoon/Documents/GitHub/python_book/
        python_gram/glb_loc1.py'>
```

다시 import를 하더라도 이름 전역 네임스페이스에 할당되어 있기에 다시 로딩을 하지 않는다. 이 모듈 glb_loc1 내의 add 함수를 호출해서 처리하면 결과를 출력하는 것을 볼 수 있다.

```
In :    import glb_loc1

        print(glb_loc1.add(10,20))
```
```
Out:    {'y': 20, 'x': 10}
        globals  100
        30
```

✚ 함수의 지역 네임스페이스 이해하기

함수별로 네임스페이스가 생기므로 이를 지역 네임스페이스라고 한다. 함수가 여러 개 정의될 때 이 함수별로 동일한 이름이 있을 경우 어떻게 처리되는지를 알아본다.

함수별로 정의된 변수는 이름이 동일해도 타 함수에 영향을 미치지 않는 이유도 알아본다.

예제 7-13 : 함수별로 지역 네임스페이스 처리

두 개의 함수를 정의하고 지역 네임스페이스를 출력하도록 내장 함수 locals를 사용했다. 매개변수의 이름은 동일한 x,y를 사용했다.

```
In :   def func_1(x,y) :
           print(locals())

       def func_2(x,y) :
           print(locals())
```

이 두 개의 함수를 실행하면 두 개의 변수를 전부 출력하지만 인자를 전달한 값으로 표시되는 것을 알 수 있다.

이름은 같지만 동일한 이름이 아닌 이유는 각 함수가 함수 내부에 지역 네임스페이스를 지정하고 외부에서 이를 사용할 수 없도록 막혀있기에 매개변수 이름만 동일할 뿐 동일하게 사용할 수 있는 것은 아니기 때문이다.

함수가 호출되어 실행이 종료되면 함수 내의 지역 네임스페이스가 사라져버리기에 현재까지 배운 것으로는 이 함수 지역 네임스페이스에 접근해서 사용할 수 없다.

```
In :   func_1(100,100)
       func_2(150,150)

Out:   {'y': 100, 'x': 100}
       {'y': 150, 'x': 150}
```

7.2.2 함수 내부에서 전역 변수를 확정해서 처리

함수 내부의 로직을 작성하지만 함수 내에 변수를 할당하지 않았으면 이 이름을 전역이나 내장 네임스페이스로 올라가면서 검색해서 처리한다.

일단 전역 네임스페이스에 있는 변수를 조회할 경우와 이를 갱신할 경우에 대한 처리 기준을 이해할 필요도 있다.

전역 네임스페이스에 바로 접근을 하기 위해서는 변수를 global로 지정해서 사용한다.

예제 7-14 : 자동으로 전역 변수 접근

2개의 함수를 동일한 모듈에 정의했다. 내부 로직은 함수의 지역 네임스페이스를 출력했고 함수에 지정되지 않은 변수 z를 출력했다.

```
In :   def func_1(x,y) :
           print(locals())
           print("func_1 z ",z)

       def func_2(x,y) :
           print(locals())
           print("func_2 z ",z)
```

함수에 전역 변수로 z를 지정해서 9999라는 값을 할당했다. 그리고 2개의 함수를 실행했다. 출력된 것을 보면 지역 변수와 전역 변수 z가 같이 출력된 것을 알 수 있다.

전역 변수를 참조하여 지역 네임스페이스에 없을 경우 전역 네임스페이스를 참조해서 처리하는 것을 알 수 있다.

```
In :   z = 9999
       func_1(100,100)
       func_2(150,150)

Out:   {'y': 100, 'x': 100}
       func_1 z  9999
       {'y': 150, 'x': 150}
       func_2 z  9999
```

모듈 내의 전역 네임스페이스를 확인하기 위해 내장 함수 globals를 조회하면 딕셔너리의 결과를 반환한다.

내부 변수 z, 함수 func_1, func_2를 이름으로 조회하면 정수의 값과 함수의 인스턴스 레퍼런스를 처리한다.

```
In :   print(globals()["z"])
       print(globals()["func_1"])
       print(globals()["func_2"])
```

```
Out:   9999
       <function func_1 at 0x0000000004E388C8>
       <function func_2 at 0x0000000002603E18>
```

예제 7-15 : global 키워드로 글로벌 변수 명기하기

함수 내의 로직을 작성할 때 변경이 불가능한 변수에 대해 내부의 값을 변경할 경우 키워드 global를 명확히 지정한다.

함수의 인자로 10을 받아서 전역 변수와 덧셈을 하면 변수가 바뀌게 된다.

```
In :   glb_var = 8888

       def add(y) :
           global glb_var
           glb_var = glb_var + y
           return x

       print(glb_var)
       print(add(10))
       print(glb_var)
```

```
Out:   8888
       8898
       8888
```

함수에서 global 키워드로 정의된 변수를 주석 처리하고 이 함수를 실행하면 예외가 발생하는 것을 알 수 있다.

모듈에 정의된 glb_var는 전역 변수로 인식하고 함수 내에 정의된 glb_var는 지역 변수로 인식된다. 그래서 함수 내의 지역 네임스페이스를 검색해서 이 변수가 있는지를 검색하고 없으면 예외가 나온다.

```
In :   glb_var = 8888
```

```
def add(y) :
    #global glb_var
    glb_var = glb_var + y
    return x

print(glb_var)
print(add(10))
print(glb_var)
```

Out: 8888

        UnboundLocalError   Traceback (most recent call last)
        <ipython-input-9-62df210bc464> in <module>()
              7
              8 print(glb_var)
        ----> 9 print(add(10))
             10 print(glb_var)

        <ipython-input-9-62df210bc464> in add(y)
              3 def add(y) :
              4   #global glb_var
        ----> 5   glb_var = glb_var + y
              6   return x
              7

        UnboundLocalError: local variable 'glb_var' referenced before assignment

7.2.3 함수에서 객체 네임스페이스 접근하기

함수와 모듈 간의 변수에 대한 네임스페이스는 확인했다. 함수 내에 이름만 정의해서 사용하는 변수와 달리 객체 내부의 네임스페이스에 접근하려면 객체명과 점 연산자를 붙여서 사용하고 클래스와 인스턴스 내부의 속성이나 메서드를 호출해서 처리한다.

함수도 하나의 인스턴스이므로 자기 함수 내부에서 자기 인스턴스의 속성도 처리가 가능할 수 있다. 이때 객체 이름을 함수명으로 사용하고 점 연산을 이용해서 자기 내부의 속성과 메서드를 호출할 수 있다.

314

예제 7-16 : 타 클래스나 인스턴스의 속성 참조

하나의 클래스 A에 속성 클래스로 name, 인스턴스 속성으로 name을 할당했다.

일단 클래스의 속성을 확인해보면 클래스 속성에 name이 있는 것을 확인할 수 있다. 인스턴스에 대한 속성은 초기화 __init__ 메서드 안에 self.name이라는 속성을 할당해서 들어가는 것을 볼 수 있다.

이 클래스 내의 속성을 확인하면 스페셜 속성과 사용자가 정의한 속성들이 있는 것을 확인할 수 있다.

```
In :    import pprint

        class A :
            name = "A"
            def __init__(self) :
                self.name = "A class instance "

        pprint.pprint(A.__dict__)
```

```
Out:    mappingproxy({'__dict__': <attribute '__dict__' of 'A' objects>,
                     '__doc__': None,
                     '__init__': <function A.__init__ at 0x10ddcd950>,
                     '__module__': '__main__',
                     '__weakref__': <attribute '__weakref__' of 'A' objects>,
                     'name': 'A'})
```

하나의 인스턴스를 만들어서 인스턴스 내부의 속성을 __dict__로 확인했다.

```
In :    a = A()

        print(a.__dict__)
```

```
Out:    {'name': 'A class instance '}
```

class_func 함수의 매개변수로 obj를 정의하고 여기에 클래스나 인스턴스 객체가 들어올 때 이 객체의 name이라는 속성이 있다면 호출해서 처리되는 것을 확인할 수 있다.

```
In :    def class_func(obj) :
            return obj.name

        print(class_func(A))
        print(class_func(a))

Out:    A
        A class instance
```

7.3 람다 함수(lambda function)

람다 함수(함수 표현식)으로 정의한 함수가 필요한 이유는 직접 정의해서 바로 사용하는 것 보다 좋은 경우가 있기 때문이다. 함수를 정의문으로 정의한 것과 내부적으로 거의 동일하게 처리된다.

익명 함수(anonymous function)는 함수 정의문이 없으므로 lambda라는 키워드를 사용하고 콜론(:)을 경계로 앞에는 매개변수를 정의하며 뒤에는 표현식을 정의한다. 표현식 대신 문장으로 표현하면 예외가 발생하므로 반환값을 처리하는 return문이 필요 없고 표현식을 실행된 결과가 자동으로 반환되는 것을 알 수 있다.

7.3.1 람다 함수 정의

파이썬에서 익명 함수인 lambda 표현식은 하나의 라인에 정의할 수 있다. 키워드 lambda를 사용하고 콜론(:)까지가 함수의 헤더 부분이며 그 다음에 사용될 표현식이 함수의 본체에 해당한다. 함수의 매개변수와 동일하게 lambda 매개변수를 정의할 수 있고 판단 기준도 동일하다. Lambda 표현식이 정의되면 function class가 인스턴스가 되는 것도 함수와 동일하다.

예제 7-17 : 함수 정의문과 람다 함수의 변수 할당 비교

앞에서는 함수 add를 정의하고 인자로 10,10을 지정해서 실행했다.

```
In :    def add(x,y) :
            return x+y

        print(add(10,10))
Out:    20
```

Lambda 키워드를 이용해서 하나의 익명 함수를 정의한다. 함수를 정의하고 재사용을 위해 변수에 할당했으므로 이 함수를 이용해서 10,10을 인자로 정의 후 람다 함수를 호출해서 처리하면 위의 함수 정의문으로 지정한 add 함수와 동일한 결과가 나오는 것을 알 수 있다.

```
In :    a = lambda x,y : x+y
        print(a(10,10))
Out:    20
```

예제 7-18 : 람다 함수도 function class 객체 여부 확인

익명 함수인 lambda도 함수이다. 함수 표현식으로 정의는 되지만 정의하고 로딩이 되면 함수 정의문과 동일하게 function class의 인스턴스이다.

그러므로 함수 정의문이 가지는 function class와 code class 속성 등을 전부 동일하게 제공하는 것을 알 수 있다.

람다 함수를 정의하고 이 함수를 dir로 내부 속성과 메서드를 조회해서 set 클래스로 집합의 인스턴스를 만든다. 이것을 가지고 최상위 클래스 object 내의 속성을 확인해서 set 인스턴스를 만들고 실제 람다함수만 가진 속성과 메서드를 확인하면 함수 정의문으로 생성한 경우와 동일하다는 것을 알 수 있다.

```
In :    lam = set(dir(lambda x,y : x+y))
        print(type(lambda x,y : x+y))

        obj = set(dir(object))

        for i in (lam-obj) :
```

```
      print(i)
```

```
<class 'function'>
__call__
__name__
__dict__
__qualname__
__code__
__get__
__kwdefaults__
__closure__
__module__
__annotations__
__globals__
__defaults__
```

람다 함수는 이름이 없기 때문에 __name__, __qualname__ 으로 이름을 확인하면 이름이 없다는 표현인 lambda라고 출력된다.

In :
```
a = lambda x,y : x+y

print(a)
print(a.__name__)
print(a.__qualname__)
```

Out:
```
<function <lambda> at 0x0000000004B00400>
<lambda>
<lambda>
```

람다 함수도 매개변수를 정의할 때 함수 정의문과 동일하게 처리할 수 있다. 매개변수에 초기값을 주거나 키워드 인자로 할당하는 곳에도 초기화를 할 수 있다.

일반 함수 정의문과 다른 곳은 반환값에 대한 자료형을 정의하지 못하는 것을 빼고는 동일하게 처리함을 알 수 있다.

In :
```
a = lambda x=100,*,y=100  : x+y

print(a)
print(a.__annotations__)
```

```
print(a.__defaults__)
print(a.__kwdefaults__)
```

Out:
```
<function <lambda> at 0x10ddcd730>
{}
(100,)
{'y': 100}
```

예제 7-19 : 람다 함수의 표현식 처리에서 함수 호출하기

덧셈을 하는 함수를 정의한 뒤 람다 함수를 정의해서 함수 호출을 람다 함수 표현식 부분에 처리했다. 함수 정의는 문장이지만 함수 호출은 함수 표현식이다.

함수 add를 정의하고 lambda 함수 정의 시 표현식 부분에 add 함수 호출을 작성해서 처리하면 add 함수의 결과가 lambda 함수의 결과로 처리된다.

In :
```
def add(x,y) :
    return x+y

a = lambda x,y : add(x,y)

print(a(10,10))
```

Out:
```
20
```

7.3.2 즉시 실행 함수(Immediately – invoked function expression)

일반적인 함수는 함수를 정의한 후 함수를 바로 호출해서 사용한다. 다만 람다 함수는 함수를 쓰고 바로 실행해서 사용할 수 있는 파이썬 문법이다.

정의된 람다는 함수를 정의하자마자 바로 실행을 해서 처리하고 바로 사라지는 함수이므로 재사용하는 것보다 즉시 실행해서 처리하는 경우에 사용하는 것이 좋다.

✦ 즉시 실행 함수

익명 함수인 람다 함수를 표현하면 함수 표현식으로 사용된다. 함수 호출 연산자를 사용하기 위해 람다 함수를 괄호로 묶어서 처리해야 즉시 실행 함수를 사용할 수 있다.

예제 7-20 : lambda 정의하고 즉시 실행 처리

람다 함수를 표현하고 함수 호출 연산자를 호출했지만 함수의 이름만 출력된다.

```
In :    lambda x : x (1)

Out:    <function __main__.<lambda>>
```

람다 함수를 실행하려면 람다 표현식을 괄호로 묶어서 한 함수의 인스턴스를 가져오도록 하고 그 다음에 호출 연산자와 인자를 넣어서 함수를 호출한다. 그러면 람다 함수 처리된 결과를 반환하고 이 함수는 재사용이 불가능하다.

```
In :    (lambda x : x )(1)

Out:    1
```

예제 7-21 : 람다 함수를 재사용하기

람다 함수는 한번 사용하고 다시 호출해서 사용하지 않을 때 사용하는 것이다. 하지만 람다 함수도 다시 사용이 가능하다. 이럴 때는 이름 없는 함수이므로 네임스페이스에 할당되지 않아 다른 변수에 할당해서 재사용해도 된다.

변수 add의 값을 람다 함수의 표현식으로 할당했다. 이 변수 add에서 __name__ 을 조회하면 이름이 없다는 뜻의 lambda라고 출력된다.

이 add 함수에 인자를 넣고 호출하면 결과가 출력되는 것을 볼 수 있다.

```
In :    add = lambda x,y : x+y

        print(add)
        print(add.__name__)
```

```
print(add.__call__(5,5))
print(add(10,10))
```

Out:
```
<function <lambda> at 0x00000000050726A8>
<lambda>
10
20
```

람다 함수도 함수 클래스의 인스턴스이므로 객체의 인스턴스로 사용이 가능하고, 객체 네임스페이스로 관리할 수도 있다.

람다 함수를 변수에 할당해서 사용하고 이 변수를 이용해서 점 연산자를 통해 객체나 클래스의 네임스페이스에 접근할 수 있다.

람다 함수를 정의하고 람다 함수의 표현식 부분에서 람다 인스턴스 속성에 접근하도록 했다. 이때 인스턴스 속성은 count를 접근해서 보여준다.

In :
```
add = lambda x,y : add.count

print(add)
add.count= 0

print(add.__dict__)
```

Out:
```
<function <lambda> at 0x10ddcd1e0>
{'count': 0}
```

람다 함수를 호출한 후에 이 람다 함수가 할당된 변수를 이용해서 이 인스턴스에 있는 count 속성에 1을 더하고 add.__dict__를 출력했다. 이 결과로 1이 출력된 것을 확인할 수 있다.

In :
```
print(add(5,5))
add.count +=1
print(add.__dict__)
```

Out:
```
0
{'count': 1}
```

7.3.3 지능형에서 람다 함수 사용하기

지능형을 작성할 때 람다 함수를 이용해서 값을 변경할 수 있다. 이런 방식으로 람다 함수는 한번 사용해서 처리하는 경우에 많이 선택된다.

지능형 내의 람다 함수에 특정 값을 전달하고 나중에 실행해보면 원하지 않는 값도 나올 수 있다.

예제 7-22 : 지능형 리스트 내의 익명 함수 처리

지능형 리스트를 작성할 때 람다 함수가 원소로 만들어지도록 구성한다. 이 람다 함수 표현식에 x라는 변수가 있는데 이 변수는 지능형 리스트에 정의된 변수 x와 동일하다.

```
In :   l = [ lambda : x  for x in range(3)]
```

지능형 리스트의 원소들인 람다 함수를 출력하면 3개의 다른 레퍼런스를 가진 함수가 만들어진다. 이를 실행하면 결과는 지능형 리스트 변수 x 값을 출력하는 것을 알 수 있다.

```
In :   for i in l :
           print(i, i())

Out:   <function <listcomp>.<lambda> at 0x10ddcd510> 2
       <function <listcomp>.<lambda> at 0x10ddcd9d8> 2
       <function <listcomp>.<lambda> at 0x10ddcd8c8> 2
```

지능형에서 원소들을 값으로 변형하려면 람다 함수를 즉시 실행해서 평가된 결과대로 출력한다.

```
In :   l = [ (lambda : x)()  for x in range(3)]

       print(l)

Out:   [0, 1, 2]
```

내장 함수를 map 처리하는 것과 유사하게 위의 지능형을 처리한다는 것을 알 수 있다.

```
In :   print(list(map(lambda x:x,[0,1,2])))
```
```
Out:   [0, 1, 2]
```

지능형 내의 람다 함수를 이용해서 처리할 때 결과가 처리되는 것을 이해하려면 람다 함수의 초기값을 지능형 리스트 내의 변수로 할당해서 처리하는 것이 좋다.

이를 실행해보면 값들이 순서대로 처리되는 것을 알 수 있다.

```
In :   l = [ lambda  x=x : x  for x in range(3)]

       for i in l :
           print(i, i())
```
```
Out:   <function <listcomp>.<lambda> at 0x00000000050806A8> 0
       <function <listcomp>.<lambda> at 0x0000000005080620> 1
       <function <listcomp>.<lambda> at 0x0000000005080510> 2
```

위의 지능형 리스트 내의 람다함수를 즉시 실행해서 처리하면 지능형 for문이 순환되는 방식에 맞도록 처리가 된다.

```
In :   l = [ (lambda  x=n : x)() for n in range(3)]

       print(l)
```
```
Out:   [0, 1, 2]
```

7.4 내부 함수(nested function)

함수를 정의할 때 함수 안에 함수를 정의하는 즉, 내부 함수를 정의해서 함수 내에서 함수를 실행을 시켜서 처리할 수 있다.

이때 기본 함수를 외부 함수(outer 함수)라고 하고 그 내부에 정의된 함수를 내부 함수(inner 함수)라고 한다.

모든 함수는 항상 function class로 만들어지므로 항상 동일한 함수의 인스턴스를 유지한다. 함수를 함수 내부에 정의해서 사용하므로 함수 간의 네임스페이스를 처리하는 스코프도 내부적으로 생긴다.

이때 외부 함수의 네임스페이스를 명확히 처리하는 nonlocal 키워드를 사용해서 처리하는 법도 알아본다.

또한 내부 함수를 외부 함수의 반환으로 전달하는 것도 가능해서 세부적인 클로저 환경이 구성되는 기반을 알아본다.

7.4.1 내부 함수(nested function) 정의하기

일단 외부 함수를 정의하고 그 내부에 내부 함수를 정의해본다. 일단 외부 함수 내의 기능을 나누고 내부 함수로 정의해서 외부 함수의 보조 기능을 처리하는 방식부터 알아본다.

예제 7-23 : 함수 내에 함수 정의 및 내부 실행 처리

일반적으론 외부 함수 math_func1에서 사칙연산이 처리되도록 정의를 하지만 여기선, 내부 함수 add_, sub_, mul_, div_ 4개로 분리해서 함수 처리한다. 이 내부 함수를 딕셔너리에 넣고 매개변수를 확인해서 내부 함수를 검색한 후 외부 함수를 반환할 때 내부 함수를 실행한다.

```
In :    def math_func1(x,y,op) :

            def add_() :
                return x+y
            def sub_() :
                return x-y
            def mul_() :
                return x*y
            def div_() :
                return x/y

            op_func = {'+': add_, "-":sub_,
                "*":mul_, "/":div_}.get(op,add)
```

```
    return op_func()
```

사칙연산 기호를 바꿔가면서 이 함수를 실행해보면, 4개의 사칙연산이 수행되는 것을 알수 있다.

```
In :  print(math_func1(5,5,'+'))
      print(math_func1(5,5,'-'))
      print(math_func1(5,5,'*'))
      print(math_func1(5,5,'/'))
```

```
Out:  10
      0
      25
      1.0
```

예제 7-24 : 내부 함수 호출을 반환해서 사용하기

사칙연산을 처리하는 하나의 함수를 정의한 뒤 반환값에서 내부 함수를 실행하지 않고 내부 함수를 그대로 전달했다. 외부에서 다시 전달받은 내부 함수를 실행할 수 있다.

외부 함수의 매개변수는 2개를 지정하고 내부 함수의 매개변수 1개를 지정해 외부 함수를 호출한 경우 전체가 실행되는 것이 아니라 반환된 내부 함수가 호출될 때 최종 결과가 반환되도록 구성했다.

```
In :  def math_func1(x,op) :

          def add_(y) :
              return x+y
          def sub_(y) :
              return x-y
          def mul_(y) :
              return x*y
          def div_(y) :
              return x/y

          op_func = {'+': add_, "-":sub_,
              "*":mul_, "/":div_}.get(op,add)
```

```
    return op_func
```

함수를 실행해서 내부 함수가 반환되므로 내부 함수의 인자를 하나의 값으로 처리해서 실행한다.

사칙연산으로 외부 함수를 호출하고 다시 내부 함수에 인자를 넣어서 처리하는 방식으로 진행되는 것을 알 수 있다.

```
In :    add = math_func1(5,'+')
        print(add(5))
        sub = math_func1(5,'-')
        print(sub(5))
        mul = math_func1(5,'*')
        print(mul(5))
        div = math_func1(5,'/')
        print(div(5))

Out:    10
        0
        25
        1.0
```

7.4.2 내부 함수가 외부로 전달된 환경 이해하기

함수 내에서 함수를 호출하는 것과 함수를 정의하고 내부에 함수를 정의하는 것의 차이점을 알아본다.

외부 함수와 내부 함수는 기본적으로 네임스페이스가 공유된다. 공유되는 순서를 보면, 외부 함수는 지역이 내부 함수의 전역처럼 처리되는 것을 알 수 있다.

함수를 정의하고 내부 함수가 구성된 것과 함수에서 타 모듈이나 모듈 내의 다른 함수를 호출해서 처리하는 것 사이에서 내부 함수의 처리가 어떻게 다른지를 알 수 있다.

내부 함수가 밖으로 전달될 경우 클로저 환경이 구성되면 외부 함수의 변수는 내부 함수 호출에 따라 값이 변경될 수 있다. 일단 외부 함수의 반환 값이 내부 함수가 되는 것을 이해해보자.

예제 7-25 : 외부 함수의 반환값으로 내부 함수에 대한 정보 확인

외부 함수에 내부 함수를 정의하고 반환으로 내부 함수를 전달했다. 외부 함수는 단순히 내부 함수만 반환하는 기능을 가지고 있고 덧셈을 처리하는 기능은 내부 함수에만 있다.

```
In :    def outer(x) :
            def inner(y) :
                return x+y

            return inner
```

outer 함수에 인자 하나를 실행하고 결과값을 inner 변수에 할당했다. 이때 inner를 출력하면 함수 내부에 내부 함수가 출력하는 것을 표시한다.

```
In :    inner = outer(5)

        print(inner)
```
```
Out:    <function outer.<locals>.inner at 0x10ddedd08>
```

내부 함수도 함수이므로 함수의 속성을 가지고 있다. 내부 함수의 __name__ 속성을 확인하면 내부 함수라는 것을 알 수 있다.

내부 함수에 인자를 전달해서 실행해야 외부 함수와 내부 함수의 인자가 전부 전달되어 실행되는 것을 알 수 있다.

```
In :    print(inner.__name__)
        print(inner(5))
```
```
Out:    inner
        10
```

예제 7-26 : 타 모듈의 함수와 내부 함수 사용의 차이점

타 모듈의 함수를 외부 함수 outer 내에서 지정하면 내부 함수를 정의해서 사용하는 것과 어떤 차이가 있는지 알 수 있다.

타 모듈이므로 사용하기 위해 import 모듈명을 사용했고 이 모듈 명칭을 별칭으로 사용하기 위해 as 별칭을 지정했다.

```
In :    import operator as op

        def outer(op_code) :
            inner = {'+':op.add,
                     '-':op.sub,
                     '*':op.mul,
                     '/':op.truediv}.get(op_code,op.add)
            return inner
```

타 모듈에 정의된 함수를 내부 함수처럼 사용하지만 결과값을 확인하면 동일한 처리를 하는 것을 알 수 있다.

```
In :    inner = outer('/')
        print(inner)
        print(inner(5,5))

Out:    <built-in function truediv>
        1.0
```

위 예제의 처리를 위해 다시 내부 함수에서 외부 모듈이 함수를 로직으로 처리하도록 했다. 이제 내부 함수가 내부적으로 어떻게 처리되는지를 구별해보자.

외부 함수 내에는 내부 함수가 있고 그 내부 함수 안에 외부 모듈의 함수를 지정한다.

최종적인 반환 결과는 내부 함수 내에 return문에 있고 이 딕셔너리는 연산기호에 따라 값으로 저장된 함수를 호출하는데, 외부 함수로 전달된 매개변수를 이용해서 처리하는 것을 보면 내부 함수 내에서는 외부 함수의 네임스페이스가 항상 검색 가능한 것을 알 수 있다.

```
In :    import operator as op
```

```
def outer_(op_code) :
    def inner_(x,y) :
        return  {'+':op.add,
               '-':op.sub,
               '*':op.mul,
               '/':op.truediv}.get(op_code,op.add)(x,y)
    return inner_
```

외부 함수를 호출하면 반환 값으로 내부 함수가 전달된다. 이 내부 함수를 출력하면 외부 함수 내의 내부 함수가 내포된 것을 확인한다.

이 내부 함수를 실행하면 결과가 나오는 것을 알 수 있다.

```
In :   inner = outer_('/')
       print(inner)
       print(inner(5,5))
```

```
Out:   <function outer_.<locals>.inner_ at 0x10dccfe18>
       1.0
```

예제 7-27 : 내부 함수로 외부 함수의 매개변수 자료형 검증

외부 함수를 지정하고 그 내부에 두 개의 내부 함수를 만든다. 하나는 내부 함수에 전달되는 자료형을 체크할 수 있는 함수를 만들어서 내부의 로직을 공통된 기능으로 처리한다.

또 다른 내부 함수는 들어오는 매개변수의 자료형을 확인하고 최종 기능을 실행해서 반환한다.

```
In :   def outer_check(type_code) :
           def type_check(a) :
               return isinstance(a,type_code)

           def inner_(x,y) :
               if not type_check(x) :
                   x = type_code(x)
               if not type_check(y) :
                   y = type_code(y)
```

```
        return x+y

    return inner_
```

외부 함수에서 지료형으로 int를 넣었다. 이제 이 함수는 정수에 대한 덧셈을 처리한다. 내부 함수를 호출할 때 실수 값을 전달하면 정수가 아니므로 형 변환을 정수로 해서 계산이 되는 것을 알 수 있다.

```
In :  inner = outer_check(int)
      print(inner(1.1,2.2))

Out:  3
```

외부 함수에 float를 넣어서 실수 자료형으로 처리하도록 하면 inner 함수에 실수와 정수를 넣어서 처리하여 실수 계산이 된다.

```
In :  inner = outer_check(float)
      print(inner(1.3,2))

Out:  3.3
```

7.4.3 내부 함수 안에서 nonlocal 변수 사용하기

외부 함수와 내부 함수도 함수이므로 각 함수별로 지역 변수가 있고 이 지역 변수를 관리하는 네임스페이스가 만들어진다. 내부 함수에서 외부 함수의 네임스페이스에 어떻게 접근하고 내부를 갱신하는지를 알아본다.

또한 nonlocal 키워드를 사용해서 처리하는 방법도 알아본다.

✚ 함수별로 네임스페이스 영역을 별도로 생성

함수가 정의되어 로딩이 되면 모든 함수는 클래스 function이 하나의 인스턴스로 만들어진다. 이 함수가 어디에서 만들어졌는지에 따라 연결되는 네임스페이스 연결 계층이 달라진다.

모듈 내에서 생성된 함수의 경우 자기 자신의 네임스페이스에서 상위는 바로 모듈의 네임스페이스이지만, 함수 내에 함수 정의문에 의해 생성된 내부 함수인 경우는 자기 네임스페이스를 처리하고 상위의 외부 함수 네임스페이스를 검색한 후에 모듈의 전역 네임스페이스를 검색하는 스코프 규칙이 생성된다.

함수별로 어떻게 네임스페이스가 생성되어 참조하는지를 알아본다.

예제 7-28 : 함수별 네임스페이스 생성 확인하기

함수를 정의할 때 외부 함수에 대한 로컬 영역은 함수 내부에서 pprint.pprint를 가지고 네임스페이스를 출력했다.

내부 함수의 네임스페이스는 내부 함수가 실행될 때 반환한다. 외부 함수에서 내부 함수를 밖으로 전달했으므로 외부에서 실행해야 내부 함수의 네임스페이스를 출력할 수 있다.

```
In :    import pprint

        def outer_local(x,y) :

            def inner_local(a,b) :
                return locals()
            print("outer_local")
            pprint.pprint(locals())
            return inner_local
```

외부 함수를 실행하면 외부 함수 네임스페이스에 내부 함수와 매개변수 2개가 저장되어 있는 것을 알 수 있다.

```
In :    inner = outer_local(10,20)

Out:    outer_local
        {'inner_local': <function outer_local.<locals>.inner_local at 0x10dded0d0>,
         'x': 10,
         'y': 20}
```

전달받은 내부 함수를 실행하면 내부 함수의 네임스페이스가 출력되는 것을 알 수 있다.

```
In :    print("inner_local")
        print(inner(30,40))
```
```
Out:    inner_local
        {'b': 40, 'a': 30}
```

✚ 내부 함수 외의 변수를 사용: nonlocal로 지정

외부 함수 영역을 nonlocal로 정의하고 내부 함수 내에서 외부 함수의 로컬 변수를 참조할 수 있다. 내부 함수를 정의해서 사용할 경우 대부분 클로저 환경을 만들어서 사용한다.

예제 7-29 : 외부 함수 네임스페이스 사용하기

외부 함수의 매개변수 x가 있지만 이들 내부 함수에는 x라는 변수가 없다. 하지만 내부 함수에서 x라는 변수를 참조만 하기에 외부 함수의 네임스페이스에서 검색하여 읽어온다.

```
In :    def outer_local(x) :

            def inner_local(y) :
                return x+y

            return inner_local
```

매개변수 x에 10이 연결되도록 외부 함수를 실행하고 반환된 내부 함수를 inner라는 변수에 할당했다. 내부 함수를 호출하고 매개변수 y에 40을 할당해서 계산을 수행하면 외부 함수의 x를 검색해서 가져온 것을 확인할 수 있다.

이때에 주의할 점은 변수를 참조만 할 경우에는 스코프 규칙에 따라 외부를 검색해서 가져온다는 것이다.

```
In :    inner = outer_local(10)
        print("inner_local")
        print(inner(40))
```
```
Out:    inner_local
        50
```

이번에는 내부 함수에 정의되지 않은 변수를 수정해서 처리해본다. 단순하게 검색한 경우와 어떻게 달라지는지를 확인한다.

```
In :    def outer_local_(x) :

            def inner_local_(y) :
                x = x + 1
                return x

            return inner_local_
```

외부 함수를 호출해서 x에 10이 할당되었다. 내부 함수에 40을 인자로 전달해서 실행시키면 예외가 발생한다.

예외는 x = x + 1에서 x + 1이라는 표현식이 평가될 때 발생하는 것을 알 수 있다. 왜 x라는 변수가 로컬에 지정되는지를 명확히 알아야 한다. 단순히 참조만 할 경우에는 상위로 검색해서 가져왔지만 갱신할 경우는 일단 자기 내부에 지정되지 않으면 예외를 발생시킨다.

```
In :    inner = outer_local_(10)
        print("inner_local")
        print(inner(40))

Out:    inner_local
        -----------------------------------------------------------------------
        UnboundLocalError                        Traceback (most recent call last)
        <ipython-input-57-19afb953bcfd> in <module>()
              1 inner = outer_local_(10)
              2 print("inner_local")
        ----> 3 print(inner(40))

        <ipython-input-55-877a21c5dce1> in inner_local_(y)
              2
              3     def inner_local_(y) :
        ----> 4         x = x + 1
              5         return x
              6

        UnboundLocalError: local variable 'x' referenced before assignment
```

예외가 발생한 부분을 수정해서 x라는 변수가 nonlocal이라는 키워드를 명기했다. 이제 외부 함수에 있다면 검색해서 처리를 할 것이다.

```
In :   def outer_local_(x) :

           def inner_local_(y) :
               nonlocal x
               x = x + 1
               return x

           return inner_local_
```

외부 함수의 네임스페이스를 검색하고 x라는 변수를 찾아서 값을 가져온 후 이 값에 1을 더해서 처리하지만 실제 내부 함수로 전달된 인자에 대한 처리는 없으므로 별도 표시가 없다.

```
In :   inner = outer_local_(10)
       print("inner_local")
       print(inner(40))

Out:   inner_local
       11
```

예제 7-30 : 내부 함수 내에 내부 함수를 내포하기

이번에는 그 내부 함수를 외부 함수로 보고 또 하나의 내부 함수를 지정했다.

내부 함수 내의 내부 함수를 지정할 때 어떻게 처리되는지를 알아보자. 내부 함수 내에 내부 함수를 정의했고 내포된 내부 함수에 없는 변수를 가지고 계산하는 로직을 넣었다.

```
In :   def out_(x) :
           def inn_1(y) :
               def inn_2(z) :
                   #nonlocal y
                   y = y+1
                   return x+y+z
               return inn_2
```

```
        return inn_1
```

외부 함수와 첫 번째 내부 함수를 실행했을 때까지는 아무런 예외가 발생하지 않았다.

```
In :   inn_1 = out_(10)
       inn_2 = inn_1(20)
```

내부 함수 내의 내부 함수를 실행하면 내부 함수 내의 내부 함수에서 계산될 때 변수 y가 지역에 지정되어 있지 않아 예외가 발생한 것을 알 수 있다.

전역과 지역 네임스페이스에서 예외가 발생한 것처럼 동일하게 예외가 발생하는 것을 알 수 있다. 일단 함수 내에서 실행되어 평가될 때에는 그 앞에 해당되는 변수가 먼저 지역 네임스페이스에 할당이 되어 있어야 한다.

```
In :   print(inn_2(30))

Out:   ----------------------------------------------------------------
       UnboundLocalError                     Traceback (most recent call last)
       <ipython-input-70-a5cc9b67a986> in <module>()
       ----> 1 print(inn_2(30))

       <ipython-input-68-cb7d88a7a98e> in inn_2(z)
             3          def inn_2(z) :
             4              #nonlocal y
       ----> 5              y = y+1
             6              return x+y+z
             7          return inn_2

       UnboundLocalError: local variable 'y' referenced before assignment
```

그래서 내부 함수 내에 내포된 내부 함수에 주석으로 막혀 있던 nonlocal 키워드를 풀어서 변수 y가 내 지역 네임스페이스에 저장된 변수가 아니라고 하면 예외가 사라지고 제대로 처리되는 것을 알 수 있다.

```
In :   def out_(x) :
           def inn_1(y) :
               def inn_2(z) :
```

```
            nonlocal y
            y = y+1
            return x+y+z
        return inn_2
    return inn_1
```

In :
```
inn_1 = out_(10)
inn_2 = inn_1(20)
print(inn_2(30))
```

Out: 61

7.5 파이썬 제공 내장 함수

파이썬에서 함수를 정의하고 함수 내에 함수를 정의해서 사용하는 법을 알아봤으며, 익명 함수를 지정해서 함수를 표현식으로 사용도 해봤다.

이제 자주 사용하는 기능을 함수로 만들어서 기본으로 제공하는 방법도 알아봐야 할 때이다.

내장으로 제공한다는 것은 파이썬에서는 __builtins__ 모듈에 들어 있는 함수라는 것을 알려주는 것이다. 일단 제공되는 함수들부터 어떻게 작동하는지를 알아본다.

7.5.1 계산 및 문자 변환 내장 함수

기본적인 계산과 문자 등을 변환하는 것들을 함수로 제공한다.

✚ 수치 계산 내장 함수

합, 반올림, 절댓값, 제곱, 몫과 나머지 등을 구하는 함수를 내장 함수로 제공한다.

예제 7-31 : Sequence 자료형 합 구하기 : sum

숫자만을 원소로 갖는 리스트나 튜플을 가지고 합산하면 순환문 없이 전체를 합산해서 처리하는 것을 알 수 있다. 내장 함수도 함수이므로 하나의 클래스로 만들어져 있다.

파이썬 내부적으로 내장 함수는 builtin_function_or_method 클래스의 인스턴스라는 것을 알 수 있다.

```
In :  print(type(sum))

Out:  <class 'builtin_function_or_method'>
```

두 번째 인자로 초기값을 주면 이 초기값까지 합한 결과를 보여주는 것을 알 수 있다.

```
In :  print(sum([1,2,3,4]))
      print(sum([1,2,3,4],5))

Out:  10
      15
```

리스트 내의 원소가 2개의 숫자로 된 튜플로 구성되어 이를 정렬하기 위해 특정 함수를 이용할 때 이 sum 함수를 키에 넣고 정렬하면 두 튜플을 합산한 순서대로 정렬을 하는 것을 알 수 있다.

```
In :  l = [(1,2),(7,9),(3,4)]

      l.sort(key=sum)
      print(l)

Out:  [(1, 2), (3, 4), (7, 9)]
```

예제 7-32 : 소수점 조정 및 몫과 나머지 구하기

두 함수 round, divmod는 내장 함수이다.

```
In :  print(type(round))
      print(type(divmod))
```

```
Out:    <class 'builtin_function_or_method'>
        <class 'builtin_function_or_method'>
```

내장 함수 round에 인자에는 실수를 넣고 두 번째 인자에는 소수점 이하의 자리를 지정해서 처리할 수 있도록 한다.

두 번째 인자가 없으면 소수점 자리가 0이리고 인식하므로 정수라는 것을 알 수 있다.

소수점에서 반올림이 가능할 경우에는 반올림을 하지만 반올림이 필요 없는 경우에는 버림으로 처리한다.

```
In :    f = 100.123456789
        print(round(f))
        print(round(f,3))
        print(round(f,5))
```

```
Out:    100
        100.123
        100.12346
```

다음은 몫과 나머지를 구하는 함수인 divmod를 알아본다. 이 함수는 나눗셈인 floordivide와 나머지를 구하는 mode를 합쳐서 하나로 계산을 하는 것이다.

이 함수로 계산한 것과 //, %로 구한 값이 같은지를 확인하면 동일한 값이 나오는 것을 알 수 있다.

```
In :    d = 100
        n = 23

        print(divmod(d,n))

        print(d // n)
        print(d % n)
```

```
Out:    (4, 8)
        4
        8
```

예제 7-33 : 절댓값, 제곱 구하기

절댓값은 부호가 음수인 경우 이를 양수로 바꾸어주는 절댓값 처리 함수이다.

```
In :   print(type(abs))

       print(abs(-100))

Out:   <class 'builtin_function_or_method'>
       100
```

복소수일 경우에는 실수와 허수부를 각각 제곱하고 이를 더해서 sqrt로 처리한 결과와 동일한 것을 알 수 있다.

```
In :   print(abs(3+4j))

Out:   5.0
```

제곱을 지원하는 함수에 대해 알아보자.

```
In :   print(type(pow))

Out:   <class 'builtin_function_or_method'>
```

제곱을 처리하는 pow 내장 함수와 math 모듈 내의 pow 함수를 비교해서 동일한 처리가 되는지도 확인해보겠다. 이 함수의 세 번째 인자가 들어가면 mode 값의 결과가 반환되는 것을 알 수 있다.

```
In :   import math

       print(pow(10,2))
       print(pow(10,2,3))

       print(math.pow(10,3))

Out:   100
       1
       1000.0
```

제곱을 유리수로 표시하면 제곱근과 처리하는 방식이 동일하므로 math.sqrt로 처리해도
동일한 결과를 볼 수 있다.

```
In :   import math

       print(pow(10,1/2))
       print(math.sqrt(10))
```

```
Out:   3.1622776601683795
       3.1622776601683795
```

예제 7-34 : 숫자를 문자로 문자를 숫자로 변환하기

내장 함수 ord, chr의 타입을 확인해본다. 내장 함수로 만들어진 것을 확인한다.

```
In :   print(type(ord))
       print(type(chr))
```

```
Out:   <class 'builtin_function_or_method'>
       <class 'builtin_function_or_method'>
```

문자열이 유니코드로 변경되면서 한글과 영문 모두 숫자로 변환이 가능하다.

먼저 영어를 숫자로 변경하기 위해 map 함수를 이용해서 들어온 문자열을 전부 ord 함수
를 통해 숫자로 변경해서 리스트로 전환했다.

```
In :   s = "IwanttoknowPython "

       l = list(map(ord,s))
       print(l)

       ls = "".join(list(map(chr,l)))
       print(ls)
```

```
Out:   [73, 119, 97, 110, 116, 116, 111, 107, 110, 111, 119, 80, 121, 116,
       104, 111, 110, 32]
       IwanttoknowPython
```

일단 한글로 된 글자를 숫자로 변경하고 이를 다시 문자로 변경해도 처리하는 방식이 동일하다. 하지만 숫자의 크기가 더 큰 것을 알 수 있다.

```
In :   s = "알아보고싶은파이썬"

       l = list(map(ord,s))
       print(l)

       ls = "".join(list(map(chr,l)))
       print(ls)
```

```
Out:   [50508, 50500, 48372, 44256, 49910, 51008, 54028, 51060, 50028]
       알아보고싶은파이썬
```

예제 7-35 : 논리식의 결과로 처리하기

파이썬 내의 원소들 중에 모두 불리언으로 평가했을 때 참과 거짓으로 구분을 할 수 있다.

이런 것을 처리할 수 있도록 내장 함수 any와 all을 제공한다.

```
In :   print(type(any))
       print(type(all))
```

```
Out:   <class 'builtin_function_or_method'>
       <class 'builtin_function_or_method'>
```

먼저 any, all 함수에 원소가 있는 리스트를 확인해보면 하나라도 참인 원소가 있을 경우 any 함수는 True를 표시한다. 모두 참인 표현을 가진 리스트가 있을 경우는 all에서 참을 표시하지만 거짓인 0이 들어오면 False로 표시한다.

빈 리스트를 처리하면 생각과는 달리 any일 경우는 False 즉 모든 원소가 거짓으로 처리된다. 하지만 all은 True로 처리하면 리스트라는 객체만을 인지해서 처리가 되므로 True로 표시한다.

```
In :   print(any([]))
       print(any([1,0,0]))
```

```
print(all([]))
print(all([1,2,0]))
```

Out:
```
False
True
True
False
```

하지만 리스트 내의 원소가 None일 경우는 논리적으로 거짓이므로 False가 나온다.

In :
```
print(any([None]))
print(all([None]))
```

Out:
```
False
False
```

빈 딕셔너리가 있을 때도 any 함수는 거짓이고 all은 참을 표시하는 것을 볼 수 있다. 그리고 딕셔너리에 원소가 들어가면 전부 참으로 표시한다.

In :
```
print(any({'a':None}))
print(any({}))
print(all({'a':None}))
print(all({}))
```

Out:
```
True
False
True
True
```

또한 빈 문자열일 경우도 동일한 처리가 나오는 것을 알 수 있다.

In :
```
print(any(""))
print(all(""))
```

Out:
```
False
True
```

7.5.2 정렬 내장 함수 이해하기

함수를 처리할 때 인자를 함수로 받으면 고차 함수 처리 규칙을 따르며 고차 함수는 함수형 프로그래밍을 설명할 때 자세히 다루겠다. 정렬 함수도 key라는 인자에 함수를 받아서 이 함수가 실행된 결과에 맞춰 정렬을 처리한다.

예제 7-36 : 정렬 함수 sorted

정렬하는 내장 함수이다.

```
In :   print(type(sorted))

Out:   <class 'builtin_function_or_method'>
```

아무런 인자를 주지 않으면 문자열의 순서대로 올림차순으로 정렬하고 기존 리스트는 가만히 두고 새로운 리스트 인자를 만들어서 반환한다.

```
In :   l = ['abc', 'bc', 'a']

       s = sorted(l)
       print(s)

Out:   ['a', 'abc', 'bc']
```

역순으로 정렬을 하기 위해 reverse=True를 키워드 인자로 놓고 실행하면 역순으로 처리되는 것을 볼 수 있다,

일단 첫 번째 자리의 문자를 비교하고 그 다음에 두 번째 문자열을 비교해서 순서를 정하는 것을 확인할 수 있다.

```
In :   l = ['abc', 'bc', 'a']

       s = sorted(l,reverse=True)
       print(s)

Out:   ['bc', 'abc', 'a']
```

특정 함수를 이용하려면 key=len으로 len 함수를 제공한다. 내부에 구성된 문자열의 원소 개수를 보고 올림차순으로 정렬해서 보여준다.

```
In :   l = ['abc', 'bc', 'a']

       s = sorted(l,key=len)
       print(s)
```

```
Out:   ['a', 'bc', 'abc']
```

리스트 자료형에는 정렬을 처리하는 sort 메서드는 리스트 내부를 수정해서 처리하므로 내장 함수 sorted는 새로운 리스트를 만드는 것이 차이점이다.

```
In :   l = ['abc', 'bc', 'a']
       l.sort()
       print(l)
```

```
Out:   ['a', 'abc', 'bc']
```

```
In :   l = ['abc', 'bc', 'a']
       l.sort(reverse=True)
       print(l)
```

```
Out:   ['bc', 'abc', 'a']
```

```
In :   l = ['abc', 'bc', 'a']
       l.sort(key=len)
       print(l)
```

```
Out:   ['a', 'bc', 'abc']
```

7.5.3 임의의 문자열을 문장으로 평가하기 : exec

파이썬에서 문자열로 작성된 문장을 평가하는 것을 알 수 있다. 문장을 문자열로 정의해서 처리하는 것을 알아본다.

예제 7-37 : 문자열을 바로 실행하기

내장 함수 여부를 확인한다.

```
In :   print(type(exec))
```

```
Out:   <class 'builtin_function_or_method'>
```

하나의 문자열 안에 할당문을 문자열로 정의하고 이를 exec 함수로 처리하면 변수에 할당이 되는지를 확인해 볼 필요가 있다.

모듈에서 정의했으므로 전역 네임스페이스에서 exec 함수가 실행된 다음에 문자열 내에 정의된 변수가 할당되어 있는지를 확인한다. Globals 함수를 실행한 결과의 딕셔너리에 이 변수명을 주고 조회해보니 동일한 결과가 나오는 것을 알 수 있다.

```
In :   s = "exec_a = '변수에 할당하기'"

       exec(s)

       print(globals()["exec_a"])
```

```
Out:   변수에 할당하기
```

특정 변수에 특정 값을 더해서 할당하는 계산식 문장을 문자열로 정의해서 변수에 할당했다.

이 문자열을 처리하기 전에 변수를 할당하는 것을 정의했다. 이를 exec 함수로 실행하고 결과를 전역 네임스페이스에 검색하면 이 문자열을 실행한 결과가 확인되는 것을 알 수 있다.

```
In :   s = "a_e = a_e + 100"
       a_e = 100

       exec(s)

       print(globals()["a_e"])
```

```
Out:   200
```

함수를 문자열 내에 정의했다. 이를 exex 함수로 실행하면 함수 정의문이 실행된 것을 알수 있다.

이 함수를 전역 네임스페이스에서 호출해서 처리하나 전역 네임스페이스에 등록된 이름을 직접 변수로 작성해서 호출해도 동일하게 처리되는 것을 알 수가 있다.

```
In :  s = """
      def add_exec(x,y) :
          return x+y

      """
      exec(s)

      print(globals()["add_exec"])
      print(globals()["add_exec"](10,10))

      print(add_exec(20,20))

Out:  <function add_exec at 0x00000000050809D8>
      20
      40
      In [95]:
```

주피터 노트북을 가지고 %%writefile로 하나의 파이썬 모듈을 만든다. 이 모듈은 하나의 문자열이 있고 그 내부에 하나의 함수 정의문이 있다.

이 모듈이 로딩되고 exec 함수가 실행되며 이 모듈 내에 add_exec 함수가 만들어지는 것을 알 수 있다.

```
In :  %%writefile exec_add.py
      s = """
      def add_exec(x,y) :
          return x+y

      """
      exec(s)

Out:  Writing exec_add.py
```

346

이 모듈을 import하고 이 내부의 add_exec 함수를 호출하면 값이 실행되는 것을 알 수 있다.

런타임에 exec를 처리한다는 것은 exec 로딩 타임에도 모듈에 함수가 로딩되는 것이다.

```
In :  import exec_add

      print(exec_add.add_exec(20,30))
Out:  50
```

예제 7-38 : 컴파일에서 eval, exec 실행을 지정한 후 나중에 실행하기

문자열을 평가되어 처리하기 위해서는 내장 함수인지를 확인한다.

```
In :  print(type(compile))
      print(type(eval))
Out:  <class 'builtin_function_or_method'>
      <class 'builtin_function_or_method'>
```

하나의 클래스를 문자열에 넣어 compile해서 하나의 변수에 할당을 했다. 변수에 할당하면 나중에 이 변수에 저장된 것을 사용할 수 있다.

이 함수에 문자열과 빈 파일을 지정하고 제일 마지막에 실행할 함수를 문자열로 제공한다. 이 변수에 할당된 것을 확인하면 code 객체라는 것을 알 수 있다.

```
In :  sc = """
      class Person :
          def __init__(self,name) :
              self.name = name
          def getname(self) :
              return self.name
      """

      ex = compile(sc,"fakefile",'exec')
```

```
print(ex)
```

Out:
```
<code object <module> at 0x10ddfd6f0, file "fakefile", line 2>
```

이 eval을 실행하면 하나의 클래스가 로딩된다.

이 클래스를 가지고 하나의 인스턴스를 만들면 p 변수에 할당된다. 내부에 있는 메서드를 실행하면 생성자에서 만들어지는 이름을 출력하는 것을 확인할 수 있다.

In :
```
eval(ex)

p = Person("정찬혁")

print(p.getname())
```

Out:
```
정찬혁
```

위의 클래스 생성자를 문자열에 넣고 이를 컴파일해서 eval로 처리하려고 했다. 이를 eval 함수를 이용해서 실행한 후에 다시 메서드로 처리하면 값이 실행되는 것을 알 수 있다.

In :
```
sv = "Person('박세본')"
ev = compile(sv,"fakefile",'eval')

b = eval(ev)
print(b.getname())
```

Out:
```
박세본
```

7.5.4 input 함수 처리

파이썬도 표준 입력을 이용해서 간단히 처리할 수 있는 함수를 만들어 제공한다. 프로그램에서 input 함수를 지정하면 표준 입력이 들어올 때까지 프로그램이 멈춰 있는다. 특히 개발 도구에서 입력을 받아 처리하고자 할 때 이 함수를 이용해서 테스트를 하면 좋다.

예제 7-39 : 약수 구하기

이 함수는 하나의 수를 받아서 이 숫자가 나눠져 결과가 0으로 나오는 것을 확인할 수 있다. 이렇게 처리하는 것은 약수를 구하는 방법이다. 이를 집합에 넣어서 반환한다.

```
In :    def common_div(x) :
            s = set()
            for i in range(1,x+1) :
                if x % i == 0 :
                    s.add(i)
            return s
```

두 수 10과 5를 input 함수로 받는다. 이 함수는 표준 입출력이기 때문에 문자열로 처리되는 것을 알 수 있다. 이 문자열을 정수로 처리하면 형 변환이 일어나는 것을 알 수 있다.

받은 수의 약수를 구하도록 해서 이 약수를 가지고 교집합으로 처리하면 이것을 공약수로 표시한다.

```
In :    a = int(input(" 수를 입력하세요"))

        ass = common_div(a)
        b = int(input(" 수를 입력하세요"))
        bss = common_div(b)

        print(ass)
        print(bss)

        print((ass & bss))

Out:    수를 입력하세요10
        수를 입력하세요5
        {1, 2, 10, 5}
        {1, 5}
        {1, 5}
```

공약수를 가지고 최대 공약수를 구하는 방법을 알아보자.

아래처럼 함수를 만들어서 두 수를 input 함수로 받고 gcd 함수를 수행하면 최대 공약수가 나오는 것을 확인할 수 있다. 이 최대 공약수는 반환문에 자기 자신의 함수를 호출한다. 재귀 순환을 해서 서로 동일한 공약수가 나올 수 있도록 처리하고 결과를 반환한다.

```
In :    a = int(input(" 수를 입력하세요 "))
        b = int(input(" 수를 입력하세요 "))

        print(a,b)

        def gcd(p, q) :
            print(p,q)
            if (q == 0) :
                return p;
            return gcd(q, p%q)

        print(" 최대 공약수 ",gcd(a,b))
```

```
Out:    수를 입력하세요 10
        수를 입력하세요 5
        10 5
        10 5
        5 0
        최대 공약수  5
```

7.6 함수 정보 조회

이번에는 함수 내의 세부적인 정보를 자세히 알아본다. 간단한 부분은 위에서 확인했지만 이번에 함수 내부의 속성들을 자세히 알아보고 이를 모듈 inspect를 이용해서 조회하는 방법을 알아본다.

7.6.1 function 및 code class 이해하기

함수 정의문으로 작성된 함수나 람다 함수는 로딩될 때 function 클래스에 속성이 만들어지고 이 내부에 code 클래스의 인스턴스까지 연결해서 속성을 확인할 수 있다.

익명 함수인 람다 함수도 동일한 구조이므로 동일한 결과가 나오는 것을 알 수 있다.

✚ 함수의 자료형 확인

다시 함수를 정의하고 어떤 자료형으로 구성되었는지를 다시 확인해본다.

예제 7-40 : 함수의 자료형 확인

함수를 정의하고 이 addd 함수가 함수 클래스에 의해 만들어진 하나의 인스턴스인지를 확인한다.

isinstance 내장 함수를 가지고 불리언 값으로 확인할 수도 있다.

```
In :    def addd(x,y) :
            return x+y

        print(type(addd))
        print(isinstance(addd, type(addd)))

Out:    <class 'function'>
        True
```

✚ 함수 내의 로직을 관리하는 code 클래스 확인하기

함수 정의문이 로딩되면 함수 내의 다양한 스페셜 속성들이 만들어진다. 이 안에 function 클래스 내 code 클래스의 인스턴스가 생긴다. 이에 대한 정보를 확인해보겠다.

예제 7-41 : __code__ 속성의 자료형 확인하기

함수를 정의하고 이 함수를 내부의 __code__ 속성 내 값에 대해 type 클래스가 어떤 클래스로 만들어졌는지를 확인하면 code class라는 것을 확인할 수 있다.

```
In :    def addd(x,y) :
            return x+y

        print(type(addd.__code__))

Out:    <class 'code'>
```

이제 이 Code 클래스의 속성이나 메서드들이 어떤 것이 있는지를 확인해본다. Code 클래스와 object 클래스를 비교해서 차집합으로 처리하면 code 클래스만 갖는 속성이나 메서드를 확인할 수 있다.

```
In :   import pprint

       print(type(addd.__code__))

       co = set(dir(addd.__code__))
       o = set(dir(object))
       pprint.pprint(co-o)
```

```
Out:   <class 'code'>
       {'co_argcount',
        'co_cellvars',
        'co_code',
        'co_consts',
        'co_filename',
        'co_firstlineno',
        'co_flags',
        'co_freevars',
        'co_kwonlyargcount',
        'co_lnotab',
        'co_name',
        'co_names',
        'co_nlocals',
        'co_stacksize',
        'co_varnames'}
```

일단 몇 개의 인자가 들어가있는지를 확인하면 인자가 2개라는 것을 알 수 있고 함수의 이름도 확인할 수 있으며 함수 내에 있는 변수도 알 수 있다. 일단 매개변수의 변수만을 가지고 있으므로 변수에 지정된 이름도 전부 매개변수라는 것을 알 수 있다.

```
In :   print(addd.__code__.co_argcount)
       print(addd.__code__.co_name)
       print(addd.__code__.co_names)
       print(addd.__code__.co_varnames)
```

```
Out:   2
       addd
```

```
()
('x', 'y')
```

✚ 함수의 소스 및 바이트 코드 보기

파이썬 함수는 소스를 가지고 있다. 이 소스도 작성된 함수 로직을 살펴보기 위해 inspect 모듈, dis 모듈을 통해 함수에 대한 내부 정보를 확인할 수 있다. 일단 소스와 바이트 코드를 보는 법을 알아본다.

예제 7-42 : 함수 소스 및 바이트 코드 보기

일단 import inspect를 하고 inspect.getsource 함수의 인자에 함수가 지정된 이름을 넣으면 함수의 소스(source)가 출력된다.

```
In :   import inspect

       def addd(x:int,y:int) -> int :
           return x+y

       print(inspect.getsource(addd))

Out:   def addd(x:int,y:int) -> int :
           return x+y
```

파이썬 프로그램 소스를 인터프리터에서 실행하기 위해서는 바이트 코드로 변환이 필요하다.

이 바이트 코드로 변환된 것을 그대로 보여주는 dis 모듈을 import하고 dis.dis 함수를 이용해서 함수 로직 처리되는 바이트 코드를 볼 수 있다.

```
In :   import dis

       print(dis.dis(addd))

Out:     4           0 LOAD_FAST            0 (x)
                     2 LOAD_FAST            1 (y)
```

```
              4 BINARY_ADD
              6 RETURN_VALUE
None
```

7.6.2 함수 시그너처

파이썬에서도 함수의 매개변수나 반환값에 대한 결과에 대해 주석으로 정보를 더 줄 수 있다.

이는 내부적으로 함수의 시그너처(signature)라는 것을 명확히 파악할 수 있다.

함수의 매개변수 자료형과 반환 자료형을 지정하는 것으로써 파이썬에서는 이를 annotation으로 처리해 하나의 주석처럼 사용된다는 것을 확인한다.

✚ 함수의 시그너처를 가져오기

파이썬의 inspect 모듈을 이용해서 함수의 중요 정보인 매개변수와 반환 값인 시그너처를 알아본다.

표는 inspect 모듈에서 시그너처를 조회하는 함수와 시그너처를 구성하는 클래스 등을 간략히 설명한다.

Function 및 속성	Description
inspect.signature(함수명)	함수에 대한 시그너처 정보를 출력
Signature.parameter	시그니처 객체의 매개변수 주석
Signature.return_annotation	시그니처 객체의 반환 값 주석

예제 7-43 : 시그너처와 매개변수 정보 확인하기

함수를 정의한다. 매개변수와 반환 값 처리에 대한 자료형을 지정한다.

```
In :   import inspect
```

```
def addd(x:int,y:int) -> int :

    return x+y
```

이 함수의 signature로 함수를 조회하면 자료형이 한 Signature 클래스의 인스턴스로 나온다.

이 결과를 출력하면 시그너처 정보가 확인된다.

```
In :   a = inspect.signature(addd)
       print(type(a))
       print(a)

Out:   <class 'inspect.Signature'>
       (x:int, y:int) -> int
```

이 인스턴스를 OrderedDict 클래스 인스턴스로 확인할 수 있다. 이 parameters 내의 속성을 확인하면 속성 내부의 값을 출력한다. 반환값은 return_annotation이 있어 이를 조회하면 매개변수와 반환값에 대한 정보를 조회할 수 있다.

```
In :   print(a.parameters)
       print(a.parameters['x'])
       print(a.parameters['y'])
       print(a.return_annotation)

Out:   OrderedDict([('x', <Parameter "x:int">), ('y', <Parameter "y:int">)])
       x:int
       y:int
       <class 'int'>
```

7.6.3 함수 기본 정보

함수 인스턴스의 속성 정보에 직접 접근하지 않고 inspect 모듈 내의 함수를 이용해서 조회해본다. 상세한 처리는 이 책의 범위를 넘으므로 기본적인 호출에 대해서만 알아본다.

✚ 함수의 doc과 module 정보 가져오기

함수 내부의 속성에 직접 접근하지 않고 inspect 모듈로 함수의 정보에 접근할 수 있다.

표는 함수의 __doc__, __module__ 에 대한 정보를 함수로 처리하는 예시이다.

function	Description
inspect.getdoc(obj)	obj 내부의 doc을 출력
inspect.getmodule(obj)	obj에 대한 모듈 이름을 출력
inspect.getsourcefile(obj)	obj에 대한 소스파일(모듈 이름)을 출력

예제 7-44 : 함수에 대한 기본 정보도 함수로 조회하기

함수의 정보도 속성을 이용하지 않고 inspect 모듈에 있는 함수를 통해 조회할 수 있다. 함수 설명, 함수 모듈명, 함수의 인자, 함수가 작성되어 있는 파일 등을 출력해서 볼 수 있다.

```
In :  import inspect

      def addd(x:int,y:int) -> int :
          """ addd 함수에 대한 __doct__ """
          return x+y
```

함수 내의 도움말을 조회해서 출력한다.

```
In :  a = inspect.getdoc(addd)
      print(type(a))
      print(a)

Out:  <class 'str'>
      addd 함수에 대한 __doct__
```

이 함수의 code 클래스를 확인해서 인자를 조회하면 Arguments 인스턴스로 처리하는 것을 알 수 있다.

356

이 함수의 소스가 어느 파일에 있는지를 확인하면 주피터 노트북에서 처리하는 것을 알 수 있다.

```
In :  b = inspect.getargs(addd.__code__)
      print(b)

      c = inspect.getsourcefile(addd)
      print(c)
```

```
Out:  <Arguments(args=['x', 'y'], varargs=None, varkw=None)
      <ipython-input-103-04e88e16e840>
```

8

변수/함수 매개변수

파이썬에서 모든 이름은 네임스페이스에서 관리한다. 즉, 변수, 함수, 클래스 등도 이름이므로 네임스페이스에서 관리한다. 네임스페이스는 파이썬 딕셔너리 자료형이므로 정보는 키와 값으로 저장되며, 파이썬 구성 요소인 변수, 함수, 클래스의 이름은 키로 가고 이름에 할당되는 객체는 값으로 저장된다. 함수와 클래스도 이름을 키로 넣고 인스턴스는 값으로 전환되어 관리한다.

모듈에 있는 전역 네임스페이스에서 처리하는 것처럼 함수 내부의 지역 네임스페이스에서 처리되는 것도 구별해서 이해를 해야 한다.

특히 변수는 튜플이나 딕셔너리 값을 관리할 수 있는데 이런 부분을 어디에서 사용할 것인가에 대해서도 자세히 알아봐야 한다.

파이썬에서 함수의 매개변수와 인자 등도 전부 변수의 할당처럼 사용된다. 하나의 원소만 가지는 자료형과 여러 원소를 가지는 자료형이 변수에 할당될 때 하나로 묶여서 할당이 되거나 여러 원소를 가진 자료형이 여러 변수에 할당되는 것도 가능하다.

이런 처리가 packing과 unpacking 규칙으로 표현되므로 이번 장에서 같이 알아본다.

✦ 이해해야 할 사항

- 변수로 할당할 때 변수에 각각 할당되는 언패킹
- 변수명 앞에 별표(*)를 붙여 다양한 원소를 갖도록 패킹
- 함수의 매개변수도 다양한 인자 할당
- 함수 매개변수와 인자 정의 순서
- 함수 매개변수에 패킹 : 가변 위치와 가변 키워드
- 함수 호출에 의한 인자의 언패킹 : 가변 위치와 가변 키워드
- 함수 결과에 대한 반환값을 변수에 패킹하거나 언패킹하기

8.1 변수 할당 : packing/unpacking

파이썬을 처리할 때 변수에 할당해야 프로그램에서 재사용하여 로직을 처리할 수 있다.

변수에 값이 할당될 때 여러 개의 값이 하나의 변수로 합쳐서 할당되는 패킹 처리와 변수가 여러 개이고 리스트, 튜플 등 원소가 여러 개인 자료형을 변수에 매핑해서 배분되는 언패킹 처리가 있다.

변수에 할당하는 표기법을 알아보고 어떻게 할당이 처리되는지를 알아보자.

8.1.1 변수와 인스턴스 객체 연결 방식

변수를 문자열로 작성하지만 네임스페이스에 키로 저장되므로 딕셔너리 자료형의 키를 구

성하는 원칙에 따라 항상 유일해야 한다.

이처럼 변수가 할당되면 그 다음은 값인 인스턴스가 할당되어 매칭되는 것을 알 수 있다. 변수와 인스턴스의 값이 어떻게 연결되고 이런 연결 방식이 왜 발생하는지를 알아보자.

✚ 연결 방식

- 패킹(Packing)은 하나의 변수에 다양한 값을 하나로 묶는 것이다. 변수의 개수가 부족할 경우 변수명 앞에 *가 붙어 있다.
- 언패킹(Unpacking)은 다양한 변수에 각각의 값을 배정하는 것이다. Sequence 자료형 우측에 들어가고 변수가 여러 개 지정되면 이를 각 변수에 맞춰 나눠준다.
- Sequence나 딕셔너리 자료형의 인스턴스를 하나로 보고 하나의 변수에 할당하는 경우는 패킹과 언패킹이 발생하지 않는다.
- 함수의 반환 결과를 처리할 때도 함수가 처리된 결과를 기준으로 하므로 동일한 방식이 사용된다.

8.1.2 Sequence 자료형

Sequence 자료형은 내부에 원소가 많은 collection 자료형이다. 이런 자료형으로 생성한 인스턴스 내부의 원소를 특정 변수에 나눠서 할당할 때 패킹과 언패킹이 발생한다.

✚ Sequence 자료형을 동일 개수의 변수에 unpacking 처리하기

원소의 개수와 변수의 개수가 동일할 경우는 일대일로 분리되어 unpacking 처리된다.

예제 8-1 : 튜플, 문자열, 리스트 원소를 변수에 할당

튜플의 원소에 맞춰 변수를 일대일로 정해서 할당하면 모든 원소별로 변수에 매핑되어 할당되는 것을 볼 수 있다.

```
In :   a, b, c = (1,2,3)
       print(a,b,c)

Out:   1 2 3
```

문자열도 원소별로 변수에 일대일로 매핑되는 것을 볼 수 있다.

```
In :   a, b, c = "str"
       print(a,b,c)

Out:   s t r
```

리스트도 원소별로 변수에 일대일로 매핑되는 것을 볼 수 있다.

```
In :   a, b, c = [1,2,3]
       print(a,b,c)

Out:   1 2 3
```

✚ 다른 개수의 변수로 언패킹하기

변수의 개수가 부족한 일대다 매핑이 발생한다. *가 붙어 있는 변수에 다시 일대다 매핑이 발생하고 나머지 변수에는 일대일로 매핑되어 처리된다.

예제 8-2 : 중간의 변수에 일대다 매핑 처리

변수와 튜플이 동일한 개수가 아닐 경우 일대일 매핑이 되지 않아 튜플이 변수로 언패킹 대신 예외를 발생시킨다.

```
In :   a, b = ( 1,2,3)

Out:   ----------------------------------------------------------------
       ValueError                         Traceback (most recent call last)
       <ipython-input-5-5a83f56273db> in <module>()
       ----> 1 a, b = (1,2,3)

       ValueError: too many values to unpack (expected 2)
```

위의 예외를 해결하기 위해서는 언패킹된 것을 제외한 나머지 원소를 하나의 변수에 다시 패킹 처리한다. 그 표기법은 *를 변수 앞에 붙여서 여러 개의 원소가 들어올 수 있다는 것을 표시한다.

```
In :   a, *b = (1,2,3)
       print(a,b)

Out:   1 [2, 3]
```

리스트일 경우도 튜플과 동일하게 처리되는 것을 알 수 있다.

```
In :   a, *b = [1,2,3]
       print(a,b))

Out:   1 [2, 3]
```

문자열일 경우도 튜플과 동일하게 처리되는 것을 알 수 있다.

```
In :   a, *b = "str"
       print(a,b)

Out:   s ['t', 'r']
```

*표기법은 변수 중 일대일 매핑이 되지 않는 곳에 변수의 위치와 상관없이 표시해서 처리하면 된다.

```
In :   *a,b = (1,2,3)
       print(a,b)

       *a,b = [1,2,3]
       print(a,b)

       *a,b = "str"
       print(a,b)

Out:   [1, 2] 3
       [1, 2] 3
       ['s', 't'] r
```

한글일 경우도 문자열이라서 동일하게 문자 단위로 원소를 계산하므로 영어 문자열과 동일하게 처리되는 것을 볼 수 있다.

```
In :   *a,b = "아토큐브"
       print(a,b)

       a,*b = "아토큐브"
       print(a,b)
```
```
Out:   ['아', '토', '큐'] 브
       아 ['토', '큐', '브']
```

예제 8-3 : 변수 교환을 해서 다른 변수에 할당

변수에 있는 값을 교환해서 다른 변수에 넣을 수도 있다. 튜플은 기본 쉼표로 분리되므로 우측에 변수를 쉼표로 분리해서 표시하면 이것은 변수 지정이 아니라 하나의 튜플로 인식하므로 좌측편에 변수가 있어도 동일한 것으로 인지하지 않는다.

그러므로 변수만 바꿔서 표시한 것처럼 보이지만 전혀 다른 데이터 자료형 간의 할당이므로 임시 변수가 없어도 변수 간의 값이 교환되는 것을 확인할 수 있다.

```
In :   a = 1
       b = 2

       a, b = b,a
       print(a,b)

       c = b,a
       print(type(c), c)
```
```
Out:   2 1
       <class 'tuple'> (1, 2)
```

8.1.3 집합 및 딕셔너리 자료형

해시로 처리되는 집합과 딕셔너리도 변수에 할당이 가능하다. 다만 해시로 구성된 키 값만 변수에 할당되어 처리된다.

✚ Set과 딕셔너리 자료형 변수 할당에서 처리

딕셔너리와 집합을 변수에 할당할 때 순서가 없이 변수에 할당될 수 있다. 혹시 순서가 중요하면 정렬을 해서 변수에 할당하는 것이 좋다.

예제 8-4 : 집합과 딕셔너리 unpack 처리

일대일 매핑이 기본이므로 키와 동일하게 변수를 주고 할당하면 언패킹 처리된다.

```
In :   a, b, c = {'a':1,'b':2, 'c':3}
       print(a,b,c)

       a, b, c = {'a','b', 'c'}
       print(a,b,c)
Out:   a b c
       c b a
```

일대다 매핑일 경우에는 패킹할 변수 앞에 *를 붙여 여러 원소가 들어가도록 한다. 리스트로 생성되는 것을 알 수 있다.

```
In :   a, *b = {'a':1,'b':2, 'c':3}
       print(a,b)

       a, *b = {'a','b', 'c'}
       print(a,b)
Out:   a ['b', 'c']
       c ['b', 'a']
```

딕셔너리를 리스트로 형 변환한 후에 이를 정렬해서 변수에 할당했다.

```
In :   a,b,c = sorted(list({'a':1,'d':2, 'c':3}))
       print(a,b,c)
```

```
Out:    a c d
```

✚ 변수 할당을 모듈 내에서 조회하기

변수 할당은 변수를 정의하는 일이다. 보통 모듈에서 변수를 할당하면 모듈 내의 전역 네임스페이스에 키와 값으로 들어간다. 어떻게 들어가는지를 확인한다.

예제 8-5 : 변수의 할당을 전역 네임스페이스에서 확인

변수에 문자를 패킹과 언패킹 처리해서 출력해본다.

```
In :    sa, sb, *sc = "양영중학교"
        print(sa,sb,sc)

Out:    양 영 ['중', '학', '교']
```

이를 globals 함수를 통해 모듈의 전역 네임스페이스를 조회하고 그 내부의 키를 변수명으로 조회해서 출력하면 위의 내용과 동일한 것을 알 수 있다.

```
In :    print(globals()["sa"])
        print(globals()["sb"])
        print(globals()["sc"])

Out:    양
        영
        ['중', '학', '교']
```

8.1.4 리터럴 자료형 생성 시 언패킹

리터럴로 인스턴스를 만들 때도 변수에 들어 있는 자료형에 따라 원소를 분리해서 넣을 수 있도록 언패킹 처리가 된다.

리터럴 생성할 때 별표(*)를 붙이면 언패킹 처리를 하라는 규약이다.

예제 8-6 : Set 형 리터럴 생성 시 언패킹 사용하기

두 개의 집합 인스턴스 객체를 각각의 변수에 할당하고 새로운 집합을 만드는 곳에 변수를 할당하면 예외가 발생한다. 집합은 변경이 가능해서 해시화할 수 없다.

```
In :   a = {'a', 'b'}
       b = {1,2}

       c = {a,b}
       print(c)
```

```
Out:   -----------------------------------------------------------------
       TypeError                          Traceback (most recent call last)
       <ipython-input-6-deebc023e14f> in <module>()
             2 b = {1,2}
             3
       ----> 4 c = {a,b}
             5 print(c)

       TypeError: unhashable type: 'set'
```

위의 예제를 원소별로 처리하기 위해 집합의 인스턴스를 언패킹해서 내부의 원소만 할당하면 일단 집합 내의 원소는 전부 해시화 처리가 된 상태이므로 예외없이 집합이 만들어진다.

```
In :   a = {'a', 'b'}
       b = {1,2}

       c = {*a,*b}
       print(c)
```

```
Out:   {1, 2, 'b', 'a'}
```

집합이 할당된 변수를 리스트에 변수로 저장한 집합을 언패킹해서 리스트를 만들고 이를 이용해서 집합 생성자를 인스턴스로 만들어도 동일하게 처리되는 것을 알 수 있다.

```
In :   a = {'a', 'b'}
       b = {1,2}
```

```
print([*a, *b])

c = set([*a,*b])
print(c)
```

Out:
```
['b', 'a', 1, 2]
{1, 'b', 2, 'a'}
```

예제 8-7 : 리스트 자료형을 리터럴에서 언패킹하기

두 개의 리스트를 만든 뒤 이를 가지고 리스트의 새로운 리스트 내부에 변수를 할당해서 처리하면 리스트가 그대로 들어간다.

In :
```
a = [1,2,3]
b = [4,5,6]

e = [a,b]
print(e)
```

Out:
```
[[1, 2, 3], [4, 5, 6]]
```

리스트가 들어가지 않고 리스트 내의 원소가 들어가려면 변수 앞에 별표를 붙여야 한다. 언패킹이 발생해서 정수만 원소로 들어가 새로운 1차원 리스트가 만들어진다.

In :
```
c = [*a, *b]
print(c)
```

Out:
```
[1, 2, 3, 4, 5, 6]
```

리터럴에서도 작동했듯이 이 리스트를 생성자에서 그대로 적용해서 생성해도 동일한 결과로 표시되는 것을 확인할 수 있다.

In :
```
d = list([*a,*b])
print(d)
```

Out:
```
[1, 2, 3, 4, 5, 6]
```

예제 8-8 : 딕셔너리 자료형 생성 시 언패킹 처리하기

딕셔너리를 2개 만들어서 변수 a,b에 할당하고 이 딕셔너리를 그대로 리터럴에 넣어서 생성하면 딕셔너리는 리터럴로 키 즉 해시 처리가 되지 않아서 예외가 발생한다.

```
In :   a = {'a':1, 'b':2}
       b = {'c':3, 'd':4}

       c = {a,b}
       print(c)
```

```
Out:   ----------------------------------------------------------------
       TypeError                       Traceback (most recent call last)
       <ipython-input-5-39530e776821> in <module>()
             2 b = {'c':3, 'd':4}
             3
       ----> 4 c = {a,b}
             5 print(c)

       TypeError: unhashable type: 'dict'
```

두 개의 딕셔너리로 할당된 변수 앞에 별표를 붙이면 내부의 키만 언패킹되어 항목들로 처리가 되지 않고 그중에 키만 처리되어 새로운 집합만 만들어지며 딕셔너리가 만들어지지 않는다.

딕셔너리에 별표를 하나만 붙여서 언패킹을 하면 키만 생성이 되므로 집합으로 처리되는 것을 확인할 수 있다.

```
In :   a = {'a':1, 'b':2}
       b = {'c':3, 'd':4}

       c = {*a,*b}
       print(type(c),c)
```

```
Out:   <class 'set'> {'d', 'c', 'b', 'a'}
```

변수에 할당된 딕셔너리 항목을 전부 전달하기 위해서는 언패킹 처리를 할 때 변수 앞에 별표 두 개를 붙여서 키와 값을 쌍으로 넘어가게 해야 한다.

딕셔너리 리터럴 내에 별표 2개를 가진 변수를 넣고 생성하면 딕셔너리가 만들어지는 것을 볼 수 있다.

```
In :   a = {'a':1, 'b':2}
       b = {'c':3, 'd':4}

       c = {**a,**b}
       print(type(c),c)
Out:   <class 'dict'> {'a': 1, 'b': 2, 'c': 3, 'd': 4}
```

딕셔너리 생성자에서 동일하게 처리가 되는지를 확인하면 같은 결과가 나오는 것을 볼 수 있다.

```
In :   a = {'a':1, 'b':2}
       b = {'c':3, 'd':4}

       c = dict(**a,**b)
       print(type(c),c)
Out:   <class 'dict'> {'a': 1, 'b': 2, 'c': 3, 'd': 4}
```

딕셔너리를 리터럴로 생성할 때는 기존 리터럴로 만들어진 딕셔너리의 키를 숫자로 만든 것도 처리된다.

```
In :   num_dict = {1:2,2:2}

       d = {**num_dict}
       print(d)
Out:   {1: 2, 2: 2}
```

딕셔너리 생성자를 통해 기존 딕셔너리 키가 숫자로 된 경우를 처리할 때는 키워드 인자로 전환이 되지 않아 예외가 발생한다.

```
In :   ds = dict(**num_dict)
       print(ds)
```

```
         ----------------------------------------------------------------
TypeError                                 Traceback (most recent call last)
<ipython-input-18-ec3dc44805bb> in <module>()
----> 1 ds = dict(**num_dict)
        2 print(ds)

TypeError: keyword arguments must be strings
```

8.2 함수의 매개변수와 인자

파이썬 함수를 정의할 때도 매개변수(parameter)를 정의하고 함수를 호출할 때 값을 인자 (argument)로 할당해서 변수의 할당처럼 패킹과 언패킹이 발생한다.

함수를 정의할 때 헤더부에 함수명 다음으로 정의된 매개변수는 함수 내의 지역 네임스페이스에 생성이 되지만 함수가 호출될 때 값이 들어오므로 함수를 호출할 때 변수의 할당 방식과 동일하게 지정된다.

함수가 호출될 때 다양한 인자 처리 방식이 있고 이 인자를 처리하는 방식에 따라 패킹과 언패킹이 발생한다. 먼저 매개변수와 인자가 어떻게 만들어지고 처리되는지를 알아보고 인자에 고정과 가변으로 세부 처리하는 방법은 별도로 알아본다.

8.2.1 함수 매개변수는 함수의 지역 변수

파이썬에서 함수를 정의할 때 왜 매개변수를 지역 네임스페이스로 할당해서 사용하는지부터 알아본다.

예제 8-9 : 매개변수가 지역 변수인지를 확인

함수 func에 매개변수 x, y를 지정하고 이 함수의 지역 네임스페이스를 내부에서 출력했다.

함수가 호출되어 인자가 정의되면 이 함수가 실행되므로 지역 네임스페이스가 어떻게 생성되는지를 알 수 있다.

함수 내에서 매개변수는 2개이고 x,y이지만 내부 로직에서 내부 변수 z를 할당했다. 지역 네임스페이스를 확인하는 locals 함수를 함수 내부 로직에서 출력했으므로 함수가 호출되면 지역 네임스페이스까지 출력된다. 총 x, y, z가 출력하고 3개의 변수의 값을 합산해서 출력하는 것을 볼 수 있다.

```
In :    def func(x,y) :
            z = 0
            print(locals())
            return x+y+z

        print(func(10,10))
Out:    {'z': 0, 'y': 10, 'x': 10}
        20
```

이 함수를 실행하기 전에 로직을 관리하는 __code__ 속성을 조회해서 현재 지정된 변수와 매개변수의 개수를 조회할 수 있다.

전체 지역 변수는 __code__.co_varnmaes로 조회해서 이 이름을 출력한다. 부여할 인자의 개수는 __code__.co_argcount를 조회해서 2개라는 것을 확인했다.

```
In :    print(func.__code__.co_varnames)
        print(func.__code__.co_argcount)
Out:    ('x', 'y', 'z')
        2
```

8.2.2 매개변수와 인자 연결 방식

함수를 정의한 후에 함수 호출이 되면 제일 먼저 함수 매개변수와 함수 인자가 바인딩되어 함수가 실행될 준비를 한다.

변수에 할당되는 것이 레퍼런스를 보관한다. 변경 불가능한 값을 갱신하는 경우도 파이썬에서는 레퍼런스만 변경하는 것이라 다른 언어에서 처리하는 방식인 call by value로 처리할 수 없다. 파이썬은 call by value와 call by reference가 혼합된 call by sharing으로 처리된다.

✚ Call by sharing과 call by reference 차이점

바인딩되는 두 가지 방식은 전부 레퍼런스를 전달하는 방식이다. call by sharing일 경우는 변경 불가능한 것도 레퍼런스를 전달하지만 내부적으로는 call by value처럼 처리한다. 변경이 가능한 경우는 call by reference처럼 처리가 되어 함수 내에서 변경되면 외부도 변경되는 것을 알 수 있다.

그래서 변경 가능한 자료형을 함수 내에서 변경하지 않기 위해 인자로 전달할 때 별도의 사본을 만들어서 전달하면 함수가 실행된 후에도 변하지 않는 것을 알 수 있다.

예제 8-10 : 매개변수와 인자 연결할 때 레퍼런스 확인하기

하나의 함수에 전달된 매개변수가 호출될 때 어떤 레퍼런스가 전달되는지를 확인하기 위해 매개변수 x,y를 id 함수로 출력했다.

```
In :   def func(x,y) :
           print(id(x), id(y))
           print(locals())
           return x+y
```

함수를 호출하기 전에 전역 변수 a,b를 지정해서 값을 할당했다. 이 값들이 레퍼런스를 id 함수로 출력했다.

```
In :   a = 10
       b = 11
       print(" a ", id(a))
       print(" b ", id(b))
Out:   a 1609612016
```

```
b  1609612048
```

함수를 호출해서 출력 결과를 확인해보면 전역 변수의 레퍼런스와 함수 내부의 지역 변수의 레퍼런스가 동일한 것을 알 수가 있다.

```
In :   print(func(a,b))
```

```
Out:   1609612016 1609612048
       {'y': 11, 'x': 10}
       21
```

예제 8-11 : 전역 변수의 변경을 못하도록 처리하기

함수를 정의하고 리스트를 변수에 할당해서 이 변수에 저장된 리스트의 레퍼런스를 id 함수로 출력한다.

```
In :   def func(x:list) :
           print(id(x))
           print(locals())
           return x
```

하나의 리스트를 정의하고 이 리스트의 레퍼런스를 정수로 출력한다.

```
In :   l = [1,2,3,4]
       print(id(l))
```

```
Out:   86700936
```

함수를 호출할 때 리스트를 슬라이스화하고 새로운 리스트를 만들어서 전달했다.

전달된 리스트의 레퍼런스가 처음에 만든 리스트와 다른 인스턴스라는 것을 확인할 수 있다.

```
In :   func(l[:])
```

```
Out:   86700680
       {'x': [1, 2, 3, 4]}
```

374

```
[1, 2, 3, 4]
```

함수를 호출할 때 리스트의 copy 메서드를 이용해서 기존 리스트를 사용하는 것이 아니라 새로운 리스트 사본을 만들어서 함수에 전달한다. 출력 결과를 보면 원본과 다른 리스트가 전달된 것을 확인할 수 있다.

```
In :   func(l.copy())

Out:   86700680
       {'x': [1, 2, 3, 4]}
       [1, 2, 3, 4]
```

8.2.3 함수 매개변수에 초기값 할당

함수가 정의될 때 인자를 할당하기 전에 초기값을 먼저 정의할 수 있다. 이 초기값은 지역 네임스페이스에 할당되는 것이 아닌 함수의 객체 속성에 할당되어 관리되므로 함수를 호출할 때마다 영향을 미칠 수 있다.

초기값을 지정해도 부수 효과가 발생할 수 있으므로 초기값에 변경 가능한 자료형을 할당하지 않도록 주의해야 한다.

✚ 함수의 매개변수 초기값 주기

함수의 초기값은 함수의 속성과 관계가 있다. 일반적인 인자일 경우에는 __defaults__ 속성에 보관되고 키워드 인자일 경우는 __kwdefaults__ 속성에 저장된다. 함수가 호출될 때마다 관리되는 지역 네임 스페이스와 함수가 정의할 때 딱 한 번만 생기는 객체 네임스페이스의 차이점을 이해하면 왜 초기값이 함수가 호출할 때도 유지되는지를 명확히 알 수 있다.

예제 8-12 : 초기값으로 변경 불가능한 값 주기

함수의 매개변수에 고정으로 처리할 매개변수 2개를 정의한다. 고정으로 정의했기 때문에 이 값은 고정된 위치 인자이므로 __defaults__ 속성에 정의되어 처리되는 것을 알 수 있다.

```
In :   def defaults_func(x=10,y=10) :
           return x+y

       print(defaults_func.__defaults__)
```

```
Out:   (10, 10)
```

이 함수를 인자 없이 실행을 하면 초기값을 먼저 확인하고 초기값이 있다면 이를 검색해서 실행이 된다.

또 함수를 호출해서 첫 번째 인자만 넣었을 때도 두 번째 인자가 없으므로 초기값으로 대체되어 실행이 되는 것을 알 수 있다.

```
In :   print(defaults_func())
       print(defaults_func(5))
```

```
Out:   20
       15
```

예제 8-13 : 함수 매개변수에 초기값이 가변 자료형일 경우

함수의 매개변수 초기값이 변경 가능한 리스트를 할당하고 이 매개변수에 있는 리스트에 원소를 추가한 후 결과값으로 반환했다.

```
In :   def mutable_defaults(a,b=[]) :
           b.append(a)
           return b
```

이 함수를 실행하면서 첫 번째 인자만 주고 처리하면 내부의 초기값이 호출될 때마다 리스트 내의 원소가 추가되는 것을 알 수 있다.

함수가 호출될 때마다 내부의 지역 네임스페이스는 사라지지만 초기값을 부여한 것은 함수의 인스턴스 내부 속성이므로 이 모듈을 종료할 때까지 사라지지 않아서 변경된 정보를 계속 가지고 있다.

```
In :   print(mutable_defaults(10))
       print(mutable_defaults.__defaults__)
       print(mutable_defaults(10))
       print(mutable_defaults.__defaults__)
       print(mutable_defaults(10))
       print(mutable_defaults.__defaults__)
```

```
Out:   [10]
       ([10],)
       [10, 10]
       ([10, 10],)
       [10, 10, 10]
       ([10, 10, 10],)
```

함수 매개변수 초기값을 가변 자료형으로 사용하지 않고 초기값을 None으로 할당한 뒤 내부에서 b라는 매개변수를 리스트로 처리한다. 이럴 경우는 함수가 호출될 때마다 지역 네임스페이스가 사라지므로 항상 새롭게 생성되어 앞에 처리된 결과를 가지지 않는다.

```
In :   def none_defaults(a,b=None) :
           if b is None :
               b = []

           b.append(a)
           return b
```

함수를 3번 호출해도 전에 처리된 함수의 결과가 다른 함수 호출에 영향을 미치지 않는다. 함수를 처리할 때 매개변수의 초기값으로 변경이 가능한 자료형을 할당하지 않아야 한다.

```
In :   print(object_defaults(10))
       print(object_defaults(10))
       print(object_defaults(10))
```

```
Out:   [10]
       [10]
```

```
[10]
```

None 객체를 사용하는 것보다 함수의 초기값 처리를 위한 별도의 객체를 만들어서 초기
값으로 할당해서 처리하는 방식이 더 좋은 이유는 None을 사용하므로 내부적으로 초기값
을 사용하지 않는다는 것을 명기하는 방식을 표준으로 만드는 것이 좋다.

그래서 최상위 클래스인 object 인스턴스를 이용해서 초기값을 부여하고 이 값은 아무 것
도 사용하지 않고 이 매개변수가 리스트 등으로 사용한다는 것을 명기한다.

```
In :   object_ = object()

       def object_defaults(a,b=object_) :
           if isinstance(b, object) :
               b = []

           b.append(a)
           return b
```

함수를 3번 호출해도 처리는 None을 초기값으로 처리하는 것과 동일하지만 None을 권
고하지 않으므로 이 방식을 이용해서 만드는 것이 더 좋은 방식이다.

```
In :   print(object_defaults(10))
       print(object_defaults(10))
       print(object_defaults(10))

Out:   [10]
       [10]
       [10]
```

8.3 고정 매개변수와 인자 연결

앞에서 매개변수와 인자의 바인딩 및 초기화에 대해서 알아봤다. 이제 매개변수와 인자
간의 패킹과 언패킹을 처리하는 방식을 알아본다.

함수를 정의할 때는 주로 패킹에 대한 기준을 표시하고 함수를 호출할 때는 언패킹에 대한 기준을 표시한다. 인자를 어떻게 할당하는지에 따라 인자를 부르는 방식이 다르다는 것도 이해한다.

고정 매개변수는 위치 인자나 키워드 인자라도 항상 필수이므로 함수가 호출될 때 값이 들어와야 한다. 혹시 누락이 생길 수 있으므로 초기값을 배정해서 처리가 되도록 할 수 있다.

매개변수와 인자가 고정으로 정해져 일대일로 매핑되는 고정 처리부터 알아본다.

8.3.1 고정 위치 인자

함수의 매개변수를 지정하면 함수를 호출할 때 인자를 매개변수의 위치에 따라 그대로 매핑하는 것이 고정 위치 인자이다. 고정 위치 인자는 필수이므로 값도 항상 하나만 들어가야 한다.

예제 8-14 : 매개변수 위치에 인자 매핑하기

함수에 3개의 매개변수를 정의했다. 매개변수에 초기값을 정의하지 않았기 때문에 인자가 정해지면 매개변수와 일대일로 매핑이 되어야 한다.

전체의 매개변수와 인자의 수가 동일해야 하고 동일하지 않으면 예외가 발생한다.

```
In :  def position_args(x,y,z) :
          return x,y,z

      print(position_args(10,20))
```

```
Out:  ----------------------------------------------------------------
      TypeError                           Traceback (most recent call last)
      <ipython-input-20-b4b56d9d0f99> in <module>()
            2     return x,y,z
            3
      ----> 4 print(position_args(10,20))
```

```
TypeError: position_args() missing 1 required positional argument: 'z'
```

위의 매개변수에 맞춰 인자를 넣으면 함수가 실행되는 것을 알 수 있다.

```
In :   print(position_args(10,20,30))

Out:   (10, 20, 30)
```

위의 에러가 왜 발생하는지를 확인해보면 __code__.co_varnames 속성 내에 관리되는 매개변수의 이름은 위치 인자의 순서대로 관리한다.

이를 이용해서 내부에서 동일한 변수에 지역 네임스페이스의 키로 값을 조회해서 다시 할당했다.

```
In :   def position_args(x,y,z) :
           local = locals()
           varnames = position_args.__code__.co_varnames
           x = local[varnames[0]]
           y = local[varnames[1]]
           z = local[varnames[2]]
           return x,y,z
```

동일한 인자로 이 함수를 실행하면 실행이 되어 매개변수와 할당된 인자를 그대로 출력하는 것을 볼 수 있다.

```
In :   print(position_args(10,20,30))

Out:   (10, 20, 30)
```

8.3.2 고정 키워드 인자

함수 매개변수를 지정할 때 고정은 일대일 매핑을 처리한다. 위에서 그대로 위치별로 할당을 했지만 사용자가 임의로 변수명을 할당해서 키워드 인자로도 인자를 할당해 처리할 수 있다.

고정 키워드 인자도 필수이므로 요구하는 값이 하나 들어가야 한다. 고정 키워드 인자에 값이 들어가지 않으면 예외가 발생한다.

예제 8-15 : 고정 키워드 인자 확인하기

함수를 고정 매개변수를 지정해서 정의했다. 항상 이 함수를 호출할 때는 3개의 인자를 지정한다.

키워드 인자는 이 매개변수의 이름으로 정의하고 값을 할당한 후에 함수를 호출해서 처리하면 된다. 매개변수명과 값을 매핑해서 넣어주면 내부의 지역 네임스페이스가 딕셔너리 자료형이므로 동일한 변수에 맞춰 처리가 된다.

```
In :   def key_args(x,y,z) :
           local = locals()
           varnames = key_args.__code__.co_varnames
           x = local[varnames[0]]
           y = local[varnames[1]]
           z = local[varnames[2]]
           return x,y,z
```

첫 번째 호출할 때 첫 인자는 값만 넣어서 매개변수 x는 고정 위치 인자로 바인딩이 되었고 y,z는 키워드 인자로 할당해서 실행을 했다.

```
In :   print(key_args(10,z=20,y=30))

Out:   (10, 30, 20)
```

두 번째 함수 호출은 위치에 상관없이 각 매개변수를 지정하고 값을 할당해 실행해서 결과가 나온다.

```
In :   print(key_args(z=10,x=20,y=30))

Out:   (20, 30, 10)
```

8.3.3 고정 위치 인자와 고정 키워드 인자 매핑

함수를 정의할 때 고정된 매개변수를 위치 인자와 키워드 인자를 혼재해서 사용할 수 있다. 동일한 매개변수가 사용되지 않도록 주의해야 하고 항상 위치 인자 앞에 키워드 인자를 사용할 수 없다. 위치 인자가 없을 경우 전부 키워드 인자로 사용할 수는 있다.

예제 8-16 : 동일한 매개변수를 혼용 사용할 때 주의사항

함수를 정의하고 위치 인자를 넣어 함수를 호출해서 실행했다.

```
In :   def pos_key_args(x,y) :
           return x,y

In :   print(pos_key_args(10,10))

Out:   (10, 10)
```

함수를 호출할 때 매개변수 x를 위치 인자로 할당하고 또 키워드 인자로 할당했다. 두 번 처리가 발생해서 예외를 발생시킨다.

```
In :   print(pos_key_args(10,x=10))

Out:   ---------------------------------------------------------------
       TypeError                         Traceback (most recent call last)
       <ipython-input-29-92b273f53cd0> in <module>()
       ----> 1 print(pos_key_args(10,x=10))

       TypeError: pos_key_args() got multiple values for argument 'x'
```

위치 인자보다 키워드 인자가 먼저 오면 문법적인 오류가 발생한다. 첫 번째는 항상 위치 인자부터 처리해야 한다.

```
In :   print(pos_key_args(x=10,10))

Out:     File "<ipython-input-30-81f72259ead5>", line 1
           print(pos_key_args(x=10,10))
                                  ^
       SyntaxError: positional argument follows keyword argument
```

8.4 가변 매개변수와 인자 연결

함수를 정의할 때 매개변수를 무한정 정의하기도 힘들다. 이때 인자가 여러 개이지만 매개변수는 하나일 수 있다. 이때 표기법은 위치 인자일 경우는 별표 하나를 변수에 지정해서 처리하고 키워드 인자는 별표 2개를 변수에 지정해서 처리한다.

이때 매개변수가 패킹으로 처리되는 것을 알 수 있다.

8.4.1 가변 위치 인자

함수의 매개변수는 하나이고 인자가 여러 개일 경우 이를 묶어서 튜플에 넣어 매개변수의 값으로 넣는 방식이 가변 위치 인자 패킹 처리이다.

표기법은 하나의 매개변수명 앞에 *를 붙여서 처리하면 된다. 가변 위치 인자는 항상 고정 위치 인자 다음에 정의가 가능하다.

예제 8-17 : 매개변수에 동적 인자 패킹처리

함수의 하나의 매개변수 args를 지정한다. 보통 가변 위치 인자의 변수명을 args로 지정해서 처리하는 것이 관행이다.

가변 위치 인자 앞에 고정 위치 인자가 없으므로 모든 것은 가변 위치 인자로만 사용된다.

```
In :    def var_pos_args(*args) :
            print(type(args))
            print(locals())
```

함수를 호출할 때 가변이므로 인자가 없을 때도 실행이 되며 지역 네임스페이스에 아무 것도 없다는 튜플이 출력된다.

하나의 인자를 넣어서 처리하면 고정 위치 인자와 다르게 하나의 튜플로 생성된 것을 확인할 수 있다. 가변 위치 인자는 튜플로만 관리되는 것을 알 수 있다. 또 함수를 호출해서 인자를 2개 부여했다. 이번에는 튜플에 인자가 2개 들어가 있는 것을 알 수 있다.

다양한 인자가 들어와 모두 가변 위치 인자로 인식해서 하나의 튜플에 전부 할당되는 것을
알 수 있다.

```
In :   print(var_pos_args())
       print(var_pos_args(1))
       print(var_pos_args(1,2))
```

```
Out:   <class 'tuple'>
       {'args': ()}
       None
       <class 'tuple'>
       {'args': (1,)}
       None
       <class 'tuple'>
       {'args': (1, 2)}
       None
```

함수 정의를 수정해서 고정 매개변수를 지정하고 가변 매개변수는 고정 매개변수 다음에
지정했다.

```
In :   def var_pos_args(x,y,z,*args) :
           print(type(args))
           print(locals())
```

함수를 호출할 때에 6개의 인자를 넣으면 3개는 고정 매개변수에 할당되고 나머지 3개의
인자는 가변 위치 인자들이므로 하나의 튜플로 구성되어 처리된다.

```
In :   print(var_pos_args(1,2,3,4,5,6))
```

```
Out:   <class 'tuple'>
       {'args': (4, 5, 6), 'z': 3, 'y': 2, 'x': 1}
       None
```

고정 위치 인자와 가변 위치 인자를 혼합해서 처리할 때는 가변 위치 인자까지 처리한 후
에 키워드 인자가 처리된다.

위치 인자와 키워드 인자를 혼합해서 처리할 수 없으므로 구분해서 처리를 해야 한다.

```
In :    print(var_pos_args(1,z=3,y=5,345))

Out:       File "<ipython-input-35-8ac765f63da1>", line 1
            print(var_pos_args(1,z=3,y=5,345))
                                            ^
        SyntaxError: positional argument follows keyword argument
```

예제 8-18 : 가변 위치 인자와 고정 키워드 인자에 혼합해서 사용

가변 위치 인자 다음에 매개변수 x가 정의되었다. 가변 위치 인자 다음에 정의된 매개변수
는 반드시 키워드 인자로 처리가 된다.

```
In :    def var_pos_args_(*args,x) :
            print(type(args))
            print(locals())
```

함수 호출할 때 위치 인자 6개를 넣어서 처리하면 가변위치 인자 다음에 들어온 인자가 키
워드 인자이므로 이 키워드 인자가 할당되지 않아서 함수가 호출되지 않는다는 예외가 발
생한다.

```
In :    print(var_pos_args_(1,2,3,4,5,6))

Out:    ---------------------------------------------------------------------
        TypeError                           Traceback (most recent call last)
        <ipython-input-39-f0b8a42278d6> in <module>()
        ----> 1 print(var_pos_args_(1,2,3,4,5,6))

        TypeError: var_pos_args_() missing 1 required keyword-only argument: 'x'
```

가변 위치 인자 후에 고정 키워드 인자로 값을 할당해야 정상적으로 처리되는 것을 확인할
수 있다.

```
In :    print(var_pos_args_(1,2,3,4,5,6,x=10))

Out:    <class 'tuple'>
        {'args': (1, 2, 3, 4, 5, 6), 'x': 10}
        None
```

8.4.2 가변 키워드 인자

매개변수를 정의할 때도 고정 위치, 가변 위치, 고정 키워드, 가변 키워드 순으로 정의한다. 함수를 호출할 때도 가변 키워드 인자는 고정 위치 인자, 가변 위치 인자, 고정 키워드 인자가 할당된 다음에 넣어서 처리한다.

가변 키워드 인자를 지정하는 가변 키워드 매개변수명 앞에 별표를 두 개 지정해서 패킹이 된다는 것을 명기해야 하고 관행적으로 kwargs라는 이름으로 지정한다. 가변 키워드 인자는 딕셔너리 자료형으로 구성된다.

✚ 가변 키워드 인자 처리

함수에 가변 키워드 인자만 처리해도 함수의 지역 네임스페이스에서 하나의 매개변수 내에 다양한 키와 값을 쌍의 데이터로 보관할 수 있다. 매개변수를 고정하지 않고 다양한 로직의 처리를 위해 사용할 수 있다.

예제 8-19 : 가변 키워드 인자 처리

함수의 매개변수에 **kwargs를 사용해서 정의한다. 이제 함수를 호출할 때는 가변 키워드 인자로만 전달한다.

```
In :    def var_key_args(**kwargs) :
            print(type(kwargs), kwargs)
```

아무 것도 없이 함수를 실행해도 가변 키워드 인자와 매핑되는 가변 매개변수가 있으므로 아무 것도 없는 딕셔너리가 생성된 것을 알 수 있다.

키워드 인자를 3개 주고 처리하면 딕셔너리 내부에 3개의 키와 값을 쌍으로 구성한 딕셔너리가 출력되는 것을 볼 수 있다.

```
In :    print(var_key_args())
        print(var_key_args(a=1,b=2,c=3))
```

```
Out:    <class 'dict'> {}
```

```
None
<class 'dict'> {'a': 1, 'b': 2, 'c': 3}
None
```

가변 키워드 인자는 딕셔너리로 관리하므로 내부의 키와 값을 쌍으로 조회하면 items 메서드로 읽어서 처리하도록 함수를 정의했다.

```
In :   def var_key_args(**kwargs) :
           print(type(kwargs), kwargs)

           for k,v in kwargs.items() :
               print("key ",k, " value ",v)
```

함수를 호출해서 출력된 결과를 보면 키와 값으로 구분해서 출력한 것을 확인할 수 있다.

```
In :   print(var_key_args())
       print(var_key_args(a=1,b=2,c=3))

Out:   <class 'dict'> {}
       None
       <class 'dict'> {'a': 1, 'b': 2, 'c': 3}
       key  a  value  1
       key  b  value  2
       key  c  value  3
       None
```

가변 키워드 인자에 들어온 값만을 처리하려면 values 메서드를 이용해서 값만을 불러와 덧셈을 처리한 결과를 반환해서 처리되는 함수를 정의한다.

```
In :   def var_key_args(**kwargs) :
           print(type(kwargs), kwargs)
           result = 0

           for v in kwargs.values() :
               result += v
           return result
```

함수를 호출할 때 키워드 인자를 넣고 처리를 하면 키워드 인자의 값을 더한 결과를 출력하는 것을 확인할 수 있다.

```
In :   print(var_key_args())
       print(var_key_args(a=1,b=2,c=3))
```

```
Out:   <class 'dict'> {}
       0
       <class 'dict'> {'a': 1, 'b': 2, 'c': 3}
       6
```

✚ 가변 위치 인자와 가변 키워드 인자 혼합

함수의 매개변수를 정의할 때 가변 위치 인자 다음에 키워드 인자가 올 수 있다. 고정과 가변 키워드 인자를 처리하는 방식을 이해해보자.

예제 8-20 : 가변 위치 인자와 가변 키워드 인자 혼합 처리

함수를 정의할 때도 함수의 인자 호출 순서에 따라 가변 위치 인자와 가변 키워드 인자로 정의를 했다.

고정 위치 인자와 고정 키워드 인자가 없으므로 모든 인자는 가변으로 처리되는 것을 확인한다.

```
In :   def var_pos_key_args(*args,**kwargs) :
           print(type(args), args)
           print(type(kwargs), kwargs)
           result = 0

           for v in args :
               result += v
           for v in kwargs.values() :
               result += v
           return result
```

가변이므로 아무런 인자도 없이 호출을 하면 값을 계산한 결과가 없으므로 0이 출력된다.

일단 가변 위치 인자만 넣고 함수를 호출하면 가변 키워드 인자는 아무 것도 없어서 빈 딕셔너리와 가변 위치 인자가 들어온 값을 합산한 결과를 출력한다.

```
In :    print(var_pos_key_args())
        print(var_pos_key_args(1,2,3,4))
```

```
Out:    <class 'tuple'> ()
        <class 'dict'> {}
        0
        <class 'tuple'> (1, 2, 3, 4)
        <class 'dict'> {}
        10
```

가변 위치 인자와 가변 키워드 인자를 동시에 넣고 실행하면 두 개의 매개변수에 대해 전부 들어온 것을 알 수 있고 모든 값을 다 더해서 결과를 보여준다.

가변 키워드 인자만 넣고 처리하면 가변 위치 인자는 빈 튜플을 표시하고 가변 키워드 인자만 더한 결과를 출력하는 것을 볼 수 있다.

```
In :    print(var_pos_key_args(1,2,3,4, a= 1, b=2))
        print(var_pos_key_args( a= 1, b=2))
```

```
Out:    <class 'tuple'> (1, 2, 3, 4)
        <class 'dict'> {'a': 1, 'b': 2}
        13
        <class 'tuple'> ()
        <class 'dict'> {'a': 1, 'b': 2}
        3
```

예제 8-21 : 위치 인자, 가변 위치 인자, 키워드 인자, 가변 키워드 인자를 혼합

고정 위치 x,y와 고정 키워드 z, 가변 위치 args와 가변 키워드 kwargs로 매개변수를 지정했다.

```
In :    def all_args(x,y,*args,z,**kwargs) :
            print(locals())
```

고정 위치 인자 1을 넣고 고정 키워드 인자를 1개 넣어 호출하면 필수로 넣어야 할 고정 위치 인자 하나가 부족하므로 예외가 발생한다.

```
In :    all_args(5,z=1)

Out:    ---------------------------------------------------------------
        TypeError                         Traceback (most recent call last)
        <ipython-input-52-c9aa824da4ca> in <module>()
        ----> 1 all_args(5,z=1)

        TypeError: all_args() missing 1 required positional argument: 'y'
```

고정과 가변 위치 인자만 넣어도 에러가 나는 이유는 고정 키워드 인자에 값을 넣지 않았기 때문이다. 고정 위치와 고정 키워드 인자는 필수적으로 넣어야 처리되는 것을 알 수 있다.

```
In :    all_args(5,6,7,8,9)

Out:    ---------------------------------------------------------------
        TypeError                         Traceback (most recent call last)
        <ipython-input-54-ffbe98c1d79a> in <module>()
        ----> 1 all_args(5,6,7,8,9)

        TypeError: all_args() missing 1 required keyword-only argument: 'z'
```

필수인 고정 위치 인자와 고정 키워드 인자를 넣어서 실행하면 예외는 발생하지 않고 가변 위치 인자와 가변 키워드 인자에 아무 것도 없다는 것을 표시한다.

```
In :    all_args(5,6,z=1)

Out:    {'kwargs': {}, 'args': (), 'z': 1, 'y': 6, 'x': 5}
```

고정 위치 인자 2개, 가변 위치 인자 2개, 고정 키워드 인자 1개와 가변 키워드 인자 3개를 넣어서 처리하면 모든 매개변수에 인자가 전부 들어가 있는 것을 확인할 수 있다.

```
In :    all_args(5,6,7,8,z=9, a=1,b=2,c=4)

Out:    {'kwargs': {'a': 1, 'b': 2, 'c': 4}, 'args': (7, 8), 'z': 9, 'y': 6,
        'x': 5}
```

예제 8-22 : 키워드 인자를 확정해서 사용하고 싶을 경우

함수를 정의할 때 가변 위치 인자 자리에 *만 사용하면 가변 위치 인자로 넣어서 다음에 처리되는 것은 항상 고정 키워드 인자로 명기해서 처리가 가능하다.

위치 인자는 2개인데 3개를 넣고 호출해도 키워드 인자에 매핑이 되지 않을 경우 예외를 발생시킨다.

```
In :  def key_args(x,y,*,z) :
          print(locals())

      print(key_args(10,10,10))
```

```
Out:  --------------------------------------------------------------------
      TypeError                             Traceback (most recent call last)
      <ipython-input-32-5a84f122d8ac> in <module>()
            2     print(locals())
            3
      ----> 4 print(key_args(10,10,10))

      TypeError: key_args() takes 2 positional arguments but 3 were given
```

고정이라는 뜻은 반드시 인자로 전달될 때 명기를 해서 처리한다는 뜻이므로 키워드 인자에 z=10이라고 지정해서 처리한 결과 함수의 지역 네임스페이스에 제대로 값이 들어가 있는 것을 확인할 수 있다.

```
In :  print(key_args(10,10,z=10))
```

```
Out:  {'z': 10, 'y': 10, 'x': 10}
      None
```

8.5 함수 호출 및 반환에 대한 언패킹

함수를 호출할 때도 함수의 정의에 가변인자라고 표시된 경우에는 리스트, 튜플, 딕셔너리 등의 자료형이 아닌 그 자료형의 원소로 넣어야 한다.

가변 위치 인자로 언패킹은 별표 하나를 사용하고 가변 키워드 인자로 언패킹을 처리할 때는 별표 두 개를 연속으로 붙여서 처리한다.

또한 함수가 실행한 결과를 반환할 때 함수의 반환값은 하나의 자료형으로 변수에 할당되고 이 함수 반환값을 다른 변수에 할당하면 패킹과 언패킹이 발생한다.

8.5.1 함수 인자에 Sequence 자료형 unpacking 처리

지금까지 함수 매개변수와 인자 간의 패킹에 대한 문제를 알아봤다. 이제 함수를 호출할 때 가변 위치 인자와 가변 키워드 인자 처리를 위해 기존 자료형을 가지고 매개변수에 맞는 인자로 전환해서 처리하는 언패킹을 알아본다.

예제 8-23 : Sequence 자료형에 대한 인자를 전달할 때 언패킹 처리

세 개의 매개변수를 갖는 함수를 정의했다.

```
In :    def add(x,y,z) :
            print(locals())
            return x+y+z
```

하나의 변수에 3개의 원소를 가지는 튜플을 정의해서 함수에 인자로 전달했다. 튜플은 하나의 인자로만 인식하므로 2개의 인자가 빠져서 예외가 발생한다.

```
In :    t = (1,2,3)

        print(add(t))

Out:    ----------------------------------------------------------------
        TypeError                         Traceback (most recent call last)
        <ipython-input-58-a4622953bb5d> in <module>()
              1 t = (1,2,3)
              2
        ----> 3 print(add(t))

        TypeError: add() missing 2 required positional arguments: 'y' and 'z'
```

함수를 호출할 때 인자를 3개로 맞추려면 튜플의 원서가 함수의 인자로 전달되어 함수 매개변수와 인자가 동일한 개수로 매핑해야 한다.

이렇게 처리하려면 튜플의 원소만 처리가 되도록 튜플로 전달된 변수 앞에 별표를 붙여 언패킹을 하라고 지시한다.

```
In :  print(add(*t))

Out:  {'z': 3, 'y': 2, 'x': 1}
      6
```

문자열일 경우도 각 개별 문자열이 매개변수에 매핑되어 처리되어야 하므로 변수 앞에 별표를 붙여 원소별로 분리해서 처리했다.

```
In :  s = "str"

      print(add(*s))

Out:  {'z': 'r', 'y': 't', 'x': 's'}
      str
```

리스트일 경우도 원소가 3개이므로 리스트가 할당된 변수 앞에 별표를 붙여서 원소별로 매개변수와 매핑되어 처리하도록 언패킹 처리를 했다.

```
In :  l = [1,2,3]

      print(add(*l))

Out:  {'z': 3, 'y': 2, 'x': 1}
      6
```

가변 위치로 매개변수를 주었을 경우 함수를 호출할 때 여러 개의 인자로 들어올 수 있다고 정의를 했다. 덧셈에서 최초의 값을 초기화해서 할당할 때 문자열일 경우는 빈 문자열로 초기화하고 숫자일 경우는 0으로 초기화를 했다.

```
In :  def add(*args) :
```

```
        print(locals())
        if isinstance(locals()["args"][0], str) :
            result = ""
        else :
            result = 0
        for i in args :
            result +=i
        return result
```

튜플과 문자열를 언패킹해서 개별 원소로 전달하면 둘 다 가변 위치 인자에 원소로 처리된 것을 알 수 있다.

함수의 내부적인 처리는 덧셈이므로 숫자는 합산했고 문자열은 하나로 붙여서 다시 결과로 반환한 것을 알 수 있다.

```
In :  t = (1,2,3)
      print(add(*t))
      s = "str"
      print(add(*s))

Out:  {'args': (1, 2, 3)}
      6
      {'args': ('s', 't', 'r')}
      str
```

8.5.2 함수 인자에 딕셔너리 자료형 언패킹 처리

함수의 매개변수로 키워드 인자가 있을 경우 딕셔너리 자료형 내의 원소를 키워드 인자로 전환해야 한다. 이때 딕셔너리가 지정된 변수 앞에 별표 두 개를 붙여 언패킹을 처리해서 매개변수에 맞도록 매핑을 시켜줘야 한다.

예제 8-24 : 딕셔너리를 언패킹해서 함수 인자 전달

함수의 매개변수는 고정 위치 인자로 지정되어 있다.

```
In :  def mul(x,y,z) :
```

```
        print(locals())
        return x*y*z
```

이 매개변수와 동일한 이름이 키로 가는 딕셔너리가 있다. 이 딕셔너리를 인자로 전달할 때 내부의 원소만 키워드 인자로 전환한다. 딕셔너리가 할당된 변수 앞에 별표를 2개 지정하고 딕셔너리를 언패킹해서 키워드 인자로 전환하여 처리하도록 했다.

함수가 실행되어 내부의 매개변수에 값이 할당된 것을 알 수 있다.

```
In :  d = {'x':1,'y':2, 'z':3}

      print(mul(**d))
```
```
Out:  {'z': 3, 'y': 2, 'x': 1}
      6
```

함수의 매개변수를 가변 키워드 인자와 매핑하도록 정의가 되어 있다.

```
In :  def mul(**kwargs) :
          print(locals())
          result = 1
          for i in kwargs.values() :
              result *= i
          return result
```

가변 키워드 매개변수에 가변 키워드 인자로 전달했으므로 함수의 지역 네임스페이스 내의 kwargs라는 곳에 딕셔너리와 동일한 값들이 들어가 있는 것을 확인할 수 있다.

```
In :  d = {'x':1,'y':2, 'z':3}

      print(mul(**d))
```
```
Out:  {'kwargs': {'x': 1, 'y': 2, 'z': 3}}
      6
```

8.5.3 함수 반환값 언패킹 처리

함수의 반환값에 대해서도 튜플, 문자열, 리스트, 딕셔너리로 전달될 경우 변수에 할당 처리하는 것과 동일하게 처리된다. 함수의 처리 결과를 가지고 변수에 할당되어 변수의 패킹과 언패킹 규칙을 그대로 따른다.

예제 8-25 : 자료형별 반환값 언패킹 처리

함수의 처리 결과를 보면 튜플, 리스트, 문자열로 반환되는 것을 알 수 있다.

```
In :   def rtn_tuple(a,b,c) :
           return a,b,c

       def rtn_list(*args) :
           return list(args)

       def rtn_str(*args) :
           return "".join(args)

       print(rtn_tuple(1,2,3))
       print(rtn_list(*[2,3,4]))
       print(rtn_str(*"str"))

Out:   (1, 2, 3)
       [2, 3, 4]
       str
```

함수가 실행되어 반환을 처리할 경우에도 결과가 Sequence형으로 들어올 경우에 이를 변수에 할당하면서 분리되어 처리가 된다.

변수에서 할당하는 것과 동일한 처리가 되는 이유는 함수 호출인 경우 평가 즉 실행된 결과를 가지고만 할당되므로 동일한 결과가 나오는 것이다.

```
In :   a, *b = rtn_tuple(1,2,3)
       print(a,b)

Out:   1 [2, 3]
```

```
In :   a, *b = rtn_list(*[1,2,3])
       print(a,b)
```

```
Out:   1 [2, 3]
```

```
In :   a, *b = rtn_str(*"str")
       print(a,b)
```

```
Out:   s ['t', 'r']
```

함수 실행 결과를 바로 변수에 할당하면 키만 처리된다. 변수를 할당할 때도 딕셔너리는 키만 처리하는 규칙을 따른다.

```
In :   def rtn_dict(**kwargs) :
           return kwargs

       a,*b = rtn_dict(a=1,b=2,c=3)
       print(a,b)
```

```
Out:   a ['b', 'c']
```

딕셔너리를 키와 값으로 분리하기 위해 반환값에서도 이를 분리해서 2개의 원소를 가지는 튜플를 원소로 하는 리스트로 처리하고 딕셔너리의 키와 값을 전부 전달했다.

```
In :   def rtn_dict(**kwargs) :
           return list(kwargs.items())

       a,*b = rtn_dict(a=1,b=2,c=3)
       print(a,b)
```

```
Out:   ('a', 1) [('b', 2), ('c', 3)]
```

9

파이썬 클래스(Class)

내장 자료형도 모두 클래스이다. 사용자가 직접 정의한 클래스를 만들고 프로그램을 재사용하는 법을 배울 것이다.

파이썬 클래스에는 속성과 메서드를 가졌으며 프로퍼티를 추가하여 만들 수 있다.

클래스는 사용자 정의를 통해 새로운 자료형을 만들어서 사용한다. 이렇게 속성과 메서드를 하나로 묶어서 처리하도록 제공하는 것을 객체지향 용어로는 것을 캡슐화(encapsulation)라고 한다. 그리고 클래스는 인스턴스를 만들어서 재사용성을 확장할 수 있으며 명확한 책임성을 위한 일관된 메서드를 구성해서 사용할 수 있다.

기존에 만들어진 클래스를 상속(inheritance)받아 속성이나 메서드를 재사용할 수 있다. 상속을 받은 메서드에 대한 오버라이딩과 오버로딩을 처리하는 다형성(polymorphism)에 대해서도 알아본다.

파이썬은 다른 프로그래밍 언어와 클래스를 사용하는 방식의 차이가 있다. 특히 메서드를 처리하는 방식에서 많은 차이가 있으므로 이런 점을 자세히 알아본다.

클래스를 사용하기 위해서는 먼저 객체지향(object oriented) 개념을 잘 이해해야 하므로 이런 개념에 대한 설명도 추가하면서 알아본다.

✚ 알아볼 주요 내용

- 상속, 다형성, 캡슐화
- 생성자, 초기화, 소멸자
- 객체 접근 연산
- 속성과 메서드
- 프로퍼티
- 함수와 메서드 구분
- 인스턴스 메서드, 클래스 메서드, 정적 메서드
- 메서드 재정의(오버로딩과 오버라이딩)
- 연관 관계
- 메타 클래스

✚ 기본 용어 이해하기

- 클래스 객체(class object) : class 정의문에 의해 지정된 문장들로 인스턴스 객체를 만드는 틀의 역할을 한다. 메서드에 대한 모든 것을 보관하면 인스턴스에서 메서드를 호출할 때 클래스의 메서드와 바인딩이 발생해서 처리되는 구조이다.
- 인스턴스 객체(instance object) : 클래스 객체에 의해 만들어진 객체이며 __init__ 메서드 내부에 지정된 속성을 가지는 네임스페이스만 있고 메서드는 클래스에 있는 것을 사용한다.
- 클래스 객체 멤버(class object member) : 클래스 속성, 클래스 메서드, 정적 메서

드 등은 클래스가 직접 호출해서 처리할 수 있는 멤버이다. 하지만 인스턴스는 자기 네임스페이스에 지정된 것을 빼면 모든 클래스 멤버에 인스턴스에서 직접 접근할 수 있다. 클래스에는 프로퍼티라고 하는 메서드 기반으로 이름으로 접근해서 처리되는 속성도 있다.

- 인스턴스 객체 멤버(instance object member) : 인스턴스 속성만 인스턴스에서 관리하는 멤버이다. 인스턴스 메서드는 클래스 내에서 관리한다.

9.1 클래스(class) 정의

파이썬의 클래스는 하나의 객체로 처리된다. 클래스의 생성자를 가지고 인스턴스 객체를 만들어서 사용한다. 또한, 클래스는 자기 속성과 모든 메서드를 관리한다.

다른 언어처럼 생성자가 있지만, 생성자는 인스턴스만 만들고 인스턴스의 속성은 별도 클래스 내의 초기화 메서드로 인스턴스의 속성을 만든다.

이런 클래스를 만들기 위해서는 인스턴스 객체에 대한 기본을 명확히 이해해야 클래스를 정의할 때 명확한 기준을 만들 수 있다.

일단 파이썬에서 객체지향 용어를 어떻게 반영하는지부터 차근차근 알아본다.

9.1.1 객체의 분류

객체지향이라는 용어의 핵심은 클래스가 아닌 객체이다. 파이썬에서는 보통 객체를 인스턴스 객체로 이해하면 된다. 클래스도 객체이지만 클래스는 다른 언어의 클래스처럼 이해하는 것이 좋다.

행위를 수행하는 객체가 중요하며 이런 객체를 명확히 분류해야 대표성 있게 클래스로 정의해서 처리할 수 있다. 왜 객체를 만들어야 하고 왜 객체가 중요한지를 지금부터 알아본다.

✛ 사물을 분류하는 예시

사물을 어떻게 분류해서 만드는지에 대해 간단히 알아본다. 이 책의 범위는 프로그래밍 언어에서 객체와 클래스를 작성하는지에 중점을 두고 있지만 간단하게 개념을 설명하는 것이다.

특히 비즈니스가 다를 경우는 도메인에 대한 처리 기준이 차이가 크게 생겨서 동일한 사물일 경우에도 각 도메인별 다양한 객체들이 만들 수 있으므로 다양한 클래스가 추가될 수도 있다.

간단하게 사물을 보고 이를 클래스로 만들 수 있는 예제를 보여준다.

예제 9-1 : 사물에는 기본 정보를 관리하는 클래스가 필요

책으로 예를 들어보면 책 정보를 관리하는 것도 객체이고, 실물 책도 하나의 객체이다. 일단 개념인 책에 대한 정보를 간단하게 정의하면 책에 대한 정보만을 관리하는 하나의 클래스를 만들 수 있다.

간단하게 클래스를 만들어 개념에 대한 처리만 보여주기 때문에 메서드는 인스턴스를 초기화하는 __init__만 정의했다.

```
In :   class BookInfo :
            def __init__(self,title,author,date,publisher,page) :
                self.title = title
                self.author = author
                self.date = date
                self.publisher = publisher
                self.page = page
```

이 책이 정보를 가지는 인스턴스 객체를 2개 만들어보면, 이 책에 대한 정보를 향후 다른 실물 책 등과 연결하여 사용할 수 있다.

```
In :   book1 = BookInfo("서시","윤동주","1939","출판사",100)
       book2 = BookInfo("파이썬","달문","2017","출판사",900)
```

책에 대한 정보를 가진 인스턴스를 확인하면 속성만 가지고 있는 것을 알 수 있다. 나머지에 대한 정보는 클래스에 있으므로 호출할 때 클래스를 검색하여 처리한다.

```
In :   import pprint
       pprint.pprint(book1.__dict__)
       pprint.pprint(book2.__dict__)

Out:   {'author': '윤동주',
        'date': '1939',
        'page': 100,
        'publisher': '출판사',
        'title': '서시'}
       {'author': '달문',
        'date': '2017',
        'page': 900,
        'publisher': '출판사',
        'title': '파이썬'}
```

예제 9-2 : 책에 대한 메타 정보인 범주 관리

책에 대한 기본 정보는 개념상의 클래스이다. 이 책을 관리하려면 각 책에 대한 관리 기준 정보도 추가되어야 한다.

책에 대한 범주를 관리할 수 있는 하나의 클래스를 정의한다. 보통 책에 대한 도서 문헌 상의 분류 규칙이 추가되었다.

BookInfo 클래스를 상속받아 책을 분류하는 클래스를 생성하고 책에 대한 분류를 관리하는 BookClass를 만든다. 단순한 책 정보가 아닌 책에 대한 분류 기준 등을 관리하는 메타 정보를 추가한다.

생성자에는 BookInfo에 생성된 인스턴스를 이용해 인스턴스의 네임스페이스에 접근해서 고정 키워드 인자로 처리한다.

```
In :   class BookClass(BookInfo) :
           def __init__(self,title,author,date,publisher,page,isdn=None) :
               super().__init__(title,author,date,publisher,page)
               self.isdn = isdn
```

```
bookclass1 = BookClass(**book1.__dict__,isdn="1111111111111")
bookclass2 = BookClass(**book2.__dict__,isdn="2222222222222")
```

이 범주 클래스에 대한 인스턴스를 생성해서 확인해본다.

In : **import pprint**
pprint.pprint(bookclass1.__dict__)
pprint.pprint(bookclass2.__dict__)

Out: {'author': '윤동주',
'date': '1939',
'isdn': '1111111111111',
'page': 100,
'publisher': '출판사',
'title': '서시'}
{'author': '달문',
'date': '2017',
'isdn': '2222222222222',
'page': 900,
'publisher': '출판사',
'title': '파이썬'}

예제 9-3 : 만들어져 있는 객체로써 책을 관리

책에 대한 정보만 관리하는 것은 개념 객체이고 책의 실물을 관리하는 객체가 구별되어 관리한다.

BookInfo 클래스를 상속받아 재고로 관리하는 실물의 책들에 대한 BookInv 클래스를 만들어서 실물 책에 대한 재고를 관리한다. 내부 처리 메서드는 생략했다. 위의 방식대로 기존에 만들어진 인스턴스를 가지고 생성자에서 키워드 인자로 받아서 처리했다.

In : **class BookInv**(BookClass) :
    def __init__(self,title,author,date,publisher,page,isdn,inventno=
    None) :
        super().__init__(title,author,date,publisher,page,isdn)
        self.inventno = inventno

```
bookinv1 = BookInv(**bookclass1.__dict__,inventno=3000)
bookinv2 = BookInv(**bookclass2.__dict__,inventno=3000)
```

책에 대한 재고를 관리하는 인스턴스를 만들어서 관리한다.

```
In :  import pprint
      pprint.pprint(bookinv1.__dict__)
      pprint.pprint(bookinv2.__dict__)
```

```
Out:  {'author': '윤동주',
       'date': '1939',
       'inventno': 3000,
       'isdn': '1111111111111',
       'page': 100,
       'publisher': '출판사',
       'title': '서시'}
      {'author': '달문',
       'date': '2017',
       'inventno': 3000,
       'isdn': '2222222222222',
       'page': 900,
       'publisher': '출판사',
       'title': '파이썬'}
```

9.1.2 객체의 특징

객체지향에서 제일 중요한 것은 객체를 만들어서 실행을 시켜야 하는 것이다. 객체들이 구별되고 이 객체들 간의 협업하는 규칙에 대한 처리를 알아야 한다.

객체만이 가지고 있는 중요한 특징을 이해해야 한다. 객체가 만들어지면 각각의 객체는 명확히 구별되어야 한다. 이를 정체성(identity)이라고 한다.

각 객체는 자신만의 명확한 행위를 가지고 있다. 이것을 책임성(responsibility)이라 한다.

그리고 객체를 만드는 특정 그룹에 속해야 그 그룹의 특징을 가질 수 있다.

이것은 객체별 자료형(data type, class)으로 구분이 되어야 한다.

이런 특징에 대해 간단한 예시를 통해 알아보자.

✚ 객체의 특징: 정체성(idendity)

모든 객체는 각각의 객체가 유일하다는 것을 구분할 수 있어야 한다. 보통 객체가 생성되면 유일한 레퍼런스(reference)를 가지며 동일한 객체가 아닐 경우에는 동일한 레퍼런스가 있으면 안 된다.

예제 9-4 : object 클래스로 객체의 레퍼런스 확인하기

파이썬에서 최상위 클래스인 object를 이용해서 아무 것도 하지 않는 두 개의 object 인스턴스 객체를 만든다. 이 인스턴스의 레퍼런스를 id 함수로 조회해서 서로 다른 인스턴스인지를 구분한다.

```
In :   a = object()

       b = object()

       print(a is b)
       print(id(a), id(b))
```
```
Out:   False
       4419762960 4419762976
```

튜플 자료형을 tuple 생성자를 이용해서 기존에 정의된 인스턴스로 다시 생성하면 있는 그대로 반환하는 인터닝(interning)이 발생해서 동일한 인스턴스의 레퍼런스를 전달하므로 별도의 사본이 만들어지는 것은 아니다.

두 개의 인스턴스는 사실 동일한 객체를 표시하면 동일한 인스턴스라는 것을 알 수 있다.

```
In :   t = (1,2,3)

       ts = tuple(t)

       print(t is ts)
```

```
          print(id(t), id(ts))
```

```
Out:    True
        4450584904 4450584904
```

아무 것도 하지 않는 클래스를 사용할 경우 클래스도 하나의 레퍼런스를 가지고 있다면 다른 인스턴스 객체와 동일하다는 것을 알 수 있다.

```
In :    class Klass :
            pass

        print(id(Klass))
```

```
Out:    140721026318296
```

✚ 객체의 특징: 책임성(responsibility)

객체는 행위(behavior) 중심으로 분류를 하므로 객체가 가져야 할 행위에 대한 책임성이 아주 중요하다.

이 책임성을 준수하는 범위 내에서 객체의 행위인 메서드가 만들어지고 이 메서드가 외부로 공개되어 처리된다. 메서드는 이 객체가 해야 할 일을 명확히 보장해야 한다.

예제 9-5 : int 클래스에 대한 책임성 확인하기

정수는 사칙연산을 정수로 반환해야 하는 책임성을 가지고 있다. 클래스는 수학의 정수형 값에 대한 행위인 메서드가 구현되어 있다.

```
In :    count = 0
        for i in dir(int) :
            print(i,end=" ")
            count += 1
            print() if count % 5 ==0 else _
```

```
Out:    __abs__  __add__  __and__  __bool__  __ceil__
        __class__  __delattr__  __dir__  __divmod__  __doc__
        __eq__  __float__  __floor__  __floordiv__  __format__
```

```
__ge__  __getattribute__  __getnewargs__  __gt__  __hash__
__index__  __init__  __init_subclass__  __int__  __invert__
__le__  __lshift__  __lt__  __mod__  __mul__
__ne__  __neg__  __new__  __or__  __pos__
__pow__  __radd__  __rand__  __rdivmod__  __reduce__
__reduce_ex__  __repr__  __rfloordiv__  __rlshift__  __rmod__
__rmul__  __ror__  __round__  __rpow__  __rrshift__
__rshift__  __rsub__  __rtruediv__  __rxor__  __setattr__
__sizeof__  __str__  __sub__  __subclasshook__  __truediv__
__trunc__  __xor__  bit_length  conjugate  denominator
from_bytes  imag  numerator  real  to_bytes
```

파이썬에서는 모든 연산자가 메서드이므로 정수가 할 수 있는 행위는 수학적으로 처리되는 연산자를 모두 행위로 처리하는 것임을 알 수 있다.

두 개의 정수를 만들어 덧셈과 뺄셈에 대한 행위를 연산자로 처리하는 것과 이를 연산자와 동일한 스페셜 메서드로 처리하는 것의 결과는 같다.

```
In :   a = int(10)

       b = int(5)

       print(a+b)
       print(a.__add__(b))
       print(a-b)
       print(a.__sub__(b))
```
```
Out:   15
       15
       5
       5
```

✛ 객체의 특징: 자료형(data type)

파이썬에서 객체는 인스턴스 객체이므로 자신이 속한 클래스 객체를 항상 가지고 다닌다.

자신이 속한 클래스가 이 인스턴스 객체가 처리할 모든 메서드를 가지므로 자신을 만든 클래스가 아주 중요하다.

예제 9-6 : 숫자 클래스 내에서 관리하는 속성과 메서드 확인하기

파이썬에서 숫자를 처리하는 int와 float 클래스는 숫자 처리를 위한 책임성을 가지고 있다.

정수는 이진수 등도 처리할 수 있으므로 이에 대한 메서드가 추가된 것을 알 수 있다. 실수일 경우는 hex 또는 포맷 처리에 대한 메서드가 더 추가되어 있다.

```
In :   for i,v in enumerate(dir(float),1) :
           print(v,end=" ")
           if i % 5 == 0 :
               print()
```

```
Out:   __abs__ __add__ __bool__ __class__ __delattr__
       __dir__ __divmod__ __doc__ __eq__ __float__
       __floordiv__ __format__ __ge__ __getattribute__ __getformat__
       __getnewargs__ __gt__ __hash__ __init__ __init_subclass__
       __int__ __le__ __lt__ __mod__ __mul__
       __ne__ __neg__ __new__ __pos__ __pow__
       __radd__ __rdivmod__ __reduce__ __reduce_ex__ __repr__
       __rfloordiv__ __rmod__ __rmul__ __round__ __rpow__
       __rsub__ __rtruediv__ __setattr__ __setformat__ __sizeof__
       __str__ __sub__ __subclasshook__ __truediv__ __trunc__
       as_integer_ratio conjugate fromhex hex imag
       is_integer real
```

실수는 포맷에 관련된 처리와 hex 처리 메서드가 추가되어 있다.

```
In :   i = set(dir(int))
       f = set(dir(float))

       print(f-i)
```

```
Out:   {'is_integer', 'hex', 'as_integer_ratio', 'fromhex', '__setformat__',
       '__getformat__'}
```

정수는 이진수에 대한 처리도 추가해서 실수와 다른 메서드를 가진다.

```
In :   print(i-f)
```

```
Out:    {'__or__', 'numerator', '__xor__', '__index__', 'to_bytes', '__
        rand__', '__rlshift__', '__floor__', '__rshift__', '__lshift__',
        'from_bytes', '__invert__', '__rxor__', '__and__', 'bit_length', '__
        ror__', '__ceil__', 'denominator', '__rrshift__'}
```

9.1.3 최상위 클래스 object 이해하기

파이썬에서 클래스에 대한 구조를 이해하기 위해서는 최상위 클래스인 object 클래스가
어떻게 구성되었는지를 알아야 한다.

파이썬의 모든 클래스는 기본적으로 object 클래스를 상속받아 만들어지므로 이 클래스가
모든 클래스의 최상위 부모 클래스가 된다.

이 클래스 안에 어떤 속성과 메서드가 있는지를 알아보자.

예제 9-7 : object 클래스 내부의 속성과 메서드 보기

object 클래스 내에는 스페셜 메서드(special method)나 스페셜 속성으로만 구성된다. 특
히 __dict__ 속성이 존재하지 않아서 런타임에 속성을 추가할 수 없다.

```
In :    for i,v in enumerate(dir(object),1) :
            print(v,end=" ")
            if i % 5 == 0 :
                print()
```

```
Out:    __class__ __delattr__ __dir__ __doc__ __eq__
        __format__ __ge__ __getattribute__ __gt__ __hash__
        __init__ __init_subclass__ __le__ __lt__ __ne__
        __new__ __reduce__ __reduce_ex__ __repr__ __setattr__
        __sizeof__ __str__ __subclasshook__
```

object 클래스 내부의 도움말과 이 객체의 이름 속성을 조회하고 이 클래스가 어떻게 출력
이 되어야 하는지 __str__, __repr__에 대해 출력해본다.

```
In :    print(object.__doc__)
```

```
print(object.__name__)
print(object.__str__(object))
print(object.__repr__(object))
```

```
Out:   The most base type
       object
       <class 'object'>
       <type object at 0x000000005DE687A0>
```

object 클래스 내부의 __eq__ 메서드를 사용해서 동일한 클래스를 비교하면 레퍼런스로 비교하므로 is 키워드를 통해 처리되는 것과 동일한 결과가 나온다.

```
In :   print(object.__eq__(object, object))
       print(object is object)
```

```
Out:   True
       True
```

object 클래스를 가지고 하나의 인스턴스를 만들었다. 이 인스턴스에는 어떤 속성들이 있는지를 확인해보려고 하는데 __dict__ 속성이 없다는 에러를 출력한다. 이 말은 인스턴스에서 보관하는 별도의 네임스페이스가 없다는 뜻이다.

```
In :   o = object()

       print(o)
       print(o.__dict__)
```

```
Out:   <object object at 0x0000000002079CF0>
       ---------------------------------------------------------------------
       AttributeError                         Traceback (most recent call last)
       <ipython-input-14-b56a300d7645> in <module>()
             2
             3 print(o)
       ----> 4 print(o.__dict__)

       AttributeError: 'object' object has no attribute '__dict__'
```

9.1.4 파이썬 클래스 생성 및 기본 상속 구조

파이썬 클래스와 객체 간의 관계 등에 대한 용어를 이해해서 클래스 생성과 상속 관계에 대한 기본 구조를 이해할 필요가 있다.

다른 언어들과 차이점이 발생하는 이유는 클래스를 객체처럼 사용하기 위해 이 클래스를 만드는 메타 클래스가 추가되어 있기 때문이다.

✚ 파이썬 클래스 생성 및 기본 상속 구조

파이썬의 모든 클래스는 메타 클래스로 만들어진다. 최상위 메타 클래스는 type 클래스 이다. 최상위 상속이 가능한 클래스는 object이다.

사용자 정의한 클래스도 사용자 정의 메타 클래스를 별도로 지정하지 않으면 type 메타 클래스로 만들어진다. 사용자 메타 클래스는 기본적으로 type 클래스를 상속해서 만든다.

클래스 구조

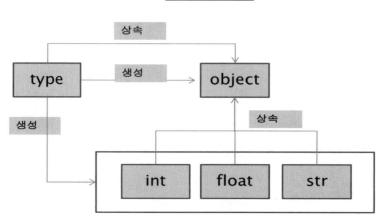

예제 9-8 : Type 클래스의 instance 여부 확인

위의 그림을 보면 파이썬의 모든 클래스는 메타 클래스에 의해 만들어지는 것을 알 수 있다. 누구에 의해 만들어졌는지 isinstance 내장 함수를 이용해서 체크하여 True로 나오면 인스턴스 관계이다.

```
In :    l = [type, object, int, float, str, tuple, list, dict,set]

        for i in l :
            print(isinstance(i,type))
```

```
Out:    True
        True
        True
        True
        True
        True
        True
        True
        True
```

내장 클래스에 대한 상속 관계를 issubclass 내장 함수로 확인해보면 내장 클래스는 기본으로 object 클래스를 상속받아서 만들어진 것을 확인할 수 있다.

```
In :    l = [type, object, int, float, str, tuple, list, dict,set]

        for i in l :
            print(issubclass(i,object))
```

```
Out:    True
        True
        True
        True
        True
        True
        True
        True
        True
```

예제 9-9 : Class 내부 속성 __class__, __bases__ 확인

내장 클래스들이 누구에 의해 만들어졌는지는 __class__ 속성을 조회해도 알 수 있다. type 클래스라는 내장 클래스는 항상 메타 클래스인 type에 의해 만들어진다는 것을 알 수가 있다.

```
In :   l = ['type', 'object', 'int', 'float', 'str', 'tuple', 'list',
       'dict','set']

       for i in l :
           print(eval(i+".__class__"))

Out:   <class 'type'>
       <class 'type'>
       <class 'type'>
       <class 'type'>
       <class 'type'>
       <class 'type'>
       <class 'type'>
       <class 'type'>
       <class 'type'>
```

클래스의 상속 여부를 관리하는 속성은 __bases__이고 이를 확인해보면 상속 관계를 알 수 있다. Object 클래스를 제외하고는 모든 클래스가 object 클래스를 상속받는다.

```
In :   l = ['type', 'object', 'int', 'float', 'str', 'tuple', 'list',
       'dict','set']

       for i in l :
           print(eval(i+".__bases__"))

Out:   (<class 'object'>,)
       ()
       (<class 'object'>,)
       (<class 'object'>,)
       (<class 'object'>,)
       (<class 'object'>,)
       (<class 'object'>,)
       (<class 'object'>,)
       (<class 'object'>,)
```

✚ 파이썬 클래스와 인스턴스 관계

파이썬에서 클래스의 생성자를 이용하여 인스턴스를 만들 수 있다. 클래스와 인스턴스의 생성 관계도 isinstance 내장 함수를 통해 알 수 있다.

생성 클래스는 클래스를 생성하는 것이므로 메타 클래스이고, 인스턴스를 생성하는 것이 클래스가 된다.

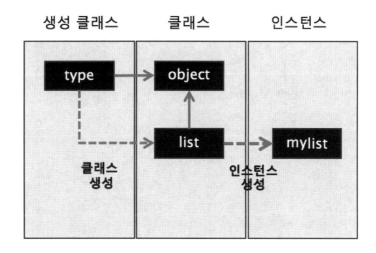

예제 9-10 : 내장 클래스와 인스턴스의 관계 확인

내장 클래스로 인스턴스를 생성해서 만든 후에 자기 클래스와의 인스턴스 관계를 확인하면 True를 출력한다.

isinstance 함수를 바로 실행하는 게 아니라 문자열로 저장해서 실행을 내장 함수 eval로 실행한다.

```
In :  l = ['object', 'int', 'float', 'str', 'tuple', 'list', 'dict','set']

      for i in l :
          print(eval("isinstance("+i+"(),"+i+")"))
```

```
Out:  True
      True
      True
      True
      True
      True
      True
      True
```

내장 클래스인 object, int, float, str, list, dict를 가지고 인스턴스를 만든다. 인스턴스에서 __class__ 속성을 검색하면 이 인스턴스 객체를 어느 클래스가 만들었는지 확인할 수 있다.

```
In :  l = ['object', 'int', 'float', 'str', 'tuple', 'list', 'dict','set']

      for i in l :
          print(eval(i+"().__class__"))
Out:  <class 'object'>
      <class 'int'>
      <class 'float'>
      <class 'str'>
      <class 'tuple'>
      <class 'list'>
      <class 'dict'>
      <class 'set'>
```

9.1.5 사용자 정의 클래스

내장 클래스는 파이썬 프로그램에서 기본으로 제공하는 클래스이다. class 키워드로 사용자 정의 클래스를 정의하고 이를 이용해서 인스턴스를 생성하고 다양하게 처리할 수 있다.

사용자 정의 클래스를 어떻게 정의하고 사용하는지를 알아보자.

✚ 사용자 클래스 만들기

사용자 클래스는 class 키워드를 이용해서 작성하고 상속은 클래스명 옆 괄호 안에 작성하면 된다. 최상위 Object 클래스만 상속할 경우에는 괄호 안에 표시하지 않아도 기본으로 상속한다.

타 클래스를 부모 클래스로 상속해야 하는 경우에는 다중 상속도 가능하므로 항상 중요도 순으로 표시해야 한다.

예제 9-11 : 사용자 정의 클래스 기본 확인

Klass라는 사용자 클래스를 정의하고 속성과 메서드는 아무 것도 정의하지 않는다. 이때 pass문을 사용해서 내부에 아무 것도 없다는 것을 표시한다.

```
In :  class Klass :
          pass
```

이 사용자 클래스가 메타 클래스인 type 클래스로 만들어져 있는지를 isinstance나 __class__ 로 확인한다.

```
In :  print(Klass.__class__)
      print(isinstance(Klass, type))

Out:  <class 'type'>
      True
```

object 클래스는 상속 관계가 있는지를 issubclass 함수로 확인하고 상속하는 클래스 정보를 __bases__ 속성으로 확인한다.

```
In :  print(Klass.__bases__)
      print(issubclass(Klass, object))

Out:  (<class 'object'>,)
      True
```

사용자 Int 클래스는 내장 클래스 int를 상속받고, 내부에 추가된 내용이 존재하지 않도록 정의했다.

```
In :  class Int(int) :
          pass

      a = Int(10)
      print(type(a),a)

Out:  <class '__main__.Int'> 10
```

Int 클래스가 가진 정보를 __dict__ 으로 조회해서 보면 클래스를 가져야 기본 스페셜 속성이 조회되는 것을 확인할 수 있다.

```
In :  import pprint
      pprint.pprint(Int.__dict__)

Out:  mappingproxy({'__dict__': <attribute '__dict__' of 'Int' objects>,
                    '__doc__': None,
                    '__module__': '__main__'})
```

이 사용자 클래스도 __class__ 에 메타 클래스가 들어가 있고 __bases__ 에는 상속 관계의 클래스가 내포된 것을 볼 수 있다.

```
In :  print(Int.__class__)
      print(Int.__bases__)

      print(isinstance(Int, type))
      print(issubclass(Int, object))
      print(issubclass(Int, int))

Out:  <class 'type'>
      (<class 'int'>,)
      True
      True
      True
```

✚ 인스턴스 속성을 __init__ 메서드로 추가하기

사용자 클래스를 정의할 때 생성자를 통해 인스턴스 객체를 만드는 데 필요한 인스턴스 속성을 표시해야 한다. 일단 초기화 __init__ 스페셜 메서드(special method)를 정의하면 이 내부에 정의된 속성이 인스턴스 객체의 네임스페이스에 생성되고 인스턴스의 속성에 접근하면 제일 먼저 이 네임스페이스를 검색한다.

예제 9-12 : Person 사용자 클래스를 정의 및 속성 확인

Person 클래스를 정의하는 경우, 내부에 초기화 __init__ 메서드를 선언한다. __init__

메서드에는 self, name, age 3개의 매개변수가 들어간다. 이 메서드 내부의 self.name과 self.age에 매개변수 name과 age를 할당하면 인스턴스가 생성될 때 인스턴스 내부 네임스페이스에 이 속성들이 생성된다.

파이썬에서는 인스턴스 메서드 즉 인스턴스가 실행되면 내부적으로 인스턴스가 호출해서 처리하는 메서드를 실행한다. 이때 첫 번째 매개변수에 그 인스턴스의 레퍼런스를 자동으로 세팅해서 인스턴스가 실행되도록 만들기 때문에 __init__ 메서드에 첫 번째 매개변수인 self를 부여한다.

```
In :    class Person :
            def __init__(self, name, age) :
                self.name = name
                self.age  = age
```

Person 클래스를 생성자로 사용해서 인스턴스를 만들 때는 __init__ 메서드 내의 self를 제외한 매개변수에 매핑되는 인자를 넣어야 한다.

인스턴스를 생성한 후에 속성을 확인하면 name, age가 들어가 있는 것을 알 수 있다.

```
In :    p = Person("줄리아",15)

        print(p)
        print(p.__dict__)
        print(p.name)
        print(p.age)
Out:    <__main__.Person object at 0x10956d6a0>
        {'name': '줄리아', 'age': 15}
        줄리아
        15
```

사용자 클래스인 Person과 최상위 클래스인 object 간 내부적인 구조의 차이점을 확인해보면 사용자 클래스에 __dict__, __module__, __weakref__ 3개의 속성이 차이가 있다.

사용자 클래스는 특정 모듈에 정의가 되어 클래스가 가진 네임스페이스를 별도로 관리하며 약한 레퍼런스를 처리할 수 있는 속성이 추가된 것을 확인할 수 있다.

```
In :  o = set(dir(object))
      pc = set(dir(Person))

      print(pc-o)
```
```
Out:  {'__weakref__', '__dict__', '__module__'}
```

사용자 클래스인 Person은 __bases__ 를 이용해 어떤 클래스를 상속받았는지를 확인하
고, __class__ 로는 어떤 메타 클래스를 위해 만들었는지 확인한다.

```
In :  print(Person.__module__)
      print(Person.__bases__)
      print(Person.__class__)
```
```
Out:  __main__
      (<class 'object'>,)
      <class 'type'>
```

9.1.6 객체 네임스페이스 및 스코프

앞에서 함수와 모듈 간의 네임스페이스와 스코프 규칙을 알아보았다. 이번 장에서는 클래
스 객체와 인스턴스 객체가 가진 객체 네임스페이스를 알아보자.

네임스페이스에 접근하는 방식은 변수명이 함수에 없으면 자동으로 모듈로 가지지만, 인
스턴스와 클래스일 경우 항상 점 연산자를 통해 네임스페이스에 접근한다는 차별성을 가
진다.

클래스와 인스턴스 간의 객체 네임스페이스 참조 관계 및 부모 클래스와 자식 클래스 간의
객체 네임스페이스 상속 관계를 명확히 이해할 필요가 있다. 이런 객체 네임스페이스 간
의 규칙을 스코프라고 한다.

✛ 인스턴스와 클래스 객체 네임스페이스 및 스코프 처리 기준

인스턴스와 클래스는 객체이므로 각각의 네임스페이스를 가지고 있다. 이들은 자신을 생성한 클래스의 네임스페이스를 참조할 권한이 있다.

일단 인스턴스 네임스페이스에 있으면 클래스를 참조하지 않지만 없으면 자신을 만든 클래스나 상속을 받은 부모 클래스를 검색한다. 여기에도 없으면 더 이상 검색할 수 없으므로 예외를 발생시킨다.

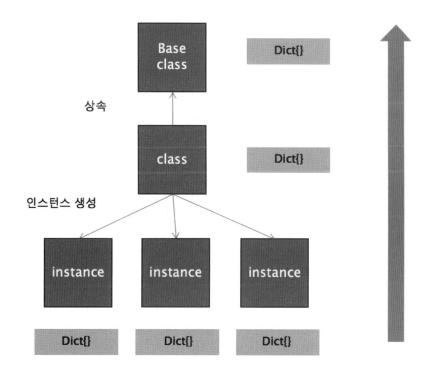

예제 9-13 : 클래스와 인스턴스 객체 간의 네임스페이스 접근

클래스 속성과 메서드는 클래스를 정의한 블록 내에서 존재하므로 모두 클래스 네임스페이스에 등록이 된다. 인스턴스 속성은 __init__ 메서드 내에서 self. 속성명을 주고 할당이 되는 경우만 인스턴스 네임스페이스에 등록한다.

이 규칙을 확인하기 위해서 사용자 클래스 Klass를 정의한다. 클래스 속성에 name이 있고 __init__ 메서드 내부에 name 인스턴스 속성이 하나 있다.

인스턴스 메서드에 getname을 정의한다.

```
In :  class Klass :
          name = "Klass attr"
          def __init__(self, name) :
              self.name = name

          def getname(self) :
              return self.name
```

인스턴스를 하나 생성해서 인스턴스.속성명으로 접근하면 인스턴스 내의 네임스페이스에 있는 name만 검색이 된다. 인스턴스에 없는 경우만 클래스의 네임스페이스를 검색해서 조회할 수 있다.

클래스명.속성명으로 접근하면 클래스 속성인 name에 접근해서 출력하는 것을 확인할 수 있다.

```
In :  k = Klass("instance attr")

      print(k.name)
      print(Klass.name)

Out:  instance attr
      Klass attr
```

인스턴스 속성을 런타임에 추가하고 값을 클래스의 name 속성 값을 할당한다. 인스턴스 네임스페이스가 어떻게 변했는지 조회하면 런타임 실행할 때 추가한 속성이 보인다.

추가된 getclassname 속성을 인스턴스에서 조회해서 출력하면 결과값이 출력된다.

```
In :  k.getclassname = Klass.name
      print(k.__dict__)
      print(k.getclassname)

Out:  {'name': 'instance attr', 'getclassname': 'Klass attr'}
      Klass attr
```

인스턴스에서 인스턴스 메서드를 호출하면 클래스에 있는지를 확인하고, 확인 후 인스턴스 메서드를 만들고 이를 실행한다.

클래스로 인스턴스 메서드에 접근하면 함수로서 접근이 되므로 실행을 하려면 첫 번째 인자에 인스턴스를 넣고 실행한다.

```
In :    print(k.getname())

        print(Klass.getname(k))

Out:    instance attr
        instance attr
```

외부 함수에 내부 함수를 정의하면 변수와 내부 함수가 지역 네임스페이스에 키와 값으로 들어가 있듯이 사용자 클래스를 정의하면 클래스 내의 변수와 메서드가 전부 클래스의 네임스페이스에 들어간다.

클래스의 네임스페이스를 출력하면 클래스 속성과 메서드를 모두 가지고 있다는 것을 알 수 있다.

```
In :    import pprint

        pprint.pprint(Klass.__dict__)

Out:    mappingproxy({'__dict__': <attribute '__dict__' of 'Klass' objects>,
                      '__doc__': None,
                      '__init__': <function Klass.__init__ at
                      0x0000000004BF3378>,
                      '__module__': '__main__',
                      '__weakref__': <attribute '__weakref__' of 'Klass'
                      objects>,
                      'getname': <function Klass.getname at 0x0000000004BF30D0>,
                      'name': 'Klass attr'})
```

인스턴스와 클래스를 통해 동일한 메서드를 조회하면 메서드의 자료형에 차이가 있는 것을 알 수 있다.

인스턴스에서 인스턴스 메서드를 점 연산자를 통해 바인딩하면 인스턴스 메서드라는 것을 확인할 수 있지만 클래스에서 인스턴스 메서드를 점 연산자를 통해 확인하면 함수라고만 출력된다.

함수로 표시되는 것은 항상 하나의 함수 인스턴스라는 것을 알 수 있지만 메서드는 하나의 인스턴스에 특화되어 처리된다.

```
In :    print(k.getname)
        print(Klass.getname)
```

```
Out:    <bound method Klass.getname of <__main__.Klass object at
        0x0000000004B6C208>>
        <function Klass.getname at 0x0000000004BF30D0>
```

9.2 생성자(constructor)와 소멸자(destructor)

다른 객체지향 언어처럼 클래스에서 인스턴스 객체를 생성하고 생성된 인스턴스 객체를 소멸하는 메서드를 지원한다. 일반적인 클래스를 작성하는 경우에는 초기화 메서드 __init__ 만 작성하지만, 이것은 실질적으로 생성자가 작동으로 처리해주기 때문이다.

클래스에서 특정한 로직이 필요할 경우는 생성자인 __new__ 메서드를 재정의해 인스턴스 객체를 만들면서 다양한 기능을 추가할 수 있고 초기화도 생성자에서 처리한다.

객체 소멸자(__del__)도 사용자 클래스를 정의할 때 별도로 추가할 수 있다. 이번 장에서 생성자, 초기화, 소멸자의 작동 원리를 이해해보자.

9.2.1 생성자(Constructor) 이해하기 : __new__

파이썬에서 생성자는 정적 메서드(static method)이고 첫 번째 매개변수는 cls 즉 클래스 객체를 받아서 처리한다. 생성자는 아무 것도 하지 않는 인스턴스 객체를 생성만 한다. 인스턴스 내의 속성은 초기화에서 처리하기를 권고한다.

하지만 특별한 처리가 필요할 경우 추가로 생성자를 재정의해서 사용해야 한다. 재정의를 어떻게 할지를 알아보겠다.

✚ 생성자(__new__)로 인스턴스만 만들어보기

사용자 클래스를 정의할 때 __new__ 메서드를 재정의해서 인스턴스 객체만을 만들도록 해본다. 생성자가 어떤 일을 하는지 이해해보자.

예제 9-14 : 클래스 생성자로 인스턴스 생성하기

클래스를 만든 후 내부에 생성자만을 만드는 내부 AAA 클래스 내의 생성자 __new__ 메서드 내에 아무 것도 하지 않는 자신의 인스턴스를 생성하도록 작성한다. object.__new__ 메서드를 이용해서 인스턴스를 만든다.

```
In :    class AAA :
            def __new__(cls) :
                print(" AAA instance")
                return object.__new__(cls)
```

클래스를 호출하면 인스턴스가 만들어지고 이 생성자 메서드가 호출된 것을 알 수 있다.

```
In :    aaa = AAA()

        print(aaa)

Out:     AAA instance
        <__main__.AAA object at 0x000000000519B240>
```

사용자 정의 클래스 AAA 네임스페이스 안에 __new__라는 생성자가 재정의되었고 내부적으로 정적 메서드가 표시된 것을 알 수 있다.

```
In :    import pprint

        pprint.pprint(AAA.__dict__)
```

```
Out:    mappingproxy({'__dict__': <attribute '__dict__' of 'AAA' objects>,
                      '__doc__': None,
                      '__module__': '__main__',
                      '__new__': <staticmethod object at 0x10956d208>,
                      '__weakref__': <attribute '__weakref__' of 'AAA'
                      objects>})
```

AAA 클래스로 인스턴스를 만들었으므로 클래스에 의해 인스턴스가 만들어졌는지를 확인하기 위해 내장 함수 isinstance로 확인을 해보면 True로 출력한다.

```
In :    print(isinstance(aaa,AAA))
```
```
Out:    True
```

✚ 자기 클래스만 반환해서 인스턴스 생성을 막기

클래스 내에 생성자(__new__)를 재정의해서 인스턴스를 생성하지 못하도록 만들 필요가 있으면 인스턴스를 생성하는 로직을 막고 자기 자신의 클래스를 반환 처리한다.

예제 9-15 : 자기 자신의 클래스만 처리

OnlyKlass 클래스를 정의하고 생성자 __new__를 재정의했다. 반환을 인스턴스 생성하지 않고 자기 자신의 객체를 전달하는 것을 볼 수 있다.

```
In :    class OnlyKlass :
            def __new__(cls) :
                return cls
```

클래스 생성자를 가지고 인스턴스를 생성해보면 실질적으로 인스턴스가 만들어지는 것이 아니라 클래스 레퍼런스가 나온다.

```
In :    ok = OnlyKlass()

        print(ok)
```
```
Out:    <class '__main__.OnlyKlass'>
```

426

클래스인지를 확인하기 위해 type 클래스에 생성된 변수를 넣어 실행하면 메타 클래스의 정보를 확인할 수 있다.

클래스일 경우는 type으로 체크하면 메타 클래스를 반환하는 것을 알 수 있고 이 클래스의 레퍼런스가 원본인 OnlyKlass와 같은지 is 연산자를 확인하면 True로 출력된다.

```
In :   print(type(ok))
       print(ok is OnlyKlass)

Out:   <class 'type'>
       True
```

클래스 내에 속성과 클래스 메서드를 추가하여 클래스만 가지고 메서드를 호출해서 사용해보겠다. 내부에 name이란 클래스 속성과 이 속성을 갱신하는 메서드 및 조회하는 메서드를 정의했다.

```
In :   class OnlyKlass :
           def __new__(cls) :
               return cls

           @classmethod
           def getname(cls) :
               return cls.name

           @classmethod
           def setname(cls, name) :
               cls.name = name
```

클래스의 네임스페이스를 조회하면 클래스에서 정의한 3개의 메서드와 하나의 속성이 정의된 것을 확인할 수 있다.

클래스의 네임스페이스를 확인해보면 클래스에서 정의한 속성과 메서드가 들어가 있는 것을 알 수 있다.

```
In :   import pprint
```

```
pprint.pprint(OnlyKlass.__dict__)
```

Out: mappingproxy({'__dict__': <attribute '__dict__' of 'OnlyKlass' objects>,
                    '__doc__': None,
                    '__module__': '__main__',
                    '__new__': <staticmethod object at 0x00000000051AB358>,
                    '__weakref__': <attribute '__weakref__' of 'OnlyKlass'
                    objects>,
                    'getname': <classmethod object at 0x00000000051AB2B0>,
                    'setname': <classmethod object at 0x00000000051AB320>})

클래스로 인스턴스를 생성하면 자기 자신의 레퍼런스를 반환하므로 클래스이고 클래스 메서드를 가지고 클래스 속성을 갱신한 뒤 이를 조회하면 갱신된 결과를 출력하는 것을 볼 수 있다.

클래스를 하나의 객체처럼 사용할 수 있는 방법이 필요한 경우 인스턴스를 생성하지 않고도 클래스를 하나의 객체처럼 사용할 수 있다.

In :
```
ok = OnlyKlass()

ok.setname(" class method ")
print(ok.getname())
```

Out:
```
class method
```

9.2.2 초기화 메서드 사용하기 :__init__

파이썬에서 초기화 메서드인 __init__을 정의해서 사용하는 방법을 왜 권고하는지를 상세하게 알아보겠다.

이 초기화 메서드에 정의하면 인스턴스 내에 속성이 추가되지만 실질적으로 호출할 필요는 없다. 내부적으로 이를 호출해서 인스턴스에 값이 추가되는 것을 알 수 있다.

428

✦ 초기화 메서드로 인스턴스 내의 속성 추가하기

사용자 클래스 정의를 하고 본체에 초기화(__init__) 메서드를 추가한 뒤 매개변수를 받아 내부의 self + 점 연산을 이용해서 매개변수를 인스턴스 객체의 속성으로 추가한다. 이때 에 초기화(__init__)의 매개변수를 넣어서 처리하면 된다.

매개변수로 받지 않고 내부적으로 추가해도 런타임에 추가된다. 항상 초기화에 들어온 인 자는 매개변수와 매칭이 되므로 이 점도 이해한다.

예제 9-16 : 인스턴스 속성을 초기화

아무 것도 하지 않는 클래스를 정의하고 인스턴스를 만들었다.

```
In :   class Pass :
           pass
```

이 인스턴스의 네임스페이스를 확인하면 아무 것도 없다.

```
In :   p = Pass()

       print(p.__dict__)
```
```
Out:   {}
```

런타임에 인스턴스 속성을 추가할 수 있으므로 name,age를 추가했고 이 인스턴스의 네 임스페이스에 두 개의 속성이 추가되었다.

```
In :   p.name = "양영초"
       p.age = 10

       print(p.__dict__)
```
```
Out:   {'name': '양영초', 'age': 10}
```

사용자 클래스에 클래스 속성 count와 초기화 메서드를 정의했다.

```
In :  class INIT :
          count = 0
      def __init__(self,name,age) :
              self.name = name
              self.age = age
              self.count += 1
```

생성자로 호출할 때 이 초기화 메서드 내의 매개변수와 매칭되는 인자를 넣지 않았다. 인자가 매칭되지 않는다는 예외가 발생한다.

```
In :  i = INIT()

Out:  ---------------------------------------------------------------------
      TypeError                            Traceback (most recent call last)
      <ipython-input-25-bd3ac33b98b6> in <module>()
              1
      ----> 2 i = INIT()

      TypeError: __init__() missing 2 required positional arguments: 'name'
      and 'age'
```

사용자 클래스를 정의할 때 초기화가 들어 있으면 인스턴스를 생성할 때 매개변수에 맞도록 인자를 넣고 실행을 한다. 이처럼 초기화를 정의하면 이 초기화 메서드에서 필요한 것을 추가할 수도 있다.

```
In :  i = INIT("양영중",15)
      print(i.__dict__)

Out:  {'name': '양영중', 'age': 15, 'count': 1}
```

name, age, count 세 개의 인스턴스 속성을 점 연산자를 통해 읽어서 출력할 수 있다.

```
In :  print(i.name)
      print(i.age)
      print(i.count)

Out:  양영중
      15
      1
```

클래스 속성 count에 대한 계산은 클래스를 이용해서 점 연산으로 검색한 후에 갱신을 하도록 수정했다.

```
In :   class INIT_ :
           count = 0
           def __init__(self,name,age) :
               self.name = name
               self.age = age
               INIT_.count += 1
```

인스턴스를 확인하면 두 개의 속성만 있고 클래스 속성에 있는 값이 변경된 것을 알 수 있다.

```
In :   import pprint

       i = INIT_("양영고",18)
       print(i.__dict__)
       pprint.pprint(INIT_.__dict__)
```

```
Out:   {'name': '양영고', 'age': 18}
       mappingproxy({'__dict__': <attribute '__dict__' of 'INIT_' objects>,
                     '__doc__': None,
                     '__init__': <function INIT_.__init__ at
       0x0000000005292D08>,
                     '__module__': '__main__',
                     '__weakref__': <attribute '__weakref__' of 'INIT_' objects>,
                     'count': 1})
```

9.2.3 소멸자 메서드 사용하기 : __del__

인스턴스가 생성되면 이를 삭제도 가능하지만 특별한 경우가 아니면 가비지 컬렉션에서 자동으로 처리가 되므로 소멸자를 별도로 지정하지 않는다.

하지만 소멸자도 어떻게 작동하는지를 알아보기 위해 __del__ 스페셜 메서드(special method)의 사용법을 알아보겠다.

✦ 소멸자(__del__)를 통한 클래스와 인스턴스 삭제

사용자 정의 클래스를 통해 인스턴스를 제거하는 소멸자를 정의해서 제거하면 인스턴스는 삭제된다. 변수는 삭제하나 인스턴스 객체는 가비지 컬렉션(garbage collection)이 발생할 때 사라진다.

예제 9-17 : 소멸자 정의된 클래스 생성하기

Counter 클래스를 만들고 소멸자(__del__)를 정의해서 del 키워드로 인스턴스 객체를 삭제한다. 인스턴스가 생성하고 소멸할 때마다 카운터를 증가하거나 감소시킨다.

```
In :    class Counter :
            count = 0

            def __init__(self,name) :
                self.name = name
                Counter.count = Counter.count +1

            def __del__(self) :
                Counter.count = Counter.count -1
```

위 클래스의 네임스페이스를 확인해서 소멸자를 확인하면 함수라는 것을 알 수 있다.

```
In :    import pprint

        pprint.pprint(Counter.__dict__)

Out:    mappingproxy({'__del__': <function Counter.__del__ at
                      0x00000000052A6510>,
                      '__dict__': <attribute '__dict__' of 'Counter' objects>,
                      '__doc__': None,
                      '__init__': <function Counter.__init__ at
                      0x00000000052A6598>,
                      '__module__': '__main__',
                      '__weakref__': <attribute '__weakref__' of 'Counter'
                      objects>,
                      'count': 0})
```

두 개의 인스턴스를 생성하고

```
In :   x = Counter(" First ")
       print(x)
       print(x.__dict__)
       print(Counter.count)
       y = Counter(" Second ")
       print(y)
       print(y.__dict__)
       print(Counter.count)
```

```
Out:   <__main__.Counter object at 0x00000000052B0630>
       {'name': ' First '}
       1
       <__main__.Counter object at 0x00000000052B0FD0>
       {'name': ' Second '}
       2
```

하나의 인스턴스를 소멸시켰으므로 현재 처리되는 인스턴스는 하나가 남았다. 내부적으로 참조 카운터는 생성자가 처리되면 증가하고 소멸자가 실행되면 줄어든다. 이를 기준으로 가비지 컬렉션이 작동되어 사용하지 않는 인스턴스를 삭제한다.

```
In :   del y
       print(Counter.count)
```

```
Out:   1
```

✚ 약한 참조를 이용하기

파이썬 표준 라이브러리의 weakref 모듈은 객체 파괴를 방해하지 않고 파이썬 참조를 만드는 데 유용한 도구이다. weakref 모듈을 참조 카운터를 증가시키지 않고 객체에 대한 약한 참조(Weak reference)를 만들어서 사용을 지원한다.

예제 9-18 : 약한 참조 이용하기

정수 a를 만들어서 b에 할당한 후에 del를 이용해서 a를 삭제해도 정수 1에 대한 참조는 살아있다. 이를 제거하면 자동으로 참조가 없어져서 가비지 컬렉션으로 정리가 된다.

```
In :   a = 1
       print(id(a))
       b - a
       print(id(b))

       del a
       print(b)

Out:   1575533008
       1575533008
       1
```

약한 참조를 사용하면 가비지 컬렉션을 사용한 참조에 대한 관리에서 벗어나서 특정 인스턴스를 만들어서 사용하고 인스턴스에 대한 삭제를 점검하는 부수적인 처리에서 벗어날 수 있다.

일반적인 클래스를 만들고 이 인스턴스를 생성한다.

```
In :   import weakref

       class MyObject(object):
           def my_method(self):
               print('my_method was called!')

       obj = MyObject()
```

위의 인스턴스를 이용해서 약한 참조 인스턴스를 하나 만든다. 약한 참조 인스턴스를 실행하면 MyObject로 만든 인스턴스를 다시 변수에 할당한다.

```
In :   r = weakref.ref(obj)
       print(type(r), r)
       s = r()

Out:   <class 'weakref'> <weakref at 0x00000000052AB7C8; to 'MyObject' at
       0x000000000529DCC0>
```

약한 참조를 이용해서 사용하는 객체는 위에서 만든 obj라는 것을 확인할 수 있다. 키워드 assert을 이용해서 점검해보자. 동일한 인스턴스가 아니지만 조건에 맞으므로 내부 메서드를 호출해서 처리되는 것을 확인할 수 있다.

```
In :  assert isinstance(obj, MyObject)
      assert s is obj

      s.my_method()
Out:  my_method was called!
```

obj 변수에 정수 1을 할당했으므로 obj 변수에 있던 MyObject 클래스의 인스턴스는 사라졌다.

이를 가비지 컬렉션을 했으므로 남아 있지 않지만 약한 참조를 이용해서 만든 인스턴스는 그대로 살아 있는 것을 확인할 수 있다.

```
In :  import gc

      obj = 1
      gc.collect()
      print(r)
      print(s)
      assert r() is not None
Out:  <weakref at 0x00000000052AB7C8; to 'MyObject' at 0x000000000529DCC0>
      <__main__.MyObject object at 0x000000000529DCC0>
```

변수 s를 삭제하면 약한 참조를 하던 인스턴스가 사라졌기에 약한 참조를 이용해서 만드는 인스턴스가 없다. Assert문이 실행되어 예외가 발생하는 것을 알 수 있다.

```
In :  del s
      assert r() is not None
Out:  ----------------------------------------------------------------
      AssertionError                      Traceback (most recent call last)
      <ipython-input-38-fc1e42b8bbcd> in <module>()
            1 del s
```

```
----> 2 assert r() is not  None

AssertionError:
```

9.2.4 생성자 작동 원리 이해하기

생성자, 초기화, 소멸자를 각각 알아봤다. 생성자와 초기화가 클래스명과 호출 연산자를 통해 호출되는 원리를 알아본다.

예제 9-19 : 생성자, 초기화, 호출 연산자를 정의한 클래스

사용자 정의 클래스에서 __new__와 __init__을 전부 정의하고 __call__ 메서드에 __new__와 __init__를 호출해서 처리할 수 있도록 구성한다.

```
In :    class MDPerson(object) :
            def __new__(cls,name,major) :
                return object.__new__(cls)

            def __init__(self,name, major) :
                self.name = name
                self.major = major

            @classmethod
            def __call__(cls, name, major) :
                print(" __new__ ")
                self = cls.__new__(cls,name,major)
                print(" __init__ ")
                self.__init__(name,major)
                return self
```

위의 클래스에 정의한 메서드들이 어떻게 저장되어 있는지를 확인해보겠다.

```
In :    import pprint

        pprint.pprint(MDPerson.__dict__)

Out:    mappingproxy({'__call__': <classmethod object at 0x00000000052BD2E8>,
```

436

```
            '__dict__': <attribute '__dict__' of 'MDPerson' objects>,
            '__doc__': None,
            '__init__': <function MDPerson.__init__ at
            0x0000000005292E18>,
            '__module__': '__main__',
            '__new__': <staticmethod object at 0x00000000052BD358>,
            '__weakref__': <attribute '__weakref__' of 'MDPerson'
            objects>})
```

클래스 MDPerson에서 __call__ 메서드를 호출하여 인스턴스를 생성해보면 아래의 결과가 나온다.

```
In :  mdp = MDPerson.__call__("이주원","quant")

      print(mdp)
      print(mdp.name)
      print(mdp.major)
```

```
Out:   __new__
       __init__
      <__main__.MDPerson object at 0x00000000052C03C8>
      이주원
      quant
```

클래스 생성자를 이용하면 MDPerson 클래스에 정의한 __call__ 연산자를 호출하지 않는 것을 알 수 있다.

```
In :  mdp = MDPerson("박주원","quant")

      print(mdp)
      print(mdp.name)
      print(mdp.major)
```

```
Out:  <__main__.MDPerson object at 0x00000000052C04A8>
      박주원
      quant
```

클래스 생성자를 호출하면 type 클래스의 __call__를 호출해서 처리하는 방식과 동일한 결과를 처리한다.

```
In :  mdp2 = type.__call__(MDPerson,"최주원","quant")

      print(mdp2)
      print(mdp2.name)
      print(mdp2.major)
```
```
Out:  <__main__.MDPerson object at 0x00000000052C0320>
      최주원
      quant
```

9.2.5 함수를 이용한 생성자 패턴

파이썬에서는 함수를 가지고 다양한 인스턴스를 생성하는 기능을 내부적으로 많이 제공한다. 직접 생성자를 이용해서도 생성이 가능하지만 클래스를 생성할 때 다양한 로직을 점검해서 처리가 필요할 경우 함수에 포함해서 처리하도록 구성해서 제공한다.

간단하게 여러 클래스를 하나의 함수를 통해 인스턴스로 생성하는 방식을 알아보겠다.

✚ 두 개의 클래스에 대한 생성

매개변수가 유사한 두 개의 클래스가 있다. 각각 인스턴스를 생성하는 것보다 하나의 생성자 함수를 만들어서 두 개 클래스의 인스턴스가 생성되도록 처리하는 것이 더 편리하다.

클래스들이 늘어나도 다른 프로그램과의 인터페이스 처리가 편리하므로 파이썬 각 모듈에서 특히 이런 패턴을 많이 지원한다.

예제 9-20 : 함수의 결과로 인스턴스 생성하기

부모 클래스 Person과 자식 클래스 Employer, Employee를 정의했다.

상속을 받은 부분에 대해 초기화는 부모 클래스를 이용해서 초기화했다.

```
In :  class Person :
```

```
        def __init__(self,name,age) :
            self.name = name
            self.age = age
```

In :
```
class Employee(Person):
    def __init__(self, name, age, depart,salary) :
        super().__init__(name,age)
        self.depart = depart
        self.salary = salary
```

In :
```
class Employer(Person) :
    def __init__(self, name, age, salary) :
        super().__init__(name,age)
        self.salary = salary
```

함수를 정의해서 특정 정보에 매칭되는 클래스에 해당하는 생성자를 만들어 인스턴스를 반환하도록 처리한다. 특히 중요한 처리가 필요한 경우 키워드 인자로 처리하도록 구분을 *로 했다. 함수 내부의 분기 로직은 depart 매개변수를 기준으로 처리한다.

In :
```
def employ(name,age, *,depart=None,salary=None) :
    if depart is None :
        return Employer(name,age,salary=salary)
    else :

        if salary == None :
            salary = 0

        return Employee(name,age,depart=depart,salary=salary)
```

함수의 매개변수에 depart, salary를 키워드 인자로 전달해서 Employee 인스턴스를 만들었다.

In :
```
e = employ("정찬혁",31,depart="빅데이터부",salary=30000)

print(e)
print(type(e))
```

Out :
```
<__main__.Employee object at 0x0000000004B7B780>
<class '__main__.Employee'>
```

함수에 depart를 키워드 인자로 전달해서 Employer 인스턴스를 생성했다.

```
In :   e = employ("달문",52,salary=300000)

       print(c)
       print(type(e))
Out:   <__main__.Employer object at 0x0000000004B7BEF0>
       <class '__main__.Employer'>
```

9.2.6 인스턴스 네임스페이스 변경하기 : __slots__ :

클래스나 인스턴스의 네임스페이스는 해시가 가능한 딕셔너리를 사용한다. 많은 인스턴스를 생성해서 처리하려면 메모리가 많이 사용된다.

특별히 생성되어 내부 변경이 없고 주로 검색해서 처리하는 인스턴스로만 사용할 경우에는 메모리를 적게 차지하는 튜플로 변경해서 사용하는 것이 더 좋다. 이럴 때 네임스페이스를 관리하는 속성인 __slots__을 사용해서 인스턴스 네임스페이스를 제한할 수 있다. 단점은 __slots__ 을 가지고 인스턴스 네임스페이스가 만들어지면 런타임에 속성을 추가할 수 없는 immutable 처리된다.

예제 9-21 : __slots__ 사용하기

클래스 내부에 __slots__으로 인스턴스를 생성할 때 필요한 속성을 정의하고 나서 초기화에 다른 속성도 추가하면 에러를 발생시킨다.

```
In :   class Klass :
           __slots__ = ("name",)
           def __init__(self, name,age) :
               self.name = name
               self.age  = age
```

__slots__ 에 할당되지 않으면 초기화에 정의가 되어 추가될 수 없다.

440

```
In :    k = Klass("name","age")
```

```
Out:    ---------------------------------------------------------------
        AttributeError                          Traceback (most recent call last)
        <ipython-input-55-7888ea427118> in <module>()
        ----> 1 k = Klass("name","age")

        <ipython-input-54-60c9f29d33b8> in __init__(self, name, age)
              3      def __init__(self, name,age) :
              4          self.name = name
        ----> 5          self.age  = age

        AttributeError: 'Klass' object has no attribute 'age'
```

클래스를 정의할 때 __slots__에 정의된 이름만 인스턴스의 속성으로 만들어서 처리하면 생성자를 이용해서 인스턴스가 만들어진다.

```
In :    class Klass_ :
            __slots__ = ("name",)
            def __init__(self, name) :
                self.name = name

        k = Klass_("name")
        print(k)
```

```
Out:    <__main__.Klass_ object at 0x00000000051ADBB8>
```

Klass_ 내부에 __slots__을 정의하고 이를 기반으로 __init__에 속성을 추가한다. 인스턴스의 네임스페이스를 딕셔너리 __dict__에서 __slots__으로 변경했으므로 __dict__으로 조회하면 AttributeError가 발생한다.

```
In :    print(k.name)
        print(k.__dict__)
```

```
Out:    name
        ---------------------------------------------------------------
        AttributeError                          Traceback (most recent call last)
        <ipython-input-57-4736842b6265> in <module>()
              1 print(k.name)
        ----> 2 print(k.__dict__)
```

```
AttributeError: 'Klass_' object has no attribute '__dict__'
```

__slots__가 정의되면 관리되는 것은 클래스 네임스페이스에 들어가 있는 것을 알 수 있다.

In :
```
import pprint

pprint.pprint(Klass_.__dict__)
```

Out:
```
nmappingproxy({'__doc__': None,
              '__init__': <function Klass_.__init__ at
              0x0000000005292F28>,
              '__module__': '__main__',
              '__slots__': ('name',),
              'name': <member 'name' of 'Klass_' objects>})
```

클래스의 __slots__ 내부에 정의된 name이라는 속성이 하나 만들어져 있는 것을 볼 수 있다.

In :
```
print(Klass_.__slots__)
print(Klass_.__dict__[Klass.__slots__[0]])
```

Out:
```
('name',)
<member 'name' of 'Klass_' objects>
```

클래스에 정의된 name을 확인해보면 디스크립터로 만들어져 있다. 디스크립터는 이름으로 접근을 하지만 이 내용은 메서드를 이용해서 인스턴스에 접근하는 것이다.

In :
```
print(type(Klass_.name))
```

Out:
```
<class 'member_descriptor'>
```

내부의 값을 변경할 경우 변경이 되는 것을 확인할 수 있다.

In :
```
print(k.name)
k.name = "가을이"
print(k.name)
```

```
Out:    name
        가을이
```

__slots__ 으로 정의해도 클래스 객체에 런타임으로 속성이 추가되지만 인스턴스에는 추가가 되지 않는다. 클래스에 추가된 age 속성을 인스턴스에서 조회해서 출력을 했다.

```
In :    Klass_.age = 100
```

```
In :    k.age
```

```
Out:    100
```

하지만 인스턴스에서 직접 age 속성을 추가하면 에러가 발생한다.

```
In :    k.age = 100
```

```
Out:    ---------------------------------------------------------------
        AttributeError                          Traceback (most recent call last)
        <ipython-input-76-76a2575e7959> in <module>()
        ----> 1 k.age = 100

        AttributeError: 'Klass_' object attribute 'age' is read-only
```

예제 9-22 : 관행적으로 __dict__ 속성 조회 로직이 있을 경우

파이썬 프로그램에 보면 내부 속성에 __dict__로 접근하는 경우가 많다. 관행적으로 __dict__를 조회하므로 이 속성을 __slots__에 추가하면 기존 관행을 처리하는 데 예외가 없어질 수 있다.

클래스 내에 인스턴스에서 처리할 속성을 3개 추가했다. __dict__는 빈 딕셔너리를 할당했다.

```
In :    class MyClass :
            __slots__ = ['x','y','__dict__']

            def __init__(self,x,y) :
                self.x = x
```

```
        self.y = y
        self.__dict__ = {}
```

클래스로 인스턴스를 하나 만들고 속성을 조회해본다. 그리고 __dict__ 속성을 조회해도 일단 예외는 발생하지 않는다.

```
In :  m = MyClass(5,5)
      print(m.x, m.y)
      print(m.__dict__)

Out:  5 5
      {}
```

__slots__으로 처리하고 있는데 __dict__을 추가하면 인스턴스 객체 내에 속성들을 추가할 수 있다. 인스턴스 속성에 대한 제약을 주려고 사용한 __slots__ 에 대한 효과가 떨어진다.

```
In :  m.__dict__['a'] = 100

      print(m.a)

Out:  100
```

```
In :  m.b = 100

      print(m.__dict__)

Out:  {'a': 100, 'b': 100}
```

```
In :  print(type(m), m.__slots__)

Out:  <class '__main__.MyClass'> ['x', 'y', '__dict__']
```

444

9.3 객체 접근 연산(.)

파이썬에서 클래스나 인스턴스는 객체라서 내부 속성이나 메서드들에 대한 접근은 점 연산자를 통해 검색해서 사용했다.

파이썬은 모든 제공되는 연산자를 스페셜 메서드로 정의해서 처리하므로 어떻게 연결되어 처리가 가능한가를 알아보겠다.

9.3.1 점(dot) 연산

파이썬은 모듈과 함수에서 변수는 직접 이름으로 네임스페이스로 접근하지만 클래스나 인스턴스는 객체 접근을 위한 연산자를 통해 내부 네임스페이스로 접근해서 처리한다.

함수나 모듈에서도 객체 내부로 접근하기 위해서는 동일하게 점 연산을 통해 접근해서 사용하는 패턴으로 처리된다.

이 점 연산자는 스페셜 메서드로는 조회를 위한 __getattribute__, __getattr__을 사용하고 갱신을 위해서는 __setattr__, 삭제를 하는 경우는 __delattr__ 를 호출하도록 처리가 된다. 이처럼 하나의 점 연산이지만 조회, 갱신, 삭제를 구분해서 스페셜 메서드(special method)가 제공되는 것을 알 수가 있다.

예제 9-23 : 초기화 처리할 때 속성에 접근

Person 클래스의 초기화(__init__) 메서드에 self라는 변수명 다음 점 연산을 정의해서 name, age를 추가하도록 정의했다.

클래스를 정의할 때 변경이 가능한 __setattr__를 재정의해서 처리한다.

인스턴스 내의 네임스페이스에 속성을 할당할 때 재정의한 메서드를 호출하는지를 확인해 본다.

```
In :    class Person :
```

```
    def __init__(self, name, age) :
        self.name = name
        self.age  = age

    def __setattr__(self, name, value) :
        print(" __setattr__ ", name)
        self.__dict__[name] = value
```

Person("사람",50) 생성자를 통해 초기화 __init__ 메서드를 호출하면 그 내부에 있는 self.name, self.age에 전달된 인자를 할당한다.

이때 내부적으로 __setattr__ 메서드가 두 번 호출되어 인스턴스에 속성을 추가하는 것을 알 수 있다.

```
In :   p = Person("사람", 50)

Out:   __setattr__  name
       __setattr__  age
```

9.3.2 점 연산자 스페셜 메서드(special method) 기본 이해하기

클래스 멤버(클래스 속성과 모든 메서드), 인스턴스 멤버(인스턴스 속성)에 클래스명.멤버명, 인스턴스명.멤버명으로 접근을 한다. 클래스는 직접 인스턴스 객체의 속성에 접근할 수 없지만 인스턴스 객체는 클래스 멤버에 접근이 가능하다.

객체 접근 연산자가 호출되는 스페셜 메서드(special method)에 대한 기본을 알아보겠다. 자세한 사항은 스페셜 메서드(special method)를 설명하는 곳을 참조하기 바란다.

✚ 스페셜 메서드(special method)로 객체 속성 접근하기

스페셜 메서드(special method)인 __getattribute__을 통해 기본 네임스페이스에 대한 접근이 가능하고 범위를 벗어나면 __getattr__을 불러서 처리한다.

예제 9-24 : __getattribute__를 이용해서 클래스 내부 검색

Person 클래스에 __getattribute__, __getattr__을 정의해서 점 연산이 어떻게 처리가 되는지를 알아보겠다.

속성 접근 연산자를 처리하는 __getattribute__ 메서드 내에 또 자기 자신을 부르도록 처리하면 재귀 순환이 발생한다. 재귀 순환을 없애려면 재정의할 때 상위 클래스의 __getattribute__를 이용해서 처리한다.

```python
In :  class Person :

          job = "즐기기"

          def __init__(self, name, age) :
              self.name = name
              self.age  = age

          def __getattribute__(self, name) :
              print(" attribute name ", name)
              return super().__getattribute__(name)

          def __getattr__(self, name) :
              print(" attr name ", name)
              return Person.__dict__[name]
```

생성자를 통해 인스턴스를 만들면 __setattr__을 지정하지 않았지만 부모 클래스를 확인하고 실행이 되어 인스턴스를 만든다.

인스턴스 p에서 name의 속성을 검색하면 Person 클래스에 재정의된 __getattribute__ 메서드가 바인딩되어 실행되는 것을 확인할 수 있다.

```python
In :  p = Person("긍정",55)
      print(p.name)

Out:   attribute name  name
      긍정
```

인스턴스에서 클래스 속성을 참조할 경우에도 __getattribute__를 바인딩해 처리하는 것을 알 수 있다.

```
In :   p.job
```

```
Out:    attribute name  job
        '즐기기'
```

인스턴스 p를 가지고 직접 __getattr__를 호출해도 이 메서드가 있는지를 확인하기 위해
서 __getattribute__를 먼저 실행하고 그 다음에 __getattr__ 메서드가 처리되어 클래스
속성을 검색해서 처리가 되는 것을 알 수 있다.

```
In :   p.__getattr__('job')
```

```
Out:    attribute name  __getattr__
        attr name  job
        '즐기기'
```

예제 9-25 : attrgetter를 이용해서 속성 접근

Person 클래스로 하나의 인스턴스를 만들어 getname을 실행하면 name, age, job 속성
의 결과를 튜플로 출력한다.

```
In :   class Person :

           job = "즐기기"

           def __init__(self, name, age) :
               self.name = name
               self.age  = age
```

Person 클래스로 하나의 인스턴스를 만든다.

```
In :   p = Person("가을이",10)
```

operator.attrgetter라는 함수에 name, age, job이라는 속성을 등록해서 인스턴스가 들
어올 때 이 속성들을 조회해줄 새로운 인스턴스를 만들어 getname 변수에 할당하면 3개
의 속성이 전부 조회된 것을 알 수 있다.

```
In :   import operator

       getname = operator.attrgetter("name","age","job")

       print(getname)
       print(getname(p))

Out:   operator.attrgetter('name', 'age', 'job')
       ('가을이', 10, '즐기기')
```

9.4 메서드 확인하기

파이썬에는 세 가지 종류의 메서드가 있으며 인스턴스 메서드를 제외한 클래스 메서드
(classmethod)와 정적 메서드(staticmethod)는 정의할 때 데코레이터(@)나 별도 인스턴스 생
성의 기법을 이용해서 클래스 속성을 만들고 처리를 해야 한다.

일단 클래스 메서드나 정적 메서드는 클래스가 로딩될 때 한 번 만들어지고 이를 이용해서
사용이 가능하다.

인스턴스 메서드는 인스턴스가 바인딩할 때마다 내부적인 작업이 발생한다. 인스턴스가
많이 생성되는 경우에는 인스턴스 메서드보다는 클래스 내에 속성을 가지고 사용하는 디
스크립터 등의 사용을 권장한다.

일단 메서드가 어떻게 만들어지고 왜 인스턴스 메서드와 클래스 메서드에는 첫 번째 인자
가 고정되는지도 세부적으로 알아보기로 하겠다.

9.4.1 메스드(Method) 이해하기

인스턴스 메서드는 첫 번째 인자에 인스턴스의 레퍼런스가 자동으로 매핑되었다. 관행적
으로 self를 매개변수로 사용하지만 내부적으로는 __self__ 에 인스턴스 레퍼런스가 들어
가고 이를 자동으로 첫 번째 인자로 세팅해서 처리가 되는 것이다.

클래스 메서드는 classmethod라는 클래스를 이용해서 사용자 클래스 정의 내부에 클래스 메서드로 생성하도록 만들어야 한다.

또한 정적 메서드는 staticmethod 클래스를 이용해서 사용자 클래스 정의 내부에 정적 메서드를 생성한다.

이 클래스 메서드와 정적 메서드는 주로 데코레이터 기법을 많이 사용해서 메서드들을 등록한다.

✚ 인스턴스 메서드(instance method) 확인하기

파이썬에서 클래스를 정의할 때 항상 인스턴스 메서드는 첫 번째 인자에 self라는 변수가 정의되어야 한다. 인스턴스 메서드는 인스턴스로 접근하기 전까지는 메서드로 처리가 되지 않는다.

예제 9-26 : 인스턴스 메서드 정의하기

내부에 인스턴스 메서드를 하나만 가지는 Klass_ins 클래스를 정의했다. 인스턴스 set 메서드 내의 로직으로는 setattr 함수를 이용해서 인스턴스에 들어갈 속성을 할당하도록 했다.

```
In :  class Klass_ins :
          def set(self,name,value) :
              setattr(self,name,value)
```

일단 아무런 일도 하지 않는 인스턴스가 생성이 되었는지를 확인한다. 이 인스턴스가 클래스의 인스턴스인지를 isinstance 함수로 점검하면 True라고 출력한다.

```
In :  ki = Klass_ins()
      print(ki)
      print(isinstance(ki, Klass_ins))

Out:  <__main__.Klass_ins object at 0x00000000052C6D68>
      True
```

또 하나의 인스턴스를 만들어서 첫 번째 ki 인스턴스와 두 번째 kj 인스턴스 내부에 바인딩된 메서드에 대한 레퍼런스가 동일한지를 확인하면 동일하지 않다는 결과를 확인할 수 있다.

두 개의 인스턴스에 바인딩된 set 메서드가 types 모듈을 이용해서 MethodType인지를 확인하면 둘 다 메서드라는 것을 알 수 있다.

```
In :    import types

        kj = Klass_ins()

        print(kj.set is ki.set)
        print(type(ki.set) == types.MethodType)
        print(type(kj.set) == types.MethodType)

Out:    False
        True
        True
```

클래스 선언된 메서드에 대한 레퍼런스를 확인하면 인스턴스에 바인딩된 모든 메서드는 동일한 함수의 레퍼런스라는 것을 알 수 있다.

인스턴스 메서드가 생성될 때 내부적인 처리는 별도의 인스턴스 메서드를 만들어서 내부 클래스에 정의된 메서드를 원본으로 가지고 실행이 되면 클래스에 정의된 함수가 실행되는 것을 알 수 있다.

```
In :    print(ki.set.__func__)
        print(kj.set.__func__)
        print(Klass_ins.set)

Out:    <function Klass_ins.set at 0x0000000005180730>
        <function Klass_ins.set at 0x0000000005180730>
        <function Klass_ins.set at 0x0000000005180730>
```

set 인스턴스 메서드에 인자를 넣어서 갱신하고 인스턴스 객체의 네임스페이스를 확인하면 name, age 속성이 추가되어 있다.

```
In :  ki.set("name","강감찬")
      ki.set("age",45)

      print(ki.__dict__)
```
```
Out:  {'name': '깅김찬', 'age': 45}
```

✚ 클래스 메서드 정의

파이썬 데코레이터를 이용해서 클래스의 메서드를 등록할 수 있다. classmethod는 하나의 클래스이고 데코레이터로 등록이 발생하면 클래스에서 처리할 수 있는 클래스 메서드로 전환해준다.

클래스 메서드가 등록되면 이 메서드의 이름이 클래스 네임스페이스에 등록되고 cls 변수가 첫 번째로 정의되어 클래스와 바인딩되면 처리가 된다.

클래스 메서드를 데코레이터로 등록할 때는 반드시 메서드 바로 위에 @classmethod라고 작성해야 한다.

예제 9-27 : 클래스 메서드 정의하기

내장 클래스인 classmethod 내부 구조를 먼저 알아보겠다. 처리하는 메서드를 정의하고, 클래스 메서드로 처리하기 위해서는 classmethod를 가지고 하나의 인스턴스를 만들어서 사용할 클래스 내부의 속성으로 만들어야 한다.

```
In :  print(classmethod)
```
```
Out:  <class 'classmethod'>
```

이 classmethod 클래스의 내부 속성에는 인스턴스를 생성하는 __new__ 메서드가 있고 정의된 함수를 저장하는 __func__ 속성도 있다.

```
In :  import pprint

      pprint.pprint(list(classmethod.__dict__))
```

452

```
Out:   ['__get__',
        '__init__',
        '__new__',
        '__func__',
        '__isabstractmethod__',
        '__dict__',
        '__doc__']
```

이제 이런 classmethod를 가지고 클래스 Klass_cls를 정의하여 함수를 만들고 그 함수의 헤더 부분 바로 위에 데코레이터로 @classmethod를 정의해본다.

이 클래스에는 다른 속성이 없고 클래스 메서드로 등록되는 set 함수 하나만 있다. 이 함수는 클래스 속성을 등록하는 데 사용된다.

```
In :   class Klass_cls :
            @classmethod
            def set(cls,name,value) :
                setattr(cls,name,value)
```

이제 이 클래스에 name과 age 속성을 할당해서 등록한다.

```
In :   Klass_cls.set("name","클래스")
        Klass_cls.set("age",50)
```

클래스 내에 클래스 메서드 set과 클래스 속성인 name과 age가 어떻게 등록이 되어 있는 지를 클래스 네임스페이스를 조회해서 출력해본다.

클래스 메서드 set을 보면 classmethod이 인스턴스로 등록된 것을 알 수 있다.

```
In :   import pprint

        pprint.pprint(Klass_cls.__dict__)
```

```
Out:   mappingproxy({'__dict__': <attribute '__dict__' of 'Klass_cls' objects>,
                     '__doc__': None,
                     '__module__': '__main__',
                     '__weakref__': <attribute '__weakref__' of 'Klass_cls'
                     objects>,
```

```
            'age': 50,
            'name': '클래스',
            'set': <classmethod object at 0x00000000052F5438>})
```

이번 Person 클래스에는 글래스 내에 민저 name,age를 클래스 속성으로 정의했고 두 개의 클래스 메서드 get, set을 정의했다.

```
In :    class Person :
            name = ""
            age = 0

            @classmethod
            def set(cls,name,value) :
                setattr(cls,name,value)

            @classmethod
            def get(cls) :
                return cls.name, cls.age
```

이번에서 name과 age 속성을 처리하면 기존에 정의된 것이 있으므로 갱신되는 것을 알수 있다.

스페셜 메서드 get으로 이를 확인해보면 클래스 속성을 읽어서 튜플로 처리된 결과를 보여주는 것을 확인한다.

```
In :    Person.set("name","클래스")
        Person.set("age",50)

        print(Person.get())
```
```
Out:    ('클래스', 50)
```

클래스에서 인스턴스를 만들어 클래스 메서드를 호출하면 인스턴스에 아무 것도 없지만 클래스 메서드를 검색해서 실행한다. 또한 속성을 조회해도 인스턴스에는 아무 것도 없으므로 상위인 클래스의 네임스페이스를 검색하면 조회가 되는 것을 확인할 수 있다.

```
In :    p = Person()
```

```
print(p.get())
print(p.name)
```

Out:
```
('클래스', 50)
클래스
```

파이썬은 실시간으로 속성을 추가할 수 있으므로 인스턴스.속성명으로 값을 할당하면 인
스턴스 속성에 값을 할당하는 것을 알 수 있다.

두 개의 속성이 인스턴스 네임스페이스에 추가가 되어 더 이상 클래스 속성을 참조하지 않
고 인스턴스 속성만 참조하는 것을 알 수 있다.

In :
```
c = Person()
c.name = "가을이"
c.age = 55
print(c.get())
print(c.name)
print(c.__dict__)
```

Out:
```
('클래스', 50)
가을이
{'name': '가을이', 'age': 55}
```

하지만 클래스명으로 조회하면 클래스 속성을 조회해서 출력하는 것을 알 수 있다. 클래
스와 인스턴스에 동일한 이름으로 속성을 구성하지 않도록 주의해야 한다.

In :
```
print(Person.name)
print(Person.age)
```

Out:
```
클래스
50
```

클래스 메서드는 classmethod 클래스에 의해 만들어지므로 내부적으로 처리되는 자료형
도 MethodType이라는 것을 알 수 있다.

In :
```
import types

print(type(Person.set) == types.MethodType)
```

```
        print(type(c.set) == types.MethodType)
```

```
        True
        True
```

이번에는 하나의 인스턴스를 만들어서 classmethod를 가지고 처리하는 방식으로 클래스 메서드를 만들어보자. classmethod 생성자가 함수를 전달받아 클래스 속성에 할당해서 처리한다. 위에 정의된 데코레이터와 동일하게 실행되는지를 확인해보겠다.

In :
```
class KlassMethod :

    def set(cls,name,value) :
        setattr(cls,name,value)
    set = classmethod(set)
```

클래스 메서드 set으로 내부의 클래스 속성 name을 추가했다. 클래스 메서드인지를 확인하기 위해 set 메서드 이름으로 현재 저장된 인스턴스를 출력했다. 클래스 속성으로 name이 들어 있는 것도 확인해봤다.

In :
```
KlassMethod.set("name","클래스 메서드")

print(KlassMethod.set)
print(KlassMethod.name)
```

Out:
```
<bound method KlassMethod.set of <class '__main__.KlassMethod'>>
클래스 메서드
```

✚ 정적 메서드 정의

파이썬에서 정적 메서드는 클래스나 인스턴스에 대한 바인딩 지정이 필요 없다. 데코레이터를 이용해서 메서드 바로 위에 @staticmethod로 지정하면 정적 메서드가 생성된다.

자바와 달리 정적 메서드는 클래스 메서드가 아니라 클래스 내에서 함수를 메서드처럼 사용할 수 있도록 클래스와 인스턴스를 호출해서 사용이 가능하다.

예제 9-28 : 정적 메서드 정의하기

클래스 메서드와 같이 정적 메서드도 하나의 클래스인 staticmethod로 인스턴스를 만들어서 등록한다.

전달되는 함수는 정적 메서드 인스턴스로 구성하므로 함수는 __func__ 에 들어가는 것을 알 수 있다.

```
In : import pprint

     pprint.pprint(list(staticmethod.__dict__))
```

```
Out: ['__get__',
      '__init__',
      '__new__',
      '__func__',
      '__isabstractmethod__',
      '__dict__',
      '__doc__']
```

Klass_st 클래스 내에 클래스 메서드와 정적 메서드를 정의한다. 정적 메서드의 첫 번째 인자에 obj로 정의하고 작성했다.

```
In : class Klass_st :
         name = ""
         age = 0
         def __init__(self,name,age) :
             self.name = name
             self.age = age

         @classmethod
         def set(cls,name,value) :
             setattr(cls,name,value)

         @staticmethod
         def get(obj) :
             return obj.name, obj.age
```

클래스의 네임스페이스를 확인하면 클래스 속성인 name, age, 클래스 메서드인 set, 정적 메서드인 get이 정의되어 있는 것을 알 수 있다.

```
In :   import pprint

       pprint.pprint(Klass_st.__dict__)
```

```
Out:   mappingproxy({'__dict__': <attribute '__dict__' of 'Klass_st' objects>,
                '__doc__': None,
                '__init__': <function Klass_st.__init__ at
                0x00000000052EBE18>,
                '__module__': '__main__',
                '__weakref__': <attribute '__weakref__' of 'Klass_st'
                objects>,
                'age': 0,
                'get': <staticmethod object at 0x0000000005301518>,
                'name': '',
                'set': <classmethod object at 0x00000000053014A8>})
```

두 속성인 name,age는 클래스와 인스턴스 양쪽에 전부 있어서 인스턴스 메서드나 클래스 메서드로 정의해야 하지만 정적 메서드 하나를 정의하고 양쪽을 전부 검색해서 출력하도록 만들었다.

정적 메서드의 첫 번째 인자에 객체를 넣고 호출해야 하므로 메서드를 호출할 때 인스턴스와 클래스에 대한 레퍼런스를 전달해줘야 한다.

```
In :   c = Klass_st("인스턴스",50)

       Klass_st.set("name","클래스")
       Klass_st.set("age",55)
```

```
In :   print(c.get(c))
       print(Klass_st.get(Klass_st))
```

```
Out:   ('인스턴스', 50)
       ('클래스', 55)
```

정적 메서드에 대해서도 자료형을 비교해보면 메서드라는 것을 알 수 있다.

```
In :   import types
```

```
        print(type(Klass_st.set) == types.MethodType)
        print(type(c.set) == types.MethodType)
```

Out: True
        True

정적 메서드는 데코레이터를 사용하지 않고 직접 인스턴스를 만들어서 클래스 속성에 넣어 처리도 가능하다.

In :   **class KlassMethod :**

            def set(cls,name, value) :
                setattr(cls,name,value)

            set = staticmethod(set)

클래스 메서드와의 차이점은 첫 번째 인자에 클래스 레퍼런스가 자동으로 들어가지 않으므로 호출할 때 클래스에 대한 레퍼런스를 부여해서 메서드를 실행해야 클래스 속성이 처리된다.

In :   KlassMethod.set(KlassMethod,"name","정적 메서드")

        print(KlassMethod.set)
        print(KlassMethod.name)

Out: <function KlassMethod.set at 0x10955af28>
        정적 메서드

9.4.2 self/cls 매개변수 이해하기

파이썬에서 인스턴스 메서드와 클래스 메서드를 정의할 때 왜 첫 번째 인자로 self, cls 변수를 지정하는지를 이해해야 한다.

메서드를 어떻게 바인딩해야 하는지를 명확히 이해해야 한다. 메서드가 함수와의 큰 차이는 내부 속성에 __self__ 가 생기고 이 속성이 메서드의 첫 번째 인자에 자동으로 세팅되는 것이다.

그래서 첫 번째 인자의 이름과 상관 없이 첫 번째 지정된 변수에 무조건 매칭되므로 self/cls 관행을 따르는 것이 프로그램 가독성에 좋다.

✚ 인스턴스 메서드 정의 확인하기

인스턴스 메서드에서 매개변수 첫 번째 인자에 self를 관행적으로 붙이는 이유는 인스턴스 바인딩 시에 self 자리의 값은 항상 __self__ 속성에 들어와 있는 인스턴스 레퍼런스가 자동으로 세팅되어 실행되기 때문이다.

예제 9-29 : 인스턴스 메서드 self 알아보기

Klass_insmetod 클래스에 인스턴스를 만들 때 name 속성과 getname 인스턴스 메서드를 정의한다.

```
In :   class InsKlass :
           def __init__(self,name) :
               self.name = name

           def getname(self) :
               return self.name
```

클래스에 보관되는 getname 메서드 내의 레퍼런스를 확인하면 함수라고 표시되는 것을 알 수 있다. 인스턴스 하나를 만들고 인스턴스에서 메서드의 레퍼런스를 확인하면 메서드라고 표시된다.

```
In :   print(InsKlass.getname)

       ins = InsKlass("인스턴스")
       print(ins.getname)
```

```
Out:   <function InsKlass.getname at 0x00000000052EBB70>
       <bound method InsKlass.getname of <__main__.InsKlass object at
       0x00000000052C6C88>>
```

함수와 메서드일 때 속성과 메서드 차이를 확인해보면 __self__와 __func__ 두 가지 차이가 있다는 것을 알 수 있다.

```
In :   s = set(dir(InsKlass.getname))

       i = set(dir(ins.getname))

       print(i - s)
Out:   {'__func__', '__self__'}
```

인스턴스에서 메서드를 점 연산자로 이름을 호출하고 내부에 있는 __self__를 조사하면 인스턴스 레퍼런스가 들어가 있는 것을 알 수 있다.

클래스에 있는 메서드와 인스턴스가 바인딩한 메서드 내의 __func__에 들어 있는 함수의 레퍼런스와 동일하다는 것을 알 수 있다.

```
In :   print(ins)
       print(ins.getname.__self__)
       print(InsKlass.getname)
       print(ins.getname.__func__)
Out:   <__main__.InsKlass object at 0x00000000052C6C88>
       <__main__.InsKlass object at 0x00000000052C6C88>
       <function InsKlass.getname at 0x00000000052EBB70>
       <function InsKlass.getname at 0x00000000052EBB70>
```

✛ 클래스 메서드 내부 확인하기

클래스 메서드가 정의되면 첫 번째 매개변수가 cls이고 이에 해당되는 내부 속성인 __self__가 만들어진다. 클래스 메서드라고 인지되는 이유는 __self__ 정보를 가지고 바인딩 시 세팅되고 매개변수 cls에 __self__ 정보가 세팅되기 때문이다.

예제 9-30 : 클래스 메서드 cls 알아보기

ClsKlass 클래스를 정의할 때 getname 클래스 메서드를 추가했다.

```
In :   class ClsKlass :
           name = "클래스"
           def __init__(self,name) :
               self.name = name
           @classmethod
           def getname(cls) :
               return cls.name
```

하나의 인스턴스를 만들고 클래스에 보관된 메서드 상태를 조회하면 클래스 메서드라는
표시가 나온다.

```
In :   a = ClsKlass("인스턴스")

       print(ClsKlass.getname)
```

```
Out:   <bound method ClsKlass.getname of <class '__main__.ClsKlass'>>
```

클래스 메서드와 함수의 메서드를 비교해보면 __self__, __func__ 속성이 추가되어 있
는 것을 알 수 있다.

```
In :   s = set(dir(ClsKlass.__init__))

       c = set(dir(ClsKlass.getname))

       print(c-s)
```

```
Out:   {'__func__', '__self__'}
```

클래스 내에 있는 __self__는 클래스 레퍼런스이지만 클래스 메서드와 클래스 메서드 안
에 있는 함수의 레퍼런스를 확인하면 상이한 것을 알 수 있다. 클래스 메서드가 데코레
이터 처리할 때 클래스에 정의된 함수를 전부 내부에 넣어서 새로운 클래스 메서드를 만
든다.

```
In :   print(ClsKlass)
       print(ClsKlass.getname.__self__)
       print(id(ClsKlass.getname))
       print(id(ClsKlass.getname.__func__))
```

```
Out:    <class '__main__.ClsKlass'>
        <class '__main__.ClsKlass'>
        85882888
        86664328
```

✦ 인스턴스 메서드의 self 매개변수 위치 이해하기

인스턴스 메서드의 첫 번째 인자로 변수 self가 왜 필요한지를 명확히 확인해보기로 하겠다. 메서드 정의 시 가변 위치 인자로 처리해보면 첫 번째 인자에 들어오는 값을 확인할 수 있다.

예제 9-31 : self 변수를 미지정해서 인스턴스 메서드 알아보기

클래스 이름을 Self로 정의하고 모든 인스턴스 메서드들의 매개변수를 가변 인자로 처리했다. 가변 인자로 처리해도 첫 번째 인자는 항상 인스턴스 레퍼런스가 처리된다.

초기화 __init__ 메서드는 첫 번째 인자가 인스턴스 레퍼런스이므로 이 레퍼런스를 가지고 점 연산자 다음에 내부 네임스페이스로 내부 속성을 추가할 수 있다. 이때 인덱싱으로 내부 속성을 확인하기 위해 키값을 문자열로 넣어야 한다.

인스턴스 내부를 조회하는 get 메서드는 args[0]에 들어온 것을 기준으로 내부 속성을 점 연산자로 접근해서 호출하도록 했다.

```
In :    class Self :
            attr = ("name","age")
            def __init__(*args) :
                print("__self__ argument ",args[0])
                print("__self__ attribute ",args[0].__init__.__self__)

                for i in range(1,len(args)) :
                    args[0].__dict__[Self.attr[i-1]] = args[i]

            def get(*args) :
                print("__self__ attribute ",args[0].get.__self__)
                return args[0].name, args[0].age
```

생성자로 인스턴스를 하나 생성했다. 이 인스턴스에 속성이 제대로 들어갔는지를 확인하기 위해 인스턴스 네임스페이스를 조회해서 속성이 들어간 것을 확인했다.

```
In :   s = Self("Dahl",22)
       print(s.__dict__)
       print(s)
```

```
Out:   __self__ argument <__main__.Self object at 0x00000000050500F0>
       __self__ attribute <__main__.Self object at 0x00000000050500F0>
       {'name': 'Dahl', 'age': 22}
       <__main__.Self object at 0x00000000050500F0>
```

인스턴스 메서드를 호출하면 튜플로 결과를 출력하는 것을 알 수 있다.

```
In :   print(s.get())
```

```
Out:   __self__ attribute <__main__.Self object at 0x00000000050500F0>
       ('Dahl', 22)
```

위의 방식를 간편하게 문법대로 작성하면 동일한 결과가 나오는 것을 확인할 수 있다. 클래스를 정의할 때 메서드에 명확한 매개변수를 지정한다.

```
In :   class Self_ :

           def __init__(self,name,age) :
               self.name = name
               self.age =  age

           def get(self) :

               return self.name, self.age
```

인스턴스를 만들고 인스턴스의 네임스페이스를 조회해보면 이름과 나이가 들어가 있는 것을 알 수 있다. get 메서드를 실행하면 결과가 나온다.

```
In :   s = Self_("Dahl",22)
       print(s.__dict__)
       print(s)
```

```
        print(s.get())

Out:    {'name': 'Dahl', 'age': 22}
        <__main__.Self_ object at 0x0000000004F88940>
        ('Dahl', 22)
```

9.4.3 외부 함수와 메서드를 동시에 사용하는 패턴 이해하기

파이썬은 바인딩되는 시점에 함수를 메서드로 변환해서 처리하므로 외부에 정의된 함수를 가지고 클래스를 정의할 때 재사용이 가능하다.

실제 함수를 클래스 내의 메서드로 지정하면 인스턴스 메서드, 클래스 메서드일 경우 첫 번째 매개변수를 명확히 맞춰서 바인딩할 때 __self__가 들어가야 메서드로 바뀌는 것을 알 수 있다.

클래스 밖에 함수를 정의하고 클래스 내에서 메서드로 사용하는 방법을 예제를 통해 알아 보겠다.

✚ 외부 함수를 내부 인스턴스 메서드로 사용하기

파이썬은 함수도 객체이므로 외부에 함수를 정의하고 클래스 내의 변수에 할당해도 사용할 때는 바인딩되면 메서드로 인지한다. 대신 외부 함수의 첫 번째 매개변수는 항상 인스턴스 객체를 처리할 수 있어야 바인딩 시점에서 첫 번째 인자에 인스턴스가 들어가 메서드로 인식한다.

클래스 내의 모든 메서드는 외부 함수를 정의하고 매개변수가 메서드를 처리할 수 있도록 지정하면 이를 클래스 내부에 할당해서 인스턴스 메서드, 클래스 메서드, 정적 메서드를 만들 수 있다.

예제 9-32 : 외부 함수를 정의하고 클래스 내부에 할당하기

함수 getname, getage를 외부에 정의할 때 첫 번째 인자에 self 변수를 정의해서 메서드 처리와 동일한 구조를 만든다.

```
In :   def getname(self) :
           return self.name

       def getage(self) :
           return self.age
```

Person 클래스를 정의하고 내부 메서드 이름인 getname, getage에 외부에 지정된 함수를 할당한다.

```
In :   class Person :
           def __init__(self,name,age) :
               self.name = name
               self.age  = age

           getname = getname
           getage  = getage
```

두 개의 함수가 클래스 내부의 네임스페이스에 들어와 있는 것을 확인할 수 있다. 네임스페이스가 이름 값으로 관리하므로 함수가 값으로 들어와도 로딩할 때는 특별한 문제가 없이 처리되는 것을 알 수 있다.

```
In :   import pprint

       pprint.pprint(Person.__dict__)
```
```
Out:   mappingproxy({'__dict__': <attribute '__dict__' of 'Person' objects>,
                     '__doc__': None,
                     '__init__': <function Person.__init__ at
                     0x00000000052F97B8>,
                     '__module__': '__main__',
                     '__weakref__': <attribute '__weakref__' of 'Person'
                     objects>,
                     'getage': <function getage at 0x00000000052F92F0>,
                     'getname': <function getname at 0x00000000052F91E0>})
```

인스턴스 p를 만들고 함수와 메서드를 처리하면 동일하게 처리되는 것을 알 수 있다.

일단 인스턴스 메서드는 매개변수를 지정할 때 첫 번째 인자에 인스턴스 메서드가 들어가 도록 정의하고 나머지 매개변수는 그 메서드가 처리하는 내부 로직이 동일할 경우 함수나 메서드가 동일하게 처리되는 것을 알 수 있다.

함수의 내부 로직도 첫 번째 인자인 인스턴스를 가지고 처리하도록 명기를 하면 인스턴스의 속성을 가지고 항상 동일하게 처리되는 것을 알 수 있다.

```
In :  p = Person("함수",44)

      print(p.getname())
      print(getname(p))
      print(p.getage())
      print(getage(p))

Out:  함수
      함수
      44
      44
```

함수와 메서드 내의 원본 함수를 보관하는 __func__ 속성 내 함수의 레퍼런스를 비교해 보면 동일하다는 것을 알 수가 있다.

```
In :  print(p.getname)
      print(getname)
      print(p.getname.__func__ is getname)
      print(p.getage)
      print(getage)
      print(p.getage.__func__ is getage)

Out:  <bound method getname of <__main__.Person object at 0x0000000005042860>>
      <function getname at 0x000000000501EBF8>
      True
      <bound method getage of <__main__.Person object at 0x0000000005042860>>
      <function getage at 0x000000000501E9D8>
      True
```

외부 함수 get을 정의한 후에 이 함수를 이용해서 클래스 메서드를 만들어보겠다.

```
In :   def get(cls) :
           return cls.name
```

클래스를 정의하고 외부 함수를 classmethod에 인자로 넣어 인스턴스를 만들어서 get에
할당했다.

```
In :   class Klass_get :
           name = "Klass_get"
           get = classmethod(get)
```

이 클래스를 가지고 클래스 메서드를 호출해서 처리하면 클래스 속성 name을 호출해서
출력하는 것을 볼 수 있다.

```
In :   print(Klass_get.get())
```
```
Out:   Klass_get
```

예제 9-33 : __init__ 를 함수로 정의하고 클래스 내에 할당할 경우

스페셜 메서드도 재정의가 가능하므로 외부 함수를 스페셜 메서드 이름으로 정의해도 함
수를 내부 메서드로 정의해서 처리할 수 있다.

__init__ 이름으로 함수를 하나 정의했다. 매개변수도 첫 번째 변수명은 self이고 내부 로
직에는 점 연산을 통해 내부 속성에 값을 할당했다. 초기화는 반환 값이 없으므로 정의하
지 않는다.

```
In :   def __init__(self,name,age) :
           self.name = name
           self.age  = age
```

Person 클래스 내의 속성과 메서드도 네임스페이스가 딕셔너리 자료형으로 관리되므로
외부 함수를 클래스 Person 내의 속성에 할당되도록 처리해도 클래스 내부에 인스턴스 메
서드를 정의한 것과 동일하게 처리된다.

```
In :    class Person :
            __init__ = __init__
```

Person 클래스로 인스턴스를 생성해서 p에 할당하고 인스턴스 내부 속성을 확인하면 name, age가 들어가 있는 것을 확인할 수 있다.

```
In :    p = Person("DahlMoon",22)
        print(p.__dict__)
```
```
Out:    {'name': 'DahlMoon', 'age': 22}
```

__init__ 메서드 내 __func__ 속성 내의 레퍼런스와 __init__ 함수의 주소를 비교해보면 동일한 함수의 레퍼런스가 들어가 있는 것을 알 수 있다.

```
In :    print(p.__init__.__func__)
        print(__init__)
```
```
Out:    <function __init__ at 0x000000000500F598>
        <function __init__ at 0x000000000500F598>
```

9.4.4 fluent interface(메서드 체이닝)

객체의 메서드들을 처리할 때 메서드가 연속으로 호출되면서 처리가 필요할 때가 있다. 연속해서 메서드를 호출하기 위해 메서드들이 반환값으로 현재 처리되는 인스턴스를 넘겨주면 정해진 메서드가 연속적으로 호출되어 실행된다.

순환을 방지하기 위해 제일 마지막 처리되는 부분을 정하고 마지막 처리는 인스턴스 객체가 아닌 로직이 처리된 계산 결과로 반환한다.

예제 9-34 : Method Chain 처리

MethodChain클래스를 정의할 때 intent, suffix 메서드는 로직을 처리한 후에 self를 반환해서 처리한다. 이런 구조로 만드는 이유는 이 메서드들을 처리한 후에도 인스턴스로 리턴하므로 연속해서 처리할 수 있기 때문이다.

```
In :   class MethodChain :
           def __init__(self, content) :
               self.content = content

           def intent(self,space) :
               self.content = " "*space + self.content
               return self

           def suffix(self,content) :
               self.content = self.content + "-" + content
               return self
```

MethodChain으로 인스턴스를 생성하고 바로 intent, suffix 메서드를 호출해서 처리한다. 이 메서드 처리된 결과도 인스턴스이므로 마지막에 메서드에서 처리한 속성을 조회해서 변수 m에는 self.content 내용이 할당되는 것을 알 수 있다.

```
In :   m = MethodChain("하늘과별과 시").intent(5).suffix("윤동주").content

       print(m)
```
```
Out:        하늘과별과 시-윤동주
```

9.5 캡슐화(Encapsulation)

클래스를 정의할 때 내부의 속성과 메서드를 묶어서 하나의 단위로 처리할 수 있다. 이렇게 하나의 단위로 묶어서 클래스를 만드는 것을 캡슐화했다고 한다.

파이썬에서는 속성과 메서드가 전부 외부에 공개되므로 속성을 감출 수 있는 방안은 없다. 이런 속성을 감추는 것은 정보 은닉이라고 한다. 다양한 방법을 제시해서 최대한 정보 은닉을 처리하도록 한다.

9.5.1 내부 속성이나 메서드 명명 규칙 관행

클래스의 네임스페이스는 키인 이름과 값으로 구성되므로 속성이나 메서드들이 전부 이름으로 관리된다. 속성과 메서드가 동일한 이름을 가지면 이슈가 발생할 수도 있지만 동일한 규칙으로 이름을 가지면 실제 최종 값으로 대치되어 처리되는 것을 알 수 있다. 이름을 처리하는 규칙에 대해서도 잘 알아야 이름으로 속성에 접근할 때 발생하는 오류를 제대로 처리할 수 있다.

9.5.2 보호된 이름 : _이름

클래스 내부에 _가 있는 속성이나 메서드는 관행적으로 private으로 약속해서 처리한다. 이는 외부에서 보호된 이름으로 사용되기에 호출해서 사용하면 안된다.

✚ 메서드로 보호 속성 감추기

_속성명은 관행상 접근을 보호해야 하므로 별도의 메서드를 구현해서 작성한다. 프로그램 작성 시 이 속성에 직접 접근하지 않고 메서드를 이용해서 실행하도록 한다.

예제 9-35 : 보호된 이름 사용

Protected 클래스를 정의할 때 보호된 이름으로 _set 메서드를 정의했다. 이 메서드를 __init__ 메서드 내에서 호출해 인스턴스가 생성될 때에도 보호된 속성으로 _name, _age 속성을 추가하도록 만들었다.

보호된 속성에 직접 접근하지 않도록 getname, getage 메서드를 정의해서 호출하도록 구성했다.

```
In :    class Protected :
            def __init__(self,name,age) :
                self._set(name,age)

            def _set(self,name,age) :
                self._name = name
```

```
        self._age = age

    def getname(self) :
        return self._name
    def getage(self) :
        return self._age
```

하나의 인스턴스를 생성하고 그 인스턴스 네임스페이스를 조회했다. 내부에 보호된 속성
이 만들어져 있는 것을 알 수 있다.

```
In :   p = Protected("정찬혁", 31)

       print(p.__dict__)
```
```
Out:   {'_name': '정찬혁', '_age': 31}
```

인스턴스의 메서드를 호출해서 출력하면 인스턴스의 보호된 속성을 조회해서 출력한다.

```
In :   print(p.getname())
       print(p.getage())
```
```
Out:   정찬혁
       31
```

하지만 다 공개되었기에 이 속성이 이름을 알면 바로 접근해서 조회가 가능하다.

```
In :   print(p._name)
       print(p._age)
```
```
Out:   정찬혁
       31
```

9.5.3 mangling을 이용한 정보 은닉

파이썬 명명 규칙 중 이름 앞에 두 개의 언더스코어를 작성해서 처리한다. 이를 표기법으
로 사용하면 __ + 이름으로 처리한다.

이런 이름을 사용하면 내부적으로 _클래스__이름으로 처리되도록 구성된다. 이런 처리 방식을 맹글링(mangling)이라고 한다.

클래스 외부에서는 직접 __+이름으로는 호출해도 검색이 불가능하지만 내부 클래스나 인스턴스에서는 __+이름으로 처리한다.

예제 9-36 : 속성이나 메서드에 대한 맹글링 처리

Mangling 클래스를 정의할 때 인스턴스 속성(__name, __age), 인스턴스 메서드(__set)를 맹글링 처리하도록 정의했다.

이 클래스 내의 메서드에서는 속성을 전부 __+이름으로 호출해서 사용할 수 있다.

```
In :   class Mangling :
           def __init__(self,name,age) :
               self.__set(name,age)

           def __set(self,name,age) :
               self.__name = name
               self.__age = age

           def getname(self) :
               return self.__name
           def getage(self) :
               return self.__age
```

인스턴스를 하나 생성해서 인스턴스 내의 네임스페이스를 확인해보면 인스턴스 속성이 맹글링되어 처리된 것을 볼 수 있다.

인스턴스 메서드로 호출해도 내부의 인스턴스 속성을 검색해서 처리한다.

```
In :   p = Mangling("정찬혁", 31)

       print(p.__dict__)
```
```
Out:   {'_Mangling__name': '정찬혁', '_Mangling__age': 31}
```

```
In :   print(p.getname())
       print(p.getage())
```

```
Out:   정찬혁
       31
```

하지만 인스턴스를 가지고 점 연산자로 직접 __name과 __age 속성에 접근하며 예외가 발생한다. 외부에서 조회할 때는 속성 등의 이름 변경 시 이런 속성이 없다는 것이다.

```
In :   print(p.__name)
       print(p.__age)
```

```
Out:   ---------------------------------------------------------------
       AttributeError                        Traceback (most recent call last)
       <ipython-input-126-39890ff3efd6> in <module>()
       ----> 1 print(p.__name)
             2 print(p.__age)

       AttributeError: 'Mangling' object has no attribute '__name'
```

맹글링 처리된 이름을 외부에서 전체 이름을 주고 조회하면 결과가 출력되는 것을 확인할 수 있다.

```
In :   print(p._Mangling__name)
       print(p._Mangling__age)
```

```
Out:   정찬혁
       31
```

클래스의 네임스페이스를 조회하면 __set 메서드도 맹글링 처리가 된 것을 확인할 수 있다.

```
In :   import pprint

       pprint.pprint(Mangling.__dict__)
```

```
Out:   mappingproxy({'_Mangling__set': <function Mangling.__set at
                      0x000000000501E1E0>,
                     '__dict__': <attribute '__dict__' of 'Mangling' objects>,
```

```
'__doc__': None,
'__init__': <function Mangling.__init__ at
0x000000000501E2F0>,
'__module__': '__main__',
'__weakref__': <attribute '__weakref__' of 'Mangling'
objects>,
'getage': <function Mangling.getage at
0x000000000501E730>,
'getname': <function Mangling.getname at
0x000000000501E268>}
```

인스턴스 메서드도 맹글링되면 이름이 바뀌었기 때문에 맹글링된 이름이 호출되지 않으면 예외가 발생한다.

In : `p.__set("맹글링",55)`

Out:
```
---------------------------------------------------------------------
AttributeError                          Traceback (most recent call last)
<ipython-input-129-184d8e5290bb> in <module>()
----> 1 p.__set("맹글링",55)

AttributeError: 'Mangling' object has no attribute '__set'
```

그렇지만 맹글린된 전체 이름으로 인스턴스 메서드를 호출하면 인스턴스 내부의 값이 변경되는 것을 확인할 수 있다.

In : `p._Mangling__set("맹글링",55)`

`print(p._Mangling__name)`
`print(p._Mangling__age)`

Out: 맹글링
55

9.5.4 property를 이용한 정보 은닉

정보 은닉을 처리해도 기본이 퍼블릭이므로 모든 것을 조회할 수가 있다. 그래서 메서드를 가지고 이름으로 접근해서 사용할 수 있는 프로퍼티(property) 처리하는 방식으로 속성을 숨기고 처리하는 정보 은닉도 추가되었다.

프로퍼티를 지정할 때도 주로 데코레이터를 사용한다. 메서드 바로 위에 @property를 지정하면 함수명으로 하나의 인스턴스를 만들고 그 내부의 getter 메서드에 등록된다. 갱신이 필요한 메서드에는 @함수명.setter로 처리해야 한다. 하지만 내부의 속성 이름을 알고 있다면 메서드 대신 속성에 직접 접근해서도 조회나 갱신이 가능하다.

예제 9-37 : 프로퍼티로 속성을 숨기기

PropertyClass 클래스를 정의할 때 인스턴스의 속성 이름을 보호된 속성으로 정의하고 호출되는 메서드의 이름을 속성 이름으로 처리한다.

이 클래스에 name으로 조회 및 갱신을 하려면 두 개의 메서드가 필요하다. 메서드의 이름은 동일하지만 하나는 조회를 하는 것이고 또 다른 하나는 속성을 갱신하는 것이다. 첫 번째 조회하는 메서드 위에 @property를 지정하면 내부적으로 name이라는 인스턴스가 만들어지고 그 내부에 이 메서드가 getter로 등록된다.

두 번째 메서드는 name 인스턴스에 점 연산자를 이용해서 setter로 프로퍼티를 만들면 동일한 메서드가 등록된다.

```
In :   class PropertyClass :
           def __init__(self,name) :
               self._name = name
           @property
           def name(self) :
               return self._name
           @name.setter
           def name(self,value) :
               self._name = value
```

정의가 끝나고 이를 로딩하면 이 클래스가 객체로 전환된다. 이 클래스 내부의 네임스페이스를 조회하면 name 속성이 property 인스턴스라는 것과, 클래스 내부에 정의된 메서드들이 name이라는 property 인스턴스 내부에 들어가 있는 것을 알 수 있다.

```
In :   import pprint

       pprint.pprint(PropertyClass.__dict__)
```

```
Out:   mappingproxy({'__dict__': <attribute '__dict__' of 'PropertyClass'
                     objects>,
                     '__doc__': None,
                     '__init__': <function PropertyClass.__init__ at
                     0x0000000005230EA0>,
                     '__module__': '__main__',
                     '__weakref__': <attribute '__weakref__' of 'PropertyClass'
                     objects>,
                     'name': <property object at 0x0000000005245818>})
```

하나의 인스턴스를 만들고 name으로 조회하면 인스턴스를 생성할 때 넣은 값이 출력 된다.

```
In :   p = PropertyClass("은옥주")

       print(p.name)
```

```
Out:   은옥주
```

Name에 다른 값을 할당한 후에 다시 조회하면 변경된 것을 확인할 수 있다.

```
In :   p.name = "금옥주"
       print(p.name)
```

```
Out:   금옥주
```

인스턴스의 네임스페이스를 조회하면 사용하는 name이 아닌 _name 속성을 가지고 있다. 직접 인스턴스 내의 속성을 가지고 조회해서 결과를 확인할 수 있다. _name의 내부 값을 변경한 후에 프로퍼티 name으로 조회해도 변경된 내용이 조회된다.

```
In :   print(p.__dict__)
       print(p._name)
       p._name = "동옥주"
       print(p.name)
```

```
Out:   {'_name': '금옥주'}
       금옥주
       동옥주
```

9.6 상속(Inheritance)

객체지향에서 재사용성을 강조하는데 특히 기존에 만들어진 클래스를 이용해서 추가적인 부분을 처리할 수 있다. 이는 기존 클래스를 내 클래스처럼 사용할 수 있는 상속 구조를 만들어서 제공하기 때문이다.

구조화된 클래스들은 단지 상속이라는 표기법만 사용하면 상속을 받은 클래스와 연계되어 하나의 클래스로 처리되는 구조를 만들어준다.

클래스의 책임성을 어떻게 분리해야 더 좋은 관계를 유지할 수 있는지를 이해하려면 책임성에 대한 행위 즉 기능을 명확히 결정해야 한다. 보통 추상 클래스를 정의해서 책임성을 분리하고 이 추상 클래스에 맞춰 구현하는 방안으로 구조화해야 한다.

일단 이번 장에서는 상속 관계에 대한 기본적인 개념을 주로 이해하고 구조화를 어떻게 처리할지 알아보겠다.

9.6.1. 상속

상속에 대해 더 간단히 설명하면 새로운 클래스를 정의할 때 기존의 클래스를 재활용해서 변경되는 부분만 자기 클래스에 추가해서 작성할 수 있다.

파이썬은 다중 상속을 허용하므로 기존에 정의된 클래스들을 여러 개 상속받아서 재사용이 가능하다. 대신 다중 상속을 함으로써 이슈는 어느 부모 클래스에 있는 것을 재사용할 것인지 결정하는 부분이다.

내부적으로 그 기준이 정의되어 있지만 로직에서 바로 다중 부모 클래스 중에 하나를 선택하고 싶다면 그 클래스를 바로 정의해서 처리도 가능하다.

✚ 상속 시 초기화 메서드 처리

일단 상속을 하면 상속한 클래스를 부모 클래스(parent class)나 슈퍼 클래스(super class)라 하고 상속을 받은 클래스를 자식 클래스(child class)나 서브 클래스(sub class)라 부른다.

상속을 받았다는 것은 부모 클래스의 속성과 메서드를 사용할 수 있다는 것이다. 전부 자식 클래스에서 재정의해서 사용한다면 상속을 사용할 필요가 없으므로 부모 클래스를 어떻게 재사용할지를 정리해야 한다.

일단 간단하게 상속된 속성들을 초기화하는 방법부터 알아보겠다.

예제 9-38 : 부모 클래스의 초기화 모듈을 이용

Parent 클래스에는 초기화만 정의되어 있고 아무런 메서드를 정의하지 않았다.

```
In :   class Parent :
           def __init__(self,name,age) :
               self.name = name
               self.age  = age
```

Child 클래스는 Parent 클래스를 상속했지만 내부에 처리하는 로직이 없다.

```
In :   class Child(Parent) :
           pass
```

Parent 클래스의 네임스페이스를 조회한다.

```
In :   import pprint

       pprint.pprint(Parent.__dict__)

Out:   mappingproxy({'__dict__': <attribute '__dict__' of 'Parent' objects>,
                     '__doc__': None,
                     '__init__': <function Parent.__init__ at
```

```
           0x0000000005430840>,
          '__module__': '__main__',
          '__weakref__': <attribute '__weakref__' of 'Parent'
          objects>})
```

Child 클래스에 대한 네임스페이스를 조회한다.

In : **import pprint**

pprint.pprint(Child.__dict__)

Out: mappingproxy({'__module__': '__main__', '__doc__': None})

__bases__ 속성에 직접 접근해서 조회하거나 issubclass 함수를 이용해서 상속 관계를
확인할 수 있다.

In : print(Child.__bases__)
print(issubclass(Child, Parent))

Out: (<class '__main__.Parent'>,)
True

Child 클래스가 사용할 수 있는 모든 속성을 조회하면 상위 클래스에 만들어진 스페셜 속
성이나 메서드 호출을 확인할 수 있다.

특히 클래스만 가진 네임스페이스는 __dict__로 조회하지만 dir 함수를 이용해서 조회하
면 사용이 가능한 속성과 메서드들을 전부 확인할 수 있다.

In : **import pprint**

pprint.pprint(dir(Child))

Out: ['__class__',
 '__delattr__',
 '__dict__',
 '__dir__',
 '__doc__',
 '__eq__',
 '__format__',
```
```

```
    '__ge__',
    '__getattribute__',
    '__gt__',
    '__hash__',
    '__init__',
    '__init_subclass__',
    '__le__',
    '__lt__',
    '__module__',
    '__ne__',
    '__new__',
    '__reduce__',
    '__reduce_ex__',
    '__repr__',
    '__setattr__',
    '__sizeof__',
    '__str__',
    '__subclasshook__',
    '__weakref__']
```

Child 클래스 생성자를 이용해서 인스턴스를 만든다. Child 클래스에는 초기화 메서드가 없다. 아무런 인자 없이 인스턴스를 만들면 부모 클래스의 초기화 메서드 내에 매개변수가 없다는 예외를 발생시킨다.

```
In :  c = Child()
      print(c)
```

```
Out:  -----------------------------------------------------------------
      TypeError                            Traceback (most recent call last)
      <ipython-input-10-87b9592ae1d8> in <module>()
      ----> 1 c = Child()
            2 print(c)

      TypeError: __init__() missing 2 required positional arguments: 'name'
      and 'age'
```

위의 예외 부분을 해결하려면 name, age에 맞는 인자를 넣어서 인스턴스를 생성한다. 생성한 이후에 인스턴스 내의 네임스페이스를 조회하면 name, age 속성이 들어가 있다.

상속을 하면 부모 클래스의 네임스페이스를 검색해서 처리가 된다. 자식 클래스로 인스턴스를 만들 때도 부모 클래스의 __init__ 메서드가 자식 클래스에서도 그대로 적용이 되므로 상속을 받으면 부모의 모든 것을 바로 사용할 수 있다는 것을 알 수 있다.

```
In :   c = Child("자식",33)
        print(c)
        print(c.__dict__)
```

```
Out:   <__main__.Child object at 0x00000000051080B8>
        {'name': '자식', 'age': 33}
```

✚ Super class와 sub class 관계 이해하기

슈퍼 클래스와 서브 클래스 간의 상속 관계(is a)를 확인하기 위해 상속의 단계를 더 깊게 만들어보겠다.

예제 9-39 : 상속 관계 확인하기

조부모, 부모, 자식 등으로 연속적으로 상속을 받을 경우에 처리되는 것을 확인하기 위해 3개의 클래스를 만들었다. 부모는 조부모를 상속했고 자식은 부모를 상속한다.

먼저 조부모 클래스에는 인스턴스 속성을 초기화하는 메서드만 지정한다.

```
In :   class GrandParent :
            def __init__(self,name,age) :
                self.name = name
                self.age  = age
```

부모 클래스에는 이 속성을 조회하는 인스턴스 메서드 2개를 지정한다.

```
In :   class Parent(GrandParent) :
            def getname(self) :
                return self.name
            def getage(self) :
                return self.age
```

손자 클래스는 아무 일도 하지 않는다.

```
In :   class Child(Parent) :
           pass
```

조부모, 부모, 자식 클래스에 대한 상속이 어떻게 되었는지를 __bases__ 속성으로 확인
해본다. 상속되는 클래스 정보를 알려주는 것을 볼 수 있다.

```
In :   print(GrandParent.__bases__)
       print(Parent.__bases__)
       print(Child.__bases__)

Out:   (<class 'object'>,)
       (<class '__main__.GrandParent'>,)
       (<class '__main__.Parent'>,)
```

내장 함수를 통해 클래스 간의 상속 관계를 issubclass로 점검해보면 전부 True로 출력되
어 손자는 부모와 조부모를 모두 상속한다는 것을 알 수 있다.

```
In :   print(issubclass(Parent, GrandParent))
       print(issubclass(Child, Parent))
       print(issubclass(Child, GrandParent))

Out:   True
       True
       True
```

조부모, 부모, 손자에 대한 클래스를 가지고 인스턴스를 만들었다. 이 인스턴스들이 부모
클래스에 정의된 인스턴스 메서드에 사용할 수 있는지를 확인한다.

```
In :   g = GrandParent("조부모",80)
       p = Parent("부모",40)
       c = Child("손자",10)
```

부모에 있는 메서드는 부모 클래스의 인스턴스에서 실행이 가능하고 손자 클래스도 부모
클래스의 메서드를 사용할 수 있다.

```
In :    print(p.getname(), p.getage())
        print(c.getname(), c.getage())

Out:    부모 40
        손자 10
```

하지만 조부모 클래스로 만든 인스턴스는 하위 클래스의 메서드에 접근해서 사용할 수가 없다.

```
In :    print(g.getname(), g.getage())

Out:    ---------------------------------------------------------------
        AttributeError                     Traceback (most recent call last)
        <ipython-input-19-42c258dd1fae> in <module>()
        ----> 1 print(g.getname(), g.getage())

        AttributeError: 'GrandParent' object has no attribute 'getname'
```

✚ 상속에 따른 네임스페이스 검색

파이썬에서 객체 네임스페이스에 대한 스코프 규칙으로, 상속한 클래스는 상위 클래스의 네임스페이스를 참조해서 사용이 가능하다. 단지 자기 클래스에 정의가 된 속성과 메서드를 먼저 사용하므로 이때는 상위 클래스에 속성과 메서드가 있더라도 자동으로 사용을 할 수 없다.

부모 클래스와 자식 클래스에 동일한 속성과 메서드가 있을 경우는 부모 클래스를 명기해서 호출하여 사용을 해야 한다.

예제 9-40 : 상속에 따른 네임스페이스 검색

파이썬의 네임스페이스가 모두 딕셔너리로 관리된다. 속성과 메서드도 이름으로만 관리하므로 이번에는 속성을 가지고 상속을 받을 경우 속성을 어떻게 참조하는가를 알아본다.

일단 간단한 클래스 A, B, C를 정의한다. 이때 B, C 클래스는 A 클래스를 상속받았다. 상속된 B, C 클래스는 내부에서 아무 일도 하지 않는다. 부모 클래스인 A 클래스에만 속성이 하나 있다.

```
In :   class A :
           A_cls = "A 클래스 속성"

       class B(A) :
           pass

       class C(A) :
           pass
```

부모 클래스인 A의 속성을, 자식 클래스인 B, C에서 A_cls 속성을 점 연산자를 통해 접근해서 출력하면 동일한 결과가 나온다.

```
In :   print(B.A_cls)
       print(C.A_cls)

Out:   A 클래스 속성
       A 클래스 속성
```

자식인 B 클래스에 A_cls 속성을 추가했다. 객체 네임스페이스에 접근하는 규칙에 따라 B 클래스 내에 속성이 추가되었으므로 상위 클래스에 있는 속성은 참조하지 않는다. 또 다른 C 클래스에는 아무런 속성이 없으므로 부모 클래스의 속성을 계속 참조하는 것을 알 수 있다.

```
In :   B.A_cls = "B 클래스 속성"

       print(B.A_cls)
       print(C.A_cls)

Out:   B 클래스 속성
       A 클래스 속성
```

A 클래스의 네임스페이스를 조회하면 동일한 속성 A_cls가 있는 것을 확인할 수 있다.

```
In :   import pprint
```

```
pprint.pprint(A.__dict__)
```

Out:
```
mappingproxy({'A_cls': 'A 클래스 속성',
              '__dict__': <attribute '__dict__' of 'A' objects>,
              '__doc__': None,
              '__module__': '__main__',
              '__weakref__': <attribute '__weakref__' of 'A' objects>})
```

B 클래스의 네임스페이스를 확인해도 A_cls가 정의할 때는 없었지만 런타임에 추가된 것을 알 수 있다.

In :
```
import pprint

pprint.pprint(B.__dict__)
```

Out:
```
mappingproxy({'__module__': '__main__', '__doc__': None, 'A_cls': 'B 클래스 속성'})
```

9.6.2 상속할 때 자식 클래스 초기화 기능 추가

부모 클래스를 상속받아서 처리할 때 부모 클래스에서 자식 클래스의 클래스 속성을 추가하는 방식이 파이썬 3.6 버전부터 추가되었다.

예제 9-41 : __init_subclass__ 클래스 메서드

Object 클래스에 __init_subclass__ 메서드가 추가되어 자식 클래스에 필요한 속성을 추가할 수 있다.

In :
```
help(object.__init_subclass__)
```

Out:
```
Help on built-in function __init_subclass__:

__init_subclass__(...) method of builtins.type instance
    This method is called when a class is subclassed.

    The default implementation does nothing. It may be
    overridden to extend subclasses.
```

부모 클래스인 Super에서 자식 클래스 Sub 내의 클래스 속성인 name을 추가했다. __init_subclass__ 내의 cls를 출력해보면 자식 클래스 레퍼런스가 전달되는 것을 확인할 수 있다.

```
In :    class Super :
            def __init_subclass__(cls,name) :
                print(type(cls),cls)
                cls.name = name
```

Sub 클래스 상속 부분에 부모 클래스와 Sub 클래스 속성으로 초기화 가능한 속성을 지정해서 처리할 수 있다.

```
In :    class Sub(Super, name="sub") :
            pass

        print(Sub.name)
```

```
Out:    <class 'type'> <class '__main__.Sub'>
        sub
```

부모 클래스의 네임스페이스를 확인하며 기본적인 속성과 메서드만 존재하는 것을 알 수 있다.

```
In :    import pprint

        pprint.pprint(Super.__dict__)
```

```
Out:    mappingproxy({'__dict__': <attribute '__dict__' of 'Super' objects>,
                      '__doc__': None,
                      '__init_subclass__': <classmethod object at
             0x00000000056E49B0>,
                      '__module__': '__main__',
                      '__weakref__': <attribute '__weakref__' of 'Super'
             objects>})
```

자식 클래스의 네임스페이스를 확인해보면 자식 클래스에 클래스 속성 name이 있는 것을 알 수 있다.

```
In :   import pprint

       pprint.pprint(Sub.__dict__)
```
```
Out:   mappingproxy({'__module__': '__main__', '__doc__': None, 'name': 'sub'})
```

9.6.3 다중 상속(Multiple inheritance)

여러 부모 클래스를 자식 클래스에서 사용할 필요가 있다. 이때 여러 개의 부모 클래스를 한번에 상속받는 것을 다중 상속(Multiple inheritance)이라고 한다.

자식 클래스를 정의할 때 클래스 헤더의 상속 부분에 부모 클래스를 나열하면 여러 개의 부모 클래스가 상속이 된다.

다중 상속을 할 경우 자식 클래스에서 부모 클래스까지 어떻게 읽어 처리해야 하는지에 따라 부모 클래스들이 가진 속성과 메서드를 사용할 수 있다. 이런 규칙을 mro(Method Resolution Order)라고 부른다.

부모 클래스에 동일한 이름이 메서드가 있어서 제공하는 규칙에 따라 검색되면 자식 클래스에서 실행된다. 원하는 속성이나 메서드가 검색이 되지 않으면 부모 클래스명을 직접 호출해서 처리해야 할 수도 있다.

이런 이유로 다중 상속을 지정할 때 관행적으로 Mixin 클래스(메서드만 존재하는 클래스)가 먼저 온 후에 부모 클래스(재활용 속성이나 메서드 등)가 위치하도록 정의한다.

✚ 다중 상속 클래스 읽는 순서

자식 클래스에서 상속에 대한 정보는 __bases__ 속성에서 보관되어 있고 이 속성 내에서 보관된 순서에 맞춰 읽는 것을 알 수 있다.

부모 클래스들에서 동일한 이름이 속성과 메서드를 가지고 있을 경우 자식 클래스에서 어느 부모 클래스의 속성과 메서드를 읽어야 하는지를 명확히 지정해야 할 경우가 생긴다.

488

예제 9-42 : 다중 상속 Class 정의 및 읽는 순서 확인하기

두 개의 부모 클래스 Parent1, Parent2를 지정한다. 두 개의 클래스에는 __init__ 메서드만 있다.

```
In :   class Parent1 :
           def __init__(self,name) :
               print(" Parent1 ")
               self.name = name

       class Parent2 :
           def __init__(self,name) :
               print(" Parent2 ")
               self.name = name
```

자식 클래스를 정의하고 클래스명 다음에는 괄호 안에 상속하는 부모 클래스 두 개를 지정했다. 다중 상속이 구성된 것을 알 수 있다.

```
In :   class Child(Parent1, Parent2) :
           pass
```

자식 클래스 내에 mro라는 메서드를 가지고 클래스를 참조하는 순서를 확인해보면 자기 클래스부터 순서를 정해서 처리되는 것을 알 수 있다.

```
In :   import pprint

       pprint.pprint(Child.mro())
```
```
Out:   [<class '__main__.Child'>,
        <class '__main__.Parent1'>,
        <class '__main__.Parent2'>,
        <class 'object'>]
```

자식 클래스 생성자를 이용해서 인스턴스를 만들고 어느 초기화를 사용하는지를 알아보면 부모 클래스 Parent1 클래스를 사용하는 것을 알 수 있다.

```
In :   c = Child("다중 상속")
```

예제 9-43 : 다른 부모 클래스의 __init__ 메서드를 사용하고 싶을 경우

부모 클래스의 동일한 초기화 메서드가 존재하므로 자식 클래스로 초기화할 경우에 mro 로 조회한 순서대로 검색하므로 다른 부모 클래스의 초기화 메서드를 호출하지 못했다.

다른 부모 클래스의 초기화 메서드를 호출하려면 직접 지정해서 호출해야 하므로 자식 클래스에 초기화 처리를 할 필요가 있다.

파이썬은 이름으로만 체크해서 사용하므로 두 개의 부모 클래스가 매개변수의 차이에 있어도 호출할 수 있는 다른 방안은 없다.

```
In :    class Parent1 :
            def __init__(self,name) :
                print(" Parent1 ")
                self.name = name


        class Parent2 :
            def __init__(self,name,age) :
                print(" Parent2 ")
                self.name = name
                self.age = age
```

자식 클래스가 두 개의 부모 클래스를 상속받아서 처리한다. 자식 클래스는 두 개의 매개 변수를 받아 인스턴스를 생성할 수 있으므로 상속된 클래스를 확인해서 상위 클래스에 대한 초기화 메서드를 재활용해야 한다.

보통 super를 가지고 접근하면 mro 처리 기준으로만 호출하므로 age 매개변수에 인자가 없을 경우는 mro 순서에 맞는 초기화 메서드를 호출해서 인스턴스가 생성되도록 했다. 두 개의 인자가 다 들어오면 부모 클래스를 명기하고 초기화 메서드를 호출해서 직접 처리하 도록 지정했다.

```
In :    class Child2(Parent1, Parent2) :
```

```
    def __init__(self,name, age=None) :
        if age is None :
            super().__init__(name)
        else :
            Parent2.__init__(self,name,age)
```

자식 클래스의 인스턴스를 생성할 때 매개변수에 이름만 넣고 만든다.

```
In :    c1 = Child2("다중 상속")
        print(c1.__dict__)
```

```
Out:    Parent1
        {'name': '다중 상속'}
```

이름과 나이를 넣어서 만들면 초기화 메서드는 각각의 부모 클래스를 호출해서 인스턴스를 생성하는 것을 볼 수 있다.

```
In :    c2 = Child2("다중 상속", 33)
        print(c2.__dict__)
```

```
Out:    Parent2
        {'name': '다중 상속', 'age': 33}
```

부모 클래스를 가지고 이 인스턴스가 누구에 의해 만들어졌는지도 isinstance 함수를 통해 확인할 수 있다.

```
In :    print(isinstance(c1,Parent1))
        print(isinstance(c2,Parent2))
```

```
Out:    True
        True
```

9.6.4 super 클래스 이해하기

상속해서 부모 클래스에 접근할 때 기본적인 mro에 따른 것은 super로 접근이 가능하다. 접근하는 법을 자세히 알아보겠다.

예제 9-44 : super 클래스 이해하기

super도 클래스이다.

```
In :   print(super)

Out:   <class 'super'>
```

이 클래스에 대한 help를 전부 출력하면 내용이 많으므로 __doc__ 속성에 들어온 문자열을 가지고 개행 문자 단위로 나눠서 split을 처리한 후에 라인별로 출력했다.

이 클래스를 가지고 처리하는 것은 상위의 슈퍼 클래스에 대한 레퍼런스를 가져오는 역할을 한다.

```
In :   for i in super.__doc__[:289].split("\n") :
           print(i)

Out:   super() -> same as super(__class__, <first argument>)
       super(type) -> unbound super object
       super(type, obj) -> bound super object; requires isinstance(obj, type)
       super(type, type2) -> bound super object; requires issubclass(type2, type)
       Typical use to call a cooperative superclass method:
```

부모 클래스 A와 자식 클래스 B를 정의했고 내부에 동일한 클래스 속성이 있다.

```
In :   class A :
           A_cls = " AAA "

       class B(A) :
           A_cls = " BBB "
```

상위 클래스의 레퍼런스를 가져오기 위해 super(B,.B())을 실행해서 부모 클래스를 가져온 이후에 점 연산으로 클래스 속성을 가지고 출력하면 부모 클래스의 속성이 출력된다.

```
In :   print(super(B,B()).A_cls)

Out:    AAA
```

이번에는 속성이 아닌 메서드를 검색해서 처리하도록 super 클래스의 인스턴스를 만들어 보겠다.

부모 클래스에 name 속성만 가지는 초기화 메서드를 정의했다.

```
In :   class AA :
           def __init__(self,name) :
               self.name = name
```

자식 클래스의 초기화 메서드에 부모 클래스의 초기화 메서드를 호출해서 처리한 후에 자식 클래스만 가진 속성인 age를 추가했다.

```
In :   class BB(AA) :
           def __init__(self,name,age) :
               super().__init__(name)
               self.age = age
```

자식 클래스로 인스턴스를 생성하면 부모 클래스의 초기화 메서드와 자식 클래스 내의 초기화 기능이 다 활용된다.

```
In :   b = BB("슈퍼우먼", 33)
       print(b.__dict__)
```
```
Out:   {'name': '슈퍼우먼', 'age': 33}
```

다중 상속일 경우에 어떻게 처리되는지를 다시 한번 자세히 알아보겠다.

두 개의 부모 클래스를 정의한다. 두 부모 클래스의 초기화 메서드로 인스턴스를 생성하는 속성이 다르다.

```
In :   class A :
           def __init__(self,name) :
               self.name = name

       class B :
           def __init__(self,name,age) :
               self.name = name
```

```
        self.age = age
```

자식 클래스에서 초기화를 정의할 때 기본적으로 첫 번째 부모 클래스에 대해서는 super를 이용해시 치리한다.

두 번째일 경우는 mro 메서드를 호출하면 두 번째 인덱스에 두 번째 상속한 부모 클래스의 정보가 있다. 이를 이용해서 초기화 모델을 호출해 초기화하는 것을 작성했다.

```
In :    class C(A,B) :
            def __init__(self,name,age=None) :
                super().__init__(name)
                if age :
                    C.mro()[2].__init__(self,name,age)
```

두 개의 인스턴스를 만들면 인자가 둘 다 다 들어온 경우는 두 번째 상속한 부모의 초기화 메서드를 호출해서 인스턴스가 만들어졌고 인자가 하나만 들어온 경우는 super를 이용해서 초기화 메서드를 실행한 것을 알 수 있다.

```
In :    c = C("슈퍼우먼", 33)
        print(c.__dict__)

        c2 = C("수퍼맨")
        print(c2.__dict__)

Out:    {'name': '슈퍼우먼', 'age': 33}
        {'name': '수퍼맨'}
```

9.6.5 Mixin 패턴 이해하기

다중 상속을 해도 메서드만 가지고 있는 클래스를 상속해서 동일한 기능을 처리할 수 있다.

자바 프로그램은 인터페이스를 내부에 구현해서 사용하지만 파이썬은 메서드만 구현된 것을 상속받아서 작성하므로 더 다양한 메서드를 외부에 정의해서 사용할 수 있다.

다중 상속(Multiple inheritance)을 처리하는 하나의 패턴이다. 메서드 내부에 정의해서 호출하는 것과 동일하게 사용할 수 있으므로 패턴을 잘 이용하면 더 다양한 기능을 처리할 수 있다. 이 패턴으로 구현한 클래스는 클래스명에 Mixin을 붙여서 사용하는 것이 관행이다.

✚ 메서드만 처리하는 Mixin 클래스 정의

메서드만 처리하는 Mixin 클래스를 정의한다. 속성 등 상태를 보관하는 것은 정의하지 않는다. Mixin을 상속받는 두 개의 클래스를 정의하고 Mixin 클래스의 메서드를 사용하도록 한다.

예제 9-45 : Mixin 클래스 하나를 상속 처리

하나의 메서드를 가진 OpMixin 클래스를 정의한다. 덧셈과 곱셈으로 숫자, 문자열, 리스트 등을 처리할 수 있도록 구성한다.

계산을 위한 코드가 2개만 존재하므로 다른 코드가 오면 +로 처리한다.

문자열과 리스트 등일 경우 두 번째 빈 문자열이나 빈 리스트가 들어오면 첫 번째 인자를 그대로 출력하도록 만들었다.

인스턴스 속성 중에 두 번째 인자 y에 대해서만 각각 계산할 경우에 필요한 로직을 처리했다. 일단 삼항 연산자도 중복이 가능하도록 작성할 수 있다는 것을 보여주기 위해 복잡하게 연결을 했으니 어떻게 작동하는지도 알아보면 좋다.

딕셔너리 내 함수의 정보를 get 메서드로 가져오고 그 다음 호출 연산자를 연결하기 위해 라인 연결을 하는 백슬래쉬를 사용했다. 함수 호출 연산자가 괄호라서 괄호가 종료될 때까지는 하나의 라인으로 인식하므로 문장 연결을 하는 백슬래쉬는 사용하지 않았지만 삼항 연산자의 반복은 self.y에 대한 로직을 처리하는 것이다.

```
In :   import operator as op

       class OpMixin :
```

```
    def aroper(self,op_code) :
        return {'+':op.add,
                '*':op.mul}.get(op_code,"+")  \
             (self.x, self.y if type(self.y) not in [str,list, tuple]
                      else  self.y if op_code != "*"
                             else len(self.y) if len(self.y)
                             != 0
                                             else 1)
```

자식 클래스 Num, STR, LIST를 정의하고 OpMixin 클래스를 상속받았다. 자식 클래스
내부는 초기화 메서드만 있고 인스턴스의 속성도 2개만 있는 것을 볼 수 있다.

```
In :   class Num(OpMixin) :
           def __init__(self, x,y) :
               self.x = x
               self.y = y
```

```
In :   class STR(OpMixin) :
           def __init__(self, x,y) :
               self.x = x
               self.y = y
```

```
In :   class LIST(OpMixin) :
           def __init__(self, x,y) :
               self.x = x
               self.y = y
```

정수를 연산하도록 인스턴스를 하나 만들었다. +, * 연산 기호를 넣고 메서드를 호출하면
부모 클래스의 메서드가 작동해서 덧셈과 곱셈이 작동된다.

```
In :   n = Num(5,6)

       print(n.aroper("+"))
       print(n.aroper("*"))
```

```
Out:   11
       30
```

두 번째 인자로 0을 넣고 처리해도 덧셈과 곱셈이 계산되는 것을 확인할 수 있다.

```
In :  n1 = Num(5,0)
      print(n1.aroper("+"))
      print(n1.aroper("*"))

Out:  5
      0
```

문자열로 하나의 인스턴스를 만들고 덧셈과 곱셈을 처리하면 문자열이 연결되고 배수만큼 문자열이 늘어난 것을 알 수 있다.

```
In :  s = STR("Hello","World")

      print(s.aroper("+"))
      print(s.aroper("*"))

Out:  HelloWorld
      HelloHelloHelloHelloHello
```

두 번째 인자에 빈 문자열을 넣고 메서드를 호출하면 덧셈과 곱셈이 동일한 결과를 출력하는 것을 알 수 있다.

```
In :  s1 = STR("Hello","")

      print(s1.aroper("+"))
      print(s1.aroper("*"))

Out:  Hello
      Hello
```

리스트를 가지고 인스턴스를 만들어 덧셈과 곱셈을 처리하면 리스트와 하나로 통합되거나 리스트 원소가 배수만큼 늘어난 것을 확인할 수 있다.

```
In :  l = LIST([1,2,3,4],[6,7])

      print(l.aroper("+"))
      print(l.aroper("*"))

Out:  [1, 2, 3, 4, 6, 7]
      [1, 2, 3, 4, 1, 2, 3, 4]
```

리스트를 만들 때 두 번째 인자에 빈 리스트를 주었을 경우는 덧셈과 곱셈이 동일한 결과가 나온다.

```
In :   l1 = LIST([1,2,3,4],[])

       print(l1.aroper("+"))
       print(l1.aroper("*"))
```
```
Out:   [1, 2, 3, 4]
       [1, 2, 3, 4]
```

✚ Mixin 다중 상속 시 주의할 사항

파이썬 다중 상속(Multiple inheritance)을 정의할 때 권고 사항은 Mixin 클래스를 먼저 정의하고 속성 등을 가진 클래스는 후순위로 정의한다.

Mixin 클래스도 정의할 때 동일한 메서드가 있을 경우에는 자식 클래스에서 어떤 메서드를 주로 사용하는지를 명확히 알고 순서를 결정해야 한다.

필요에 따라 자식 클래스에서 부모의 동일한 메서드를 지정해서 호출하게 할 수도 있다.

예제 9-46 : 여러 Mixin 클래스에 동일한 메서드

두 개의 mixin 클래스에 동일한 메서드가 있을 경우 상속을 받았지만 첫 번째 상속한 메서드만 처리가 된다.

```
In :   class AMixin :
           def method(self) :
               return "A Mixin"

       class BMixin :
           def method(self) :
               return "B Mixin"
```

두 개의 Mixin 클래스를 상속했지만 자식 클래스에서는 아무런 일도 하지 않는다.

498

```
In :    class A(AMixin, BMixin) :
            pass
```

하나의 인스턴스를 만들고 부모 클래스인 Mixin 메서드를 호출하면 처리되는 것은 상속할 때 먼저 정의된 클래스의 메서드이다.

```
In :    a = A()
        print(a.method())

Out:    A Mixin
```

두 개의 Mixin 클래스는 동일하고 자식 클래스에서 두 부모 클래스의 메서드를 전부 호출할 수 있도록 처리하려면 자식 클래스 인스턴스를 생성할 때 code를 받아서 부모 클래스를 선택하도록 했다.

```
In :    class AB(AMixin, BMixin) :
            def __init__(self,code) :
                self.code = code

            def method(self) :
                if self.code == "B" :
                    return BMixin.method(self)
                else :
                    return AMixin.method(self)
```

특정 코드를 넣고 인스턴스를 생성했다. 인스턴스에서 메서드를 실행하면 두 번째 부모클래스의 메서드가 실행 처리된다.

```
In :    ab = AB("B")
        print(ab.method())

Out:    B Mixin
```

첫 번째 클래스의 메서드를 실행하려면 B 코드 말고 다른 코드를 넣고 실행을 하면 된다.

```
In :    ab = AB("")
        print(ab.method())
```

```
Out:   A Mixin
```

예제 9-47 : Mixin 클래스 다중 상속 처리 : 다른 메서드 이름

두 개의 mixin 클래스에 서로 다른 이름의 메서드를 정의했고 이 메서드들은 자식 클래스
의 인스턴스 내 특정 속성을 읽어서 조회한다.

```
In :   class AMixin :
           def getname(self) :
               return self.name

       class BMixin :
           def getage(self) :
               return self.age
```

자식 클래스는 두 개의 부모 클래스를 상속하고 내부의 초기화 메서드에 2개의 속성을 만
들도록 처리했다.

```
In :   class AB(AMixin, BMixin) :
           def __init__(self,name,age) :
               self.name = name
               self.age = age
```

하나의 인스턴스를 정의해서 상속받은 메서드를 호출하면 두 개의 부모에 다른 메서드가
존재하므로 검색해서 실행해주는 것을 볼 수 있다.

이처럼 내가 정의한 클래스에 메서드를 정의하지 않고 부모 클래스에 다양한 메서드를 정
의한 후에 필요한 것을 실행해서 처리할 경우에 더 단순하게 처리할 수 있는 방안을 많이
만들 수 있다.

```
In :   ab = AB("다중 상속",33)
       print(ab.getname())
       print(ab.getage())
```

```
Out:   다중 상속
       33
```

9.7 다형성(Polymorphism)

다형성이란 프로그래밍 언어의 자료형 내 요소들이 다양한 곳에 내포되어 처리하는 것이다. 특히 객체지향에서는 상속을 받을 경우 부모와 자식 클래스 내에 메서드들이 동일하게 구현되어 처리하는 것을 말한다.

실질적인 재정의에는 부모의 기능을 사용하지 않고 자식의 기능으로 특화하는 오버라이딩과 동일한 기능을 여러 개로 분리해서 사용하는 오버로딩 등이 있다. 파이썬은 이름으로만 관리하므로 동일한 기능을 여러 개로 분리할 수 없지만 특정 모듈을 사용해서 오버로딩도 가능하다.

특히 연산자를 전부 스페셜 메서드에 의해 처리하므로 다양한 기능을 다양한 클래스에 재정의해서 사용하는 연산자 오버로딩도 가능하다.

9.7.1 다형성이란

파이썬에서 다형성(polymorphism)은 객체의 자료형이 달라도 즉, 클래스가 차이가 생겨도 동일한 이름의 메서드를 이용할 경우에는 동일한 행위를 처리해야 하고 특화된 것이 있을 경우 특화된 기능에 대한 처리도 동일한 행위를 기준으로 추가되어야 한다.

✛ 위키피디아의 다형성 용어 정의

"프로그래밍 언어의 다형성(多形性, polymorphism; 폴리모피즘)은 그 프로그래밍 언어의 자료형 체계의 성질을 나타낸다. 프로그래밍 언어의 각 요소들(상수, 변수, 식, 오브젝트, 함수, 메서드 등)이 다양한 자료형(type)에 속하는 것이 허가되는 성질을 가리킨다. 반대말은 단형성(monomorphism)으로, 프로그래밍 언어의 각 요소가 한 가지 형태만 가지는 성질을 가리킨다."

9.7.2 메서드 오버라이딩(overriding)

부모 클래스를 상속했을 때 부모의 메서드를 사용하지 않고 자식 클래스에서 필요한 기능을 추가해 재정의한 것을 오버라이딩이라고 한다.

자식 클래스의 인스턴스에서 오버라이딩된 메서드를 호출하면 부모 클래스의 메서드는 더이상 참조가 되지 않고 자식 클래스의 메서드에서 처리하도록 호출을 한다.

예제 9-48 : 부모 클래스의 메서드를 오버라이딩

부모 클래스는 속성을 하나씩 가지고 메서드도 그 속성을 처리만 하도록 작성을 했다.

```
In :   class Parent1 :
           def __init__(self,name) :
               print(" Parent1 ")
               self.name = name
           def getname(self) :
               return self.name


       class Parent2 :
           def __init__(self,age) :
               print(" Parent2 ")
               self.age = age
           def getage(self) :
               return self.age
```

두 부모를 상속받은 자식 클래스는 부모 클래스에 있는 메서드들을 전부 재작성해서 오버라이딩 처리를 했다.

```
In :   class Child2(Parent1, Parent2) :

           def __init__(self,name, age=None) :
               super().__init__(name)
               if age is not None :
                   Parent2.__init__(self,age)

           def getname(self) :
               return "child " + self.name
```

```
    def getage(self) :
        return "child " + str(self.age)
```

자식 클래스를 가지고 인스턴스를 하나 만들었다. 이 인스턴스를 가지고 메서드를 호출해서 처리했다. 자식 클래스에 정의된 메서드들이 호출되어 실행된 결과를 볼 수 있다.

```
In :   c = Child2("오버라이딩", 33)

       print(c.getname())
       print(c.getage())
```

```
Out:    Parent1
        Parent2
       child 오버라이딩
       child 33
```

부모 클래스의 메서드를 이용해서 자식 클래스의 인스턴스를 인자로 전달해 처리가 되면 부모 클래스의 메서드가 바인딩되어 처리하는 것을 볼 수 있다.

다형성의 특징으로 부모 클래스는 하위 클래스를 직접적으로 검색할 수 없고 검색하는 기준도 항상 자기부터 상위로 검색을 하고 실행하게 되어 있다.

```
In :   print(Parent1.getname(c))
       print(Parent2.getage(c))
```

```
Out:   오버라이딩
       33
```

9.7.3 메서드 오버로딩(overloading)

함수형 언어에서 메서드의 시그너처별로 함수를 작성하듯이 동일한 클래스 내에서 메서드명과 시그너처를 기준으로 여러 메서드를 정의하는 것이다.

파이썬에서 메서드의 시그너처는 단순한 주석이고 메서드는 이름으로만 처리해서 이름이 같으면 동일한 메서드로 처리된다.

메서드 오버로딩을 하려면 overload 모듈을 제공하므로 이를 import해서 동일한 메서드를 매개변수에 맞춰 처리할 수 있도록 재정의하고 등록을 해서 처리할 수 있다.

예제 9-49 : overload 모듈을 이용

파이썬 코어에서 제공되는 overload 모듈을 pip를 통해 install을 해서 설치한다.

```
In :   !pip install --upgrade overload
```

```
Out:   Collecting overload
         Using cached overload-1.1.tar.gz
       Building wheels for collected packages: overload
         Running setup.py bdist_wheel for overload: started
         Running setup.py bdist_wheel for overload: finished with status 'done'
         Stored in directory: C:\Users\06411\AppData\Local\pip\Cache\wheels\8
         4\11\4f\398b5a199ac6da983db67bbf794d8fd793f3c53da1254f74f4
       Successfully built overload
       Installing collected packages: overload
       Successfully installed overload-1.1
```

클래스를 정의할 때 동일한 메서드 이름으로 두 개를 정의하고 이 메서드 앞에 데코레이터를 이용해서 정의한다.

첫 번째 메서드를 데코레이터로 처리하면 overload 클래스로 method라는 함수가 A 클래스 내에 생성되고 그 안에 메서드들을 내부 함수로 관리한다.

```
In :   from overload import overload

       class A :
           @overload
           def method(self) :
               print(" no args method ")

           @method.add
           def method(self, x) :
               print(" one args method "+ x)

           @method.add
           def method(self, x,y) :
```

```
      print(" two args method "+ x,y)
```

일단 인스턴스를 만들고 동일한 메서드를 인자만 다르게 실행하면 정상적으로 처리되는 것을 알 수 있다.

In : a = A()

a.method()
a.method("hello")
a.method("hello","world")

Out: no args method
one args method hello
two args method hello world

클래스 A의 네임스페이스를 확인해보면 method라는 함수가 만들어져 있는 것을 볼 수 있고 method 함수의 객체 네임스페이스를 확인하면 add라는 함수가 있는 것을 확인할 수 있다. Method.add로 데코레이터를 하면 이 add 함수를 가지고 추가적인 메서드들을 내부에 추가한다.

In : **import pprint**

pprint.pprint(A.__dict__)

Out: mappingproxy({'__dict__': <attribute '__dict__' of 'A' objects>,
              '__doc__': None,
              '__module__': '__main__',
              '__weakref__': <attribute '__weakref__' of 'A' objects>,
              'method': <function A.method at 0x0000000005DF1620>})

In : print(type(A.method))
pprint.pprint(A.method.__dict__)

Out: <class 'function'>
{'__wrapped__': <function A.method at 0x0000000005DF1598>,
 'add': <function overload.<locals>.add at 0x0000000005DF16A8>}

파이썬 3.6 버전에서는 typing 모듈이 추가되면서 주석으로 메서드에 대한 오버로딩을 표시하고 이를 구현해서 처리하면 이 조건이 만족하는 경우 오버로딩을 처리한다.

주석을 추가한 것이므로 구현하는 모듈에서 오버로딩을 처리할 메서드는 정의해야 한다.

```python
In :    from typing import overload

        class Overload_ :
            @overload
            def method(self) :
                pass

            @overload
            def method(self, x:str) :
                pass

            @overload
            def method(self, x:str,y:str) :
                pass

            def method(self,*args) :
                if len(args) == 0 :
                    print(" no args method ")

                if len(args) == 1 :
                    print(" one args method "+ args[0])

                if len(args) == 2 :
                    print(" two args method "+ args[0], args[1])
```

위의 클래스를 가지고 인스턴스를 만들어서 수행하면 오버로딩이 처리되는 것을 알 수 있다.

```python
In :    a = Overload_()

        a.method()
        a.method("hello")
        a.method("hello","world")

Out:     no args method
```

```
one args method hello
two args method hello world
```

오버로딩을 할 때도 함수의 다양한 타입을 지정해서 처리하는 방식을 사용하여 처리가 가능하다. 예제 전에 !pip install multipledispatch로 모듈을 설치한다. multipledispach 모듈 내의 dispatch를 이용해서 메서드이므로 self를 빼고 매개변수에 들어갈 자료형으로 구분해서 처리한다.

```
In :    from multipledispatch import dispatch

        class A :
            @dispatch()
            def method(self) :
                print(" no args method ")

            @dispatch(str)
            def method(self, x) :
                print(" one args method "+ x)

            @dispatch(str,str)
            def method(self, x,y) :
                print(" two args method "+ x,y)
```

인스턴스를 생성해서 메서드를 호출하면 실행되는 것을 확인할 수 있다.

```
In :    a = A()

        a.method()
        a.method("hello")
        a.method("hello","world")
```
```
Out:    no args method
        one args method hello
        two args method hello world
```

A 클래스 내부의 네임스페이스를 확인하면 method가 하나 만들어진 것을 알 수 있다.

```
In :    import pprint
```

```
pprint.pprint(A.__dict__)
```

Out:
```
mappingproxy({'__dict__': <attribute '__dict__' of 'A' objects>,
              '__doc__': None,
              '__module__': '__main__',
              '__weakref__': <attribute '__weakref__' of 'A' objects>,
              'method': <dispatched method>})
```

만들어진 method 내부의 속성을 확인하면 다양한 메서드들이 있는 것을 알 수 있다.

In :
```
for i in dir(A.method) :
    if not i.startswith("_") :
        print(i)
```

Out:
```
add
cls
dispatch
dispatch_iter
doc
funcs
help
name
obj
ordering
register
reorder
resolve
source
```

이 중에 func 속성을 확인해보면 dispatch에 들어온 인자들을 키로 해서 함수들을 저장하는 것을 알 수 있다. 실행될 때 이 인자들을 검색하고 맞는 메서드를 호출해서 처리한다.

In :
```
A.method.funcs
```

Out:
```
{(): <function __main__.A.method>,
 (str,): <function __main__.A.method>,
 (str, str): <function __main__.A.method>}
```

9.7.4 연산자 오버로딩(operator overloading)

연산자 오버로딩(operator overloading)은 연산자를 내부의 인스턴스 처리하는 스페셜 메서드의 인터페이스만을 이용한 뒤 사용자 클래스에 재정의하는 것이며 이를 연산자 오버로딩이라고 한다.

동일한 연산자를 다양한 클래스에서 동일하게 적용하기 위해서이다. 각 클래스를 정의할 때마다 연산자에 맞게 처리되도록 연산자 오버로딩이 필요하다.

예제 9-50 : 연산자 오버로딩 이해하기

실수를 계산하는 Float_ 클래스를 하나 만들어서 덧셈을 처리하는 연산자에 대한 메서드를 재정의했다.

```
In :   class Float_(float) :

           def __init__(self,value) :
               self.value = float(value)

           def __add__(self,value) :
               return Float_(self.value + float(value))
```

인스턴스를 만들어서 이 값을 조회한 후에 정수와 덧셈을 하면 실수 값이 출력된다. 출력되는 값에 대한 클래스를 조회하면 Float_ 클래스라는 것을 확인할 수 있다.

```
In :   v = Float_(100.5)
       print(v.value)
       print(v+100)
       print(type(v+100))

Out:   100.5
       200.5
       <class '__main__.Float_'>
```

위의 예제를 다시 작성해서 float 클래스를 상속받지 않고 덧셈 연산자에 대한 메서드를 재정의했다.

```
In :    class Float_ :

            def __init__(self,value) :
                self.value = float(value)

            def __add__(self,value) :
                return Float_(self.value + float(value)).value
```

이를 가지고 인스턴스를 만들어서 이를 정수와 덧셈을 해도 결과의 자료형은 Float_ 클래스라는 것을 알 수 있다.

```
In :    v = Float_(100.5)
        print(v.value)
        print(v+100)
        print(type(v+100))

Out:    100.5
        200.5
        <class '__main__.Float_'>
```

9.7.5 덕 타이핑(Duck typing) 패턴 이해하기

덕 타이핑(Duck typing)은 별도의 인터페이스 지정 없이 동적으로 동일한 인터페이스를 가지는 객체들을 확인하고 호출해서 처리할 수 있는 패턴을 말한다. 특히, 파이썬에서는 다형성으로 구성된 메서드에 대해 동적으로 바인딩해서 실행할 수 있는 구조를 지원한다.

대신 각 클래스 내에 동일한 인터페이스 규약을 준수하도록 동일한 이름의 메서드가 구현되어 있어야 한다.

덕 타이핑은 클래스의 타입을 체크하지 않고 행위의 동일성만을 가지고 처리하는 것이므로 객체 간의 관계성이 중요하지 않는다.

✚ 함수와 클래스를 이용한 덕 타이핑

함수를 인터페이스로 처리할지, 클래스를 인터페이스로 처리할지에 따라 구현하는 방식이 조금 차이가 있을 수 있다. 함수와 클래스를 이용해서 동일한 메서드가 호출되도록 처리한다.

예제 9-51 : 함수 내에서 인터페이스 처리

클래스에 가지고 있는 동일한 메서드가 동적인 인터페이스로 결정되면 하나의 함수에서 이 인터페이스를 호출하여 처리할 수 있어야 한다. 이처럼 동적 인터페이스를 처리하기 위해 함수를 이용해서 클래스의 인스턴스를 간접적으로 접근하여 처리한다.

두 개의 클래스 Duck과 Person를 정의할 때 내부에 say라는 메서드를 정의한다. 두 메서드의 기능은 다른 역할을 하지만 외부 함수에서 불러서 사용할 수 있는 동일한 매개변수를 가지도록 처리한다.

```
In :    class Duck :
            def say(self) :
                return "quack quack"

        class Person :
            def say(self) :
                return "Hello !"
```

다른 곳에서 say라는 함수의 매개변수로 인스턴스를 받는다. 이 인스턴스 내에는 반드시 동일한 메서드가 있어야 한다. 함수의 로직은 단순히 모든 인스턴스가 say라는 메서드가 있다고 알고 처리한다.

```
In :    def say(obj) :
            return obj.say()
```

인스턴스를 클래스별로 만들고 동일한 함수 say를 두 번 실행했다. 인스턴스 내의 메서드가 실행되어 처리되는 것을 보여준다.

```
In :    d = Duck()
        p = Person()

        print(say(d))
```

```
    print(say(p))
```

Out:
```
    quack quack
    Hello !
```

예제 9-52 : class 내에서 인터페이스 제공

별도의 클래스의 정적 메서드를 정의해서 타 클래스들의 동적 인터페이스를 호출하도록
처리해도 동일한 덕 타이핑 처리가 가능하다.

두 개의 클래스 Duck과 Person의 say라는 메서드를 작성했다.

In :
```
class Duck :
    def say(self) :
        return "quack quack"

class Person :
    def say(self) :
        return "Hello !"
```

Say라는 클래스에서 정적 메서드로 say를 작성한다.

In :
```
class Say :
    @staticmethod
    def say(obj) :
        return obj.say()
```

Say.say를 두 번 호출해서 실행하면 각각의 인스턴스의 say 메서드가 실행되어 결과를 처
리한다.

인스턴스 내의 메서드가 실행되어 처리되는 것을 보여준다.

In :
```
d = Duck()
p = Person()

print(Say.say(d))
print(Say.say(p))
```

512

```
Out:    quack quack
        Hello !
```

9.8 메타 클래스(Meta Class)

파이썬에서 인스턴스의 자료형을 알아보기 위해 type 클래스를 앞에서 많이 사용했다. 이 클래스는 자료형만을 알아보기 위해 사용하는 것이 아니다.

이 클래스는 최상위 object 클래스처럼 파이썬의 기본이 되는 메타 클래스이다.

파이썬은 클래스를 만드는 메타 클래스가 있어 모든 것은 이 메타 클래스에 의해 클래스가 만들어지는 구조를 기반으로 한다. 추상화 클래스를 만들 때도 추상화 메타 클래스가 있어야 하며 추상화 메타 클래스도 type으로 만든다.

사용자 메타 클래스를 만들어서 어떻게 실행되는지도 상세히 알아보기로 하겠다.

9.8.1 메타 클래스와 클래스 정의로 클래스 만들고 비교하기

메타 클래스는 클래스를 만드는 클래스이다. 파이썬은 class 키워드로도 클래스를 만들 수 있다. 두 가지로 만들어진 클래스가 동일한지를 확인해보면 왜 메타 클래스가 있어야 하는지를 알 수가 있다.

✚ 파이썬에서 메타 클래스로 클래스가 만들어지는 순서

메타 클래스를 이용할 때 순서는 적절한 클래스를 결정하고, 클래스 네임스페이스가 준비된다. 클래스 본체가 실행된 후에 최종적으로 클래스 객체를 생성하고 반환값으로 제공한다.

예제 9-53 : 메타 클래스로 클래스 생성하기

네임스페이스를 딕셔너리 자료형으로 만들고, 상속 관계도 정의하고 나서 메타 클래스인 type에 인자로 클래스명, 상속 관계, 네임스페이스를 넣고 실행을 시키면 클래스가 만들어지고 이것을 변수에 할당한다.

```
In :   import pprint

        namespace = { 'name' : "메타 클래스로 클래스 생성"}
        bases = (object,)
        classname = "Klass"

        Klass = type(classname, bases, namespace)
```

만들어진 변수의 타입을 조회해보면 메타 클래스를 위해 만들어졌다고 표시하고 내부의 네임스페이스를 확인하면 name 속성이 들어가 있는 것을 볼 수 있다.

```
In :   print(type(Klass))
        print(Klass)
        pprint.pprint(Klass.__dict__)
```

```
Out:   <class 'type'>
       <class '__main__.Klass'>
       mappingproxy({'__dict__': <attribute '__dict__' of 'Klass' objects>,
                  '__doc__': None,
                  '__module__': '__main__',
                  '__weakref__': <attribute '__weakref__' of 'Klass'
                  objects>,
                  'name': '메타 클래스로 클래스 생성'})
```

클래스 정의문으로 클래스를 만들어서 메타 클래스로 만들어진 것과 비교해도 동일한 형태가 나온다. 메타 클래스로 클래스가 만들어졌다는 것을 알 수 있다.

```
In :   class Klass :
            name = " 클래스 정의문으로 클래스 생성"

        print(type(Klass))
        print(Klass)
```

```
        pprint.pprint(Klass.__dict__)
```
```
Out:    <class 'type'>
        <class '__main__.Klass'>
        mappingproxy({'__dict__': <attribute '__dict__' of 'Klass' objects>,
                      '__doc__': None,
                      '__module__': '__main__',
                      '__weakref__': <attribute '__weakref__' of 'Klass'
                      objects>,
                      'name': ' 클래스 정의문으로 클래스 생성'})
```

9.8.2 클래스 상속과 메타 클래스의 관계

클래스 상속은 __bases__ 에 보관되지만 사용자 클래스를 만든 메타 클래스는 __class__ 에 보관한다.

사용자 클래스와 메타 클래스의 관계는 메타 클래스로 사용자 클래스를 만든 것이므로 하나의 인스턴스가 된다. 이런 instance of 관계에 대한 정보는 __class__ 에 보관하여 관리된다.

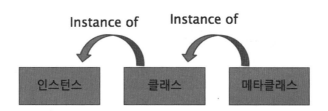

사용자 메타 클래스를 만들고 이를 사용자 클래스에 정의하면 메타 클래스 정보가 바뀐다.

✛ 사용자 metaclass 만들기

사용자 정의 클래스 Meta가 메타 클래스 type을 상속받으면 사용자 정의 메타 클래스가 만들어진다. 이 메타 클래스를 상속 관계가 표시되는 곳에 metaclass=Meta 키워드 인자로 변경하면 사용자 클래스의 메타 클래스가 변경된다.

예제 9-54 : 사용자 메타 클래스로 변경하기

Meta라는 사용자 정의 메타 클래스를 만들었지만 하는 일이 없는 메타 클래스를 만들었고 A 클래스를 만들 때 메타 클래스로 Meta를 지정했다.

```
In :   class MyMeta(type) :
           pass

       class Klass(metaclass=MyMeta) :
           pass
```

A 클래스를 만든 클래스의 정보를 __class__에서 확인해보면 Meta 클래스라 출력된 것을 확인할 수 있다.

```
In :   print(Klass)
       print(Klass.__class__)
```
```
Out:   <class '__main__.Klass'>
       <class '__main__.MyMeta'>
```

9.9 연관 관계(association)

상속 관계로 재사용을 많이 사용하지만 파이썬에서는 연관 관계를 사용해서 처리하는 패턴들이 많이 발생한다.

파이썬이 2 버전과 3 버전이 동시에 사용되며, 상속 관계보다 연관 관계 등으로 구성되어 있어 기능이 다르지만 호환성을 가지면서 사용되고 있다.

추상화 클래스들을 가지는 모듈들도 제공하지만 파이썬 내장 클래스는 직접 이런 추상 클래스를 상속해서 처리하지 않는다.

9.9.1 연관 관계

상속보나는 연관 관계(Association)로 모델링을 하면 상속 관계가 깨지는 경우에도 재사용할 수 있다. 특히 상속 단계가 깊어지면 이를 관리하고 변경하는 비용도 많이 들 수 있다. 다양한 요건을 수용하기 위해 자식 클래스들이 변화를 전부 수용하기가 쉽지 않기 때문이다.

변화도가 낮은 상속 관계이면 재사용성에 좋지만 상속 관계도 변경이 자주 발생하면 수정보다 재개발이 발생할 수도 있어 이를 방지하기 위해 연관 관계로 구성할 필요가 있다.

연관 관계에는 구성과 집합 관계가 있고 이 관계에서 사용되는 인스턴스가 어떻게 유지되는지에 따라 관계의 특성이 차이 나는 것을 알 수 있다.

예제 9-55 : 구성 관계(composition)

compostion 관계에서 클래스 중 하나는 다른 클래스 인스턴스를 하나 이상으로 구성한다. 즉, 한 클래스는 컨테이너이고 다른 클래스는 이 컨테이너 내의 원소로 사용되므로 컨테이너가 삭제되면 해당 내용 객체도 모두 삭제된다.

포함된 객체의 수명이 컨테이너 객체에 완전히 의존하는 경우 이를 강력한 연관이라고 한다.

구성 관계를 가질 Salary 클래스를 만든다.

```
In :    class Salary:
            def __init__(self,pay):
                self.pay=pay

            def get_total(self):
                return (self.pay*12)
```

Employee 클래스 내부에서 Salary 클래스 인스턴스를 생성해서 만들도록 한다.

```
In :    class Employee:
            def __init__(self,pay,bonus):
```

```
        self.pay=pay
        self.bonus=bonus
        self.obj_salary=Salary(self.pay)

    def annual_salary(self):
        return "Total: " + str(self.obj_salary.get_total()+self.bonus)
```

Employee 인스턴스를 만들 때 내부에서 Salary 클래스 인스턴스가 만들어지므로 Employee 인스턴스가 삭제되면 Salary 클래스 인스턴스도 같이 삭제된다.

```
In :  obj_emp=Employee(100,10)
      print (obj_emp.annual_salary())
Out:  Total: 1210
```

예제 9-56 : 집합 관계(Aggregation)

연관 관계의 약한 구성 형태로서 전달되는 객체가 없어도 객체는 활용하는 데 이상이 없다. 약한 연관성이란 포함된 객체의 수명이 컨테이너 객체에 의존하지 않는 경우 weak association이라고 한다.

집합 관계를 가질 Salary 클래스를 생성한다.

```
In :  class Salary:
          def __init__(self,pay):
              self.pay=pay

          def get_total(self):
              return (self.pay*12)
```

위의 Salary 클래스의 인스턴스를 생성해서 Employee 클래스 초기화 내부에 인자로 전달을 받아 처리한다. Employee 클래스에서 만들어진 인스턴스와 상관없이 Salary 클래스의 인스턴스만 전달을 받아 처리하므로 Employee 클래스의 인스턴스가 삭제되어도 Salary 클래스 인스턴스는 계속 사용이 가능하다.

```
In :  class Employee:
```

```
    def __init__(self,pay,bonus):
        self.pay=pay
        self.bonus=bonus

    def annual_salary(self):
        return "Total: "  +  str(self.pay.get_total()+self.bonus)
```

실행하고 Employee 클래스의 인스턴스를 삭제해도 Salary 클래스 인스턴스는 계속 유지되는 것을 확인할 수 있다.

```
In :    obj_sal=Salary(100)
        obj_emp=Employee(obj_sal,10)
        print (obj_emp.annual_salary())

Out:    Total: 1210
```

```
In :    del obj_emp
        print(obj_sal)

Out:    <__main__.Salary object at 0x0000000004E8FB00>
```

9.9.2 위임 패턴 처리

객체지향에서 상속 구조는 구조가 깨질 위험이 많다. 상속 없는 관계를 지정해서 사용할 수 있다. 클래스는 만들고 다른 클래스에서 행위에 대한 처리를 맡겨 실행한다. 이런 패턴을 위임(delegate)이라고 하고 연관 관계를 이용해서 처리한다.

예제 9-57 : 위임 메서드를 사용하기

두 클래스를 만들고 Student 클래스 내부에 Person 클래스로 인스턴스를 만들어서 연관 관계를 처리하도록 한다.

```
In :    class Person :
            def __init__(self,name,age) :
                self.name = name
```

```
            self.age  = age
In :    class Student :
            def __init__(self, name,age,college) :
                self.person = Person(name,age)
                self.college = college
```

Student 클래스로 인스턴스를 만들고 나서 인스턴스의 네임스페이스를 확인해보면 person 속성에 Person 클래스 인스턴스가 들어가 있는 것을 알 수 있다.

```
In :    s = Student("연관",22,"숭실대")
        print(s.__dict__)

Out:    {'person': <__main__.Person object at 0x0000000004E8FA90>, 'college':
        '숭실대'}
```

위의 패턴을 사용하기 위해 Person 클래스 내에 인스턴스에 대한 속성을 처리하는 메서드를 정의한다.

```
In :    class Person :
            def __init__(self,name,age) :
                self.name = name
                self.age  = age

            def getname(self) :
                return self.name
            def getage(self) :
                return self.age
```

Student 클래스에서 직접 Person 클래스 속성에 접근해서 사용하지 않고 Person 내의 메서드를 호출해서 처리하도록 수정한다.

```
In :    class Student :
            def __init__(self, name,age,college) :
                self.person = Person(name,age)
                self.college = college

            def getname(self) :
```

```
        return self.person.getname()

    def getage(self) :
        return self.person.getage()
```

Student 클래스 내부의 name, age 속성에 대한 처리는 전적으로 Person 클래스의 인스턴스가 전부 처리한다.

In :
```
s = Student("위임",22,"숭실대")
print(s.getname())
print(s.getage())
```

Out:
```
위임
22
```

10

스페셜 메서드(special method)

9장에서는 파이썬 객체지향에 대한 개념과 연산자 오버로딩에 대해 간략하게 알아보았다. 이번 장에서는 스페셜 메서드에 대해 알아보자.

스페셜 메서드는 특정한 규약에 따라 상속 없이 재정의해서 다양한 기능을 처리할 수 있다. 이런 규약을 프로토콜 인터페이스(protocol interface)라 하며 다형 메서드(polymorphic methods)를 처리한다.

파이썬에서 프로토콜 인터페이스를 사용하는 이유는 일관성(consistency)을 유지하는 특수 구문(special syntax) 정책 때문이다. 추상화 클래스도 있지만, 인터프리터 내부에서 정해진 추상 관계를 유추하여 자동으로 처리하도록 만들었다. 이런 프로토콜 처리 기준에 맞춰 스페셜 메서드(special method)를 사용자 클래스에 재정의할 수 있다.

✚ 알아볼 주요 내용

- 스페셜 메서드 재정의 방법
- 객체의 속성 접근
- Sequence 자료형의 원소 접근
- 상속 관계 및 인스턴스 생성 관계 확인

10.1 연산자 및 키워드 스페셜 메서드 처리

특정 연산자나 대부분의 키워드는 실제로는 내부적으로 메서드를 호출해서 처리한다. 내장 클래스나 사용자 정의 클래스의 내부 속성과 메서드를 확인해보면 [__이름__]을 가진 부분이 기본으로 제공되어 있다.

스페셜 메서드를 알아보면서 연산자들이 실행 시에 각 클래스 내부의 메서드를 호출해서 처리한다. 연산자나 키워드별로 어떤 메서드가 호출되어 처리되는지를 확인해보자.

10.1.1 점(.) 연산 : 객체 속성 확인하기

클래스나 인스턴스를 전부 객체로 인식하기에 객체 내의 속성과 메서드에 접근해서 조회한 후 속성은 내부의 값을 가져오고 메서드는 이를 가져온 후에 실행 연산자와 인자를 전달해서 실행할 수도 있다.

일단 내부에 있는 속성에 접근하는 점 연산자가 어떤 스페셜 메서드와 매핑되어 처리되는지 알아보자.

✚ 속성/메서드 조회: __getattribute__/__getattr__

파이썬에서는 속성을 조회하는 스페셜 메서드인 __getattribute__와 __getattr__ 를 제공한다. 일반적인 네임스페이스는 전부 __getattribute__로 처리된다. 그러나 속성이 발견될 경우에는 추가적인 검색을 처리하는 __getattr__ 메서드가 실행된다.

예제를 가지고 두 스페셜 메서드(special method)의 작동 원리를 이해해보자.

예제 10-1 : 내부 속성 접근 순서 확인하기

Dot 클래스를 정의하고 인스턴스 네임스페이스 접근을 위한 점 연산인 __getattribute__ 메서드를 연산자 오버로딩한다.

__getattribute__ 메서드를 재정의할 때 주의할 부분은 자기 순환인 재귀 호출이 발생하지 않도록 상위 클래스를 이용해서 현재 인스턴스의 속성을 참조해야 한다.

자기 순환 참조를 없애기 위해 최상위 클래스 object 내의 __getattribute__를 이용해 이 클래스의 인스턴스를 인자로 전달하고 네임스페이스에 접근해서 속성을 찾는 구조로 만든다.

```
In :  class Dot :
          def __init__(self) :
              self.test = 1
              self.test2 = 2

          def __getattribute__(self, attr) :
              print(" __getattribute__ ", attr)
              return object.__getattribute__(self,attr)
```

Dot 생성자를 인자 없이 호출하면 인스턴스 속성인 test, test2 값이 할당되도록 처리한다. 인스턴스가 만들어지고 나서 이 두 개의 속성을 점 연산자를 통해 호출하면 __getattribute__ 메서드 내의 print 함수가 실행되어 출력되고 object.__getattribute__ 메서드에 인자로 속성명이 전달되어 출력되는 것을 확인할 수 있다.

```
In :  d = Dot()
      print(d.test)
      print(d.test2)

Out:   __getattribute__  test
      1
       __getattribute__  test2
      2
```

이 인스턴스에 없는 속성에 접근했을 때는 __getattribute__ 메서드에서 어떤 처리를 하는지도 알아보면 속성이 없으므로 예외가 발생한다.

```
In :   print(d.test3)
```

```
Out:    __getattribute__
        --------------------------------------------------------------------
        AttributeError                        Traceback (most recent call last)
        <ipython-input-8-dc6ca98608fc> in <module>()
        ----> 1 print(d.test3)

        <ipython-input-5-0815dcde9d27> in __getattribute__(self, attr)
             6     def __getattribute__(self, attr) :
             7         print(" __getattribute__ ")
        ----> 8         return object.__getattribute__(self,attr)

        AttributeError: 'Dot' object has no attribute 'test3'
```

위의 예시처럼 __getattribute__만 있을 때는 예외가 발생하므로 __getattr__ 메서드를 정의해서 예외가 발생할 경우에도 예외에 대한 정보를 반환하는 것으로 만든다.

```
In :   class Dot :
           def __init__(self) :
               self.test = 1
               self.test2 = 2

           def __getattribute__(self, attr) :
               print(" __getattribute__ ", attr)
               return object.__getattribute__(self,attr)

           def __getattr__(self, attr) :
               print(" __getattr__ ", attr)
               try :
                   self.__dict__[attr]
               except KeyError as e :
                   return "Key Error " + e.args[0]
```

Dot 클래스로 인스턴스를 만들어서 있는 속성을 호출하면 동일한 처리를 하는 것을 볼 수 있다.

```
In :    d = Dot()
        print(d.test)
        print(d.test2)

Out:     __getattribute__  test
        1
         __getattribute__  test2
        2
```

인스턴스에 없는 속성인 test3로 조회하면 __getattribute__를 호출해도 없으므로 __
getattr__가 호출되고 다시 호출한다. 이 메서드 내부에서 다시 점 연산을 통해 __dict__
를 호출해도 그 내부에 없으므로 예외가 발생한다. 그것을 try except 문으로 처리해서 예
외가 발생해도 중단하지 않도록 처리했다.

조회한 결과값 대신에 예외가 발생한 내용을 반환 결과로 받아서 출력한 것을 알 수 있다.

```
In :    print(d.test3)

Out:     __getattribute__  test3
         __getattr__  test3
         __getattribute__  __dict__
        Key Error test3
```

예제 10-2 : 내부 속성 갱신과 삭제

Dot1 클래스 내에 속성을 추가하는 __setattr__과 속성을 삭제하는 __delattr__를 작성
한다.

__setattr__ 메서드 내부에서 점 연산자로 속성에 접근하면 다시 __gettattribte__를 통
해 재귀 호출이 발생할 수 있으므로 점 연산자를 사용하지만 이 인스턴스의 네임스페이스
에 접근해서 키를 넣고 값을 할당한다.

__delattr__도 동일하게 처리하고 del 키워드를 이용해서 삭제한다.

```
In :    class Dot1 :
            def __init__(self) :
                self.test = 1
```

```
        self.test2 = 2

    def __setattr__(self,attr,value) :
        print(" set attr ",attr)
        self.__dict__[attr] = value

    def __delattr__(self,attr) :
        print(" del attr ",attr)
        del self.__dict__[attr]
```

이 클래스로 만들었을 때 없는 속성을 좌측에 표시하고 할당(=) 연산자를 이용하여 값 100
을 할당했다.

이 인스턴스 네임스페이스를 확인하면 속성 3개가 만들어진다.

__init__ 메서드 내에 2개의 할당과 인스턴스를 생성한 후 런타임에 속성 1을 추가해서
__setattr__ 메서드 내의 print문이 3번 출력된 것을 알 수 있다.

```
In :   d = Dot1()

       d.test3 = 100
       print(d.__dict__)

Out:    set attr  test
        set attr  test2
        set attr  test3
       {'test': 1, 'test2': 2, 'test3': 100}
```

방금 생성한 test3 속성을 del로 삭제하면 __delattr__ 내에 print문이 한 번 출력되고 이
인스턴스를 조회하면 속성이 2개만 출력된다.

```
In :   del d.test3
       print(d.__dict__)

Out:    del attr  test3
       {'test': 1, 'test2': 2}
```

10.1.2 in, is 키워드

많은 원소를 가지는 자료형에는 문자열, 리스트 등의 Sequence 자료형, 딕셔너리, 집합 등도 여러 원소를 가지므로 이런 형태의 자료형을 컬렉션 또는 컨테이너 자료형(container)이라고 한다.

이 내부에서 원소인지 확인하는 것이 in 연산자이다. 또한 연산자들이 동일한 레퍼런스를 가지는지 알아보는 is 키워드도 확인해보자.

예제 10-3 : in 연산자 : 객체 내의 원소 포함 여부를 확인

In 연산자를 사용하면 스페셜 메서드(special method)인 __contains__가 실행된다. Sequence 자료형(문자열, 리스트 등) 내의 원소로 있으면 반환값은 불리언 값이 된다.

오버로딩 연산자을 통해 사용자 클래스에 정의해도 실행이 되는지를 알아보자.

IN 클래스를 정의할 때 초기화 메서드 내 인스턴스 속성에 다양한 원소를 가지도록 정의한다.

스페셜 메서드를 재정의하면서 __contains__ 내부 로직이 이 인스턴스의 원소와 매핑되면 True로 출력한다.

```
In :    class IN :

            def __init__(self, elements) :
                self.elements = elements

            def __contains__(self,element) :
                print(" __contains__")
                result = False
                for i in self.elements :
                    if element == i :
                        result = True
                        break
                return result
```

문자열을 리터럴로 정의하고 이를 IN 클래스 생성자의 인자로 넣어 인스턴스를 하나 만들었다. 이 인스턴스에 한글로 "원"이 원소에 해당하는지를 in 키워드를 이용해서 포함 관계를 확인했다.

contains__ 메서드 내의 print문으로 반환값이 출력되는 것을 알 수 있다.

```
In :   s = "원소를 찾기"

       i = IN(s)
       print("원" in i)

Out:   __contains__
       True
```

예제 10-4 : 연산자 is

파이썬에서는 is를 제공하는 연산자에 대한 스페셜 메서드(special method)는 없으나 object.__eq__일 경우 최상위 object 클래스는 인스턴스만을 생성하고 내부 속성을 만들지 않는다.

is 연산자와 동일하게 처리되므로 이를 이용해서 처리하면 된다.

IS 클래스 내에 __eq__메서드를 정의하고 내부에 object.__eq__를 이용해서 동일한 객체인지를 확인하도록 구현했다.

```
In :   class IS :

           def __eq__(self,element) :
               print(" __eq__ ")

               return object.__eq__(self,element)
```

인스턴스를 하나 만들고 is 키워드로 비교하면 True라고 처리된다. 이를 이 인스턴스에서 __eq__ 메서드로 실행해도 동등한 결과가 나오는 것을 알 수 있다.

== 연산자는 동등한 값을 비교하고 이와 매칭되는 스페셜 메서드가 __eq__이다. 현재는 아무런 값이 없으므로 레퍼런스만 비교하는 것을 알 수 있다.

```
In :   i = IS()
       print(i is i)
       print(i.__eq__(i))

       print(i == i)
```

```
Out:   True
       __eq__
       True
       __eq__
       True
```

10.1.3 인덱싱과 슬라이싱 검색 처리

인덱스와 슬라이싱의 연산자는 대괄호이다. Sequence나 mapping 자료형 내의 요소를 검색할 때 대괄호 연산을 이용해서 인덱싱 검색을 한다.

인덱싱을 조회나 삭제할 때는 하나의 인자만 전달하고 갱신을 할 때는 두 개의 인자를 전달한다. 스페셜 메서드는 __getitem__(조회), __setitem__(갱신), __delitem__(삭제)을 이용해서 처리한다.

예제 10-5 : 인덱싱 검색

__getitem__ 스페셜 메서드를 Indexing 클래스에서 연산자 오버로딩한다. 정수로 검색할 위치를 지정하므로 range를 이용해서 순환문을 통해 key와 동일한 값일 경우 인스턴스 내의 content 항목을 조회한 결과를 반환하게 한다. 또한 인덱스 범위를 벗어날 경우 인덱스 예외로 처리한다.

```
In :   class Indexing :
           def __init__(self, content) :
               self.content = content

           def __getitem__(self,key) :
               print(" __getitem__ call ")
               result = ""
               for i in range(len(self.content)) :
```

```
            if i == key :
                result = self.content[key]
                break
        if len(self.content) < key :
            raise IndexError(key)
        return result
```

문자열을 하나 생성하고 Indexing 클래스 생성자의 인자로 전달해서 하나의 인스턴스를 만든다.

이 인스턴스의 첫 번째 원소를 읽어오기 위해 대괄호를 사용하고 그 안에 정수로 0을 넣어서 처리하면 스페셜 메서드 __getitem__을 읽어오는 것을 알 수 있다.

```
In :   s = "Inexing search"

       i = Indexing(s)
       print(i[0])

Out:   __getitem__ call
       I
```

Indexing 클래스에서 인덱스 범위를 벗어난 것을 대괄호 안에 넣어 조회하면 __getitem__ 메서드를 호출하고 내부에서 예외를 처리한다.

```
In :   print(i[30])

Out:   __getitem__ call
       ----------------------------------------------------------------
       IndexError                          Traceback (most recent call last)
       <ipython-input-72-918ad9897c5f> in <module>()
       ----> 1 print(i[30])

       <ipython-input-70-a9123fe42eff> in __getitem__(self, key)
            11              break
            12          if len(self.content) < key :
       ---> 13              raise IndexError(key)
            14          return result
            15
```

```
IndexError: 30
```

Index를 검색할 때 예외가 발생해서 프로그램이 중단되지 않도록 이 예외를 잡아서 반환 값으로 전달하려면 추가로 스페셜 메서드인 __missing__ 을 오버로딩한다.

위에서 정의한 클래스를 변경해서 클래스 내에 스페셜 메서드 __missing__에 예외 처리를 하는 로직을 작성한다.

Key가 문자열이 아닐 경우 문자열로 처리하도록 삼항 연산자를 문자열로 변환한다.

```
In :  class Indexing1 :
          def __init__(self, content) :
              self.content = content

          def __getitem__(self,key) :
              print(" __getitem__ call ")
              try :
                  result = self.content[key]
              except IndexError :
                  result = self.__missing__(key)
              return result

          def __missing__(self,key) :
              print(" __missing__ ")
              return " no key " + (key if type(key) == str else str(key))
```

인덱스 범위 이내에서 정상적인 값을 반환한다.

```
In :  s = "Inexing search"

      i = Indexing1(s)
      print(i[0])

Out:  __getitem__ call
      I
```

없는 인덱스를 넣으면 __missing__을 호출해서 대신 예외에 대한 정보를 반환하는 것을 알 수 있다.

```
In :   print(i[30])
```

```
Out:   __getitem__ call
       __missing__
       no key 30
```

예제 10-6 : 인덱싱 내부 갱신 및 삭제

문자열 클래스는 변경이 불가능하므로 내부의 스페셜 메서드는 조회 가능한 __getitem__만 구현되어 있다.

```
In :   for i in dir(str) :
           if i.endswith("item__") :
               print(i)
```

```
Out:   __getitem__
```

리스트 클래스는 조회, 변경, 추가, 삭제가 전부 가능하므로 3개의 스페셜 메서드가 다 구현되어 있다.

```
In :   for i in dir(list) :
           if i.endswith("item__") :
               print(i)
```

```
Out:   __delitem__
       __getitem__
       __setitem__
```

이번에는 삭제도 추가해서 처리하기 위해 __setitem__, __delitem__ 을 추가한다.

모든 Sequence 자료형(리스트 등) 내의 요소 값을 변경해야 할 경우 이 __setitem__를 추가한다.

문자열일 경우는 변경할 수 없지만 변경과 삭제에 문자열도 처리가 될 수 있도록 문자열을 리스트로 변경하고, 이를 가지고 추가 및 삭제를 할 수 있도록 내부 로직을 추가한다.

```
In :   class Indexing1 :
```

```python
    def __init__(self, content) :
        self.content = content

    def __getitem__(self,key) :
        return self.content[key]

    def __setitem__(self, key, value) :
        a = [x for x in self.content]
        if a[key] == value :
            pass
        else :
            a.insert(key,value)
        self.content = "".join(a)

    def __delitem__(self, key) :
        a = [x for x in self.content if self[key] != x  ]
        self.content = "".join(a)
```

하나의 인스턴스를 만들고 첫 번째 문자열을 삭제한다. 문자열 자료형은 변경 불가능하므로 삭제가 안 되지만 __delitem__을 오버로딩해서 문자열을 삭제하게 만드므로 삭제된다.

```
In :   i = Indexing1("갱신 및 삭제")

       del i[0]
       print(i.content)
```

```
Out:   신 및 삭제
```

인스턴스의 첫 번째 인덱스에 다시 원소를 추가하면 __setitem__ 메서드가 실행되어 추가가 된 것을 알 수 있다.

```
In :   i[0] = "갱"
       print(i.content)
```

```
Out:   갱신 및 삭제
```

같은 문자가 들어올 경우는 갱신하지 않도록 하므로 변경되는 것은 없다.

```
In :   i[1] = "신"
       print(i.content)
```

```
Out:   갱신 및 삭제
```


10.1.4 슬라이싱(Slicing) 처리

인덱싱 검색은 정수를 통해서 하나의 값만 조회하여 갱신한다. 주로 주어진 범위 내만을 처리한다.

슬라이싱은 슬라이스 클래스의 인스턴스를 만들어서 특정 범위를 가지고 부분집합을 만드는 것이다.

연산자 대괄호([ ]) 및 인덱싱 검색과 동일하므로 스페셜 메서드도 __getitem__, __setitem__, __delitem__ 을 사용한다.

슬라이싱은 추출해서 만들어진 결과를 별도의 인스턴스 객체로 만들어서 사용하므로 원본과 다르지만, 갱신과 삭제는 원본을 변경하는 것을 알 수 있다.

예제 10-7 : 슬라이싱으로 데이터 변경 및 삭제

문자열을 사용자 클래스 슬라이싱에서 변경 및 삭제로 처리하기 위해 __setitem__ 메서드 내부에 로직을 갱신 및 추가할 수 있도록 수정한다.

문자열을 슬라이스에 따라 특정 부분일 때는 변경하고 문자열보다 더 크게 들어오면 슬라이스는 변경한 이후에 추가해서 반영하도록 정의한다.

삭제는 리스트 슬라이스 처리를 이용해서 간단하게 처리한다.

```
In :   class Slicing :
           def __init__(self, content) :
               self.content = content

           def __getitem__(self,key) :
               return self.content[key]
```

```
    def __setitem__(self, key, value) :

        start,stop,a,j = (0,len(value),[],0)  \
                        if key.stop is None else (key.start,key.stop,[x
                        for x in self.content],0)

        for i in range(start, stop) :
            if key.stop is None :
                a.insert(i,value[j])
            else :
                if len(a) > i :
                    a[i] = value[j]
                else :
                    a.append(value[j])

            j += 1
            if len(value) == j :
                break

        self.content = "".join(a)

    def __delitem__(self, key) :
        a = [x for x in self.content  ]
        del a[key]
        self.content = "".join(a)
```

하나의 인스턴스를 만들고 전체를 조회하면 기존의 내용을 전부 보여준다.

In :   `s = Slicing("슬라이싱")`

In :   `s[:] = "슬라이싱 처리"`

`print(s.content)`

Out: 슬라이싱 처리

부분을 갱신하면 문자열 내용도 부분만 갱신해준다. 부분을 삭제하면 삭제한 부분을 빼고
출력한다.

In :   `s[1:3] = "부분"`

```
      print(s.content)
```

Out: 슬부분싱 처리

In :   **del** s[1:3]
```
      print(s.content)
```

Out: 슬싱 처리

슬라이싱 범위가 기존에 있는 content보다 클 경우에는 원서가 들어온 범위까지 처리한다.

In :   s[0:30] = "슬라이싱 범위가 넘을 경우 처리는"
```
      print(s.content)
```

Out: 슬라이싱 범위가 넘을 경우 처리는

10.1.5 정수(int), 실수(float), 복소수(complex) 내부 메서드

숫자 자료형의 연산자도 스페셜 메서드(special method)로 처리된다. 이 연산자에 대해 간단하게 처리하는 방법을 알아본다.

예제 10-8 : 할당 연산자에 대한 스페셜 메서드 처리

정수를 처리하는 하나의 클래스를 만들어서 할당 및 덧셈 연산자를 구현하고 부동소수점 나눗셈인 __truediv__, __itruediv__ (/)와 정수 나눗셈인 __floordiv__, __ifloordiv__ (//) 등 4개의 스페셜 메서드를 작성한다.

메서드 내부의 로직은 operator 모듈을 import해서 계산 처리하도록 구현한다. 내부 산식을 계산할 때 self.value에 할당된 정수를 가지고 계산을 처리해야 한다.

In :   **import operator as op**

       class Int :

```python
    def __init__(self,value) :
        self.value = value

    def __iadd__(self,other) :
        print(" __iadd__")
        return self.value + other

    def __truediv__(self,other) :
        print(" __truediv__")
        return op.truediv(self.value,other)

    def __floordiv__(self,other) :
        print(" __floordiv__")
        return op.floordiv(self.value,other)

    def __itruediv__(self,other) :
        print(" __itruediv__")
        return op.itruediv(self.value,other)

    def __ifloordiv__(self,other) :
        print(" __ifloordiv__")
        return op.ifloordiv(self.value,other)
```

덧셈에 대한 할당 연산자를 사용해서 실행해보면 정수와의 계산이 되는 것을 확인할 수 있다.

```
In :   i = Int(100)
       i += 99
       print(i)
```

```
Out:    __iadd__
        199
```

부동소수점을 처리하는 나눗셈을 실행해보면 일반 나눗셈과 할당 연산 나눗셈을 실행해서 결과가 동일한 것을 알 수 있다.

```
In :   i = Int(100)
       print(type(i))
       print(i / 3)
```

```
        i /= 3
        print(i)
```

Out: ```
        <class '__main__.Int'>
         __truediv__
        33.333333333333336
         __itruediv__
        33.333333333333336
        ```

소수점 값이 절사되는 나눗셈도 일반 연산과 할당 연산 처리가 동일한 것을 알 수 있다.

In :    ```
        i = Int(100)
        print(type(i))
        print(i//3)
        i //= 3
        print(i)
        ```

Out: ```
        <class '__main__.Int'>
         __floordiv__
        33
         __ifloordiv__
        33
        ```

## 예제 10-9 : 반대 연산에 대한 스페셜 메서드 처리

위에서 할당 연산자에 대한 스페셜 메서드를 처리했다. 이번에는 우측 연산을 처리하는
스페셜 메서드를 사용해서 좌측부터 처리하지 않고 우측부터 처리하는지를 확인해보자.

클래스 내부에 좌측부터 계산하는 __add__와 우측부터 계산하는 __radd__ 메서드를
정의한다.

In :    ```
        class RInt :

            def __init__(self,value) :
                self.value = value

            def __add__(self,other) :
                print(" __add__")
                return self.value + other
        ```

540

```python
def __radd__(self,other) :
    print(" __radd__")
    return other + self.value
```

인스턴스를 하나 만들고 일반 덧셈을 계산해서 결과를 확인한다. 우측 연산을 인자로 넣고 수행하면 우측 연산이 계산되는 것을 알 수 있다.

```
In :  i = RInt(100)
      print(i + 88)

      i = i.__radd__(99)
      print(i)

Out:  __add__
      188
      __radd__
      199
```

정수에는 우측 연산이 없지만 RInt 클래스 내에는 우측 연산을 하는 메서드가 만들어져 있으므로 인스턴스를 우측에 넣고 정수를 좌측에 넣으면 우측 연산이 일어나는 것을 볼 수 있다.

```
In :  i = RInt(100)

      i = 99 + i
      print(i)

Out:  __radd__
      199
```

10.2 내장 함수 스페셜 메서드 처리

내장 함수가 처리될 때 스페셜 메서드(special method)을 호출하는 경우도 있지만 스페셜 속성이나 메서드가 있는지를 확인해서 불리언 값으로 제공하기도 한다.

10.2.1 호출 여부 확인하기: callable

callable는 함수, 클래스, 인스턴스, 메서드 등이 호출 가능한지 점검하는 함수이다. 호출이 가능하면 True의 결과값을 전달한다. callable 함수가 확인하는 스페셜 메서드는 __call__이므로 이 메서드가 존재하면 True로 표시한다.

예제 10-10 : 호출 가능 여부 확인

CallInstance 클래스를 정의하고 __call__ 메서드를 인스턴스 메서드로 정의한다. 이러면 인스턴스를 생성하고 이 인스턴스를 바로 실행하는 것도 가능하다.

```
In :   class CallInstance :
            def __init__(self, name) :
                self.name = name

            def __call__(self) :
                print(" instance call ")
                return self.name
```

인스턴스를 생성하고 callable 내장 함수로 이 인스턴스를 체크해보면 호출이 가능하다.

인스턴스에 실행 연산자를 사용해서 호출하면 __call__로 정의한 메서드가 실행되는 것을 확인할 수 있다.

```
In :   c = CallInstance(" callable ")

       print(c)
       print(callable(c))
       print(c())

Out:   <__main__.CallInstance object at 0x0000000004AEA198>
       True
        instance call
        callable
```

클래스, 메서드, 함수도 callable이 가능한지를 확인해보면 전부 True로 출력된다. 내부에 __call__이 있어 호출 연산자인 괄호로 실행하면 __call__이 메서드로 호출되어 실행되는 것이다.

```
In :    print(int)
        print(callable(int))

        print(int.bit_length)
        print(callable(int.bit_length))

        print(print)
        print(callable(print))
```

```
Out:    <class 'int'>
        True
        <method 'bit_length' of 'int' objects>
        True
        <built-in function print>
        True
```

10.2.2 객체 주소 확인하기 : id/hash

내장 함수 id나 hash를 사용해서 주소를 확인한다. __hash__ 메서드를 이용하면 정수로
hash 값을 반환한다.

예제 10-11 : reference 주소를 정수로 전환

object 클래스로 생성한 인스턴스에서 레퍼런스의 해시값을 정수로 보여준다. 객체에서
레퍼런스의 값 중 id는 정수이고 hash는 id 값을 16으로 나눈 값이 동일하다.

```
In :    c = object()

        print(c)
        print(id(c)//16)
        print(c.__hash__())
```

```
Out:    <object object at 0x0000000001D39CC0>
        1915340
        1915340
```

클래스를 정의하고 인스턴스를 생성한 후에 id 함수로 레퍼런스를 정수 출력하면 해시를 정수로 표시한다. 이것을 hex 값으로 전환하면 객체에서 레퍼런스의 hex 값이 동일하다.

```
In :   class ID :
           pass

       c = ID()

       print(c)
       print(id(c))
       print(hex(id(c)))

Out:   <__main__.ID object at 0x0000000004BFD278>
       79680120
       0x4bfd278
```

10.2.3 상속과 인스턴스 유무 : isinstance / issubclass

파이썬에서는 상속이 없어도 상속이나 인스턴스 유무를 점검할 수 있도록 스페셜 메서드 (special method)를 제공한다.

내장 함수 isinstance와 issubclass로 기본적인 상속 관계나 인스턴스 관계를 확인할 수 있지만 이를 확장해서 다양한 관계를 오버로딩하여 처리할 수 있도록 제공한다. 상세한 오버로딩 부분인 추상화 클래스에서 __subclasshook__ 등의 구현 방법을 알아보자.

✚ 상속과 생성 클래스 점검

내장 함수 issubclass 함수(__subclasshook__메서드)는 상속 관계를 확인하고, 내장 함수 isinstance 함수(__instancecheck__메서드)는 클래스와 인스턴스 관계를 확인한다.

예제 10-12 : 상속과 생성 클래스 점검

부모 클래스를 가지고 자식 클래스인 인스턴스와의 isinstance 관계를 확인하면 True로 처리된다.

이것은 __instancecheck__ 스페셜 메서드로 처리되는 것을 알 수 있다.

```
In :   print(isinstance(1,int))
       print(int.__instancecheck__(1))

       print(isinstance(1,object))
       print(object.__instancecheck__(1))

       print(isinstance(1,float))
       print(float.__instancecheck__(1))
```

```
Out:   True
       True
       True
       True
       False
       False
```

정수 int 클래스를 상속해서 정의된 Int 클래스를 정의하고 인스턴스를 생성한다. 부모 클래스인 int 클래스와 자식 클래스인 Int 클래스와는 상속 관계이므로 부모 클래스에서 자식 클래스의 인스턴스는 isinstancde 함수에서 True로 처리된다.

```
In :   class Int(int) :
           pass

       i = Int(100)

       print(isinstance(i,int))
       print(int.__instancecheck__(i))
```

```
Out:   True
       True
```

부모 클래스를 가지고 자식 클래스와의 issubclass 관계를 확인하면 True로 처리된다. __subclasscheck__ 스페셜 메서드로 처리되는 것을 알 수 있다.

```
In :   print(issubclass(int,object))
       print(object.__subclasscheck__(int))
```

10.2.4 len 함수

Container 자료형(문자열, 튜플, dict, set 등)의 인스턴스에 대한 원소의 개수를 확인하는 len 함수는 Sequence 자료형 내의 원소 수를 확인한다.

예제 10-13 : 원소 수를 확인

리스트, 문자열, 딕셔너리 자료형에 대한 원소의 길이는 __len__ 스페셜 메서드로 처리가 가능하다. 딕셔너리는 키와 값의 쌍을 하나의 원소로 분류한다. len 함수는 내부적으로 __len__ 스페셜 메서드를 호출해서 처리된다.

```
In :    l = [1,2,3,4]
        s = "Hello"
        d = {'a':1,'b':2}

        print(len(l))
        print(l.__len__())

        print(len(s))
        print(s.__len__())

        print(len(d))
        print(d.__len__())
```

```
Out:    4
        4
        5
        5
        2
        2
```

LEN 클래스를 정의하고 스페셜 메서드 __len__을 추가해서 내부에 정의된 seq 속성 내 값의 길이를 처리한다. 내장 함수 len을 호출하면 스페셜 메서드 __len__이 처리되는 것을 확인할 수 있다.

```
In :  class Len :
          def __init__(self,content) :
              self.content = content

          def __len__(self) :
              return len(self.content)

In :  l = Len("원소의 개수 확인")

      print(len(l))

Out:  9
```

10.2.5 getattr/setattr/delattr 함수

객체 접근 연산자를 사용하지 않고 내장 함수 getattr/setattr/delattr를 이용해서 속성에 접근할 수 있도록 구현되어 있다. 이 함수는 인스턴스나 객체를 넣어야 실행되므로 어느 객체를 처리하는지 이해하기 쉽다는 것이 장점이다.

getattr은 객체의 속성에 접근하는 내장 함수이다. 이 함수도 기본적으로 스페셜 메서드 (special method) __getattribute__를 호출한다.

setattr 내장 함수는 내부의 스페셜 메서드(special method)인 __setattr__를 호출해서 처리한다.

함수 delattr, 스페셜 메서드(special method) __delattr__를 이용해서 인스턴스나 클래스 내의 속성에 접근하여 삭제가 가능하다.

예제 10-14 : getattr 함수로 내부 속성을 확인

Student 클래스를 정의하지만 내부에 메서드가 정의되지 않았다.

```
In :  class Student :
          def __init__(self,name,age,school) :
```

```
        self.name = name
        self.age = age
        self.school = school
```

인스턴스를 만들어 점 연산자로 접근해서 속성을 출력했고 __getattribute__ 스페셜 메서드를 가지고 조회했다. 동일한 결과가 나온다.

마지막으로 getattr 내장 함수를 이용해서 내부 속성에 접근해도 동일한 결과가 나오는 것을 알 수 있다.

```
In :  s = Student("김형기",20,"성균관대학교")

      print(s.name)
      print(s.__getattribute__("name"))
      print(getattr(s,"name"))
```

```
Out:  김형기
      김형기
      김형기
```

클래스에 정의가 없는 속성을 getattr 함수로 호출하면 속성이 없다는 예외를 발생시킨다.

```
In :  getattr(s,"major")
```

```
Out:  ---------------------------------------------------------------
      AttributeError                       Traceback (most recent call last)
      <ipython-input-81-c36af0654aa6> in <module>()
      ----> 1 getattr(s,"major")

      AttributeError: 'Student' object has no attribute 'major'
```

이 함수에는 초기값을 넣어서 정의되지 않는 속성이 들어올 경우에 초기값을 반환할 수 있다.

getattr 함수를 호출할 때 초기값으로 "CS"를 할당한다. 이번에는 예외가 발생하지 않고 없는 속성의 값을 초기값으로 준 결과가 반환되는 것을 알 수 있다.

```
In :  print(getattr(s,"major","CS"))
```

예제 10-15 : 내부 속성을 setattr로 변경

Empty 클래스는 아무 것도 하지 않는다. 별도의 딕셔너리 타입에 있는 정보를 가지고 이 인스턴스의 런타임에 속성을 추가한다. 이때 setattr 함수를 이용해서 추가하는 것을 볼 수 있다.

Setattr 함수를 호출하면 __setattr__을 호출해서 처리한다.

주의할 점은 self.key = value로 정의하면 재귀 호출이 발생하므로 self.__dict__[key] = value를 이용해서 재귀 호출이 발생하지 않도록 했다.

```
In :  class Empty :

          def __setattr__(self,key,value) :
              print(" __setattr__ ")
              self.__dict__[key] = value
```

아무런 속성도 없는 Empty 인스턴스를 만들고 속성을 추가해서 이를 리스트에 저장한다.

입력으로 들어오는 리스트 내에는 딕셔너리가 3개 들어가 있으므로 Empty 인스턴스도 3개가 만들어질 것이다.

이 Empty 클래스에는 __setattr__ 스페셜 메서드를 연산자 오버로딩했지만 인스턴스를 만들 때는 setattr 함수를 이용해서 속성을 추가한다.

하지만 __setattr__ 내에 정의된 print문이 출력되는 것은 setattr도 스페셜 메서드를 호출해서 처리하는 것을 알 수 있다.

```
In :  d = [ { "name" : "홍길동", "age" : 33},
            { "name" : "문길동", "age" : 33},
            { "name" : "김길동", "age" : 33}, ]

      e_class = []
```

```
for elem in d :
    e = Empty()
    for k,v in elem.items() :
        setattr(e,k,v)
    e_class.append(e)
```

Out:
```
__setattr__
__setattr__
__setattr__
__setattr__
__setattr__
__setattr__
```

3개의 인스턴스가 만들어진 리스트를 순환 처리하면서 내부에 들어간 값을 getattr로 속성 조회해서 출력한다.

In :
```
for i in range(len(e_class)) :
    print(getattr(e_class[i],"name"))
    print(getattr(e_class[i],"age"))
```

Out:
```
홍길동
33
문길동
33
김길동
33
```

첫 번째 인스턴스 내에 name이라는 속성을 삭제한다. 이 속성이 삭제되면 조회할 때 어떻게 변하는지를 알아보자.

In :
```
delattr(e_class[0],"name")
```

조회할 때 하나의 인스턴스에 name 속성이 없어진 것을 확인할 수 있다.

In :
```
import pprint

pprint.pprint(e_class[0].__dict__.items())
```

Out:
```
dict_items([('age', 33)])
```

이들 전체를 조회하면 name 속성이 없어서 예외가 발생한다.

```
In :    for i in range(len(e_class)) :
            print(getattr(e_class[i],"name"))
            print(getattr(e_class[i],"age"))
```

```
Out:    -------------------------------------------------------------
        AttributeError                      Traceback (most recent call last)
        <ipython-input-13-bcc666cd134c> in <module>()
            1 for i in range(len(e_class)) :
        ----> 2     print(getattr(e_class[i],"name"))
            3     print(getattr(e_class[i],"age"))

        AttributeError: 'Empty' object has no attribute 'name'
```

11

클로저(closure) 및
데코레이터(decorator)

파이썬에서 callable 함수를 이용해 호출 가능한 것을 조회해보면 함수, 클래스, 인스턴스, 메서드 등이 있다.

이 중에서 함수를 이용하는 패턴 중 함수 내부 환경을 외부로 공유해서 처리하는 클로저(closure)를 먼저 이해하고 그 다음은 이 클로저를 기반으로 해서 처리되는 데코레이터를 이해해보자.

데코레이터(decorator)는 함수뿐만 아니라 callable이 가능한 경우 적용이 가능하므로 클래스, 인스턴스, 메서드 등에서 데코레이터 처리 방식을 알아본다.

또한, 이전 장에서 배운 클래스 메서드(@classmethod), 정적 메서드(@staticmethod) 등도 데코레이터를 이용해서 처리하는 예시이므로 자세히 처리되는 방식을 이해한다.

+ 알아볼 주요 내용

- 클로저
- 부분 함수와 메모이제이션
- 함수 데코레이터
- 클래스, 인스턴스, 메서드 데코레이터
- 추상 클래스에 대한 스페셜 메서드 추가

11.1 클로저(Closure) 환경 확인하기

클로저(Closure)는 단어의 뜻과 달리 함수가 닫힌 내부 환경을 외부로 공개하는 것이다. 특히 함수 내 지역 변수의 갱신은 함수 내부에서만 처리되고, 외부에 전달된 내부 함수를 활용해서 함수 내부를 이용하거나 변경할 수 있다.

외부에 전달된 내부 함수가 변수에 할당되므로 클로저 환경은 항상 재사용이 가능한 상태로 남아 프로그램이 종료되기 전까지는 외부 함수도 계속 남아 있게 된다.

클로저 환경은 내부 함수에서 구성되며 외부 함수의 지역 변수를 자유 변수(free variables)로 만들어서 처리하는 방식이므로 함수 내부의 어느 속성에서 관리하는지를 이해한다.

11.1.1 함수 체인 처리

클로저 환경을 이해하기 위해서는 함수를 어떻게 계속 연결해서 사용하는지를 이해한다. 함수는 객체이므로 함수의 값으로 처리할 수 있는 패턴을 이용해서 여러 개의 함수로 기능을 처리할 수 있도록 묶어서 처리한다.

함수들을 연결한 뒤 연속으로 호출해서 처리도 가능하다. 함수를 연속해서 처리하려면 함수의 반환이 함수로 전달되도록 구성하면 된다. 마지막으로 전달된 함수가 처리되면서 이 함수 체인을 종료할 수 있도록 한다.

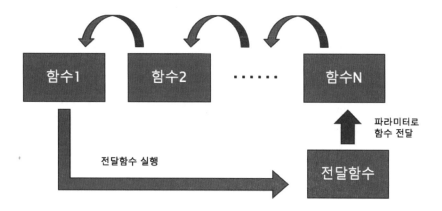

✚ 함수 체인 만들기

함수를 정의할 때 다음 함수가 계속 전달되어 처리되도록 구조화해야 한다. 이 함수에 맞춰 인자를 넣어 실행하면 된다.

예제 11-1 : 함수 체인

세 개의 함수를 정의하는데 이 중 두 개의 함수는 함수를 꺼내와서 함수의 레퍼런스를 반환한다. 그리고 남은 한 개의 함수는 마지막 처리를 위해 더 이상 함수의 레퍼런스를 반환하지 않고 문자열로 종료를 처리한다.

```
In :    def func1(x) :
            print("fun1 call")
            return f[x]

        def func2(x) :
            print("fun2 call")
            return f[x]

        def func3() :
            print("fun3 call")
            return " exit "
```

위의 함수는 반환은 하지 않지만 딕셔너리를 조회해서 결과 값을 반환하도록 구성되었다.

함수는 딕셔너리에 저장해서 관리하고 전달되는 인자에 따라 호출되어 처리할 수 있는 구조로 만든다. 함수 정의에 함수를 바로 넣는 것보다 더 다양하게 함수를 적용할 수 있어서 이런 구조로 정리한다.

```
In :   f = {1 :func1, 2: func2, "exit":func3}
```

함수를 실행할 때 실행 연산자에 인자를 넣고 연속적으로 붙여서 처리한다. 마지막으로 exit에 들어 있는 함수를 실행하고 종료한다.

```
In :   print(func1(2)("exit")())
```

```
Out:   fun1 call
       fun2 call
       fun3 call
        exit
```

함수의 체인은 함수 표현식인 람다 함수도 가능하다. 대신 표현식이므로 함수를 정리해서 처리하는 것부터 알아보자.

람다 함수의 표현식 부분에 람다 함수를 계속 작성해서 즉시 실행하도록 할 수 있다.

```
In :   a = (lambda x : (lambda x : (lambda x : x+1)(x))(x))
       print(a(5))
```

```
Out:   6
```

람다 함수의 표현식에서 func1을 호출하고 람다 함수의 매개변수로 받은 것을 인자로 전달해서 바로 실행하도록 하면 함수 체인이 발생해서 동일하게 처리되는 것을 볼 수 있다.

```
In :   a = lambda x : func1(x)

       print(a(2)("exit")())
```

```
Out:   fun1 call
       fun2 call
       fun3 call
        exit
```

11.1.2 클로저 환경 확인하기

함수에 대해 알아볼 때 함수 내에 함수를 정의해서 내부 함수를 구성할 수 있다는 것을 알아봤다. 또한, 외부 함수와 내부 함수 간의 지역 네임스페이스가 있지만 이들 간에 스코프 규칙에 따라 내부 함수에서 외부 함수 네임스페이스를 참조할 수 있다는 것도 알아보았다.

클로저 환경은 외부 함수에서 내부 함수로 정의된 함수의 레퍼런스를 함수 밖으로 반환하여 처리하도록 만드는 것이다. 외부 함수 내부의 지역 변수는 내부 함수를 통해 변경할 수 있지만 외부 환경에서는 변수명을 가지고 직접 접근할 수 없다. 외부 함수에 있는 변수를 내부 함수에서 자유롭게 사용할 수 있다고 해서 이 변수를 자유 변수(free variable)라고 한다.

이 자유 변수에 대한 값은 내부 함수의 내부 속성인 __closure__ 내에 보관한다. 그리고 변수에 대한 정보는 __code__.co_freevars에 존재한다.

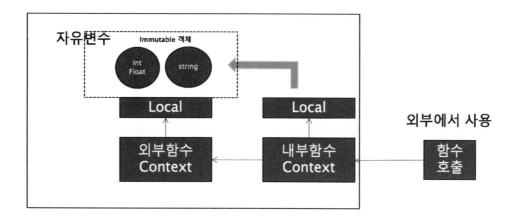

✚ 내부 함수에서 __closure__ 확인하기

외부 함수를 정의하고 이 함수의 내부에 내부 함수를 정의한 후 외부 함수의 반환값으로 내부 함수를 전달할 경우 클로저 환경이 구성된다.

파이썬에서는 클로저 환경이 구성되면 내부 함수에서 외부 함수의 지역 변수를 참조하는 것을 클로저 환경에서 관리한다.

예제 11-2 : 클로저 환경 및 속성 확인하기

외부 함수 outer 헤더에 매개변수는 x를 지정하고 이 변수 x를 내부 함수 inner의 매개변수 y와 더해서 반환하도록 정의한다. 내부 함수에서 외부 함수 변수 x를 사용하므로 x가 자유 변수로 만들어진다.

```
In :    def outer(x) :
            def inner(y) :
                return x+y
            return inner
```

외부 함수에 인자 5를 넣어 실행하면 외부 함수의 반환값이 내부 함수의 레퍼런스로 전달되고 이를 변수 inner에 할당했다.

이제 내부 함수 inner를 가지고 그 내부에 어떤 속성들이 클로저 환경을 구성하는지 알아보자.

일단 inner 변수에 할당된 내부 함수의 이름을 __name__ 속성을 가지고 조회하면 inner 라고 출력된다.

이 내부 함수의 속성 __closure__를 가지고 내부를 확인하면 하나의 cell 인스턴스가 만들어져 있는 것을 알 수 있다.

또한, 내부 함수의 코드에 대한 정보를 확인해서 자유 변수의 이름을 알아보면 __code__ 내의 co_freevars에서 하나의 변수명이 출력되는 것을 볼 수 있다.

```
In :    inner = outer(5)

        print(inner)
        print(inner.__name__)
        print(inner.__closure__)
        print(inner.__code__.co_freevars)
```

```
Out:    <function outer.<locals>.inner at 0x0000000005180EA0>
        inner
        (<cell at 0x0000000005131E58: int object at 0x00000000626BBA50>,)
        ('x',)
```

자유 변수의 값을 확인해보자. __closure__가 튜플로 구성되어 있기 때문에 첫 번째를 꺼내서 cell 인스턴스의 타입을 확인하면 cell 클래스라는 것을 알 수 있다.

```
In :    print(inner.__closure__[0])
        print(type(inner.__closure__[0]))
```

```
Out:    <cell at 0x0000000005131E58: int object at 0x00000000626BBA50>
        <class 'cell'>
```

이 cell 클래스의 내부 속성을 확인해보면 cell_contents 속성만 가지고 있는 것이 확인된다.

```
In :    for i in dir(inner.__closure__[0]) :
            if not i.startswith("__") :
                print(i)
```

```
Out:    cell_contents
```

최종적으로 저장된 cell_contents를 조회하면 외부 함수를 호출할 때에 인자로 넣은 5가 보관되어 있다. 외부 함수를 실행할 때 인자로 전달된 5가 자유 변수로써 관리되는 것을 확인할 수 있다.

```
In :    print(inner.__closure__[0].cell_contents)
```

```
Out:    5
```

이제 전달받은 내부 함수에 10이라는 인자를 넣고 실행하면 내부 함수가 가진 인자와 외부 함수의 자유 변수가 더해져서 최종 결과값으로 반환되는 것을 알 수 있다.

```
In :    print(inner(10))
```

```
Out:    15
```

람다 함수도 표현식에 람다 함수를 정의할 때 내부 함수를 람다 함수 내의 매개변수 정의 다음인 콜론 이후에 작성했다.

람다 함수도 실행을 하지 않으면 이 람다 함수의 레퍼런스가 전달된다.

```
In :   cf = lambda x : (lambda y : x+y )
```

이 내부의 로직이 외부 람다 함수의 매개변수를 사용하면 클로저가 발생한다. 일단 함수를 한 번 실행해서 내부 함수를 반환받는다.

내부 함수에서 클로저 환경이 구성됐다. 스페셜 속성을 통해 클로저가 구성되었는지를 확인한다. __closure__ 내의 cell_contents를 확인해서 클로저의 값이 들어와 있는지를 확인하면 된다.

```
In :   b = cf(5)

       print(b.__closure__)
       print(b.__closure__[0].cell_contents)
```
```
Out:   (<cell at 0x0000000005131B28: int object at 0x00000000626BBA50>,)
       5
```

내부 함수를 실행하면 결과가 15로 나오는 것을 알 수 있다.

```
In :   b(10)
```
```
Out:   15
```

11.2 부분 함수 및 메모이제이션

함수 내부에 정의된 것을 외부로 전달해서 처리할 수 있으면 여러 함수를 연결해서 처리가 가능해진다. 앞에서 사용된 클로저 환경을 이용하면 실행되는 함수를 가지고 인자를 나눠서 처리하는 것도 손쉽게 할 수 있다.

이렇게 기능과 매개변수를 분리해서 처리할 수 있도록 구성한 함수를 부분 함수(partial function 또는 curring)라고 한다. 특히 클로저 환경으로 처리할 때 다양한 부분 함수를 생성해서 사용할 수 있고 더 편리하게 만들 수 있도록 파이썬에서는 부분 함수를 처리하는 모듈인 functools를 제공한다.

또한, 클로저 환경은 아니지만 함수를 계속 호출해서 사용할 때마다 매번 계산되는 것을 방지하고 기존에 실행된 결과는 저장된 값으로 처리할 수 있도록 구성해서 메모리 사용을 줄이고 빠른 계산 구조를 만들 수 있는 메모이제이션(memoization)도 제공한다.

11.2.1 부분 함수(Partial Function)

함수의 기능을 분리하고 이 기능에 맞는 매개변수도 분리해서 처리하도록 구성한다. 함수가 단계별로 호출될 때마다 기능의 일부씩만 처리되고 마지막 실행된 함수의 결과가 최종 함수의 처리 결과로 구성되는 패턴이다.

예제 11-3 : 클로저를 이용한 커링(currying) 처리

함수의 매개변수를 외부 함수와 내부 함수로 분리해서 처리할 수 있도록 정의하고 모든 매개변수가 다 들어오면 실행을 시킨다.

몫과 나머지를 구하기 위해 operator 모듈을 이용해서 floordiv, mod 함수들을 딕셔너리에 값으로 넣고 키는 문자열을 연산자로 넣었다.

외부 함수는 단지 하나의 매개변수만 받고 내부 함수를 외부로 전달하는 역할을 한다. 내부 함수는 나눗셈의 나머지를 구하는 역할을 한다.

```
In :   import operator as op

       op = {"//":op.floordiv,"%":op.mod}

       def outer(x) :
           def inner(y) :
               return op["//"](x,y), op["%"](x,y)
```

```
    return inner
```

외부 함수에 나눌 수 있는 값을 넣고 실행하면 내부 함수가 반환된다. 이를 재사용하기 위해 변수에 할당한다.

내부 함수에 인자를 넣어서 실행하면 몫과 나머지가 나오는 것을 볼 수 있다. 부분 함수 패턴을 실행하면 함수가 두 번 실행되는 것을 알 수 있다. 동일한 값을 넣고 변하는 값을 나중에 넣어서 처리하기 때문에 두 번째 값을 바꿔서 처리할 때는 내부 함수의 인자만 바꿔가면서 함수를 실행한다. 값을 확인할 경우에는 이 패턴이 좋은 효과가 있다.

```
In :   inner = outer(123)
       print(inner(5))

Out:   (24, 3)
```

이번에는 함수가 저장된 딕셔너리를 외부 함수에 전달하여 기능을 분리해서 처리한다. 내부 함수는 2개의 인자를 받아 외부 함수로부터 전달된 함수들의 정보를 조회해서 처리할 수도 있다.

```
In :   def outer(op) :
           def inner(x,y) :
               return op["//"](x,y), op["%"](x,y)
           return inner
```

외부 함수를 실행한 뒤 내부 함수에 값을 넣고 실행하면 몫과 나머지 계산된 결과가 나온다.

```
In :   inner = outer(op)
       print(inner(123,5))

Out:   (24, 3)
```

11.2.2 부분 함수 : functools 모듈 이용

파이썬에서 부분 함수를 처리하기 위해 functools 모듈을 제공한다. 함수와 메서드가 처리하는 결과가 유사하므로 내부적으로 두 개의 클래스를 제공한다. 왜 클래스를 사용해서 부분 함수를 만드는지도 알아본다.

일단 함수 처리하는 partial과 부분 메서드를 처리하는 partialmethod를 가지고 부분 함수를 처리할 경우, 인스턴스를 만들고 이 인스턴스 내부에 전달된 함수를 실행해서 처리할 수도 있고 인자에 대한 전달을 제어하기 편리한 구조가 만들어진다는 것을 알아본다.

✦ functools.partial을 이용한 currying 처리

함수를 정의하고 functools.partial 클래스에 인자로 함수와 인자값을 주어 부분 함수를 처리한다.

두 번째 인자를 넣고 함수를 실행하면 실행된 반환이 처리된다.

예제 11-4 : 내장 모듈을 이용한 커링

내장 모듈 functools.partial이 어떻게 구성되었는지부터 확인하기 위해서 import하고 partial을 출력해보면 하나의 클래스라는 것을 알 수 있다.

```
In :   import functools as ft

       print(ft.partial)
```
```
Out:   <class 'functools.partial'>
```

이 partial 클래스에 함수와 하나의 인자를 넣어서 인스턴스를 만들고 내부적으로 구조화된 것을 확인해보면 함수와 인자를 가지는 하나의 인스턴스가 만들어진 것을 알 수 있다.

부분 함수로 만들어질 때 들어간 인자 부분이 고정되고 함수만 호출할 때마다 값을 바꾸면 인자로 넣어서 처리되는 구조는 클로저 부분 함수와 동일하다.

```
In :  import operator as op

      s = ft.partial(op.add,5)

      print(s)
```
```
Out:  functools.partial(<built-in function add>, 5)
```

이 partial 클래스에서 제공하는 기본 속성을 확인해보면 위치 인자 정보(args), 키워드 인자 정보(keywords), 함수를 관리하는 정보(func)로 구성되어 있다.

```
In :  for i in dir(s) :
          if not i.startswith("__") :
              print(i)
```
```
Out:  args
      func
      keywords
```

인스턴스를 가지고 속성을 조회해보면 func 속성에는 함수 add가 들어가 있고 args에는 5가 들어가 있지만 이 함수는 키워드 인자가 없으므로 keywords 속성에는 빈 딕셔너리만 출력된다.

```
In :  print(s.args)
      print(s.func)
      print(s.keywords)
```
```
Out:  (5,)
      <built-in function add>
      {}
```

이 부분 함수를 나머지 인자를 넣고 실행시키면 add라는 함수는 인자가 2개만 필요하므로 실행되어 결과값을 반환한다.

이 인스턴스 내에 저장된 함수와 인자에 직접 접근하고 나머지 인자를 넣어서 실행해도 동일한 결과를 얻을 수 있다.

```
In :   print(s(10))
       print(s.func(s.args[0],10))

Out:   15
       15
```

이번에는 세 개의 매개변수를 갖는 함수 addx를 정의하고 부분 함수로 두 개의 인자를 전달해서 만들었다. 이 내부의 속성을 확인해보면 위치 인자에 한 개, 키워드 인자에 한 개의 인자가 들어가 있는 것을 알 수 있다.

```
In :   import functools as ft

       def addx(x,y,z) :
           return x+y+z

       s = ft.partial(addx,1,z=100)

       print(s.args)
       print(s.keywords)

Out:   (1,)
       {'z': 100}
```

세 번째 인자를 넣어 함수를 실행하면 결과가 나온다. 키워드 인자로 전달했는데 위치 인자가 들어간 x를 처리하면 동일한 인자가 들어가 있어서 예외가 발생하는 것을 알 수 있다.

```
In :   print(s(20))

Out:   121
```

```
In :   print(s(x=10))

Out:   ---------------------------------------------------------------
       TypeError                          Traceback (most recent call last)
       <ipython-input-22-4a4101dbea81> in <module>()
       ----> 1 print(s(x=10))

       TypeError: addx() got multiple values for argument 'x'
```

예제 11-5 : 가변 인자를 활용한 커링

가변 키워드 인자를 활용해서 커링을 만들면 기본적으로 내부에는 고정 위치 인자나 고정 키워드 인자만 보관하므로 가변 인자에 대해서는 들어올 때마다 처리하도록 구성되어 있다.

```
In :  import functools as ft

      def addx(x,y,*,z,**kwargs) :
          result = x+y+z
          for v in kwargs.values() :
              result = result + v
          return result
```

부분 함수를 만들기 위해 고정 위치 인자와 고정 키워드 인자를 넣었다.

```
In :  s = ft.partial(addx,1,1,z=10)
```

인스턴스에 가변 키워드 인자를 주고 실행하면 고정 인자 값은 고정값이고 가변 키워드 인자가 주어질 때마다 값이 변하는 것을 알 수 있다.

```
In :  print(s(k=10))
      print(s.args, s.keywords)

      print(s(a =100))
      print(s.args, s.keywords)

Out:  22
      (1, 1) {'z': 10}
      112
      (1, 1) {'z': 10}
```

가변 위치 인자만 받는 내장 함수 sum을 부분 함수로 만들면 고정 인자들 값이 없으므로 처음에 할당할 때 아무 것도 주지 않았다.

```
In :  import functools as ft
```

```
ss = ft.partial(sum)
```

인스턴스를 호출할 때마다 가변 위치 인자를 넣어서 계산하면 가변 인자만 처리되는 것을 알 수 있다.

```
In :  print(ss([1,2,3]))
      print(ss.args, ss.keywords)
      print(ss([1,2,3,4,5,6]))
      print(ss.args, ss.keywords)
Out:  6
      () {}
      21
      () {}
```

✚ 부분 메서드 처리

파이썬은 기본적으로는 함수 기준으로 만들어진다. 이 함수는 메서드로 전환되도록 재구성되는 것이므로, 메서드에 대한 처리는 일반적인 함수와 약간 차이가 생겨서 별도의 메서드를 부분 처리할 수 있는 클래스인 functools.partialmethod가 제공된다.

메서드에서 사용하려면 데코레이터를 이용해서 먼저 메서드가 로딩할 때 부분 메서드로 만든다.

예제 11-6 : functools.partialmethod를 이용한 메서드 커링 처리

클래스 A 내의 add 메서드를 정의하고 부분 메서드 처리를 한다. 이런 경우는 매개변수가 아무 것도 들어가지 않는다.

```
In :  import functools as ft

      class A :
          @ft.partialmethod
          def add(self,x,y) :
              return x+y
```

인스턴스를 만들어서 add를 확인하면 고정 위치 인자와 고정 키워드 인자에 아무런 값이 들어가 있지 않다.

```
In :  a = A()

      print(a.add)
      print(a.add.args)
      print(a.add.func)
      print(a.add.keywords)
```
```
Out:  functools.partial(<bound method A.add of <__main__.A object at
      0x00000000050005F8>>)
      ()
      <bound method A.add of <__main__.A object at 0x00000000050005F8>>
      {}
```

이 메서드에 나머지 인자인 두 개의 인자를 넣어 호출해야 결과값을 반환한다.

```
In :  print(a.add(5,5))
```
```
Out:  10
```

메서드도 클로저 환경을 구성할 수 있다. 부분 메서드를 처리하기 위해 인자를 나눠서 처리하도록 클로저 환경을 구성해서 처리하도록 했다.

메서드 내에 내부 함수가 정의되어 있고 이 메서드가 실행되면 이 내부 함수가 외부로 전달되어 인자를 나눠서 받아 처리할 수 있다.

```
In :  import functools as ft

      class A :
          @ft.partialmethod
          def add(self,x) :
              def inner(y) :
                  return x+y
              return inner
```

a.add가 부분 메서드를 처리하기 위해 만들어졌다. 인자는 하나도 안 들어간 것을 알 수 있다.

568

```
In :    a = A()
        print(a)

        print(a.add)
        print(a.add.args)
```

```
Out:    <__main__.A object at 0x000000000503B278>
        functools.partial(<bound method A.add of <__main__.A object at
        0x000000000503B278>>)
        ()
```

이 메서드에 인자를 하나 넣고 실행하면 내부 함수가 변수에 반환된다. 나머지 인자는 이 변수를 호출해 넣으면서 실행하면 최종 결과가 나온다.

```
In :    add = a.add(5)
        print(add)
        print(add(5))
```

```
Out:    <function A.add.<locals>.inner at 0x00000000050336A8>
        10
```

11.2.3 부분 함수 : 사용자 클래스 이용

클래스 functools.partial의 작동 원리를 알아보기 위해 클래스를 정의해서 유사하게 처리해보겠다.

어떻게 인스턴스를 가지고 함수처럼 사용이 가능한지를 이해해보자.

✚ 사용자 클래스 정의

함수와 인자를 받는 클래스를 정의하고 이 클래스의 인스턴스가 실행될 때 추가적으로 인자를 받도록 처리한 후에 인자가 다 들어오면 인스턴스 내에서 저장된 함수를 바로 실행하면 된다.

예제 11-7 : 사용자 클래스로 부분 함수 만들기

부분 처리 클래스 part를 정의할 때 매개변수로 함수와 인자를 받아야 하므로 초기화 메서드에 함수와 인자를 받을 수 있는 구조를 정의한다. 일단 간단하게 처리하므로 키워드 인자로 받는 부분은 정의하지 않는다.

이 클래스를 가지고 인스턴스를 만들고 다시 이 인스턴스를 호출해서 인자로 받은 것과 내부에 저장된 함수 및 인자를 가지고 실행할 수 있도록 __call__ 인스턴스 메서드 내에 로직을 만든다.

내부 함수의 인자가 하나일 경우는 __code__.co_argcount == 1이 나올 때 자료형을 리스트나 튜플로 처리한다는 것이므로 언패킹하지 않고 리스트를 그대로 전달해서 처리한다.

```
In :   class part :
           def __init__(self,func,*args) :
               self.func = func
               self.args = []
               if len(args) :
                   for i in args :
                       self.args.append(i)

           def __call__(self,*args) :
               if len(args) :
                   for i in args :
                       self.args.append(i)
               if self.func.__code__.co_argcount == 1 :
                   return self.func(self.args)
               else :
                   return self.func(*self.args)
```

함수 add는 두 개의 매개변수를 가진 함수이고 part 클래스로 인스턴스를 만들 때 인자 하나만 지정했다. 이 내부의 args를 확인해보면 하나의 인자가 고정으로 들어가 있는 것을 알 수 있다. 다른 인자를 전달해서 실행하면 두 인자를 합산한 결과가 출력된다.

```
In :   def add(x,y) :
           return x+y
```

```
a = part(add,5)
print(a.args)
```

Out: [5]

In :   `print(a(5))`

Out: 10

리스트나 튜플 등을 받아서 내부적으로 원소를 계산하는 함수를 정의한다. 이때 매개변수는 하나이기에 내부적으로 언패킹을 시키지 않고 바로 전달을 해야 한다.

In :
```
def list_sum(l) :
    return sum(l)

s = part(list_sum)
print(s.args)
```

Out: []

이 인스턴스에 가변 인자로 전달하면 전부 리스트로 처리가 되므로 내부에 있는 sum 함수와 맞게 처리가 되는 것을 알 수 있다.

In :   `print(s(1,2,3,4,5))`

Out: 15

11.2.4 메모이제이션 함수 처리

함수 호출이 많아지고 내부 처리량이 많아지면 메모리 사용이 기하급수적으로 늘어날 수밖에 없다. 메모리 사용량을 줄이려면 일단 계산한 부분을 저장해서 다시 계산을 하지 않는 방법도 있다. 완벽한 해결 방안은 아니지만 반복적으로 함수가 활성화되지 않아 실행 속도나 메모리 활용량은 줄일 수 있다.

파이썬에서 함수도 객체이므로 계산된 반환을 저장해두고 다시 계산이 발생하지 않도록 처리하는 방법을 메모이제이션 패턴이라 한다. 객체 네임스페이스나 functools 모듈에서 제공하는 기능을 사용해서 처리하면 된다.

예제 11-8 : 함수의 객체 영역 이용하기

반복 수행하는 피보나치 함수를 정의하고

```
In :   def fib(n) :
           if (n == 0) or (n== 1) :
               return 1
           return fib(n-1) + fib(n-2)
```

특정 숫자를 넣어서 실행해보면 이 함수의 처리 결과가 나온다. 이 함수는 한번 실행되고 나면 함수 내의 지역 네임스페이스가 모두 사라진다. 다시 호출하면 처음부터 다시 시작하는 것을 알 수 있다.

```
In :   a = fib(5)
```

```
In :   print(a)
```

```
Out:   8
```

함수 처리 반환을 memoize 함수의 객체 영역 속성에 추가하도록 구성한다. 내부 함수를 전달해서 캐싱 반환을 처리하는 로직을 추가한다. memoize.cache는 이 함수의 객체 네임스페이스 영역에 cache 속성을 딕셔너리 자료형으로 등록한다.

함수 객체 영역에 저장하면 다음 함수가 호출되어도 사라지지 않고 사용할 수 있다.

```
In :   def memoize(func) :
           memoize.cache = {}
           def g(x) :
               if x not in memoize.cache :
                   memoize.cache[x] = func(x)
               return memoize.cache[x]
           return g
```

함수의 반복 처리 부분이 내부 함수의 cache에 있는지를 확인하고 없으면 함수를 계산해서 cache에 저장하는 구조로 만들었다.

```
In :   a = memoize(fib)
       s = a(5)
```

함수 내의 속성인 cache를 조회하면 인자값과 이 결과가 들어가 있는 것을 알 수 있다.

```
In :   memoize.cache
```

```
Out:   {5: 8}
```

이 memoize 내에 피보나치 함수를 전달해서 하나의 함수를 등록한 후에 순환문으로 14까지 함수를 호출해서 메모리에 저장한다.

```
In :   fib = memoize(fib)

       for i in range(15) :
           print(fib(i),end= ' ')
```

```
Out:   1 1 2 3 5 8 13 21 34 55 89 144 233 377 610
```

메모리에 저장된 값을 확인해보면 14까지 함수의 결과가 저장된 것을 확인할 수 있다.

```
In :   import pprint

       pprint.pprint(memoize.cache)
```

```
Out:   {0: 1,
        1: 1,
        2: 2,
        3: 3,
        4: 5,
        5: 8,
        6: 13,
        7: 21,
        8: 34,
        9: 55,
        10: 89,
```

```
11: 144,
12: 233,
13: 377,
14: 610}
```

예제 11-9 : 메모이제이션을 functools.lru_cache로 사용

모듈 내의 lru_cache 함수를 이용하여 저장할 수 있는 사이즈를 정해서 만들 수도 있다.

```
In :    from functools import lru_cache

        print(lru_cache)

Out:    <function lru_cache at 0x0000000002571158>
```

내부의 변수가 3개 있다.

```
In :    print(lru_cache.__code__.co_varnames)

Out:    ('maxsize', 'typed', 'decorating_function')
```

함수 캐싱은 함수의 반환값들을 캐싱해서 호출될 때 시간을 절약할 수 있다. 데코레이터를 이용해서 lru_cache를 사용하고 maxsize를 부여하면 캐싱되는 범위도 지정할 수 있다.

maxsize를 지정하지 않아서 os에 맞춰 처리되도록 한 것이므로 성능상의 이슈도 발생할 수 있기 때문에 maxsize는 성능을 보고 결정한다.

```
In :    from functools import lru_cache

        @lru_cache(maxsize=None)
        def fib(n) :
            if n < 2 :
                return 1
            return fib(n-1) + fib(n-2)
```

이 fib 함수가 데코레이터로 처리되면 fib 함수명으로 하나의 인스턴스가 만들어지는 것을 알 수 있다.

```
In :   print(fib)

Out:   <functools._lru_cache_wrapper object at 0x00000000052D80F0>
```

이 인스턴스의 내부에 lru_cache가 데코레이터 처리되면 cache에 대한 정보와 cache를 클리어하는 메서드가 생기는 것을 확인할 수 있다.

```
In :   for i in dir(fib) :
           if not i.startswith("_") :
               print(i)

Out:   cache_clear
       cache_info
```

함수를 실행해서 결과를 리스트에 보관했다.

```
In :   print([fib(n) for n in range(15)])

Out:   [1, 1, 2, 3, 5, 8, 13, 21, 34, 55, 89, 144, 233, 377, 610]
```

내부 캐쉬에 대한 정보를 확인하고 정리할 수 있다.

```
In :   fprint(fib.cache_info())
       fib.cache_clear()
       print(fib.cache_info())

Out:   CacheInfo(hits=26, misses=15, maxsize=None, currsize=15)
       CacheInfo(hits=0, misses=0, maxsize=None, currsize=0)
```

다시 동일한 것을 실행해본다.

```
In :   print([fib(n) for n in range(15)])

Out:   [1, 1, 2, 3, 5, 8, 13, 21, 34, 55, 89, 144, 233, 377, 610]
```

위에서 동일한 내용을 처리했기에 추가적인 계산이 발생하지 않았으므로 캐쉬 정보의 변경이 없다는 것을 확인한다.

```
In :   print(fib.cache_info())
Out:   CacheInfo(hits=26, misses=15, maxsize=None, currsize=15)
```

11.3 함수 데코레이터(decorator)

파이썬에서는 함수의 기능을 추가하기 위해 많은 함수에 데코레이터를 처리해서 사용한다. 특히 공통된 기능이 있을 경우 이를 별도의 데코레이터 함수로 정의해서 데코레이터로 처리하면 일반 함수에도 공통된 기능을 처리할 수 있다.

이 데코레이터 패턴을 이용해서 처리하면 공통된 기능의 변경을 데코레이터 함수로 묶어서 처리하므로 모듈이 로딩될 때마다 변경된 것을 먼저 적용하고 표준화된 기능을 필요한 함수에 적용할 때 편리하다.

데코레이터 함수도 기본적으로 클로저 환경을 구성해서 실행되므로 매개변수로 전달되는 함수가 내부에 저장되어 처리되고 실행하는 함수는 데코레이터 함수 내부에 정의된 내부 함수를 가지고 실행하는 것이다.

데코레이터 함수명 앞에 @를 붙이면 모듈이 로딩 시점에 먼저 데코레이터된 함수부터 실행되고 실행 함수가 호출되면 실행시킬 수 있는 준비가 이루어진다. 데코레이터 처리는 항상 모듈 로딩 시점에 한 번만 처리되므로 성능에 커다란 영향을 미치지는 않는다.

11.3.1 데코레이터의 기본 이해하기

데코레이터 함수가 인자로 받은 실행 함수를 데코레이터 함수 내의 기능을 처리한 후에 실행하도록 처리하는 것을 말한다.

보통 실행 함수들에 공통으로 들어갈 수 있는 기능을 하나의 데코레이터 함수를 만들어서 동일한 적용을 할 수 있도록 하는 장식자 패턴이다.

예제 11-10 : 기본 데코레이터 처리

데코레이터 함수 정의 시 실행 함수를 매개변수로 받고 처리한다. 함수를 인자로 받고 이 함수를 외부로 전달했으므로 실행 함수가 호출되면 실행 반환을 반환해준다.

함수 dec_func를 정의하고 인자로 func 즉 함수를 받도록 정의한 뒤, 실행 함수 바로 위에 @dec_func를 정의하면 add라는 함수를 반환하면서 실행 함수를 호출하면 계산되도록 처리한다.

```
In :   def decorator(func) :
           return func

       @decorator
       def add(x,y) :
           return x+y

       print(add(5,5))

Out:   10
```

함수 dec_func을 정의하고 인자로 함수를 받은 뒤 결과로 반환한다. 이 함수의 인자로 add 함수를 받고 add라는 변수에 할당했다. 실행은 add 변수에 저장된 add 함수가 수행된다.

```
In :   def decorator(func) :
           return func

       def add(x,y) :
           return x+y

       add = decorator(add)
       print(add(5,5))

Out:   10
```

람다 함수도 함수를 매개변수로 받아 매개변수로 전달해서 바로 데코레이터를 만들 수 있다.

```
In :   lambda_deco = lambda func : func

       @lambda_deco
       def add(x,y) :
           return x+y
```

바로 함수를 전달했으므로 실제는 인자로 전달된 함수가 그대로 실행되는 것을 알 수 있다.

```
In :   print(add.__name__)
       print(add(5,5))

Out:   add
       10
```

11.3.2 데코레이터 상세 정의

데코레이터 내의 기능을 처리하기 위해 내부 전용 함수의 정의가 필요하다. 일단 실행 함수의 매개변수를 내부 전용 함수에서 받아서 실행 함수의 인자로 전달해야 하기에 동일한 매개변수 구조를 가져야 한다.

내부 전용 함수에 데코레이터에서 처리할 기능들을 추가하면 실행 함수와 별개의 추가 기능들을 처리할 수 있다.

예제 11-11 : 데코레이터 처리하는 내부 함수 정의하기

데코레이터가 실행되는 내부 함수를 정의하면 클로저 환경이 구성되고 실행 함수의 매개변수 등을 받아서 실행 함수처럼 실행이 가능하다.

내부 전용 함수의 매개변수를 어떤 것이라도 받아들일 수 있도록 *args, **kwargs로 정의했고 이를 실행 함수에 다시 unpacking한 구조인 *args, **kwargs로 전달해서 실행되도록 구성했다. 실행 함수 위에 바로 @데코레이터 함수를 붙여서 실행 함수를 데코레이터화한다.

578

```
In :   def decorator(func) :
           def wrapper(*args,**kwargs) :
               """ wrapper call """
               return func(*args,**kwargs)
           return wrapper
```

실행은 addx 함수를 호출하면 된다.

```
In :   @decorator
       def add(x,y) :
           """ add call """
           return x+y

       print(add(5,51))
```

```
Out:   56
```

실행이 되는 함수는 내부에 정의된 wrapper 함수이다. 그래서 전달된 실행 함수에 대한 상세한 정보가 없다.

```
In :   for i in add.__dict__ :
           print(i)
```

```
In :   print(add.__name__)
       print(add.__qualname__)
       print(add.__doc__)
```

```
Out:   wrapper
       decorator.<locals>.wrapper
        wrapper call
```

람다 함수를 이용해서 데코레이터도 만들 수 있다. 데코레이터는 함수가 인자로 함수를 받아서 내부 함수를 결과로 전달한다. 첫 번째 인자로 전달된 매개변수를 내부 람다 함수가 받아서 외부 함수 인자로 전달받은 함수를 내부 함수의 결과로 전달한다.

```
In :   lambda_deco = lambda func : (lambda *args : func(*args))

       @lambda_deco
       def add(x,y) :
```

```
    return x+y
```

데코레이터를 구성한 함수를 실행 함수로 처리하면 내부 함수가 전달된 것을 알 수 있고
인자를 넘기면 결과가 나오는 것을 볼 수 있다.

```
In :    print(add.__name__)
        print(add(5,5))

Out:    <lambda>
        10
```

11.3.3 실행 함수 정보 복원하기

데코레이터를 작동하면 내부 함수가 외부로 전달되므로 인자로 전달된 함수에 대한 정보
는 없어진다.

이 정보를 내부 함수에 세팅해서 인자로 전달된 함수의 정보를 같이 넘기면 처리되는 실행
함수에 대한 정보도 확인되는 것을 알 수 있다.

파이썬의 functools 모듈이 wrap 함수를 내부 함수에 데코레이터로 처리할 때 인자로 전
달받은 함수를 넣으면 내부 함수의 정보가 전달된 함수의 정보로 대체된다.

예제 11-12 : 실행 함수의 함수 정보를 유지하기

파이썬에서 전달되는 실행 함수의 정보를 보관하기 위해 functools.wrap 함수를 제공
한다. 내부 함수 정의 위에 functools.wrap(func)으로 데코레이터 처리하면 실행 함수의
정보가 내부 함수 정보로 갱신된다.

```
In :    from functools import wraps

        def decorator(func) :

            @wraps(func)
            def wrapper(*args,**kwargs) :
```

```
        """ wrapper call """
        return func(*args,**kwargs)
    return wrapper
```

실행 함수를 실행한다. 계산된 결과가 나오는 것을 확인할 수 있다.

```
In :  @decorator
      def add(x,y) :
          """ add call """
          return x+y

      print(add(5,51))
```

Out: 56

함수의 객체 네임스페이스 영역에 __wrapped__ 속성이 추가된다.

```
In :  for i in add.__dict__ :
          print(i)
```

Out: __wrapped__

그리고 실행 함수의 함수명, 함수 설명 정보가 내부 함수의 정보를 갱신해서 보여주는 것을 확인할 수 있다.

```
In :  print(add.__name__)
      print(add.__qualname__)
      print(add.__doc__)
      print(add.__wrapped__)
```

Out: add
      add
       add call
      <function add at 0x00000000052B0A60>
```

functools.wraps를 데코레이터로 처리하면 __wrapped__ 속성에 실행 함수가 세팅되어 이를 확인할 수 있고 이를 직접 실행하면 데코레이터로 전달된 실행 함수의 원본임을 알 수 있다.
```

```
In :  print(add.__wrapped__.__name__)
```

```
Out:  add
```

```
In :  print(add.__wrapped__(5,51))
```

```
Out:  56
```

11.3.4 데코레이터 함수 내의 공통 기능 처리

공통적인 기능을 함수마다 추가하기보다는 공통된 기능을 데코레이터 함수에 추가하면 다른 함수들도 데코레이터를 사용하여 공통 기능을 동일한 방법으로 적용할 수 있다.

예제 11-13 : 공통 함수를 내부 함수에 추가

공통 기능을 할 수 있는 함수를 정의하고 이를 데코레이터 내부에서 기능을 점검할 수 있도록 처리해본다.

함수 typecheck를 정의해서 내부에 들어온 인자에 대해 튜플과 딕셔너리 여부를 확인한다.

추상화 클래스가 있는 모듈인 collections.abc을 import한다. 튜플은 Sequence 자료형이고 딕셔너리는 Mapping 자료형이므로 이 인스턴스가 추상 클래스에 의해 만들어졌는지를 isinstance로 확인해본다.

```
In :  import collections.abc as cols


      def typecheck(args,kwargs) :
          print("{:-^40s}".format(" wrapper "))
          if isinstance(args, cols.Sequence) :
              print(" args type ", "tuple")

          if isinstance(kwargs, cols.Mapping) :
              print(" kwargs type ", "dict")
```

582

```
print("{:-^40s}".format(""))
```

데코레이터 함수를 정의하고 typecheck 함수로 내부 함수 안의 인자가 실행 함수의 인자들이 맞는지를 확인하도록 했다.

```
In :    from functools import wraps

        def dec_func(func) :
            @wraps(func)
            def wrapper1(*args, **kwargs) :
                typecheck(args,kwargs)
                return func(*args, **kwargs)
            return wrapper1
```

실행 함수를 데코레이터 함수로 처리한 후에 이 실행 함수를 인자를 받고 실행하면 typecheck 함수도 내부에서 실행되어 결과를 반환한다.

이런 경우 말고도 로깅 등 다양한 기능을 넣어서 실행 함수마다 점검이 필요한 경우를 내부 함수로 넣어 로직으로 점검할 수 있다.

```
In :    @dec_func
        def add(x,y) :
            "doc add "
            return x+y

        print(add.__name__)
        print(add.__doc__)
        print(add(5,5))
```

```
Out:    add
        doc add
        --------------- wrapper ----------------
         args type  tuple
         kwargs type  dict
        ----------------------------------------
        10
```

11.3.5 데코레이터 함수에 매개변수가 필요할 경우

데코레이터 함수도 매개변수를 받을 수 있다. 이 매개변수는 데코레이터 함수가 필요한 처리를 위한 것이니 실행 함수가 필요한 데코레이터 기능과 다른 부분이다.

데코레이터 로딩 시 함수의 매개변수를 받는 부분부터 처리한 후에 실행 함수를 받는 데코레이터가 작동된다.

예제 11-14 : 데코레이터 함수에 매개변수 정의하기

데코레이터 함수에 별도의 매개변수가 필요하므로 실행 함수를 받는 데코레이터 외부에 추가적으로 데코레이터의 매개변수를 받는 함수를 정의한다. 매개변수를 받는 함수가 데코레이터한 후 내부에 실행 함수를 받아 데코레이터를 수행하는 함수가 있고 그 내부에 실행 함수를 실행하는 함수로 3단계 함수를 구성한다.

데코레이터 함수를 3단계로 구성하면 이 함수들이 차례로 실행되는 것을 확인할 수 있다.

```
In :   from functools import wraps

       def out_para(x) :
           print(x)
           def dec_func(func) :
               @wraps(func)
               def wrapper(*args, **kwargs) :
                   return func(*args, **kwargs)

               return wrapper
           return dec_func
```

실행 함수에 위에 정의된 데코레이터 처리를 위한 함수를 가지고 데코레이터를 처리한 후에 실행 함수를 실행하면 데코레이터 매개변수와 실행 함수를 모두 인자로 받아 처리하는 것을 확인할 수 있다.

```
In :   @out_para("decorator parameter")
       def add(x,y) :
           return x+y
```

584

```
print(add(5,5))
print(add.__name__)
```

```
Out:   decorator parameter
       10
       add
```

데코레이터를 함수의 호출 순서대로 처리한다. 가장 외부의 파라미터를 받는 함수를 실행하면 실행 함수를 받는 데코레이터 함수가 반환되고, 이 데코레이터 함수에 인자로 실행함수를 받아 처리하면 내부의 wrapper 함수가 나온다. wrapper 함수는 실행 함수의 인자를 받아온 후에 내부에서 실행 함수를 호출해서 실행하고 결과를 반환한다. 위와 동일한 결과가 나오는 것을 볼 수 있다.

```
In :   dec_func = out_para(" first func ")
       wrapper = dec_func(add)
       print(wrapper(5,5))
```

```
Out:    first func
       10
```

11.4 클래스를 이용한 데코레이터 처리

파이썬은 데코레이터 함수 말고도 callable이 가능한 경우에 내부적으로 구조화해서 만들수 있다. 전달되는 구조는 실행이 가능한 구조이어야 하고 인자로 전달하면 먼저 전달되어 내부에 저장된 함수가 실행된다.

11.4.1 데코레이터의 실행 함수를 클래스로 처리하기

데코레이터 함수를 정의하고 클래스를 실행 함수 역할로도 사용할 수 있다. 클래스를 실행 함수로 정의할 때 먼저 클래스에 필요한 정보를 추가해서 클래스가 처리하기 전에 클래스에 임의의 상태를 세팅하는 구조를 만들어 클래스 처리 제어를 위한 목적으로 사용이 가능하다.

예제 11-15 : 클래스에 함수 데코레이터 처리하기

일단 클래스도 함수처럼 데코레이터 함수를 통해 특정한 기능을 처리할 수 있다. decorator 함수를 작성해서 전달된 클래스에 대한 속성을 추가하고 클래스를 전달하는 구성을 해봤다.

```
In :    import pprint

        def decorator(cls) :
            cls.a = "insert attribute"
            return cls
```

클래스 A를 정의하고 데코레이터를 처리하면 클래스 A에 a라는 속성이 데코레이터를 처리할 때 생긴다.

```
In :    @decorator
        class A :
            pass

        print(A.a)
```
```
Out:    insert attribute
```

이 클래스로 인스턴스도 만들 수 있다. 데코레이터를 처리할 때 내부에 클래스 속성인 a가 들어가 있는 것을 확인할 수 있다.

```
In :    ai = A()
        pprint.pprint(A.__dict__)
```
```
Out:    mappingproxy({'__dict__': <attribute '__dict__' of 'A' objects>,
                      '__doc__': None,
                      '__module__': '__main__',
                      '__weakref__': <attribute '__weakref__' of 'A' objects>,
                      'a': 'insert attribute'})
```

586

11.4.2 클래스 데코레이터

클래스가 데코레이터 함수의 기능을 내신할 수 있도록 구성하는 것이 클래스 데코레이터 기능이다.

함수나 클래스 등에 데코레이터를 처리하기 전에 필요한 부분을 클래스로 정의하고 추가적인 로직이나 클래스의 속성 등을 추가해서 공통적인 제어를 하도록 만들 때 사용한다.

대표적인 클래스 데코레이터는 property, classmehtod, staticmethod 등이 있다.

예제 11-16 : 클래스로 데코레이터 정의

Prop_dec 클래스를 정의하고 인스턴스를 만들 때 실행 함수를 전달받는다. 이 실행 함수를 인스턴스의 속성으로 저장한다.

인스턴스가 호출될 때 저장된 함수의 매개변수를 전부 받아들이고 이를 저장된 함수에 전달해서 실행할 수 있도록 만든다.

인스턴스를 호출하기 위해서는 __call__ 스페셜 메서드를 정의하고 내부에 저장된 함수는 fget이라는 속성을 이용해서 실행하도록 한다.

```
In :    class Prop_dec(object):
            "Emulate PyProperty_Type() in Objects/descrobject.c"

            def __init__(self, fget=None):
                self.fget = fget
                Prop_dec.add = self

            def __call__(self, obj, objtype=None):
                return self.fget(obj)
```

실행 함수에는 클래스 데코레이터를 처리하고 인스턴스에는 이 함수를 내부에 저장했다. 클래스의 네임스페이스에 함수가 처리하는 인스턴스를 함수 이름으로 보관하도록 넣어두었다. 이 인스턴스가 프로퍼티처럼 디스크립터로 생성된다면 이름으로 호출해서 처리도 가능하다.

```
In :   import pprint

       pprint.pprint(Prop_dec.__dict__)
```

```
Out:   mappingproxy({'__call__': <function Prop_dec.__call__ at
       0x00000000052D4400>,
                     '__dict__': <attribute '__dict__' of 'Prop_dec' objects>,
                     '__doc__': 'Emulate PyProperty_Type() in Objects/
                     descrobject.c',
                     '__init__': <function Prop_dec.__init__ at
                     0x00000000052D4F28>,
                     '__module__': '__main__',
                     '__weakref__': <attribute '__weakref__' of 'Prop_dec'
                     objects>})
```

실행 함수 add를 정의해서 하나의 파라미터 x로 처리하도록 만든다.

```
In :   @Prop_dec
       def add(x):
           return x['x'], x['y']
```

실행 함수를 실행하면 인스턴스가 들어가 있으므로 __call__이 호출되고 함수가 처리되어 결과를 반환한다.

```
In :   print(add)
       print(add.__dict__)
       print(add({'x':5, 'y':5}))
```

```
Out:   <__main__.Prop_dec object at 0x00000000052BF588>
       {'fget': <function add at 0x00000000052B0AE8>}
       (5, 5)
```

데코레이터를 일반 절차대로 처리해보면 생성자로 인스턴스를 생성할 때 함수를 넣고 실행 함수랑 동일한 변수에 인스턴스를 생성한 후, 이 인스턴스를 실행하면 내부에 있는 함수가 실행되어 결과를 출력하는 구조이다.

```
In :   add = Prop_dec(add)
       print(add.__dict__)
```

```
        print(add({'x':5, 'y':5}))

Out:    {'fget': <__main__.Prop_dec object at 0x00000000052BF588>}
        (5, 5)
```

11.4.3 메서드를 이용한 데코레이터로 사용하기

클래스 메서드나 인스턴스 메서드도 callable 처리가 되므로 매개변수 인자로 함수를 받아서 메서드 내부 전달을 받은 함수를 저장하고 처리할 수도 있으나 간단히 함수의 객체 영역에서 추가적인 로직을 처리하는 구조를 이해한다.

예제 11-17 : 클래스 메서드를 데코레이터

클래스 메서드를 정의할 때 함수를 인자로 받아서 추가적인 로직을 처리한다. 클래스 메서드의 반환값은 단순히 하기 위해서 함수로 처리했고 함수의 객체 영역에 a라는 속성을 추가했다.

```
In :    class DECC :
            @classmethod
            def attr_check(cls, Base) :
                print(" DECC ")
                Base.a = "decc"
                return Base
```

함수에 데코레이터를 처리하면 함수가 반환되어 오는 단순한 구조이다.

```
In :    @DECC.attr_check
        def add(x,y) :
            return x+y

Out:     DECC
```

클래스 메서드에서 반환값은 전달을 한 함수이므로 add는 원본 함수와 같고 이 함수를 실행해도 동일한 결과가 나온다. 함수 객체 영역에 변수 a를 조회하면 추가된 값을 알 수 있다.

```
In :    print(add)
        print(add(5,5))
        print(add.a)

Out:    <function add at 0x0000000004C3AEA0>
        10
        decc
```

예제 11-18 : 인스턴스 메서드로 함수에 대한 데코레이터 처리

클래스의 인스턴스 정의 시 함수를 인자로 받고 함수로 반환하면 인스턴스 메서드도 데코레이터로 사용이 가능하다.

위의 예와 동일하게 함수의 속성 a를 추가한 것을 확인해보면 된다.

```
In :    class DECD :

            def attr_check(self, Base) :
                print(" DECD ")
                Base.a = "decd"
                return Base
```

인스턴스를 생성하고 인스턴스 메서드로 함수의 데코레이터를 처리한다.

```
In :    d = DECD()
        @d.attr_check
        def add(x,y) :
            return x+y

Out:    DECD
```

처리된 결과를 보면 함수의 객체 영역에 변수 a가 추가되었다.

```
In :    print(add)
        print(add(5,5))
        print(add.a)

Out:    <function add at 0x0000000004C3AE18>
        10
```

decd

11.4.4 클래스 스페셜 메서드(special method) 조정

특정한 클래스의 특정한 메서드 등(__subclasshook__, __instancecheck__)에 대해 오버로 딩 등이 필요하면 함수로 데코레이터를 만들어서 클래스에 오버로딩한 속성을 추가할 수 있다.

예제 11-19 : 데코레이터를 이용해서 type 체크를 위한 작업

함수로 베이스가 되는 클래스 내의 __subclasshook__, __instancecheck__ 메서드를 동일한 속성으로 처리하는 함수를 가지고 메서드를 할당한다.

```
In :   def interface(*attributes):
           def decorator(Base):

               def checker(Other):
                   return all(hasattr(Other, a) for a in attributes)

               def __subclasshook__(cls, Other):
                   if checker(Other):
                       return True
                   return NotImplemented

               def __instancecheck__(cls, Other):
                   return checker(Other)

               Base.__subclasshook__ = classmethod(__subclasshook__)
               Base.__instancecheck__ = classmethod(__instancecheck__)
               return Base

           return decorator
```

추상 클래스를 만들고 그 내부에 스페셜 메서드들을 재정의한다. 이 데코레이터가 실행되 면 Foo 클래스에 2개의 클래스 메서드가 삽입된다(__subclasshook__, __instancecheck__).

```
In :   from abc import ABC
       @interface("x", "y")
       class Foo(ABC):

           def x(self): return 5
           def y(self): return 10
```

상속하지는 않는 다른 3개의 구현 클래스를 만든다.

```
In :   fclass Bar(object):
           def x(self): return "blah"
           def y(self): return "blah"

       class Baz(object):
           def __init__(self):
               self.x = "blah"
               self.y = "blah"

       class attrdict(dict):
           def __getattr__(self, attr):
               return self[attr]
```

상속을 받지 않았지만 동일한 메서드가 포함된 경우 서브클래스로 평가가 된다. 그래서 Bar는 Foo 클래스의 subclass가 된다.

```
In :   b = Bar()
       z = Baz()
       t = attrdict({"x":27.5, "y":37.5})

       print(isinstance(b, Foo))
       print(issubclass(Bar, Foo))
       print(isinstance(z, Foo))
       print(isinstance(t, Foo))
```

```
Out:   True
       True
       False
       False
```

12

파이썬 함수형 프로그래밍

파이썬은 명령형 프로그래밍 언어임과 동시에 객체지향 프로그래밍 언어이다. 다양한 함수형 프로그래밍 언어들의 기법을 수용해서 다양하게 적용할 수 있는 기법을 지원한다.

수학적 함수와 프로그래밍 언어의 함수 간에 차이가 있지만 프로그래밍 언어들이 이 용어를 채용한 것은 블랙박스로 기능을 캡슐화하는 방법을 수용했고 기능이 처리된 후에 상태의 값을 바꿀 수 있는 부작용이 발생하지 않는 개념을 수용한 것이다.

명령형 프로그래밍 언어의 특징인 상태의 변화를 함수형 프로그래밍 언어의 특징인 함수로 변경해서 적용하는 방법을 배울 수 있다. 함수형 프로그래밍 기반이 파이썬에서 어떻게 적용하는지를 알아보겠다.

- 순수 함수
- 일급 객체
- 재귀 호출 처리
- 고차 함수
- Apply 처리
- 멀티 디스패치 처리

12.1 함수형 프로그래밍이란

함수형 프로그래밍(functional programming)은 계산을 수학 함수의 평가로 취급하고 상태 및 변경 가능한 데이터를 피하는 프로그래밍 패러다임이다. 상태의 변화를 강조하는 명령형 프로그래밍 스타일과 달리 기능의 적용을 강조하는 프로그래밍 기법이다.

12.1.1 함수형 프로그래밍의 특징

함수형 프로그래밍의 특징은 다음과 같다.

- 상태 표현 피하기
  함수 내부의 변화된 결과가 있다면, 함수의 기능이 처리되고 나서 상태를 저장하여 외부에 전파하지 않도록 처리하고 처리 결과는 바로 함수와 연관성이 없도록 하는 것을 말한다.
- 데이터에 대한 변경 불가능
  함수 내부 지역 변수에 대한 데이터를 변경하지 않도록 한다. 다만 클로저(closure) 환경을 구성해서 자유 변수를 변경할 수 있지만 함수를 통해 변경해야 한다.
- 퍼스트 클래스(first class) 기능
  모든 함수는 객체로 취급되어 객체처럼 변수, 인자, 함수의 결과로 처리가 되어야 한다.

594

- 고차 함수(high order function)

  함수를 평가해서 처리해야 하므로 함수 간의 연결도 자유로워야 한다. 함수가 객체이므로 함수의 인자와 함수의 결과로 전달하고 합성 함수를 만들어 사용이 가능해야 한다.

- 재귀 처리(recursive call)

  별도의 순환문을 사용하기보다 함수가 스스로 자기를 호출해서 순환이 되도록 처리하면서 결과를 반환하는 것이 가능해야 한다.

- 동일한 함수명으로 여러 함수 처리(multipled dispatch)

  함수명은 동일하지만 함수의 시그너처 차이에 따라 다양한 기능을 처리할 수 있는 구조를 가져야 한다. 이를 위해 다양한 기능을 하나의 함수로 처리할 수 있어야 한다.

12.1.2 순수 함수 : Pure functions

순수 함수(또는 표현식)에는 부수 효과(side effect) 또는 부작용(메모리 또는 IO)이 없어야 한다.

함수에 입력할 때는 매개변수에 맞는 인자를 넣고 실행 시 함수 호출되어 반환값으로 결과를 처리한다. 함수 내부에는 어떠한 상태도 남아 있지 않아야 하고, 어떤 상태 정보도 보관되지 않아야 한다.

상태 변화의 전달은 원하지 않는 부수 효과가 발생할 수 있다. 순수 함수가 실행된 후에 상태의 변화가 없어야 하는 이유를 알아보겠다.

✚ 순수 함수의 특징

- 순수한 함수는 인자를 넣고 이 인자를 처리해서 결과로 반환만 처리한다.
- global 변수나 nonlocal 변수를 사용하는 함수는 함수의 상태를 외부에 보관하므로 순수 함수가 아니다.

- 순수 함수가 동일한 매개변수로 호출되면 컴파일러나 인터프리터는 memoia tion과 같은 캐싱 최적화를 구현할 수 있다.
- 두 개의 순수 표현식 간에 데이터 종속성이 없으면(하나의 결과가 다른 표현식의 인수로 필요하지 않음) 순서가 역순으로 되거나 병렬로 실행될 수 있다.
- 부작용이 없으면 모든 평가 전략을 사용할 수 있다.

예제 12-1 : 함수 작동 원리 이해하기

파이썬에서 함수도 객체이므로 처리하는 것도 객체의 메서드처럼 내부적으로 실행된다. 간단히 함수가 실행되는 원리를 알아보겠다.

함수 a를 정의할 때 제너릭 매개변수 2개를 정의하고 두 매개변수를 더한 값을 반환한다.

```
In :  def a(x, y):
          return x + y
```

함수가 정의되면 내부 디스크립터로 __get__ 이 생성된다. __get__(self, other, Base)로 원하는 객체를 읽어온다.

```
In :  a.__get__
```
```
Out:  <method-wrapper '__get__' of function object at 0x10a327bf8>
```

이 함수를 가지고 __get__ 을 실행하면 메서드가 만들어진다. 이 메서드 내부의 이름은 함수 이름과 동일하다. 내부 함수는 만들어진 원본 함수이다.

이를 가지고 b 변수에 할당된 메서드를 실행하면 결과로 5가 나온다.

```
In :  b = a.__get__(2)
      print(b)

      print(b.__name__)
      print(b.__func__)
      print(b(3))
```
```
Out:  <bound method a of 2>
```

```
a
<function a at 0x10a327bf8>
5
```

이를 프로그램에서 함수 호출로 처리하고 함수명에 인자를 2개 부여해서 계산하면 된다. 위의 구조를 연결해서 실행해도 동일하게 함수를 호출한 결과가 나온다.

```
In :   print(a(2,3))
Out:   5
```

```
In :   a.__get__(2)(3)
Out:   5
```

예제 12-2 : 순수 함수 이해하기

파이썬은 기본적으로 변수에 어떤 자료형도 지정하지 않으므로 제너릭 처리 함수이다. 함수의 매개변수와 맞도록 함수 호출에 인자를 넣고 로직을 평가한 뒤 최종 평가된 결과를 반환값으로 전달한다. 이런 절차로 처리되므로 부수 효과가 없이 함수가 실행되는 것을 순수 함수(pure function)이라 한다.

순수 함수인 Square 함수를 정의하면 내부의 상태를 결과로 바로 제공한다. 함수는 호출되어 실행되고 나면 실행 환경에서 제거되는 일회성으로만 만들어서 처리된다. 숫자 자료형과 Sequenct 자료형이 들어와도 처리할 수 있도록 만들었다.

```
In :   def square(x) :

           return x*x if isinstance(x,int) else x*2
```

함수를 호출할 때 정수를 넣으면 주어진 숫자에 대한 제곱을 계산하고 리스트를 넣으면 원소를 2배로 만든다. 함수가 실행된 결과가 함수 내에 남아서 다른 상태를 처리하지 않으므로 함수 실행이 종료되면 아무런 정보가 남지 않는다.

```
In :   print(square(10))
```

```
Out:   100
```

```
In :   print(square([1,2,3]))
```

```
Out:   [1, 2, 3, 1, 2, 3]
```

이 함수를 map 클래스에 넣어야 하므로 내장 클래스 map에 대한 자료형을 알아본다.

```
In :   l = [20,30,40,"abc"]

       print(map)
```

```
Out:   <class 'map'>
```

이 map 클래스에 첫 번째 인자로 square 함수를 넣고 두 번째 인자로 변수 l에 할당된 리스트를 넣어서 새로운 인스턴스를 만든다. 결과는 map이 인스턴스이므로 이를 list 생성자로 처리하면 리스트로 결과가 반환한다.

```
In :   s = list(map(square,l))
       print(s)
```

```
Out:   [400, 900, 1600, 'abcabc']
```

예제 12-3 : 미순수 함수 : 반환과 상태를 동시에 외부 전달

위의 순수 함수의 조건에는 입력과 출력이 있고 내부 로직은 블랙박스로 처리하는 것이다.

미순수 함수를 foo로 작성하면 변경이 가능한 리스트를 외부에 정의하고 함수 내에서는 전역 변수인 some_list에 들어 있는 리스트의 원소를 추가한다. 함수는 처리된 결과를 반환하지 않는다.

```
In :   some_list = []
```

```
def foo(bar):
    some_list.append(bar)

print(foo('baz'))
print(some_list)
```

Out: None
       ['baz']

함수를 정의할 때 리스트를 인자로 받을 경우에도 새로운 리스트 인스턴스를 만들어서 인자로 전달하고 함수 내부에서도 리스트를 처리한 후에 새로운 인스턴스를 만들어서 전달하므로 이 리스트가 공유될 수 없어 순수 함수가 처리된다.

In :
```
def foo_(bar, list_):
    list_.append(bar)
    return list_[:]

some_list = []
now_list = foo_('baz', some_list[:])
print(now_list)
```

Out: ['baz']

파이썬 출력을 담당하는 print 함수일 경우 처리 결과를 반환하는 것이 아니라 표준 입출력으로 출력을 처리한다. 반환값으로 결과를 받는 것이 아니므로 부수 효과로 볼 수 있다.

In :
```
print(print("Hello World"),print("미순수"))
```

Out: Hello World
       미순수
       None None

예제 12-4 : 미순수 함수 : 타 네임스페이스를 상태 보관용으로 사용

함수도 자신만의 기능을 처리하는 네임스페이스가 존재한다. 상태를 보관하지 않으며 자신만의 네임스페이스를 사용하고 실행이 종료되면 결과를 반환한 뒤 기존 처리된 결과가 소멸되어야 한다. 변경이 불가능한 전역 변수를 갱신하려면 global 키워드를 이용해서 전역 네임스페이스에 있는 변수를 참조한다고 정의했다. 이를 가지고 계산하면 계산된 상태를 외부에 남기도록 처리된다.

```
In :  global_var = 100

      print(" global ", global_var)

      def notpure() :
          global global_var
          global_var += 30

Out:  global  100
```

이 함수를 실행하면 반환값이 없고 전역 변수가 변경되어 상태를 유지하는 것을 알 수 있다.

```
In :  notpure()
      print(" global ", global_var)

Out:  global  130
```

외부 함수와 내부 함수가 지정된 경우에 내부 함수를 외부로 전달할 경우 클로저(closure) 환경이 구성되어 외부에 함수 내부의 변경 권한을 제공할 수 있다. 특히 자유 변수는 외부 함수의 지역 네임스페이스에 있어서 내부 함수가 접근이 가능하고 갱신이 필요할 경우 nonlocal를 이용해서 처리하면 상태 변화가 계속 유지된다.

```
In :  def outer(x) :
          def inner_func() :
              nonlocal x
              return x**x if isinstance(x,int) else x*2

          print("outer",locals())
          return inner_func
```

외부 함수를 호출하고 내부 함수를 계속해서 실행하면 상태가 계속 보존되면서 실행되고 있는 것을 볼 수 있다.

```
In :    inner = outer(5)
        print(inner)
        print(inner())
```

```
Out:    outer {'inner_func': <function outer.<locals>.inner_func at
        0x0000000004E258C8>, 'x': 5}
        <function outer.<locals>.inner_func at 0x0000000004E258C8>
        25
```

12.1.3 함수는 일급객체(first class object)

객체는 하나의 값으로 인식되므로 변수에 할당하고, 함수 매개변수에 맞는 함수 인자로 전달하여 함수의 반환값으로 사용할 수 있다.

함수도 객체로 만든 것은 일반적인 객체와 동일하게 처리된다는 것이다.

파이썬에서 함수 정의문으로 만든 함수를 확인하면 function 클래스의 인스턴스로 만들어진 것을 확인할 수 있다. 일급 객체라는 용어는 함수도 하나의 클래스의 인스턴스인 객체로 만들어서 사용하는 것을 말한다.

함수를 객체로 만들어서 사용할 때의 장점에 대해 이번 장에서 자세히 알아보자.

✚ 함수 내부 객체에 속성 추가하기

함수가 객체라는 것은 인스턴스의 네임스페이스를 가지고 있다는 것이다. 이 네임스페이스의 속성을 런타임에 추가해서 사용이 가능하다. 일단 함수에 속성을 추가하고 사용하는 방법을 알아보자.

예제 12-5 : 함수가 객체인지를 확인하기

함수를 정의할 때 함수 내부에 함수명.속성명으로 함수 객체 네임스페이스에 속성을 추가했다. 함수 내부의 지역 네임스페이스는 변수명만 작성한 것을 관리하고 함수가 객체이므로 함수.속성명으로 객체 네임스페이스를 갱신한다.

함수 내부 로직을 보면 func.attr, func.x로 정의해서 문자열과 인자로 전달된 값이 할당 되도록 했다.

두 개의 print 함수에서 locals 함수로 함수 내부 지역 네임스페이스를 조회하고 func.__ dict__로 함수 객체의 네임스페이스를 조회해서 출력하도록 작성했다.

```
In :   def func(x) :
           func.attr = "함수의 속성"
           func.x = x
           print("func local namespace",locals())
           print("func object namespace",func.__dict__)
           return func.x
```

함수의 이름으로 확인하면 함수에 대한 레퍼런스 정보를 보여준다. 이 함수의 __class__ 속성으로 확인하면 함수가 어떤 클래스에 의해 만들어졌는지를 알 수 있다.

```
In :   print(func)
       print(func.__class__)
```

```
Out:   <function func at 0x0000000004E25840>
       <class 'function'>
```

함수의 인자로 100을 주고 실행하면 함수 내부의 로직이 처리된다. 매개변수는 함수의 지역 변수이므로 x에 100을 표시한다. 함수의 객체 네임스페이스에도 매개변수로 전달된 x 를 저장했으므로 동일한 이름이지만 별도의 네임스페이스에 들어가 있는 것을 확인할 수 있다.

```
In :   print(func(100))
```

```
Out:   func local namespace {'x': 100}
       func object namespace {'attr': '함수의 속성', 'x': 100}
       100
```

✚ 함수를 변수에 할당 및 인자 전달

함수도 정의해서 변수에 할당하면 함수의 레퍼런스가 변수에 할당된다.

602

파이썬에서는 함수가 정의되면 정의된 이름을 변수로 하여 네임스페이스에 키로 등록하고 함수의 레퍼런스를 값으로 할당한다. 함수 정의문을 작성한 것 자체가 변수에 함수를 할당한 것과 동일하다.

함수 정의문의 매개변수에 함수를 받는다고 했을 때, 함수가 할당된 변수를 인자로 넣으면 함수의 레퍼런스가 전달된다.

예제 12-6 : 함수를 값으로 변수에 할당하기

함수의 이름을 func_var로 정의하고 함수 매개변수는 func_para라고 지정했다. 반환값을 매개변수로 전달한 것을 그대로 반환한다.

```
In :    def func_var(func_para) :

            return func_para
```

이 함수가 어느 모듈에 있는지를 확인하기 위해 __module__ 속성을 확인하면 현재 작성하고 있는 모듈이 __main__ 이라는 것을 알 수 있다.

그리고 전역 네임스페이스에 속했는지를 확인하면 현재 작성되는 모듈이므로 __main__ 이라고 출력된다. 함수는 자기의 모듈에 해당하는 전역 네임스페이스도 연결고리를 __globals__ 속성으로 가지고 있다.

```
In :    print(func_var.__module__)
        print(type(func_var.__globals__))

Out:    __main__
        <class 'dict'>
```

이 함수가 정의되면 하나의 객체이다. 함수의 이름을 변수로 사용하므로 이 변수를 출력하면 함수의 레퍼런스가 나온다.

전역 네임스페이스를 조회해서 get 메서드에 문자열로 함수 이름을 주고 조회하면 그 값으로 함수가 저장된다. 함수 정의문에 있는 함수와 동일한 레퍼런스를 가지는 것을 알 수 있다.

```
In :   print( func_var)
       print( globals().get("func_var",False))

Out:   <function func_var at 0x000000000520B0D0>
       <function func_var at 0x000000000520B0D0>
```

이 func_var 함수를 호출할 때 operator 모듈 내에 add 함수를 전달해서 add라는 변수에 할당했다. 이를 출력하면 반환하는 값이 내장 함수 add라는 것을 알 수 있다.

변수 add를 실행하면 operator.add가 실행된 결과를 보여준다.

```
In :   import operator as op

       add = func_var(op.add)
       print(add)
       print(func_var(op.add))
       print(add(10,10))

Out:   <built-in function add>
       <built-in function add>
       20
```

위에 정의된 func_var 함수는 함수를 인자로 받아서 결과로 반환하므로 데코레이터 패턴을 이용해서 실행 함수인 add가 매개변수로 전달되고 반환값으로 반환된다.

```
In :   import operator as op

       @func_var
       def add(x,y) :
           return op.add(x,y)
```

실행 함수인 add에 인자를 받아서 실행하면 두 수에 대한 덧셈을 처리한다.

```
In :   print(add)
       print(add(10,10))

Out:   <function add at 0x0000000005236048>
       20
```

604

12.1.4 재귀 호출 처리

보통 자료형은 순환문을 이용해서 순환을 처리하지만 함수형 언어에는 이런 순환문을 사용하기보다는 함수를 정의해서 반환할 때 자기 자신의 함수를 호출한 뒤 재귀 순환을 처리한다.

순환문을 이용한 명시적인 순환을 처리할 수도 있지만 함수 내 재귀 호출을 통해서 암묵적으로 순환을 처리한다.

함수 정의가 인스턴스 객체이면 어느 곳에서나 함수가 호출되고 메모리에 새로운 함수 실행 환경을 만들어서 로딩되기 때문에 다른 쪽에서 호출한 동일한 함수라도 로딩된 영역이 다르므로 함수 계산이 끝나서 반환할 때까지 서로 간에 영향을 미치지 않는다.

재귀 호출은 함수가 연속적으로 호출되어 함수의 체인을 구성해서 실행되는 순환 구조이므로 무한 순환이 안 되도록 마지막을 표시한다. 순환 중에 마지막에 도달하면 호출된 함수가 끝나고 다음 함수로 호출된 것을 처리하면서 순환을 종료한다.

예제 12-7 : 재귀 호출 이해하기

함수의 인자로 리스트를 받고 리스트 원소를 하나씩 꺼내서 재귀 호출로 처리하려면 이 함수를 리스트의 원소를 꺼내서 계산한다.

그리고 마지막으로 호출된 함수는 마지막 결과가 처리되도록 하면 마지막에 호출된 함수부터 결괏값이 반환되어 처리를 역으로 할 수가 있다.

내부 로직을 살펴보면 리스트의 원소 중 하나를 head에 넣고 나머지를 tail로 처리한다. 이 리스트의 원소가 하나이면 값을 전달하고 이 결과가 이 함수의 결과로 반환되어 모든 리스트의 원소를 더하게 된다.

```
In :    def list_sum(l) :

            if len(l) == 1 :
                return l[0]

            head, *tail = l
```

```
    return head + list_sum(tail)
```

일단 리스트의 원소가 3개일 때 처리하는 방식은 첫 번째 함수를 호출할 때 head에 1이 들어가고, 두 번째 함수를 호출하면 head에 2가 들어가며, 세 번째 함수가 호출되면 길이가 1이 되어 마지막 3은 결과로 반환되면 두 번째 head에 들어간 2와 세 번째 함수 평가된 결과인 3을 더해서 5가 된다.

첫 번째 함수 head에 있는 1과 두 번째 함수가 처리된 결과 5가 더해져서 최종적으로 6이라는 값이 반환된다. 더 많은 원소를 가지는 리스트가 있어서 절차는 동일하게 처리되고 함수 호출이 더 많아진다.

```
In :  list_sum([1,2,3])

Out:  6
```

```
In :  list_sum([1,2,3,4,5,6,7,8,9,10])

Out:  55
```

위의 예제를 이해하고 덧셈을 곱셈으로 변경해서 함수를 재정의한다.

처리 방식은 동일해서 함수 호출을 마지막까지 하고 최종 결과값이 나오는 조건인 리스트 길이가 1이면 원소의 값을 받고 곱셈이 처리된다.

```
In :  def list_mul(l) :

          if len(l) == 1 :
              return l[0]

          head, *tail = l
          return head * list_mul(tail)
```

이를 실행해보면 모든 리스트의 원소를 전부 곱한 결과를 보여준다.

```
In :  list_mul([1,2,3])
```

```
Out:   6
```

```
In :   list_mul([1,2,3,4,5,6,7,8,9,10])
```

```
Out:   3628800
```

파이썬 처리 관행상 재귀 호출을 해서 반복하는 것보다 순환문을 사용해서 반복하는 것을 권고한다.

```
In :   def list_mul(l) :
           result = 1
           for i in l :
               result *= i
           return result
```

```
In :   list_mul([1,2,3,4,5,6,7,8,9,10])
```

```
Out:   3628800
```

12.1.5 고차 함수 (High order function)

고차 함수는 하나의 함수만으로 처리되는 결과를 보여주는 것이 아니라 함수에 함수의 인자를 받아서 처리하거나 반환값을 함수의 결과로 전달하는 등 다양한 함수를 연결해서 처리하는 방식을 말한다.

특히 함수형 언어에서는 순환문을 사용하지 않고 함수를 기준으로 처리하므로 함수를 전달해서 처리하는 경우가 많이 발생한다.

절차형이나 객체지향을 처리하는 파이썬에서는 이 요건을 제공하지만 함수형 언어처럼 많이 사용되지는 않는다.

대신 클래스를 정의하고 그 내부에 함수를 저장해서 처리하는 방식을 많이 사용한다. 고차 함수 처리 방식도 거의 동일하다.

기본적인 고차 함수 처리 방법을 이해해보겠다.

예제 12-8 : 고차 함수 처리하기

고차 함수는 인자로 함수를 전달하므로 함수가 어떻게 전달되는지를 확인해본다.

함수 highorder를 정의할 때 매개변수를 가변 위치 인자로 받도록 했다. 첫 번째 인자에 함수나 내장 함수가 들어오는 것을 체크하는데 이때 자료형을 체크하기 위해 types 모듈을 이용한다.

특히 def로 정의된 함수는 types.FunctionType이고 내장 함수는 types.Builtin FunctionType으로 인식되므로 첫 번째 인자가 이 두 가지 조건에 만족하면 func 변수에 할당해서 나머지 인자를 전달받아 실행하고 이 결과를 반환한다. 함수가 안 들어오면 인자만 반환하도록 처리한다.

```python
In :   import types

       def highorder(*args) :
           type_check = [types.FunctionType,types.BuiltinFunctionType]
           if type(args[0]) in type_check :
               func = args[0]
           else :
               return args
           return func(*args[1:])
```

내장 함수가 있는 operator 모듈을 import해서 이 중에 add 함수를 인자로 넣고 동일한 숫자 5를 두 개 넣어 함수를 실행했다. 이 함수가 실행되면 결과는 10으로 반환된다.

```python
In :   import operator as op

       print(op.add)
       print(highorder(op.add,5,5))

Out:   <built-in function add>
       10
```

함수 정의문으로 add 함수를 정의하고 이를 동일하게 전달해도 결과가 10이 나오는 것을 알 수 있다.

```
In :   def add(x,y) :
           return x+y

       print(add)
       print(highorder(add,5,5))
```
```
Out:   <function add at 0x0000000004E0DB70>
       10
```

예제 12-9 : 함수 실행 결과가 함수로 반환

클로저 환경을 구성하는 부분도 고차 함수이다. 외부 함수 linear를 정의할 때 매개변수에 함수를 정의하지 않았다. 내부에 result라는 내부 함수를 정의했고 이 내부 함수가 상수 a,b를 받아서 미지수 x를 받으면 처리되는 방정식을 구성했다.

```
In :   def linear(a,b):

           def result(x):
               return a*x + b
           return result
```

외부 함수를 실행해서 solve 변수에 할당하고 solve 변수에 내부 함수가 할당된 것을 인자를 받아 실행하면 이 방정식의 결과가 값으로 나오는 것을 확인할 수 있다.

```
In :   solve = linear(3,2)
       print(solve(3))
```
```
Out:   11
```

위에서는 방정식으로 처리했지만 파이썬은 이런 부분을 클래스로 정의해서 내부의 인스턴스가 만들어진 후에 인스턴스 호출로도 많이 처리한다.

내부에 함수가 없지만 인스턴스가 호출되면 함수가 실행된 결과를 처리하도록 __call__ 메서드를 정의했다.

```
In :   class Linear:
```

```
    def __init__(self, a, b):
        self.a, self.b = a,b
    def __call__(self, x):
        return self.a * x + self.b
```

클래스로 인스턴스를 만들고 이 인스턴스에 인자를 넣어서 실행하면 방정식이 처리되는 결과가 동일한 것을 알 수 있다.

```
In :  solve = Linear(3,2)
      print(solve(3))
```

```
Out:  11
```

파이썬에서 제공하는 모듈인 functools 내의 부분 함수를 처리하는 partial 클래스로도 동일하게 처리할 수 있다. 이 클래스의 인스턴스를 만들 때 위에서 정의된 함수 linear를 넣고 인자를 전달하지 않았으므로 이 인스턴스는 아직 인자와 매칭되지 않는다. 2개의 인자를 넣고 다시 인스턴스를 만든 뒤 마지막 인자를 넣어서 실행하면 동일한 결과가 나오는 것을 알 수 있다.

```
In :  import functools as ft

      solve = ft.partial(linear, a=3, b=2)
      print(solve)
      print(solve()(3))
```

```
      functools.partial(<function linear at 0x00000253EFB62598>, a=3, b=2)
      11
```

12.2 내장 고차 함수 처리

수학에서는 함수의 합성을 나타내며 파이썬에서는 함수의 합성이나 함수로의 함수 인자 전달 등을 표현하는 고차 함수를 내장 함수로 지원한다.

함수를 처리하는 방식을 3가지로 구분해서 설명하기로 하겠다.

610

- 축소된 결과 처리하기 : reduce, sum, min, max
- 받은 인자를 변형하기 : map, filter
- 함수 처리 툴 이용하기 : functools.partial, apply

12.2.1 reduction 처리

함수의 인자로 받은 값들을 처리해서 값을 축소한 결과를 보여주는 방식이 고차 함수들이다.

예제 12-10 : 최댓값/최솟값 구하기

최댓값과 최솟값을 구하는 함수는 내장 함수라 BuiltinFunctionType이다.

```
In :  import types

      for i in (min,max) :
          if type(i) == types.BuiltinFunctionType :
              print(i)
```

```
Out:  <built-in function min>
      <built-in function max>
```

여러 개의 값을 나열한 후 key에 하나의 매개변수를 받고 처리한다. 그중 하나의 결과를 처리하는 함수를 받아서 기존에 들어온 원소의 값을 변환한 후에 최솟값과 최댓값을 처리할 수 있다.

```
In :  min(1,2,3,4,key=lambda x: -1*x)
```

```
Out:  4
```

```
In :  max(1,2,3,4,key=lambda x: -1*x)
```

```
Out:  1
```

Sequence 자료형도 받아서 처리할 수 있으므로 별도의 함수를 정의해서 최댓값과 최솟값을 구하는 함수를 key로 전달받아 최댓값과 최솟값을 동시에 구한다.

```
In :   def func(l,key=None) :
           if key is None :
               key = {'key':lambda x :x}
           else :
               key = {'key' : key}
           return min(l,**key),max(l,**key)
```

리스트를 받아서 반대로 최솟값과 최댓값을 구하도록 처리했다.

```
In :   l = [1,2,3,4,5]

       print(func(l,lambda x : (5-x)**2))
```
```
Out:   (5, 1)
```

문자열도 유니코드 값에 따라 최솟값과 최댓값을 구할 수 있다.

```
In :   s = "가을이라"
       print(func(s))
```
```
Out:   ('가', '이')
```

예제 12-11 : functools 모듈 내의 reduce

모듈 functools 내에 reduce 함수도 내장 함수로 제공된다. 특정 함수가 인자로 들어올 경우 뒤에 오는 Sequence 자료형을 가지고 함수를 이용해서 축약된 값을 계산한다.

```
In :   import functools as ft

       print(ft.reduce)
```
```
Out:   <built-in function reduce>
```

모듈 operator 내의 add 함수를 인자로 넣어서 전달받은 값을 처리하며, add라는 함수가 두 수의 덧셈만을 표시하지만 reduce된 결과는 리스트 전체 원소를 더해서 결과를 보여준다.

```
In :    import functools as ft
        import operator as op

        print(ft.reduce(op.add,[1,2,3]))
        print(sum([1,2,3]))

Out:    6
        6
```

12.2.2 변형 및 필터링

Sequence 자료형에 대한 데이터 인자를 가지고 내부 원소의 값을 변형하거나, 또는 전체 원소에서 특정 원소만 추출해서 처리하는 함수 처리를 말한다.

예제 12-12 : 데이터 변형 클래스와 지능형 처리

고차 함수도 클래스로 정의가 가능하다. 일단 고차 함수처럼 처리하기 위해 인스턴스를 만들고 이 인스턴스를 가지고 실행하면 함수의 결과와 동일하게 처리된다.

Sequence 자료형을 받아서 처리하므로 반복형도 가능하지만 반복자로 처리하는 이유는 많은 양이 있을 경우 동적으로 처리할 수 있는 구조를 만들어서 처리하려는 것이다.

```
In :    import collections as cols

        print(map)
        print(issubclass(map, cols.Iterable))
        print(issubclass(map, cols.Iterator))

Out:    6<class 'map'>
        True
        True
```

Sequence형 리스트를 받고 그 안의 원소를 제곱한 값으로 변형해서 결과를 표시하는 것이다. 인스턴스에 list 생성자를 이용해서 한꺼번에 전부 리스트로 변형하여 출력하면 리스트 자료형으로 출력된다.

```
In :   l = [1,2,3,4]

       m = map(lambda x : x*x ,l)
       print(list(m))

Out:   [1, 4, 9, 16]
```

지능형 리스트를 이용해서 작성하면 간단하게 map 클래스처럼 생성도 가능하고 단계도 단순하다. 대신 변형이 되는 람다 함수를 원소로 받을 때 바로 실행된 결과가 리스트의 원소로 들어가게 만들었다.

```
In :   lc = [ (lambda x : x*x)(x) for x in [1,2,3,4]]
       print(lc)

Out:   [1, 4, 9, 16]
```

예제 12-13 : 람다 함수를 전달해서 데이터 필터링

필터링을 처리하는 내장 클래스인 filter도 고차 함수를 클래스 방식을 통해 인스턴스로 실행할 때 처리되는 구조이다.

```
In :   import collections as cols

       print(filter)
       print(issubclass(filter, cols.Iterable))
       print(issubclass(filter, cols.Iterator))

Out:   <class 'filter'>
       True
       True
```

짝수인 값만을 추출하도록 처리하는 람다 함수와 Sequence 자료형을 받아 특정 원소만을 추출한다. 이때 람다 함수의 결과가 True 조건과 만족하는 경우에만 추출이 되는 것을 알 수 있다.

```
In :   l = [1,2,3,4]

       f = filter(lambda x : x%2==0 ,l)
       print(list(f))
Out:   [2, 4]
```

지능형 리스트로 처리할 때는 제약 조건을 주는 if문으로 람다 함수 부분을 처리하면 위의 filter 클래스와 동일한 처리 결과를 나타낸다 .

```
In :   lc = [ x for x in [1,2,3,4] if x %2 == 0]
       print(lc)
Out:   [2, 4]
```

12.2.3 함수형 처리 툴 : apply 함수

다른 함수를 받아서 그 함수를 처리하는 함수를 정의할 때 전달되는 함수와 전달되는 함수의 매개변수를 모두 받을 수 있도록 표시하는 것이 중요하다. 특히 전달되는 함수의 매개변수가 추가되거나 삭제되어도 변하지 않도록 매개변수를 정의해야 한다.

예제 12-14 : apply 함수 정의 및 실행

모든 함수가 내부에서 처리되려면 인자로 전달된 함수의 매개변수를 그대로 받을 수 있도록 정의되어야 한다. 모든 함수의 매개변수를 받을 수 있는 구조는 *가변인자명, **가변키워드 인자로 처리한다.

모든 함수를 받아서 실행할 수 있는 apply 함수와 Apply 클래스를 만든다.

```
In :   def apply(func,*args,**kwargs) :
           return func(*args,**kwargs)
```

Out:

```
class Apply :
    def __init__(self,func) :
        self.func = func

    def __call__(self,*args, **kwargs) :
        return self.func(*args, **kwargs)
```

내장 함수 sum와 리스트를 받아 apply 함수와 Apply 클래스의 인스턴스를 생성해서 실행한 결과이다.

In :
```
print(apply(sum,[1,2,3,4]))
```

Out: 10

In :
```
apply = Apply(sum)
print(apply([1,2,3,4]))
```

Out: 10

12.3 멀티플 디스패치 함수

함수형 프로그래밍 처리를 하거나 동일 함수를 정의할 때 다양한 시그너처를 가진 함수도 같이 지정해서 하나의 이름으로 호출해도 각 시그너처에 맞춰 처리해준다.

파이썬에서는 이름으로만 호출해서 함수의 시그너처에 따라 함수 호출이 불가하지만 멀티플 디스패치(multiple dispatch) 처리를 위한 모듈을 제공한다.

12.3.1 멀티플 디스패치 모듈 이해하기

시그너처가 다른 동일한 이름의 함수를 정의하고 데코레이터를 사용하여, 각 함수들이 상황에 따라 호출될 수 있도록 구성한다.

예제 12-15 : 멀티플 디스패치 이해하기

새로운 모듈을 설치한다.

```
In :   !pip install --upgrade multipledispatch
```

모듈 multipledispatch의 내부를 조회하면 dispatch 함수가 있고 이 함수를 가지고 사용자가 정의한 동일한 함수들을 별도로 처리할 수 있도록 구성한다. 동일한 이름의 함수들을 가지고 시그너처에 따라 함수를 정의해서 등록할 수 있도록 구조화를 지원한다.

```
In :   import multipledispatch

       for i in dir(multipledispatch) :
           if not i.startswith("__") :
               print(i)
```
```
Out:   Dispatcher
       MDNotImplementedError
       conflict
       core
       dispatch
       dispatcher
       halt_ordering
       restart_ordering
       utils
```

멀티플 디스패치를 처리할 dispatch가 함수인지를 확인해본다.

```
In :   print(multipledispatch.dispatch)
```
```
Out:   <function dispatch at 0x00000000025C3D90>
```

동일한 함수 add를 가지고 다양한 자료형을 넣어서 하나의 함수로 처리할 수 있도록 구성한다.

이때 dispatch를 데코레이터 처리하고 함수에 들어가 매개변수들이 자료형을 dispatch 인자로 전달하면, 내부적으로 dispatch에 전달된 인자로 키로 구성되고 데코레이터 처리되는 실행 함수가 값으로 매핑되어 저장된다.

```
In :   from multipledispatch import dispatch

       @dispatch(int, int)
       def add(x,y) :
           print(" integer add call ")
           return x+y

       @dispatch(str, str)
       def add(x,y) :
           print(" string add call ")
           return x+y

       @dispatch(list, list)
       def add(x,y) :
           print(" list add call ")
           return x+y
```

정수를 매개변수로 해서 처리하면 정수값을 계산하는 add 함수가 호출되어 처리되는 것을 알 수 있다.

```
In :   print(add(5,5))

Out:    integer add call
        10
```

문자열을 인자로 전달하면 문자열을 처리하는 함수가 호출된다.

```
In :   print(add("멀티플 ","디스패치"))

Out:    string add call
        멀티플 디스패치
```

리스트를 인자로 전달받으면 리스트를 더하는 함수가 호출되어 처리된다.

```
In :   print(add([1,2,3,4],[5,6,7,8]))

Out:    list add call
        [1, 2, 3, 4, 5, 6, 7, 8]
```

12.3.2 멀티플 디스패치 클래스 이해하기

멀티플 디스패치는 여러 개의 함수가 정의되지만 하나의 함수명으로만 호출된다. 내부적으로는 여러 개의 함수가 있지만 작동되는 함수를 내부적으로 호출해서 처리한다.

예제 12-16 : 멀티플 디스패치 처리 구조 이해하기

별도의 namespace를 구성해서 @dispatch로 데코레이터 처리할 때 인자로 넣는다. 이 함수들이 처리되는 구조를 알기 위해 별도의 네임스페이스를 부여했다.

```
In :   from multipledispatch import dispatch

        my_namespace = {}

        @dispatch(int, namespace=my_namespace)
        def foo(x) :
            print(" 정수 처리")
            return x+ 1
        @dispatch(str, namespace=my_namespace)
        def foo(x) :
            print(" 문자 처리")
            return x+ " 문자 "
```

이 네임스페이스 내를 조사하면 foo 이름으로 하나의 Dispatcher라는 클래스의 인스턴스가 만들어진다.

```
In :   print(my_namespace)

        print(my_namespace["foo"])
        print(type(my_namespace["foo"]))

Out:   {'foo': <dispatched foo>}
        <dispatched foo>
        <class 'multipledispatch.dispatcher.Dispatcher'>
```

이 클래스의 속성을 확인해보면 이 중에 funcs 속성이 있고 이 속성 내에 정의된 함수들은 시그너처 자료형이 키로, 함수가 값으로 구성된 딕셔너리에 들어 있다.

```
In :   for i in dir(my_namespace["foo"]) :
           if not i.startswith("_") :
               print(i)
```

```
Out:   add
       dispatch
       dispatch_iter
       doc
       funcs
       help
       name
       ordering
       register
       reorder
       resolve
       source
```

이 인스턴스의 속성 중에 funcs를 확인해보면 딕 타임의 키가 다른 2개의 함수가 들어가 있는 것을 확인할 수 있다.

```
In :   for i in my_namespace["foo"].funcs.items() :
           print(i)
```

```
Out:   (((<class 'int'>,), <function foo at 0x00000000052257B8>)
       (((<class 'str'>,), <function foo at 0x0000000005225730>)
```

13

파이썬 추상 클래스

파이썬도 추상 클래스가 있고 이를 기반으로 구현 클래스로 확장할 수 있다. 하지만 내장된 스페셜 메서드를 사용해서 명확하게 상속을 하지 않아도 추상 클래스를 상속한 것처럼 처리도 가능하다.

기본 파이썬 문법에 제공되는 자료형들은 대부분 추상 클래스를 상속받아 구현을 하지 않고 메서드 오버로딩을 사용해서 프로토콜 규약으로 추상 클래스와의 연관성을 유지한다.

이번에는 추상 클래스에 대한 사용법과 숫자와 컬렉션 자료형에 대한 추상 클래스 간의 관계를 이해해서 상속 관계와 인스턴스 관계를 추상 클래스에 의해 체크해본다.

마지막은 타입에 대한 힌트도 알아보면서 추상 클래스와 연계된 자료형 간의 관계를 알아보겠다.

+ 알아볼 주요 내용

- 추상 메타 클래스, 추상 클래스
- 추상 클래스로 자료형 체크
- 추상 메서드, 추상 클래스 메서드, 추상 정적 메서드, 추상 프로퍼티
- 수에 대한 추상 클래스
- 컬렉션 타입에 대한 추상 클래스
- 변수 등에 대한 타입 힌트 처리
- doctest로 테스트하기

13.1 내장 추상 클래스

일단 추상 클래스의 기본을 제공하는 모듈 abc를 확인하고 그 내부의 추상화에 따른 클래스들을 알아보겠다.

13.1.1 추상 메타 클래스

추상 메타 클래스를 가지고 추상 클래스 및 사용자 추상 클래스를 만들어서 상속 관계를 확인하는 법과 동적으로 추상 클래스화할 수 있도록 register 함수를 통해 등록해서 사용하는 법을 설명하겠다.

+ 추상 클래스 모듈 abc

추상 클래스 모듈에서는 추상 클래스를 정의하기 위한 기능들을 제공한다.

예제 13-1 : abc 추상 모듈 내용 조회

파이썬 내의 모듈 abc를 import하면 안에는 추상 기본 클래스(ABC), 추상 메타 클래스(ABCMeta) 그리고 추상 메서드를 지정하는 추상 클래스 메서드(abstractclassmethod),

추상 메서드(abstractmethod), 추상 프로퍼티(abstractproperty), 추상 정적 메서드 (abstractstaticmethod) 등을 가지고 있다.

```
In :   import abc

       for i in dir(abc) :
           if not i.startswith("_") :
               print(i)
Out:   ABC
       ABCMeta
       WeakSet
       abstractclassmethod
       abstractmethod
       abstractproperty
       abstractstaticmethod
       get_cache_token
```

파이썬에서 모든 클래스는 메타 클래스인 type이 만든다. 또한 추상 클래스도 추상 메타 클래스(ABCMeta)로 만들어지는 것을 알 수 있다. 추상 메타 클래스는 상속도 type 클래스 라는 것을 확인할 수 있다.

```
In :   print(abc.ABCMeta)
       print(abc.ABCMeta.__class__)
       print(abc.ABCMeta.__bases__)
Out:   <class 'abc.ABCMeta'>
       <class 'type'>
       (<class 'type'>,)
```

추상 클래스는 추상 메타 클래스로 만들어졌지만 상속은 최상위 클래스인 object이다.

```
In :   print(abc.ABC)
       print(abc.ABC.__class__)
       print(abc.ABC.__bases__)
Out:   <class 'abc.ABC'>
       <class 'abc.ABCMeta'>
       (<class 'object'>,)
```

추상 클래스 내의 속성을 확인해보면 보호된 이름으로 만들어진 속성이나 메서드만 제공하는 것을 알 수 있다.

```
In :   import pprint

       a = set(dir(abc.ABC))
       o = set(dir(object))

       pprint.pprint(a - o)
```
```
Out:   {'__abstractmethods__',
        '__dict__',
        '__module__',
        '__weakref__',
        '_abc_cache',
        '_abc_negative_cache',
        '_abc_negative_cache_version',
        '_abc_registry'}
```

추상 클래스도 object를 생성하면 아무 것도 하지 않는 인스턴스가 만들어지는 것을 볼 수 있다. 제공하는 속성과 메서드가 없으므로 특별한 기능으로는 사용하지 않는다.

```
In :   a = abc.ABC()

       print(a)
```
```
Out:   <abc.ABC object at 0x000000000525BE48>
```

13.1.2 가상 추상 클래스 생성 및 등록

register 메서드는 서브 클래스에 대한 abc의 가상 서브 클래스 등록을 지원한다. 등록되면 이를 이용해서 클래스의 관계를 알아볼 수 있다.

추상 클래스 내에 추상 메서드, 추상 클래스 메서드, 추상 정적 메서드, 추상 프로퍼티를 정의한 후에 이를 구현 클래스에 구현할 때 모든 추상 메서드들을 재정의해서 구현해야 한다. 일부를 구현하지 않으면 예외가 발생한다.

✦ 추상 클래스를 만들고 등록하기

직접 상속을 받지 않아도 추상 클래스를 상속받아 처리하는 것처럼 사용하기 위해 등록하는 기능을 제공한다. 등록을 하면 추상 클래스로 subclass와 instance 여부를 체크할 수 있다.

예제 13-2 : 추상 클래스 내부에 가상 클래스 등록하기

MyABC 추상 클래스 ABC를 상속받아 정의했다.

```
In :   from abc import ABC,ABCMeta

       class MyABC(ABC) :
           pass
```

사용자 정의 추상 클래스를 만들면 추상 메타 클래스에 의해 만들어졌다고 나온다.

```
In :   print(issubclass(MyABC,ABC))
       print(MyABC.__class__)
       print(MyABC.__bases__)

Out:   True
       <class 'abc.ABCMeta'>
       (<class 'abc.ABC'>,)
```

추상 클래스에 대해 상속은 하지 않지만 가상의 관계를 등록할 수 있다. 이때는 ABCMeta 내에 있는 register 메서드를 이용해서 처리하는 것이다.

```
In :   for i in dir(ABCMeta) :
           if not i.startswith("_") :
               print(i)

Out:   mro
       register
```

가상의 관계를 등록하기 위해 사용자 추상 클래스 MyABC에서 register 메서드를 조회하면 메서드가 어디에 위치하는지도 알 수 있다.

```
In :  MyABC.register
```
```
Out:  <bound method ABCMeta.register of <class '__main__.MyABC'>>
```

튜플 사료형은 MyABC를 상속하지 않지만 가상 상속 관계를 등록했으므로 내부적으로는
상속이 되어 있게 처리된다.

이를 확인하기 위해 상속 여부는 issubclass로 체크하고 인스턴스 여부는 isinstance로 체
크를 해보면 전부 True로 출력한다.

```
In :  MyABC.register(tuple)

      print(issubclass(tuple,MyABC))
      print(isinstance(tuple(),MyABC))
```
```
Out:  True
      True
```

✚ 추상 클래스를 만들고 구현 클래스 생성하기

추상 클래스를 만들고 이 추상 클래스를 상속받은 구현 클래스를 정의하는 방식을 알아보
겠다.

예제 13-3 : 추상 인스턴스 메서드를 구현 클래스 정의하기

가상 인스턴스를 만드는 abstractmethod는 하나의 내장 함수이다. 추상 메서드를 정의할
때 데코레이터로 처리하면 된다.

```
In :  from abc import ABCMeta, abstractmethod

      print(abstractmethod)
```
```
Out:  <function abstractmethod at 0x0000000001DD6488>
```

추상 클래스 Base를 정의할 때 추상 인스턴스 메서드를 2개 정의한다.

626

```
In :   from abc import ABCMeta, abstractmethod

       class Base(metaclass=ABCMeta):
           @abstractmethod
           def foo(self):
               return NotImplemented

           @abstractmethod
           def bar(self):
               return NotImplemented
```

추상 클래스를 상속받아 Concrete 구현 클래스를 작성할 때 하나의 메서드만 만들었다.

```
In :   class Concrete(Base):
           def foo(self):
               pass
```

구현 클래스로 인스턴스를 생성하면 추상 클래스 내의 추상 인스턴스 메서드가 다 만들어지지 않아서 예외가 발생한다.

```
In :   c = Concrete()

Out:   ---------------------------------------------------------------
       TypeError                         Traceback (most recent call last)
       <ipython-input-37-a067caf37739> in <module>()
       ----> 1 c = Concrete()

       TypeError: Can't instantiate abstract class Concrete with abstract
       methods bar
```

구현 클래스 Concrete_를 작성할 추상 클래스의 모든 메서드를 정의하고 내부 로직을 pass로 처리했다.

```
In :   class Concrete_(Base):
           def foo(self):
               pass
           def bar(self):
               pass
```

구현 클래스와 추상 클래스의 상속 관계를 issubclass 함수로 확인하면 True가 나오고 구현 클래스의 인스턴스가 추상 클래스에 의해 만들어졌는지를 isinstance 함수로 확인하면 True로 출력한다.

상속 관계와 인스턴스 관계는 상속을 했기에 전부 만족하는 것을 알 수 있다.

```
In :   c = Concrete_()
       print(c)

       print(issubclass(Concrete_, Base))
       print(isinstance(c, Base))
```

```
Out:   <__main__.Concrete_ object at 0x00000000052CA0B8>
       True
       True
```

예제 13-4 : 추상 클래스 메서드와 추상 정적 메서드 처리하기

추상 인스턴스 메서드를 만들어서 구현 클래스를 만들고 이상 유무를 확인해봤다. 이제 추상 클래스 메서드와 추상 정적 메서드를 정의해서 구현 클래스에 재정의하는 부분을 알아보겠다. 둘 다 내장 클래스로 지원하는 것을 알 수 있다.

```
In :   from abc import abstractclassmethod, abstractstaticmethod

       print(abstractclassmethod)
       print(abstractstaticmethod)
```

```
Out:   <class 'abc.abstractclassmethod'>
       <class 'abc.abstractstaticmethod'>
```

이번에는 추상 클래스를 상속받는 것이 아니라 추상 메타 클래스를 사용해서 직접 생성하는 것으로 처리하겠다.

```
In :   from abc import ABCMeta, abstractmethod, \
                       abstractclassmethod, abstractstaticmethod

       class BaseCS(metaclass=ABCMeta):
```

```
    @abstractmethod
    def foo(self):
        pass
    @abstractmethod
    def bar(self):
        pass

    @abstractclassmethod
    def clsmethod1(cls) :
        pass
    @abstractclassmethod
    def clsmethod2(cls) :
        pass

    @abstractstaticmethod
    def stamethod1(cls) :
        pass
    @abstractstaticmethod
    def stamethod2(cls) :
        pass
```

추상 클래스를 상속받고 인스턴스 메서드만 구현했다. 추상 클래스 메서드와 정적 메서드
는 구현하지 않았다.

```
In :    class Concrete_CS(BaseCS):
            def foo(self):
                pass
            def bar(self):
                pass
```

구현 클래스로 인스턴스를 생성하면 추상 클래스 메서드와 추상 정적 메서드가 구현 클래
스 내에 작성을 하지 않았다는 예외가 발생한다.

```
In :    c = Concrete_CS()

Out:    ----------------------------------------------------------------
        TypeError                         Traceback (most recent call last)
        <ipython-input-55-e14beec3c1f3> in <module>()
        ----> 1 c = Concrete_CS()
```

```
TypeError: Can't instantiate abstract class Concrete_CS with abstract
methods clsmethod1, clsmethod2, stamethod1, stamethod2w
```

이제 다시 구현 클래스 내에 추상 클래스 메서드와 추상 정적 메서드를 전부 재징의했다.
내부 로직은 구현하지 않고 pass로 처리했다.

추상 클래스에서 사용된 추상 클래스 메서드, 정적 메서드를 classmethod, staticmethod
로 지정해서 만든 것을 알 수 있다.

```
In :   class Concrete_CS1(BaseCS):
           def foo(self):
               pass
           def bar(self):
               pass
           @classmethod
           def clsmethod1(cls) :
               pass
           @classmethod
           def clsmethod2(cls) :
               pass
           @staticmethod
           def stamethod1(cls) :
               pass
           @staticmethod
           def stamethod2(cls) :
               pass
```

구현 클래스를 가지고 하나의 인스턴스를 만들었다. 추상 클래스에 정의된 메서드가 구현
되어 있어 예외가 없이 인스턴스가 만들어진다.

상속 관계를 issubclass로 점검하고 인스턴스 관계를 isinstance로 확인한다. 추상 클래스
를 상속했기에 상속 관계도 True로 표시되고, 부모 클래스가 추상 클래스이지만 인스턴스
관계도 True라 표시된다.

```
In :   cs1 = Concrete_CS1()
       print(issubclass(Concrete_CS1, BaseCS))
```

```
print(isinstance(cs1, BaseCS))
```

Out:　　True
　　　　True

예제 13-5 : 추상 프로퍼티 처리하기

파이썬에서는 프로퍼티 처리가 있으므로 추상 클래스 내에도 추상 프로퍼티가 있다.
Property와 동일하게 abstractproperty도 클래스라는 것을 알 수 있다.

In :
```
from abc import abstractproperty

print(abstractproperty)
```

Out:　　`<class 'abc.abstractproperty'>`

추상 클래스를 이번에는 추상 메타 클래스를 가지고 만들었다. abc.abstractproperty로
데코레이터를 만들어서 처리했다.

foo 메서드에 반환값이 3이라는 로직이 있다.

In :
```
import abc

class C(metaclass= abc.ABCMeta) :
    @abc.abstractproperty
    def foo(self): return 3
```

이를 상속받은 구현 클래스를 하나 정의하고 그 내부에 구현 property를 지정한 뒤 동일
한 메서드를 재정의한다. 내부 로직은 부모 클래스 내의 메서드 foo 이름으로 접근해서 결
과를 가져오도록 했다.

프로퍼티는 이름으로 접근하므로 구상 클래스 내에서 추상 클래스에 직접 접근하여 결과
를 반환했다.

In :
```
class D(C):
    @property
```

```
    def foo(self):
        return super(D, self).foo
```

구현 클래스를 가지고 인스턴스를 만들어서 프로퍼티를 호출하면 추상 클래스 내의 프로
퍼티를 읽어서 처리하는 것을 알 수 있다.

```
In :   d = D()
       print(d.foo)

Out:   3
```

예제 13-6 : 추상 클래스를 정의하고 직접 상속받아 구현하기

추상 클래스를 상속받아 새로운 추상 클래스를 만든다. 내부에 인스턴스 메서드를 정의
한다.

스페셜 메서드 __lt__, __add__를 정의하고 반환값에 메서드가 구현이 되지 않았다는
것을 명기했다. 추상 클래스를 상속받아 구현 클래스에서 구현해야 한다.

```
In :   import abc

       class ABCD(abc.ABC) :
           def __lt__(self, a):
               return NotImplemented
           def __add__(self, a):
               return NotImplemented
```

추상 클래스를 상속받아 초기화 메서드를 정의했다. 인스턴스 내부의 속성은 value 하나
를 정의했다.

인스턴스 메서드인 스페셜 메서드 __lt__, __add__는 int 클래스 내의 스페셜 메서드로
처리했다. 보통 이런 스페셜 메서드를 재정의할 때 주의할 점은 점 연산자를 통해 접근할
때 재귀 호출도 발생할 수 있으므로 정수를 처리하기 위해 int 클래스 내의 스페셜 메서드
를 이용해서 처리했다.

632

```
In :   class A(ABCD) :
           def __init__(self,value) :
               self.value = value

           def __lt__(self, a):
               return int.__lt__(self.value,a.value)

           def __add__(self, a):
               return int.__add__(self.value,a.value)
```

두 개의 인스턴스를 만들어서 덧셈과 비교했다. 스페셜 메서드가 처리되어 결과가 나오는 것을 알 수 있다.

```
In :   a = A(1)
       b = A(2)

       print(a < b)
       print(a + b)

Out:   True
       3
```

13.1.3 추상 클래스 내의 subclasshook 추가

파이썬의 특징으로 상속 관계를 명확히 하지 않아도 상속 관계를 처리하는 issubclass로 처리할 수 있다.

이런 이유로 스페셜 메서드를 이용해서 프로토콜 규약에 따라 상속 관계를 처리하는 것을 볼 수 있다.

또한 subclasshook 기능을 처리하기 위해 두 스페셜 메서드인 __subclasshook_와 __instancecheck__ 메서드를 재정의해서 issubclass 함수와 isinstance 함수가 이 메서드를 호출하여 처리할 수 있도록 해준다.

✚ 서브 클래스 체크

상속 관계를 변경하기 위해 __subclasshook__ 를 재정의해서 작성할 수 있다. 하위 클래스와의 관계를 명확히 하기 위해서는 내부 특정 메서드들이 같을 경우 이를 추가로 작성해서 하위 클래스를 인식할 수 있도록 만들 수 있다.

예제 13-7 : 추상 클래스 정의 : __subclasshook__ 재정의

하나의 추상 클래스 ABCD를 만든다. 이 클래스 내부에 인스턴스 메서드 __len__를 정의했다. 내부는 구현하지 않았으므로 구상 클래스에서 로직을 작성해야 한다.

상속 관계를 명확히 하기 위해 __subclasshook__를 재정의했다. 하위 클래스의 __mro__ 속성으로부터 클래스를 가져와서 그 내부에 메서드로 "__len__"이 지정되어 있다면 True로 처리하도록 한다.

추상 클래스에 추상 인스턴스 메서드로 __len__를 정의했다. 그리고 _subclasshook__ 메서드 내부에 구현된 클래스들이 ABCD 추상 클래스와 동일한 메서드를 구현하는지를 확인하고 상속 관계를 True로 반환한다.

```
In :    import abc

        class ABCD(abc.ABC) :
            def __len__(self) :
                return NotImplemented

            @classmethod
            def __subclasshook__(cls, C) :
                print(" __subclasshook__ ")
                if any( "__len__" in  B.__dict__  for B in C.__mro__ ) :
                    return True
                else :
                    return False
```

이제 이 추상 클래스를 가지고 Seq 구상 클래스를 정의했다. 내부에 __len__이라는 메서드를 재정의했다. 그 내부 로직에는 인스턴스 값이 들어간 seqs 속성의 길이를 처리하기 위해 str 클래스 내의 __len__으로 처리하는 것을 알 수 있다.

```
In :   class Seq(ABCD) :
          def __init__(self, seqs) :
              self.seqs = seqs

          def __len__(self) :
              print(" Seq __len__")
              return str.__len__(self.seqs)
```

이 클래스의 mro 속성을 확인하면 기본적으로 자기 자신부터 사용자 추상 클래스, 추상 클래스, object 클래스 순으로 상속된 절차대로 나열된 것을 알 수 있다.

```
In :   Seq.__mro__

Out:   (__main__.Seq, __main__.ABCD, abc.ABC, object)
```

인스턴스를 하나 만들어서 클래스 간의 관계를 확인하는 함수인 issubclass를 호출하면 사용자 추상 클래스에 정의된 메서드가 호출되어 처리되는 것을 알 수 있다. 그리고 문자열의 길이를 확인하는 len 함수를 호출하면 Seq 클래스 내의 메서드를 호출한 것도 알 수 있다.

```
In :   s = Seq("문자열")

       print(issubclass(Seq, ABCD))
       print(isinstance(s, ABCD))

       print(len(s))

Out:     __subclasshook__
       True
       True
        Seq __len__
       3
```

새로운 클래스를 하나 정의하는데 내부에는 아무런 로직이 없다. 이 클래스의 mro 관계를 확인하면 최상위 클래스인 object만 상속한 것을 알 수 있다.

```
In :   class Not_seq :
```

```
        pass

    print(Not_seq.__mro__)
```

Out: (<class '__main__.Not_seq'>, <class 'object'>)

이 클래스와 ABCD 추상 클래스와의 상속 관계를 처리하면 이 추상 클래스에 정의된 __
subclasshook__가 호출되어 처리되는 것을 확인할 수 있다.

In :
```
print(issubclass(Not_seq, ABCD))
print(isinstance(Not_seq(), ABCD))
```

Out:
```
    __subclasshook__
False
False
```

상속을 받지 않았지만 issubclass, isinstance로 확인해보면 상속을 하고 있는 것을 알 수 있다. 파이썬은 이처럼 상속을 하지 않아도 내부에 정의된 스페셜 메서드가 동일한 경우는 상속을 한 것으로 여긴다.

In :
```
class Seq2 :

    def __len__(self) :
        pass

    print(Seq2.__mro__)
```

Out: (<class '__main__.Seq2'>, <class 'object'>)

In :
```
print(issubclass(Seq2, ABCD))
print(isinstance(Seq2(), ABCD))
```

Out:
```
    __subclasshook__
True
True
```

636

✦ 사용자 클래스를 정의해서 인스턴스 확인하기

클래스와 인스턴스 관계를 확인하기 위해 스페셜 메서드 __instancecheck__도 재정의해서 세부적인 기능을 추가할 수 있다.

예제 13-8 : 추상 메타 클래스 정의 : __instancecheck__ 재정의

Enumeration 메타 클래스를 정의하고 내부에 있는 스페셜 메서드 __instancecheck__를 재정의한다.

```
In :   import abc

       class Enumeration(abc.ABCMeta):
           def __instancecheck__(self, other):
               print('hi')
               if type(other) == type(self) :
                   return True
               else :
                   return False
```

구현 클래스인 EnumInt를 만들면서 메타 클래스를 Enumeration으로 지정했다. Isinstance로 호출하면 스페셜 메서드를 호출해서 처리한다.

```
In :   class EnumInt(metaclass= Enumeration):
           pass

       print(isinstance('abc', EnumInt))
       print(isinstance( EnumInt, EnumInt))

Out:   hi
       False
       hi
       True
```

하나의 인스턴스 c를 생성해서 isinstance 함수로 확인해보면 결과는 True이지만 Enumeration 메타 클래스를 호출하지 않았다는 것을 확인할 수 있다. instance를 만들어서 호출하면 결과는 나오지만 기존에 정의된 기준으로 호출된다.

```
In :  c = EnumInt()
      print(isinstance(c, EnumInt))
```

```
Out:  True
```

```
In :  Enumeration.__instancecheck__(c,c)
```

```
Out:  hi
      True
```

13.1.4 Protocol interface 이해하기

파이썬에서 상속 없이도 자료형 간의 상속 관계가 처리되는 것을 예제로 봤다. 이런 규칙을 만들어서 관리하는 경우를 조금 더 알아본다.

내장 클래스들에 대한 추상 클래스를 이해하려면 이 개념을 명확히 숙지하고 가야 한다.

동적으로 클래스 간의 관계를 확인할 수 있는 기법을 프로토콜 인터페이스(protocol interface)라 한다. 파이썬에서 기본으로 제공되는 추상 클래스들은 상속 없이 이 규칙에 따라 암묵적으로 처리된다.

✛ 추상 클래스 Sized의 프로토콜 정의

일단 collections.abc 모듈에 있는 Sized 클래스를 가지고 프로토콜 인터페이스가 어떻게 처리되는지를 알아보겠다.

예제 13-9 : 추상 클래스를 상속받고 구현한 후 점검하기

Sized 추상 클래스에는 __len__ 스페셜 메서드만 이 추상 클래스의 메서드이고 len 함수를 호출하면 실행하게 되는 메서드이므로 이를 상속받으면 구현 클래스에서 원소의 개수를 계산하는 로직을 재정의해야 한다.

```
In :  import collections.abc as cols
```

```
import pprint

pprint.pprint(cols.Sized.__dict__)
```

Out:
```
mappingproxy({'__abstractmethods__': frozenset({'__len__'}),
             '__doc__': None,
             '__len__': <function Sized.__len__ at 0x00000000022067B8>,
             '__module__': 'collections.abc',
             '__slots__': (),
             '__subclasshook__': <classmethod object at
0x00000000022049E8>,
             '_abc_cache': <_weakrefset.WeakSet object at
0x0000000002204A58>,
             '_abc_negative_cache': <_weakrefset.WeakSet object at
0x0000000002204A90>,
             '_abc_negative_cache_version': 9,
             '_abc_registry': <_weakrefset.WeakSet object at
0x0000000002204A20>})
```

하나의 사용자 클래스 Len을 정의하면서 추상 클래스 등을 상속하지 않고 __len__ 메서드를 재정의했다.

In :
```
class Len(object) :
    def __init__(self, seq) :
        self.seq = seq

    def __len__(self) :
        return len(self.seq)
```

Len 클래스가 참조하는 클래스를 확인해보면 Sized 클래스는 없다.

In :
```
Len.__mro__
```

Out:
```
(__main__.Len, object)
```

Len 클래스로 인스턴스를 만들고 이 인스턴스의 자료형을 확인한 후에 len 함수를 통해 길이를 확인한다.

In :
```
import collections.abc as cols
```

```
s = Len("길이 메서드")

print(type(s))
print(len(s))
```

Out:
```
<class '__main__.Len'>
6
```

그리고 collections.abc.Sized 추상 클래스와의 상속 관계를 issubclass 함수로 확인하면
True로 출력되는 것을 확인할 수 있다.

In :
```
import collections.abc as cols

print(issubclass(Len, cols.Sized))
```

Out:
```
True
```

13.2 수에 대한 추상 클래스 : numbers

이제부터는 내장 자료형들에 대한 추상 클래스를 알아본다. 파이썬 언어에서 숫자들에 대
한 스페셜 메서드로 정의된 사항에 대한 추상 클래스를 알아보면서 구현 클래스가 이를 어
떻게 구현했는지를 알아본다.

숫자 클래스들은 추상 클래스를 상속해서 구현하지 않았지만 상속 관계는 유지된다.

13.2.1 numbers 타입 모듈 확인하기

숫자 모듈 내의 추상화 클래스를 확인해보겠다.

✚ Numbers 모듈에는 숫자들을 관리하는 추상 클래스가 있다

numbers 모듈은 추상 클래스 모듈이므로 내부에는 ABCMeta 클래스부터 제공하

고 있으며, 상세 숫자에 대한 추상 클래스(Number, Complex, Real, Rational, Integral)와 astractmethod만 지정할 수 있도록 한다.

예제 13-10 : numbers 모듈 조회

숫자에 대한 추상화 모듈인 numbers 내에 있는 정보를 내장 함수 dir로 확인할 수 있다. 내부에 있는 추상 클래스는 전부 대문자로 처리가 되어 정규 표현식을 사용해서 첫 번째 문자가 대문자일 경우만 출력했다.

```
In :   import numbers,re

       for i in dir(numbers) :
           if re.match("[A-Z]", i) :
               print(i)
```

```
Out:   ABCMeta
       Complex
       Integral
       Number
       Rational
       Real
```

numbers 모듈 내의 클래스 간 상속 관계를 확인하면 정수(Integral), 유리수(Rational), 실수(Real), 복소수(Complex), 수(Number)로 숫자가 큰 관계를 가지는 것을 알 수 있다.

```
In :   import numbers

       print(numbers.Integral.__bases__)
       print(numbers.Rational.__bases__)
       print(numbers.Real.__bases__)
       print(numbers.Complex.__bases__)
       print(numbers.Number.__bases__)
```

```
Out:   (<class 'numbers.Rational'>,)
       (<class 'numbers.Real'>,)
       (<class 'numbers.Complex'>,)
       (<class 'numbers.Number'>,)
       (<class 'object'>,)
```

추상 클래스를 어떤 클래스에 의해 만드는지를 클래스 내의 속성 __class__로 확인할 수 있다. 보통 추상 클래스를 상속하지 않았다면 추상 메타 클래스로 만들어진다.

```
In :  import numbers

      print(numbers.Integral.__class__)
      print(numbers.Rational.__class__)
      print(numbers.Real.__class__)
      print(numbers.Complex.__class__)
      print(numbers.Number.__class__)
```

```
Out:  <class 'abc.ABCMeta'>
      <class 'abc.ABCMeta'>
      <class 'abc.ABCMeta'>
      <class 'abc.ABCMeta'>
      <class 'abc.ABCMeta'>
```

13.2.2 정수 : Integral, 유리수 : Rational

수학의 정수와 유리수를 파이썬에는 어떻게 처리하는지를 알아본다.

일단 내장 자료형인 int 클래스가 정수에 해당하고 유리수는 별도의 fractions 모듈 내 Fraction 클래스가 처리한다.

이 두 클래스와 정수(Integral), 유리수(Rational)와의 관계를 알아보겠다.

✚ 내장 int 클래스와의 관계 확인

내장 int 클래스는 정수 타입이므로 추상 클래스 Integral과의 관계를 확인해본다.

예제 13-11 : int와 numbers.Integral 관계

내장 클래스 int와 numbers 모듈 내 추상 클래스 Integral과의 상속 관계를 확인해보면 True로 표시한다. int 클래스는 Integral 추상 클래스를 상속하지 않지만 protocol interface 규칙에 따라 상속 관계처럼 보여진다.

정수 리터럴 1에 대해 isinstance 관계를 numbers.Integral로 확인해도 True로 표시한다.

```
In :   import numbers

       print(issubclass(int,numbers.Integral))
       print(isinstance(1, numbers.Integral))

       print(int.__bases__)
```
```
Out:   True
       True
       (<class 'object'>,)
```

수에 대한 추상화 모듈인 number.Integral를 상속해서 INT 클래스를 정의하려면 추상 메서드들을 전부 구현해야 한다.

number.Integral 클래스 내부의 __abstractmethods__에 있는 메서드를 전부 INT 클래스에 재정의해야 하므로 빠짐없이 정의해야 한다. 재정의할 메서드는 아래와 같다.

```
In :   count = 1
       for i in numbers.Integral.__abstractmethods__ :
           print(i,end="")
           count += 1
           if count % 5 == 0 :
               print()
```
```
Out:   __floordiv____lt____truediv____mod__
       __trunc____pos____neg____rand____floor__
       __radd____rmul____and____or____rrshift__
       __ror____lshift____add____rlshift____le__
       __pow____rxor____invert____eq____rpow__
       __abs____mul____rshift____int____rtruediv__
       __xor____rmod____round____rfloordiv____ceil__
```

구현할 때 int 클래스에 있는 것은 int 내의 메서드로 대체했고, 나머지 메서드들은 None으로 처리했다.

```
In :   import numbers
       import operator as op

       class INT(numbers.Integral) :
           def __init__(self,value) :
               self.value  = value
           __abs__ = int.__abs__
           def __add__(self,other) :
               return op.add(self.value, other)
           __and__ = int.__and__
           __ceil__ = int.__ceil__
           __eq__  = int.__eq__
           __floor__ = int.__floor__
           __floordiv__= int.__floordiv__
           __int__ = int.__int__
           __invert__ = int.__invert__
           __le__   = int.__le__
           __lshift__ = int.__lshift__
           __lt__     = int.__lt__
           __mod__   = int.__mod__
           __mul__   = int.__mul__
           __neg__   = int.__neg__
           __or__    = int.__or__
           __pos__   = int.__pos__
           __pow__   = int.__pow__
           __radd__ , __rand__, __rfloordiv__, __rlshift__ =
       None
           __rmod__, __rmul__, __ror__, __round__, __rpow__ =
       None
           __rrshift__, __rshift__, __rtruediv__, __rxor__ =
       None
           __truediv__  = int.__truediv__
           __trunc__   = int.__trunc__
           __xor__     = int.__xor__
```

INT 클래스로 인스턴스를 생성한 후에 이 인스턴스를 연산자로 덧셈을 처리한 뒤 스페셜 메서드를 이용해서 처리되는 것을 확인할 수 있다. 추상 클래스를 상속해서 전부 정의하지 않고 protocol interface를 사용해서 처리해도 동일한 결과가 나온다.

```
In :   i = INT(100)
```

```
print(issubclass(INT,numbers.Integral))
print(isinstance(i, numbers.Integral))
```

Out:
```
True
True
```

add 연산만 int 자료형과 덧셈을 수행하도록 재정의가 되어 있는 것을 확인할 수 있다. int 자료형의 연산을 하기 위해서는 모든 메서드를 수정해야 한다.

In :
```
print(i + 100)
```

Out:
```
200
```

✦ Fraction 클래스와의 관계 확인

유리수 처리를 위해 제공되는 fractons 모듈 내의 Fraction 타입도 유리수를 처리할 수 있도록 구현되어 있다.

예제 13-12 : 유리수에 대한 사항 항목 점검

정수인 int도 Rational의 상속 관계가 True이다. fractions 모듈 내의 Faction 클래스도 유리수이므로 numbers.Rational 추상 클래스와의 관계도 상속 관계가 True라는 것을 알 수 있다. 정수 int는 fractions 모듈이 Fraction 클래스와 상속 관계가 없지만 계산이 가능하며 계산 결과는 항상 Fraction class로 표시한다.

In :
```
import numbers
import fractions

print(issubclass(fractions.Fraction, numbers.Rational))
print(issubclass(int, numbers.Rational))
print(issubclass(int, fractions.Fraction))
```

Out:
```
True
True
False
```

유리수를 상속해서 메서드를 구현하려면 아래의 메서드를 전부 구현해야 한다.

```
In :  count = 1
      for i in numbers.Rational.__abstractmethods__ :
          print(i,end="")
          count += 1
          if count % 5 == 0 :
              print()
```

```
Out:  __add____floordiv____lt____truediv__
      __mod____trunc____le____pos____pow__
      __neg____floor____eq____rpow____radd__
      __rmul____abs____mul____rtruediv__numerator
      __rmod__denominator__round____rfloordiv____ceil__
```

13.2.3 실수 : Real, 복소수 : Complex

수학에서의 실수와 복소수 처리를 파이썬에서 어떻게 표현하는지를 이해해보자.

✚ 내장 float 클래스와의 관계 확인

내장 float 클래스는 실수를 처리하도록 구현되어 있고 추상 클래스 Real의 서브 클래스
이다. 직접적으로 상속은 받지 않았지만 동일한 메서드가 구현되어 있다.

예제 13-13 : 실수 처리하는 관계 확인

추상 클래스 Real을 이용해서 파이썬 내부에서 사용되는 정수 int, 실수 float, 유리수
fractions.Fraction, 확장 실수 decimal.Decimal의 상속 관계를 확인해보면 Decimal을
빼고 나머지는 True가 나온다.

```
In :  import numbers
      import fractions
      import decimal

      print(issubclass(int, numbers.Real))
```

```
print(issubclass(numbers.Rational, numbers.Real))
print(issubclass(float, numbers.Real))
print(issubclass(decimal.Decimal, numbers.Real))
print(issubclass(numbers.Real, decimal.Decimal))
```

Out: True
      True
      True
      False
      False

추상 클래스 Real을 상속해서 처리하려면 아래의 메서드들을 추가적으로 반드시 구현해야 한다.

```
In :  count = 1
      for i in numbers.Real.__abstractmethods__ :
          print(i,end="")
          count += 1
          if count % 5 == 0 :
              print()
```

Out: __add____floordiv____lt____truediv__
      __mod____trunc____le____pos____pow__
      __neg____floor____eq____rpow____radd__
      __rmul____abs____mul____float____rtruediv__
      __rmod____round____rfloordiv____ceil__

✚ 내장 complex 클래스와의 관계 확인

내장 complex 클래스는 복소수를 처리하도록 구현되어 있고 추상 클래스 Complex의 서브 클래스이다. 직접적으로 상속은 받지 않았지만 동일한 메서드가 구현되어 있다.

예제 13-14 : 복소수 상속 관계 확인

추상 클래스 Real을 이용해서 파이썬 내부에서 사용되는 정수 int, 실수 float, 복소수 complex, 유리수 fractions.Fraction, 확장 실수 decimal.Decimal의 상속 관계를 확인해보면 Decimal을 빼고 나머지는 True가 나온다.

```
In :   import numbers
       import fractions
       import decimal

       print(issubclass(int, numbers.Complex))
       print(issubclass(fractions.Fraction, numbers.Complex))
       print(issubclass(numbers.Rational, numbers.Complex))
       print(issubclass(float, numbers.Real))
       print(issubclass(numbers.Real, numbers.Complex))
       print(issubclass(decimal.Decimal, numbers.Complex))
```

```
Out:   True
       True
       True
       True
       True
       False
```

추상 클래스의 복소수를 상속받아 구현하려면 아래의 메서드는 반드시 구현해야 한다.

```
In :   count = 1
       for i in numbers.Complex.__abstractmethods__ :
           print(i,end="")
           count += 1
           if count % 5 == 0 :
               print()
```

```
Out:   __add____truediv____pos____pow__
       __neg____eq____rpow____radd__conjugate
       __rmul____abs____mul____rtruediv__imag
       real__complex__
```

13.2.4 수 : Number

수학의 수 체계 중에 가장 상위를 나타내는 numbers 모듈 내의 추상 클래스 Number에
대해 알아보자.

✚ 수 체계에 대한 기본 관계

파이썬 내부의 모든 숫자인 int, float, complex, 처리 클래스는 Number 클래스와의 관계, frations.Fraction, decimal.Decimal의 모든 상속 관계도 확인할 수 있다.

예제 13-15 : 수에 대한 상속 관계를 확인

모든 숫자를 사용하는 것은 Number를 상속한 관계를 True로 표시한다.

```
In :  import numbers
      import fractions
      import decimal

      print(issubclass(int, numbers.Number))
      print(issubclass(fractions.Fraction, numbers.Number))
      print(issubclass(numbers.Rational,  numbers.Number))
      print(issubclass(float,  numbers.Number))
      print(issubclass(numbers.Real,  numbers.Number))
      print(issubclass(decimal.Decimal,  numbers.Number))
      print(issubclass(complex,  numbers.Number))
      print(issubclass(numbers.Complex,  numbers.Number))
```

```
Out:  True
      True
      True
      True
      True
      True
      True
      True
```

추상 클래스에서 제일 상위 클래스인 Number는 구현할 메서드가 존재하지 않는다.

```
In :  numbers.Number.__abstractmethods__
```

```
Out:  frozenset()
```

13.3 컬렉션 타입에 대한 추상 클래스

자료 구조는 보통 다양한 원소를 가진 클래스로 처리된다. 내장 자료형인 문자열, 튜플, 리스트, 딕셔너리, set 등의 클래스가 어떤 추상 클래스에 의해 정의되었는지를 확인할 필요가 있다.

이번에는 컬렉션 자료형에 대한 추상 클래스를 확인하고 내부가 어떻게 정의되었는지를 알아보겠다.

13.3.1 collections.abc 모듈 이해하기

컬렉션 모듈은 원소 하나 이상을 가진 자료형에 대한 추상화 클래스들의 관계를 나타내고 이에 관련된 클래스들을 표시한다.

예제 13-16 : collections.abc 모듈 구조

컬렉션 모듈이 가진 추상화 클래스는 컬렉션을 구성해야 할 클래스 간의 관계 클래스를 정의한다.

```
In :  import collections.abc as cols

count = 0
for i in dir(cols) :
    count += 1
    if not i.startswith("_") :
        print(i, end= " ")
        if count %5 ==0 :
            print()
```

```
Out:  AsyncGenerator AsyncIterable AsyncIterator Awaitable ByteString
Callable Collection Container Coroutine Generator
Hashable ItemsView Iterable Iterator KeysView
Mapping MappingView MutableMapping MutableSequence MutableSet
Reversible Sequence Set Sized ValuesView
```

Collection 추상 클래스는 Sized, Iterable, Container 3개의 추상 클래스를 상속해서 구성한 것을 알 수 있다.

```
In :   print(cols.Collection.__bases__)
       print(cols.Sized.__bases__)
       print(cols.Iterable.__bases__)
       print(cols.Container.__bases__)
```

```
Out:   (<class 'collections.abc.Sized'>, <class 'collections.abc.Iterable'>,
       <class 'collections.abc.Container'>)
       (<class 'object'>,)
       (<class 'object'>,)
       (<class 'object'>,)
```

추상 클래스는 Sized, Iterable, Container를 상속받을 경우 구현할 메서드들에 대해 알아본다. 각 클래스별로 구현할 스페셜 메서드에 __len__, __iter__, __contains__가 있는 것을 알 수 있다.

```
In :   cols.Sized.__abstractmethods__
```

```
Out:   frozenset({'__len__'})
```

```
In :   cols.Iterable.__abstractmethods__
```

```
Out:   frozenset({'__iter__'})
```

```
In :   cols.Container.__abstractmethods__
```

```
Out:   frozenset({'__contains__'})
```

Collection 클래스는 3개의 추상 클래스를 상속했으므로 기본으로 상속한 클래스가 그대로 반영된 것을 알 수 있다. 이를 상속받았으면 3개의 메서드는 반드시 구현을 해야 한다.

```
In :   cols.Collection.__abstractmethods__
```

```
Out:   frozenset({'__contains__', '__iter__', '__len__'})
```

13.3.2 Sequence 타입

str, bytes, bytearray, tuple, list 등의 내장 클래스에 대한 collections.abc와의 관계를 이해해보자.

✚ Sequence 타입 체크

파이썬 내의 Sequence 타입은 기본적으로는 Sequence 추상 클래스 기반으로 만들어져 있다.상속은 받지 않지만 추상 클래스와의 관계를 체크할 수 있는 기준을 파이썬에서는 지원한다. 단 Array.array 내장 자료형은 Sequence 타입이 아니다.

예제 13-17 : Sequence 자료형 확인하기

Sequence 자료형들의 최상위 추상화 모듈을 확인해보면 변경이 불가능한 Sequence 클래스와 변경이 가능한 MutableSequence 클래스로 구성되어 있다.

```
In :   import collections.abc as cols

       print(cols.Sequence.__bases__)
       print(cols.Reversible.__bases__)
       print(cols.MutableSequence.__bases__)
```

```
Out:   (<class 'collections.abc.Reversible'>, <class 'collections.abc.
       Collection'>)
       (<class 'collections.abc.Iterable'>,)
       (<class 'collections.abc.Sequence'>,)
```

Sequence 클래스와 Reverible 클래스 내의 스페셜 메서드는 총 4개가 있고 이를 구현해야 Sequence 자료형이라는 것을 알 수 있다.

```
In :   cols.Reversible.__abstractmethods__
```

```
Out:   frozenset({'__iter__', '__reversed__'})
```

```
In :   cols.Sequence.__abstractmethods__
```

```
Out:    frozenset({'__getitem__', '__len__'})
```

리스트 등 변경이 가능한 MutableSequence 클래스일 경우는 5개의 메서드가 구현되어
야 하는 것을 알 수 있다.

```
In :    cols.MutableSequence.__abstractmethods__
```

```
Out:    frozenset({'__delitem__', '__getitem__', '__len__', '__setitem__',
        'insert'})
```

내장 자료형인 문자열, 바이트, 바이트 어레이, 튜플, 리스트 등은 추상 클래스인 Sequence
클래스와 상속 관계를 유지한다. 단 array.ArrayType 클래스는 상속 관계를 유지하지 않
는 것을 확인할 수 있다.

```
In :    import collections.abc as cols
        import array

        print(issubclass(str, cols.Sequence))
        print(issubclass(bytes, cols.Sequence))
        print(issubclass(bytearray, cols.Sequence))
        print(issubclass(list, cols.Sequence))
        print(issubclass(tuple, cols.Sequence))
        print(issubclass(array.ArrayType, cols.Sequence))
```

```
Out:    True
        True
        True
        True
        True
        False
```

Sequence 자료형 중에 변경이 가능한 경우 상속 관계가 차이에 생긴다. 리스트나
bytearray에 대한 상위 클래스는 MutableSequence 추상 클래스를 상속해서 구현되었다
는 것을 알 수가 있다.

```
In :    print(issubclass(bytearray, cols.MutableSequence))
        print(issubclass(list, cols.MutableSequence))
```

```
True
True
```

array 모듈에서 ArrayType 클래스도 MutableSequence로 구현되어야 할 메서드가 구현되었지만 파이썬 내부적으로는 상속 관계가 아닌 것을 알 수 있다.

In :
```
import array

print(issubclass(array.ArrayType, cols.MutableSequence))

aa = frozenset(dir(array.ArrayType))

print( cols.MutableSequence.__abstractmethods__ & aa)
```

Out:
```
False
frozenset({'__getitem__', '__setitem__', '__delitem__', '__len__',
'insert'})
```

사용자 클래스 Sequence를 추상 클래스 collections.Sequence 클래스로 상속하고 스페셜 메서드를 오버라이딩해서 처리하면 Sequence 자료형처럼 처리된다.

In :
```
import collections.abc as cols

class SEQ(cols.Sequence) :
    def __init__(self, seq) :
        self.seq = seq

    def __getitem__(self,index) :
        return self.seq[index]

    def __len__(self) :
        return len(self.seq)
```

SEQ 클래스에 대한 상속 관계를 확인하고 인스턴스를 만들어서 정수 인덱스 검색 및 길이를 확인해본다.

In :
```
s = SEQ("변경불가능한 시퀀스 자료형")

print(issubclass(SEQ, cols.Sequence))
```

```
print(SEQ.__bases__)

print(s[5])
print(len(s))
```

Out: True
        (<class 'collections.abc.Sequence'>,)
        한
        14

13.3.3 Mapping 타입 : dict

내장 자료형인 딕셔너리(dict)에 대한 collections.abc 모듈의 상속 관계를 확인해보면 Collections, Mapping, MutableMapping 추상 클래스를 상속받아 만들어진 클래스 이다.

예제 13-18 : 딕셔너리 자료형의 상속 관계

추상 클래스의 상속 관계를 확인해보면 mapping 자료형도 Collection 클래스를 상속받고 변경이 가능한 경우 MutableMapping 클래스가 만들어져서 상속 관계를 처리하도록 했다.

In :   **import collections.abc as cols**

        ```
        print(cols.Mapping.__bases__)
        print(cols.MutableMapping.__bases__)
        ```

Out: (<class 'collections.abc.Collection'>,)
        (<class 'collections.abc.Mapping'>,)

변경 가능 여부에 따라서 구현할 인스턴스 메서드는 __setitem__, __delitem__이 더 추가되는 것을 알 수 있다.

In :   ```
        cols.Mapping.__abstractmethods__
        ```

Out:    ```
        frozenset({'__getitem__', '__iter__', '__len__'})
        ```

```
In :   cols.MutableMapping.__abstractmethods__
```

```
Out:   frozenset({'__delitem__', '__getitem__', '__iter__', '__len__', '__
       setitem__'})
```

변경 불가능한 Mapping과 변경 가능한 MutableMapping 클래스 간의 메서드 차이는
원소를 변경할 수 있는 메서드 차이인 것을 알 수 있다.

```
In :   import pprint

       mp = set(dir(cols.Mapping))
       mm = set(dir(cols.MutableMapping))

       pprint.pprint(mm-mp)
```

```
Out:   {'_MutableMapping__marker',
        '__delitem__',
        '__setitem__',
        'clear',
        'pop',
        'popitem',
        'setdefault',
        'update'}
```

내장 자료형인 딕셔너리는 Mapping이면서 MutableMapping 추상 클래스를 상속받아
생성되는 관계를 가진다. 딕셔너리는 변경이 가능한 클래스인 것을 알 수 있다.

```
In :   print(issubclass(dict, cols.Mapping))
       print(issubclass(dict, cols.MutableMapping))
```

```
Out:   True
       True
```

Dict 클래스는 MutableMapping 추상 클래스를 상속받아 스페셜 메서드를 정의한다.

__iter__를 지정하지 않으면 검색할 때 예외가 발생하므로 반드시 오버로딩으로 구현을
해야 한다.

```
In :   import collections.abc as cols

       class Dict(cols.MutableMapping) :
           def __init__(self,dict_) :
               self.dict_ = dict_

           def __getitem__(self, key) :
               return self.dict_[key]

           def __setitem__(self, key, value) :
               self.dict_[key] = value

           def __delitem__(self,key) :
               del self.dict_[key]

           def __iter__(self) :
               return iter(self.dict_)

           def __len__(self) :
               return len(self.dict_)
```

Dict 클래스로 인스턴스를 정의해서 딕셔너리 자료형처럼 __getitem__에 속성 'a'를 넣고 해당 값을 조회하면 1을 출력하는 것을 볼 수 있다. 갱신을 하기 위해 d['c']를 넣고 처리하면 키와 값이 추가되고 조회하면 결과가 반환된다.

```
In :   d = Dict({'a':1, 'b':2})

       print(d['a'])

       d['c'] = 100
       print(d['c'])

Out:   1
       100
```

13.3.4 Set 타입 : set, frozenset

Set과 frozenset에 대한 추상 클래스 관계를 확인해본다.

✦ 변경 불가 및 변경 가능 여부

파이썬 내장 자료형은 변경 가능한 set과 변경 불가능한 frozenset 타입이 있다. 두 개의
자료형이 변경 가능한지에 대한 여부를 확인해보겠다.

예제 13-19 : set과 frozenset 클래스의 상속 관계

Set과 MutableSet에 대한 상속 관계를 확인해보면 set 자료형은 Set이면서 MutableSet
이고 frozenset은 Set만을 상속했다.

```
In :   print(cols.Set.__bases__)
       print(cols.MutableSet.__bases__)

Out:   (<class 'collections.abc.Collection'>,)
       (<class 'collections.abc.Set'>,)
```

MuatableSet 추상 클래스에 변경이 가능한 메서드가 더 추가된 것을 확인할 수 있다.

```
In :   import pprint

       mp = set(dir(cols.Set))
       mm = set(dir(cols.MutableSet))

       pprint.pprint(mm-mp)

Out:   {'__iand__',
        '__ior__',
        '__isub__',
        '__ixor__',
        'add',
        'clear',
        'discard',
        'pop',
        'remove'}
```

내장 자료형인 set, frozenset을 확인해보면 set은 변경 가능한 자료형이고 frozenset은
변경이 불가능한 자료형이라는 것을 알 수 있다.

```
In :   print(issubclass(set, cols.MutableSet))
       print(issubclass(frozenset, cols.MutableSet))
       print(issubclass(frozenset, cols.Set))
       print(issubclass(set, cols.Set))

Out:   True
       False
       True
       True
```

사용자 클래스 Set에 MutableSet 추상 클래스를 상속받아서 재정의하려면 세부적인 스페셜 메서드들을 구현해야 한다.

Isinstance를 점검하기 위해서는 반드시 __contains__, __iter__도 추가되어야 한다. 또한 원소를 추가 및 삭제하기 위한 메서드를 add, discard로 재정의했다.

```
In :   import collections.abc as cols

       class Set(cols.MutableSet) :
           def __init__(self,set_) :
               self.set_ = set(set_)

           def __contains__(self, key) :
               return key in self.set_

           def __getitem__(self, key) :
               return self.set_[key]

           def __setitem__(self, key, value) :
               self.set_[key] = value

           def __delitem__(self,key) :
               del self.set_[key]

           def __iter__(self) :
               return iter(self.set_)

           def __len__(self) :
               return len(self.set_)

           def add(self, key) :
```

```
        self.set_.add(key)

    def discard(self,key) :
        self.set_.discard(key)

    def __str__(self) :
        return str(self.set_)
```

인스턴스를 생성해서 출력해보면 set 연산처럼 __str__ 출력하는 부분을 str(self.set)으로
처리하도록 만들었다.

```
In :    ss = Set([1,2,3])


        print(isinstance(ss, cols.MutableSet))
        ss.add(4)
        print(ss)
        ss.discard(4)
        print(ss)
Out:    True
        {1, 2, 3, 4}
        {1, 2, 3}
```

13.3.5. 딕셔너리의 view 타입

내장 타입인 딕셔너리(dict) 내부의 키, 값, item들에 대한 view 자료형에 대한 추상 관계
를 알아보기로 하겠다.

예제 13-20 : view 형태의 클래스 제공

동적인 형태를 만들어서 호출할 때마다 원소를 가져올 수 있도록 정의해서 사용한다. 정
적인 타입과의 차이점은 필요 시마다 호출되므로 컴퓨터의 메모리 사용량을 줄일 수 있다
는 것이다.

예제 13-21 : Key 값에 대한 자료형 확인

MappingView는 view 자료형 중에 최상위 추상 클래스이다. Key에 대한 view는 Keys View, values에 대한 view는 ValuesView, Key와 Value의 쌍을 처리하는 ItemsView 추상 클래스를 가지고 있다.

```
In :    import collections.abc as cols

        print(cols.MappingView.__bases__)
        print(cols.KeysView.__bases__)
        print(cols.ValuesView.__bases__)
        print(cols.ItemsView.__bases__)
```

```
Out:    (<class 'collections.abc.Sized'>,)
        (<class 'collections.abc.MappingView'>, <class 'collections.abc.Set'>)
        (<class 'collections.abc.MappingView'>,)
        (<class 'collections.abc.MappingView'>, <class 'collections.abc.Set'>)
```

KeysView는 Mapping 즉 dict 타입처럼 처리할 수 있는 자료형을 만들지만 값들은 원래 정의된 것을 직접 참조만 하는 객체를 제공하는 클래스이다. set도 상속을 받아 구현했기 때문에 집합 연산 처리도 가능하다.

```
In :    import collections.abc as cols

        d = dict({'a': 1, 'b':2})

        print(issubclass(type(d.keys()),cols.KeysView))

        s = d.keys()
        print(isinstance(s,cols.Set))
```

```
Out:    True
        True
```

ValuesView는 Mapping 즉 dict 타입처럼 처리할 수 있는 자료형을 만들지만 값들은 원래 정의된 것을 직접 참조만 하는 객체를 제공하는 클래스이다. 이를 기반으로 원 dict 내의 Value 값들만 바로 참조할 수 있는 구조가 되었다는 것을 보여준다.

```
In :   import collections.abc as cols

       d = dict({'a': 1, 'b':2})

       print(issubclass(type(d.values()),cols.ValuesView))

       s = d.values()
       print(isinstance(s,cols.Set))

Out:   True
       False
```

ItemsView는 Mapping 즉 dict 타입처럼 처리할 수 있는 자료형을 만들지만 값들은 원래 정의된 것을 직접 참조만 하는 객체를 제공하는 클래스이다. 이를 기반으로 원 dict 내의 key/Value 값들만 바로 참조할 수 있는 구조가 되었다는 것을 보여준다.

```
In :   import collections.abc as cols

       d = dict({'a': 1, 'b':2})

       print(issubclass(type(d.items()),cols.ItemsView))
       s = d.items()
       print(isinstance(s,cols.Set))

Out:   True
       True
```

13.4 Sequence 자료형 내장 클래스

Sequence 자료형을 인자로 받아 연결해서 순서쌍 등을 처리하는 내장 클래스를 알아보겠다.

13.4.1 Sequence 자료형 처리 내장 클래스 종류

함수처럼 사용이 되지만 클래스이며 생성하면 하나의 인스턴스 객체가 만들어지고 이를 인스턴스들을 이용해서 처리한다.

예제 13-22 : 반복형을 처리하는 클래스 상속 관계 확인하기

내장 클래스 zip, enumerate, range, reversed는 함수가 아니라 클래스라는 것을 알 수가 있다.

```
In :   print(zip)
       print(enumerate)
       print(reversed)
       print(range)
```

```
Out:   <class 'zip'>
       <class 'enumerate'>
       <class 'reversed'>
       <class 'range'>
```

4개의 클래스는 기본적으로 모두 반복형 iterable 클래스라는 것을 알 수 있고 range만 반복자 Iterator가 아닌 것을 알 수 있다. Range를 반복자로 처리하려면 iter 내장 함수를 이용해서 반복자로 변경해야 한다.

```
In :   import collections.abc as cols

       print(issubclass(zip, cols.Iterable))
       print(issubclass(zip, cols.Iterator))
       print(issubclass(enumerate, cols.Iterable))
       print(issubclass(enumerate, cols.Iterator))
       print(issubclass(reversed, cols.Iterable))
       print(issubclass(reversed, cols.Iterator))
       print(issubclass(range, cols.Iterable))
       print(issubclass(range, cols.Iterator))
```

```
Out:   True
       True
       True
       True
       True
       True
       True
       False
```

range 클래스는 반복형이지만 반복자가 아니다. 반복자로 만들려면 iter 내장 함수를 이용해서 반복자(Iterator) 인스턴스로 만들어 사용해야 한다.

```
Tn :   import collections.abc as cols

       a = range(10)
       b = iter(a)
       print(b)
       print(issubclass(type(b),cols.Iterator))
```

```
Out:   <range_iterator object at 0x00000000051ECD30>
       True
```

반복형은 정적이므로 항상 사용이 가능하다. Range에 list 생성자로 리스트를 만들고 그 내부의 속성을 조회해서 출력해본다.

```
In :   l = list(a)
       print(l)
```

```
Out:   [0, 1, 2, 3, 4, 5, 6, 7, 8, 9]
```

```
In :   print(a.start, a.stop, a.step)
```

```
Out:   0 10 1
```

파이썬 3.6 버전부터는 반복형(Iterable) 하위 추상 클래스인 Reversible가 만들어져 있다. Range 클래스는 Reversible 추상 클래스를 상속받아 처리하는 것을 알 수 있다.

```
In :   import collections.abc as cols

       print(issubclass(zip, cols.Reversible))
       print(issubclass(enumerate, cols.Reversible))
       print(issubclass(reversed, cols.Reversible))
       print(issubclass(range, cols.Reversible))
```

```
Out:   False
       False
       False
       True
```

Range는 반대로 처리도 가능하므로 Reversible 추상 클래스가 처리 가능한 것을 알 수 있다. 내부에는 __reversed__ 스페셜 메서드가 추가 구현을 해야 한다.

```
In :   it = set(dir(cols.Iterable))
       re = set(dir(cols.Reversible))

       print(re-it)
       print(range.__dict__['__reversed__'])
```

```
Out:   {'__reversed__'}
       <method '__reversed__' of 'range' objects>
```

역방향으로 처리하기 위해서는 step에 음수를 할당해서 역순으로 계산하면 된다.

```
In :   for i in range(10,-1,-1) :
           print(i, end=" ")
```

```
Out:   10 9 8 7 6 5 4 3 2 1 0
```

13.4.2 Sequence 자료형 내장 클래스 예시

Sequence 자료형인 내장 클래스들에 대한 처리를 한다. 반복자형은 한번 만들고 사용하면 없어지므로 사용할 때마다 할당을 해야 한다.

예제 13-23 : 클래스는 반복자 자료형

순서쌍을 만드는 zip 클래스부터 확인하면 동일한 원소가 아닐 경우는 원소 수가 작은 것을 기준으로 순서쌍을 만들어서 처리된다. 만들어진 인스턴스가 반복자이므로 next 함수를 통해 처리하면 된다.

```
In :   a = [1,2,3,4]
       b = [1,2,3]

       z = zip(a,b)
       print(z)
```

```
print(next(z))
print(next(z))
print(next(z))
print(next(z))
```

Out:
```
<zip object at 0x0000000004CB96C8>
(1, 1)
(2, 2)
(3, 3)
---------------------------------------------------------------
StopIteration                      Traceback (most recent call last)
<ipython-input-141-d5b03ab584e4> in <module>()
        8 print(next(z))
        9 print(next(z))
---> 10 print(next(z))

StopIteration:
```

인스턴스를 리스트 생성자에 넣으면 내부의 원소를 순서쌍으로 만든 리스트가 생긴다.

In :
```
a = [1,2,3,4]
b = [1,2,3]
c = ['a','b','c','d']

z = zip(a,b,c)
print(list(z))
```

Out:
```
[(1, 1, 'a'), (2, 2, 'b'), (3, 3, 'c')]
```

위에서 사용한 반복자 인스턴스를 다시 사용하면 내부에 처리할 원소가 없으므로 빈 리스트만 출력하는 것을 알 수 있다.

In :
```
print(list(z))
```

Out:
```
[]
```

Sequence 자료형 자신의 인스턴스 객체 인덱스와 원소를 순서쌍으로 표시할 수 있다.

```
In :  a = [1,2,3,4]

      e = enumerate(a)
      print(e)

      print(next(e))
      print(next(e))
      print(next(e))
      print(next(e))
      print(next(e))
```

```
Out:  <enumerate object at 0x0000000004C91120>
      (0, 1)
      (1, 2)
      (2, 3)
      (3, 4)
      ---------------------------------------------------------------
      StopIteration                        Traceback (most recent call last)
      <ipython-input-145-64ef425a22a1> in <module>()
            8 print(next(e))
            9 print(next(e))
      ---> 10 print(next(e))

      StopIteration:
```

열거형의 순서도 조정이 가능하다. Sequence 자료형 내의 인덱스 값이 아닌 시작값으로
부여된 것과 원소 값을 쌍으로 만든다.

```
In :  a = [1,2,3,4]

      e = enumerate(a,3)
      print(e)
      for i,v in e :
          print(i,v)
```

```
Out:  <enumerate object at 0x00000000054C8240>
      3 1
      4 2
      5 3
      6 4
```

위에 사용한 반복자를 다시 리스트로 만들면 빈 리스트가 나온다. 반복자를 사용하려면 다시 인스턴스를 만들어서 처리해야 한다.

```
In :   print(list(e))
```

```
Out:   []
```

역순으로 처리하고자 할 때 reversed 클래스를 이용해서 처리할 수 있다. 반복자를 상속받아 처리하므로 iter 함수를 수행하지 않고 바로 next 함수로 처리가 가능하다.

```
In :   a = [1,2,3,4]

       r = reversed(a)
       print(r)
       print(next(r))
       print(next(r))
       print(next(r))
       print(next(r))
       print(next(r))
```

```
Out:   <list_reverseiterator object at 0x0000000004C92A58>
       4
       3
       2
       1
       ------------------------------------------------------------------
       StopIteration                      Traceback (most recent call last)
       <ipython-input-149-6ebd6e1ba0a2> in <module>()
             7 print(next(r))
             8 print(next(r))
       ----> 9 print(next(r))

       StopIteration:
```

reversed 처리는 하나의 reversed 객체를 제공해서 list 등으로 보면 결과가 나온다.

```
In :   a = [1,2,3,4]

       r = reversed(a)
       print(list(r))
```

```
Out:    [4, 3, 2, 1]
```

13.5 타입 hint 처리와 doctest 처리

파이썬 3.6 버전부터 정적 분석을 하는 다양한 개발 툴을 사용하거나 변수에 자료형을 붙여서 사용할 수 있도록 만들었다. 이를 타입 힌트(type hint)라고 부른다.

일단 프로그램을 작성할 때 이 표기법을 사용해도 파이썬 내부의 인터프리터는 단순히 주석으로 처리된다. 파이썬에 추가된 기능이므로 어떻게 처리하게 되는지를 간단히 알아보기로 하겠다.

13.5.1 type annotation을 작성하는 이유

Type annotation은 파이참(pycharm) 등 파이썬 개발 도구 내의 유형 검사기에서 추가적인 타입에 대한 주석을 처리할 수 있는 기능을 추가한 것이다. 코딩할 때 작성해도 예외가 발생하지 않지만 global, nonlocal 키워드와 사용하면 예외가 발생한다.

✚ 왜 형식 검사기(type checker)인가?

- 주석이 달린 코드를 이용해서 버그를 더 빨리 발견할 수 있다.
- 많은 프로그램을 위해서 정적 분석(static analysis)를 실행할 때 도움을 준다.

✚ 왜 힌트를 입력해야 하는가?

- 형식 검사기에 도움말을 제공하고 동적인 파이썬 프로그램 객체의 흐름을 따라 실행하기는 어렵지만 개발 도구 내에서 정적인 분석을 위해 사용된다.
- 문서를 작성할 때 타입에 대한 정보를 제공하므로 많은 도움이 된다.

13.5.2 함수 등의 docstring을 가지고 테스트하기

파이썬에서는 함수 등의 주석인 도움말을 작성해서 docstring으로 등록할 수 있다. Docstring에 실행할 예제를 넣고 doctest를 실행하면 동일한 결과가 나오는지를 확인할 수 있다.

주석을 테스트로 사용할 수 있어 간단한 예제를 테스트할 용도로 사용이 가능하다. 지금부터 예제 테스트를 하는 방법을 알아보겠다.

✦ 실행 명령으로 doctest 실행하기

함수 등에 사용하는 docstring에 특정 함수 호출과 실행을 주고 실행한 결과가 맞는지 확인할 수 있는 기능을 제공한다. 여러 함수들도 동시에 간단하게 docstring을 작성한 것을 가지고 테스트할 수 있다.

예제 13-24 : doctest하기

주피터 노트북에서 -m과 doctest를 넣어 실행하고 -v는 처리에 대한 기록을 남긴다. 전체 명령은 !python -m doctest -v doctest_simple1.py(파일명)으로 처리하면 된다.

doctest를 할 경우는 함수를 처리할 때 테스트의 내용을 함수 밑에 정의해서 처리한다.

Docstring 내부에 테스트할 로직은 >>> 다음에 놓고 결과는 바로 밑에 적는다. 아래의 로직은 >>> 다음에 이 함수를 호출하는 명령을 작성했고 그 밑에 결과를 적었다.

이를 doctest로 실행하면 이 주석의 내용을 그대로 실행해서 결과값이 같은지 확인해 준다.

```
In :   %%writefile doctest_simple1.py
       def my_function(a, b):
           """
           >>> my_function(2, 3)
           6
           >>> my_function('a', 3)
           'aa'
```

```
    """
    return a * b
```

Overwriting doctest_simple1.py

테스트를 하기 위해 에러 부분을 넣었다. 이 함수가 실행되면 결과값이 실제 aaa로 출력되어야 한다. 파이썬 내의 doctest를 이용해서 사용할 경우는 어떻게 처리되는지를 한번 확인해보겠다.

In : !python -m doctest -v doctest_simple1.py

Out:
```
Trying:
    my_function(2, 3)
Expecting:
    6
ok
Trying:
    my_function('a', 3)
Expecting:
    'aa'
**********************************************************************
File "C:\Users\06411\Documents\GitHub\python_book\python_gram\doctest_
simple1.py", line 5, in doctest_simple1.my_function
Failed example:
    my_function('a', 3)
Expected:
    'aa'
Got:
    'aaa'
1 items had no tests:
    doctest_simple1
**********************************************************************
1 items had failures:
   1 of   2 in doctest_simple1.my_function
2 tests in 2 items.
1 passed and 1 failed.
***Test Failed*** 1 failures.
```

타입 힌트를 처리하기 위해 TypeVar를 통해 하나의 타입 자료형을 만들고 int, float, complex가 처리될 수 있도록 했다.

Iterable 자료형 내부는 Tuple 클래스이고 그 내부는 2개의 새로 만들 자료형을 원소로 가져야 한다.

함수 inproduct를 처리할 때 정수의 값이 들어오면 튜플 내에 들어온 두 수를 곱한 결과를 처리한다.

함수 dilate은 반복형을 받고 정수가 들어오면 곱해서 반복형의 원소를 정수배만큼 확장하지만 제너레이터 표현식으로 결과를 반환한다.

두 개의 함수 예제를 docstring에 넣어서 처리하면 하나는 성공이지만 하나는 실패가 나온다. 실행을 할 경우도 주석을 무시하고 로직상으로 처리되는 것만 실행되는 것을 알 수 있다.

In :
```
%%writefile doctest_simple2.py

from typing import TypeVar, Iterable, Tuple

T = TypeVar('T', int, float, complex)
Vector = Iterable[Tuple[T, T]]

def inproduct(v: Vector[T]) -> T:
    """
        >>> inproduct([(1,2)])
        2
    """
    return sum(x*y for x, y in v)
def dilate(v: Vector[T], scale: T) -> Vector[T]:
    """
        >>> dilate([(1,2)],"a")
        2
    """
    return ((x * scale, y * scale) for x, y in v)
```

Out: Writing doctest_simple2.py

실행하면 dilate는 제너레이터를 생성한 결과가 나오므로 기대했던 정수가 아니라서 테스트 실패라고 보여준다.

672

```
In :    !python -m doctest -v doctest_simple2.py

Out:    Trying:
            dilate([(1,2)],"a")
        Expecting:
            2
        **********************************************************************
        File "C:\Users\06411\Documents\GitHub\python_book\python_gram\doctest_
        simple2.py", line 15, in doctest_simple2.dilate
        Failed example:
            dilate([(1,2)],"a")
        Expected:
            2
        Got:
            <generator object dilate.<locals>.<genexpr> at 0x0000000002AD4518>
        Trying:
            inproduct([(1,2)])
        Expecting:
            2
        ok
        1 items had no tests:
            doctest_simple2
        1 items passed all tests:
          1 tests in doctest_simple2.inproduct
        **********************************************************************
        1 items had failures:
          1 of   1 in doctest_simple2.dilate
        2 tests in 3 items.
        1 passed and 1 failed.
        ***Test Failed*** 1 failures.
```

13.5.3 typing 모듈 이해하기

별도의 annotation 처리를 위해 타입에 대한 별도의 클래스들을 정의한 모듈이 typing
이다.

이 모듈 내에 자료형을 만들어서 새로운 자료형도 만들 수 있도록 구성되었으므로 파이썬
에서 제공하는 자료형과 어떤 차이가 있는지를 알아보겠다.

✦ Generic 자료형 이해하기

자료형 중에 최상위 자료형은 Generic이다. 이 자료형을 기반으로 상세한 자료형을 만들어서 처리하므로 최상위 자료형부터 이해해보겠다.

예제 13-25 : Genercic 타입 구조

이 typing 모듈도 내부의 자료형을 클래스로 만들었다. 파이썬 기준을 보면 클래스는 항상 메타 클래스에 의해 만들어지므로 이 모듈도 동일한 원칙을 따르고 있는지를 확인해본다.

Generic 클래스는 메타 클래스인 GenericMeta를 위해 만들어졌고 모든 힌트는 Generic 클래스가 기본으로 처리된다는 것을 알 수 있다.

```
In :    import typing

        print(typing.Generic.__bases__)
        print(typing.Generic.__class__)
```

```
Out:    (<class 'object'>,)
        <class 'typing.GenericMeta'>
```

GenericMeta는 어느 클래스를 상속해서 만들었는지를 확인해보면 TypingMeta, ABCMeta를 사용한 것을 알 수 있고 이 클래스는 type 메타 클래스에 의해 만들어졌다.

```
In :    print(typing.GenericMeta.__bases__)
        print(typing.GenericMeta.__class__)
```

```
Out:    (<class 'typing.TypingMeta'>, <class 'abc.ABCMeta'>)
        <class 'type'>
```

함수 add가 정의될 때 기본으로는 매개변수명도 정의한다. 파이썬은 기본적으로 변수나 매개변수에 특정 자료형을 부여해서 한정할 수 없다.

이 함수를 정의할 때 매개변수에 typing에서 제공하는 자료형인 Generic도 정의해서 사용할 수 있다.

674

테스트를 해보려고 한다. 문자열과 정수의 덧셈일 경우에는 예외가 발생하므로 traceback 과 예외 TypeError를 처리 결과로 표시했다.

```
In :  %%writefile var1.py
      import typing

      def add(x:typing.Generic, y:typing.Generic) :
          """
          >>> add(10,10)
          20
          >>> add("Hello", "World")
          'HelloWorld'
          >>> add("Hello",10)
          Traceback (most recent call last):
          ...
          TypeError: must be str, not int
          """
          return x+y

Out:  Overwriting var1.py
```

이를 doctest로 실행해서 3개의 함수 호출을 확인해보면 전부 기대했던 대로 처리가 되는 것을 확인할 수 있다.

```
In :  !python -m doctest var1.py -v

Out:  Trying:
          add(10,10)
      Expecting:
          20
      ok
      Trying:
          add("Hello", "World")
      Expecting:
          'HelloWorld'
      ok
      Trying:
          add("Hello",10)
      Expecting:
          Traceback (most recent call last):
          ...
```

```
    TypeError: must be str, not int
ok
1 items had no tests:
    var1
1 items passed all tests:
   3 tests in var1.add
3 tests in 2 items.
3 passed and 0 failed.
Test passed.
```

✚ 파이썬 내장 자료형과의 관계 확인하기

파이썬 내장 자료형과 타입 힌트 내 자료형 간의 기본적인 관계를 알아보고 타입 힌트와의
차이점을 이해해본다.

예제 13-26 : 자료형 간의 관계 알아보기

모듈 typing 내의 List, Tuple, Dict, Set, FrozenSet 클래스가 어느 클래스를 상속해서
만들어져 있는지를 확인해본다.

이 모듈의 자료형은 파이썬 자료형인 list, tuple, dict, set, frozenset을 상속해서 만들어
진 것을 확인할 수 있다.

In :
```python
import typing as tp

print(tp.List.__bases__)
print(tp.Tuple.__bases__)
print(tp.Set.__bases__)
print(tp.FrozenSet.__bases__)
print(tp.Dict.__bases__)
```

Out:
```
((<class 'list'>, typing.MutableSequence)
(<class 'tuple'>,)
(<class 'set'>, typing.MutableSet)
(<class 'frozenset'>, typing.AbstractSet)
(<class 'dict'>, typing.MutableMapping)
```

676

모듈 typing 내의 List, Tuple, Dict, Set, FrozenSet과 파이썬 자료형인 list, tuple, dict, set, frozenset 간의 관계는 issubclass로 확인하면 전부 True로 표시한다.

```
In : print(issubclass(list,tp.List))
     print(issubclass(tuple,tp.Tuple))
     print(issubclass(set,tp.Set))
     print(issubclass(set,tp.MutableSet))
     print(issubclass(frozenset,tp.FrozenSet))
     print(issubclass(dict,tp.Dict))
     print(issubclass(dict,tp.MutableMapping))
```

```
Out: True
     True
     True
     True
     True
     True
     True
```

문자열, 바이트, 바이트 어레이에 대한 특별한 클래스는 없으므로 Sequence, ByteString 을 가지고 처리한다.

```
In : print(tp.Sequence.__bases__)
     print(tp.MutableSequence.__bases__)
     print(tp.ByteString.__bases__)
```

```
Out: (<class 'collections.abc.Sequence'>, typing.Reversible, typing.
     Collection)
     (<class 'collections.abc.MutableSequence'>, typing.Sequence)
     (<class 'collections.abc.ByteString'>, typing.Sequence)
```

문자열과 바이트 문자열에 대한 처리도 issubclass로 점검해보면 전부 True로 표시한다.

```
In : print(issubclass(str,tp.Sequence))
     print(issubclass(bytes,tp.Sequence))
     print(issubclass(bytes,tp.ByteString))
     print(issubclass(bytearray,tp.ByteString))
```

```
Out: True
     True
```

```
True
True
```

예제 13-27 : 문자열, 바이트 처리하는 예시

변수를 지정해서 문자열과 바이트 문자열을 처리할 수 있도록 AnyStr이라고 만들었다.

```
In :    from typing import TypeVar

        AnyStr = TypeVar('AnyStr', str, bytes)

        print(type(AnyStr))
Out:    typing.TypeVar
```

일단 AnyStr을 하나의 변수로 확인하기 위해 지정한다. 파이썬에서는 바이트 문자열과 문자열에 대한 처리에 예외가 발생하므로 동일한 자료형이 들어와야 한다.

```
In :    %%writefile String.py
        from typing import TypeVar

        AnyStr = TypeVar('AnyStr', str, bytes)

        def concat(a: AnyStr, b: AnyStr) -> AnyStr:
            """
            >>> concat("foo", "bar")
            'foobar'
            >>> concat(b"foo", b"bar")
            b'foobar'
            >>> concat("foo", b"bar")
            Traceback (most recent call last):
                ...
            TypeError: must be str, not bytes
            """

            return a + b
Out:    Writing String.py
```

함수의 docstring에 들어 있는 doctest를 가지고 내부적으로 테스팅해서 실행할 때 문자열은 단일 인용 부호로만 처리되므로 단일 인용 부호로 문자열 처리의 결과를 넣어야한다.

3가지 경우가 전부 실행되면 동일한 결과가 나오므로 정상으로 처리되는 것을 확인할 수있다.

```
In :  !python -m doctest String.py -v
```

```
Out:  Trying:
          concat("foo", "bar")
      Expecting:
          'foobar'
      ok
      Trying:
          concat(b"foo", b"bar")
      Expecting:
          b'foobar'
      ok
      Trying:
          concat("foo", b"bar")
      Expecting:
          Traceback (most recent call last):
              ...
          TypeError: must be str, not bytes
      ok
      1 items had no tests:
          String
      1 items passed all tests:
         3 tests in String.concat
      3 tests in 2 items.
      3 passed and 0 failed.
      Test passed.
```

타입 힌트에 대한 타입 체크는 추상 클래스인 typing.List로 체크해도 인스턴스 관계를 확인할 수 있다. 이유는 typing.List가 list를 상속해서 만들어져 있기 때문이다.

```
In :  import typing
```

```
l : typing.List
l = [1,2,3,4]

def type_check(l) :
    if isinstance(l, typing.List) :
        return True
    return False

print(type_check(l))
```

Out: True

예제 13-28 : 속성 주석을 처리하기

타입 힌트는 주석이기 때문에 딕셔너리 내에 대괄호 연산자인 __setitem__ 를 처리하는 곳에도 지정할 수 있다. 값을 처리하므로 그 값에 들어갈 주석에 자료형을 처리할 수 있다.

또한 할당이 발생하지 않을 경우도 타입 힌트를 주고 처리하면 예외는 발생하지 않는다. 할당될 때까지 주석으로 인식한다.

In :   ```
d = {}

d['a'] : int = 100
d['b'] : int

print(d)
```

Out:    {'a': 100}


타입 힌트가 없이 딕셔너리를 검색해서 실행이 되면 주어진 딕셔너리의 키가 없으므로 예외가 발생한다. 이런 예외가 발생하지 않으려면 위의 예제처럼 타입 힌트를 붙여 일단 주석으로 처리해도 된다.

In :    ```
d = {}

d['a'] : int = 100
```

```
d['b']

print(d)
```

Out:
```
---------------------------------------------------------------
KeyError                                  Traceback (most recent call last)
<ipython-input-95-1b78388ab2a7> in <module>()
      2
      3 d['a'] : int = 100
----> 4 d['b']
      5
      6 print(d)

KeyError: 'b'
```

하나의 클래스를 정의하고 이 정의한 클래스의 속성에 할당할 때도 이 속성에 들어갈 자료형을 타입 힌트로 표시했다.

타입 힌트가 표시된 후에 할당 연산자를 사용해서 값을 주면 속성이 네임스페이스로 들어가지만 처리가 없다면 타입 힌트를 붙여서 주석으로만 사용한다.

In :
```
import pprint

class Klass :
    pass

Klass.a : int = 100
Klass.b : int

pprint.pprint(Klass.__dict__)
```

Out:
```
mappingproxy({'__dict__': <attribute '__dict__' of 'Klass' objects>,
             '__doc__': None,
             '__module__': '__main__',
             '__weakref__': <attribute '__weakref__' of 'Klass' objects>,
             'a': 100})
```

클래스를 가지고 인스턴스를 만든 후에 이 인스턴스에 속성을 추가할 때도 클래스에서 처리되는 경우와 동일하게 처리되는 것을 알 수 있다.

```
In :    class Klass :
            pass

        c = Klass()

        c.a : int = 100
        c.b : int

        print(c.__dict__)
```

```
Out:    {'a': 100}
```

✚ TypeVar 이해하기

위에서 간단하게 TypeVar를 만들어봤다. 이제 어떤 경우에 이 TypeVar를 만들어서 사용하는지도 알아보겠다.

자료형을 아무 것도 정의하지 않으면 모든 것을 다 허용하고 두 개를 주면 __constraints__속성에 자료형을 보관하므로 이를 이용해서 타입 체크도 가능하다.

예제 13-29 : 새로운 타입을 생성해보기

typing 모듈에 필요한 타입을 만드는 것이므로 type 클래스처럼 하나의 메타 클래스인 TypeVar를 통해 만들어야 한다. 파이썬은 타입 클래스를 통해 클래스를 만들어야 하므로 TypeVar는 TypingMeta에 의해 만들어져 있고 TypingMeta는 최상위 메타 클래스인 Type에 의해 만들어진 것을 확인할 수 있다.

```
In :    from typing import TypeVar

        print(TypeVar.__bases__)
        print(TypeVar.__class__)
        print(isinstance(TypeVar, type))
```

```
Out:    (typing._TypingBase,)
        <class 'typing.TypingMeta'>
        True
```

TypeVar로 새로운 자료형을 생성하면 __constrains__ 속성에 지정한 자료형을 보관하고 있으므로 타입 체크를 하려면 이 내부의 클래스가 존재하는지를 비교하여 제한할 수 있다.

```
In :   from typing import TypeVar

       T = TypeVar("T", str,bytes)

       print(T, type(T))
       print(T.__constraints__)
Out:   ~T typing.TypeVar
       (<class 'str'>, <class 'bytes'>)
```

함수 repeat을 만들어서 매개변수 x에 새로 지정한 T를 주석으로 표시했고 결과로는 T로 처리하도록 지정했다. 타입 체크할 때 T는 문자열과 정수를 처리하도록 구성했기에 내부에 __constraints__가 생겨서 두 가지 타입을 체크할 수 있다.

```
In :   def repeat(x: T, y:int) -> T :
           if type(x) in T.__constraints__ :
               return x *y
           else :
               return TypeError(" type error")
```

repeat 함수에 문자열이나 바이트 문자열로 전달된 결과가 타입 체크에서 맞으면 배수만큼 문자열이 늘어나는 것을 확인할 수 있다.

```
In :   print(repeat("str",3))
       print(repeat(b"str",3))
Out:   strstrstr
       b'strstrstr'
```

예제 13-30 : Sequence 자료형 내부 첫 번째 원소 출력

특정 함수로 들어오는 변수에 대한 타입을 지정할 때 사용한다. List 자료형이면 가능하다는 뜻이다. 그리고 TypeVar를 내부에 정의된 매개변수들의 자료형에 대해서 체크할 때 사용한다.

함수 first를 정의해서 TypeVar로 생성된 자료형과 동일할 경우 첫 번째 원소만 출력하도록 정의했다.

```
In :   from typing import TypeVar, List

       T = TypeVar("T", int,int)

       def first(l:List[T]) -> T :
           if issubclass(type(l),List) :
               if type(l[0]) in T.__constraints__ :
                   return l[0]
               else :
                   return " Type error"
```

리스트의 첫 번째 원소만 처리해서 결과를 확인한다.

```
In :   print(first([1,2,3]))
Out:   1
```

13.5.4 type annotation 사용 시에 주의할 점

타입 힌트는 변수, 함수 내의 매개변수나 함수의 반환값 등에 주석을 표시하기 위한 방법이다. 특정 주석을 정하면 이것을 가지고 타입을 체크하는 기능을 제공할 수는 있지만 런타임 실행에는 영향을 미치지 않는다.

특히 문장으로 인식되는 키워드가 사용되는 곳에는 쓸 수 없다. 변수를 정의하고 할당할 때는 동일한 문장에 사용되지만 주석으로 인식되는 것이다.

예제 13-31 : global/nonlocal 키워드 사용 시 예외 발생

전역 변수라고 지정하는 global 키워드와 같이 타입 힌트를 지정할 수 없다. 먼저 지정하지 않는 함수를 정의하고 실행하겠다.

```
In :  from typing import List

      some_list : List[int] = []

      def add(x,y) :
          some_list = x+y
          return some_list

In :  print(add([5],[5]))

Out:  [5, 5]
```

전역 키워드인 global 다음에 주석을 표시하면 에러가 발생한다.

```
In :  from typing import List

      x : List[int] = []

      def f() :
          global x : List[int]

          return x

      print(f())

Out:      File "<ipython-input-3-56eef41f5e44>", line 6
            global x : List[int]
                    ^
      SyntaxError: invalid syntax
```

내부 함수에서 자신의 함수에 속하지 않은 변수의 nonlocal 키워드에 타입 힌트를 부여하면 예외가 발생한다. 변수에 대한 주석이므로 문장으로 인식하는 키워드에 같이 표현하면 안 된다.

```
In :  def outer(x) :
          def inner(y) :
              nonlocal x : ing
              return x+y
```

```
    return inner

a = outer(5)
print(a(7))
```

Out: File "<ipython-input-4-f2505dbf66d0>", line 3
          nonlocal x : ing
                    ^
SyntaxError: invalid syntax

14

파이썬 제너레이터 및 이터레이터

파이썬에서 기능에 대한 평가가 필요할 때까지 계산을 늦춰서 처리하는 느긋한 계산법을 도입해서 반복형(iterator)을 연산할 수 있게 지원한다.

특히, 제너레이터(Generator)는 동적인 스트림을 처리하기 위해 함수를 이용해서 새로운 객체를 만들고 동적으로 실행한 결과를 하나씩 처리한다.

반복자인 이터레이터(Iterator)는 정적 접근을 동적으로 전환해서 한 번 접근할 때마다 하나씩 처리한다.

두 방식은 공통적으로 한번 동적으로 처리하고 끝나면 다시 처리가 되지 않아 새로 생성해서 처리해야 하는 단점도 있다. 동적으로 접근해서 사용하면 컴퓨터의 자원을 최소화할 수 있다.

✚ 알아볼 주요 내용

- 반복형과 반복자
- 반복자 처리 모듈 및 클래스
- 제너레이터 표현식과 함수
- 제너레이터의 연결 처리
- 코루틴

14.1 반복형과 반복자 처리 확인

반복형(iterable)은 컬렉션 자료형이면서 정적으로 많은 원소를 가진 자료형이 특징이다. 이처럼 동적으로 원소를 하나씩 검색해서 처리할 수 있는 자료형을 반복자(iterator)라고 한다. 반복자는 한 번 사용하면 다시 사용할 때 항상 반복자를 다시 생성해서 처리해야 한다. 이때 반복형을 iter 함수를 통해서 반복자로 변환하고 next 함수를 통해 하나씩 처리한다. 전부 다 검색하면 종료되었다는 의미인 StopIteration으로 예외를 발생시킨다.

이제부터 반복형에서 반복자로 변환해서 처리되는 경우를 알아보겠다.

14.1.1 반복형(iterable)과 반복자(iterator)

보통 문자열, 리스트 등은 기본적으로 반복형 자료형이다. 언제라도 원소를 가지고 있으므로 이를 원소별로 처리가 가능하다는 뜻이다.

원소별로 반복해서 사용하려면 반복형에서 반복자로 변환해서 처리해야 한다. 반복형은 기본적으로 반복이 가능하므로 내부에 스페셜 메서드 __iter__가 구현되어 있다. 이 메서드를 이용해서 반복자로 변환하면 next 함수가 실행되어야 한다. 스페셜 메서드 __next__가 생성되어 next 함수로 호출하면 원소를 처리한다.

반복형은 정적이므로 항상 호출해서 처리가 가능하지만 반복자는 동적이라서 한 번 사용하면 다시 사용할 수 없으므로 사용할 때마다 항상 반복자를 만들어서 사용해야 한다.

예제 14-1 : 반복형과 반복자 차이

추상 클래스를 가지고 반복형 Iterable 클래스 내부를 확인하면 __iter__ (__getitem__)이 있다.

```
In :  import collections.abc as cols
      import pprint

      pprint.pprint(cols.Iterable.__dict__)
```

```
Out:  mappingproxy({'__abstractmethods__': frozenset({'__iter__'}),
                     '__doc__': None,
                     '__iter__': <function Iterable.__iter__ at 0x10903be18>,
                     '__module__': 'collections.abc',
                     '__slots__': (),
                     '__subclasshook__': <classmethod object at 0x10903e630>,
                     '_abc_cache': <_weakrefset.WeakSet object at 0x10903e6a0>,
                     '_abc_negative_cache': <_weakrefset.WeakSet object at
                     0x10903e320>,
                     '_abc_negative_cache_version': 45,
                     '_abc_registry': <_weakrefset.WeakSet object at
                     0x10903e668>})
```

반복자 Iterator 클래스 내부에는 __iter__, __next__ 메서드가 있다.

```
In :  import collections.abc as cols
      import pprint

      pprint.pprint(cols.Iterator.__dict__)
```

```
Out:  mappingproxy({'__abstractmethods__': frozenset({'__next__'}),
                     '__doc__': None,
                     '__iter__': <function Iterator.__iter__ at 0x1090431e0>,
                     '__module__': 'collections.abc',
                     '__next__': <function Iterator.__next__ at 0x109043158>,
                     '__slots__': (),
                     '__subclasshook__': <classmethod object at 0x10903e7f0>,
                     '_abc_cache': <_weakrefset.WeakSet object at 0x10903e860>,
                     '_abc_negative_cache': <_weakrefset.WeakSet object at
                     0x10a96c198>,
                     '_abc_negative_cache_version': 45,
                     '_abc_registry': <_weakrefset.WeakSet object at
```

```
                0x10903e828>}])
```

내부 메서드들을 집합으로 만들어서 반복자와 반복형의 차집합을 비교하면 __next__ 만
차이가 있는 것을 알 수 있다.

```
In :   import collections.abc as cols

       able = set(dir(cols.Iterable))
       ator = set(dir(cols.Iterator))

       print(ator-able)
```

```
Out:   {'__next__'}
```

예제 14-2 : 내장 자료형의 반복자 확인하기

문자열은 인스턴스를 만들어서 반복형인지, 반복자인지를 isinstance로 확인하면 반복형
이라는 것을 알 수 있다.

```
In :   import collections.abc as cols

       s = "Iterator"

       print(isinstance(s, cols.Iterable))
       print(isinstance(s, cols.Iterator))
```

```
Out:   True
       False
```

문자열 클래스 내부를 확인하면 __iter__ 는 있고 __next__ 는 없는 것을 알 수 있다.

```
In :   print(str.__dict__['__iter__'])
       print(str.__dict__['__next__'])
```

```
Out:   <slot wrapper '__iter__' of 'str' objects>
       ----------------------------------------------------------------
       KeyError                            Traceback (most recent call last)
       <ipython-input-10-d13dc96e5e1c> in <module>()
```

```
      1 print(str.__dict__['__iter__'])
----> 2 print(str.__dict__['__next__'])

KeyError: '__next__'
```

이제 문자열을 반복자로 만들어보자. 문자열 인스턴스를 하나 만들고 이를 iter 함수를 호출할 때 인자로 전달한다. 이때 만들어진 인스턴스를 sator 변수에 할당했다.

이 인스턴스가 어떤 자료형인지를 type 클래스로 확인하면 새로운 자료형의 인스턴스가 만들어진 것을 알 수 있다. 새로운 클래스는 반복자형인 str_iterator이다.

```
In :   s = "Iteraotr"

       sator = iter(s)

       print(sator)
       print(type(sator))

Out:   <str_iterator object at 0x1064e0710>
       <class 'str_iterator'>
```

위의 문자열처럼 리스트도 반복형이므로 이를 반복자로 변경하고 내부 인스턴스를 확인하면 list_iterator로 바뀐 것을 알 수 있다.

```
In :   l = [1,2,3,4,]

       lator = iter(l)

       print(lator)
       print(type(lator))

Out:   <list_iterator object at 0x1064e0a20>
       <class 'list_iterator'>
```

튜플도 마찬가지로 반복형이므로 tuple_iterator 클래스로 변환된 것을 알 수가 있다.

```
In :   t = (1,2,3,4)

       tator = iter(t)
```

```
          print(tator)
          print(type(tator))

Out:      <tuple_iterator object at 0x1064e0828>
          <class 'tuple_iterator'>
```

바이트도 마찬가지로 반복형이므로 bytes_iterator 클래스로 전환된 것을 알 수 있다.

```
In :      b = b"Iteraotr"

          bator = iter(b)

          print(bator)
          print(type(bator))

Out:      <bytes_iterator object at 0x1064e0ac8>
          <class 'bytes_iterator'>
```

바이트 어레이도 반복형이므로 bytearray_iterator 클래스로 전환된다.

```
In :      b = bytearray(b"Iteraotr")

          bator = iter(b)

          print(bator)
          print(type(bator))

Out:      <bytearray_iterator object at 0x1064e0b38>
          <class 'bytearray_iterator'>
```

또한 딕셔너리도 반복형으로 처리가 가능하다. 대신 반복자로 변형을 할 경우 키만 반복이 되고 값은 반복이 되지 않는다. 반복자인 클래스는 dict_keyiterator로 변환된다.

```
In :      d = {'a':1}

          dator = iter(d)

          print(dator)
          print(type(dator))
```

692

```
Out:   <dict_keyiterator object at 0x1064ec5e8>
       <class 'dict_keyiterator'>
```

set도 반복형이므로 반복자인 set_iterator로 변환된다.

```
In :   s = { 1,2,3}

       sator = iter(s)

       print(sator)
       print(type(sator))
```

```
Out:   <set_iterator object at 0x1064e9900>
       <class 'set_iterator'>
```

문자열을 대표적으로 반복자 변환해서 이를 next 함수로 처리해본다. 문자열이 5개의 문자를 가지고 있으므로 5번째까지 next문을 이용하면 문자를 출력한다. 하지만 6번째 호출하면 이 반복자가 전부 처리되어 더 이상 내부에 원소가 없다. 끝을 나타내는 StopIteration 예외가 발생한다.

```
In :   import collections.abc as cols

       s = "Hello"

       siter = iter(s)

       print(next(siter))
       print(next(siter))
       print(next(siter))
       print(next(siter))
       print(next(siter))
       print(next(siter))
```

```
Out:   H
       e
       l
       l
       o
       ---------------------------------------------------------------
       StopIteration                        Traceback (most recent call last)
```

```
<ipython-input-11-344f36f77f2f> in <module>()
     10 print(next(siter))
     11 print(next(siter))
---> 12 print(next(siter))

StopIteration:
```

기존 반복자가 StopIteration로 종료되었다. 이 변수로 다시 next 함수를 이용해서 처리해보면 동일하게 StopIteration이 발생한다. 반복자는 한 번 사용하면 다시 사용할 수 없이 모든 원소를 다 소비해서 내부에 아무 것도 없다는 것을 확인할 수 있다.

```
In :  next(siter)

Out:  ----------------------------------------------------------------
      StopIteration                          Traceback (most recent call last)
      <ipython-input-15-1ef989b1f03b> in <module>()
      ----> 1 next(siter)

      StopIteration:
```

다시 사용하기 위해서는 새롭게 반복자를 또 만들어야 한다. 이번에는 반복자가 종료되어도 더 이상 예외를 발생시키지 않기 위해 for문을 사용해서 처리하면 들어 있는 원소까지만 처리한다. 다시 반복자를 순환문에서 처리하면 결과가 아무 것도 출력이 되지 않는 것을 알 수 있다.

```
In :  siter2 = iter(s)
      for i in siter2 :
          print(i)

Out:  H
      e
      l
      l
      o


In :  for i in siter2 :
          print(i)
```

14.1.2 사용자 정의 클래스 반복형 생성 및 실행

사용자 클래스도 반복형을 정의할 수 있다. 반복형 클래스를 만들어서 어떻게 움직이는 지를 알아보겠다.

✚ 사용자 정의 클래스로 iterable 처리

사용자 정의 클래스 내부에 __iter__를 정의할 때 반환 결과를 iter 함수로 처리해서 반복 자를 반환해준다.

예제 14-3 : 사용자 클래스 반복형을 반복자로 처리

사용자 클래스 SeqIterable을 정의할 때 초기화 메서드 내에 반복형 문자열을 저장하는 속성을 하나 만들었다.

또한 반복형이 되려면 __iter__ 메서드를 정의해야 한다. 인스턴스 내부에 있는 속성이 반복자로 반환되도록 만들어 외부에서 iter 함수가 호출될 때에 이 반환값을 처리하도록 한다.

```
In :   import collections.abc as cols

       class SeqIterable :

           def __init__(self,seq) :
               self.seq = seq

           def __iter__(self) :
               return iter(self.seq)
```

이 반복형 클래스를 가지고 하나의 인스턴스를 만든다. 사용자 클래스로 만든 Seq Iterable 클래스가 반복형인 지 알아보기 위해 issubclass 함수를 이용해서 추상 클래스와 의 상속 관계를 비교하면 True라고 표시된다.

```
In :   s = SeqIterable("abcdefg")
       print(s)
```

```
        print(issubclass(SeqIterable, cols.Iterable))
```

Out: <__main__.SeqIterable object at 0x10ad77e10>
        True

이 인스턴스를 iter 함수에 넣어 반복자를 생성해서 sit 변수에 할당한다. 내부의 속성이 문자열이므로 문자열의 반복자가 만들어진 것을 알 수 있다.

이를 issubclass를 이용해서 상속 관계를 확인해도 True라고 나온다.

In :   sit = iter(s)

        print(sit)
        print(issubclass(type(sit), cols.Iterator))

Out: <str_iterator object at 0x10ad77940>
        True

반복자로 변환해서 next 함수를 호출하는 대신 순환문으로 처리하면 모든 문자를 출력하는 것을 알 수 있다.

In :   **for** i **in** sit :
            print(i)

Out: a
        b
        c
        d
        e
        f
        g

14.1.3 사용자 정의 클래스로 반복자 정의 및 실행

이번에는 사용자 정의 클래스로 반복자를 만들어서 반복자가 어떻게 움직이는지를 알아보겠다.

✚ 사용자 반복자 정의

반복자를 생성할 때 __iter__, __next__를 전부 작성했다. 일단 어떻게 반복자가 처리되는지를 이해해보자.

예제 14-4 : 사용자 클래스 반복자 처리

반복자는 __iter__ 결과로 자기 인스턴스를 전달해야 하므로 이 클래스의 인스턴스를 전달했다. 내용이 저장된 것에 대한 초기값도 이때 만들었다.

```
In :   import collections.abc as cols

       class SeqIterator :

           def __init__(self, seq):
               self.seq = seq

           def __iter__(self):
               self.n = 0
               return self

           def __next__(self):
               if self.n < len(self.seq) :
                   result = self.seq[self.n]
                   self.n += 1
                   return result
               else:
                   raise StopIteration
```

반복자 클래스로 문자열을 받아서 인스턴스를 만든다. 이 인스턴스가 반복자인지를 추상 클래스를 이용해서 확인했다.

```
In :   s = SeqIterator("반복자처리")
       siter = iter(s)

       print(siter)
       print(issubclass(type(siter), cols.Iterator))

Out:   <__main__.SeqIterator object at 0x108ffc160>
```

```
True
```

순환문을 이용해서 반복자를 실행하면 종료가 되어도 처리에 이상이 없다.

```
In :   for i in siter :
           print(i)
```

```
Out:  반
      복
      자
      처
      리
```

이 반복자를 전부 처리하고 다시 next로 사용할 때 예외를 발생시켜야 하는지를 확인해보면 StopIteration이 발생하는 것을 확인할 수 있다.

```
In :   next(siter)
```

```
Out:  -----------------------------------------------------------------
      StopIteration                       Traceback (most recent call last)
      <ipython-input-33-1ef989b1f03b> in <module>()
      ----> 1 next(siter)

      <ipython-input-30-b5e6a98ddda6> in __next__(self)
          16              return result
          17          else:
      ---> 18              raise StopIteration

      StopIteration:
```

반복자를 앞으로 배울 제너레이터 표현식을 이용해서도 단순하게 처리할 수 있다. 일단 __iter__ 메서드 내부에 제너레이터를 하나 만들고 이를 인스턴스로 전달한다. 그리고 __next__ 함수로 전달되는 self가 제너레이터 인스턴스이므로 하나씩 생성해서 반환한다.

```
In :   import collections.abc as cols

       class SeqIterator :
```

```
    def __init__(self,seq) :
        self.seq = seq

    def __iter__(self) :
        self = (n for n in self.seq)
        return self

    def __next__(self) :
        for i in self :
            return i
```

함수 iter로 반복자 인스턴스를 만들면 제너레이터 인스턴스가 만들어진 것을 알 수 있다.
제너레이터도 반복자 추상 클래스를 상속받은 것을 알 수 있다.

```
In :  s = SeqIterator("반복자처리")
      siter = iter(s)

      print(siter)
      print(issubclass(type(siter), cols.Iterator))
```

```
Out:  <generator object SeqIterator.__iter__.<locals>.<genexpr> at 0x10ea50e60>
      True
```

next 함수를 호출해서 처리하는 방식으로 실행할 때마다 결과를 가져온다.

```
In :  print(next(siter))
      print(next(siter))
      print(next(siter))
      print(next(siter))
      print(next(siter))
      print(next(siter))
```

```
Out:  반
      복
      자
      처
      리
      ---------------------------------------------------------------
      StopIteration                        Traceback (most recent call last)
      <ipython-input-7-816c1cbae006> in <module>()
```

```
     4 print(next(siter))
     5 print(next(siter))
----> 6 print(next(siter))

StopIteration:
```

위에서 반복자를 다 사용했다. 다시 내부 원소를 검색하면 더 이상 사용할 수 없다는 것을
표시해준다.

```
In :   next(siter)

Out:   -------------------------------------------------------------
       StopIteration                     Traceback (most recent call last)
       <ipython-input-8-1ef989b1f03b> in <module>()
       ----> 1 next(siter)

       StopIteration:
```

예제 14-5 : 예외 없이 종료하기

next 함수에도 초기값을 부여할 수 있다. 이 함수에 초기값을 부여하면 StopIteration 예
외가 발생하지 않고 처리가 종료될 경우 이를 반환한다.

위의 제너레이터로 만든 예제를 가지고 인스턴스를 다시 만들었다.

```
In :   s = SeqIterator("반복자처리")
       siter = iter(s)

       print(siter)
       print(issubclass(type(siter), cols.Iterator))

Out:   <generator object SeqIterator.__iter__.<locals>.<genexpr> at 0x10ea50eb8>
       True
```

next 함수의 default 값에 None을 부여해서 예외가 발생하지 않도록 하여 처리한다. 종
료가 되면 초기값은 None이 반환되므로 StopIteration 예외는 발생하지 않는다.

```
In :    print(next(siter, None))
        print(next(siter, None))
        print(next(siter, None))
        print(next(siter, None))
        print(next(siter, None))
        print(next(siter, None))

Out:    반
        복
        자
        처
        리
        None
```

14.2 itertools 모듈을 이용한 반복 처리

파이썬 내에서 반복자 처리를 위한 itertools 모듈을 제공하고 반복형을 인자로 받아 다양한 반복자를 처리한다.

반복자는 반복형을 가지고 모든 원소를 전부 메모리에 넣지 않고 기존 반복형을 처리해주는 역할을 하기에 다양한 클래스를 제공해준다.

✚ itertools 내의 함수 결과는 반복자 자료형

반복자(iterator)를 생성하려면 클래스의 인스턴스를 만들어서 처리한다. 다양한 클래스를 확인하기 전에 다양한 반복자를 만드는 방법부터 알아보겠다.

예제 14-6 : itertools 모듈 내의 클래스로 반복자 인스턴스 생성

모듈 내의 다양한 클래스가 반복자를 생성해서 처리한다. 먼저 이 모듈 내에 어떤 반복자를 생성하는 클래스들이 있는지에 대한 목록을 확인해본다.

함수처럼 이름이 소문자로 쓰였지만 내부를 확인하면 클래스라는 것을 알아야 한다. 함수처럼 호출해서 사용하는 방식을 통해 함수와 동일한 명명 규칙을 따른다.

```
In :    import itertools as it

        for i in dir(it) :
            if not i.startswith("_") :
                print(i)
```

```
Out:    accumulate
        chain
        combinations
        combinations_with_replacement
        compress
        count
        cycle
        dropwhile
        filterfalse
        groupby
        islice
        permutations
        product
        repeat
        starmap
        takewhile
        tee
        zip_longest
```

일단 이 모듈에 있는 compress를 이용해서 반복자 중에 특정한 원소만 추출하는 compress를 사용하겠다. 클래스 여부를 확인하면 반복자를 만드는 클래스라는 것을 알 수 있다.

```
In :    import itertools as it
        import collections.abc as cols

        print(it.compress)
```

```
Out:    <class 'itertools.compress'>
```

이 클래스 첫 번째 인자는 반복자로써 값을 추출할 대상이다. 두 번째 인자의 들어오는 반복형은 첫 번째 인자에 값을 추출할 대상을 나타내는 지표로써, 표시할 값은 1이나 True 인 값으로 나타낸다.

인스턴스를 생성해서 확인하면 반복자라는 것을 알 수 있고 이를 list 생성자로 넣으면 두 개만 결과로 나오는 것을 알 수 있다.

```
In :  com = it.compress([1,2,3,4],[1,1,0,0])
      print(it.compress)
      print(com)
      print(issubclass(type(com), cols.Iterator))

      print(list(com))

Out:  <class 'itertools.compress'>
      <itertools.compress object at 0x10e993710>
      True
      [1, 2]
```

14.2.1 매핑 클래스

반복자를 처리할 때 기존의 원소를 가지고 변형해서 처리하는 반복자부터 알아보려고 한다. 일단 처리하는 방식은 내장 함수 map을 이용해서 처리하는 것과 거의 유사하다.

모든 원소를 반복하고 값을 변형해서 처리하지만 동적으로 하나씩만 처리하는 것이라고 이해하면 된다.

예제 14-7 : 누적 값 구하기 : itertools.accumulate

일단 특정 지능형 리스트로 5개의 원소를 만들고 반복자에서 누적을 구하는 것이 accumulate 클래스이다. 이 반복자의 인스턴스를 만들고 리스트 생성자에 넣어서 간단히 한번에 결과를 받는 것을 확인해본다.

```
In :  import itertools as it
      import collections.abc as cols
      import operator as op

      print(it.accumulate)
      print(issubclass(it.accumulate, cols.Iterator))
```

```
a = it.accumulate([x for x in range(5)])
print(list(a))
```

Out:
```
<class 'itertools.accumulate'>
True
[0, 1, 3, 6, 10]
```

이 accumulate 클래스를 가지고 두 번째 인자에 함수를 넣어 실행한 뒤 이 함수가 실행된 결과로 처리되는 것을 알 수 있다.

반복자는 한번 실행되면 다시 실행할 수 없다. 한 번 사용한 반복자 인스턴스를 다시 list 생성자에 넣어서 생성하면 내부의 원소가 다 소진되어 빈 리스트가 만들어진 것을 볼 수 있다.

In :
```
a = it.accumulate([x for x in range(1,5)],op.mul)

print(a)
print(list(a))

print(list(a))
```

Out:
```
<itertools.accumulate object at 0x10e973cc8>
[1, 2, 6, 24]
[]
```

예제 14-8 : 2개 이상의 원소를 하나로 변형하기 : itertools.starmap

배열 내의 배열을 변형하기 위한 starmap을 가지고 처리할 수 있는 클래스인 itertools.starmap도 반복자 클래스라는 것을 알 수 있다.

In :
```
import itertools as it
import collections.abc as cols
import operator as op

print(it.starmap)
print(issubclass(it.starmap, cols.Iterator))
```

Out:
```
<class 'itertools.starmap'>
True
```

704

리스트 내에 튜플이나 리스트로 구성될 경우에 내부에 있는 리스트나 튜플의 원소를 계산해서 처리하는 반복자를 만들어본다.

```
In :   a = it.starmap(op.add, [(2,3),(3,4)])

       print(list(a))
Out:   [5, 7]
```

여러 개의 인자를 받아서 처리하는 함수를 만들었다. 이 함수를 starmap에 첫 번째 인자로 넣고 계산되는 4개의 튜플을 가진 원소를 갖는 리스트를 넣어서 반복자를 만든다.

처리된 결과는 4개의 튜플을 덧셈한 값이 출력되는 것을 볼 수 있다.

```
In :   def add(*args) :
           result = 0
           for i in args :
               result += i
           return result

       a = it.starmap(add, [(2,3,4,5),(3,4,5,6)])

       print(list(a))
Out:   [14, 18]
```

클래스 map과 starmap을 비교해보면 map은 리스트를 연속으로 내보낸 뒤 자동으로 쌍을 구성해서 처리한다.

```
In :   l = map(add,(2,3,4,5),(3,4,5,6))

       print(list(l))
Out:   [5, 7, 9, 11]
```

쌍으로 된 리스트를 처리하려면 starmap을 이용하는 것이 편하다.

```
In :   a = it.starmap(op.add, [(2,3),(3,4),(4,5),(5,6)])
```

```
print(list(a))
```

Out: `[5, 7, 9, 11]`

딕셔너리 내의 항복을 items 메서드로 읽고 리스트로 형을 변환하면 2개의 원소를 갖는 튜플을 원소로 한 리스트로 만들어진다.

In :
```
d = {1:1, 2:2}

print(list(d.items()))
```

Out: `[(1, 1), (2, 2)]`

반복자 starmap을 이용해서 반복자를 만들고 next 함수를 호출하면 튜플 내의 원소들을 합산해서 출력해주는 것을 볼 수 있다.

In :
```
a = it.starmap(op.add, d.items())

print(next(a))
print(next(a))
print(next(a))
```

Out:
```
2
4
---------------------------------------------------------------
StopIteration                           Traceback (most recent call last)
<ipython-input-36-58d9346178dd> in <module>()
      3 print(next(a))
      4 print(next(a))
----> 5 print(next(a))

StopIteration:
```

14.2.2 병합 클래스

반복형 데이터들을 인자로 받고 이를 하나로 병합해서 처리한다. 하나의 반복형으로 통합하거나 순서쌍으로 구성해서 처리하는 등 주어진 반복형들이 원소를 묶어서 처리한다.

예제 14-9 : 여러 개의 반복자를 하나로 병합 : itertools.chain

Sequence 타입의 객체들을 인자로 받아 하나로 묶고 체인을 구성해서 처리할 수 있는 기능을 제공한다.

```
In :  import itertools as it
      import collections.abc as cols

      print(it.chain)
      print(issubclass(it.chain, cols.Iterator))

Out:  <class 'itertools.chain'>
      True
```

리스트를 하나 만들어서 변수에 할당했다. 이 리스트를 두 개 연결해서 하나의 리스트로 만들고 싶을 때 간단하게 chain 클래스를 이용해서 반복자로 전환하면 된다.

리스트 간의 연계를 통해 반복자를 만들어서 출력하면 두 개의 리스트가 하나로 통합되어 출력되는 것을 알 수 있다.

```
In :  l = [1,2,3,4]

      c = it.chain(l,l)

      print(list(c))

Out:  [1, 2, 3, 4, 1, 2, 3, 4]
```

리스트와 리스트를 덧셈 연산자로 해도 하나로 연결된다. 반복자와의 차이점은 엄청 긴 리스트를 연결해서 메모리에 올려놓고 처리하려면 성능이 많이 떨어진다는 것이다.

반복자로 변형할 때마다 메모리에 넣어서 처리하므로 아주 큰 리스트도 처리할 수 있는 것이다.

```
In :  l+l

Out:  [1, 2, 3, 4, 1, 2, 3, 4]
```

두 개의 리스트를 통합해서 for 순환문을 통해 출력해본다.

```
In :   for i in it.chain(l,l) :
           print(i)

Out:   1
       2
       3
       4
       1
       2
       3
       4
```

예제 14-10 : 여러 개의 반복자를 순서쌍으로 통합 : itertools.product

리스트 등의 반복형인 인스턴스를 받아서 순서쌍을 구성할 수 있는 클래스가 product 이다. 또한 반복자 클래스라는 것을 알 수 있다.

```
In :   import itertools as it
       import collections.abc as cols

       print(it.product)
       print(issubclass(it.product, cols.Iterator))

Out:   <class 'itertools.product'>
       True
```

두 개의 원소를 갖는 리스트를 만들어서 순서쌍을 만든다. 총 4개의 순서쌍이 만들어진 것을 알 수 있다.

순서쌍을 만드는 반복자를 리스트 생성자와 딕셔너리 생성자의 인자로 넣으면 리스트와 딕셔너리가 생성된다. 딕셔너리는 동일한 키를 가지면 값만 변형되므로 딕셔너리는 나중에 갱신된 값만 가진 원소들로 만들어진 것을 볼 수 있다.

```
In :   l1 = ['a','b']
       l2 = [1,2]
```

```
        c = it.product(l1,l2)
        print(list(c))

        c2 = it.product(l1,l2)
        print(dict(c2))
```

Out: ```
        [('a', 1), ('a', 2), ('b', 1), ('b', 2)]
        {'a': 2, 'b': 2}
        ```

순서쌍을 하나 만들고 반복해서 두 번째 순서쌍을 만든다. 반복한 순서쌍은 repeat과 함께 숫자를 넣어서 처리하면 된다.

In :     ```
        c5 = it.product(l1,l2, repeat=2)

        for i in c5 :
            print(i)
        ```

Out: ```
        ('a', 1, 'a', 1)
        ('a', 1, 'a', 2)
        ('a', 1, 'b', 1)
        ('a', 1, 'b', 2)
        ('a', 2, 'a', 1)
        ('a', 2, 'a', 2)
        ('a', 2, 'b', 1)
        ('a', 2, 'b', 2)
        ('b', 1, 'a', 1)
        ('b', 1, 'a', 2)
        ('b', 1, 'b', 1)
        ('b', 1, 'b', 2)
        ('b', 2, 'a', 1)
        ('b', 2, 'a', 2)
        ('b', 2, 'b', 1)
        ('b', 2, 'b', 2)
        ```

3개 원소를 갖는 순서쌍을 만들 때에도 동일한 원소가 3개로 구성될 경우에는 repeat을 3으로 처리해도 되고 리스트를 3개를 묶어서 순서쌍을 만들어도 된다.

In :     ```
        c6 = it.product(l1, repeat=3)

        for i in c6 :
        ```

```
    print(i)
```

Out:
```
('a', 'a', 'a')
('a', 'a', 'b')
('a', 'b', 'a')
('a', 'b', 'b')
('b', 'a', 'a')
('b', 'a', 'b')
('b', 'b', 'a')
('b', 'b', 'b')
```

동일한 리스트를 3개 넣어서 만들어도 위의 repeat= 3과 동일한 처리를 하는 것을 알 수 있다.

In :
```
c7 = it.product([1,2],[1,2],[1,2])

for i in c7 :
    print(i)
```

Out:
```
(1, 1, 1)
(1, 1, 2)
(1, 2, 1)
(1, 2, 2)
(2, 1, 1)
(2, 1, 2)
(2, 2, 1)
(2, 2, 2)
```

예제 14-11 : 원소가 다른 것을 순서쌍 처리 : itertools.zip_longest

서로 길이가 다른 경우 가장 긴 원소를 기준으로 순서쌍을 만들기 위해서는 zip_longest 클래스를 이용해서 모든 것을 순서쌍으로 구성해야 한다.

이 zip_longest도 반복자 클래스라는 것을 알 수 있다.

In :
```
import itertools as it
import collections.abc as cols

print(it.zip_longest)
```

```
print(issubclass(it.zip_longest, cols.Iterator))
```

Out:
```
<class 'itertools.zip_longest'>
True
```

원소가 다른 두 개의 리스트를 리터럴로 만들었다. 순서쌍을 만들어보면 긴 리스트의 원소를 기준으로 만들어지므로 짧은 원소의 리스트 값이 들어갈 곳에는 값이 없으므로 None을 표시하는 것을 볼 수 있다.

In :
```
l1 = [1,2,3]
l2 = ['a','b','c','d']

z = it.zip_longest(l1,l2)

for i in z:
    print(i)
```

Out:
```
(1, 'a')
(2, 'b')
(3, 'c')
(None, 'd')
```

이 자료를 가지고 zip 클래스를 이용해서 만들면 작은 원소의 리스트에 맞도록 순서쌍이 처리되는 것을 알 수 있다.

In :
```
l1 = [1,2,3]
l2 = ['a','b','c','d']

z = zip(l1,l2)

for i in z:
    print(i)
```

Out:
```
(1, 'a')
(2, 'b')
(3, 'c')
```

14.2.3 확장 클래스

기존 데이터를 가지고 새로운 확장 반복자를 만들어서 처리해보자. 주로 순열과 조합 등을 만들어서 사용한다.

✦ 순열과 조합으로 처리하기

Sequence 원소에 대해 반복자 자료형으로 순열과 조합을 만들어준다.

예제 14-12 : 순열과 조합 처리

순열을 처리하는 permutations도 하나의 클래스이며 반복자 클래스라는 것을 알 수 있다.

```
In :   import itertools as it
       import collections.abc as cols

       print(it.permutations)
       print(issubclass(it.permutations, cols.Iterator))
```

```
Out:   <class 'itertools.permutations'>
       True
```

permutations 내의 순열이므로 특정 원소의 개수를 순서대로 나열해서 쌍으로 만드는 것이다.

일단 3개의 요소를 순열로 구성하므로 6개를 쌍으로 해서 구성하는 것을 알 수 있다.

```
In :   l1 = [1,2,3]

       p = it.permutations(l1)

       for i in p :
           print(i)
```

```
Out:   (1, 2, 3)
       (1, 3, 2)
```

```
(2, 1, 3)
(2, 3, 1)
(3, 1, 2)
(3, 2, 1)
```

총 3개의 원소 중에 2개의 원소를 순서대로 처리하면 n!/(n−r)! 이므로 총 6개가 나온다. 이 클래스의 두 번째 인자로 2를 주고 처리하면 2개의 쌍으로 구성된 것을 6개 보여준다.

```
In :  l1 = [1,2,3]

      p = it.permutations(l1,2)

      for i in p :
          print(i)
```
```
Out:  (1, 2)
      (1, 3)
      (2, 1)
      (2, 3)
      (3, 1)
      (3, 2)
```

순열을 알아봤으니 이제 조합에 대해서 알아보겠다. 조합은 순서가 없이 구성하는 것을 표시한다. 조합 combinations 클래스도 반복자인지를 알아보면 상속 관계가 True라는 것을 알 수 있다.

```
In :  import itertools as it
      import collections.abc as cols

      print(it.combinations)
      print(issubclass(it.combinations, cols.Iterator))
```
```
Out:  <class 'itertools.combinations'>
      True
```

조합의 산식을 잘 보면 순열에서 자기가 선택한 만큼을 다시 팩토리만큼 나눠서 순서가 없는 것을 구하면 된다. 조합으로 처리될 때 산식은 n!/(n−r)!*r! 이다.

일단 원소가 3개인 리스트에 대해 3개의 원소로 조합을 만들면 1개만 출력되는 것을 확인할 수 있다.

```
In :   l1 = [1,2,3]

       c = it.combinations(l1,3)

       for i in c :
           print(i)

Out:   (1, 2, 3)
```

세 개의 원소를 가진 리스트에서 두 개의 원소만을 조합으로 만들면 산식에 따라 3!/1!*2!로 총 원소가 3개 만들어진다.

```
In :   l1 = [1,2,3]

       c = it.combinations(l1,2)

       for i in c :
           print(i)

Out:   (1, 2)
       (1, 3)
       (2, 3)
```

두 개의 리스트 간에 조합으로 구성하는 것과 같이 처리된다. combinations_with_replacement 클래스를 이용해서 처리하는 방법을 알아보자.

동일한 리스트를 2개로 인식해서 2개의 원소를 가지는 조합으로 처리하면 6개가 나온다.

```
In :   l1 = [1,2,3]

       c = it.combinations_with_replacement(l1,2)

       for i in c :
           print(i)

Out:   (1, 1)
```

```
(1, 2)
(1, 3)
(2, 2)
(2, 3)
(3, 3)
```

두 번째 인자를 3으로 하면 3개 리스트를 가지고 조합을 이루는 것과 동일하게 구성한 것을 알 수 있다.

```
In :   l1 = [1,2,3]

       c = it.combinations_with_replacement(l1,3)

       for i in c :
           print(i)
Out:   (1, 1, 1)
       (1, 1, 2)
       (1, 1, 3)
       (1, 2, 2)
       (1, 2, 3)
       (1, 3, 3)
       (2, 2, 2)
       (2, 2, 3)
       (2, 3, 3)
       (3, 3, 3)
```

✚ 자료형을 반복하기

리스트 같은 Sequence 자료형을 받아서 유한 개로 반복하거나 아니면 무한으로 반복하는 것을 만들 수 있는 클래스를 제공한다. 특히 리스트 등의 원소를 유한 반복해서 처리하는 repeat과 리스트 내의 원소를 무한 반복하는 cycle 클래스가 있고, 숫자를 무한 순환하는 count 클래스 등이 있다.

예제 14-13 : 반복 처리

주어진 숫자만큼만 반복해서 처리하는 repeat 클래스도 반복자라는 것을 알 수 있다.

```
In :    import itertools as it
        import collections.abc as cols

        print(it.repeat)
        print(issubclass(it.repeat, cols.Iterator))
```

```
Out:    <class 'itertools.repeat'>
        True
```

이 반복자를 가지고 하나의 리스트를 첫 번째 인자, 두 번째 인자에 2를 전달해서 하나의
인스턴스를 만들었다. 이 인스턴스를 반복해서 처리할 경우 하나의 원소가 리스트가 되어
인자로 넣은 리스트를 2번 출력한다.

```
In :    l= [1,2,3]
        r = it.repeat(l,2)
        print(r)

        for i in r :
            print(i)
```

```
Out:    repeat([1, 2, 3], 2)
        [1, 2, 3]
        [1, 2, 3]
```

무한 순환을 처리하는 반복자는 cycle이고 이 클래스가 반복자인지를 확인했더니 True라
고 출력된다.

```
In :    import itertools as it
        import collections.abc as cols

        print(it.cycle)
        print(issubclass(it.cycle, cols.Iterator))
```

```
Out:    <class 'itertools.cycle'>
        True
```

리스트를 정의하고 cycle 클래스에 이 리스트를 인자로 넣어 출력하면 무한 반복이 발생
해서 종료되지 않는다.

순환해서 출력해보면 리스트 내의 원소가 하나씩 출력되는 것을 알 수 있다. 리스트 원소를 한 번 다 출력하고 두 번째 출력할 때 이를 강제 종료하도록 만들었다.

```
In :    l= [1,2,3]
        c = it.cycle(l)
        print(c)

        count = 1
        for i in c :
            if count == 5 :
                break
            count += 1
            print(i)
```

```
Out:    <itertools.cycle object at 0x0000000004B575E8>
        1
        2
        3
        1
```

숫자에 대한 무한 수열을 발생시키는 반복자인 count 클래스이다. 실행 시 주의할 점은 종료를 위한 중단점을 만들어서 처리해야 한다.

```
In :    import itertools as it
        import collections.abc as cols

        print(it.count)
        print(issubclass(it.count, cols.Iterator))
```

```
Out:    <class 'itertools.count'>
        True
```

순환문에서 종단점을 표시하는 특정 조건을 주고 이 조건을 만족하면 종료된다.

```
In :    c = it.count(3)
        print(c)

        count = 1
        for i in c :
            if count == 5 :
```

```
        break
    count += 1
    print(i)
```

Out:
```
count(3)
3
4
5
6
```

순환 객체를 반복해서 생성하려면 tee 함수를 사용한다. 이 함수 tee로 만들어지는 인스턴스도 반복자로 처리가 가능하다.

In :
```
import itertools as it
import collections.abc as cols

print(it.tee)
print(it.tee(it.count(3)))

print(issubclass(type(it.tee(it.count(3))[0]),cols.Iterator))
```

Out:
```
<built-in function tee>
(<itertools._tee object at 0x0000000004B5B308>, <itertools._tee object
at 0x0000000004B6DFC8>)
True
```

리스트를 원소로 받으면 2개의 리스트 반복자가 내부에 생긴다. 이를 하나씩 읽어 처리하기 위해서는 순환문을 2개 작성해야 한다.

In :
```
t = it.tee([1,2,3])

for i in t :
    for j in i :
        print(j)
```

Out:
```
1
2
3
1
2
```

718

```
3
```

리스트 하나를 두 개의 반복자로 만들어 달라고 했다. 이를 출력하기 위해 다시 chain으로 연결했다. 이때 *를 변수 이름 앞에 붙인 이유는 tee가 생성한 각각의 반복자를 chain 클래스 인자로 분리하고 인자를 언패킹해서 처리하는 것이다.

```
In :    a = it.tee([1,2,3],2)
        for i in it.chain(*a) :
            print(i)

Out:    1
        2
        3
        1
        2
        3
```

2개가 만들어진 것을 chain으로 묶어 순환문을 하나만 사용해서 출력할 수 있다.

```
In :    t = it.tee([1,2,3])

        c = it.chain(*t)
        for i in c :
            print(i)

Out:    1
        2
        3
        1
        2
        3
```

14.2.4 그룹화 및 필터링 처리

itertools 모듈 내의 반복자를 처리하는 클래스를 확인했다. 반복자를 처리할 때 내부의 원소들을 그루핑해서 처리가 필요하거나 기존 반복자들에게 제약이 필요할 경우, 특정 반복자의 필터링 등이 필요한 경우에 사용되는 클래스를 알아보겠다.

예제 14-14 : 순환 객체 내의 원소를 그룹화하기

순환 객체가 반복되는 원소들을 그룹으로 처리하는 groupby도 반복자인 클래스이다.

```
In :   import itertools as it
        import collections.abc as cols

        print(it.groupby)
        print(issubclass(it.groupby, cols.Iterator))
```

```
Out:   <class 'itertools.groupby'>
        True
```

리스트를 가지고 groupby로 생성하면 하나의 반복자를 만들어준다. 이 반복자의 구조에
서 내부를 출력하면 그룹화된 키와 그 값들을 표현하는 반복자가 만들어진다.

```
In :   l = [1,2,2,2,3,3,3,4,4,4,2,2]

        g = it.groupby(l)
        print(g)
        for i in g :
            print(i)
```

```
Out:   <itertools.groupby object at 0x0000000004B47408>
        (1, <itertools._grouper object at 0x0000000004AC82E8>)
        (2, <itertools._grouper object at 0x0000000004AC8550>)
        (3, <itertools._grouper object at 0x0000000004AC8588>)
        (4, <itertools._grouper object at 0x0000000004AC8630>)
        (2, <itertools._grouper object at 0x0000000004AC86D8>)
```

내부의 반복자를 리스트 생성자로 확인해보면 반복자가 리스트로 변환되어 표시된다.

```
In :   l = [1,2,2,2,3,3,3,4,4,4,2,2]

        g = it.groupby(l)
        for i in g :
            print(i[0],list(i[1]))
```

```
Out:    1 [1]
        2 [2, 2, 2]
        3 [3, 3, 3]
        4 [4, 4, 4]
        2 [2, 2]
```

예제 14-15 : 무한 순환 제어하기

itertools.count는 무한 숫자를 반복하는 반복자이다. 특정한 영역까지만 처리하도록 itertools. takewhile 내의 첫 번째 인자에 함수를 넣어 이 클래스의 조건이 거짓일 경우 중단되도록 처리하면 특정·값까지 추출된다.

itertools.dropwhile은 True 값일 때는 처리하지 않고 첫 번째 False가 발생하면 출력되기 시작한다.

Takewhile은 True까지만 처리하므로 무한 순환을 제어하기에 좋지만 dropwhile을 처리할 때는 무한 순환 조건을 처리할 때 조심해야 한다.

무한 순환을 제어하는 것도 반복자로 만들어져 있다. 이 반복자를 제어해서 무한 반복 등의 처리를 제약하도록 만든 takewhile 클래스이다.

```
In :   import itertools as it
       import collections.abc as cols

       print(it.takewhile)
       print(issubclass(it.takewhile, cols.Iterator))
```

```
Out:   <class 'itertools.takewhile'>
       True
```

itertools.count는 무한 반복이 가능하고 증가도 조정이 가능하다. 이 증가하는 원소들을 확인해서 제약을 줄 수 있다.

첫 번째 인자로 제약을 처리하도록 lambda 함수로 3보다 작을 때까지만 처리하고 종료하게 했다.

```
In :   t = it.takewhile(lambda x : x < 3, it.count(1,0.5))
       print(t)

       print(list(t))
```

```
Out:   <itertools.takewhile object at 0x0000000004B5BD08>
       [1, 1.5, 2.0, 2.5]
```

이 itertools.dropwhile 반복자도 하나의 클래스이다.

```
In :   import itertools as it
       import collections.abc as cols

       print(it.dropwhile)
       print(issubclass(it.dropwhile, cols.Iterator))
```

```
Out:   <class 'itertools.dropwhile'>
       True
```

특정 함수의 takewhile과 dropwhile 처리를 비교해본다. 참인 조건에 출력하는 takewhile, 거짓인 조건을 만나면 전부 출력하는 dropwhile의 결과를 확인한다.

```
In :   d = it.dropwhile(lambda x : x < 3, [1,2,3,4,5])
       print(d)

       print(list(d))
```

```
Out:   <itertools.dropwhile object at 0x0000000004B2DD48>
       [3, 4, 5]
```

```
In :   d = it.takewhile(lambda x : x < 3, [1,2,3,4,5])
       print(d)

       print(list(d))
```

```
Out:   <itertools.takewhile object at 0x0000000004AB3C88>
       [1, 2]
```

특정 조건을 만족하지 않을 경우 동일한 원소도 처리하는지를 확인해보자. 거짓 조건을 만나면 그 다음부터는 전부 출력을 처리한다.

```
In :   d = it.dropwhile(lambda x : x < 3, [1,2,3,3,3,3,4,5])
       print(d)

       print(list(d))

Out:   <itertools.dropwhile object at 0x0000000004B59E08>
       [3, 3, 3, 3, 4, 5]
```

무한 순환을 처리할 때 dropwhile로 특정 거짓 조건을 처리하고 takewhile로 무한 순환을 제어할 수 있다.

무한 순환되는 count 클래스를 제어하기 위해 숫자 중에 3보다 크고 5보다 작은 것을 추출해서 처리했다.

```
In :   d = it.takewhile(lambda x : x < 5, it.dropwhile(lambda x : x < 3,it.
       count(1,0.5)))
       print(d)
       print(list(d))

Out:   <itertools.takewhile object at 0x0000000004B5B188>
       [3.0, 3.5, 4.0, 4.5]
```

예제 14-16 : 반복자에 대한 슬라이싱 처리

반복자에 대해서도 슬라이스를 처리할 수 있는 클래스를 제공한다. 이 클래스가 islice 이다.

```
In :   import itertools as it
       import collections.abc as cols

       print(it.islice)
       print(issubclass(it.islice, cols.Iterator))

Out:   <class 'itertools.islice'>
       True
```

부분집합을 하기 위해서는 내부 인자를 넣어줘야 하는데 하나만 주면 끝을 의미하고 두 개를 넣으면 시작과 끝을 표시한다. 세 개를 넣으면 시작, 끝, 간격인 스텝을 처리한다.

특히 반복자는 한번 생성되면 연결해서 처리되고 다 사용하면 소멸되므로 연결해서 islice를 사용하면 소멸되기 전까지 계속 처리되는 것을 알 수 있다.

```
In :  l = [1,2,3,4]

      c = it.chain(l,l)

      isl = it.islice(c,2,3)
      print(list(isl))

      isl = it.islice(c,2)
      print(list(isl))
```

```
Out:  [3]
      [4, 1]
```

새로운 반복자 인스턴스를 만들어서 시작과 끝을 부여했고 간격을 넣어서 새롭게 슬라이스를 처리했다.

```
In :  l = [1,2,3,4]

      c = it.chain(l,l)

      isl = it.islice(c,2,8,2)
      print(list(isl))
```

```
Out:  [3, 1, 3]
```

14.3 제너레이터(generator)

기존의 반복형으로 만들어진 것을 반복자를 사용해서 동적으로 처리했다. 이제 처음부터 동적으로 생성해서 처리하는 제너레이터에 대해 알아본다.

제너레이터는 함수 정의문을 통해 정의하지만 함수와 달리 return문 대신 yield문을 사용하고 첫 번째로 실행하면 제너레이터 인스턴스를 생성한다. 또한 제너레이터에도 표현식으로 만들 수 있다. 제너레이터 표현식을 위한 표기법은 소괄호를 사용하고 내부 로직은 지능형 표기법을 사용한다.

제너레이터도 반복자를 생성해서 만들었으므로 반복자와 동일하게 한번 실행한 후에는 다시 사용할 수 없다. 다시 사용하려면 항상 제너레이터 인스턴스를 만들어서 사용해야 한다.

14.3.1 제너레이터 구조

제너레이터는 반복자를 상속받아 만들어진 구조로 함수를 이용하는 방법과 표현식을 처리하는 방식이 있다.

예제 14-17 : 제너레이터 구조

추상 클래스 Generator는 Iterator를 상속받았고, Iterator는 Iterable을 상속받는 구조라는 것을 알 수 있다.

```
In :   import collections.abc as cols

       print(cols.Generator.__bases__)
       print(cols.Iterator.__bases__)
       print(cols.Iterable.__bases__)
```

```
Out:   (<class 'collections.abc.Iterator'>,)
       (<class 'collections.abc.Iterable'>,)
       (<class 'object'>,)
```

제너레이터 클래스에 추가된 메서드가 3개이다. 이 제너레이터를 닫는 것과 제너레이터에게 정보를 전달하는 send 메서드 그리고 예외를 처리하는 throw 메서드가 있다.

```
In :   for i in dir(cols.Generator) :
           if not i.startswith("_") :
```

```
        print(i)
```

Out:
```
close
send
throw
```

제너레이터 표현식을 만들 때에는 리터럴 리스트를 지정해서 소괄호로 묶어 for 순환문으로 작성하고 변수에 할당하면 제너레이터 인스턴스가 바로 만들어진다.

이 변수를 for 순환문으로 처리하면 원소들이 하나씩 처리된다. 상속 관계를 issubclass 함수로 확인하면 Generator 클래스이므로 True라는 것을 알 수 있다.

In :
```
g = (x for x in [1,2,3,4])

print(g)
print(issubclass(type(g), cols.Generator))

for i in g :
    print(i)
```

Out:
```
<generator object <genexpr> at 0x0000000004B37F10>
True
1
2
3
4
```

제너레이터 표현식 내부의 변화를 확인하기 위해서 지역 네임스페이스를 확인하는 locals 내장 함수를 가지고 내부를 출력해보면 내부 변수가 변하는 것을 알 수 있다.

In :
```
g = (locals() for x in [1,2,3,4])

print(g)
print(issubclass(type(g), cols.Generator))

for i in g :
    print(i)
```

Out:
```
<generator object <genexpr> at 0x0000000004B37D00>
True
```

```
{'x': 1, '.0': <tuple_iterator object at 0x0000000004B69898>}
{'x': 2, '.0': <tuple_iterator object at 0x0000000004B69898>}
{'x': 3, '.0': <tuple_iterator object at 0x0000000004B69898>}
{'x': 4, '.0': <tuple_iterator object at 0x0000000004B69898>}
```

14.3.2 제너레이터를 함수로 정의하기

제너레이터는 함수 정의를 이용해서 만들 수 있다. 함수를 처음으로 실행하면 제너레이터 인스턴스가 만들어지는 것이 함수와 다르다.

✛ 제너레이터 함수 정의

함수로 제너레이터를 정의할 때는 수행될 만큼의 계산이 필요한 경우 순환문(for, while 문) 내에 yield를 넣어서 처리하며 더 이상 처리하고 싶지 않을 경우는 close로 닫아 종료 된다. 최종까지 다 사용되어 종료되면 반복자와 동일하게 다시 사용할 수 없다.

재사용을 위해서는 다시 제너레이터를 만들어야 한다.

예제 14-18 : 제너레이터를 만들고 실행해보기

한 번만 실행되는 제너레이터는 함수 정의문에 yield문이 한 번만 실행되도록 정의하면 된다.

이 제너레이터 정의문을 통해 하나의 제너레이터를 만든다.

```
In :    def onegen() :
            yield 100

        onegen = onegen()
        print(onegen)
```

```
Out:    <generator object onegen at 0x10ea50e60>
```

이 제너레이터를 next 함수로 한 번 호출했다. 이때 함수 내의 yield에 있는 부분이 처리 되었다.

다시 next로 호출하면 한번 처리가 되어 더 이상 이 로직은 처리가 되지 않는다. 그래서 제너레이터가 종료되어 더 이상 처리할 수 없다는 StopIteration이라는 예외를 출력한다.

```
In :  print(next(onegen))
      print(next(onegen))
```

```
Out:  100
      ------------------------------------------------------------
      StopIteration                     Traceback (most recent call last)
      <ipython-input-48-f60a871a1add> in <module>()
            1 print(next(onegen))
      ----> 2 print(next(onegen))

      StopIteration:
```

제너레이터의 함수 정의문으로 yield문을 두 번 작성했다. 이 말은 곧 이 제너레이터가 2번 실행이 가능하다는 것을 말해준다.

```
In :  def twogen() :
          yield 100
          yield 200

      twogen = twogen()
      print(twogen)
```

```
Out:  <generator object twogen at 0x10ea74410>
```

제너레이터가 만들어졌으므로 두 번 호출해서 처리를 하면 결과가 출력된다.

또 한 번 더 호출할 때마다 이 제너레이터는 종료되었기에 예외를 발생시켜서 더 이상 처리할 것이 없다는 것을 알려준다.

```
In :  print(next(twogen))
      print(next(twogen))
      print(next(twogen))
```

```
Out:  100
      200
      ------------------------------------------------------------
```

```
StopIteration                              Traceback (most recent call last)
<ipython-input-50-d102697486c9> in <module>()
      1 print(next(twogen))
      2 print(next(twogen))
----> 3 print(next(twogen))

StopIteration:
```

제너레이터를 정의문을 통해 만들 경우는 함수 정의문 표기법을 그대로 사용한다. 차이점은 반환된 값을 처리하는 return문이 없이 이를 생성하는 yield문으로 변경이 된 것을 알 수 있다.

매개변수 하나를 받아 순환문에서 하나의 숫자를 처리하는 것을 알 수 있다. 이를 출력해 보면 함수의 지역 네임스페이스와 출력값 i를 보여준다.

```
In :   def gen(x) :
           for i in range(x) :
               print(locals())
               yield i


       for i in gen(3) :
           print(i)

Out:   {'i': 0, 'x': 3}
       0
       {'i': 1, 'x': 3}
       1
       {'i': 2, 'x': 3}
       2
```

함수를 정의하는 방법을 이용해서 제너레이터를 만든다. 순환문 안에 yield가 있어 순환이 종료되는 시점까지 반복할 수 있다.

```
In :   def loopgen() :
           count = 0
           while True :
               yield 100
               if count >= 3 :
                   break
```

```
        count += 1

loopgen = loopgen()
print(loopgen)
```

Out: `<generator object loopgen at 0x0000000004AC9410>`

함수를 실행하면 제너레이터 객체가 만들어진다. 이 제너레이터도 반복자이므로 next 연산으로 호출해도 반환값을 받을 수 있다. 범위가 넘어가면 제너레이터가 종료되어 더 이상 처리할 수 없다는 StopIteration이 출력된다.

In :
```
print(next(loopgen))
print(next(loopgen))
print(next(loopgen))
print(next(loopgen))
print(next(loopgen))
```

Out:
```
100
100
100
100
---------------------------------------------------------------------
StopIteration                           Traceback (most recent call last)
<ipython-input-37-f030eb70da4e> in <module>()
      3 print(next(loopgen))
      4 print(next(loopgen))
----> 5 print(next(loopgen))

StopIteration:
```

✚ 제너레이터를 wrap해서 처리하기

두 개의 제너레이터를 연결해서 사용할 경우 하나를 래핑해서 처리하면 된다. 이때 표기법은 yield from을 이용해서 작성하면 된다.

예제 14-19 : 제너레이터를 연결해서 처리하기

제너레이터 두 개 source와 outer를 작성했다. 두 개 내부의 for 순환문에서 생성한 값을

730

처리한다.

```
In :   def source() :

           for i in range(4) :
               yield i
```

```
In :   def outer(g) :
           for i in g :
               yield i
```

제너레이터를 연결해서 처리하기 위해 outer에 인자로 source를 실행한 제너레이터를 넣어서 새로운 제너레이터를 만든다. 이를 순환문에서 원소 하나씩 실행하면 결과가 출력된다.

```
In :   outer = outer(source())
       print(outer)
```

```
Out:   <generator object outer at 0x0000000004B6DC50>
```

```
In :   for i in outer :
           print(i)
```

```
Out:   0
       1
       2
       3
```

예제 14-20 : 제너레이터를 바로 연결해서 처리하기

위의 예제는 제너레이터에 인자로 제너레이터를 만들어 전달하고 내부에도 for 순환문을 이용해서 전달된 제너레이터를 처리했다.

동일한 처리이지만 이번에는 yield from을 이용해서 연결하면 for문이 없어도 전달된 제너레이터가 순환되면서 처리되기에 연결된 outer도 처리되는 것을 알 수 있다.

```
In :   def source() :
```

```
    for i in range(4) :
        yield i
```

In :
```
def outer(g) :
    yield from g
```

동일하게 outer로 제너레이터 인스턴스를 만들고 이를 for 순환문에서 처리하면 위의 예제와 동일한 결과가 나오는 것을 알 수 있다.

In :
```
outer = outer(source())
print(outer)
```

Out:
```
<generator object outer at 0x0000000004B6D258>
```

In :
```
for i in outer :
    print(i
```

Out:
```
0
1
2
3
```

예제 14-21 : 클래스를 이용해서 제너레이터 처리

제너레이터를 생성하는 find 함수를 정의한다.

In :
```
def find(l) :
    for i in range(len(l)) :
        yield l[i]
```

In :
```
print(find)
```

Out:
```
<function find at 0x0000000005220510>
```

In :
```
print(find([1,2,3,4]))
```

Out:
```
<generator object find at 0x0000000005291F68>
```

732

Apply 클래스를 정의하면서 하나의 함수를 받고 이 함수 인자의 모든 것을 받아서 처리할 수 있도록 *args, **kwargs로 준다. 반복자를 만드는 __iter__ 메서드에 전달된 함수로 제너레이터 인스턴스를 만들어서 처리하도록 정의했다.

```
In :   class Apply :
           def __init__(self,func,*args, **kwargs) :
               self.func = func
               self.args = args
               self.kwargs = kwargs

           def __iter__(self) :
               return self.func(*self.args,**self.kwargs)
```

Apply 생성자에 제너레이터 함수 find를 넣고 인스턴스를 만들었다. 이 인스턴스는 Apply 클래스의 인스턴스라는 것을 알 수 있다.

```
In :   apply = Apply(find,[1,2,3,4])
       print(apply)
```

```
Out:   <__main__.Apply object at 0x00000000052B6CF8>
```

Apply 클래스로 만든 인스턴스를 반복자로 만드는 iter 함수를 실행해서 변수에 할당하면 제너레이터 인스턴스가 만들어지는 것을 볼 수 있다.

```
In :   a = iter(apply)
       print(a)
```

```
Out:   <generator object find at 0x00000000052917D8>
```

제너레이터 인스턴스를 next로 호출하면 find 내부의 yield가 실행되어 원소 하나씩 호출하고 출력한다. 모든 원소가 다 처리되면 제너레이터를 종료하기 위해 StopIteration 예외가 발생한다.

```
In :   print(next(a))
       print(next(a))
       print(next(a))
```

```
print(next(a))
print(next(a))
```

Out:
```
1
2
3
4
-----------------------------------------------------------------
StopIteration                         Traceback (most recent call last)
<ipython-input-10-86b9db65e8f0> in <module>()
      3 print(next(a))
      4 print(next(a))
----> 5 print(next(a))

StopIteration:
```

14.4 코루틴(coroutine) 처리

파이썬 함수는 기본적으로 한번 처리하고 실행이 끝나면 종료한다. 이런 점을 수정해서 처리해야 할 때 항상 정보를 전달하고 처리된 결과를 받아서 실행할 수 있는 코루틴이 필요하다.

코루틴 작성 방식을 보면 제너레이터와 거의 유사하지만 yield가 표시된 부분이 다르다. 코루틴의 특징은 함수 내에서 호출한 것을 다시 호출할 수 있고, 다시 다른 루틴에서 함수의 중간 지점을 호출할 수 있다는 것이 핵심이다.

이번에는 코루틴의 작동 원리와 간단한 사용법을 배운다.

14.4.1 코루틴 기본 이해하기

코루틴은 하나의 작업 단위를 처리하여 다음 코루틴으로 연결하는 프로세스 파이프를 구성하는 단위를 만들기에 적합하다. 실행되는 동안 종료가 되지 않으므로 종료하기 위해서는 close가 필요하다.

✦ 코루틴 주요 메서드 설명

- coroutine.send (value)

  코루틴을 시작하거나 다시 시작한다. value가 None이면 시작, None이 아니면 이 값을 처리한다.

- coroutine.throw (type [, value [, traceback]])

  코루틴에서 지정된 예외를 발생시킨다. 이 메서드는 코루틴을 일시 중단시키는 반복자의 throw () 메서드에 위임한다.

- coroutine.close ()

  코루틴 자체를 종료한다.

예제 14-22 : 코루틴 제너레이터를 생성하고 클로즈하기

코루틴은 일단 특정 정보를 전달받아서 처리해야 하므로 yield 앞에 실행할 변수가 할당되어야 한다.

이 로직을 보면 send로 보내진 것을 변수에 할당하고 이를 print문으로 출력한다.

```
In :    def cor() :
            while True :
                i = yield
                print(" consumed %d " %i)
```

함수 cor로 인스턴스를 생성하면 제너레이터가 만들어진다. 사실 코루틴을 처리할 인스턴스를 만든 것이다. 일단 코루틴이 작동하려면 next를 보내서 처리할 준비를 해야 한다.

```
In :    c = cor()

        print(c)
```
```
Out:    <generator object cor at 0x0000000005291BF8>
```

```
In :    next(c)
```
```
Out:    None
```

실행이 준비되어 send 메서드로 정보를 전달하면 print문이 실행된다. 코루틴은 계속 실행될 준비를 하고 있으므로 close 메서드로 닫아야 코루틴이 종료되고 메모리에서 삭제된다.

```
In :   c.send(10)
       c.send(20)
       c.close()

Out:   consumed 10
       consumed 20
```

종료된 코루틴을 다시 next로 호출하면 기존에 종료되었기에 StopIteration 예외가 발생한다.

```
In :   next(c)

Out:   ----------------------------------------------------------------
       StopIteration                        Traceback (most recent call last)
       <ipython-input-16-73b012f9653f> in <module>()
       ----> 1 next(c)

       StopIteration:
```

close 이후에 다시 send로 보내도 종료가 되어서 실행이 되지 않는 것을 알 수 있다.

```
In :   c.send(30)

Out:   ----------------------------------------------------------------
       StopIteration                        Traceback (most recent call last)
       <ipython-input-58-55afe42bdcee> in <module>()
       ----> 1 c.send(30)

       StopIteration:
```

다시 함수를 실행하고 코루틴을 send 메서드에 None을 넣어 전달해야 코루틴이 활성화된다.

send 메서드로 활성화시키려면 send 메서드의 인자값으로 None을 전달한다. Next 함수로 호출하는 것과 동일하게 코루틴을 실행시킨다.

```
In :   c = cor()

       print(c)

       c.send(None)
```
```
Out:   <generator object cor at 0x0000000004B6D888>
```

그리고 다시 정보를 보내면 print문이 실행되어 출력되는 것을 볼 수 있다. 다시 이 코루틴을 종료한다.

```
In :   c.send(100)
       c.send(200)
       c.close()
```
```
Out:    consumed 100
        consumed 200
```

예제 14-23 : 코루틴 재사용하기

한번 사용하고 close로 종료하지 않으면 코루틴은 항상 사용이 가능하다. 코루틴 함수를 정의할 때 while문에 True를 지정해서 무한 순환을 처리할 수 있도록 만든다.

```
In :   def writer() :
           while True :
               w = yield
               print(">>",w)
```

코루틴 실행을 위해 next 함수 대신 send 메서드에 인자를 None으로 호출한다.

```
In :   writer = writer()
       print(writer)
```
```
Out:   <generator object writer at 0x0000000004B6DC50>
```

```
In :    writer.send(None)
        print(writer)
```

```
Out:    <generator object writer at 0x0000000004B6DC50>
```

두 번 연속해서 코루틴을 호출하면 처리를 한다.

```
In :    for i in range(2) :
            writer.send(i)
```

```
Out:    >> 0
        >> 1
```

Close 메서드를 이용해서 종료하지 않았으므로 계속 코루틴을 사용할 수 있다. 항상 데이터가 오기를 기다리고 있다.

```
In :    for i in ["hello","world"] :
            writer.send(i)
```

```
Out:    >> hello
        >> world
```

예제 14-24 : 코루틴 결과를 제너레이터로 반환하기

특정 결과를 다시 반환을 받아 처리하고 싶어서 코루틴을 정의한 곳에 return문을 정의하면 어떤 결과가 나오는지를 확인해보자.

```
In :    def cor_return() :
            while True :
                i = yield
                i = i + 100
                return i
```

제너레이터를 생성하고 코루틴을 활성화하기 위해 send 메서드에 None을 보냈다.

```
In :    cor = cor_return()
        cor.send(None)
```

738

코루틴를 실행하기 위해 send 메서드에 100을 넣고 실행하면 반환값을 받지만 return문이 발생해서 종료되면 이 제너레이터가 종료된 것을 알 수 있다.

```
In :  v = cor.send(100)
      print(v)

Out:  ----------------------------------------------------------------
      StopIteration                      Traceback (most recent call last)
      <ipython-input-22-83fb1e5893e3> in <module>()
      ----> 1 v = cor.send(100)
              2 print(v)

      StopIteration: 200
```

처리된 결과를 받아서 확인하기 위해 yield 뒤에서 결과값이 처리되는 변수를 넣어 처리하도록 만들었다.

```
In :  def cor_yield() :
          i = 0
          while True :
              i = yield i
              print("iii",i)
              i = i + 100
```

코루틴을 기동시키면 i의 값이 초기값으로 출력되는 것을 확인할 수 있다.

```
In :  cory = cor_yield()
      cory.send(None)

Out:  0
```

코루틴 로직을 처리하기 위해 100을 넣어 보내면 처리된 결과가 100이고 반환된 값은 200이 되는 것을 알 수 있다.

```
In :  v = cory.send(100)
      print(v)

Out:  iii 100
```

```
200
```

300을 보내면 처리된 결과를 400으로 반환하는 것을 알 수 있다.

```
In :    W = cory.send(300)
        print(W)

Out:    iii 300
        400
```

300을 보내면 항상 100을 더해서 처리하는 것을 볼 수 있다. 처리된 결과를 내부에서 보관하지 않았으므로 항상 100을 더한 결과만을 처리한다.

```
In :    W = cory.send(400)
        print(W)

Out:    iii 400
        500
```

예제 14-25 : 코루틴으로 평균 처리하기

이번에는 코루틴 내부에 특정 처리 결과를 보관했다가 이 값을 전부 합산해서 평균을 구해 코루틴으로 만들었다.

내부에 전체를 더하는 total 변수와 입력 횟수를 계산하는 count로 값을 누적해서 매번 들어올 때마다 평균을 계산하고 결과를 보낸다.

```
In :    def mean() :
            total = 0
            average = 0
            count = 0
            while True :
                i = yield average
                total += i
                count += 1
                average = total/count
```

제너레이터를 만들고 send 메서드로 None을 보내서 코루틴을 기동시킨다.

```
In :   mean = mean()
       print(mean)
```

```
Out:   <generator object mean at 0x0000000004C29150>
```

```
In :   mean.send(None)
```

```
Out:   0
```

두 개의 값을 전달하면 이를 합산해서 평균을 계산한 결과를 반환하는 것을 볼 수 있다. 이 계산이 끝나면 이 코루틴을 종료한다.

```
In :   print(mean.send(100))
       print(mean.send(200))
```

```
Out:   100.0
       150.0
```

```
In :   mean.close()
```

14.4.2 종료 예외 처리하기

코루틴을 처리할 때 무한 순환이 되지 않을 경우 항상 마지막이 처리되면 StopIteration을 발생시킨다.

모든 코루틴이 전부 처리되었는지를 확인하기 위해 Try except문으로 예외를 잡는 로직을 추가하는 것이 좋다.

예제 14-26 : 코루틴 종료 예외 처리하기

코루틴을 처리할 수 있는 함수를 정의할 때 yield문을 한 번만 작성했다.

```
In :    def cor_except() :
            i = yield
            print(">>", i)
```

제너레이터를 생성하고 고루틴을 기동시킨다.

```
In :    cor_ = cor_except()
        print(cor_)

Out:    <generator object cor_except at 0x0000000004C29B48>
```

```
In :    cor_.send(None)
```

send 메서드를 전달한다. 코루틴을 처리할 횟수가 한 번이므로 100을 출력한 뒤 더 이상
처리할 수 없다는 뜻인 StopIteration을 발생시킨다.

```
In :    cor_.send(100)

Out:    >> 100
        ----------------------------------------------------------------
        StopIteration                       Traceback (most recent call last)
        <ipython-input-112-8765c01c5036> in <module>()
        ----> 1 cor_.send(100)

        StopIteration:
```

예외를 발생시키지 않으려면 try except로 처리해서 예외가 발생하면 최종 처리가 종료되
었다고 출력한다.

```
In :    try :
            cor_ = cor_except()
            cor_.send(None)
            cor_.send(200)
        except StopIteration :
            print(" coroutine stop ")

Out:    >> 200
         coroutine stop
```

14.4.3 코루틴 순차 처리

코루틴의 특징은 여러 코루틴들 간에 연결해서 로직을 처리하는 것이다. 코루틴 간의 연결을 처리해서 사용해보겠다.

✦ 연속된 코루틴 호출해서 처리

코루틴 처리는 서브루틴 처리를 교환하면서 처리할 수 있는 구조로 만들어져 있기에 나눠서 처리가 가능하다.

예제 14-27 : 코루틴을 호출해서 처리하기

코루틴 함수를 정의할 때 전달받은 것을 리스트에 계속 넣어 작성했다. 이 함수가 하는 일은 단순히 리스트에 데이터를 저장하는 역할만 한다.

```
In :   la = []

       def cor_sub() :
           while True :
               var = yield
               la.append(var)
```

이제 메인 코루틴 함수를 정의한다. cor_sub인 함수를 명기해서 이 함수를 실행하고 이 인스턴스를 통해 코루틴을 처리하도록 만든다.

그 다음에 cor_main으로 전달되는 것을 cor_sub으로 보내서 저장하도록 했다.

```
In :   def cor_main() :
           count = 0
           while True :
               var = yield
               if count == 0 :
                   global cor_sub
                   cor_sub = cor_sub()
                   cor_sub.send(None)
                   count +=1
```

```
        cor_sub.send(var)
```

메인 코루틴 함수를 코루틴 처리를 위해 기동시킨다.

```
In :    cor_main = cor_main()
        cor_main.send(None)
```

메인 코루틴을 3번 실행해서 값을 전달했다.

```
In :    cor_main.send(100)
```

```
In :    cor_main.send(200)
```

```
In :    cor_main.send(300)
```

최종 처리 결과는 전역 변수 la에 리스트로 보관된다. 메인 코루틴에서 보낸 순서대로 리스트에 들어가 있는 것을 볼 수 있다.

```
In :    la
```

```
Out:    [100, 200, 300]
```

15

파이썬 프로퍼티와 디스크립터

파이썬에서는 클래스를 정의할 때 속성과 메서드 외에 프로퍼티도 사용한다. 이런 프로퍼티를 어떻게 처리할 것인가를 알아보고 이 프로퍼티를 구성하는 방법도 자세히 알아본다.

일단 프로퍼티(property)는 메서드를 처리하지만 이름으로만 접근해서 처리한다. 이 프로퍼티는 특정한 계산을 처리한 결과만을 제공하기도 한다.

어떻게 속성도 아닌데 이름으로만 접근이 가능한지를 추가적으로 알아야 한다. 이는 디스크립터(descriptor)라는 다른 클래스를 만들어서 속성에 접근하고 읽거나 쓰기를 처리할 수 있다. 이 대상이 함수가 될 수도 있다.

프로퍼티는 메서드 즉 함수의 이름으로 접근해서 처리하는 디스크립터이다. 보통 디스크립터는 접근하는 이름을 작성하고 디스크립터 내부 스페셜 메서드로 속성을 조회, 갱신, 삭제할 수 있다.

정보 은닉을 프로퍼티(property)나 디스크립터(descriptor)로 처리하는 것이 파이썬 권고 사항이다. 프로퍼티는 속성의 개수가 적을 때 많이 사용하지만 속성이 많을 경우는 디스크립터를 사용하는 것이 좋다.

프로퍼티와 디스크립터로 생성된 속성은 클래스에 존재하고 이 클래스 속성이 먼저 접근되어 처리가 되어야 하므로 __getattribute__ 스페셜 메서드가 클래스 속성부터 접근해서 처리하는 것을 알 수 있다.

이 장에서는 객체의 속성에 접근해서 처리하는 특별한 방법을 이해하기로 하겠다.

✚ 알아볼 주요 내용

- 프로퍼티 클래스로 메서드 등록하기
- 디스크립터 클래스로 인스턴스 속성 처리하기
- 프로퍼티와 디스크립터 인스턴스 검색 방법 알아보기

15.1 프로퍼티(property) 사용하기

파이썬 내의 모든 네임스페이스는 이름으로 조회하고 그 값에 있는 클래스나 인스턴스의 레퍼런스를 가져와서 처리한다.

프로퍼티는 하나의 인스턴스를 만들어서 속성에 접근할 메서드를 getter, setter, deleter 내부 메서드에 등록하고 이름으로 접근하면 메서드를 실행해서 인스턴스의 속성에 있는 값을 조회하거나 갱신한다.

인스턴스에 있는 속성과 프로퍼티 인스턴스로 만드는 이름이 동일할 경우 처리가 되지 않으므로 인스턴스 속성의 이름 앞에 언더스코어(_)를 하나 넣어서 처리하도록 한다.

프로퍼티를 데코레이터로 메서드 앞에 표시하면 이 클래스를 로딩할 때 내부에 프로퍼티 인스턴스가 자동으로 만들어진다. 이런 메커니즘을 이용해서 프로퍼티가 처리되는 것을 알아보겠다.

15.1.1 프로퍼티 작동 기본 원리 이해하기

프로퍼티로 만들어진 인스턴스는 클래스 속성으로 간다. 프로퍼티는 하나의 클래스이므로 이 프로퍼티가 작동하면 인스턴스를 만들고 그 내부에 메서드를 등록한다. 이 메서드가 이 프로퍼티의 인스턴스를 호출하면 내부적으로 조회, 갱신, 삭제 메서드를 호출해서 처리한다.

그럼 간단하게 함수를 인스턴스 속성에 저장해서 처리하는 방법과 디스크립터 내의 메서드를 지정해서 처리하는 방법부터 알아보자.

✚ 함수와 클래스 위임에 대한 기본 알아보기

인스턴스를 생성할 때 함수를 저장한 후에 이 함수를 호출하고 내부 속성을 조회해서 처리하는 것부터 이해하자.

예제 15-1 : 함수를 속성으로 등록해서 처리

함수를 정의할 때 매개변수로 self를 받고 결과값으로 이 self 내의 속성 _name을 반환하도록 정의한다.

```
In :    def name(self) :
            return self._name
```

Person 클래스를 정의할 때 초기화 매개변수로 속성인 name과 함수인 func을 받아서 등록한다.

함수를 등록할 때 속성 이름을 _name으로 처리한 이유는 함수의 이름과 속성 이름이 동일하면 정의하는 순서에 따라 name에 할당되므로 정의한 것이 사라질 수 있기 때문이다.

```
In :   class Person :
           def __init__(self,name,func) :
               self.name = func
               self._name = name
```

Person 생성자로 인스턴스를 만들고 변수 a에 할당했다. 이 인스턴스 내부의 네임스페이스를 확인하면 name에는 함수가 들어가 있고 _name에는 값이 들어간다.

```
In :   a = Person("프로퍼티",name)

       print(a.__dict__)
```
```
Out:   {'name': <function name at 0x10e63f950>, '_name': '프로퍼티'}
```

인스턴스에서 함수를 조회하고 함수의 첫 번째 인자에 자기 자신을 넣어서 속성을 확인했다. 함수가 인스턴스 내부에 등록되어 메서드를 호출하는 것과 유사하다는 것을 알 수 있다.

```
In :   a.name(a)
```
```
Out:   '프로퍼티'
```

✚ 클래스 위임에 대한 기본 알아보기

디스크립터를 만들어서 클래스 속성에 디스크립터로 인스턴스를 만든다. 다른 클래스의 인스턴스에 위임을 줘서 처리하는 방식을 알아보자.

예제 15-2 디스크립터를 간단히 정의해서 처리하기

이번에는 특정 클래스를 정의하고 이 클래스로 다른 클래스의 인스턴스를 호출해서 내부의 속성을 읽도록 정의했다.

아직 배우지 않았지만 먼저 디스크립터를 사용해서 처리하는 방식만 간단히 알아보겠다.

__get__ 스페셜 메서드를 정의했다는 것은 이 디스크립터 인스턴스가 만들어지면 이름으

로 접근할 때 이 __get__ 메서드가 작동되고 인자로 전달된 인스턴스 내에 접근해서 특정 속성을 가져올 수 있다는 것을 말한다.

이 __get__메서드 로직을 보면 전달된 인스턴스에 접근해서 _name 속성을 검색하는 것을 알 수 있다.

```
In :   class Name  :

           def __get__(self,other,owner=None) :
               return getattr(other,"_name")
```

인스턴스를 만들어서 사용할 Person 클래스를 정의할 때 명확히 디스크립터의 인스턴스를 Person 클래스의 속성으로 등록했다. 인스턴스가 가지는 속성은 언더스코어를 붙여서 클래스 속성과 구별되도록 했다.

```
In :   class  Person :
           def __init__(self,name) :
               Person.name = Name()
               self._name = name
```

이제 이것을 가지고 하나의 인스턴스를 만들어서 이름으로 속성에 접근하면 __get__ 메서드가 실행되어 인스턴스에 저장된 값을 가져오는 것을 알 수 있다.

이름으로 접근하면 Person에 가서 name을 확인하고 이 인스턴스 내에 __get__이 자동으로 호출해 그 내부 로직이 접근되면 현재 Person 클래스로 생성된 인스턴스가 있는 곳을 찾아 _name을 조회하고 그 내부의 값을 출력한다.

```
In :   b = Person("프로퍼티")
       print(b.name)
```

```
Out:   프로퍼티
```

✦ 프로퍼티 작동 원리 기초 이해하기

프로퍼티는 메서드를 받아서 하나의 프로퍼티 인스턴스에 메서드들을 등록한 뒤 이름으로 접근할 경우 등록된 메서드를 실행하기 위한 하나의 패턴이다.

파이썬에서는 동일한 이름으로만 네임스페이스에 등록이 가능하므로 동일한 이름으로 여러 개의 메서드를 직접 정의해서 사용할 수 없다. 그래서 동일한 이름으로 처리하기 위해서는 별도의 인스턴스를 만들고 메서드들을 내부에 등록해서 관리할 수 있도록 구성해야 한다.

프로퍼티는 하나의 클래스이고 조회, 갱신, 삭제 등의 메서드를 내부에 등록해서 사용할 수 있는 구조를 만드는 것이다. 일단 특정 메서드를 호출해서 기존에 정해진 결과를 조회하는 방식부터 이해해보자.

예제 15-3 : 클래스 데코레이터로 메서드 감싸기

메서드를 받아서 저장하고 이름으로 검색할 클래스 cached_property를 정의한다. 내부에 특정 함수를 받아서 저장하고 이름으로 검색할 경우 내부적으로 저장된 함수를 호출해서 실행하는 __get__ 메서드를 정의한다.

```
In :    class Cached_property :

            def __init__(self, func) :
                self._func = func


            def __get__(self,obj,Base=None) :
                if obj is None :
                    return self
                value = self._func(obj)
                return value
```

사용할 Foo 클래스를 정의할 때 인스턴스 내에 저장할 속성의 이름은 _name으로 지정했다. 그리고 이 _name을 인스턴스에 저장하고 이를 읽을 name 메서드를 정의했다.

이 메서드를 클래스 데코레이터를 이용해서 클래스에 저장했다.

```
In :    class Foo :
            def __init__(self,name) :
                self._name = name
            @Cached_property
            def name(self) :
                return self._name
```

Foo 클래스의 네임스페이스는 데코레이터가 실행된 메서드를 어떻게 처리했는지 궁금할 것이다. 이제 확인을 해보니 Foo 클래스 네임스페이스에 name이라는 속성이 만들어지고 이 name 속성에 들어간 객체가 Cached_property 인스턴스라는 것을 알 수 있다.

```
In :    import pprint

        pprint.pprint(Foo.__dict__)

Out:    mappingproxy({'__dict__': <attribute '__dict__' of 'Foo' objects>,
                      '__doc__': None,
                      '__init__': <function Foo.__init__ at 0x10e65dae8>,
                      '__module__': '__main__',
                      '__weakref__': <attribute '__weakref__' of 'Foo' objects>,
                      'name': <__main__.Cached_property object at 0x10e66e4e0>})
```

Foo 클래스를 이용해서 하나의 인스턴스를 만든다. 인스턴스 f의 네임스페이스를 확인하면 내부에 _name 속성이 있는 것을 알 수 있다.

이 인스턴스로 클래스 속성인 name에 접근하면 이 인스턴스의 _name 속성을 확인해서 출력한다.

```
In :    f = Foo("이름을 읽는다")

        print(f.__dict__)
        print(f.name)

Out:    {'_name': '이름을 읽는다'}
        이름을 읽는다
```

15.1.2 프로퍼티 이해하기

이제 프로퍼티가 처리하는 방식을 알아봤다. property 클래스를 이용하여 데코레이터로 메서드를 등록해서 사용하는 방법을 알아보자.

일단 프로퍼티 내부의 구성을 알아보고 예제를 가지고 이렇게 구성되었는지를 확인해 본다.

✚ 프로퍼티 구성 알아보기

- 내장 클래스로서 메서드를 관리하는 인스턴스를 생성하고 초기화 매개변수로 3개의 메서드를 받아 인스턴스의 속성으로 fget, fset, fdel한다.
- 인스턴스 내에 메서드들을 저장하므로 이름으로 접근할 때 조회, 갱신, 삭제 등을 사용할 수 있도록 내부적으로 메서드가 호출되어 처리된다.
- 반드시 property로 데코레이터를 처리하며 getter 메서드에 등록되고 나머지 setter와 deleter는 인스턴스를 통해 지정해야 한다.
- 프로퍼티도 실제는 디스크립터이다. 호출되면 __get__, __set__, __delete__ 가 호출되어 저장된 메서드들을 호출해서 처리한다.
- 프로퍼티로 생성되는 인스턴스는 클래스의 속성으로 보관되므로 동일한 이름으로 인스턴스에 존재하면 프로퍼티가 작동하지 않는다.

예제 15-4 : 프로퍼티 클래스 이해하기

프로퍼티 property가 클래스인지를 확인한다. 클래스는 메타 클래스에 의해 만들어진 것을 알 수 있다.

```
In :    print(property)
        print(type(property))

Out:    <class 'property'>
        <class 'type'>
```

Person 클래스를 정의하고 인스턴스를 초기화할 속성으로 name과 age를 지정했다.

이 두 개의 속성에 접근하고 갱신할 것을 전부 프로퍼티로 지정해서 정의했다. 값을 반환할 때 사용할 메서드는 property 데코레이터로 처리한다. 값을 변경할 때 사용할 메서드는 메서드명.setter 데코레이터로 정의한다.

```
In :   class Person :
           def __init__(self,name,age) :
               self._name = name
               self._age = age

           @property
           def name(self) :
               return self._name
           @name.setter
           def name(self,value) :
               self._name = value

           @property
           def age(self) :
               return self._age
           @age.setter
           def age(self,value) :
               self._age = value
```

Perosn 클래스 내부에 클래스 속성으로 name, age가 property 인스턴스로 만들어진 것을 확인할 수 있다.

```
In :   import pprint

       pprint.pprint(Person.__dict__)
```

```
Out:   mappingproxy({'__dict__': <attribute '__dict__' of 'Person' objects>,
                     '__doc__': None,
                     '__init__': <function Person.__init__ at 0x10e65dd90>,
                     '__module__': '__main__',
                     '__weakref__': <attribute '__weakref__' of 'Person'
                     objects>,
                     'age': <property object at 0x10e669a48>,
                     'name': <property object at 0x10e6699f8>})
```

인스턴스를 만들어서 그 인스턴스 내부의 속성을 확인해보면 _name, _age가 들어가 있는 것을 확인할 수 있다.

```
In :   p = Person("연개소문",30)
       print(p.__dict__)

Out:   {'_name': '연개소문', '_age': 30}
```

이어서 p.name과 p.age를 가지고 변경하면 Person 클래스 내부의 name, age 속성을 검색하고 내부의 갱신 메서드를 실행해서 p 인스턴스 내부의 _name과 _age 속성을 변경한다.

```
In :   p.name = "프로퍼티로 속성을 바꾸다"
       p.age  = 55
```

```
In :   print(p.__dict__)

Out:   {'_name': '프로퍼티로 속성을 바꾸다', '_age': 55}
```

Person 클래스에서 프로퍼티(property)로 생성된 name 인스턴스 속성이 3개 즉, fget, fset, fdel를 확인한다.

```
In :   print(Person.name.fget)
       print(Person.name.fset)
       print(Person.name.fdel)

Out:   <function Person.name at 0x10e65de18>
       <function Person.name at 0x10e65dea0>
       None
```

두 번째는 함수명.setter로 처리하는 이유는 프로퍼티 내부에 3가지 메서드인 getter/setter/deleter를 메서드 데코레이터를 이용해서 처리하려는 것이다.

```
In :   print(Person.name.getter)
       print(Person.name.setter)
       print(Person.name.deleter)
```

```
<built-in method getter of property object at 0x10e6699f8>
<built-in method setter of property object at 0x10e6699f8>
<built-in method deleter of property object at 0x10e6699f8>
```

이름으로 접근하도록 지원하는 디스크립터 메서드 __get__, __set__, __delete__가 만들어져 있다는 것을 확인할 수 있다.

```
In :   print(Person.name.__get__)
       print(Person.name.__set__)
       print(Person.name.__delete__)
```

```
Out:   <method-wrapper '__get__' of property object at 0x10e6699f8>
       <method-wrapper '__set__' of property object at 0x10e6699f8>
       <method-wrapper '__delete__' of property object at 0x10e6699f8>
```

15.1.3 프로퍼티의 다양한 처리 예시

프로퍼티를 이용해서 인스턴스의 속성을 읽고 갱신하는 것을 확인했다. 이번에는 다른 방식으로 사용하는 방법을 알아보겠다.

✚ 프로퍼티로 직접 인스턴스를 만들어서 사용하기

이번에는 프로퍼티가 클래스이므로 인스턴스를 직접 만들어서 사용도 가능하다.

프로퍼티 인스턴스를 만들어 이 인스턴스의 메서드를 이용해서 메서드 데코레이터로 메서드를 등록하여 사용해보겠다.

예제 15-5 : 프로퍼티 인스턴스를 생성 후에 getter 메서드 할당

Rectangle 클래스를 정의할 때 초기화 메서드에는 height, width 두 개의 매개변수를 정의했다. Property 클래스의 인스턴스를 area 변수에 할당했다.

Rectangle 클래스 내부에 생성된 area 속성은 이 클래스의 속성으로 만들어지고 property 클래스 생성자로 만든 인스턴스가 할당된다.

메서드 area는 높이와 면적을 곱해서 사각형의 면적을 구하도록 정의했다. 프로퍼티로 만든 인스턴스의 getter 메서드에 데코레이터를 이용해서 메서드 area를 저장했다.

```
In :   class Rectangle :
           def __init__(self, height, width) :
               self.height = height
               self.width = width

           area = property()

           @area.getter
           def area(self) :
               return self.height * self.width
```

클래스 네임스페이스에 area 속성이 들어가 있다. 프로퍼티를 생성자로 이용해서 인스턴스를 만들고 난 다음에 getter 메서드를 데코레이터로 처리해도 동일한 결과가 나오는 것을 알 수 있다.

```
In :   import pprint

       r = Rectangle(10,10)
       print(r)

       pprint.pprint(Rectangle.__dict__)
```
```
Out:   <__main__.Rectangle object at 0x11150d860>
       mappingproxy({'__dict__': <attribute '__dict__' of 'Rectangle'
       objects>,
                     '__doc__': None,
                     '__init__': <function Rectangle.__init__ at 0x1115190d0>,
                     '__module__': '__main__',
                     '__weakref__': <attribute '__weakref__' of 'Rectangle'
                     objects>,
                     'area': <property object at 0x111517318>})
```

인스턴스로 r을 만들고 area 속성에 접근하면 등록된 area 메서드가 호출되어 실행된다. 면적이 계산되어 출력되는 것을 볼 수 있다.

```
In :   print(r.area)
```

```
Out:   100
```

Rectangle_ 클래스를 정의하고 area 메서드를 직접 @property 데코레이터로 처리했다. 위의 예제와 동일한 처리인 것을 확인할 수 있다.

```
In :   class Rectangle_ :
           def __init__(self, height, width) :
               self.height = height
               self.width = width

           @property
           def area(self) :
               return self.height * self.width

       r_ = Rectangle_(20,20)
       print(r_.area)
```

```
Out:   400
```

✛ 계산 및 계산에 필요한 값을 모두 프로퍼티로 처리하기

프로퍼티(property)로 계산된 값을 조회해서 처리도 가능하지만 계산된 값을 변경하는 것도 프로퍼티로 처리가 가능하다. 속성과 동일한 이름은 아니지만 계산을 위한 처리를 위해 이 방식을 사용할 수도 있다.

예제 15-6 : 계산 처리 메서드를 데코레이터로 등록(getter/setter)

사용자 클래스 Area 내에 get_area라는 메서드를 프로퍼티로 지정했다. 이 메서드는 인스턴스 속성을 조회하는 것이 아닌 계산된 결과값을 처리한다.

setter에 등록되는 메서드도 get_area가 지정하고 인자는 튜플을 지정해서 처리하도록 한다.

```
In :   class Area :
```

```
    def __init__(self, x,y) :
        self.x = x
        self.y = y

    @property
    def get_area(self) :
        return self.x * self.y

    @get_area.setter
    def get_area(self, args) :
        self.x = args[0]
        self.y = args[1]
```

인스턴스를 만들어서 프로퍼티에 등록된 이름으로 호출하면 면적을 계산한 결과가 나온다. 인스턴스 네임스페이스의 값을 확인하면 생성자를 호출할 때 넣은 인자 값이 들어가 있는 것을 알 수 있다.

```
In :   ar = Area(5,5)

In :   print(ar.get_area)
       print(ar.__dict__)

Out:   25
       {'x': 5, 'y': 5}
```

get_area 이름으로 10,10을 할당했다. 두 개의 값을 넣은 것 같지만 튜플을 구분할 때 숫자 사이의 쉼표로 구분하므로 하나의 인자로 전달된 것을 알 수 있다.

인스턴스의 네임스페이스를 확인하면 내부 로직에 따라 두 개의 속성에 나눠서 들어가 있는 것을 확인할 수 있다. 다시 get_area로 조회하면 바뀐 값에 따라 계산된 결과가 변경되어 출력되는 것을 알 수 있다.

```
In :   ar.get_area = 10,10

       print(ar.__dict__)

Out:   {'x': 10, 'y': 10}
In :   print(ar.get_area)
```

예제 15-7 : 프로퍼티 deleter 등록하기

계산하는 메서드를 프로퍼티로 만들었고 이 메서드를 가지고 인스턴스 속성 변경도 했다.
이번에는 속성을 삭제하는 메서드 get_area를 정의하고 deleter에 등록한다.

```python
In :   class Area :
           def __init__(self, x,y) :
               self.x = x
               self.y = y

           @property
           def get_area(self) :
               return self.x * self.y

           @get_area.setter
           def get_area(self, txy) :
               self.x = txy[0]
               self.y = txy[1]

           @get_area.deleter
           def get_area(self) :
               del self.x
               del self.y
```

Area 클래스의 인스턴스를 만들고 면적을 계산하면 계산된 결과를 확인할 수 있다. 등록
된 메서드를 del로 삭제하면 deleler에 등록된 get_area 메서드가 실행되어 두 개의 속성
을 삭제한다. 인스턴스 네임스페이스를 조회하면 속성이 전부 삭제된 것을 알 수 있다.

```python
In :   ar = Area(15,15)
       print(ar.get_area)
       print(ar.__dict__)
```

```
Out:   225
       {'x': 15, 'y': 15}
```

```python
In :   del ar.get_area
```

```
       print(ar.__dict__)
```
Out: `{}`

다시 인스턴스에 get area = 10,10으로 속성을 추가하면 인스턴스에 속성이 추가되고 get_area로 조회하면 면적의 값이 계산되어 반환하는 것을 알 수 있다.

In :
```
ar.get_area = 10,10

print(ar.__dict__)
print(ar.get_area)
```
Out:
```
{'x': 10, 'y': 10}
100
```

15.2 사용자 정의 프로퍼티 클래스 만들기

앞에서는 파이썬에서 제공하는 프로퍼티 클래스를 이용하는 방법을 알아봤다. 파이썬 클래스에서 인스턴스를 만들면서 메서드나 함수를 저장하고 이를 이름으로 호출해서 파이썬으로만 처리하는 방법을 자세히 알아보겠다.

(Property 클래스에 대한 정보 : https://docs.python.org/2/howto/descriptor.html#properties)

15.2.1 사용자 정의 Property 클래스 초기화 이해하기

사용자 정의 Property 클래스를 정의할 때 초기화 메서드로 어떤 부분을 저장할지를 먼저 알아보겠다.

예제 15-8 : 프로퍼티 클래스 초기화 메서드 알아보기

Property 클래스는 메서드를 등록해서 처리하므로 초기화 __init__ 메서드도 정의하는 클래스의 메서드들을 받아 저장하는 구조를 만들어야 한다. 기본으로 동일한 이름의 3개 메서드를 받아야 기본 3개의 매개변수를 정의한다. 초기화 메서드에 3개의 메서드를 저장하도록 만든다.

```
In :    class Property :

            def __init__(self, fget=None, fset=None, fdel=None, doc=None) :
                self.fget = fget
                self.fset = fset
                self.fdel = fdel
                if doc is None and fget is not None:
                    doc = fget.__doc__
                self.__doc__ = doc
```

두 번째는 Propery 클래스 내에서 인스턴스의 이름으로 접근할 때 조회, 갱신, 삭제 처리가 가능한 디스크립터 프로토콜 인터페이스 메서드에 대한 재정의를 한다.

이 스페셜 메서드 __get__, __set__, __delete__은 사용자 클래스의 인스턴스를 인자로 전달받아 내부에 저장된 메서드를 호출해서 인스턴스 내에 있는 속성을 처리한다.

```
In :        def __get__(self, obj, objtype=None):
                if obj is None:
                    return self
                if self.fget is None:
                    raise AttributeError("unreadable attribute")
                return self.fget(obj)

            def __set__(self, obj, value):
                if self.fset is None:
                    raise AttributeError("can't set attribute")
                self.fset(obj, value)

            def __delete__(self, obj):
                if self.fdel is None:
                    raise AttributeError("can't delete attribute")
                self.fdel(obj)
```

데코레이터를 이용해서 메서드를 등록하려면 이 메서드들에 대한 정보를 가지고 인스턴스를 만들어야 한다.

3가지 메서드 getter, setter, deleter는 데코레이터를 처리해서 메서드를 등록하면 새로운 인스턴스를 만들어서 클래스 속성에 인스턴스를 처리하는 것을 알 수 있다.

```
In :    def getter(self, fget):
            print(" getter call")
            return type(self)(fget, self.fset, self.fdel, self.__doc__)

        def setter(self, fset):
            return type(self)(self.fget, fset, self.fdel, self.__doc__)

        def deleter(self, fdel):
            return type(self)(self.fget, self.fset, fdel, self.__doc__)
```

15.2.2 Property 클래스로 프로퍼티 처리하기

이제 사용자 정의 클래스인 Property를 이용해서 프로터피 처리를 해보겠다. 동일한 결과가 나오는지를 알아보자.

예제 15-9 : 클래스를 정의하고 프로퍼티 처리

사용자 User_Klass 클래스를 정의할 때 _name 속성만 가지도록 작성했다.

메서드 이름은 name이고 이를 데코레이터를 이용해서 메서드로 등록했다. 갱신할 메서드는 name.setter로 등록했다.

```
In :    class User_Klass :
            def __init__(self,name) :
                self._name = name

            @Property
            def name(self) :
                return self._name

            @name.setter
            def name(self, value) :
                self._name = value
```

762

User_Klass 클래스의 네임스페이스를 확인하면 name 속성이 등록된 것을 확인할 수 있다.

```
In :    import pprint

        pprint.pprint(User_Klass.__dict__)
```

```
Out:    mappingproxy({'__dict__': <attribute '__dict__' of 'User_Klass'
        objects>,
                      '__doc__': None,
                      '__init__': <function User_Klass.__init__ at
                      0x0000000004E13F28>,
                      '__module__': '__main__',
                      '__weakref__': <attribute '__weakref__' of 'User_Klass'
                      objects>,
                      'name': <__main__.Property object at 0x0000000004E35F98>})
```

인스턴스를 만들었다. 이 인스턴스가 User_Klass에 의해 생성된 인스턴스라는 것을 알 수 있다. 그리고 클래스 내에 name 속성을 확인하면 사용자 정의 Property라는 것을 알 수 있다.

인스턴스로 name에 접근하면 내부에 저장된 값을 조회한다. 인스턴스 name 속성에 값을 할당하면 값이 변경된 것을 알 수 있다.

```
In :    u = User_Klass("프로퍼티 처리")
        print(u)
        print(User_Klass.name)
        print(u.name)
        u1.name = " setter로 변경"
        print(u1.name)
```

```
Out:    <__main__.User_Klass object at 0x0000000004E232B0>
        <__main__.Property object at 0x0000000004E35F98>
        프로퍼티 처리
         setter로 변경
```

두 번째는 Property 클래스로 name이라는 변수에 인스턴스를 생성한 후에 name 인스턴스 내의 getter 메서드를 이용해서 데코레이터 @name.getter를 통해 name 메서드를 등록했고 변경은 name.setter로 등록했다.

```
In :   class User_Klass1 :
           def __init__(self,name) :
               self._name = name


           name = Property()

           @name.getter
           def name(self) :
               return self._name

           @name.setter
           def name(self, value) :
               self._name = value
```

```
Out:   getter call
```

User_Klass1 클래스 내의 네임스페이스를 확인하면 name 속성이 있는 것을 확인할 수 있다.

```
In :   import pprint

       pprint.pprint(User_Klass1.__dict__)
```

```
Out:   mappingproxy({'__dict__': <attribute '__dict__' of 'User_Klass1'
       objects>,
                     '__doc__': None,
                     '__init__': <function User_Klass1.__init__ at
                     0x0000000004E51378>,
                     '__module__': '__main__',
                     '__weakref__': <attribute '__weakref__' of 'User_Klass1'
                     objects>,
                     'name': <__main__.Property object at 0x0000000004E24780>})
```

메서드로 등록을 했기에 getter 메서드 내부의 print문이 실행되어 출력되는 것을 볼 수 있다. 조회나 갱신이 메서드 이름으로 처리되는 것을 확인할 수 있다.

```
In :   u1 = User_Klass1(" getter를 사용")
```

```
print(u1)
print(User_Klass1.name)
print(u1.name)

u1.name = " setter로 변경"
print(u1.name)
```

Out: <__main__.User_Klass1 object at 0x0000000004E23320>
        <__main__.Property object at 0x0000000004E24780>
         getter를 사용
         setter로 변경

15.3 디스크립터(descriptor)

프로퍼티 처리를 하면서 디스크립터를 만드는 방식을 이해했다. 프로퍼티는 메서드를 내부에 저장하고 이 저장된 메서드를 속성처럼 처리하는 것이다.

디스크립터는 디스크립터 클래스의 인스턴스를 처리되는 클래스의 속성으로 저장해서 실제 사용되는 클래스의 인스턴스 속성에 접근하면 디스크립터 메서드로 접근해서 처리하는 방식이다.

이제 상세한 디스크립터 처리 기법을 알아보겠다.

✚ 디스크립터 만드는 순서

- 디스크립터 클래스 내에 스페셜 메서드를 만든다.
  - ○ __get__(self, instance, owner)
  - ○ __set__(self, instance, value)
  - ○ __delete__(self,instance)
- 소유 클래스를 정의하고 디스크립터 인스턴스를 만들어 소유 클래스에 있는 속성 명을 넣어서 만든다.
- 소유 클래스의 인스턴스가 클래스 내부의 디스크립터 인스턴스가 할당된 속성에 접근하면 디스크립터의 메서드가 실행되어 처리된다.

15.3.1 디스크립터 작동 원리

하나의 디스크립터를 만들고 다양한 속성에 인스턴스를 만들어서 처리하려고 하면 초기화 메서드에 호출할 속성의 이름을 넣어서 처리한다. 나중에 사용할 클래스 내의 디스크립터 인스턴스를 생성할 때 사용할 클래스에 정의된 속성의 이름을 문자열로 전달하면 하니의 디스크립터 클래스를 가지고 여러 개의 속성을 처리할 수 있다.

디스크립터로 작성된 사용할 클래스에서 속성에 접근할 때는 항상 클래스의 속성부터 접근하고 그 다음에 인스턴스 속성을 검색해서 처리한다. 단, 디스크립터가 없을 경우는 파이썬 규칙에 따라 인스턴스 속성부터 검색해서 처리한다.

예제 15-10 : 디스크립터를 정의해서 사용 시 주의할 점

Descriptor 클래스에 __get__ 메서드를 정의한 것은 조회만 가능한 디스크립터를 만들어서 처리하겠다는 뜻이다. 이 클래스에서 인스턴스를 생성할 때 만든 하나의 속성은 인스턴스가 만들어질 속성의 이름이 들어갈 공간이다.

__get__ 메서드에서 접근할 경우 인스턴스의 네임스페이스에 접근해서 이 인스턴스에 등록된 이름을 가지고 접근하는 것이다.

```
In :    class Descriptor :
            def __init__(self,name) :
                self._name = "_" + name

            def __get__(self,other,owner=None) :
                print(" __get__ call ")
                return other.__dict__[self._name]
```

사용자 정의 클래스인 Owner를 정의할 때 클래스 속성인 name, age를 디스크립터 인스턴스로 만들었다. 속성의 이름과 인자의 이름이 동일하도록 했다.

```
In :    class Owner :
            name = Descriptor("name")
            age  = Descriptor("age")
```

인스턴스를 하나 만들었다. 먼저 이 클래스의 네임스페이스를 확인해봤다. 두 개의 디스크립터 인스턴스가 만들어진 것을 알 수 있다.

```
In :  import pprint

      o = Owner()

      pprint.pprint(Owner.__dict__)
```

```
Out:  mappingproxy({'__dict__': <attribute '__dict__' of 'Owner' objects>,
                     '__doc__': None,
                     '__module__': '__main__',
                     '__weakref__': <attribute '__weakref__' of 'Owner'
                     objects>,
                     'age': <__main__.Descriptor object at 0x10e671f60>,
                     'name': <__main__.Descriptor object at 0x10e671eb8>})
```

디스크립터를 정의할 때 조회만 했으므로 인스턴스에서 name 속성을 가지고 갱신할 경우에는 실제 인스턴스에 name 속성이 생겨서 디스크립터가 실행되지 않는다.

```
In :  o.name = " 디스크립터 "

      print(o.name)
      print(o.__dict__)
```

```
Out:   디스크립터
      {'name': ' 디스크립터 '}
```

갱신이 된 후에 조회해서 인스턴스 속성으로 접근하면 디스크립터가 실행되지 않고 직접 인스턴스 속성을 읽어 처리한다.

```
In :  o.name
```

```
Out:  ' 디스크립터 '
```

위의 문제를 해결하기 위해서는 디스크립터를 처리하는 클래스 내의 메서드로 __set__을 추가하는 것이 좋다. 조회만 필요할 경우에는 __set__을 작성하지만 갱신이 불가하게 처리하면 된다.

이번에는 __set__ 메서드가 갱신이 가능하도록 정의해서 처리하도록 했다.

```
In :   class Descriptor_set :
           def __init__(self,name) :
               self._name = "_" + name

           def __get__(self,other,owner=None) :
               print(" __get__ call ")
               return other.__dict__[self._name]

           def __set__(self,other,value) :
               print(" __set__ call ")
               other.__dict__[self._name] = value
```

수정한 디스크립터를 가지고 Owner 클래스의 클래스 속성에 인스턴스로 만들었다. 인스턴스에서 name을 갱신했는데 인스턴스 내의 네임스페이스에는 _name이 들어가 있는 것을 확인할 수 있다.

디스크립터가 실행되면 클래스 속성이 우선되어 검색되는 것을 알 수 있다.

```
In :   class Owner :
           name = Descriptor_set("name")
           age  = Descriptor_set("age")

       o1 = Owner()

       o1.name = " 디스크립터 set "

       print(o1.name)
       print(o1.__dict__)
```
```
Out:    __set__ call
        __get__ call
       디스크립터 set
      {'_name': ' 디스크립터 set '}
```

예제 15-11 : 일반적인 속성 접근 순서

사용자 클래스 Klass를 만들고 클래스 속성 name과 인스턴스 속성 name을 정의했다.

```
In :   class Klass :
           name = " Class attr"
           def __init__(self, name) :
               self.name = name
```

인스턴스 k를 만들어서 name 속성에 접근하면 인스턴스에 있는 name을 조회해서 출력한다.

```
In :   k = Klass("인스턴스 속성")

       print(k.name)
       print(k.__dict__)
```

```
Out:   인스턴스 속성
       {'name': '인스턴스 속성'}
```

클래스 속성을 확인해보면 클래스에도 name 속성이 있는 것을 알 수 있다.

```
In :   import pprint

       pprint.pprint(Klass.__dict__)
```

```
Out:   mappingproxy({'__dict__': <attribute '__dict__' of 'Klass' objects>,
                     '__doc__': None,
                     '__init__': <function Klass.__init__ at
                     0x0000000004DF09D8>,
                     '__module__': '__main__',
                     '__weakref__': <attribute '__weakref__' of 'Klass'
                     objects>,
                     'name': ' Class attr'})
```

예제 15-12 : 디스크립터 지정 시 속성 접근 순서

일반 사용자 클래스에서 인스턴스를 만들면 인스턴스 내부의 속성부터 읽고 처리하도록 구성한다. 디스크립터를 사용할 경우는 인스턴스 내의 속성보다 디스크립터로 정의된 속성이 우선순위가 높아진다. 조회 및 갱신이 가능한 디스크립터 클래스를 정의한다.

```
In :   class Descriptor_set :
```

```
    def __init__(self,name) :
        self._name = "_" + name

    def __get__(self,other,owner=None) :
        print(" __get__ call ")
        return other.__dict__[self._name]

    def __set__(self,other,value) :
        print(" __set__ call ")
        other.__dict__[self._name] = value
```

디스크립터를 사용하는 클래스인 Klass에 클래스 속성과 인스턴스 속성을 동일한 이름으
로 정의했다.

In :
```
class Klass :
    name = Descriptor_set("name")
    def __init__(self, name) :
        print(" Klass __init__")
        self.name = name
```

인스턴스를 생성해보면 초기화 메서드가 실행될 때 인스턴스 네임스페이스 처리를 하지
않는다. 디스크립터의 인스턴스인 클래스 속성을 바로 읽고 __set__ 메서드를 호출해서
갱신하는 것을 확인할 수 있다.

인스턴스에서 name 속성을 읽으면 디스크립터 내의 __get__ 메서드가 호출되는 것을 볼
수 있다. 인스턴스 속성은 디스크립터에 정의된 대로 _name이 들어간다.

In :
```
k = Klass("인스턴스 속성")

print(k.name)
print(k.__dict__)
```

Out :
```
 Klass __init__
 __set__ call
 __get__ call
인스턴스 속성
{'_name': '인스턴스 속성'}
```

클래스 속성에 name이 디스크립터의 인스턴스를 가지고 있는 것을 확인할 수 있다.

```
In :   import pprint

       pprint.pprint(Klass.__dict__)
```
```
Out:   mappingproxy({'__dict__': <attribute '__dict__' of 'Klass' objects>,
                     '__doc__': None,
                     '__init__': <function Klass.__init__ at 0x0000000004E38048>,
                     '__module__': '__main__',
                     '__weakref__': <attribute '__weakref__' of 'Klass'
                     objects>,
                     'name': <__main__.Descriptor_set object at
                     0x0000000004E46240>})
```

예제 15-13 : 디스크립터 클래스에 __delete__ 생성

디스크립터 클래스에 __delete__도 추가해서 인스턴스 속성도 삭제하도록 작성했다.

```
In :   class Descriptor_del :
           def __init__(self,name) :
               self._name = "_" + name

           def __get__(self,other,owner=None) :
               print(" __get__ call ")
               return other.__dict__[self.name]

           def __set__(self,other,value) :
               print(" __set__ call ")
               other.__dict__[self._name] = value

           def __delete__(self,other) :
               print(" __delete__ call ")
               del other.__dict__[self._name]
```

만들어지는 클래스에 name 속성을 하나 만들었다.

```
In :   class Klass :
           name = Descriptor_del("name")
```

```
    def __init__(self, name) :
        print(" Klass __init__")
        self.name = name
```

인스턴스를 만들어서 속성을 조회하면 디스크립터 내의 __get__, __set__을 호출해서 처리되는 것을 알 수 있다.

In :
```
k = Klass("인스턴스 속성")

print(k.name)
print(k.__dict__)
```

Out:
```
 Klass __init__
 __set__ call
 __get__ call
인스턴스 속성
{'_name': '인스턴스 속성'}
```

인스턴스를 삭제하면 __delete__를 호출해서 인스턴스 속성을 삭제하는 것을 확인할 수 있다.

In :
```
del k.name

print(k.__dict__)
```

Out:
```
 __delete__ call
 {}
```

15.3.2 디스크립터 정의할 때 무한 순환 발생 해결 방안

디스크립터가 정의되면 __getattribute__가 소유자 클래스의 속성부터 참조하기 때문에 내장 함수 getattr, setattr, delattr로 처리 시 주의해야 한다.

인스턴스와 클래스 속성이 동일할 경우는 특히 getattr,setattr, delattr로 호출할 경우 계속 __get__을 호출해서 처리가 된다. 특히 이 내장 함수를 디스크립터 메서드에 정의할 때는 클래스 속성명과 인스턴스 속성명을 달리 표시해서 처리해야 한다.

동일한 이름으로 처리를 원할 때는 직접 인스턴스 네임스페이스인 __dict__로 접근해서 처리하도록 작성해야 한다.

예제 15-14 : 무한 순환 발생 원인

동일한 이름으로 처리할 때는 인스턴스의 네임스페이스를 직접 읽어서 처리하면 무한 순환을 방지할 수 있다.

주석으로 막은 getattr(other, self._name)으로 처리할 경우 무한 순환이 되는 이유는 클래스 속성에 있는 이름으로 조회가 되므로 계속 디스크립터를 호출해서 처리가 되는 것이다.

그래서 소유자 클래스로 만든 인스턴스의 네임스페이스에 접근해서 처리하고 있다.

```
In :   class Descriptor_loop :
           def __init__(self,name) :
               self._name =  name

           def __get__(self,other,owner=None) :
               print(" __get__ call ")
               #return getattr(other, self._name)
               return other.__dict__[self._name]

           def __set__(self,other,value) :
               print(" __set__ call ")
               other.__dict__[self._name] = value

           def __delete__(self,other) :
               print(" __delete__ call ")
               del other.__dict__[self._name]
```

또한 더 명확히 해서 사용하려면 인스턴스 속성의 이름을 명확히 보호된 속성으로 정의해서 만드는 것이다. 그러면 getattr, setattr, delattr로 접근해도 아무런 문제가 발생하지 않는다.

```
In :   class Descriptor_loop1 :
           def __init__(self,name) :
               self._name =  "_"+name
```

```
    def __get__(self,other,owner=None) :
        print(" loop1 __get__ call ")
        return getattr(other, self._name)


    def __set__(self,other,value) :
        print(" loop1 __set__ call ")
        setattr(other, self._name, value)

    def __delete__(self,other) :
        print(" loop1 __delete__ call ")
        delattr(other, self._name)
```

클래스 속성으로 디스크립터를 정의했다. 초기화 메서드에서 인스턴스 .name을 호출했다.

```
In :   class Klass :
           name = Descriptor_loop1("name")
           def __init__(self, name) :
               print(" Klass __init__")
               self.name = name
```

인스턴스를 만들었다. 초기화 메서드에서 인스턴스.name은 클래스 속성을 참조해서 __set__이 실행되는 것을 알 수 있다. 그리고 인스턴스.name으로 접근하면 __get__을 조회한다.

```
In :   k = Klass("인스턴스 속성")

       print(k.name)
       print(k.__dict__)
```

```
Out:    Klass __init__
         loop1 __set__ call
         loop1 __get__ call
        인스턴스 속성
        {'_name': '인스턴스 속성'}
```

이 속성을 삭제하면 __del__이 실행되는 것을 알 수 있다.

```
In :   del k.name

       print(k.__dict__)

Out:    loop1 __delete__ call
        {}
```

15.3.3 메서드도 디스크립터로 구현

파이썬 함수를 정의하고 이를 디스크립터로 전달한 뒤 메서드를 등록해서 사용도 가능
하다.

예제 15-15 : 메서드 디스크립터 처리

디스크립터 클래스에서 __get__ 메서드를 정의할 때 메서드가 실행되어야 하므로 메서드
를 검색한 후에 실행하도록 처리하면 된다.

하지만 __set__ 메서드는 함수가 등록된 것을 갱신하면 안 되므로 속성이 들어가는 부분
을 갱신하도록 만들었다.

```
In :   class Descriptor_method :
           def __init__(self,name) :
               self._name =  name

           def __get__(self,other,owner=None) :
               print(" __get__ call ")
               return other.__dict__[self._name](other)

           def __set__(self,other,value) :
               print(" __set__ call ")
               other.__dict__[self._name] = value
```

함수 getname을 정의하고 이를 클래스 내에 등록했다. 이를 호출하면 디스크립터가 호출
되고 메서드를 조회해서 실행한다.

```
In :  def getname(self) :
          return self._name


      class Method :
          name = Descriptor_method("getname")
          def __init__(self, func_name) :
              self.name = func_name
              self._name = " 메서드 호출 "
```

인스턴스를 생성할 때 함수를 전달하고 내부에 등록 Method 클래스 생성자에 함수를 인자로 전달하면 이 함수가 name이라는 속성에 저장된다. 이 함수의 이름을 호출하면 메서드처럼 사용할 수 있다.

```
In :  m = Method(getname)

      print(m.name)

Out:  __set__ call
      __get__ call
      메서드 호출
```

이 클래스의 네임스페이스를 확인해보면 name이라는 속성에 디스크립터 인스턴스가 하나 들어가 있는 것을 알 수 있다.

```
In :  import pprint

      pprint.pprint(Method.__dict__)

Out:  mappingproxy({'__dict__': <attribute '__dict__' of 'Method' objects>,
                    '__doc__': None,
                    '__init__': <function Method.__init__ at
                    0x0000000004C1E0D0>,
                    '__module__': '__main__',
                    '__weakref__': <attribute '__weakref__' of 'Method'
                    objects>,
                    'name': <__main__.Descriptor_method object at
                    0x0000000004C1A278>})
```

776

15.3.4 파이썬 함수도 디스크립터

클래스의 스페셜 메서드들도 내부를 보면 __get__이 있다. 이를 통해 메서드들이 하나의 디스크립터라는 것을 알 수 있다.

예제 15-16 : 내장 클래스 int 내의 스페셜 메서드도 디스크립터

int.__add__.__get__(1)로 호출하면 메서드로 연결되어 처리된다. 이를 실행하면 결과로 4가 나온다.

```
In :   int.__add__.__get__(1)

Out:   <method-wrapper '__add__' of int object at 0x10c5c5800>
```

```
In :   int.__add__.__get__(1)(3)

Out:   4
```

이와 동일한 것이 (1).__add__ 와 동일한 처리가 되는 것을 알 수 있다.

```
In :   (1).__add__

Out:   <method-wrapper '__add__' of int object at 0x10c5c5800>
```

```
In :   (1).__add__(3)

Out:   4
```

예제 15-17 : 함수도 디스크립터이다

함수를 정의해서 그 내부에 __get__이 있는지를 확인하면 있다. 이 디스크립터는 특정 인자를 주고 실행하면 바운드 메서드가 된다. 함수가 내부적으로 처리될 때도 메서드처럼 작동되는 것을 알 수 있다.

```
In :   def add(x,y) :
           return x+y
```

```
In :   add.__get__
```

```
Out:   <method-wrapper '__get__' of function object at 0x10e65d620>
```

이 메서드에 첫 번째 인자를 넣고 실행하면 정수 인스턴스의 메서드가 만들어지는 것을 알
수 있다.

```
In :   a = add.__get__(10)
```

```
In :   a
```

```
Out:   <bound method add of 10>
```

다음 인자를 넣어서 실행하면 결과가 나온다.

```
In :   a(10)
```

```
Out:   20
```

위의 절차는 함수를 호출할 때 인자로 10,10을 전달하는 것과 동일한 결과가 나온다.

```
In :   add(10,10)
```

```
Out:   20
```

16

자료 구조 및 알고리즘 모듈

파이썬 내장 자료형을 보완하기 위해 다양한 자료 구조에 대한 자료형을 만들어서 모듈로 제공한다. 특히 딕셔너리, 튜플, 리스트가 확장된 형태의 자료 구조들을 제공한다. 또한 간단한 검색 알고리즘 처리를 위한 모듈도 제공되고 있다.

✚ 알아볼 주요 내용

- Collections 모듈
- Queue 모듈
- Heapq 모듈
- Bisect 모듈

16.1 collections 모듈 자료 구조

튜플과 딕셔너리 자료형의 확장형 자료 구조인 defaultdict, orderdict, Count, NamedTuple에 대해 알아보겠다.

16.1.1 defaultdict 처리

내장 자료형인 딕셔너리는 반드시 키와 값을 쌍으로 구성해서 생성해야 한다. 키를 넣고 임의의 값을 넣어서 생성해도 처리가 가능하다. 이를 지원하기 위한 자료형인 defaultdict 클래스를 제공한다. 이 클래스에 초기화 값을 넣어서 새로운 딕셔너리 인스턴스를 어떻게 생성하고 사용하는지를 알아보겠다.

예제 16-1 : 기본 키 처리가 가능한 딕셔너리

딕셔너리를 검색할 때 없는 키로 조회하면 KeyError가 발생한다.

자료형에서 없는 키를 인덱스에 키를 넣고 조회하면 KeyError가 발생한다.

```
In :  d = {'a':1,'b':2}

      d['c']
```

```
Out: ---------------------------------------------------------------
     KeyError                        Traceback (most recent call last)
     <ipython-input-2-0d6511672ea6> in <module>()
           1 d = {'a':1,'b':2}
           2
     ----> 3 d['c']

     KeyError: 'c'
```

딕셔너리에서 키가 없을 경우 조회하는 메서드 get, setdefault를 제공하고 이를 사용해서 키를 검색하면 예외가 발생하지 않는 것은 앞에서 배웠다.

```
In :  print(d.setdefault('c', None))
```

```
          print(d)

Out:      None
          {'a': 1, 'b': 2, 'c': None}
```

```
In :      print(d.get('e',None))
          print(d)

Out:      None
          {'a': 1, 'b': 2, 'c': None}
```

이런 방식을 사용하는 것보다 defaultdict으로 만들면 검색으로 조회해도 예외가 발생하지 않고 초기화를 위한 기능이 실행된다.

이제 defaultdict 클래스의 구조를 먼저 알아보겠다. 이 클래스는 collections 모듈에 있다.

```
In :      from collections import defaultdict

          print(defaultdict)

Out:      <class 'collections.defaultdict'>
```

이 클래스의 대표적인 속성은 초기화될 정보를 관리하는 default_factory라는 속성이다. 없는 키를 조회하거나 갱신할 때 이 속성에 있는 함수나 클래스 등이 실행되어 초기화 값을 넣도록 하는 것이다.

```
In :      for i in dir(defaultdict) :
              if not i.startswith("_") :
                  if i not in dir(dict) :
                      print(i)

Out:      default_factory
```

딕셔너리를 리터럴로 생성하고 이를 defaultdict를 가지고 인스턴스로 생성했다. 첫 번째 인자는 초기화를 시킬 list 클래스를 넣었다. 인스턴스 내부의 default_factory 속성을 확인해보면 list 클래스가 들어가 있는 것을 알 수 있다.

```
In :   from collections import defaultdict

       d = {'a': 1, 'b': 2, 'c': None}

       l = defaultdict(list, d)

       print(l)
       print(l.default_factory)
```
```
Out:   defaultdict(<class 'list'>, {'a': 1, 'b': 2, 'c': None})
       <class 'list'>
```

없는 키를 검색으로 조회하면 딕셔너리 setdefault 메서드처럼 내부에 키를 넣고 초기화 처리가 실행되어 값이 들어가는 것을 확인할 수 있다.

```
In :   print(l['d'])
       print(l)
```
```
Out:   []
       defaultdict(<class 'list'>, {'a': 1, 'b': 2, 'c': None, 'd': []})
```

예제 16-2 : 빈 딕셔너리를 만들고 추가하기

이번에는 defaultdict이 딕셔너리와 동일하게 작동되는지를 확인해보겠다. 일단 초기값을 주고 하나의 인스턴스를 만들었다. 초기화 값이 생성되는 것은 defaultdict.default_factory 메서드가 실행되기 때문이다.

```
In :   from collections import defaultdict

       s = defaultdict(set)

       s.default_factory
```
```
Out:   set
```

만들어진 인스턴스를 확인해보면 defaultdict 내에 초기값을 표시하는 set 클래스와 아무것도 없다는 딕셔너리가 표시되었다.

```
In :  print(s)

Out:  defaultdict(<class 'set'>, {})
```

검색을 이용해서 e라는 키를 조회하면 내부에 키를 e로 하고 값은 빈 set이 들어가 있는 것을 확인할 수 있다.

```
In :  s['e']
      print(s)

Out:  defaultdict(<class 'set'>, {'e': set()})
```

새로운 키를 넣고 생성하면 빈 set이 들어가기에 원소의 값을 set의 원소로 변경하기 위해 update 메서드를 이용해서 처리했다.

```
In :  print(set.update)

      s['s'].update({1,2,3})
      print(s)

Out:  <method 'update' of 'set' objects>
      defaultdict(<class 'set'>, {'e': set(), 's': {1, 2, 3}})
```

또한 딕셔너리에 키와 값을 할당하는 대괄호 연산자를 이용해서 갱신도 가능하다.

```
In :  s['ss'] = {1,2,3}
      print(s)

Out:  defaultdict(<class 'set'>, {'e': set(), 's': {1, 2, 3}, 'ss': {1, 2, 3}})
```

초기화 이후에 갱신은 아무 자료형이나 가능하다. 초기화를 위해서만 인스턴스를 만들 때 사용된 set이 작동되는 것을 확인할 수 있다.

```
In :  s['ss'] = 1
      print(s)

Out:  defaultdict(<class 'set'>, {'e': set(), 's': {1, 2, 3}, 'ss': 1})
```

예제 16-3 : fromkeys 메서드를 가지고 처리하기

임의의 키를 가지고 defaultdict 클래스의 인스턴스를 만들면 초기화 함수 없이 기본값을 기준으로 만들어진다.

```
In :   from collections import defaultdict

       a = defaultdict.fromkeys(["name","age"],None)

       print(a)
```

```
Out:   defaultdict(None, {'name': None, 'age': None})
```

초기화 값으로 None이 들어간 것을 알 수 있다.

```
In :   print(a.default_factory)
```

```
Out:   None
```

단순히 fromkeys로 생성한 후에 새로운 키로 조회하면 초기화에 저장된 값이 실행되지 않아 예외를 처리한다.

```
In :   print(a["school"])
```

```
Out:   -----------------------------------------------------------------
       KeyError                         Traceback (most recent call last)
       <ipython-input-47-81bc545e4911> in <module>()
       ----> 1 print(a["school"])

       KeyError: 'school'
```

위의 예외를 방지하기 위해서는 defaultdict.fromkeys 메서드의 두 번째 인자에 함수를 넣어서 실행하도록 해봤다. 하지만 동일하게 예외를 발생시킨다.

```
In :   def init() :

           return None

       a = defaultdict.fromkeys(["name","age"],init)
```

```
print(a["school"])
```

Out:
```
---------------------------------------------------------------
KeyError                            Traceback (most recent call last)
<ipython-input-20-381a29a1d1ff> in <module>()
      5
      6
----> 7 print(a["school"])

KeyError: 'school'
```

위의 예외를 없애기 위해 함수 init를 정의하고 defaultdict 클래스가 자동으로 초기화하는 default_factory에 init 함수를 직접 할당해서 해결을 했다.

In :
```
def init() :
    return None

a = defaultdict.fromkeys(["name","age"])
a.default_factory = init

print(a["school"])
```

Out:
```
None
```

이 인스턴스 a 내의 items 메서드로 항목을 조회해서 출력하면 모든 값이 None으로 처리된 것을 알 수 있다.

In :
```
for k,v in a.items():
    print(k,v)
```

Out:
```
name None
age None
school None
```

16.1.2 OrderedDict

기본 딕셔너리는 해시를 처리하므로 키의 유일성은 구성하지만 순서가 없이 구성된다.

가끔 딕셔너리가 순서별로 저장되어 인덱스를 처리하는 것을 응용해서 사용할 필요가 있다. 이럴 경우에 이 자료형을 사용하면 좋다.

예제 16-4 : 순서 있는 딕셔너리 처리하기

순서 있는 클래스인 OrderedDict을 collections 모듈에서 확인해본다.

```
In :    from collections import OrderedDict

        print(OrderedDict)
```
```
Out:    <class 'collections.OrderedDict'>
```

이 클래스만 가진 메서드가 있는지를 확인해보면 move_to_end가 있는 것을 알 수 있다.

```
In :    for i in dir(OrderedDict) :
            if not i.startswith("_") :
                if i not in dir(dict) :
                    print(i)
```
```
Out:    move_to_end
```

딕셔너리 리터럴을 이용해서 하나의 인스턴스를 만들고 이를 OrderedDict의 인스턴스로 전환하면 순서가 있는 OrderedDict 인스턴스가 만들어진다. 내부를 조회하면 키와 값이 튜플로 구성되어 순서대로 들어가 있는 것을 알 수 있다.

```
In :    from collections import OrderedDict

        d = {'a':1,'b':2,'c':3,1:10}

        print(d)
        od = OrderedDict(d)
        print(od)
```
```
Out:    {'a': 1, 'b': 2, 'c': 3, 1: 10}
        OrderedDict([('a', 1), ('b', 2), ('c', 3), (1, 10)])
```

메서드 pop을 실행하려고 딕셔너리 내에 있는 키를 인자로 전달해서 처리한다. 1이라는

786

키를 주고 항목을 삭제했다.

```
In :   print(od.pop(1))
       print(od)

Out:   10
       OrderedDict([('a', 1), ('b', 2), ('c', 3)])
```

특징 위치를 꺼낸 후에 삭제하기 위해서는 popitem 메서드를 삭제한다. 기본으로 제일
마지막 것을 삭제하는 것을 알 수 있다.

```
In :   print(od.popitem())
       print(od)

Out:   ('c', 3)
       OrderedDict([('a', 1), ('b', 2)])
```

키 d를 먼저 넣었고 그 다음에 키 c를 가지고 처리했다. 넣은 순서대로 입력이 되므로 c의
순서가 뒤에 있는 것을 확인할 수 있다.

```
In :   od.update({'d':100})
       print(od)

       od.update({'c':100})
       print(od)

Out:   OrderedDict([('a', 1), ('b', 2), ('d', 100)])
       OrderedDict([('a', 1), ('b', 2), ('d', 100), ('c', 100)])
```

예제 16-5 : OrderedDict 인스턴스 내의 순서 바꾸기

하나의 OrderedDict을 생성해서 확인한다.

```
In :   from collections import OrderedDict

       d = {'a':1,'b':2,'c':3,1:10}

       print(d)
```

```
od = OrderedDict(d)

print(od)
```

Out:
```
{'a': 1, 'b': 2, 'c': 3, 1: 10}
OrderedDict([('a', 1), ('b', 2), ('c', 3), (1, 10)])
```

특정 원소 1에 대한 위치를 이동할 수 있는 메서드 move_to_end 내에 last=False로 주고 실행하면 마지막으로 처리가 되지 않고 처음으로 들어가는 것을 볼 수 있다.

In :
```
od.move_to_end(1,last=False)
print(od)
```

Out:
```
OrderedDict([(1, 10), ('a', 1), ('b', 2), ('c', 3)])
```

인자로 last=False를 지정하지 않으면 문자가 먼저 오고 숫자가 뒤로 가는 것을 볼 수 있다.

In :
```
od.move_to_end(1)
print(od)
```

Out:
```
OrderedDict([('a', 1), ('b', 2), ('c', 3), (1, 10)])
```

16.1.3 Count

리스트나 문자열 등에 동일한 원소들이 얼마나 많은지 등을 계산하기 위해 별도로 계산 없이 제공되는 클래스인 Counter를 이용해서 처리한다. 내부의 값을 계산할 수 있는 메서드도 제공한다.

예제 16-6 : 원소에 대한 수치 계산하기

Counter가 클래스인지를 확인해본다.

In :
```
from collections import Counter

print(Counter)
```

```
Out:    <class 'collections.Counter'>
```

동일한 원소들이 있는 자료형 내의 동일한 원소의 개수를 값으로 처리할 수 있는 자료 구조를 가진 딕셔너리 확장 클래스이다. 기본 딕셔너리에 아이템별로 덧셈과 뺄셈, 집합 연산, 3개의 메서드가 추가되어 처리한다.

```
In :    for i in dir(Counter) :
            if not i.startswith("_") :
                if i not in dir(dict) :
                    print(i)

Out:    elements
        most_common
        subtract
```

특정 문자열을 이용해서 인스턴스를 생성하면 동일한 문자가 키로 생성되고 개수가 값으로 들어가 있는 것을 볼 수 있다.

```
In :    from collections import Counter

        c = Counter("aaabbbbcccddddaaaaeeecccfff")

        print(c)

Out:    Counter({'a': 7, 'c': 6, 'b': 4, 'd': 4, 'e': 3, 'f': 3})
```

원소들의 값들 중 개수가 큰 것을 조회할 수 있도록 most_common 메서드를 제공한다. most_common 메서드에 인자로 숫자를 넣으면 가장 많은 순서의 개수를 출력한다.

```
In :    print(c.most_common(2))

Out:    [('a', 7), ('c', 6)]
```

예제 16-7 : 연산자를 통한 계산하기

두 개의 Counter 인스턴스를 만든다. 이 클래스가 덧셈과 뺄셈 연산과 집합 연산이 가능하므로 이를 알아보겠다.

```
In :   from collections import Counter

       c = Counter("가을이라가을바람")
       print(c)

       d = Counter("너을이라너을을바람")
       print(d)
Out:   Counter({'가': 2, '을': 2, '이': 1, '라': 1, '바': 1, '람': 1})
       Counter({'을': 3, '너': 2, '이': 1, '라': 1, '바': 1, '람': 1})
```

뺄셈 연산자를 사용할 경우는 새로운 인스턴스로 결과치를 차집합처럼 표시하는 것을 알수 있다.

```
In :   print(d-c)

Out:   Counter({'너': 2, '을': 1})
```

뺄셈을 하기 위해 substract 메서드를 사용해서 처리하면 모든 것을 빼므로 뺄셈 연산자를 사용하는 것과 다른 결과를 표시한다.

```
In :   print(d.subtract(c))
       print(d)

Out:   None
       Counter({'너': 2, '을': 1, '이': 0, '라': 0, '바': 0, '람': 0, '가': -2})
```

메서드 substract한 경우에는 인스턴스가 변경되었다. 다시 생성을 해서 덧셈과 집합 연산을 처리한다.

```
In :   from collections import Counter

       c = Counter("가을이라가을바람")
       print(c)

       d = Counter("너을이라너을을바람")
       print(d)
Out:   Counter({'가': 2, '을': 2, '이': 1, '라': 1, '바': 1, '람': 1})
```

```
Counter({'을': 3, '너': 2, '이': 1, '라': 1, '바': 1, '람': 1})
```

두 인스턴스를 덧셈하면 결과를 보여준다.

```
In :   print(d+c)

Out:   Counter({'을': 5, '너': 2, '이': 2, '라': 2, '바': 2, '람': 2, '가': 2})
```

집합 연산으로 각 원소들의 값들을 처리할 수 있다. 교집합일 경우는 두 개 중에 개수가 작은 값을 출력하고 합집합일 경우는 큰 값을 출력한다.

```
In :   print(d&c)

Out:   Counter({'을': 2, '이': 1, '라': 1, '바': 1, '람': 1})
```

```
In :   print(d|c)

Out:   Counter({'을': 3, '너': 2, '가': 2, '이': 1, '라': 1, '바': 1, '람': 1})
```

전체 원소를 알기 위해 내장 메서드인 element를 이용하면 itertools이 chain을 이용해서 각 원소별로 반복자를 만들어 처리한다. list 생성자로 인스턴스를 만들면 모든 원소를 나열해서 출력하는 것을 볼 수 있다.

```
In :   from collections import Counter

       c = Counter("가을이라가을바람")
       print(c)

       print(c.elements())

       print(list(c.elements()))

Out:   Counter({'가': 2, '을': 2, '이': 1, '라': 1, '바': 1, '람': 1})
       <itertools.chain object at 0x0000000004C43A58>
       ['가', '가', '을', '을', '이', '라', '바', '람']
```

16.1.4 namedtuple

Sequnece 자료형인 튜플을 mapping 자료형인 딕셔너리처럼 사용할 수 있도록 새로운 클래스를 만들어서 사용할 수 있는 클래스가 namedtuple이다. 딕셔너리로 전환하면 점 연산자를 이용해서 이름으로 접근하여 사용할 수 있는 기능이 추가된다.

예제 16-8 : 네임드 튜플을 생성 및 접근

네임드 튜플은 하나의 함수로서 새로운 네임드 튜플을 만들 수 있는 클래스를 만든다.

```
In :  from collections import namedtuple

      print(namedtuple)
```
```
Out:  <function namedtuple at 0x109cd7378>
```

네임드 튜플을 사용하려면 일단 새로운 네임드 튜플을 생성하는 클래스를 만들어야 한다.

Person 변수에 "Person", 필드명 name, age를 리스트로 만들어서 하나의 클래스를 만든다.

```
In :  from collections import namedtuple

      Person = namedtuple("Person", ["name", "age"])

      print(Person)
```
```
Out:  <class '__main__.Person'>
```

Person 클래스의 네임스페이스를 확인하면 두 개의 속성도 들어가 있는 것을 확인할 수 있다.

```
In :  for i in Person.__dict__ :
          if not i.startswith("__") :
              print(i)
```
```
Out:  _fields
      _make
```

```
_replace
_asdict
name
age
_source
```

이 클래스에 생긴 name이라는 속성을 확인해보면 property 클래스의 인스턴스인 것을 알 수 있다.

프로퍼티 내부의 조회 메서드는 operator 모듈이 itemgetter를 이용해서 호출하도록 등록된 것을 알 수 있다. 변경이 불가능하므로 fset 내의 메서드에는 아무 것도 등록이 되지 않는 것을 알 수 있다.

```
In :   print(Person.name)
       print(Person.name.fget)
       print(Person.name.fset)
```

```
Out:   <property object at 0x00000000052DE368>
       operator.itemgetter(0)
       None
```

네임드 튜플 함수로 만들어진 클래스를 가지고 인스턴스를 만들 때는 2개의 인자를 넣어서 생성한다.

```
In :   p = Person("네임드 튜플",33)
       print(p, type(p))
```

```
Out:   Person(name='네임드 튜플', age=33) <class '__main__.Person'>
```

이 인스턴스는 검색과 점 연산자를 이용해서 접근이 가능한 것을 알 수 있다. 점 연산자는 프로퍼티로 처리되었으므로 name을 호출하는 메서드가 실행되는 것을 알 수 있다.

```
In :   print(p[0], p.name)
       print(p[1], p.age)
```

```
Out:   네임드 튜플 네임드 튜플
       33 33
```

튜플은 갱신할 수 없는 자료형이므로 값을 다시 할당하면 예외를 발생시킨다.

```
In :   p[1] = 300
Out:   --------------------------------------------------------------
       TypeError                         Traceback (most recent call last)
       <ipython-input-10-1fec4b0d7283> in <module>()
       ----> 1 p[1] = 300

       TypeError: 'Person' object does not support item assignment
```

프로퍼티로 처리할 때도 fset 내에 메서드가 등록되어 있지 않아서 갱신하면 예외가 발생한다.

```
In :   p.age = 300
Out:   --------------------------------------------------------------
       AttributeError                    Traceback (most recent call last)
       <ipython-input-11-937f9d076655> in <module>()
       ----> 1 p.age = 300

       AttributeError: can't set attribute
```

네임드 튜플에 대한 필드들을 조회할 속성이 있다. 기존에 만들어진 네임드 튜플을 딕셔너리로 변환하면 OrderedDict으로 만들어진다.

```
In :   print(p._fields)
       print(p._asdict())

Out:   ('name', 'age')
       OrderedDict([('name', '네임드 튜플'), ('age', 33)])
```

또한 기존 네임드 튜플은 _make 내에 반복자를 넣어서 네임드 튜플을 만들 수 있다. 대신 필드에 대한 항목이 동일해야 한다.

```
In :   pp = Person._make(["리스트",55])
       print(pp)

Out:   Person(name='리스트', age=55)
```

794

Operator 모듈 itemgetter, attrgetter 함수는 검색과 점 연산자를 처리한다. 네임드 튜플로 만들어진 클래스는 2가지를 다 지원하므로 이 함수들도 다 가능해야 한다.

일단 itemgetter를 이용해서 내부 속성을 확인해도 잘 검색되는 것을 알 수 있다.

```
In :  from collections import namedtuple
      from operator import itemgetter, attrgetter

      Person = namedtuple("Person","name age")

      p = Person("네임드 튜플",33)

      item = itemgetter(0,1)
      print(item(p))
```

```
Out:  ('네임드 튜플', 33)
```

또한 점 연산자가 실행되므로 속성 접근하기 위해 attrgetter를 이용하면 동일한 결과를 얻을 수 있다. 대신 여러 원소도 동시에 처리할 수 있어 같이 사용하면 활용도가 높다.

```
In :  attr = attrgetter("name","age")
      print(attr(p))
```

```
Out:  ('네임드 튜플', 33)
```

16.2 stack/queue/heap 자료 구조

메모리 구조나 프로세스 처리에 필요한 자료 구조들도 제공하므로 이번에 이를 알아보겠다. stack/queue/heap에 대해서 파이썬에서는 어떻게 처리하는지를 잘 알아본다.

16.2.1 stack/queue 이해

프로그램을 실행할 때 프로그램의 처리 순서들을 보관해서 처리할 경우 Stack을 많이 사용한다. 프로세스 간의 통신을 하거나 서버 간의 통신을 할 때는 Queue를 많이 사용한다.

어떻게 작동되는지를 이해하면 이 이름만 봐도 다양한 처리의 기본을 이해할 수 있다.

예제 16-9 : Stack을 사용자 정의로 사용하기

Stack 클래스를 정의한다. 일단 현재 위치에 저장되고 현재 위치가 삭제되도록 구조를 정의했다. 스택은 제일 나중에 입력된 것이 제일 먼저 삭제되는 구조이다.

저장된 공간이 아무 것도 없는지와 저장소에 들어간 원소들의 사이즈를 확인하는 메서드도 추가했다.

```
In :    class Stack :
            def __init__(self) :
                self.items = []

            def is_empty(self) :
                return self.items == []
            def push(self,item) :
                self.items.insert(0,item)
            def pop(self) :
                return self.items.pop(0)
            def size(self) :
                return len(self.items)
```

Stack 클래스로 아무 것도 처리하지 않은 빈 인스턴스를 하나 만들고 is_empty 메서드로 확인하면 아무 것도 없으므로 True라고 표시한다.

```
In :    s = Stack()

        print(s.is_empty())
Out:    True
```

이제 스택에 2개를 차례대로 넣었다. 현재 들어간 값을 조회하면 리스트가 반대로 들어가 있는 것을 확인할 수 있다. 메서드에서 항상 첫 번째 자리를 마지막으로 보고 입력이 되어서 반대로 입력이 된다. 사이즈도 원소가 2개이므로 2라고 출력했다.

```
In :   s.push(1)
       s.push(2)
       print(s.items)
       print(s.size())

Out:   [2, 1]
       2
```

스택에서 하나를 꺼내면 마지막에 들어간 것이 삭제되어 처음에 입력된 것만 남아있는 것을 볼 수 있다.

```
In :   s.pop()

       print(s.items)
       print(s.size())

Out:   [1]
       1
```

예제 16-10 : queue를 사용자 정의로 사용하기

먼저 들어오면 먼저 나가는 대기 행렬을 만들어 앞에서부터 출력되고 뒤에 쌓이도록 처리하는 구조라 파이썬으로 내장 자료형인 리스트를 이용해서 간단히 큐를 만들 수 있다. 큐가 저장될 때 기준을 0번 인덱스로 지정했으므로 입력이 되면 첫 번째 입력된 것이 계속 우측으로 이동하고 이를 꺼낼 때는 제일 우측부터 검색되어 처리된다.

```
In :   class Queue :
           def __init__(self) :
               self.items = []

           def is_empty(self) :
               return self.items == []
           def enqueue(self,item) :
               self.items.insert(0,item)
           def dequeue(self) :
               return self.items.pop()
           def size(self) :
               return len(self.items)
```

하나의 빈 큐 인스턴스를 만들고 내부가 비어 있는지를 확인한다.

```
In :   q = Queue()

       print(q.is_empty())
```
```
Out:   True
```

큐에 값을 차례대로 2개를 넣었고 들어간 원소들을 확인한다. 현재 사이즈를 확인하면 2개가 들어가 있는 것을 알 수 있다.

```
In :   q.enqueue(1)
       q.enqueue(2)
       print(q.items)
       print(q.size())
```
```
Out:   [2, 1]
       2
```

큐에서 값을 꺼내며 제일 우측에 있는 것을 처리하므로 가장 먼저 입력된 값이 삭제되는 것을 확인할 수 있다.

```
In :   q.dequeue()
       print(q.items)
       print(q.size())
```
```
Out:   [2]
       1
```

16.2.2 queue 모듈 이해

파이썬에서 큐의 기능은 다양하게 사용되므로 모듈로 제공한다. 위에서 큐라는 것을 간단히 알아봤다. 이 모듈에서 추가적으로 무엇을 지원하는지를 알아보겠다.

예제 16-11 : queue 모듈 내부 알아보기

모듈 내의 스페셜 속성을 제외하고 출력하면 여러 개의 클래스와 함수가 제공되는 것을 볼 수 있다.

```
In :  import queue

      for i in dir(queue) :
          if not i.startswith("_") :
              print(i)
```

```
Out:  Empty
      Full
      LifoQueue
      PriorityQueue
      Queue
      deque
      heappop
      heappush
      threading
      time
```

이 모듈에 있는 클래스들을 확인하면 어떤 것들이 있는지를 확인해본다. 여러 가지 queue 를 지원하는 것을 알 수 있다.

```
In :  import queue

      print(queue.Empty)
      print(queue.Full)
      print(queue.LifoQueue)
      print(queue.PriorityQueue)
      print(queue.Queue)
      print(queue.deque)
```

```
Out:  <class 'queue.Empty'>
      <class 'queue.Full'>
      <class 'queue.LifoQueue'>
      <class 'queue.PriorityQueue'>
      <class 'queue.Queue'>
      <class 'collections.deque'>
```

예제 16-12 : queue 모듈을 이용하기

Queue 클래스의 기본적인 처리를 이해하기 위해 내부의 메서드들을 알아본다. 일단 이 중에 간단하게 queue를 처리할 메서드들을 이용해서 처리하는 것만 알아보겠다.

```
In :    import queue

        for i in dir(queue.Queue) :
            if not i.startswith("_") :
                print(i)
```

```
Out:    empty
        full
        get
        get_nowait
        join
        put
        put_nowait
        qsize
        task_done
```

일단 Queue 클래스로 인스턴스를 만들어서 어떻게 작동하는지를 알아보겠다. get 메서드에 False로 처리하면 데이터가 없어서 Empty 예외가 발생하므로 try except로 처리했고 queue.Empty 예외가 발생하는 것을 알 수 있다.

```
In :    import queue

        q = queue.Queue(maxsize=2)

        try:
            task=q.get(False)
        except queue.Empty:
            print(" Empty ")
```

```
Out:    Empty
```

Queue 클래스로 빈 인스턴스를 만들고 empty 메서드를 호출하면 True를 출력한다.

```
In :    import queue
```

```
q = queue.Queue(maxsize=2)

print(q.empty())
```

Out: True

이 인스턴스를 만들 때 큐에 저장할 사이즈를 maxsize=2로 정의했으므로 2개를 추가했다. full 메서드로 확인하면 True로 표시하고 qsize 메서드로 확인하면 2라고 출력한다.

In :
```
q.put(1)
q.put(2)

print(q.full())
print(q.qsize())
```

Out: True
        2

이번에는 Queue 인스턴스를 만들 때 사이즈를 제한하지 않았다. 이때 하나를 put 메서드를 이용해서 입력했고 get 메서드를 이용해서 하나를 꺼냈다. 저장소의 사이즈를 확인하면 변동이 되는 것을 알 수 있다.

In :
```
import queue

q1 = queue.Queue()

q1.put(1)
print(q1.qsize())
print(q1.get())
print(q1.qsize())
```

Out: 1
        1
        0

16.2.3 collections.deque

큐 모듈에도 있는 deque는 collections 모듈에도 있으므로 collections 모듈에 있는 양방향 큐인 deque에 대한 처리 방법을 알아보겠다.

예제 16-13 : 양방향 큐를 만들고 사용하기

양방향 큐인 deque 내부의 메서드를 확인하면 left가 접미사로 붙은 메서드들이 있다. 이 뜻은 기본적으로 우측 방향으로 입력이 되고 좌측 방향으로 출력이 되지만, 여기서는 좌측 방향으로 입력이 되고 우측 방향으로도 출력 처리가 된다는 것이다.

```
In :   from collections import deque

       for i in dir(deque) :
           if not i.startswith("_") :
               print(i)
```

```
Out:   append
       appendleft
       clear
       copy
       count
       extend
       extendleft
       index
       insert
       maxlen
       pop
       popleft
       remove
       reverse
       rotate
```

양방향 큐를 하나 생성하면 deque의 인스턴스가 하나 만들어진다. 일단 사이즈를 주지 않았으므로 제한 없이 저장되고 처리되는 것을 알 수 있다.

```
In :   from collections import deque

       a = deque()
```

```
        print(a)

Out:    deque([])
```

리스트를 extend로 좌측부터 우측으로 증가시켰다. 좌측 방향에 추가하고 싶을 경우 extendleft를 이용해서 리스트를 받아 처리도 가능하다.

```
In :    a.extend([2,3,4])
        print(a)
        a.extendleft([1])
        print(a)

Out:    deque([2, 3, 4])
        deque([1, 2, 3, 4])
```

일단 양방향 큐인 deque를 만들 때 최대의 사이즈를 지정하면 필요한 공간이 확정된다.

```
In :    from collections import deque

        b = deque(maxlen=3)
        print(b)

Out:    deque([], maxlen=3)
```

내부의 원소가 큐 사이즈를 넘기면 맨 앞에 있는 원소가 자동으로 삭제된다. 이때도 양방향으로 추가가 가능해서 extendleft로 좌측 방향을 추가했기 때문에 우측에 있는 것이 삭제되는 것을 볼 수 있다.

```
In :    b.extend([2,3,4])
        print(b)
        b.extendleft([1])
        print(b)

Out:    deque([2, 3, 4], maxlen=3)
        deque([1, 2, 3], maxlen=3)
```

또 deque로 큐를 만들었다. 이번에는 원소들을 하나씩 처리해본다.

```
In :    from collections import deque

        b = deque(maxlen=3)
        print(b)
```

```
Out:    deque([], maxlen=3)
```

먼저 3개의 원소를 한꺼번에 extend로 넣는다. 그 다음에 원소를 하나씩 넣어서 maxsize 가 어떻게 변하는지를 알아본다.

원소를 삭제하는 pop, popleft 메서드를 이용해서 일단 좌측에 있는 원소를 하나 제거하고 그 다음에 우측에 있는 원소를 2번 제거했다.

큐에 들어간 원소가 하나도 없으므로 사이즈가 0이 되어 pass가 처리되는 것을 확인할 수 있다.

```
In :    b.extend([2,3,4])
        print(b)
        b.popleft()
        print(b)
        b.pop()
        print(b)
        b.pop()
        if len(b) == 0 :
            pass
        else :
            b.pop()
```

```
Out:    deque([2, 3, 4], maxlen=3)
        deque([3, 4], maxlen=3)
        deque([3], maxlen=3)
```

양방향으로 append, appendleft를 이용해서 원소를 추가해보겠다. 일단 하나의 deque 인스턴스를 생성한다.

```
In :    from collections import deque

        b = deque(maxlen=3)
        print(b)
```

```
Out:  deque([], maxlen=3)
```

큐에 원소를 넣으면 우측으로 들어가고 좌측으로 원소를 추가하려면 appendleft 메서드를 실행했다.

```
In :  b.append(1)
      print(b)
      b.appendleft(2)
      print(b)
```

```
Out:  deque([1], maxlen=3)
      deque([2, 1], maxlen=3)
```

내부의 원소를 이동해서 처리하려면 rotate 메서드를 이용한다. 일단 한 칸을 우측에서 좌측으로 이동해보겠다.

```
In :  from collections import deque

      b = deque([1,2,3])
      print(b)

      b.rotate(1)
      print(b)
```

```
Out:  deque([1, 2, 3])
      deque([3, 1, 2])
```

큐에 대해 이번에는 2칸을 이동하면 우측에서 좌측으로 2칸이 이동되는 것을 알 수 있다.

```
In :  from collections import deque

      b = deque([1,2,3])
      print(b)

      b.rotate(2)
      print(b)
```

```
Out:  deque([1, 2, 3])
      deque([2, 3, 1])
```

16.2.4 heapq 모듈

Heap은 해시로 처리된 데이터를 보관하고 관리한다. 파이썬에서는 이를 큐와 연결하여 처리하는 모듈을 제공한다. 힙과 큐를 동시에 어떻게 처리하는지를 알아보겠다.

예제 16-14 : heapq를 만들기

모듈 heapq 내에 어떤 함수가 있는지를 확인해보면 다양한 함수들이 있는 것을 알 수 있다.

```
In :  import heapq

      for i in dir(heapq) :
          if not i.startswith("_") :
              print(i)

Out:  heapify
      heappop
      heappush
      heappushpop
      heapreplace
      merge
      nlargest
      nsmallest
```

리스트를 정의해서 heap 변수에 할당한다. 이 heap을 보관 장소로 사용하고 여기에 heappush 함수를 이용해서 원소를 추가할 수 있다.

저장된 정보를 확인해보면 리스트에 추가된 것을 알 수 있다.

```
In :  import heapq

      heap = []

      for value in [20, 10, 30, 50, 40]:
          heapq.heappush(heap, value)

      print(heap)
```

```
Out:    [10, 20, 30, 50, 40]
```

이 heap이 들어간 데이터를 while문에 조건식으로 넣으면 heappop 함수를 이용해서 이 원소를 전부 하나씩 꺼낸다. 전부 삭제되면 빈 리스트이므로 False로 인식되어 마지막으로 출력이 끝나면 순환문이 종료된다. Heap 변수를 확인하면 아무 것도 없는 것을 알 수 있다.

```
In :    while heap:
            print(heapq.heappop(heap),end=",")
        print()
        print(heap)

Out:    10,20,30,40,50,
        []
```

heap으로 만들 때 원소가 다른 자료형으로 구성되면 예외가 발생한다. 원소에 문자열과 숫자가 혼재되면 예외가 발생한다. 동일한 자료형으로 처리해야 하는 것을 알 수 있다.

```
In :    heap_all = []

        for value in [20, 'a', 30, 50, 'c']:
            heapq.heappush(heap_all, value)

        print(heap)

Out:    ---------------------------------------------------------------
        TypeError                           Traceback (most recent call last)
        <ipython-input-54-8c32bc6dfe83> in <module>()
              2
              3 for value in [20, 'a', 30, 50, 'c']:
        ----> 4     heapq.heappush(heap_all, value)
              5
              6 print(heap)

        TypeError: '<' not supported between instances of 'str' and 'int'
```

기존에 만들어진 리스트를 처리하기 위해 기본적으로 인덱스가 지정되어 있다. heapify 함수로 먼저 만들어진 리스트가 heapq 처리에 맞도록 조정할 필요가 있다. 조정된 후에 이 원소를 꺼내어 출력하면 순서대로 출력된다.

```
In :   import heapq

       heap = [20, 10, 30, 50, 40]
       heapq.heapify(heap)
       print(heap)

       for i in range(5) :
           print(heapq.heappop(heap))
```
```
Out:   [10, 20, 30, 50, 40]
       10
       20
       30
       40
       50
```

heapify 처리를 하지 않은 리스트를 가지고 heapq를 처리하면 현재 만들어진 대로 처리가 되므로 순서를 맞추고 처리하려면 반드시 heapify를 먼저 실행해야 한다. 이번에 리스트를 그대로 처리한 것과 heapify 함수로 처리한 것과의 차이를 알아본다.

```
In :   import heapq

       heap1 = [20, 10, 30, 50, 40]

       for i in range(5) :
           print(heapq.heappop(heap1))
```
```
Out:   20
       10
       30
       40
       50
```

모듈 heapq를 이용하면 동시에 push와 pop를 처리할 수 있다. 먼저 빈 리스트에 튜플을 원소로 해서 저장한다.

```
In :   import heapq
```

```
heap_queue = []

heapq.heappush(heap_queue,(3,"c"))
heapq.heappush(heap_queue,(2,"b"))
heapq.heappush(heap_queue,(1,"a"))
heapq.heappush(heap_queue,(4,"d"))

print(heap_queue)
```

Out:
```
[(1, 'a'), (3, 'c'), (2, 'b'), (4, 'd')]
```

먼저 push가 처리된 후에 pop이 되어 결과를 만드는 것을 알 수 있다.

In :
```
a  = heapq.heappushpop(heap_queue,(5,"e"))
print(a)
print(heap_queue)
```

Out:
```
(1, 'a')
[(2, 'b'), (3, 'c'), (5, 'e'), (4, 'd')]
```

기존에 삭제된 것을 추가하면 이 내용이 첫 번째로 pop가 된다. 다른 것을 입력했을 경우
두 번째가 나오고 새로운 것이 입력되었음을 확인할 수 있다.

In :
```
print(heap_queue)

b  = heapq.heappushpop(heap_queue,(1,"a"))
print(b)
print(heap_queue)

b  = heapq.heappushpop(heap_queue,(6,"a"))
print(b)
print(heap_queue)
```

Out:
```
[(2, 'b'), (3, 'c'), (5, 'e'), (4, 'd')]
(1, 'a')
[(2, 'b'), (3, 'c'), (5, 'e'), (4, 'd')]
(2, 'b')
[(3, 'c'), (4, 'd'), (5, 'e'), (6, 'a')]
```

이 내부에 대한 세부적인 것을 조회하기 위해 nlargest, nsmallest 함수를 제공한다. 위에서 실행된 heapq를 가지고 값이 크고 작음에 따라 인자로 출력할 개수를 넣으면 출력해준다.

```
In :   ln = heapq.nlargest(2,heap_queue)
       print(ln)
```

```
Out:   [(6, 'a'), (5, 'e')]
```

```
In :   ln = heapq.nsmallest(2,heap_queue)
       print(ln)
```

```
Out:   [(3, 'c'), (4, 'd')]
```

튜플에 저장된 내용을 계산해서 계산된 값에 따라 크고 작음을 표시할 수 있다. 이때 key에 람다 함수를 정의해서 내부 원소들의 크고 작음을 확인해보겠다.

```
In :   ln = heapq.nlargest(2,heap_queue,key=lambda s : (5-s[0])**2)
       print(ln)
```

```
Out:   [(3, 'c'), (4, 'd')]
```

```
In :   ln = heapq.nsmallest(2,heap_queue,key=lambda s : (5-s[0])**2)
       print(ln)
```

```
Out:   [(5, 'e'), (4, 'd')]
```

16.3 bisect

정렬된 순서로 목록을 유지하면서 요소의 목록을 검색하고 삽입할 수 있는 간단한 알고리즘을 처리하는 모듈도 제공한다.

예제 16-15 : bisect 처리하기

이 모듈 내부에 있는 함수들을 찾아보면 좌측과 우측으로 처리할 수 있는 함수들도 전부
제공하는 것을 알 수 있다.

```
In :    import bisect

        for i in dir(bisect) :
            if not i.startswith("_") :
                print(i)
```
```
Out:    bisect
        bisect_left
        bisect_right
        insort
        insort_left
        insort_right
```

리스트를 하나 만들고 특정 값이 어떤 위치에 들어갈 수 있는지를 확인할 수 있다. 일단
입력된 숫자가 4라서 제일 마지막에 있는 원소 다음에 들어가야 하므로 인덱스가 3이라고
알려준다.

```
In :    import bisect

        bl = [1,2,3]

        a = bisect.bisect(bl,4)
        print(a)
        print(bl)
```
```
Out:    3
        [1, 2, 3]
```

이번에는 인덱스를 확인하고 내부에 정렬한 값을 삽입하기 위해 insort 함수로 처리한다.
리스트 내부에 원소가 추가된 것을 알 수 있다.

```
In :    bisect.insort(bl,4)

        print(bl)
```

`[1, 2, 3, 4]`

위의 리스트를 가지고 3이 들어갈 인덱스를 먼저 알아본다. 후에 연속해서 insort로 처리하면 정렬된 결과대로 원소가 들어가 있는 것을 볼 수 있다.

In :
```
a = bisect.bisect(bl,3)
print(a)
bisect.insort(bl,3)

print(bl)
```

Out:
```
3
[1, 2, 3, 3, 4]
```

좌측으로 추가도 가능하도록 접미사에 left 메서드가 있다. 좌측에서부터 추가할 경우 사용하면 된다.

In :
```
import bisect

lf = [1,2,3]
c = bisect.bisect_left(lf,-4)
print(c)

bisect.insort_left(lf,-4)

print(lf)
```

Out:
```
0
[-4, 1, 2, 3]
```

인덱스를 찾는 로직을 별도로 작성해서 실행해본다. 별도로 작성하는 것보다 bisect 모듈을 이용해서 처리하는 것이 간단해서 좋다.

In :
```
l= [1,2,3,10]
position = 0
found = False
item = 10
```

```
while position < len(l) and not found:
    position = position + 1
    if l[position] == item:
        found = True
    if l[position] > item :
        found = True

print(position)
```

Out: 3

17

예외 처리

파이썬도 오류, 예외가 발생한다. 발생한 뒤 이 예외를 처리하지 않으면 프로그램이 중단된다. 이런 중단도 프로그램에서 제외해서 처리할 수 있다.

예외가 발생하면 try except로 발생한 예외를 잡고 예외 클래스 내의 메시지를 확인해서 세부적인 로직을 처리할 수 있다. 또한 어느 프로그램에서 발생했는지에 대한 정보도 traceback에서 확인할 수 있다.

이 책에서는 예외가 발생할 때 어떤 정보가 필요하고 발생할 때 어떻게 출력되는지 확인해보겠다.

- Try except
- Finally, else
- 예외 클래스 구조 및 상속 구현
- Traceback 클래스와 모듈

17.1 syntax error 및 value name error

파이썬을 작성할 때 문장 작성에 대한 오류를 처리하는 등 기본적인 예외 및 오류에 대한 처리에 대해 알아보겠다.

17.1.1 try/except , raise문 처리

에러가 발생할 경우 처리하는 구문으로 에러가 발생할 수 있는 문장을 try 구문 다음에 넣고 에러가 발생한 예외 처리를 except 항목으로 추가한다.

+ 예외 발생 및 raise문 사용

예외는 로직 처리 중 이상을 발견했을 때 에러나 예외를 발생시킨다. 사용자가 로직 상에 예외를 raise문으로 발생시킬 수 있다. 예외가 발생한 경우를 잡고 새로운 로직으로 처리가 가능하려면 try except문을 이용해서 처리해야 한다. 예외 발생 여부에 따라 finally와 else문을 이용해서 예외가 발생했을 때와 발생하지 않을 때에 대한 추가적인 로직을 작성할 수 있다.

예제 17-1 : 예외 처리하기

모듈에 생성된 변수 x가 정의되었다. 함수 global_var를 정의해서 글로벌 변수를 갱신하도록 정의를 했는데 예외가 발생했다. x+1를 평가할 때 x라는 변수를 함수 내의 지역 변수에서 검색했지만 이 변수를 찾지 못해 UnboundLocalError가 발생해서 프로그램을 중단시켰다.

```
In :  def global_var(y) :
          x = x + 1
          return x+y

      x = 100

      print(global_var(5))
```

```
Out: ----------------------------------------------------------------
     UnboundLocalError                    Traceback (most recent call last)
     <ipython-input-2-9a89576add47> in <module>()
           5 x = 100
           6
     ----> 7 print(global_var(5))

     <ipython-input-2-9a89576add47> in global_var(y)
           1 def global_var(y) :
     ----> 2     x = x + 1
           3     return x+y
           4
           5 x = 100

     UnboundLocalError: local variable 'x' referenced before assignment
```

예외가 발생할 때 프로그램의 중단을 막으려면 try except를 예외가 발생하는 부분에 작성한다.

위의 내용을 함수의 호출에 예외를 잡아서 처리하기 위해 try except로 표시하고 예외 클래스를 except에 표시했다. 예외가 발생하지만 프로그램이 강제 종료가 되지 않는다.

예외가 발생한 메시지를 출력하고 종료하는 것을 볼 수 있다.

```
In :  try :
          print(global_var(5))
      except UnboundLocalError as e:
          print(e)
```

```
Out: local variable 'x' referenced before assignment
```

이제 정상적인 로직에서 강제로 예외를 발생시킬 수도 있다. raise문을 이용해서 강제로 예외를 발생시키고 이를 try except로 예외를 잡고 처리해보겠다. Exception 예외 클래스의 인스턴스를 만들어서 raise로 발생시키면 except문에 Exception 클래스가 표시되면서 이 예외를 잡고 내부의 로직이 처리되는 것을 알 수 있다.

```
In :    try :
            raise Exception(" 예외 발생 ")
        except Exception as e:
            print(e)

Out:    예외 발생
```

✚ finally과 else문 추가하기

예외 처리를 할 때 예외가 발생하더라도 추가적인 로직을 처리할 수 있는 방법이 필요하다. 특히 else문은 예외가 발생하지 않았을 경우 반드시 처리할 로직이 처리된다. finally문은 예외가 발생해서 except문에서 로직이 처리된 후에 반드시 처리할 로직을 넣어두면 이 로직까지 처리한 후에 프로그램이 종료된다.

예제 17-2 : 예외 발생 시 반드시 처리가 필요한 경우 처리 방식

강제로 예외를 발생시켰다. else문과 finally문이 있을 때 except 구문이 처리가 된 후에 어느 구문이 처리되는지를 확인하면 else문은 예외가 발생할 때 처리가 되지 않았지만 반드시 처리해야 하는 finally 구문에 있는 print문은 출력한다.

```
In :    try :
            raise Exception(" 예외 발생 ")
        except Exception as e:
            print(e)
        else :
            print(" else ")
        finally :
            print(" finallay ")

Out:    예외 발생
```

```
finallay
```

다시 예외가 없을 경우를 처리하면 except 구문은 처리가 되지 않지만 예외가 없으므로 else 구문을 처리하고 이 try except문이 마지막에 있는 finally문을 처리하는 것을 확인할 수 있다.

```
In :   try :
           print("정상처리")
       except Exception as e:
           print(e)
       else :
           print(" else ")
       finally :
           print(" finallay ")

Out:   정상처리
        else
        finallay
```

17.1.2 블록 구문 오류

간단한 예외가 발생하는 것을 알아보고 프로그램을 작성할 때 이런 예외가 발생하면 수정할 수 있는 연습을 해보겠다.

순환문과 제어문 등의 블록을 처리하는 구분에서 블록 표시와 그 하부에 들어가는 로직에 대한 indentation 처리를 해야 한다. 명확하게 블록에서 처리하지 않는 경우를 확인해보겠다.

예제 17-3 : 블록을 표시하지 않을 경우

SyntaxError도 파이썬 내에서는 내장 클래스로 기본 제공된다. 상속은 Exception 클래스를 받아서 구현된 것을 확인할 수 있다.

```
In :   print(SyntaxError)
```

```
print(SyntaxError.__bases__)
```

Out: <class 'SyntaxError'>
        (<class 'Exception'>,)

순환문 while에 True를 지정해서 무한 순환을 처리하도록 했다. 하지만 블록을 구분하는
콜론을 작성하지 않았다. 이럴 때 SyntaxError가 발생하는 것을 확인할 수 있다.

In :   **while True**
            print(" while block ")

Out: File "<ipython-input-8-d774f636cb6c>", line 1
            while True
                     ^
        SyntaxError: invalid syntax

In :   **while True** print(" while block ")

Out: File "<ipython-input-2-188133094a03>", line 1
            while True print(" while block ")
                       ^
        SyntaxError: invalid syntax

순환문 for도 블록을 표시하지 않는 경우는 while문과 동일한 예외를 처리한다.

In :   **for** i **in** range(3)
            print(" for block ")

Out: File "<ipython-input-9-9095674caf91>", line 1
            for i in range(3)
                            ^
        SyntaxError: invalid syntax

순환문 for에 한 문장으로 print문을 작성할 경우에는 예외가 발생한 위치가 print 함수를
가리키는 것을 알 수 있다.

In :   **for** i **in** range(3) print(" for block ")

Out: File "<ipython-input-1-804eedbf2480>", line 1

820
```
```

```
        for i in range(3) print(" for block ")
                          ^
SyntaxError: invalid syntax
```

블록문 내에 로직을 작성할 때 블록이 아닌데 4칸을 띄어쓰면 IndentationError가 발생하는 것을 알 수 있다.

```
In :   counter = 0
       while True  :
           print(counter)
               counter += 1
```

```
Out:     File "<ipython-input-3-e6a46ef4fe6f>", line 4
           counter += 1
           ^
IndentationError: unexpected indent
```

IndentationError 클래스는 SyntaxError를 상속해서 만든 내장 클래스라는 것을 확인할 수 있다.

```
In :   print(IndentationError)
       print(IndentationError.__bases__)
```

```
Out:   <class 'IndentationError'>
       (<class 'SyntaxError'>,)
```

17.1.3 표현식 및 문장 처리 오류

표현식을 처리할 때 우선순위 등을 처리하는 괄호에 대해 매우 주의해야 한다.

예제 17-4 : 괄호나 인용 부호 처리 에러

표현식에서 괄호의 수나 인용 부호의 수가 쌍을 이루지 못할 경우는 예외가 발생한다.

```
In :   ((x+4) *(3/3)
```

```
Out:     File "<ipython-input-37-d6e95b5b0567>", line 1
           ((x+4) *(3/3)
                        ^
       SyntaxError: unexpected EOF while parsing
```

특히 한 문장일 경우는 정확한 위치에 예외를 표시하지만 두 문장 이상일 경우는 예외가 발생한 곳이 아닌 다른 곳에 표시가 될 수 있다.

```
In :   b = ((x+4) *(3/3)
       print(b)
```

```
Out:     File "<ipython-input-38-618919223ff1>", line 2
           print(b)
               ^
       SyntaxError: invalid syntax
```

인용 부호의 개수가 짝을 이루지 못했을 때도 예외가 발생한다.

```
In :   b = "가을이라 "가을바람"
```

```
Out:     File "<ipython-input-39-e5fcb569a5c9>", line 1
           b = "가을이라 "가을바람"
                            ^
       SyntaxError: invalid syntax
```

이번에는 인용 부호 3개로 처리하는 것은 맞지만 앞에 하나의 인용 부호가 있어 짝을 이루지 못해 예외가 발생한다.

```
In :   b = "가을이라 """ 가을바람"""
```

```
Out:     File "<ipython-input-42-a48de3e2b83e>", line 1
           b = "가을이라 """ 가을바람"""
                            ^
       SyntaxError: invalid syntax
```

예제 17-5 : 코딩 실수로 발생하는 오류

변수를 먼저 정의하지 않고 호출해서 처리할 경우에 왜 name 변수가 정의되지 않았다는 에러를 발생시키는지를 이해해야 한다. 파이썬은 현재 실행되는 문장에서 현재 전역과 지역 네임스페이스를 검색하고 이름이 없을 경우는 예외를 발생시킨다.

```
In :   print(abc)

Out:   ----------------------------------------------------------------
       NameError                         Traceback (most recent call last)
       <ipython-input-1-fb8e540c9088> in <module>()
       ----> 1 print(abc)

       NameError: name 'abc' is not defined
```

변수나 모듈 등에 대한 부분을 먼저 정의하지 않을 경우에는 이 이름이 없다는 것을 알 수 있다. 파이썬에서 모든 변수는 이름으로 처리하므로 이름이 없다는 예외가 발생하는 것이다.

```
In :   print(NameError)
       print(NameError.__bases__)

Out:   <class 'NameError'>
       (<class 'Exception'>,)
```

함수 호출을 먼저 하고 나중에 정의가 되었다. 파이썬은 이 함수의 이름을 검색해서 먼저 확인하므로 이 이름이 모듈에 등록되지 않으면 이 이름을 검색할 수 없는 것이다.

파이썬은 함수나 클래스도 하나의 이름으로 모듈 내의 네임스페이스에 등록되지 않으면 이 네임스페이스를 검색해서 찾지 못할 경우 항상 NameError가 발생하는 것을 알 수 있다.

```
In :   print(add(10,10))

       def add(x,y) :
           return x+y
```

```
------------------------------------------------------------------
NameError                              Traceback (most recent call last)
<ipython-input-44-61a399181d0f> in <module>()
----> 1 print(add(10,10))
      2
      3 def add(x,y) :
      4     return x+y

NameError: name 'add' is not defined
```

이번에는 Sequence 자료형을 검색할 때 많이 발생시키는 인덱스 범위를 초과해서 조회할 경우 발생하는 예외를 알아보자.

리스트, 문자열, 딕셔너리 등의 Sequence 자료형과 딕셔너리를 처리할 때는 원소를 검색하는 방법이 유사하다. 하지만 Key를 관리하는 방식이 다르므로 범위를 벗어난 것을 검색할 때 예외 클래스는 다른 것을 표시한다.

In :
```
l = [1,2,3]
print(l[3])
```

Out:
```
------------------------------------------------------------------
IndexError                             Traceback (most recent call last)
<ipython-input-45-2bf7b87cfcda> in <module>()
      1 l = [1,2,3]
----> 2 print(l[3])

IndexError: list index out of range
```

Mapping 자료형은 인덱스을 사용하지 않으므로 동일한 검색을 해도 키에 대한 예외를 발생시킨다.

In :
```
d = {0:1, 1:2, 2:3}
print(d[3])
```

Out:
```
------------------------------------------------------------------
KeyError                               Traceback (most recent call last)
<ipython-input-47-ecabbe39e780> in <module>()
      1 d = {0:1, 1:2, 2:3}
----> 2 print(d[3])
```

```
KeyError: 3
```

인덱스 검색을 이용해서 처리하면 IndexError와 KeyError를 발생시키는 것을 알 수 있다.

```
In :  print(IndexError)
      print(IndexError.__bases__)

Out:  <class 'IndexError'>
      (<class 'LookupError'>,)
```

```
In :  print(KeyError)
      print(KeyError.__bases__)

Out:  <class 'KeyError'>
      (<class 'LookupError'>,)
```

상위 클래스인 LookupError가 이 두 예외를 발생시키는 상위 예외 클래스라는 것을 알 수 있다.

```
In :  print(LookupError)
      print(LookupError.__bases__)

Out:  <class 'LookupError'>
      (<class 'Exception'>,)
```

17.2 Exception

앞의 장에서 간단하게 Exception이 발생할 때 어떤 예외 클래스에 의해 발생했는지도 간단히 알아봤다.

이번에는 내장 예외 클래스들을 알아본 후에 사용자 예외 클래스를 정의해서 처리하는 방식을 알아보겠다.

17.2.1 내장 예외 클래스 구조

내장 예외도 메타 클래스에 의해 생성되고 최상위 클래스를 상속받아서 클래스가 생성되어 있다.

예제 17-6 : Exception 클래스 구조 알아보기

최상위 예외 클래스는 BaseException이고 나머지 예외나 오류에 대한 클래스는 이를 상속받아 처리한다. 기본 속성은 agrs, with_traceback을 가지고 있다.

```
In :  print(BaseException)
      print(BaseException.__bases__)

      for i in dir(BaseException) :
          if not i.startswith("_") :
              print(i)
Out:  <class 'BaseException'>
      (<class 'object'>,)
      args
      with_traceback
```

최상위 클래스인 object를 상속받아 만들어진 최상위 예외 클래스의 스페셜 메서드에 대해 알아보면 여러 개가 추가된 것을 알 수 있다.

```
In :  b = set(dir(BaseException))
      o = set(dir(object))

      for i in (b - o) :
          print(i)
Out:  with_traceback
      __setstate__
      __context__
      __cause__
      __traceback__
      args
      __suppress_context__
      __dict__
```

기본 예외에서 with_traceback 메서드를 확인하면 예외가 발생할 때 traceback에 대한 정보를 처리한다.

```
In :   try :
           raise BaseException(" 예외 강제 발생 "," 정말")
       except BaseException as e :
           print(e)
           print(e.with_traceback)
```

```
Out:   (' 예외 강제 발생 ', ' 정말')
       <built-in method with_traceback of BaseException object at 0x102e81b48>
```

Sys 모듈을 이용해서 예외가 발생할 때 현재의 실행 정보를 sys.exc_info 함수로 불러와서 내부에서 traceback 클래스로 만든 예외의 정보를 가져올 수 있다.

```
In :   import sys

       try :
           raise BaseException(" 예외 강제 발생 "," 정말")
       except BaseException as e :
           for i in sys.exc_info() :
               print(i)
```

```
Out:   <class 'BaseException'>
       (' 예외 강제 발생 ', ' 정말')
       <traceback object at 0x102ebe148>
```

이를 이 예외 클래스 내의 with_traceback 메서드 인자로 traceback 정보를 넣어서 예외 메시지만 처리할 수 있다.

```
In :   import sys

       try :
           raise BaseException(" 예외 강제 발생 "," 정말")
       except BaseException as e :
           tb = sys.exc_info()[2]
           print(e.with_traceback(tb))
           print(" 예외에 보관된 내용 출력")
```

```
Out:    (' 예외 강제 발생 ', ' 정말')
        예외에 보관된 내용 출력
```

Exception 클래스가 어떤 클래스를 상속받았는지를 확인하면 BaseException을 받은 것을 알 수 있고 이 클래스는 type 메타 클래스로 만들어진 것을 알 수 있다.

```
In :    print(Exception.__bases__)
        print(Exception.__class__)

Out:    (<class 'BaseException'>,)
        <class 'type'>
```

Exception 클래스의 네임스페이스에는 생성에 관련된 스페셜 메서드와, 인스턴스를 만드는 생성자 및 초기화 메서드만 있다.

```
In :    import pprint

        pprint.pprint(Exception.__dict__)

Out:    mappingproxy({'__doc__': 'Common base class for all non-exit exceptions.',
                      '__init__': <slot wrapper '__init__' of 'Exception' objects>,
                      '__new__': <built-in method __new__ of type object at
                      0x00000000542FA370>})
```

Exception 클래스에 정보를 넣으면 이 클래스의 인스턴스가 만들어진다. Exception 클래스 내부에 있는 스페셜 메서드는 인스턴스를 생성하는 것만 가지고 있기 때문이다.

이 인스턴스에 생성해서 내부 속성을 args로 확인하면 인스턴스를 만들 때 전달한 값이 들어가 있는 것을 볼 수 있다. 인스턴스를 생성할 때 값이 들어가면 args가 튜플로 실행되어 넣은 정보를 처리할 수 있다.

```
In :    e = Exception("예외 인스턴스를 하나를 만든다.")

        print(e)
        print(e.args)

Out:    예외 인스턴스를 하나를 만든다.
```

```
('예외 인스턴스를 하나를 만든다.',)
```

Exception을 상속받아 다양한 최상위 클래스를 만들었다. 다양한 예외나 에러가 발생할 경우 Exception을 상속받아 새롭게 예외나 에러 클래스를 만들어야 한다.

```
In :   print(ArithmeticError.__bases__)
       print(ArithmeticError.__class__)

Out:   (<class 'Exception'>,)
       <class 'type'>
```

```
In :   print(BufferError.__bases__)
       print(BufferError.__class__)

Out:   (<class 'Exception'>,)
       <class 'type'>
```

```
In :   print(LookupError.__bases__)
       print(LookupError.__class__)

Out:   (<class 'Exception'>,)
       <class 'type'>
```

17.2.2 내장 예외 클래스 인스턴스 객체

예외는 예외 클래스의 인스턴스 객체가 만들어져서 발생한다. 이때에 메시지를 넣어서 보내준다.

예제 17-7 : 내장 예외에 대한 관계 확인하기

수학적인 예외를 처리하는 예외는 ArithmeticError를 상속한 것을 알 수 있다.

```
In :   print(FloatingPointError.__bases__)
       print(OverflowError.__bases__)
       print(ZeroDivisionError.__bases__)
```

```
Out:    (<class 'ArithmeticError'>,)
        (<class 'ArithmeticError'>,)
        (<class 'ArithmeticError'>,)
```

상위 상속 관계를 확인하면 Exception과 BaseException 클래스를 상속한다.

```
In :    print(ArithmeticError.__bases__)
```
```
Out:    (<class 'Exception'>,)
```

```
In :    print(Exception.__bases__)
```
```
Out:    (<class 'BaseException'>,)
```

ZeroDivisionError는 부모 클래스로 ArithmeticError를 상속받아 처리하지만 추가된 내부 속성을 가지지 않는다.

```
In :    a = ZeroDivisionError(" 0이 분모에 들어가 있다 ")

        z = set(dir(ZeroDivisionError))
        ar = set(dir(ArithmeticError))
        c = (z-ar)

        print(a)
        print(c)
```
```
Out:     0이 분모에 들어가 있다
        set()
```

반복자 처리가 끝나면 예외를 발생시키는 StopIteration 클래스는 valu라는 속성이 추가된 것을 알 수 있다.

```
In :    print(StopIteration.__bases__)
        sid = set(dir(StopIteration))
        exp = set(dir(Exception))

        print(sid-exp)
```
```
Out:    (<class 'Exception'>,)
```

```
{'value'}
```

반복자 처리가 끝날 때 발생하는 StopIteration 예외에도 메시지를 주고 처리 가능하다.

```
In :   si = StopIteration("반복자 처리 종료")
       print(si)
       print(si.args)
       print(si.value)
```

```
Out:   반복자 처리 종료
       ('반복자 처리 종료',)
       반복자 처리 종료
```

17.2.3 사용자 예외 클래스 정의 및 처리

사용자 예외를 만들 경우 예외에 필요한 정보를 어떻게 처리할지를 정의해야 한다. 추가
적인 속성을 사용할지 아니면 기존에 정해진 속성만 사용해서 처리할지에 대한 정의가 필
요한다.

예제 17-8 : 사용자 예외를 정의해서 처리해보기

사용자 예외를 정의할 때 일단 Exception 클래스를 상속한다. 인스턴스가 만들어질 때 들
어갈 속성은 예외 번호, 예외 모듈, 예외 메시지 등을 추가해서 정의한다.

```
In :   class UserError(Exception) :
           def __init__(self,err_no,err_pgm,err_msg) :
               super().__init__(err_msg)
               self.err_no = err_no
               self.err_pgm = err_pgm
               self.err_msg = err_msg
```

예외를 raise문으로 강제 발생시킨다. 이 인스턴스에서 발생한 정보를 except문에서 잡아
출력해보면 입력한 예외가 그대로 출력되는 것을 확인할 수 있다.

```
try :
    raise UserError(1,__name__,"장애가 발생했습니다.")
except UserError as e :
    print(e.err_no)
    print(e.err_pgm)
    print(e.err_msg)
```

Out:
```
1
__main__
장애가 발생했습니다.
```

예외를 별도의 모듈로 만들어서 저장했다. 이 모듈을 import해서 처리해도 동일한 결과가
나오는지를 확인해보겠다.

In :
```
%%writefile UserError.py
class UserError(Exception) :
    def __init__(self,err_no,err_pgm,err_msg) :
        super().__init__(err_msg)
        self.err_no = err_no
        self.err_pgm = err_pgm
        self.err_msg = err_msg
```

Out: Writing UserError.py

실행할 모듈을 별도의 파일로 만들었다. 내부의 로직은 단순히 위의 예외를 강제로 발생
시켜서 모듈 내에서도 동일하게 처리되는지를 확인해보는 것이다.

In :
```
%%writefile error.py
import UserError as UE
try :
    raise UE.UserError(1,__name__,"장애가 발생했습니다.")
except UE.UserError as e :
    print(e.err_no)
    print(e.err_pgm)
    print(e.err_msg)
```

Out: Writing error.py

이 모듈을 실행한다. 출력된 결과는 동일한 것을 보면 별도의 모듈에 사용자 예외를 만들

832

어서 등록하고 이를 import해서 처리할 수 있도록 만들면 된다.

```
In :   !python error.py
```

```
Out:   1
       __main__
       장애가 발생했습니다.
```

17.3 traceback 사용하기

이 모듈은 Python 프로그램의 예외에 대한 정보를 추출, 포맷 및 인쇄하는 표준 인터페이스를 제공한다.

17.3.1 traceback 클래스 처리

예외가 처리되면 예외가 발생된 위치를 알려주는 것도 하나의 클래스를 만들어서 추적이 가능하도록 별도의 모듈로 제공한다.

✚ Traceback 이해하기

Traceback 모듈 내에 오류를 발생시켜서 traceback이 어떻게 출력되는지를 확인해 본다.

예제 17-9 : traceback 처리

나눗셈 함수를 정의해서 분모에 0을 주고 처리하면 ZerodivisionError가 발생할 때 Traceback이 처리되어 에러가 발생한 부분을 알려준다.

```
In :   def div(x,y) :
            return x/y
```

```
        div(20,0)
```

Out: ---
        ZeroDivisionError   Traceback (most recent call last)
        <ipython-input-122-b318a0b435e4> in <module>()
              2   return x/y
              3
        ----> 4 div(20,0)

        <ipython-input-122-b318a0b435e4> in div(x, y)
              1 def div(x,y) :
        ----> 2   return x/y
              3
              4 div(20,0)

        ZeroDivisionError: division by zero

예외가 발생한 traceback에 sys 모듈이 exc_info 함수를 통해 정보를 가져오는 과정을
한번 살펴보겠다.

In :   import sys

        def div(x,y) :
            return x/y

        try :
            div(10,0)
        except ZeroDivisionError as e :
            se = sys.exc_info()
            tb = se[2]
            print(type(se[2]))
            tb_at = dir(se[2])

Out: <class 'traceback'>

예외가 발생한 정보를 tb 변수에 traceback의 인스턴스로 할당했고 이 내부의 속성들은
tb_at에 저장했다. 이 정보들을 출력해보면 traceback 내에 4개의 속성을 가지고 있음을
알 수 있다.

In :   print(tb)

834

```
          print(tb_at)

Out:      <traceback object at 0x000000000587C188>
          ['tb_frame', 'tb_lasti', 'tb_lineno', 'tb_next']
```

이 속성들을 확인해보면 tb_frame은 로딩된 프로그램 처리에 대한 frame 클래스의 인스턴스이고 next에는 추가적인 정보를 관리하는 traceback의 인스턴스에 대한 정보가 들어가 있음을 알 수 있다.

```
In :      print(tb.tb_frame)
          print(tb.tb_lasti)
          print(tb.tb_lineno)
          print(tb.tb_next)

Out:      <frame object at 0x0000000004EA11D8>
          8
          7
          <traceback object at 0x000000000587C948>
```

내장 클래스인 frame을 확인해보면 내부에 실행되는 code 클래스를 가지고 있으며 이는 함수가 생성될 때 내부에 가지는 코드 정보와 동일하다. 이 코드 내의 소스를 보기 위해 inspect 모듈을 이용해서 프로그램 소스를 확인해보면 함수의 소스가 들어가 있는 것을 알 수 있다.

```
In :      import inspect

          print(type(tb.tb_frame))
          print(tb.tb_frame.f_trace)
          print(tb.tb_frame.f_code)
          print(inspect.getsource(tb.tb_frame.f_code))

Out:      <class 'frame'>
          None
          <code object <module> at 0x00000000055E29C0, file "<ipython-input-118-
          e0c28f43e17c>", line 6>
          def div(x,y) :
              return x/y
```

17.3.2 traceback 모듈 처리

예외나 오류에 대한 정보를 가진 traceback에 대한 정보를 세부적으로 확인하기 위해 traceback 모듈을 이용할 수 있다.

예제 17-10 : traceback 모듈 처리

주피터 노트북에서 예외를 발생시키면 traceback 정보가 출력되는 것을 볼 수 있다.

```
In :    raise IOError(" 트레이스 모듈로 정보 확인하기 ")

Out:    --------------------------------------------------------------
        OSError                                Traceback (most recent call last)
        <ipython-input-127-e63296f844a4> in <module>()
        ----> 1 raise IOError(" 트레이스 모듈로 정보 확인하기 ")

        OSError:  트레이스 모듈로 정보 확인하기
```

이런 예외에 대한 정보를 별도로 처리하려면 traceback 모듈을 사용해서 출력할 수도 있다. IOError를 발생시키고 traceback 모듈에서 print_exc 함수를 이용해서 출력하면 traceback 처리된 결과가 전부 출력된다.

```
In :    import traceback


        try :
            raise IOError(" 트레이스 모듈로 정보 확인하기 ")
        except IOError as e :
            traceback.print_exc()

Out:    Traceback (most recent call last):
          File "<ipython-input-126-7a0d3854d674>", line 4, in <module>
            raise IOError(" 트레이스 모듈로 정보 확인하기 ")
        OSError:  트레이스 모듈로 정보 확인하기
```

별도의 파일을 처리해서 저장도 가능하다. 일단 IO 모듈에 StringIO를 이용해서 하나의 임시 저장 문자열을 만들고 print_exc 함수 내부에 file=file로 실행하면 문자열로 정보를 저장한다. 이 문자열을 finally에서 출력하는 것을 볼 수 있다.

```
In :   import traceback
       import io

       try :
           raise IOError(" 트레이스 모듈로 정보 확인하기 ")
       except IOError as e :
           file = io.StringIO()
           traceback.print_exc(file=file)
       finally :
           print(file.getvalue())
```

```
Out:   Traceback (most recent call last):
         File "<ipython-input-129-0773bcea41ce>", line 5, in <module>
           raise IOError(" 트레이스 모듈로 정보 확인하기 ")
       OSError:  트레이스 모듈로 정보 확인하기
```

예제 17-11 : 네임스페이스에 실행된 이름의 존재 여부 확인

특정 문을 입력하고 그 입력한 것을 exec 함수로 실행해서 특정 네임스페이스에 저장되어
있는지를 확인한다. 파이썬으로 코딩된 모든 것은 네임스페이스에 이름과 값으로 저장되
어 관리된다. 네임스페이스에서 없을 경우 예외가 발생하므로 except 구문을 처리한다.

```
In :   import sys, traceback

       def exec_run(namespace) :
           command = input(">>>")
           if command == "exit" :
               sys.exit()

           try :
               exec(command)
               if namespace[command] :
                   print(" namespace has ", command)
           except :
               print(" Exception")
               print("-"*60)
               traceback.print_exc(file=sys.stdout)
               print("_"*60)
```

별도의 네임스페이스를 만들어서 함수에 전달하면 input 함수가 실행되고 sys를 입력한다. sys라는 이름은 함수가 있는 모듈에는 존재하지만 함수의 인자로 넘긴 네임스페이스 내에는 아무 것도 없으므로 KeyError가 발생하는 것을 알 수 있다.

```
In :   namespace = {}
       exec_run(namespace)

Out:   >>>sys
        Exception
       ------------------------------------------------------------
       Traceback (most recent call last):
         File "<ipython-input-28-8e4d20a74363>", line 10, in exec_run
           if namespace[command] :
       KeyError: 'sys'
       ------------------------------------------------------------
```

네임스페이스를 모듈의 전역 네임스페이스로 전달하고 input 함수에 sys를 전달하면 이 이름이 기존에 존재하므로 출력된다. 이 함수를 통해 파이썬 네임스페이스의 이름은 키로 관리하고 값은 객체의 레퍼런스가 오는 것을 알 수 있다. 키와 값이 쌍을 구성하는 딕셔너리 구조를 준수하면서 관리되는 것도 이해할 수 있다.

```
In :   exec_run(globals())

Out:   >>>sys
        namespace has  sys
```

18

파이썬 파일 처리

컴퓨터가 처리하는 bits, bytes에 대한 데이터 처리의 기본을 IO 모듈에 추상 클래스로 제공하고 있다. 다양한 IO 처리가 있지만 기본으로 데이터가 전달되어 처리될 때는 비트, 바이트, 텍스트 구조로 변환되어 처리되는 것을 알 수 있다. 텍스트로 처리하려면 다양한 언어를 지원하는 문자 팩이 있기에 이런 부분을 처리하기 위해서는 IO 처리의 기본을 이해해야 한다.

이번 장에서는 먼저 IO 처리의 기본부터 이해하고 세부적인 파일 처리 및 직렬화 등의 모듈까지 이해해보기로 하겠다.

- IO 추상 클래스
- Raw IO 처리
- 텍스트, 바이트에 대한 메서드 기본 처리
- BytesIO, StringIO 임시 파일 처리

18.1 IO 모듈 : 추상 클래스 관계

파이썬에서 IO 처리에 필요한 추상 클래스를 먼저 이해하고 IO가 발생할 때 어떤 기준으로 연결되어 처리가 되는지를 알아보겠다.

일단 컴퓨터는 바이트나 비트 스트림을 처리하고 사람은 텍스트로 작성하므로 이에 대한 변환을 내부적으로 해줘야 한다.

일단 바이트와 텍스트 처리를 위해 우리가 작성하는 파일 등에 어떤 추상 클래스가 사용되는지를 알아보겠다.

18.1.1 IO 상속 관계

파이썬에서는 IO 처리를 하기 위한 최상위 클래스를 정의해서 그 내부에 기본적으로 처리하는 기능을 가지고 있고 구현되는 클래스에서 재정의를 하거나 추가적인 메서드들을 정의해서 처리한다.

IO 모듈 내에는 추상화 클래스 및 일부 구현 클래스가 존재하며 최상위 추상 클래스를 확인하면 IOBase 클래스가 있고 이 클래스는 다양한 추상 클래스를 만들 때 사용되는 것을 확인할 수 있다.

✦ IOBase 클래스

바이트의 스트림에 작용하는 모든 IO 클래스의 추상 기본 클래스이다. 추상 클래스는 생성을 할 수 없는 클래스이고 다른 추상화 클래스 생성을 위한 최상위 클래스로만 사용된다.

예제 18-1 : IO에 대한 최상위 추상 클래스 확인하기

추상 메타 클래스인 abc.ABCMeta로 IOBase 클래스가 만들어졌으므로 추상 클래스이다. 상속 관계와 메타 클래스에 대해 조회해보면 이 클래스가 어떻게 만들어져 있는지 알 수 있다.

```
In :   import io

       print(io.IOBase)
       print(io.IOBase.__bases__)
       print(io.IOBase.__bases__[0].__bases__)

       print(io.IOBase.__class__)
       print(io.IOBase.__class__.__bases__)

Out:   <class 'io.IOBase'>
       (<class '_io._IOBase'>,)
       (<class 'object'>,)
       <class 'abc.ABCMeta'>
       (<class 'type'>,)
```

IO를 처리하기 위한 메서드를 확인해보면 파일을 읽고, 쓰고, 조정하는 것에 대한 기본적인 사항을 제공한다.

이 클래스를 상속하면 메서드들이 지정되어 있고 구현 클래스에서 이 메서드들을 구현하여 처리하고 있다.

이 메서드들을 보면 파일을 읽고, 쓰는 것을 대부분 제공하는 것을 알 수 있다.

```
In :   for i in dir(io.IOBase) :
           if not i.startswith("_") :
               print(i)

Out:   close
       closed
```

```
fileno
flush
isatty
readable
readline
readlines
seek
seekable
tell
truncate
writable
writelines
```

18.1.2 Raw, Bytes, Text 추상 클래스 관계

최상위 클래스를 알았으니 이제는 Raw, Bytes, Text 단위로 처리하는 최상위 추상 클래스에 대해 알아보겠다.

IO를 처리하는 것은 이미지와 같은 바이너리, 문자를 처리하는 바이트나 텍스트 등의 파일 처리와 유사하다. 이런 개념을 기준으로 처리하기 위해서 내부적인 기능이 추가가 필요하므로 어떤 기능이 추가되었는지도 알아보겠다.

파이썬에서는 이런 추상 클래스 3가지(RawIOBase, BufferedIOBase, TextIOBase)를 제공한다. 이 클래스가 어떤 구조를 가지는지를 알아본다.

✛ RawIOBase

RawIOBase는 IOBase를 상속받아 구현되어 있고 일반적으로 기본 OS 장치 또는 API에 대한 하위 수준 액세스를 제공하는 파일 구조만 처리된다.

예제 18-2 : io.RawIOBase 클래스 확인하기

어떤 클래스를 상속했는지를 보고 바이너리 처리를 위해 필요한 내부 속성이나 메서드를 확인해보겠다. 사용하기 위한 추상 클래스를 확인해보면 IOBase 추상 클래스를 상속해서 만든 것을 확인할 수 있다.

```
In :    import io

        print(io.RawIOBase)
        print(io.RawIOBase.__class__)
        print(io.RawIOBase.__bases__)
        print(issubclass(io.RawIOBase, io.IOBase))
```

```
Out:    <class 'io.RawIOBase'>
        <class 'abc.ABCMeta'>
        (<class '_io._RawIOBase'>, <class 'io.IOBase'>)
        True
```

최상위 클래스인 IOBase에 없는 4개의 메서드가 추가된 것을 볼 수 있다.

```
In :    raw = set(dir(io.RawIOBase))
        base = set(dir(io.IOBase))

        print(raw - base)
```

```
Out:    {'read', 'write', 'readinto', 'readall'}
```

✚ BufferedIOBase

BufferedIOBase는 원시 바이트 스트림(RawIOBase)을 버퍼링해서 바이트 단위로 처리를 한다. 이 서브 클래스에는 BufferedWriter, BufferedReader, 및 BufferedRWPair가 있고 이들은 버퍼 스트림 읽기, 쓰기를 지원하며, BufferedRandom은 랜덤 액세스 스트림에 대한 버퍼 인터페이스를 제공한다.

예제 18-3 : io.BufferedIOBase 클래스 확인하기

BufferedIOBase 내의 상속 관계를 확인한다. 추상 클래스이므로 메타 클래스도 추상 메타 클래스로 만들어진 것을 확인할 수 있다.

```
In :    import io
```

```
        print(io.BufferedIOBase)
        print(io.BufferedIOBase.__class__)
        print(io.BufferedIOBase.__bases__)
        print(issubclass(io.BufferedIOBase, io.IOBase))
```

Out:
```
        <class 'io.BufferedIOBase'>
        <class 'abc.ABCMeta'>
        (<class '_io._BufferedIOBase'>, <class 'io.IOBase'>)
        True
```

BufferedIOBase 클래스에 readinto, read, write, detach 등 속성이나 메서드가 추가되어 구현된 것을 알 수 있다.

In :
```
        buffer = set(dir(io.BufferedIOBase))
        base = set(dir(io.IOBase))

        print(buffer - base)
```

Out:
```
        {'write', 'read1', 'detach', 'readinto', 'read', 'readinto1'}
```

✦ TextIOBase

IOBase의 또 다른 서브 클래스인 TextIOBase는 바이트가 텍스트를 나타내는 스트림을 처리하고 문자열과의 인코딩 및 디코딩을 처리할 수 있는 추상화 클래스이다.

구현된 클래스는 TextIOWrapper를 사용하면 이 클래스를 이용해서 파일 등에 Text 처리를 수행한다.

예제 18-4 : io.TextIOBase 클래스 확인하기

Text를 처리하기 위한 추상 클래스도 IOBase를 상속했고 ABCMeta를 위해 만들어진 것을 알 수 있다.

In :
```
        import io

        print(io.TextIOBase)
```

```
print(io.TextIOBase.__class__)
print(io.TextIOBase.__bases__)
print(issubclass(io.TextIOBase, io.IOBase))
```

Out:
```
<class 'io.TextIOBase'>
<class 'abc.ABCMeta'>
(<class '_io._TextIOBase'>, <class 'io.IOBase'>)
True
```

TextIOBase 클래스에는 read, newlines, encoding, write, errors, detach 등 IOBase 클래스보다 속성이나 메서드가 추가된 것을 알 수 있다.

Out:
```
text = set(dir(io.TextIOBase))
base = set(dir(io.IOBase))

print(text - base)
```

Out:
```
{'write', 'newlines', 'encoding', 'detach', 'errors', 'read'}
```

18.1.3 파일 모드 처리

파이썬에서는 파일을 읽고 처리할 때 IO 모듈을 별도로 지정하지 않는다. 이 파일이 모드에 맞춰 파일로 처리할 클래스를 매칭시키므로 파일을 처리할 때 어떤 모드를 사용하는지가 중요하다.

✚ 파일 모드(file mode)

파일을 저장하거나 읽기 위해서는 파일 모두를 지정해야 한다. 파일을 수정할 경우에도 모드를 지정하면 처리할 수 있다.

파일 열기 모드	설명
r	읽기 모드 – 파일을 읽기만 할 때 사용
r+	읽고 쓰기 모드 – 파일의 내용을 읽고 쓸 때 사용
a	추가 모드 – 파일의 마지막에 새로운 내용을 추가시킬 때 사용(쓰기 전용)

파일 열기 모드	설명
a+	파일 끝에 추가(읽기도 가능)
w	쓰기 모드 – 파일의 내용을 쓸 때 사용
w+	읽고 쓰기(기존 파일 삭제)
x	존재한 파일이 없을 때만 파일을 생성
t	텍스트 모드 – 기본 텍스트
b	바이너리 모드 – 바이너리로 처리
rb	이진 파일 읽기 전용
rb+	이진 파일 읽고 쓰기
wb+	이진 파일 읽고 쓰기(기존 파일 삭제)
ab+	이진 파일 끝에 추가(읽기도 가능)

예제 18-5 : File IO 파일 열기

일반적으로 바이너리 데이터 처리는 저수준 빌딩 블록인 이미지 등에 사용된다. 파일을 오픈할 때 buffering=0를 주고 처리해야 한다.

이 이미지를 matplotlib 모듈을 이용해서 이미지를 출력하고 필요한 이미지를 구현하는 디렉터리에 넣어서 처리하도록 한다.

In :
```python
import matplotlib.pyplot as plt
import matplotlib.image as mpimg

img = open("내사진2","rb", buffering=0)
print(img)

plt.imshow(mpimg.imread(img))
plt.show()
```

Out: `<_io.FileIO name='내사진2' mode='rb' closefd=True>`

바이너리로 처리하는 것은 FileIO 추상 클래스를 지원하며 이 세부적인 상속 관계는
RawIOBase를 상속받아서 처리한다.

```
In :   print(io.FileIO)
        print(io.FileIO.__bases__)
```

```
Out:   <class '_io.FileIO'>
        (<class '_io._RawIOBase'>,)
```

상속 관계를 확인해보면 IOBase, RawIOBase를 상속하는 것을 알 수 있다.

```
In :   print(issubclass(io.FileIO,io.IOBase))
        print(issubclass(io.FileIO,io.RawIOBase))
        print(issubclass(io.FileIO,io.FileIO))
        print(issubclass(io.FileIO,io.BufferedIOBase))
        print(issubclass(io.FileIO,io.TextIOBase))
```

```
Out:   True
        True
        True
        False
        False
```

✚ 바이트 파일 처리

바이트로 파일을 읽으려면 mode에 byte라는 것을 명기해서 open해야 한다. 바이트는
인코딩, 디코딩 또는 개행 문자 변환을 하지 않아도 바이트 단위로 모든 파일의 원소에 접

근하며 비 텍스트 데이터를 다룰 사용한다.

예제 18-6 : 바이트 파일 열기

바이트 파일은 기본적으로 open 함수에서 읽고 바이트 처리는 모드에 b를 붙여서 처리해야 한다.

일단 텍스트 파일을 하나 만들고 바이트 자료형으로 어떻게 처리되는지를 확인해보겠다.

```
In :  %%writefile data.txt
      BinaryIO (also called buffered IO) expects bytes-like objects
      and produces bytes objects. No encoding,
      decoding, or newline translation is performed.
      This category of streams can be used for all kinds of non-text data,
      and also when manual control over the handling of text data is desired.
```

```
Out:  Writing data.txt
```

파일을 open해보면 읽기 전용이기에 BufferedReader로 처리되고 이 상속 관계를 다시 확인해보면 BufferedIOBase를 상속했다는 것을 알 수 있다.

```
In :  import io

      data = open("data.txt","rb")
      print(data)

      print(issubclass(type(data),io.BufferedIOBase))
      print(issubclass(type(data),io.BufferedReader))
      print(issubclass(type(data),io.BufferedRWPair))
      print(issubclass(type(data),io.BufferedRandom))
```

```
Out:  <_io.BufferedReader name='data.txt'>
      True
      True
      False
      False
```

출력하면 파일의 개행 문자까지도 전부 바이트로 출력되는 것을 알 수 있다.

848

```
In :   for i in data :
           print(i)

       data.close()
```

```
Out:   b'BinaryIO (also called buffered IO) expects bytes-like objects \n'
       b'and produces bytes objects. No encoding, \n'
       b'decoding, or newline translation is performed. \n'
       b'This category of streams can be used for all kinds of non-text data,\n'
       b'and also when manual control over the handling of text data is
       desired.'
```

✚ text 파일 처리

파일을 텍스트로 읽기 위한 모드가 t 즉 텍스트이다. Open 함수는 기본적으로는 t로 처리 하므로 파일을 읽으면 기본으로 텍스트 처리된다. 인코딩에 대한 기본은 OS에서 처리하는 기준이므로 utf-8로 변환이 필요하면 반드시 인코딩을 utf-8로 처리해야 한다.

예제 18-7 : 텍스트 파일 열기

한글 파일로 텍스트 파일을 만든다.

```
In :   %%writefile data_t.txt
       로그를 생성하는 방법 중에 가장 간단한 것으로 print()을 이용해서 현재의 상태를 화면에 출력하는
       방식이다.
       알고 싶은 값을 print()을 사용해서 출력하면 그뿐이다.
       너무나 간단해서 로그라는 것을 모르면서도 쓰고 있다.
```

```
Out:   Writing data.txt
```

파일을 텍스트로 열면 TextIOWrapper로 처리된다. 맥에서는 기본적으로 utf-8 유니코드로 처리되므로 별도의 인코딩이 없어도 되지만 윈도우에서는 cp949를 사용하므로 처리 상에 이상이 있을 경우는 인코딩을 처리할 수도 있다.

```
In :   import io

       data = open("data_t.txt","rt")
```

```
print(data)

print(issubclass(type(data),io.IOBase))
print(issubclass(type(data),io.FileIO))
print(issubclass(type(data),io.TextIOBase))
print(issubclass(type(data),io.TextIOWrapper))
data.close()
```

Out: `<_io.TextIOWrapper name='data_t.txt' mode='rt' encoding='UTF-8'>`
True
False
True
True

이 파일을 읽어서 개행 문자를 없애고 출력한 후에 이 파일을 종료한다.

In :
```
data = open("data_t.txt","rt")
print(data)
for i in data :
    print(i, end="")

data.close()
```

Out: `<_io.TextIOWrapper name='data_t.txt' mode='rt' encoding='UTF-8'>`
로그를 생성하는 방법 중에 가장 간단한 것으로 print()을 이용해서 현재의 상태를 화면에 출력하는
방식이다.
알고 싶은 값을 print()을 사용해서 출력하면 그뿐이다.
너무나 간단해서 로그라는 것을 모르면서도 쓰고 있다.

18.2 BinaryIO

가장 많이 사용하는 바이트 처리 방식을 알아보겠다. 바이트 단위로 문자를 처리하는 것
이 대부분 컴퓨터 내에서 처리하는 방식이므로 이번에 BinaryIO(bufferIO라고도 함)인 바
이트 단위의 객체로 처리하는 법을 사용해보겠다.

18.2.1 Buffer 처리 클래스 구조

직접 IO 모듈 내에 BufferedIOBase 클래스를 상속받아 buffer 처리를 위해 구현한다.

버퍼 처리를 하는 클래스에는 다양한 것이 있다. BufferedRWPair, BufferedReader, BufferedWriter 클래스는 BufferedIOBase를 상속받아 구현된 클래스이므로 바이트 단위를 처리하는 구현 클래스이다.

✚ BufferedReader 클래스

보통 파일을 열 때 모드를 rb로 처리하면 바이트 단위로 처리되는 객체가 이 클래스라는 것을 위의 예에서 알아봤다.

바이트로 어떻게 파일을 열고 처리하는지를 세부적으로 알아보겠다.

예제 18-8 : BufferedReader 클래스 확인하기

최상위 클래스인 BufferedIOBase에 선언된 메서드에 대해서 검색해보면 다음과 같다.

```
In :  import io

      count = 0
      for i in dir(io.BufferedIOBase) :
          if not i.startswith("_") :
              count += 1

              _ if (count % 5 != 0) else  print()
              print(i, end=" ")
```

```
Out:  close closed detach fileno
      flush isatty read read1 readable
      readinto readinto1 readline readlines seek
      seekable tell truncate writable write
      writelines
```

이 클래스를 상속받을 경우 추상 메서드에 대해서는 구상 클래스(concrete class)에서 재정의해서 작성해야 한다. BufferedReader는 파일을 읽어서 바이트로만 처리가 가능하다.

상위 클래스인 BufferedIOBase 클래스에는 없는 추가된 속성과 메서드가 있다.

```
In :  import io

      print(io.BufferedIOBase.__bases__)
      print(io.BufferedReader.__bases__)

      bb = set(dir(io.BufferedIOBase))
      br = set(dir(io.BufferedReader))

      print(br - bb)
```

```
Out:  (<class '_io._BufferedIOBase'>, <class 'io.IOBase'>)
      (<class '_io._BufferedIOBase'>,)
      {'peek', 'raw', 'mode', 'name', '_finalizing', '_dealloc_warn', '__
      getstate__'}
```

이제 바이트 파일을 처리하기 위해 하나의 파일을 만들었다. 기본 바이트 파일이므로 영어로 작성했다.

```
In :  %%writefile br_data.txt
      (<class '_io._BufferedIOBase'>, <class 'io.IOBase'>)
      (<class '_io._BufferedIOBase'>,)
      {'peek', 'raw', 'mode', 'name', '_finalizing', '_dealloc_warn', '__
      getstate__'}
```

```
Out:  Writing br_data.txt
```

이 파일을 open 함수를 통해 열 때 모드를 rb로 준 것을 확인할 수 있다. 파일이 라인을 원소로 하는 하나의 큰 내용이므로 반복형이면서 반복자라는 것도 확인해봤다.

그리고 for 순환문을 이용해서 이 바이트 파일을 출력해봤다. 문자열은 유니코드이고 바이트 파일은 유니코드가 아니므로 출력할 때 바이트라는 표시로 문자열 앞에 b가 붙어 있는 것을 확인할 수 있다.

```
In :  import io
      import collections.abc as cols
```

```
br = open("br_data.txt","rb")

print(issubclass(type(br), cols.Iterable))
print(issubclass(type(br), cols.Iterator))

for i in br :
    print(i)
```

Out:
```
True
True
b"(<class '_io._BufferedIOBase'>, <class 'io.IOBase'>)\r\n"
b"(<class '_io._BufferedIOBase'>,)\r\n"
b"{'peek', 'raw', 'mode', 'name', '_finalizing', '_dealloc_warn', '__
getstate__'}"
```

파일을 close하지 않았으므로 종료가 되지 않았다. 다시 seek 메서드를 이용해서 파일이 처음으로 이동하면 반복자를 다시 사용할 수 있다.

이번에는 next 함수로 반복자를 호출해서 사용하겠다. 파일은 종료가 필요할 때 반드시 close 메서드로 종료되었다고 알려줘야 한다.

하지만 파일이 종료되기 전에 전부 다 소비했기에 StopIteration이 발생하는 것을 알 수 있다.

In :
```
br.seek(0)
print(next(br))
print(next(br))
print(next(br))
print(next(br))
br.close()
```

Out:
```
b"(<class '_io._BufferedIOBase'>, <class 'io.IOBase'>)\r\n"
b"(<class '_io._BufferedIOBase'>,)\r\n"
b"{'peek', 'raw', 'mode', 'name', '_finalizing', '_dealloc_warn', '__
getstate__'}"
---------------------------------------------------------------
StopIteration                         Traceback (most recent call last)
<ipython-input-29-3e6e3bdfb65a> in <module>()
      3 print(next(br))
      4 print(next(br))
```

```
----> 5 print(next(br))
      6 br.close()

StopIteration:
```

다시 파일을 열어 next 함수로 처리하고 파일을 닫았다. 그 다음에 next로 파일을 읽으면
파일이 닫혔다고 예외를 발생시킨다.

```
In :    br2 = open("br_data.txt","rb")

        print(next(br2))
        print(next(br2))
        print(next(br2))
        br2.close()
        print(next(br2))
```

```
Out:    b"(<class '_io._BufferedIOBase'>, <class 'io.IOBase'>)\n"
        b"(<class '_io._BufferedIOBase'>,)\n"
        b"{'peek', 'raw', 'mode', 'name', '_finalizing', '_dealloc_warn', '__
        getstate__'}"
        ----------------------------------------------------------------
        ValueError                         Traceback (most recent call last)
        <ipython-input-17-339629b029ce> in <module>()
              5 print(next(br2))
              6 br2.close()
        ----> 7 print(next(br2))

        ValueError: readline of closed file
```

✦ BufferedWriter 클래스

이번에는 파일에 자료를 작성할 때 바이트 자료형들을 버퍼에 넣었다가 디스크에 처리해
야 한다.

예제 18-9 : BufferedWriter 클래스 확인하기

BufferedWriter는 BufferedReader에 없는 출력에 대한 메서드들이 추가된 것을 확인할
수 있다.

```
In :   import io

       print(io.BufferedIOBase.__bases__)
       print(io.BufferedWriter.__bases__)

       bb = set(dir(io.BufferedIOBase))
       bw = set(dir(io.BufferedWriter))

       print(bw - bb)
```

```
Out:   (<class '_io._BufferedIOBase'>, <class 'io.IOBase'>)
       (<class '_io._BufferedIOBase'>,)
       {'raw', 'mode', 'name', '_finalizing', '_dealloc_warn', '__getstate__'}
```

출력할 파일을 열려면 모드를 wb로 지정하고 오픈한다. 현재 이 파일이 만들어지지 않았
으므로 write 메서드로 하나의 라인씩 기록하고 파일을 닫았다.

```
In :   f = open("data_bw.txt", "wb")
       print(f)
       print(issubclass(type(f),io.BufferedIOBase))

       f.write(b"when the buffer gets too small for all pending data;\n")
       f.write(b"when flush() is called;\n")
       f.write(b"when a seek() is requested (for BufferedRandom objects);\n")
       f.write(b"when the BufferedWriter object is closed or destroyed.\n")
       f.close()
```

```
Out:   <_io.BufferedWriter name='data_bw.txt'>
       True
```

파일이 제대로 저장이 되었는지를 확인하가 위해 다시 바이트 모드로 파일을 오픈하고 순
환문으로 출력을 했다. 제대로 저장이 된 것을 확인할 수 있다.

```
In :   with open("data_bw.txt", "rb") as f :
           for i in f :
               print(i)
```

```
Out:   b'when the buffer gets too small for all pending data;\n'
       b'when flush() is called;\n'
       b'when a seek() is requested (for BufferedRandom objects);\n'
```

```
b'when the BufferedWriter object is closed or destroyed.\n'
```

✦ BufferedRWPair 클래스

이번에는 읽고 쓰는 두 가지 기능을 다 처리하는 바이트 자료형을 확인해보겠다.

예제 18-10 : BufferedRWPair 클래스

BufferedIOBase 클래스와 메서드에 대한 차이는 별로 없다.

```
In :   import io

       print(io.BufferedIOBase.__bases__)
       print(io.BufferedRWPair.__bases__)

       bb = set(dir(io.BufferedIOBase))
       brw = set(dir(io.BufferedRWPair))

       print(brw - bb)
```
```
Out:   (<class '_io._BufferedIOBase'>, <class 'io.IOBase'>)
       (<class '_io._BufferedIOBase'>,)
       {'peek', '__getstate__'}
```

위에서 만든 파일 하나를 가지고 읽고 쓰기 위해 두 개를 파일로 열었다. 이 파일을 BufferedRWPair에 인자로 넣어 wrapper 인스턴스를 만들었다.

그리고 순환문에 넣어서 읽고 이를 출력하는 것을 만들었다.

```
In :   f = open("data_bw.txt", "rb")
       w = open("data_rw.txt", "wb")

       wrapper = io.BufferedRWPair(f, w)
       print(wrapper)

       for i in wrapper :
           print(i)
           wrapper.write(b"rw : " + bytes(i))
```

856

```
      wrapper.close()
```

Out:
```
<_io.BufferedRWPair object at 0x0000000005BD2EA0>
b'when the buffer gets too small for all pending data;\n'
b'when flush() is called;\n'
b'when a seek() is requested (for BufferedRandom objects);\n'
b'when the BufferedWriter object is closed or destroyed.\n'
```

다시 이 파일을 읽고 출력해보면 라인의 앞에 rw가 붙어 있는 것을 확인할 수 있다. 읽고 동시에 출력을 하면서 변경할 수 있는 구조라는 것을 알 수 있다.

In :
```
with open("data_rw.txt", "rb") as f :
    for i in f :
        print(i)
```

Out:
```
b'rw : when the buffer gets too small for all pending data;\n'
b'rw : when flush() is called;\n'
b'rw : when a seek() is requested (for BufferedRandom objects);\n'
b'rw : when the BufferedWriter object is closed or destroyed.\n'
```

BufferedReader 클래스의 인스턴스를 지정해서 임시로 사용하는 바이트 문자열을 Bytes IO로 전환한 뒤 저장도 가능하다.

이를 다시 BufferedRWPair 내에 넣어서 새로운 wrapper 인스턴스를 만들어 출력을 처리해도 된다.

In :
```
import io

s = "가나다라마바"
reader = io.BufferedReader(io.BytesIO(s.encode()))

writer = open("data_rw1.txt", "wb")

wrapper = io.BufferedRWPair(reader,writer)

line = wrapper.read()
wrapper.write(line)

print(line)
```

```
                print(line.decode())

                wrapper.flush()
                wrapper.close()
```

Out: b'\xea\xb0\x80\xeb\x82\x98\xeb\x8b\xa4\xeb\x9d\xbc\xeb\xa7\x88\xeb\
        xb0\x94'
        가나다라마바

위의 결과를 다시 읽어서 처리하면 동일한 바이트 처리가 되는 것을 확인할 수 있다. 일단
한글로 처리된 것을 바이트로 암호화해서 처리하므로 글자가 보이지 않고 hex 값으로만
처리되는 것을 알 수 있다.

In :   **with** open("data_rw1.txt", "rb") **as** f :
            for i **in** f :
                print(i)

Out: b'\xea\xb0\x80\xeb\x82\x98\xeb\x8b\xa4\xeb\x9d\xbc\xeb\xa7\x88\xeb\
        xb0\x94'

다시 파일을 열어 바이트에서 텍스트로 변환하는 decode 메서드를 이용해서 유니코드 문
자열로 바꾸면 한글로 출력되는 것을 확인할 수 있다.

In :   **with** open("data_rw1.txt", "rb") **as** f :
            for i **in** f :
                print(i.decode())

Out: 가나다라마바

18.2.2 BytesIO 클래스 구조

파이썬은 임시 파일 처리를 제공하는 BytesIO 클래스를 IO 모듈에서 제공한다. 앞에서
간단하게 처리하는 방법을 사용해봤다. 일단 메모리상에서 파일처럼 처리하는 클래스이
므로 임시적인 버퍼로 파일을 지정하지 않고 사용한다.

예제 18-11 : BytesIO 클래스 처리

ByteIO 클래스와 추상 클래스와의 관계를 확인해보겠다. BufferedIOBase 추상 클래스를 상속해서 만든 것을 알 수 있다. 파일을 처리하지 않기 때문에 다른 클래스를 상속하지 않는다.

```
In :   import io

       print(issubclass(io.BytesIO, io.IOBase))
       print(issubclass(io.BytesIO, io.BufferedIOBase))
       print(issubclass(io.BytesIO, io.BufferedReader))
       print(issubclass(io.BytesIO, io.BufferedWriter))
       print(issubclass(io.BytesIO, io.BufferedRWPair))
```
```
Out:   True
       True
       False
       False
       False
```

파일을 모드 rb로 읽었다. 이 파일은 예제 18-6에서 만든 파일이다. 또 BytesIO 클래스로 바이트 인스턴스를 하나 만들었다.

이 두 가지를 가지고 내부를 확인해보면 파일은 BufferedReader이고 BytesIO는 이 클래스의 인스턴스이다.

```
In :   import io

       f = open("data.txt","rb")

       b = io.BytesIO(b"BytesIO processing ")

       print(f)
       print(b)
```
```
Out:   <_io.BufferedReader name='data.txt'>
       <_io.BytesIO object at 0x106d23620>
```

파일을 바이트로 오픈한 것과 BytesIO로 인스턴스를 만든 것 사이에 추상 클래스로 인스턴스 관계를 확인해보면 기본적으로 BufferedIOBase 클래스를 상속했다는 것을 알 수 있다.

```
In :   print(isinstance(f, io.BufferedIOBase))
       print(isinstance(b, io.BufferedIOBase))
       print(isinstance(b, io.BufferedReader))
       print(isinstance(f, io.BufferedReader))
```

```
Out:   True
       True
       False
       True
```

이제 BytesIO 클래스로 만든 인스턴스 내부의 구조를 확인해보겠다. 일단 다시 BytesIO 로 인스턴스를 만들어서 getbuffer 메서드로 다른 변수에 할당했다.

또한 내부에 저장된 바이트 문자열을 getvalue 메서드로 가져와 출력했다.

getbuffer 메서드로 할당한 것은 이 내용을 보기 위한 memoryview 인스턴스로 만들어 서 처리하는 것임을 알 수 있다. 동일한 내용을 뷰로 보면서 사용할 수도 있는 기능을 지 원한다.

```
In :   import io

       b = io.BytesIO(b"last checkpoint 2 hour age ")

       c = b.getbuffer()
       print(b.getvalue())

       print(isinstance(c, memoryview))
```

```
Out:   b'last checkpoint 2 hour age '
       True
```

예제 18-12 : BytesIO 인스턴스 사용하기

아무런 인자도 없이 BytesIO로 인스턴스를 생성한다. 이 인스턴스 내부에 바이트 문자열 을 갱신할 수 있는지를 writeable 메서드를 가지고 확인할 수 있다.

```
In :   import io

       b = io.BytesIO()

       print(b.writable())
```

```
Out:   True
```

파일처럼 바이트 문자열을 write 메서드로 쓰고 그 내용을 getvalue 메서드로 읽어와서 출력했다.

두 번째 출력을 보면 들어가 있는 전체를 한꺼번에 읽어와서 출력하는 것을 볼 수 있다.

```
In :   b.write(b" unsaved changes\n")
       print(b.getvalue())

       b.write(b"Modules\n, that is libraries intended to be used by other
       programs\n ")
       print(b.getvalue())
```

```
Out:   b' unsaved changes\n'
       b' unsaved changes\nModules\n, that is libraries intended to be used by
       other programs\n '
```

파일처럼 for 순환문으로 처리하기 위해 seek 메서드를 이용해서 처음으로 이동한 후에 처리하면 개행 문자 단위로 출력하는 것을 볼 수 있다.

```
In :   print(b.seek(0))
       for i in b :
           print(i)
```

```
Out:   0
       b' unsaved changes\n'
       b'Modules\n'
       b', that is libraries intended to be used by other programs\n'
       b' '
```

파일의 현재 위치를 확인하는 tell 메서드를 이용해서 확인했다. 다시 seek 메서드를 이용해서 처음으로 가 하나의 라인을 readline 메서드로 읽어서 처리하고 파일을 종료한다.

```
In :   print(b.tell())

       print(b.seek(0))
       print(b.readline())
       b.close()
```
```
Out:   84
       0
       b' unsaved changes\n'
```

예제 18-13 : BytesIO 인스턴스를 파일처럼 사용하기

파일을 지정하지 않고 메모리로 처리할 수 있는 방법도 있다. 일단 BytesIO로 빈 인스턴
스를 만들고 저장 공간을 만들어서 처리할 수 있다.

일단 BytesIO 클래스로 인스턴스를 만들어서 output 변수에 할당했고 이를 TextIO
Wrapper 클래스 생성자 내에 파일명 대신 넣었다. 일단 바이트로 처리하므로 문자열을
바이트로 암호화하도록 인코딩 처리를 하고 출력할 수 있는 write_through를 True로 처
리해서 새로운 파일을 생성한다.

wrapper에는 파일 처리를 하게 된다. 저장되는 곳은 파일이 아닌 ByteIO로 지정된 메모
리이므로 텍스트를 저장하면 바이트로 처리되는지를 확인할 필요가 있다.

```
In :   import io

       output = io.BytesIO()

       wrapper = io.TextIOWrapper(output,
                            encoding="utf-8",
                            write_through = True)

       print(wrapper)
```
```
Out:   <_io.TextIOWrapper encoding='utf-8'>
```

일단 문자열을 write 메서드를 가지고 파일에 쓴다.

```
In :   a = wrapper.write("Truncate file to size bytes.\n")
       print(a)
       b = wrapper.write("Return whether object supports random access.\n")
       print(b)

Out:   29
       46
```

임시 파일인 BytesIO의 인스턴스에 파일처럼 처리를 했을 때 제대로 데이터가 저장이 되어 있는지를 확인하기 위해 output 내의 getvalue 메서드를 이용해서 조회한 후에 출력한다.

```
In :   print(output.getvalue())

Out:   b'Truncate file to size bytes.\nReturn whether object supports random
       access.\n'
```

문자열이 바이트 문자열로 인코딩되어 저장된 것을 알 수 있다. 이제 이 파일이 첫 번째로 이동해서 readlines로 전체를 읽고 이 파일을 닫는다.

파일이 상태가 닫혔는지를 확인하기 위해 closed 속성을 확인해보면 닫혔다는 것을 알 수 있다.

```
In :   print(wrapper.seek(0))
       print(wrapper.readlines())
       wrapper.close()

       print(wrapper.closed)

Out:   0
       ['Truncate file to size bytes.\n', 'Return whether object supports
       random access.\n']
       True
```

이번에는 직접 BytesIO의 인스턴스를 가지고 파일 입력으로 사용해서 처리해보겠다.

BytesIO에 바이트 문자열을 정의하고 하나의 인스턴스를 만들어서 input 변수에 할당한다.

```
import io

input = io.BytesIO(b"""On output, if newline is None, any '\n'
characters written are
        translated to the system default line separator,
        os.linesep.""")
```

파일을 생성하는 TextIOWrapper 클래스를 가지고 BytesIO의 인스턴스를 넣어서 한 파일의 인스턴스를 만들었다. wrapper를 출력해보면 파일이 만들어진 것을 알 수 있다. 한 파일이 아닌 임시로 메모리에 저장된 BytesIO이다.

이 파일을 read 메서드로 읽고 파일을 닫는다. 그리고 나서 파일의 상태를 확인하면 닫혀 있는 것을 알 수 있다.

In :

```
wrapper = io.TextIOWrapper(input,
                           encoding="utf-8")

print(wrapper)
print(wrapper.read())
wrapper.close()
print(wrapper.closed)
```

Out:

```
<_io.TextIOWrapper encoding='utf-8'>
On output, if newline is None, any '
' characters written are
        translated to the system default line separator, os.linesep.
True
```

18.3 TextIO

파이썬에서 제공되는 문자열인 유니코드 텍스트 처리를 위한 추상 클래스 및 파일 처리 방식을 이해해보겠다. 기본적인 텍스트에 대한 대부분의 메서드 등도 이번 장에서 설명하기로 하겠다.

파이썬에서 파일을 컨텍스트 매니저를 통해 읽는 방식에 대해서도 알아보고 암호화와 복호화를 하면 텍스트에서 바이트로, 바이트에서 텍스트로 변환되는 방법도 알아보겠다.

18.3.1 TextIO 추상 구조 확인

텍스트가 처리되는 구조를 알아보기 위해 텍스트 파일을 생성해서 처리하는 순서대로 이해해보자.

예제 18-14 : 텍스트 파일 처리

텍스트 파일은 TextIOWrapper 클래스로 만들어지는 것을 알 수 있다. 추상 클래스는 TextIOBase이다.

```
In :   import io

       print(io.TextIOBase)
       print(io.TextIOBase.__bases__)

       print(io.TextIOWrapper.__bases__)
```
```
Out:   <class 'io.TextIOBase'>
       (<class '_io._TextIOBase'>, <class 'io.IOBase'>)
       (<class '_io._TextIOBase'>,)
```

주피터 노트북의 매직 커맨드 %%writefile를 이용해서 하나의 text 파일을 생성한다.

```
In :   %%writefile text_data.txt
       파일을 처리해보기
       유니코드 문자열 텍스트를 처리한다.
```
```
Out:   Writing text_data.txt
```

텍스트 파일을 읽어올 때 반드시 텍스트 모드를 지정해서 읽으면 파일은 TextIOWrapper 기준으로 된다. 텍스트일 경우는 사용할 수 있는 문자 코드 집합을 지정해서 사용할 수 있다. 윈도우에서 처리할 때는 텍스트가 윈도우 내의 문자 코드일 경우 유니코드로 변환해서 처리할 필요가 있어 encoding에 utf-8을 지정하고 유니코드로 변환해서 처리하는 것이 좋다. 파이썬 3 버전부터 텍스트 처리 기준이 유니코드이기 때문이다.

```
In :   f = open("text_data.txt",'rt',encoding="utf-8")

       print(f)

Out:   <_io.TextIOWrapper name='text_data.txt' mode='rt' encoding='utf-8'>
```

파일을 읽어올 때 모드를 바이트로 처리하면 TextIOWrapper 클래스가 아닌 Buffered IOReader 클래스로 처리되는 것을 알 수 있다. 바이트 처리할 때는 인코딩 처리가 없다.

```
In :   b = open("text_data.txt",'rb')

       print(b)

Out:   <_io.BufferedReader name='text_data.txt'>
```

파일을 읽어서 상속 관계를 확인해보면 TextIOBase, TextIOWrapper를 상속해서 만들어졌다.

for문을 통해 파일을 출력하면 print문에도 개행 문자가 있어서 print문 내의 end=" "로 처리해야 빈 라인 없이 출력된다.

```
In :   import io

       f = open("text_data.txt",'rt',encoding="utf-8")

       print(f)
       print(issubclass(type(f), io.TextIOBase))
       print(issubclass(type(f), io.TextIOWrapper))

       for i in f :
           print(i, end="")

       f.close()

Out:   <_io.TextIOWrapper name='text_data.txt' mode='rt' encoding='utf-8'>
       True
       True
```

파일도 내부의 원소는 라인이므로 반복형과 반복자에 대한 형태로 처리된다. 위의 예제일
경우처럼 반복이 가능하므로 for문으로 처리가 가능했다. 상속 관계를 확인해보면 반복형
이면서 반복자라는 것을 알 수 있어 next 함수로 파일을 호출하고 하나의 라인씩 불러서
출력할 수 있다.

```
In :   import collections.abc as cols

       f = open("text_data.txt",'rt',encoding="utf-8")

       print(issubclass(type(f), cols.Iterable))
       print(issubclass(type(f), cols.Iterator))

       print(next(f), end=" ")
       print(next(f), end=" ")
       print(next(f), end=" ")
```

```
Out:   True
       True
       파일을 처리해보기
        유니코드 문자열 텍스트를 처리한다.
       ----------------------------------------------------------------
       StopIteration                        Traceback (most recent call last)
       <ipython-input-19-025316a5dc38> in <module>()
             8 print(next(f), end=" ")
             9 print(next(f), end=" ")
       ---> 10 print(next(f), end=" ")

       StopIteration:
```

18.3.2 StringIO 클래스

파이썬에서 텍스트도 ByteIO처럼 파일을 사용하지 않고 임시로 저장해서 사용할 수 있는
클래스를 지원한다. 이 클래스가 StringIO이고 IO 모듈 내에 있다.

예제 18-15 : 텍스트 임시 파일 처리

문자열 임시 처리인 StringIO도 문자 처리이므로 Text 기반으로 처리된다. 처리는 Text IOBase 클래스를 기준으로 텍스트를 처리하는 클래스라는 것을 확인할 수 있다.

```
In :    import io

        print(io.StringIO.__bases__)

        print(issubclass(io.StringIO, io.TextIOWrapper))
```
```
Out:    (<class '_io._TextIOBase'>,)
        False
```

파일을 생성해서 확인하면 TextIOBase를 상속받아 처리하는 것을 알 수가 있다. String IO로 인스턴스를 만들고 write 메서드를 이용해서 파일을 갱신하면 메모리에 데이터를 갱신한다. 출력을 하면서 데이터를 조회할 경우에는 getvalue 메서드를 이용하면 저장된 문자열을 출력한다.

```
In :    import io

        output = io.StringIO()
        output.write("텍스트 임시 파일 처리\n")
        output.write("라인을 처리가 가능")

        print(output)
        print(output.getvalue())
```
```
Out:    <_io.StringIO object at 0x10f2d9f78>
        텍스트 임시 파일 처리
        라인을 처리가 가능
```

파일처럼 read, readline 등으로 조회하기 위해 다시 seek 메서드를 이용해서 첫 번째 위치로 이동한다. 라인별로 읽고 출력한다. 파일을 다 사용하면 닫는 것처럼 StringIO 객체도 다 사용하면 close 메서드로 이 임시 파일을 종료한다.

```
In :    output.seek(0)
        print(output.readline(),end=" ")
```

```
print(output.readline(),end=" ")
output.close()
```

Out: 텍스트 임시 파일 처리
  라인을 처리가 가능

StringIO에 인스턴스를 하나 만들고 문자를 읽고 쓰기가 가능한지를 확인해보면 둘 다 True라고 출력되는 것을 알 수 있다.

In : **import io**

```
output = io.StringIO()
output.write("텍스트 임시 파일 처리\n")
output.write("왜 쓰고 읽고가 다 가능한지? ")

print(output.writable())
print(output.readable())
```

Out: True
True

18.3.3 파일에 대한 처리 객체 이해하기

TextIOWrapper 클래스로 직접 인스턴스도 만들어서 처리해봤다. 이제 이 클래스 내의 속성과 메서드들을 확인해본다.

파일도 반복형이고 반복자이기에 처리된 경우 for 순환문에서 반복해서 처리가 가능하다. 파일을 open하고 read/write 처리하는 법을 알아보겠다.

예제 18-16 : TextIOWrapper 이해하기

파일을 하나 만들고 이 파일을 open해서 type을 조사하면 TextIOWrapper 클래스이다. 이 내부의 속성을 확인하면 파일의 이름과 모드 그리고 인코딩에 대한 정보를 확인할 수 있다.

```
In :  import io

      f = open("text_data.txt",'rt',encoding="utf-8")
      print(f)

      print(f.name)
      print(f.mode)
      print(f.encoding)
```

```
Out:  <_io.TextIOWrapper name='text_data.txt' mode='rt' encoding='utf-8'>
      text_data.txt
      rt
      utf-8
```

내부의 속성과 메서드를 확인하면 일반적인 파일 처리 메서드들이 구현되어 있는 것을 알수 있다.

```
In :  import io

      count = 1
      for i in dir(io.TextIOWrapper) :
          if not i.startswith("_") :
              print(i, end=" ")
              if count % 5 == 0 :
                  print()
              count += 1
```

```
Out:  buffer close closed detach encoding
      errors fileno flush isatty line_buffering
      name newlines read readable readline
      readlines seek seekable tell truncate
      writable write writelines
```

추상 클래스 TextIOBase 내에서 정의된 메서드 외에 추가적으로 구현된 메서드나 속성을 확인한다.

```
In :  tw = set(dir(io.TextIOWrapper))
      tb = set(dir(io.TextIOBase))

      print(tw - tb)
```

870

```
Out:   {'buffer', '_CHUNK_SIZE', 'name', 'line_buffering', '_finalizing', '__
       getstate__'}
```

추가된 것 중 buffer는 바이트 처리이므로 이를 읽으면 바이트로 출력되는 것을 확인할 수
있다. 이런 것은 텍스트로 처리하지만 내부적으로 바이트로도 지원하는 것을 알 수 있다.

```
In :   import io

       f = open("text_data.txt",'rt',encoding="utf-8")
       print(f)

       print(f.buffer)
       print(f.line_buffering)
       print(f.buffer.readlines())
```

```
Out:   <_io.TextIOWrapper name='text_data.txt' mode='rt' encoding='utf-8'>
       <_io.BufferedReader name='text_data.txt'>
       False
       [b'\xed\x8c\x8c\xec\x9d\xbc\xec\x9d\x84 \xec\xb2\x98\xeb\xa6\xac\
       xed\x95\xb4 \xeb\xb3\xb4\xea\xb8\xb0\r\n', b'\xec\x9c\xa0\xeb\x8b\x88\
       xec\xbd\x94\xeb\x93\x9c \xeb\xac\xb8\xec\x9e\x90\xec\x97\xb4 \xed\x85\
       x8d\xec\x8a\xa4\xed\x8a\xb8\xeb\xa5\xbc \xec\xb2\x98\xeb\xa6\xac\xed\
       x95\x9c\xeb\x8b\xa4.']
```

18.3.4 컨텍스트 제어문 : with

컨텍스트 관리자를 사용하면 원할 때 정확하게 자원을 할당 및 해제할 수 있다. 컨텍스트
관리자로 파이썬에서는 with문을 사용하고 __enter__, __exit__ 메서드로 내부에 정의
되어 있는 것을 실행하고 종료한다.

예제 18-17 : 컨텍스트 매니저로 파일 처리

파일을 오픈하고 __enter__ 메서드로 이 파일을 컨텍스트 매니저로 처리하도록 한다. 파
일을 for문으로 처리하고 __exit__으로 닫는다. 이 파일의 종료 여부를 closed 속성으로
확인하면 True로 나오므로 이 파일의 처리가 종료되었다는 것을 확인할 수 있다.

```
In :  f = open("text_data.txt",'rt',encoding="utf-8")

      f.__enter__()

      for i in f :
          print(i, end=" ")

      f.__exit__()

      print(f)
      print(f.closed)
      print(f.read())
```

```
Out:  파일을 처리해보기
       유니코드 문자열 텍스트를 처리한다. <_io.TextIOWrapper name='text_data.txt'
       mode='rt' encoding='utf-8'>
      True
      ----------------------------------------------------------------
      ValueError                        Traceback (most recent call last)
      <ipython-input-51-5065995d1f01> in <module>()
           10 print(f)
           11 print(f.closed)
      ---> 12 print(f.read())

      ValueError: IO operation on closed file.
```

With 구문을 이용해서 헤더 부분에 파일을 open 함수로 열고 as 다음에 변수를 배정하면 위의 예제에 __enter__ 메서드로 들어가는 것과 동일하다.

순환문 처리가 끝나면 자동으로 __exit__ 메서드를 호출해서 파일이 닫히므로 이 with문 이후에 파일을 처리하려면 종료가 된 것을 알 수 있다.

```
In :  with open("text_data.txt",'rt',encoding="utf-8") as f :
          for i in f :
              print(i, end=" ")

      print(f)
      print(f.closed)
      print(f.read())
```

```
Out:  파일을 처리해보기
```

872

```
유니코드 문자열 텍스트를 처리한다. <_io.TextIOWrapper name='text_data.txt'
 mode='rt' encoding='utf-8'>
True
------------------------------------------------------------------
ValueError                              Traceback (most recent call last)
<ipython-input-52-846f9d0df1e5> in <module>()
      5 print(f)
      6 print(f.closed)
----> 7 print(f.read())

ValueError: IO operation on closed file.
```

18.3.5 파일을 메서드 확인하기

파일 읽기 메서드는 라인, 라인 전체, 블록 단위로 읽는 메서드들이 있다.

파일도 여러 라인 쓰기, 블록 단위로 쓰기, 또는 print 함수를 이용해서 파일을 작성하는
방법이 있다.

예제 18-18 : 파일을 연결해서 쓰고 읽기

기존 파일이 존재하면 a 모드는 파일을 open하고 파일의 맨 마지막 부분에 추가하라는
뜻이다. 이 파일을 오픈해보면 기존 파일 뒤에 방금 write한 것을 볼 수 있다.

```
In :  with open("text_data.txt",'at',encoding="utf-8") as f :
          f.write("파일에 붙여 쓰기")

      with open("text_data.txt",'rt',encoding="utf-8") as f :
          print(f.read())
```

```
Out:  파일을 처리해보기
      유니코드 문자열 텍스트를 처리한다.파일에 붙여 쓰기
```

위에 정의된 파일을 열고 라인별로 읽어서 출력한다. 파일이 라인별로 개행 문자를 관리
하므로 라인과 라인 사이에 빈 라인이 출력된다.

```
In :   with open("text_data.txt",'rt',encoding="utf-8") as f :
           for _ in range(3) :
               print(f.readline())
```

```
Out:   파일을 처리해보기

       유니코드 문자열 텍스트를 처리한다. 파일에 붙여 쓰기
```

파일을 open하고 read 메서드에 특정한 길이로 읽어서 파일을 출력한다. 라인 단위로 읽
지 않기에 주어진 파일을 특정 길이만큼만 읽을 수 있어서 라인 단위로 읽는 것보다 더 다
양하게 읽고 처리가 가능하다.

```
In :   with open("text_data.txt",'rt',encoding="utf-8") as f :
           print(f.read(20))
```

```
Out:   파일을 처리해보기
       유니코드 문자열
```

특정 문자열에 여러 개의 개행 문자를 포함했고 이것을 한번에 파일로 썼다. 읽어오면 개
행 문자에 따라 여러 라인으로 분리되어서 읽어야 한다.

여러 라인을 파일에 쓸 때도 개행 문자가 항상 라인 끝에 오도록 정리해서 write할 필요가
있다.

```
In :   with open("text_data.txt",'at',encoding="utf-8") as f :
           a = """
           set things up에는 file을 열거나 외부 리소스와 같은 것을 얻는 처리가 해당되고,
           tear things down에는 file을 닫거나 리소스를 제거, 해제하는 처리가 해당된다.
           이와 같은 try-finally 구조는 코드가 제대로 동작하지 않고 끝나더라도 tear things
           down은 무조건 실행되는 것을 보장한다.
           """
           f.writelines(a)

       with open("text_data.txt",'rt',encoding="utf-8") as f :
           print(f.read())
```

```
Out:   파일을 처리해보기
       유니코드 문자열 텍스트를 처리한다. 파일에 붙여 쓰기
           set things up에는 file을 열거나 외부 리소스와 같은 것을 얻는 처리가 해당되고,
```

tear things down에는 file을 닫거나 리소스를 제거, 해제하는 처리가 해당된다. 이와 같은 try-finally 구조는 코드가 제대로 동작하지 않고 끝나더라도 tear things down은 무조건 실행되는 것을 보장한다.

예제 18-19 : 파일을 만들고 현재 위치 알기

파일을 하나 만들어서 파일의 위치를 알고 조정하는 법을 알아보겠다. 먼저 텍스트 파일을 하나 생성한다.

```
In :   %%writefile data3.txt
       The module defines a mixin, DictMixin, defining all dictionary methods
       for classes that already have a minimum mapping interface.
       This greatly simplifies writing classes that need to be substitutable
       for dictionaries (such as the shelve module).

Out:   Overwriting data3.txt
```

파일을 open 함수로 열고 현재 위치를 tell 메서드로 확인하면 제일 처음이기 때문에 0을 출력한다.

```
In :   fr3 = open("data3.txt","rt", encoding="utf-8")

       print(fr3.tell())

Out:   0
```

파일을 특정 위치로 이동하려면 seek 메서드에 인자로 특정 위치를 지정하면 된다. 이동된 현재 위치를 알려면 tell 메서드를 실행해서 현재 위치를 확인한다. 다시 처음으로 돌아가려면 seek 메서드에 0을 주고 처리한다.

```
In :   fr3.seek(10)
       print(fr3.tell())

       fr3.seek(0)
       print(fr3.tell())

Out:   10
```

```
0
```

파일을 for문을 통해 읽으면 저장된 파일을 전부 출력한다.

```
In :    for i in fr3 :
            print(i, end="")

        fr3.close()
```

```
Out:    The module defines a mixin, DictMixin, defining all dictionary methods
        for classes that already have a minimum mapping interface.
        This greatly simplifies writing classes that need to be substitutable
        for dictionaries (such as the shelve module).
```

18.3.6 파일의 존재 및 디렉터리 처리

OS 상에서 파일을 확인하고 처리하기 위해서는 파일의 존재 및 디렉터리 위치 등을 확인 해야 한다. 특히 windows OS상의 디렉터리 처리 방식도 알아본다.

예제 18-20 : 기존 파일 존재 확인

기존 파일의 존재 여부를 체크한 후에 없으면 파일을 작성해야 한다.

모듈 OS를 import하고 path.exists 함수를 이용해서 존재 여부를 확인하면 True/False 로 정보를 전달한다.

```
In :    import os

        if os.path.exists("data3.txt") :
            fr3 = open("data3.txt","rt", encoding="utf-8")
            for i in fr3 :
                print(i,end=" ")
```

```
Out:    The module defines a mixin, DictMixin, defining all dictionary methods
         for classes that already have a minimum mapping interface.
        This greatly simplifies writing classes that need to be substitutable
         for dictionaries (such as the shelve module).
```

파일의 디렉터리와 파일 이름을 분리하려면 dirname 함수를 이용해서 디렉터리만 확인하고 basename 함수를 사용해서 파일명만 확인한다.

윈도우 OS 처리를 위해 raw 문자열로 접근해서 처리하는 것이 편하다. 아니면 특수 문자인 역슬래쉬 두 개로 문자열에서 표시해야 한다.

맥 OS나 리눅스일 경우는 "/"로 디렉터리를 구분해서 처리하면 된다.

```
In :  import os

      print(os.path.dirname(r"C:\Users\06411\Documents\GitHub\python_book\
      python_gram" ))

      print(os.path.dirname("C:\\Users\\06411\\Documents\\GitHub\\python_
      book\\python_gram\\"))

      print(os.path.dirname(r"C:\Users\06411\Documents\GitHub\python_book\
      python_gram\data3.txt"))
      print(os.path.basename(r"C:\Users\06411\Documents\GitHub\python_book\
      python_gram\data3.txt"))

Out:  C:\Users\06411\Documents\GitHub\python_book
      C:\Users\06411\Documents\GitHub\python_book\python_gram
      C:\Users\06411\Documents\GitHub\python_book\python_gram
      data3.txt
```

19

다양한 바이트 처리

다른 언어에서 사용되는 배열에 대해 알아보고 이 배열도 파일을 이용해서 처리하는 방법을 알아본다. 내장 자료형인 메모리뷰(memoryview)는 바이트 자료형에 대한 메모리 공유를 처리해서 뷰를 보여주는 역할을 한다.

텍스트 처리를 위한 유니코드에 대한 처리 방식을 제대로 알아본다. 그리고 바이트 단위로 언패킹이나 패킹 처리하는 struct 모듈도 알아보도록 하겠다.

마지막으로 파이썬 객체들을 보관해서 처리하는 pickle 모듈에 대해서도 알아보겠다.

- C 언어 처리를 위한 array.array 모듈
- 뷰를 처리하는 memoryview로 버퍼 사용
- 텍스트 문자열인 유니코드
- struct 모듈을 이용해서 패킹과 언패킹하기
- 인스턴스나 객체를 저장하는 직렬화(pickle)

19.1 파이썬 바이트 자료형

배열을 처리할 때도 바이트 단위로 관리가 필요한 모듈과 자료형이 있다. 특히 C 언어 기준으로 IO 처리를 위해 배열을 만들어서 처리하는 방식을 제공하는 array 모듈과 memoryview 자료형에 대해서 자세히 알아보겠다.

19.1.1 array.array 배열 처리

모듈 arrays는 c 언어의 배열을 파이썬에서 바로 처리할 수 있는 기준을 만들어서 지원하는 것이다. 바이트 단위로 데이터를 처리하고 동일한 데이터 타입만 배열로 처리되는 것을 알 수 있다.

이 배열에는 타입 코드가 제공되어 이 타입 코드 기준으로 배열의 원소가 구성하는 최대의 바이트 단위가 결정된다.

바이트 처리에 대한 사항을 이해하기 위해 array.array를 파일 처리에 넣어서 세부적으로 이해해보겠다.

✚ Array 모듈 이해하기

이 모듈에 구성된 정보를 확인하는 것부터 시작하겠다.

예제 19-1 : array 모듈 확인하기

모듈 array를 import해서 내부에 있는 것을 확인하면 ArrayType 클래스, array 함수, typecodes가 있다. 함수 array는 배열을 생성할 때 사용된다.

```
In :    import array

        print(array)

        for i in dir(array) :
            if not i.startswith("_") :
                print(i)

Out:    <module 'array' (built-in)>
        ArrayType
        array
        typecodes
```

array 함수를 이용해서 정수형 배열을 생성한다. 생성된 배열의 자료형이 array. ArrayType과 동일한지를 비교하고 True로 표시한다.

```
In :    print(array.ArrayType)

        a = array.array("i",[1,2,3])
        print(type(a) == array.ArrayType)

Out:    <class 'array.array'>
        True
```

모듈 array는 특정한 타입 코드로 배열을 만들 때 내부적으로 배열된 원소의 바이트 사이즈를 정의한다. 배열을 만들어보면 unicode를 처리하는 경우는 반드시 문자 처리를 하는 타입 코드인 u를 이용해서 만들어야 한다.

```
In :    print(array.typecodes)

        for i in array.typecodes :
            if i != "u" :
                a = array.array(i,[1,2,3])
            else :
```

```
        a = array.array(i,['가','나','다'])
    print(a)
```

Out: bBuhHiIlLqQfd
```
array('b', [1, 2, 3])
array('B', [1, 2, 3])
array('u', '가나다')
array('h', [1, 2, 3])
array('H', [1, 2, 3])
array('i', [1, 2, 3])
array('I', [1, 2, 3])
array('l', [1, 2, 3])
array('L', [1, 2, 3])
array('q', [1, 2, 3])
array('Q', [1, 2, 3])
array('f', [1.0, 2.0, 3.0])
array('d', [1.0, 2.0, 3.0])
```

예제 19-2 : array 모듈 array 클래스 이해하기

모듈 array 내의 array 클래스 내에 있는 메서드들을 확인해본다. 이 메서드들에 대한 작동 원리는 뒤에서 설명하겠다.

In :
```
import array

count = 1
for i in dir(array.ArrayType) :
    if not i.startswith("_") :
        if count % 5 == 0 :
            print()
        print(i, end=" ")
        count += 1
```

Out: append buffer_info byteswap count
extend frombytes fromfile fromlist fromstring
fromunicode index insert itemsize pop
remove reverse tobytes tofile tolist
tostring tounicode typecode

파이썬 내장 자료형인 리스크와 비교해서 어떤 메서드가 array 모듈로 만드는 배열에 있는지를 확인해봤다.

주로 특정 자료형으로 변환하거나 가져와서 처리하는 것이 추가된 것을 볼 수 있다.

```
In :  sl = set(dir(list))
      sa = set(dir(array.ArrayType))

      count = 1
      for i in sa - sl :
          if not i.startswith("_") :
              if count % 5 == 0 :
                  print()
              print(i, end=" ")
              count += 1
```

```
Out:  itemsize tounicode tostring typecode
      byteswap fromunicode tolist tobytes fromstring
      tofile fromlist frombytes buffer_info fromfile
```

하나의 배열을 생성해서 내부 속성을 확인하면 이 배열이 만들어진 정보와 내부적인 데이터를 관리하는 buffer 정보는 저장된 곳의 레퍼런스와 원소의 개수에 대해서 알려준다.

그리고 typecode를 확인해보면 바이트 단위의 길이를 알 수 있지만 각 원소의 바이트 단위는 itemsize 속성으로 확인이 가능하다.

```
In :  a = array.array("b",[1,2,3])

      print(id(a))

      print(a.buffer_info())
      print(a.buffer_info()[0])

      print(a.typecode)
      print(a.itemsize)
```

```
Out:  88283824
      (74726904, 3)
      74726904
      b
      1
```

✦ 배열에 대한 기본 생성, 추가, 삭제 처리

리스트, ArrayType 등 배열은 기본적으로 Sequence 자료형으로 구성되어 처리된다. 이런 순서로 메서드들을 처리하는 방식을 확인해보겠다.

예제 19-3 : 배열의 생성, 추가, 삭제 처리

파이썬 리스트에서 처리하는 배열에 대한 변경, 삭제 등의 메서드가 ArrayType에서도 유사하게 있는지를 확인한다.

```
In :   sl = set(dir(list))
       sa = set(dir(array.ArrayType))

       count = 1
       for i in sa & sl :
           if not i.startswith("_") :
               if count % 5 == 0 :
                   print()
               print(i, end=" ")
               count += 1
```

```
Out:   reverse pop insert remove
       count extend index append
```

배열을 생성하기 위해 타입 코드 'i'를 첫 번째 인자에 넣고 4개 원소를 가진 리스트를 두 번째 인자에 넣어서 배열을 생성한다. 리스트와 다른 점은 리터럴 표기법이 없고 항상 함수를 통해서만 생성된다는 것이다.

```
In :   import array

       a = array.array("i",[1,2,3,4])

       print(a)
       print(a.itemsize)
       print(a.typecode)
```

```
Out:   array('i', [1, 2, 3, 4])
       4
       i
```

배열의 원소를 append 메서드로 추가하고 삭제는 pop 메서드로 처리한다. 특정한 위치에 원소를 넣는 insert와 특정한 원소의 값으로 삭제하는 remove를 처리한다.

```
In :  a.append(5)
      print(a)

      a.pop()
      print(a)

      a.insert(2,99)
      print(a)

      a.remove(99)
      print(a)
Out:  array('i', [1, 2, 3, 4, 5])
      array('i', [1, 2, 3, 4])
      array('i', [1, 2, 99, 3, 4])
      array('i', [1, 2, 3, 4])
```

배열의 원소를 역으로 정렬하는 reverse와 동일한 원소의 개수를 확인하는 count, 특정 원소의 위치를 검색하는 index 등의 메서드가 처리된다.

```
In :  a.reverse()
      print(a)
      print(a.count(4), a.index(4))
Out:  array('i', [4, 3, 2, 1])
      1 0
```

인덱스와 슬라이스 검색에 대해서도 리스트와 동일하게 처리된다. 전체 슬라이스는 다른 배열로 생성되는 것이므로 기존 배열은 변경하지 않는다.

```
In :  print(a)

      print(a[0])
      b = a[:]
      print(a is b)
      print(b)
```

```
Out:   array('i', [4, 3, 2, 1])
       4
       False
       array('i', [4, 3, 2, 1])
```

슬라이스 처리된 부분을 변경하면 새로 만들어진 배열만 내부가 변경되고 기존 원본은 변경이 되지 않는 것을 확인할 수 있다.

```
In :   c = slice(2,4)
       a.reverse()
       print(a[2:4])
       b[c] = a[2:4]
       print(b)
       print(a)
```

```
Out:   array('i', [3, 4])
       array('i', [4, 3, 3, 4])
       array('i', [1, 2, 3, 4])
```

✛ 타입 코드 이해하기

동일한 타입으로 인스턴스가 생성되기 위해서는 array 함수에 명확히 타입 코드를 인자로 전달해야 한다. 이제부터 다양한 타입 코드를 어떻게 파이썬에서 지원하고 있는지를 알아보겠다.

예제 19-4 : 문자 배열을 만들기

문자를 처리할 때 파이썬에서는 char 자료형이 없어서 정수로 처리되지만 한 바이트로 만들어서 처리된다.

Type code	C Type	Python Type	Minimum size in bytes
'b'	signed char	int	1
'B'	unsigned char	int	1

바이트 단위로 배열을 생성할 때 리스트 내의 원소가 문자열로 들어오면 유니코드로 처리되므로 생성되지 않는다.

```
In :   import array

       b = array.array('b', ['a','b','c','d'])
       print(b)
       print(b.itemsize)
```

```
Out:   ---------------------------------------------------------------
       TypeError                        Traceback (most recent call last)
       <ipython-input-9-c06e4b55a478> in <module>()
             1 import array
             2
       ----> 3 b = array.array('b', ['a','b','c','d'])
             4 print(b)
             5 print(b.itemsize)

       TypeError: an integer is required (got type str)
```

바이트 문자열로 처리해도 배열이 생성되지 않는다.

```
In :   import array

       b = array.array('b', [b'a',b'b',b'c',b'd'])
       print(b)
       print(b.itemsize)
```

```
Out:   ---------------------------------------------------------------
       TypeError                        Traceback (most recent call last)
       <ipython-input-10-407b98bb32d6> in <module>()
             1 import array
             2
       ----> 3 b = array.array('b', [b'a',b'b',b'c',b'd'])
             4 print(b)
             5 print(b.itemsize)

       TypeError: an integer is required (got type bytes)
```

배열을 한 바이트로 생성하려면 정수로 전달해서 생성해야 하므로 문자를 정수로 전달하는 ord 함수를 이용해서 변환 후에 처리해야 한다.

```
In :   import array

       b = array.array('b',map(ord,['a','b','c','d']))
       print(b)
       print(b.itemsize)

       B = array.array('B',map(ord,['a','b','c','d']))
       print(B)
       print(B.itemsize)
```

```
Out:   array('b', [97, 98, 99, 100])
       1
       array('B', [97, 98, 99, 100])
       1
```

파이썬 3 버전부터 문자열이 유니코드가 되었다. array 함수에서 유니코드 문자를 처리하려면 타입 코드를 'u' 모드로 처리해야 한다.

Type code	C Type	Python Type	Minimum size in bytes
'u'	Py_UNICODE	Unicode character	2

배열의 원소로 한글을 넣어서 처리해도 유니코드이므로 처리되는 것을 알 수 있다.

```
In :   import array

       u = array.array('u', "가을이란")
       print(u)
       print(u.itemsize)
```

```
Out:   array('u', '가을이란')
       2
```

배열의 원소로 바이트 문자열을 넣었을 경우는 두 바이트 단위로 처리하므로 넣은 값이 줄어들고 한자로 전환된 것을 알 수 있다.

```
In :   import array

       u = array.array('u', b"abcd")
```

```
print(u)
print(u.itemsize)
```

Out:
```
array('u', '拖擄')
2
```

예제 19-5 : 숫자 배열을 만들기

파이썬에는 int, float으로 숫자 자료형이 통합되었지만 c 언어는 다양한 자료형을 가지고 있다. 파이썬에서 어떻게 내부적으로 처리하는지를 알아보겠다.

Type code	C Type	Python Type	Minimum size in bytes
'h'	signed short	int	2
'H'	unsigned short	int	2
'i'	signed int	int	4
'I'	unsigned int	int	4
'l'	signed long	int	4
'L'	unsigned long	int	4
'q'	signed long long	int	8
'Q'	unsigned long long	int	8

정수 처리 중에 short일 경우는 2바이트로 숫자를 관리한다.

In :
```
b = array.array('h',[1,2,3,4])
print(b)
print(b.itemsize)

B = array.array('H',[1,2,3,4])
print(B)
print(B.itemsize)
```

Out:
```
array('h', [1, 2, 3, 4])
2
array('H', [1, 2, 3, 4])
2
```

int는 기본적으로는 4바이트 기준으로 처리하므로 조회해보면 4바이트 단위로 저장되어 처리되는 것을 확인할 수 있다.

```
In :   b = array.array('i',[1,2,3,4])
       print(b)
       print(b.itemsize)

       B = array.array('I',[1,2,3,4])
       print(B)
       print(B.itemsize)
Out:   array('i', [1, 2, 3, 4])
       4
       array('I', [1, 2, 3, 4])
       4
```

정수 중에 long일 경우도 4바이트의 길이로 처리하므로 위의 방식과 동일하게 파이썬 int 로 처리된다.

```
In :   b = array.array('l',[1,2,3,4])
       print(b)
       print(b.itemsize)

       B = array.array('L',[1,2,3,4])
       print(B)
       print(B.itemsize)
Out:   array('l', [1, 2, 3, 4])
       4
       array('L', [1, 2, 3, 4])
       4
```

8바이트로 인식하는 정수도 파이썬에서는 int 자료형으로 처리된다.

```
In :   b = array.array('q',[1,2,3,4])
       print(b)
       print(b.itemsize)

       B = array.array('Q',[1,2,3,4])
       print(B)
```

```
        print(B.itemsize)
Out:    array('q', [1, 2, 3, 4])
        8
        array('Q', [1, 2, 3, 4])
        8
```

C 언어에 있는 float, double도 파이썬은 실수형 float으로 통합되어 있다.

Type code	C Type	Python Type	Minimum size in bytes
'f'	float	float	4
'd'	double	float	8

부동소수점도 4바이트와 8바이트의 실수로 처리되지만 파이썬은 float으로만 지원한다.

```
In :    b = array.array('f',[1,2,3,4])
        print(b)
        print(b.itemsize)

        B = array.array('d',[1,2,3,4])
        print(B)
        print(B.itemsize)
Out:    array('f', [1.0, 2.0, 3.0, 4.0])
        4
        array('d', [1.0, 2.0, 3.0, 4.0])
        8
```

19.1.2 array.array 배열을 파이썬 자료형, 파일 처리

파이썬에서 제공하는 자료형을 읽어와서 배열을 만들거나 파일을 읽어와서 바로 배열을
만들 수 있다. 파이썬에서 만들어진 것을 일단 배열로 변환해서 처리하는 방법을 알아보
겠다.

예제 19-6 : 파이썬 자료형을 이용해서 처리하기

배열은 기본적으로 바이트 단위 처리이므로 숫자 처리도 바이트 문자열로 확인할 수 있다. 일단 정수로 원소를 가진 리스트를 생성하고 tostring과 tobytes 메서드를 이용해서 출력해보면 바이트로 표시하는 것을 알 수 있다.

```
In :   import array

       b = array.array('i',[1,2,3,4])
       print(b)

       to_s = b.tostring()
       print(to_s)
       to_b = b.tobytes()
       print(to_b)
```
```
Out:   array('i', [1, 2, 3, 4])
       b'\x01\x00\x00\x00\x02\x00\x00\x00\x03\x00\x00\x00\x04\x00\x00\x00'
       b'\x01\x00\x00\x00\x02\x00\x00\x00\x03\x00\x00\x00\x04\x00\x00\x00'
```

파이썬 문자열을 받아서 배열을 만들었다. 파이썬 텍스트는 유니코드이지만 tosting으로 출력해보면 바이트로 출력하는 것을 알 수 있다.

```
In :   import array

       b = array.array('u',"가을이라")
       print(b)

       to_s = b.tostring()
       print(to_s)
       to_b = b.tobytes()
       print(to_b)
```
```
Out:   array('u', '가을이라')
       b'\x00\xacD\xc7t\xc7|\xb7'
       b'\x00\xacD\xc7t\xc7|\xb7'
```

파이썬 문자열을 하나 정의하고 이 문자열을 불러오기 위해 빈 배열을 만든다. fromuni code 메서드에 문자열을 인자로 받아서 처리하면 배열을 갱신한다. 이를 tostring 메서드로 출력하면 바이트 표기법으로 출력되는 것을 알 수 있다.

```
In :  s = "겨울이라"
      b = array.array('u',"")
      print(b)
      b.fromunicode(s)
      print(b)
      print(b.tostring())

Out:  array('u')
      array('u', '겨울이라')
      b'\xa8\xac\xb8\xc6t\xc7|\xb7'
```

위의 유니코드가 들어간 것을 tobytes 메서드를 이용해서 바이트로 변환했다. 이를 가지고 frombytes 메서드로 배열에 추가하면 원래 배열이 유니코드이므로 한글로 보이는 것을 알 수 있다.

```
In :  sb = b.tobytes()
      print(sb)

      b.frombytes(sb)
      print(b)

Out:  b'\xa8\xac\xb8\xc6t\xc7|\xb7'
      array('u', '겨울이라겨울이라')
```

파이썬 리스트를 가지고 정수와 실수로 가져올 수 있고 이를 다시 파이썬 리스트로 전환할수 있다.

```
In :  l = [1,2,3,4]

      b = array.array("i")

      b.fromlist(l)
      print(b)
      print(b.tolist())

Out:  array('i', [1, 2, 3, 4])
      [1, 2, 3, 4]
```

실수를 원소로 하는 리스트를 만들어서 이를 배열에 갱신할 수 있고 다시 파이썬 리스트로
전환할 수도 있다.

```
In :  f = [1.0,2.0,3.0,4.0]
      c = array.array("f")

      c.fromlist(f)
      print(c)
      print(c.tolist())
Out:  array('f', [1.0, 2.0, 3.0, 4.0])
      [1.0, 2.0, 3.0, 4.0]
```

예제 19-7 : 파일 처리하기

배열도 파일에 저장하거나 다시 읽어와서 처리할 수 있다.

먼저 배열로 만든 것은 바이트 기준이므로 파일을 처리하는 모드는 wb로 지정하고 이 배
열을 받아서 파일에 쓰기를 하고 저장한다.

```
In :  import array

      a = array.array("i",[1,2,3,4,5])

      with open("array.bin","wb") as f :
          f.write(a)
```

배열을 하나 버퍼로 만들고 파일에 있는 readinto 메서드를 이용해서 배열에 전달하여 처
리하면 배열로 변환되어 처리된다.

```
In :  c = array.array("i",[0,0,0,0,0,0,0])

      with open("array.bin","rb") as f :
          print(f.readinto(c))

      print(c)
Out:  20
```

894

```
array('i', [1, 2, 3, 4, 5, 0, 0])
```

파이썬 바이트 어레이 클래스를 이용해서 하나의 버퍼를 만들고 파일을 읽어와도 결과를 처리할 수 있지만 헥사값으로 표시된다. 이를 배열로 전환하기 위해 array 함수로 넣어서 확인하면 정수로 표시되는 것을 알 수 있다.

```
In :   bb = bytearray(20)

       with open("array.bin","rb") as f :
           print(f.readinto(bb))

       print(bb)

       a = array.array('i', bb)
       print(a)

Out:   20
       bytearray(b'\x01\x00\x00\x00\x02\x00\x00\x00\x03\x00\x00\x00\x04\x00\
       x00\x00\x05\x00\x00\x00')
       array('i', [1, 2, 3, 4, 5])
```

위에서는 파일을 열고 파일에 있는 메서드로 처리했다. 이번에는 배열 내의 메서드를 가지고 파일을 처리해보겠다.

배열 내의 tofile 메서드를 이용해서 파일에 저장하고 fromfile로 파일을 읽어서 특정 배열에 붙이면 배열의 원소로 추가된 것을 알 수 있다.

```
In :   import array

       b = array.array("i",[1,2,3,4,5,6])
       with open("array.bin","wb") as f :
           b.tofile(f)

       c = array.array("i",[99,99])
       with open("array.bin","rb") as f :
           c.fromfile(f,6)

       print(c)
```

```
Out:    array('i', [99, 99, 1, 2, 3, 4, 5, 6])
```

19.1.3 memoryview 자료형

버퍼를 기반으로 하는 데이터 자료형(bytes, bytearray, array.array 등)에 대해 메모리 공유 처리를 위한 memoryview 데이터 자료형을 제공한다.

파이썬은 메모리를 직접 참조하는 포인터가 없으므로 이 데이터 자료형을 사용해서 서로 공유가 필요할 경우를 지정하고 메모리에 있는 것을 직접 참조할 수 있는 데이터 자료형을 만들어준다. 동일한 메모리를 참조할 수 있는 데이터 자료형이다.

예제 19-8 : 바이트 자료형일 경우만 처리

파이썬 문자열은 3 버전부터는 유니코드이다. Memoryview는 바이트일 경우만 처리가 되므로 유니코드를 주면 예외를 발생시킨다.

```
In :    s = "가을이라"

        bm = memoryview(s)
        print(bm)
```

```
Out:    ---------------------------------------------------------------
        TypeError                           Traceback (most recent call last)
        <ipython-input-131-9f92930fea9e> in <module>()
              1 s = "가을이라"
              2
        ----> 3 bm = memoryview(s)
              4 print(bm)

        TypeError: memoryview: a bytes-like object is required, not 'str'
```

메모리뷰는 기존에 생성된 바이트 문자열을 원본으로 가지고 있다. 새로운 객체가 생기는 이유는 memoryview로 처리하는 인스턴스 객체의 주소가 다르다는 것을 가르킨다. 원본은 obj 속성에 가지고 있으므로 원본 데이터만을 참조한다. 이를 bytes로 변환하고

decode 메서드로 처리하면 유니코드로 출력된다.

```
In :   s = "가을이라"

       bm = memoryview(s.encode())
       print(bm)

       print(bm.obj)
       print(bytes(bm.obj).decode())
```

```
Out:   <memory at 0x0000000005811D08>
       b'\xea\xb0\x80\xec\x9d\x84\xec\x9d\xb4\xeb\x9d\xbc'
       가을이라
```

예제 19-9 : 다양한 바이트 자료형에 대한 view 처리

메모리뷰에 있는 속성과 메서드를 확인한다.

```
In :   for i in dir(memoryview) :
           if not i.startswith("_") :
               print(i)
```

```
Out:   c_contiguous
       cast
       contiguous
       f_contiguous
       format
       hex
       itemsize
       nbytes
       ndim
       obj
       readonly
       release
       shape
       strides
       suboffsets
       tobytes
       tolist
```

이 배열의 전체 사이즈인 nbytes는 len 함수의 길이와 itemsize를 곱한 길이가 된다. 타입 코드에 대한 정보는 format 속성에 있는 것을 확인할 수 있다.

```
In :   import array

       a = array.array('i',[1,2,3,4])

       b = memoryview(a)

       print(len(b))
       print(b.itemsize)
       print(b.nbytes)
       print(b.format)
       print(b.readonly)
```

```
Out:   4
       4
       16
       i
       False
```

바이트 어레이도 바이트 단위로 처리하므로 하나의 인스턴스를 바이트 문자열로 만들었다. 이를 memoryview로 변환했다. 내부의 길이를 확인하면 원본에 있는 원소의 개수를 출력한다.

바이트 문자열이므로 기본으로 B 코드가 출력되어 원소를 한 바이트 단위로 구성해서 처리하는 것을 알 수 있다. 또한 바이트 어레이가 갱신이 가능하므로 readonly가 False로 표시된다.

```
In :   a = bytearray(b"abcd")

       b = memoryview(a)

       print(len(b))
       print(b.itemsize)
       print(b.nbytes)
       print(b.format)
       print(b.readonly)
```

```
Out:   4
       1
```

```
4
B
False
```

바이트 어레이에 유니코드 문자열을 넣고 생성하려면 인코딩을 처리해야 한다. 인스턴스를 만들어서 메보리뷰로 전환했다. 이때 메모리뷰는 원본 데이터의 참조를 관리하는 속성인 obj에 원본 레퍼런스를 저장한다.

메모리뷰도 검색과 슬라이스가 처리되는 것을 알 수 있다. 대신 슬라이스를 처리할 때는 bytes 클래스로 전환해서 출력해야 한다. 슬라이스를 하면 메모리뷰 인스턴스로 전달하므로 값을 확인하기 위해서는 변환해서 봐야 한다.

또 메모리뷰로 슬라이스를 한 것을 리스트 생성자에 넣으면 리스트로 변환해주는 것을 알 수 있다. 리스트로 변환하면 별도의 인스턴스가 만들어지므로 원본을 갱신하지 않는다.

```
In :   r = bytearray('ABC', 'utf-8')

       mv = memoryview(r)
       print(mv.obj)
       print(r[0],mv[0])
       bs = bytes(mv[0:2])
       print(bs)
       ls = list(mv[0:3])
       ls[0] = 100
       print(ls,r)

Out:   bytearray(b'ABC')
       65 65
       b'AB'
       [100, 66, 67] bytearray(b'ABC')
```

바이트 어레이는 변경이 가능하지만 바이트 자료형은 변경 불가능하다. 바이트 자료형으로 인스턴스를 만들어서 메모리뷰로 변환한다.

이를 가지고 속성 readonly를 확인하면 True가 나오는 것을 확인할 수 있다.

```
In :   a = bytes(b"abcd")
```

```
b = memoryview(a)

print(len(b))
print(b.itemsize)
print(b.nbytes)
print(b.format)
print(b.readonly)
```

Out: 4
        1
        4
        B
        True

예제 19-10 : 메모리뷰 변경하기

메모리뷰로 처리하면 값을 변경할 때 에러가 발생할 수 있으므로 문자열일 경우는 문자라
는 것을 확인해야 한다. 타입 코드가 B라는 것은 정수로 넣어서 처리해야 하므로 문자를
넣어서 처리가 되지 않는다.

In :   s = bytearray(b"str")

        bm = memoryview(s)
        print(bm.readonly)
        print(bm.format)
        bm[0] = bytearray(b'b')

Out: False
        B

        TypeError   Traceback (most recent call last)
        <ipython-input-35-7089f6d2b9b6> in <module>()
              4 print(bm.readonly)
              5 print(bm.format)
        ----> 6 bm[0] = bytearray(b'b')

        TypeError: memoryview: invalid type for format 'B'
```

문자를 정수로 전환해서 메모리뷰에 넣어 갱신하면 원본이 변경된 것을 알 수 있다.
```

```
In :    bm[0] = ord(b'b')
        print(bm)
        print(s)
        print(bm.obj)
```

```
Out:    <memory at 0x0000000005213288>
        bytearray(b'btr')
        bytearray(b'btr')
```

에러 발생 시 cast 메서드를 'c' 자료형으로 다른 변수에 할당해서 변경하면 원본도 같이 변경되는 것을 알 수 있다.

```
In :    c = bm.cast('c')
        print(c.readonly)
        print(c.format)
        c[0] = b'b'

        print(s)
```

```
Out:    False
        c
        bytearray(b'btr')
```

19.2 파일 내부의 텍스트 변환

파이썬의 파일은 기본적으로는 텍스트로 처리된다. 기본적인 텍스트는 유니코드와 바이트로 처리된다.

특히 유니코드로 변환되는 과정을 알아보고 파이썬 내장 자료형 등을 저장하기 위한 별도의 직렬화 처리를 알아보기로 하겠다.

19.2.1 파일 처리 문자열 이해하기

파일 처리에서도 바이트 문자열과 유니코드 문자열이 다른 클래스로 처리되는 것을 알아봤다. 하지만 바이트와 문자열을 처리하는 것은 혼동되는 경우가 많다. 이번에 이런 부분을 다시 한 번 명확히 알아보자.

✚ 파일은 기본 문자열로 저장된다

파일을 생성하고 저장하면 문자열이나 바이트 문자열로 저장된다. 파이썬에서 제공되는 다른 자료형은 기본적으로 저장이 안되므로 이를 문자열로 변경해서 저장해야 한다.

예제 19-11 : 파일에 저장할 때 주의 사항

파이썬에서 파일은 텍스트(유니코드, 바이트)로 처리된다. 파이썬 자료형은 리스트를 가지고 파일에 저장하면 문자열이 아니라서 예외가 발생한다.

```
In :  l = [1,2,3]

      with open("list.txt","wt") as f :
          f.write(l)
```

```
Out:  ----------------------------------------------------------------
      TypeError                         Traceback (most recent call last)
      <ipython-input-165-e8b898ae475f> in <module>()
          2
          3 with open("list.txt","wt") as f :
      ----> 4     f.write(l)
          5

      TypeError: write() argument must be str, not list
```

리스트를 문자열로 변환해서 저장하면 문자열로 저장된다. 파일을 읽어서 다시 이 문자열을 리스트로 변환하면 문자열 내부가 전부 리스트의 원소로 나눠서 변환된다. 리스트가 아니라 문자열이라는 것을 알 수 있다.

```
In :  l = [1,2,3]

      with open("list.txt","wt") as f :
          f.write(str(l))
```

```
with open("list.txt","rt") as f :
    a = f.read()
    print(type(a), a)
    print(list(a))
```

Out: `<class 'str'> [1, 2, 3]`
         `['[', '1', ',', ' ', '2', ',', ' ', '3', ']']`

리스트 자료형을 파일로 저장하려면 각 문자열로 저장한 뒤 바이트로 처리해서 저장해야 한다. 저장된 문자열을 다시 읽으면 바이트 문자열로 저장된 것을 확인할 수 있다.

별도의 리스트에서 요소를 뽑아 문자열로 저장한 것을 다시 int로 변환해서 리스트에 append하면 리스트로 처리되는 것을 알 수 있다.

In :
```
l = [1,2,3]

with open("list.txt","wt") as f :
    for i in l :
        f.write(str(i))

with open("list.txt","rt") as f :
    ll = []
    a = f.read()
    for i in a :
        ll.append(int(i))
    print(ll)
```

Out: `[1, 2, 3]`

19.2.2 유니코드 이해하기

문자열 처리 유니코드일 경우 코드 포인트(code point)가 중요하다. 각 코드들이 어떻게 구성되어 있는지를 이해해야 한다.

유니코드로 변환할 때는 다양한 인코딩 처리가 있다.

- UTF-8의 코드 단위는 8비트로 구성된 고정되지 않는 바이트 문자이다.
- UTF-16의 코드 단위는 16비트로 구성된 고정 문자이다.
- UTF-32의 코드 단위는 32비트로 구성된 고정 문자이다.

예제 19-12 : 한글 문자열을 바이트로 변환하기

한글 처리를 위해 unicodedata 모듈을 이용해서 어떻게 유니코드에 저장되어 있는지를 확인한다.

```
In :    import unicodedata
        c = "위"

        d = unicodedata.category(c)
        print(d)
        n = unicodedata.name(c)
        print(n)
        print(unicodedata.lookup(n))

Out:    Lo
        HANGUL SYLLABLE WI
        위
```

문자열을 바이트 문자열로 전환할 때 utf-8로 처리하면 3의 문자열로 전환된다.

```
In :    u = "가을"

        a = u.encode("utf-8")

        print(a)
        print(a.decode("utf-8"))

Out:    b'\xea\xb0\x80\xec\x9d\x84'
        가을
```

한글 유니코드 문자열을 가지고 바이트 문자열로 변환할 때 인코딩을 utf-16로 처리하면 맨 앞에 fffe가 출력되고 2바이트 단위로 한글이 변환되어 나오는 것을 볼 수 있다.

904

```
In :  u = "가을"

      a = u.encode("utf-16")

      print(a)
      print(a.decode("utf-16"))
```

```
Out:  b'\xff\xfe\x00\xacD\xc7'
      가을
```

한글을 변환할 때 한글이 처리되어 저장되는 바이트의 순서를 엔디언으로 관리한다. 유니코드의 문자 코드를 확인하면 플랜과 문자의 위치가 16진수로 표시되어 저장된다.

리틀 엔디언(little endian)으로 처리하면 이 문자 코드를 역전해서 표시한다. 유니코드를 확인해서 리틀 엔디언으로 인코딩하고 변환한 것을 확인해보면 유니코드의 문자 코드가 반대로 저장된 것을 알 수 있다.

```
In :  u = "가을"

      print("\uac00")
      print("\uc744")

      a = u.encode("utf-16le")

      print(a)
      print(a.decode("utf-16le"))
```

```
Out:  가
      을
      b'\x00\xacD\xc7'
      가을
```

빅 엔디언(big endian)으로 인코딩해서 변환하면 유니코드의 문자 코드로 변환된 것을 알수 있다.

```
In :  u = "가을"

      a = u.encode("utf-16be")
```

```
print(a)
print(a.decode("utf-16be"))
```

Out: b'\xac\x00\xc7D'
      가을

한글 유니코드 문자열을 가지고 바이트 문자열로 변환할 때 encoding을 utf-32로 처리
하면 맨 앞에 fffe가 출력되고 4바이트 단위로 한글이 변환되어 나오는 것을 볼 수 있다.

In :
```
u = "가을"

a = u.encode("utf-32")

print(a)
print(a.decode("utf-32"))
```

Out: b'\xff\xfe\x00\x00\x00\xac\x00\x00D\xc7\x00\x00'
      가을

utf-32le로 처리하면 리틀 엔디언으로 표시되지만 앞자리에 x00이 하나씩 더 들어가 있
는 것을 알 수 있다.

In :
```
u = "가을"

print("\uac00")
print("\uc744")

a = u.encode("utf-32le")

print(a)
print(a.decode("utf-32le"))
```

Out: 가
      을
      b'\x00\xac\x00\x00D\xc7\x00\x00'
      가을

인코딩을 utf-32be 즉 빅 엔디언으로 처리하면 뒤에 16진수로 00이 더 들어가 있는 것을
알 수 있다.

906

```
In :   u = "가을"

       a = u.encode("utf-32be")

       print(a)
       print(a.decode("utf-32be"))
```

```
Out:   b'\x00\x00\xac\x00\x00\x00\xc7D'
       가을
```

➕ 엔디언이란

위의 예제에서 문자가 바뀌는 것을 가지고 엔디언이 구성되는 원리는 이해했다. 왜 변환할 때 이런 규칙을 만들어서 사용하는지를 알아보겠다.

컴퓨터는 메모리나 디스크에 비트 스트림으로 데이터를 보관한다. 이 데이터들을 사람이 이해하기 위한 단위로 처리하기 위해서는 세부적인 규칙이 필요하다. 유니코드 등 다양한 문자 코드가 있지만 사용되는 규칙이 통일된 유니코드가 나오면서 다양한 언어가 수용되었다. 하지만 지금도 다양한 문자 코드가 사용되므로 파일 등 IO에서 어떻게 바이트를 묶어서 문자로 전환하는지를 규격화해야 한다.

이를 지원하기 위해 문자로 작성될 때 인코딩과 엔디언을 사용해서 문자를 처리하는 방법을 정의했다. 이를 다른 말로는 바이트 순서(Byte order)라 하고 내부적으로 엔디언을 사용한다.

- 엔디언은 보통 큰 단위가 앞에 나오는 빅 엔디언(Big-endian)이다. 보통 유니코드일 경우는 플랜으로 각 언어를 구분하고 코드로 다양한 언어를 매칭해서 처리한다. 바이트 순서를 표시하는 기호는 빅 엔디언일 때는 \xfe\xff를 명기해서 사용한다.
- 작은 단위가 앞에 나오는 리틀 엔디언(Little-endian)으로 나눌 수 있다. 유니코드일 경우는 문자를 지정하는 코드가 먼저 오고 언어를 알려주는 플랜이 뒤에 온다. 또한 기호는 리틀 엔디언일 경우는 \xff\xfe가 앞에 붙는다.

예제 19-13 : 엔디언 이해하기

utf-16은 2바이트로 저장되므로 각 숫자별로 저장된 것을 알 수 있다. 빅 엔디언은 뒤에서부터 숫자가 저장되고 빈 공간을 그 다음 저장한다. 리틀 엔디언은 숫자부터 저장하고 뒤에 빈 공간을 저장한다.

```
In :   hi = 255

       si = str(hi)

       print(si.encode('utf-16le'))
       print(si.encode('utf-16be'))

Out:   b'2\x005\x005\x00'
       b'\x002\x005\x005'
```

✚ UTF-8 인코딩

가장 많이 사용하는 UTF-8 인코딩은 유니코드를 한 바이트부터 네 바이트까지로 변경해서 사용한다. 특징은 1~4바이트의 가변 길이를 가지는 멀티바이트 캐릭터 형식이라는 점이다. 때문에 아스키 코드와 하위 호환성을 가진다. 아스키 코드의 0~127까지는 UTF-8로 완전히 동일하게 기록된다.

Number of bytes	Bits for code point	First code point	Last code point	Byte 1	Byte 2	Byte 3	Byte 4
1	7	U+0000	U+007F	0xxxxxxx			
2	11	U+0080	U+07FF	110xxxxx	10xxxxxx		
3	16	U+0800	U+FFFF	1110xxxx	10xxxxxx	10xxxxxx	
4	21	U+10000	U+10FFFF	11110xxx	10xxxxxx	10xxxxxx	10xxxxxx

예제 19-14 : Utf-8 변환 예시

유니코드에서 바이트로 변환될 때 바뀌는 바이트 수가 고정된 것이 아니므로 유니코드를 넣고 문자열을 가져오면 utf-16be로 처리하는 것을 볼 수 있다. 이 문자를 utf-8로 변환

908

하면 2바이트로 변환되는 것을 알 수 있다.

```
In :  u = '\u0700'

      print(u)
      print('◊'.encode("utf-16be"))
      print('◊'.encode("utf-8"))

Out:  ◊
      b'\x07\x00'
      b'\xdc\x80'
```

유니코드가 08부터 ff까지는 3바이트로 변환이 가능하므로 변환할 때 이 규칙에 따라 3바이트로 변환된다.

```
In :  u2 = '\uff01'

      print(u2)
      print('！'.encode("utf-16be"))
      print('！'.encode("utf-8"))

Out:  ！
      b'\xff\x01'
      b'\xef\xbc\x81'
```

유니코드를 8자리로 표시할 때는 대문자 U를 사용하고 총 숫자도 8개로 넣어서 처리해야 한다. 임의의 문자가 들어가 있고 이를 utf-8로 변환하면 4바이트로 처리된다.

```
In :  u3 = '\U0001ff01'

      print(u3)
      print('􀀁'.encode("utf-16be"))
      print('􀀁'.encode("utf-8"))

Out:  􀀁
      b'\xd8?\xdf\x01'
      b'\xf0\x9f\xbc\x81'
```

+ 한글 변환

유니코드가 기본인 파이썬 문자열은 한글도 사용되지만 한글을 바이트로 변환하면 문자에서 바이트로 변환된다. 특히 utf-8로 변환하면 3바이트로 변환되는 것을 알 수 있다.

일단 Unicodedata 모듈을 확인해서 어떻게 관리되는지를 확인해보겠다.

- **"한글"**
  - 코드포인트 - U+D55C U+AE00
  - UTF-8 인코딩 - 0xED 0x95 0x9C 0xEA 0xB8 0x80
  - UTF-8 인코딩에서 한글은 3바이트 인코딩.

예제 19-15 : 한글을 유니코드로 전환하기

유니코드가 파이썬 기본 문자열이고 한글도 전부 문자열로 되어 있다. 내부적으로 변환되는 기본을 이해해야 한다.

"한", "글" 이라는 단어를 기준으로 유니코드 내의 범주(category)와 글자(lookup) 그리고 그 글자의 이름(name)을 조회해서 출력한다.

```
In :   h = '\ud55c'
       h2 = '\uae00'
       print(h)
       print(h2)

       for i in [h,h2] :
           print(i," %4x " % ord(i), end=" ")
           print(unicodedata.category(i), end=" ")
           print(unicodedata.lookup(unicodedata.name(i)), end = " ")
           print(unicodedata.name(i))
```

```
Out:   한
       글
       한  d55c  Lo 한 HANGUL SYLLABLE HAN
       글  ae00  Lo 글 HANGUL SYLLABLE GEUL
```

한글도 통합된 코드와 분리된 코드 2가지를 지원한다. "위"에 대한 한글 분리 코드가 '\u110b' + '\u1171'인데 정규화 처리를 NFC로 하면 통합된 코드인 '\uc704'로 처리한다.

```
In :  h = '\u110b'
      h2 = '\u1171'
      print(h)
      print(h2)

      a = unicodedata.normalize("NFC",h+h2)
      print(a.encode("utf-16be"))
Out:  ㅇ
      ㅟ
      b'\xc7\x04'
```

"위"에 대한 한글 통합 코드가 '\uc704'이고 이를 NFD 분리하면 한글이 분할되어 두 개의 유니코드 '\u110b' + '\u1171'로 표현한다. 영문자 q를 숫자로 바꾸고 hex로 변환하면 71이라는 것을 알 수 있다.

```
In :  h3 = "\uc704"
      print(h3)

      b = unicodedata.normalize("NFD","\uc704")
      print(b.encode("utf-16be"))

      print(hex(ord('q')))
Out:  위
      b'\x11\x0b\x11q'
      0x71
```

19.2.3 struct 모듈

이 모듈은 파이썬 바이트 객체로 표현된 파이썬 값과 C 구조체 사이의 변환을 수행한다. 이 파일은 다른 소스와 마찬가지로 파일이나 네트워크 연결에 저장된 바이너리 데이터를 처리하는 데 사용할 수 있다.

Format String을 C 구조체의 레이아웃에 대한 간략한 설명과 파이썬 값으로부터 의도된 변환으로 사용한다.

예제 19-16 : 문자열 및 정수 packing과 unpacking하기

정수를 "hhl" short integer(2바이트), long integer(4바이트)로 해서 하나로 묶어 바이트로 표시하고 이를 다시 각각의 수로 분리하는 것이다.

```
In :  import struct
      import array

      a = array.typecodes
      print(a)
```

```
Out:  bBuhHiIlLqQfd
```

calsize 함수를 이용해서 특정 타입 코드들이 몇 바이트로 구성된 길이를 갖는지를 확인할 수 있다.

```
In :  s = a[3]+a[3]+a[7]
      print(s)

      print(struct.calcsize(s[0]), "bytes")
      print(struct.calcsize(s[2]), "bytes")
      print(struct.calcsize(s), "bytes")
```

```
Out:  hhl
      2 bytes
      4 bytes
      8 bytes
```

정수 1, 2, 3을 "hhl"로 packing하면 총 8바이트로 구성되어 처리하고 이를 가지고 다시 unpacking을 처리하면 튜플로 나눠서 처리한다.

```
In :  import struct
```

```
a = struct.pack("hhl",1,2,3)
print(a)

b = struct.unpack('hhl',a)
print(b)
```

Out:
```
b'\x01\x00\x02\x00\x03\x00\x00\x00'
(1, 2, 3)
```

바이트 문자열을 특정 사이즈별로 나눠서 unpacking도 가능하며, 좌측부터 처리하는 < 표시를 하고 문자열 10자리(10s), 두 바이트 정수(h) , 네 바이트 정수(i)로 나눠서 변수에 할당하여 처리한다.

In :
```
s = b"abcdefghij\x01\x00\x02\x00\x03\x00\x00\x00"
print(len(s))

fmt = "<10shhl"
print(struct.calcsize(fmt), "bytes")
a = struct.unpack(fmt,s)
print(a)
```

Out:
```
18
18 bytes
(b'abcdefghij', 1, 2, 3)
```

연속으로 구성된 문자열을 전부 문자로 처리하기 위해 타입 코드 s와 숫자로 길이를 표시해서 5s 처리하면 문자열로 묶인다. 세부적으로 unpacking하고 sssss로 분리해서 표시하면 문자열이 문자로 분리되어 처리되는 것을 알 수 있다.

In :
```
import struct

b = b"hello"

s5 = struct.unpack('5s', b)
print(s5)

s51 = struct.unpack('sssss', b)
print(s51)
```

```
Out:    (b'hello',)
        (b'h', b'e', b'l', b'l', b'o')
```

예제 19-17 : Array.array 모듈을 가지고 struct 모듈 처리하기

Long Integer는 4bytes 단위로 숫자를 분리해서 표시하므로 두 개의 정수가 4바이트씩 변환된 것을 확인할 수 있다.

Long 자료형에서 int 자료형으로 변환하면서 unpacking하고 두 개의 변수에 할당해서 처리한다.

```
In :    import array
        import struct

        a = array.array('l',[1,2])
        print(a.tobytes())

        print(struct.calcsize("<ii"))

        s = struct.unpack('<ii',a)
        print(s)

Out:    b'\x01\x00\x00\x00\x02\x00\x00\x00'
        8
        (1, 2)
```

B는 unsinged char, b는 singed char로 packing을 하므로 숫자로 나열한 것을 묶으면 문자열로 전환된다.

```
In :    import array
        import struct

        a = [ ord(x) for x in "hello"]
        print(a)

        s = struct.pack(b'bbbbb',*a)
        print(s)
```

914

```
s = struct.pack('BBBBB',*a)
print(s)
```

```
[104, 101, 108, 108, 111]
b'hello'
b'hello'
```

Array 모듈로 만든 배열의 숫자도 packing해서 처리하면 바이트 문자열로 변환되는 것을 알 수 있다.

In :
```
import array
import struct

a = array.array('b', b"hello")
print(a)

s = struct.pack(b'bbbbb',*a)
print(s)

s = struct.pack('BBBBB',*a)
print(s)
```

Out:
```
array('b', [104, 101, 108, 108, 111])
b'hello'
b'hello'
```

19.3 직렬화 처리

파이썬 내의 객체를 그대로 파일에 저장했다가 다시 꺼내서 바로 처리하고 싶을 때가 있다. 이때 파이썬 객체를 그대로 저장했다가 꺼내서 처리해야 한다. 파이썬 객체를 바로 저장할 수 있는 직렬화를 지원하는 모듈이 pickle 모듈이다.

19.3.1 pickle 모듈 사용

Pickle 파일의 확장자는 pickle, pkl이므로 확장자를 보고 직렬화를 확인할 수도 있다.

예제 19-18 : 파이썬 객체를 pickle로 처리하기

리스트 내에 함수를 넣고 pickle.dump를 이용해서 직렬화해 파일에 저장한다. 이를 다시 pickle.load로 읽어와서 리스트 내의 함수를 실행해 처리한다.

```
In :    import pickle
        import operator as op


        l = [op.add,op.sub]

        with open("obj.pickle", "wb") as f :
            pickle.dump(l,f)

        with open("obj.pickle", "rb") as f :
            a = pickle.load(f)
            print(a[0](5,6))
            print(a[1](5,4))
```

```
Out:    11
        1
```

문자열과 딕셔너리를 만들고 pickle 모듈을 이용해서 객체를 직렬화하여 파일에 저장한다. 이 저장한 것을 차례대로 읽어오면 문자열과 딕셔너리를 불러온다. 문자열은 그대로 출력하고 딕셔너리 내에 저장된 함수를 불러와서 실행한다.

```
In :    import pickle
        import operator as op


        s = "피클처리"
        d = {'add':op.add}

        with open("obj.pickle", "wb") as f :
            pickle.dump(s,f)
            pickle.dump(d,f)

        with open("obj.pickle", "rb") as f :
            a = pickle.load(f)
            b = pickle.load(f)
```

```
      print(a)
      print(b["add"](10,10))
```

Out: 피클처리
      20

예제 19-19 : pickle을 문자열로 할당하고 내부 생성된 값 보기

직렬화해서 파일에 저장하지 않고 문자열로 저장해도 처리가 가능하다. 문자열로 저장하려면 Pickle 모듈의 dumps 함수를 사용하고 이 문자열을 읽어 다시 객체로 전환하려면 loads 함수로 처리한다.

In :
```
import pickle
import operator as op


l = [op.add,op.sub]

s = pickle.dumps(l)
print(s)

a = pickle.loads(s)
print(a)
print(a[0](5,6))
print(a[1](5,4))
```

Out: b'\x80\x03]q\x00(c_operator\nadd\nq\x01c_operator\nsub\nq\x02e.'
      [<built-in function add>, <built-in function sub>]
      11
      1

객체를 직렬화해서 여러 개를 저장할 수 있다. 이것을 여러 번 다시 읽어서 직렬화를 할 수 있다. 문자열을 처리하든 객체를 처리하든 방식은 거의 동일하다.

In :
```
import pickle
import operator as op
```

```
s = "피클처리"
d = {'add':op.add}

ds = pickle.dumps(s)
ds = pickle.dumps(d)

print(ds)


a = pickle.loads(ds)
b = pickle.loads(ds)
print(a)
print(b["add"](10,10))
```

Out:
b'\x80\x03}q\x00X\x03\x00\x00\x00addq\x01c_operator\nadd\nq\x02s.'
{'add': <built-in function add>}
20

918

20

정규 표현식(regular expression)

이런 패턴 매칭을 처리하기 위해 만들어진 것이 정규 표현식이다. 파이썬에서도 모듈 re를 통해 지원한다.

정규 표현식 내에 있는 특정한 규칙을 배우고 문자열을 패턴 매칭해서 처리하는 방법을 알아보겠다.

✚ 알아볼 주요 내용

- 메타 문자, 수량자
- 전후방 탐색 및 주석 처리
- 정규 표현 매칭 객체

- 패턴 compile, compile 인자
- 패턴 매칭 함수 : match, search, findall, finditer
- 패턴 변경 및 분리 : sub, subn, split

20.1 정규 표현식 표기 방식

일단 패턴을 만드는 방식을 이해해야 하므로 정규 표현식이 제공하는 패턴을 만드는 방식부터 알아보겠다.

20.1.1 정규 표현식 모듈 알아보기

파이썬에서는 re 모듈에서 정규 표현식을 지원하며 간단히 정규 표현식을 실행하여 어떻게 패턴이 문자열과 매칭되는지를 확인해보겠다.

✛ 정규 표현식 모듈 : re

함수와 속성들을 제공해서 정규 표현식을 처리할 수 있도록 한다.

예제 20-1 : 모듈 내의 변수와 함수 보기

주요한 함수로 compile, findall, finditer, match, search 등이 있다.

```
In :    import re

        count = 0

        for i in dir(re) :
            if not i.startswith("_") :
                print(i, end=" ")
                count += 1
                if count % 5 == 0 :
                    print()
```

```
Out:   A ASCII DEBUG DOTALL I
       IGNORECASE L LOCALE M MULTILINE
       RegexFlag S Scanner T TEMPLATE
       U UNICODE VERBOSE X compile
       copyreg enum error escape findall
       finditer fullmatch functools match purge
       search split sre_compile sre_parse sub
       subn template
```

일단 위에 있는 compile 함수와 match 함수를 통해 간단하게 정규 표현식을 처리해서 어떻게 작동하는지를 알아보겠다.

일단 정규 표현식 모듈인 re를 import한다. 정규 표현식도 하나의 문자열이므로 "향수"라는 단어를 검색할 패턴으로 찾으려고 한다. Complie 함수에 패턴을 넣고 실행하면 하나의 인스턴스가 만들어진다.

```
In :   import re

       pattern = re.compile("향수")

       print(pattern)
       print(type(pattern))
```

```
Out:   re.compile('향수')
       <class '_sre.SRE_Pattern'>
```

위에 정의된 pattern을 가지고 패턴 매칭을 시키는 match 함수를 사용해서 이 패턴을 검색할 문자열을 넣는다. 이를 실행해서 매칭된 결과가 있으면 mat라는 변수에 하나의 인스턴스가 만들어진다. 이 인스턴스에 group이라는 메서드를 이용해서 매칭된 결과를 조회한다.

```
In :   mat = re.match(pattern, "향수 수향")

       print(type(mat))
       print(mat.group())
```

```
Out:   <class '_sre.SRE_Match'>
       향수
```

20.1.2 메타 문자(meta Character)

이제 패턴에 대한 정의를 하기 위해 정규 표현식에서 내부적으로 사용할 규칙인 메타 문자에 대해 알아보겠다.

프로그래밍 언어에서는 이런 메타 문자를 키워드라고 해서 다른 용도로 사용하지 못하게 하지만 정규 표현식에서는 이 메타 문자를 가지고 매칭될 기준의 패턴을 만들 때 사용한다.

✚ 문자 클래스(character class)

하나의 문자를 매칭시키는 문자 클래스부터 알아보겠다. 하나의 문자가 패턴 매칭할 수 있는 기호는 대괄호([ ])이다.

이 대괄호 안에 문자가 들어오면 이 문자와 매칭된 것을 체크한다. 특히 다양한 문자를 모두 기록하지 않는 경우는 하이픈(-)을 이용해서 범위를 지정할 수 있다.

예제 20-2 : 문자 클래스 처리

파싱해야 할 문자들의 패턴을 정의하기 위해 대괄호 사이에 영문 소문자(a-z), 영문 대문자(A-Z), 숫자(0-9)를 넣고 하나의 문자와 매칭해서 처리를 하도록 정의한다. 대괄호 다음에 있는 + 기호는 이런 문자가 하나 이상이 있을 때 처리하라는 뜻이다. 패턴을 컴파일하면 한 Pattern 클래스의 인스턴스가 만들어지고 이를 계속 사용이 가능하다.

```
In :   import re

       pattern = re.compile("[a-zA-Z0-9]+")

       print(pattern)
       print(type(pattern))
```

```
Out:   re.compile('[a-zA-Z0-9]+')
       <class '_sre.SRE_Pattern'>
```

위에서 만들어진 패턴을 pattern 변수에 할당하였으므로 search 함수에 인자로 넣고 매핑할 문자열 "Python Pattern"을 넣어서 처리하면 첫 번째 단어인 Python과 매칭이 된다.
이 결과를 mat 변수에 할당했으므로 group 매소드로 패턴 매칭될 결과를 조회하면 결과
를 출력하는 것을 볼 수 있다.

```
In :    mat = re.search(pattern,"Python Pattern")
        print(type(mat))
        print(mat.group())
```

```
Out:    <class '_sre.SRE_Match'>
        Python
```

파이썬이 유니코드를 지원하므로 한글도 처리가 가능하다. 한글의 시작과 끝을 정의해서
처리해보겠다. 일단 문자 클래스로 [가-히] : 한글로 입력된 모든 것의 패턴 처리로 한글
의 시작과 종료를 표시한다. 문자열 "향수 수향"을 넣어서 처리할 때 빈 칸이 있으면 더 이
상 매칭 작업을 하지 않는다. 매칭될 결과 문자열이 "향수"를 출력하는 것을 볼 수 있다.

```
In :    import re

        pattern = re.compile("[가-히0-9]+")

        print(pattern)
        print(type(pattern))

        mat = pattern.search("향수 수향")
        print(type(mat))
        print(mat.group())
```

```
Out:    re.compile('[가-히0-9]+')
        <class '_sre.SRE_Pattern'>
        <class '_sre.SRE_Match'>
        향수
```

특정 메타 문자인 ^는 반대(not)의 의미를 뜻하므로 대괄호 내에 들어가면 [^0-9]라는 숫
자를 문자로 처리하라는 뜻이다. 이때 빈 공간도 문자로 인식되므로 문자열 "향수 수향"을
넣으면 하나로 패턴 매칭되는 것을 알 수 있다.

이번에는 함수 대신 search 메서드를 사용해서 처리하는 것을 알 수 있다. 함수로 처리하

는 것과 메서드로 처리하는 것이 동일한 결과가 나온다.

```
In :    import re

        pattern = re.compile("[^0-9]+")

        print(pattern)
        print(type(pattern))

        mat = pattern.search("함수 수향")
        print(type(mat))
        print(mat.group())
```

```
Out:    re.compile('[^0-9]+')
        <class '_sre.SRE_Pattern'>
        <class '_sre.SRE_Match'>
        함수 수향
```

✚ 축약형 문자 표현

패턴을 만들 때 모든 문자를 표시하는 것보다는 축약형 문자로 작성하는 것이 더 편리하다. 특히 패턴을 정의할 때 역슬래쉬와 영문자를 표시하면 내부적인 규약에 따라 특수한 의미를 가질 수 있다. 이번에는 축약 문자에 대해 알아보겠다.

예제 20-3 : 숫자와 숫자가 아닐 경우 처리

숫자를 표시하는 축약 코드는 역슬래쉬와 소문자 d를 사용하는 것이다. 이 표시는 \d — 숫자와 매치, [0-9]와 동일한 표현식이라는 것을 알 수 있다.

간단하게 축약 문자를 넣어 숫자를 제외한 특수 문자 등을 문자열에서 추출하기 위해 split 함수를 이용해서 처리한다.

```
In :    import re

        mat = re.split("\d+","1\t2\n3\r\n4\f5\xff")
        print(type(mat))
        print(mat)
```

```
Out:   <class 'list'>
       ['', '\t', '\n', '\r\n', '\x0c', 'ÿ']
```

숫자가 아닌 경우에는 소문자 d가 아닌 대문자 D를 사용해 처리한다. 이를 표기하면 \D
– 숫자가 아닌 것과 매치, [^0–9]와 동일한 표현식이다. 위와 반대인 결과가 나오는 것을
볼 수 있다.

```
In :   import re

       mat = re.split("\D+","1\t2\n3\r\n4\f5\xff")
       print(type(mat))
       print(mat)
```

```
Out:   <class 'list'>
       ['1', '2', '3', '4', '5', '']
```

예제 20-4 : whitespace 문자인 것과 매치 : \s, \S

보통 영어 단어는 빈 칸을 기준으로 분리한다. 파일에서 문장의 라인은 개행 문자를 기준
으로 분리한다. 이런 의미있는 특수 문자를 whitespace라고 하고 이를 매칭시키는 것은
축약 문자인 \s 를 사용한 뒤 –whitespace 문자를 사용해서 매핑을 시킨다. 이 축약 문
자와 매칭되는 공백(whitespace)문자를 전부 적은 [\t\n\r\f\v]와 동일한 표현식이다.

이 공백 문자를 제외한 나머지 문자를 split해서 리스트로 결과를 표시한다.

```
In :   import re

       mat = re.split("\s+","a\tb\nc\r\nd\fe\xff")
       print(type(mat))
       print(mat)
```

```
Out:   <class 'list'>
       ['a', 'b', 'c', 'd', 'eÿ']
```

대문자 축약형 표현은 \S – whitespace 문자가 아닌 것과 매치, [^ \t\n\r\f\v]와 동일
한 표현식이다. 위의 처리와 반대로 문자를 기준으로 분리하므로 공백 문자가 출력되는
것을 알 수 있다.

```
In :   import re

       mat = re.split("\S+","a\tb\nc\r\nd\fe\xff")
       print(type(mat))
       print(mat)
```

```
Out:   <class 'list'>
       ['', '\t', '\n', '\r\n', '\x0c', '']
```

예제 20-5 : 문자일 경우 : \w, \W

보통 문자열에 \w 축약형을 사용하면 문자+숫자(alphanumeric), 한글도 포함되며 [a–zA–Z가–히0–9]와 동일한 표현식의 결과를 처리한다. 문자를 제외한 나머지만 출력되는 것을 볼 수 있다.

```
In :   import re

       mat = re.split("\w+","a\tb\nc\r\nd\f가을\xff")
       print(type(mat))
       print(mat)
```

```
Out:   <class 'list'>
       ['', '\t', '\n', '\r\n', '\x0c', '']
```

alphanumeric이 아닌 문자와 매치, [^a–zA–Z가–히0–9]와 동일한 표현식과 매칭되려면 역슬래스와 대문자 W로 표시해서 사용하면 된다. 문자가 아닌 것을 기준으로 분리하므로 문자만 출력되는 것을 알 수 있다.

```
In :   import re

       mat = re.split("\W+","a\tb\nc\r\nd\f가을e\xff")
       print(type(mat))
       print(mat)
```

```
Out:   <class 'list'>
       ['a', 'b', 'c', 'd', '가을eÿ']
```

✦ 앵커 문자 Anchor (^ / $)

패턴을 매칭하려면 특정 문자가 시작과 마지막 부분 등을 지정할 필요가 있을 때 앵커를 사용해서 처리한다.

예제 20-6 : 시작과 끝을 표시하는 anchor

문자열의 맨 처음과 일치함을 의미한다. 특히, 컴파일 옵션 re.MULTILINE 을 사용할 경우에는 여러 줄의 문자열에서는 각 라인의 처음과 일치하는 것을 의미한다.

또한 ^ 문자를 메타 문자가 아닌 문자 그 자체로 매치하고 싶은 경우에는 [^] 처럼 사용하거나 \^ 로 사용해야 한다.

```
In :   import re

       mat = re.match("^하늘을","하늘을 우러러 한점 부끄럼없이")
       print(type(mat))
       print(mat.group())

Out:   <class '_sre.SRE_Match'>
       하늘을
```

문자열의 맨 마지막부터 일치함을 의미하고, $ 문자를 메타 문자가 아닌 문자 그 자체로 매치하고 싶은 경우에는 [$]처럼 사용하거나 \$로 사용한다.

```
In :   import re

       mat = re.search("부끄럼없이$","하늘을 우러러 한점 부끄럼없이")
       print(type(mat))
       print(mat.group())

Out:   <class '_sre.SRE_Match'>
       부끄럼없이
```

✦ 임의의 문자를 표시하는 점 : .

dot(.) 메타 문자는 줄바꿈 문자인 \n를 제외한 모든 문자와 매치하고, re.DOTALL이라는 옵션을 주면 \n 문자와도 매치할 수 있다. 보통 a.b : "a + 모든 문자 + b"를 표시하지만 a[.]b : "a + Dot(.)문자 + b"은 두 문자 사이에 꼭 점이 들어가있는 문자를 표시하는 것이다.

예제 20-7 : 문자 사이에 .이 패턴으로 들어간 경우

문제 사이에 다른 문자가 하나 더 들어가 있는 경우를 매칭해서 이를 처리하라는 뜻이다.

```
In :    import re

        mat = re.search("하늘을.우러러","하늘을 우러러 한점 부끄럼없이")
        print(type(mat))
        print(mat.group())
```

```
Out:    <class '_sre.SRE_Match'>
        하늘을 우러러
```

✚ 선택 문자: Alternatives (|,or)

| 메타 문자는 "or"의 의미와 동일하며, A|B 라는 정규식이 있다면 이것은 A 또는 B라는 의미이다.

예제 20-8 : 특정 문자들의 선택 조건을 주기

특정 단어들이나 문자를 선택해서 매칭하려면 정의된 요건에 두 개를 정의해서 선택하라는 패턴을 만들어서 문자열과 매칭하여 처리한다.

```
In :    import re

        mat = re.search("([하늘을|우러러].)+","하늘을 우러러 한점 부끄럼없이")
        print(type(mat))
        print(mat.group())
```

```
Out:    <class '_sre.SRE_Match'>
        하늘을 우러러
```

928

20.1.3 수량자

주어진 문자열과 매칭하고 반복해서 표현할 때 숫자로 부여해서 수량으로 표시도 가능하고 이를 축약형을 이용해서 기호로 표시도 할 수 있다. 들어오는 문자열이 다양하기 때문에 패턴을 만들 때 연속되는 동일한 문자에 대해서는 수량자를 이용해서 표시하는 것이 편하다.

예제 20-9 : 반복 : ({m,n}), (*), (+), (?)

패턴을 정의할 때 일단 반복을 위한 { } 메타 문자를 이용해서 반복 횟수를 지정한다. 내부의 인자는 시작점과 종료점을 지정할 수 있다.

정규 표현식 내 특정 문자 다음에 {m, n} 기호를 지정할 경우에 그 앞에 정한 문자가 반복되어진다. 반복 횟수는 시작점 m부터 종료점 n으로 표시한다. 시작점만 표시하면 종료는 무한으로 처리되므로 이를 다른 기호와 연계해서 사용하면 {1,}은 +와 동일하며 {0,}은 *와 동일하다.

일단 *표와 동일하게 문자 m이 없거나 다수가 들어 있는 단어를 매칭해서 처리한다. 이번에는 컴파일한 패턴 인스턴스를 만들고 그 내부에 있는 search 함수에 문자열을 넣어서 처리한다.

일단 문자열 내에 m이 없거나 여러 개가 있어도 고정으로 들어갈 부분은 ummy이므로 패턴 매칭된 결과를 확인하면 이 부분이 매칭된 것을 출력해주는 것을 알 수 있다.

```
In :    import re

        pattern = re.compile("m{0,}ummy")

        mat = pattern.search("mummy")
        print(mat.group())

        mat = pattern.search("mmmmmummy")
        print(mat.group())

        mat = pattern.search("ummy")
        print(mat.group())
```

mummy

mmmmmummy

ummy

이번에는 고정된 반복자를 {0,3}으로 사용해서 처리해본다. 메서드 search는 첫 번째 문자가 아닐 때에도 처리해서 중간이 맞으면 패턴이 매칭되는 것을 알 수 있다. 하지만 match 매소드는 첫 번째 시작하는 문자열부터 처리하므로 패턴 매칭이 되지 않은 것을 알 수 있다.

In :
```
import re

pattern = re.compile("m{0,3}ummy")

mat = pattern.search("mummy")
print(mat.group())

mat = pattern.search("ummy")
print(mat.group())

mat = pattern.search("mmmmmummy")
print(mat.group())

mat = pattern.match("mmmmmummy")

if mat is None :
    print(" mismatching ")
else :
    print(mat.group())
```

Out: mummy

ummy

mmmummy

 mismatching

위에서 처리된 것을 이번에는 반복자로 처리하는 기호를 이용해서 만들어본다. 일단 별표 * 기호는 없거나 무한으로 앞에 있는 문자들이 반복을 한다는 뜻이다. 반복자로 작성하면 {0, }과 동일한 표현이다.

930

```
In :   import re

       pattern = re.compile("m*ummy")

       mat = pattern.search("mummy")
       print(mat.group())

       mat = pattern.search("mmmmmummy")
       print(mat.group())

       mat = pattern.search("ummy")
       print(mat.group())
```

```
Out:   mummy
       mmmmmummy
       ummy
```

반복자 + 기호는 최소 1개 이상의 반복을 필요로 하는 메타 문자이다. 패턴 매칭이 안되면 None으로 결과를 내므로 맨 마지막 처리 이후 group 메서드를 사용하면 NoneType에는 group이라는 메서드가 없다고 예외 처리되는 것을 알 수 있다.

```
In :   import re

       pattern = re.compile("m?ummy")

       mat = pattern.search("mummy")
       print(mat.group())

       mat = pattern.search("ummy")
       print(mat.group())
```

```
Out:   mummy
       ummy
```

20.1.4 그룹으로 묶기

문자열에서 찾아야 할 패턴들의 특징이 다양할 경우 이를 하나의 묶음을 만들어서 처리할 수 있어야 한다. 이번에는 특정한 그룹을 만들어서 문자열에 대한 패턴을 매칭하는 방법을 알아보겠다.

✚ 그룹 처리하기

정규 표현식에 대한 패턴을 그룹화는 패턴 문자열 내에 괄호로 묶어서 작성하면 된다. 그룹도 특정화하고 싶을 경우에는 그룹 내에 이름을 부여할 수 있다. 일단 그룹에 이름을 주지 않고 처리하는 구조부터 알아보겠다.

그룹화가 되면 group 메서드를 가지고 호출할 때도 각 그룹별로 조회도 가능하다. 그룹이 순서는 1부터 시작해서 조회가 가능하고 이름이 있을 경우는 그룹의 이름을 명기해서 조회도 가능하다.

예제 20-10 : 전화번호 가져오기

많이 사용되는 주소, 전화번호를 문자열로 받아서 이 내부에 있는 전화번호를 패턴으로 추출해보겠다.

일단 전화번호는 지역을 나타내는 번호를 하나의 그룹으로 처리하고 두 번째는 국번을 그룹으로 지정하며 마지막 일련번호도 그룹화했다. 문자열 첫 번째부터 전화번호를 찾는 것이 아니므로 search 메서드를 이용해서 패턴 매칭을 처리한다.

전체 결과는 groups 메서드로 조회하면 각 그룹에 맞춰 나눠서 출력되는 것이고 group 메서드에 인자를 주지 않으면 패턴과 동일한 것을 출력한다.

각 패턴별로 조회는 인덱스를 1번부터 시작해서 각 그룹에 맞게 조회할 수 있다.

```
In :    import re

        address = "경기도 성남시 분당구 031-123-1234"
        pattern = re.compile("(\d+)-(\d+)-(\d+)")

        mat = pattern.search(address)
        print(mat.groups())
        print(mat.group())
        print(mat.group(1))
```

```
print(mat.group(2))
print(mat.group(3))
```

Out:
```
('031', '123', '1234')
031-123-1234
031
123
1234
```

이 (?:정규 표현식) 기호는 no-capturing 처리로 그룹을 분리한 것처럼 보이지만 일반 괄호를 인식하지 않고 처리된다. 정규 표현식이 괄호 안에 있는 경우와 일치하지만 그룹과 일치하는 하위 문자열에 대해 처리를 하지 않게 한다.

In :
```
import re

address = "경기도 성남시 분당구 031-123-1234"
pattern = re.compile("(?:\d+)-(?:\d+)-(?:\d+)")

mat = pattern.search(address)
print(mat.groups())
print(mat.group())
print(mat.group(1))
print(mat.group(2))
print(mat.group(3))
```

Out:
```
()
031-123-1234
---------------------------------------------------------------
IndexError                            Traceback (most recent call last)
<ipython-input-4-898c5add55b6> in <module>()
      7 print(mat.groups())
      8 print(mat.group())
----> 9 print(mat.group(1))
     10 print(mat.group(2))
     11 print(mat.group(3))

IndexError: no such group
```

✦ Named Group

이번에는 패턴에 대한 그룹을 처리하기 위해 이름을 부여해서 사용한다. 그룹에 이름을 부여하기 위해서 (?P<명칭>패턴)을 사용한다.

예제 20-11 : 그룹 이름으로 전화번호 가져오기

위의 예제와 동일한 문자열에서 전화번호를 처리할 경우 패턴에 이름을 지정해서 처리해 보겠다.

패턴 문자열에 ?P를 쓰고 바로 붙여서 <패턴그룹명>을 작성하면 하나의 패턴의 명칭이 부여된다. 그 뒤에 패턴에 매칭될 문자를 정의하고 search 메서드를 이용해서 문자열 중간에 있는 전화번호를 추출했다.

일반적인 그룹에 대해서는 정수 인덱스와 그룹명으로 조회를 해보면 동일한 결과가 출력된다.

```
In :   import re

       address = "경기도 성남시 분당구 031-123-1234"
       pattern = re.compile("(?P<province>\d+)-(?P<local>\d+)-(?P<number>\d+)")

       mat = pattern.search(address)
       print(mat.groups())
       print(mat.group())
       print(mat.group(1))
       print(mat.group(2))
       print(mat.group(3))
       print(mat.group("province"))
       print(mat.group("local"))
       print(mat.group("number"))

Out:   ('031', '123', '1234')
       031-123-1234
       031
       123
       1234
       031
       123
       1234
```

20.1.5 전후방 탐색 하기

문자열의 현재 위치에서 패턴과 매칭된 경우만 추출했다. 특정 매칭된 것을 기분으로 그 앞과 뒤에 있는 부분을 추출하는 방법을 이제부터 알아보겠다. 특정 기준을 가지고 특정 문자가 매칭되면 앞쪽을 추출하는 전방(lookahead) 처리 방식과 후방(lookbehind) 처리 방식이 있다.

✚ 전방 탐색 패턴

(?=...) 전방 탐색 패턴은 내부에 정의된 패턴이 일치할 경우 앞에 정의된 것을 반환하는 패턴 처리 방식이다.

예제 20-12 : URL 주소 내의 전방 탐색 사용하기

URL 주소 내의 통신 프로토콜을 가져오기 위해서는 문자열 내부의 : 를 매칭하고 그 앞의 문자를 전부 가져오면 프로토콜을 검색할 수 있다.

```
In :   import re

       pattern = ".+(?=:)"

       mat = re.match(pattern,"https://www.slideshare.net/dahlmoon")

       print(mat.group())

Out:   https
```

✚ 후방 탐색 패턴

(?<=...) 후방 탐색 패턴은 내부에 정의된 것과 매칭되는 것이 나오면 그 뒷부분의 패턴의 매칭을 처리한다.

예제 20-13 : 금액 표시 문자 이후에 금액만 가져오기

$기호 이후의 숫자를 전부 검색해서 출력하는 방식이다. 앞의 $ 이후의 숫자만을 검색하

므로 빈 칸 이전의 숫자만을 검색한다. 뒤에 작성된 것은 숫자와 빈 공간을 기준으로 앞의 숫자만 매칭되어 처리하는 것을 알 수 있다.

```
In :   import re

       pattern = "(?<=\$)([0-9.]+)"
       mat = re.search(pattern,"$100000.00 888888")

       print(mat.group())


       pattern = "([0-9.]+)"
       mat = re.search(pattern,"$100000.00 888888")
       print(mat.group())
```

```
Out:   100000.00
       100000.00
```

✚ 부정형 전방과 후방 탐색: (?!...) / (?<!...)

패턴으로 지정된 것과 일치하지 않는 것을 매칭했을 때만 결과를 출력하라고 지정할 수 있다. 특정 탐색한 것이 없는 경우에 한해 처리가 된다.

예제 20-14 : 금액 표시가 없는 경우만 출력

문자열에 숫자 표시가 여러 개 있다. 이때 금액을 표시하는 숫자만 가져와서 처리하려고 한다. 위에서 match와 search 함수나 메서드를 사용할 때는 주로 한 번 추출하지만 이번 에는 findall을 사용하여 문자열 전체를 순환하면서 이 패턴에 맞는 것을 전부 찾는다. 결 과는 리스트로 제공하는 것을 알 수 있다.

```
In :   import re

       text = "I paid $30 for 100 apples, 50 oranges,and 60 pears. I saved $5
       on the order."

       pattern = "(?<=\$)\d+"
       mat = re.findall(pattern,text)
```

```
        print(mat)
```

Out: `['30', '5']`

이번에는 모든 숫자를 추출하기 위해 전방 탐색을 해서 금액 표시를 제외한 모든 숫자를
찾아보았다.

In :
```
import re

text = "I paid $30 for 100 apples, 50 oranges,and 60 pears. I saved $5
on the order."

pattern = "(?!\$)\d+"
mat = re.findall(pattern,text)

print(mat)
```

Out: `['30', '100', '50', '60', '5']`

이에 사례를 보면 $ 표시와 상관없이 전체 숫자가 추출된 것을 볼 수 있다. 이번에는 $ 표
시가 된 숫자를 제외하고 숫자만 되는 것을 추출하기 위해 스페이스 다음에 $ 표시가 아닌
경우만 패턴을 매칭해서 맞는 결과만 보여주도록 변경을 했다.

In :
```
import re

text = "I paid $30 for 100 apples, 50 oranges,and 60 pears. I saved $5
on the order."

pattern = "\s(?!\$)\d+"
mat = re.findall(pattern,text)

print(mat)
```

Out: `[' 100', ' 50', ' 60']`

위의 방식을 후방 부정으로 처리해도 동일한 결과가 나온다.

In :
```
import re
```

```
text = "I paid $30 for 100 apples, 50 oranges,and 60 pears. I saved $5
on the order."

pattern = "\s(?<!\$)\d+"
mat = re.findall(pattern,text)

print(mat)
```

Out: `[' 100', ' 50', ' 60']`

✚ 주석 처리 (?#...)

패턴을 지정할 때도 복잡할 경우 패턴에 대한 설명을 추가해서 작성할 수 있다.

예제 20-15 : 주석을 무시

주석은 패턴에서는 아무런 역할을 하지 않는다. 패턴에 주석이 있지만 대문자 P만 패턴에
해당하고 나머지는 단순한 주석으로 인식하므로 매칭된 결과도 P만 출력한다.

In :
```
import re

text = "Python"

pattern = "P(?#comment)"
mat = re.findall(pattern,text)

print(mat)
```

Out: `['P']`

20.2 정규 표현식 함수와 메서드

앞에서 기본적인 함수나 메서드를 간단히 실행해봤다. 이제 정규 표현식 모듈을 확인해서
내부에 있는 객체를 알아보고 세부적인 기능에 대해 알아보겠다.

20.2.1. 컴파일 함수

간단하게 패턴을 컴파일해서 이때 생긴 패턴의 인스턴스를 가지고 패턴 매칭을 해봤다. 컴파일할 때 추가적인 인자를 처리할 때 어떤 추가적인 기능이 처리되는지를 확인해보 겠다.

✚ 정규 표현식 – 컴파일 함수

정규 표현식 패턴을 만들어서 이를 사용하고 적용하기 위해서 추가적인 인자를 넣어서 처 리하는 방법을 알아보겠다.

예제 20-16 : 컴파일 함수에서 패턴 제어하기

특정 문자에 대해 개행 문자도 포함해서 처리할 수 있도록 인자로 추가할 수 있다. 이때 인자로 넣을 때 표기법은 re.DOTALL, re.S이다.

패턴을 지정할 때 ".ake"로 정의했다. 문자열에 개행 문자를 넣어서 패턴 매칭을 하면 매 칭이 되지 않는 것을 확인할 수 있다.

```
In :    import re

        pattern = re.compile(".ake")

        text = "\nake"
        mat = re.match(pattern,text)

        print(repr(mat.group()))

Out:    ----------------------------------------------------------------
        AttributeError                        Traceback (most recent call last)
        <ipython-input-2-9f7875befca6> in <module>()
              6 mat = re.match(pattern,text)
              7
        ----> 8 print(repr(mat.group()))

        AttributeError: 'NoneType' object has no attribute 'group'
```

컴파일에서 re.S를 넣어서 처리하면 문자열 내에서 개행 문자(\n)가 들어와도 패턴 매칭이 되어 처리가 된다.

```
In :   pattern = re.compile(".ake",re.S)

       text = "\nake"
       mat = re.match(pattern,text)

       print(repr(mat.group()))
Out:   '\nake'
```

re.IGNORECASE, re.I 인자는 대소문자에 관계없이 매치할 수 있도록 패턴을 구성하라는 뜻이다. 소문자을 인식하는 패턴을 만들었을 때 문자열은 대문자가 들어와 있다. 패턴 매칭이 되지 않아서 매칭된 결과가 없으므로 None으로 반환된다. group이라는 메서드가 없어서 예외가 발생하는 것이다.

```
In :   import re

       pattern = re.compile("[a-z]+")

       text = "Python"
       mat = re.match(pattern,text)

       print(mat.group())
Out:   ----------------------------------------------------------------
       AttributeError                        Traceback (most recent call last)
       <ipython-input-4-b76a3350d6bd> in <module>()
             6 mat = re.match(pattern,text)
             7
       ----> 8 print(mat.group())

       AttributeError: 'NoneType' object has no attribute 'group'
```

이를 해결하기 위해 컴파일 처리할 때 패턴이 소문자로만 만들어졌지만 두 번째 인자로 re.I를 지정해서 패턴 매칭한 결과가 출력되는 것을 알 수 있다.

```
In :  import re

      pattern = re.compile("[a-z]+",re.I)

      text = "Python"
      mat = re.match(pattern,text)

      print(mat.group())
```

```
Out:  Python
```

re.MULTILINE, re.M 인자는 ^, $ 메타 문자의 사용과 관계가 있다. 옵션의 의미는 ^ —
문자열의 처음, $ — 문자열의 마지막이다.

^Hello인 경우 처음은 항상 "Hello"로 시작, Hello$라면 마지막은 항상 "Hello"로 끝나야
매치된다. 여러 줄의 텍스트가 들어왔지만 컴파일 옵션을 주지 않으면 첫 번째 줄만 처리
한다.

```
In :  import re

      text = """Hello world
      Hello dahl
      Hello moon
      """
      pattern = re.compile("^Hello\s\w+")
      mat = re.findall(pattern,text)

      print(mat)
```

```
Out:  ['Hello world']
```

여러 줄의 문자열일 경우 라인별로 매칭이 필요가 있을 경우 컴파일할 때 이 옵션을 추가
해서 사용한다. 첫 문장이 Hello가 입력된 데이터를 받아서 findall 함수를 통해 Hello로
시작되는 패턴을 매핑한 결과를 보여준다. Re.M 옵션이 없을 경우는 한 문장만 매칭되는
것을 확인할 수 있다.

```
In :   import re

       text = """Hello world
       Hello dahl
       Hello moon
       """
       pattern = re.compile("^Hello\s\w+")

       pattern = re.compile("^Hello\s\w+",re.M)
       mat = re.findall(pattern,text)

       print(mat)

Out:   ['Hello world', 'Hello dahl', 'Hello moon']
```

re.VERBOSE, re.X 인자를 주면 패턴에 대한 주석 처리가 필요한 경우 verbose 모드를
사용해 주석을 달아서 정규 표현식을 보기 편하게 만들 수 있다.

주석을 달았지만 컴파일에 옵션이 넣어져 있어 주석은 무시하고 처리된다.

```
In :   import re

       text = "100.123"
       pat_text = """\d+ # 정수부
                   \.  # 소수점
                   \d+ # 소수점이하 숫자"""

       pattern = re.compile(pat_text,re.VERBOSE)
       mat = re.findall(pattern,text)

       print(mat)

Out:   ['100.123']
```

아래의 예제는 동일한 내용이지만 하나는 주석이 없을 때 처리하는 경우이다.

```
In :   mport re

       text = "100.123"
       pattern = re.compile("\d+\.\d+")
```

```
mat = re.findall(pattern,text)

print(mat)
```

Out: `['100.123']`

20.2.2 match objects 알아보기

이번에는 패턴이 매칭된 결과가 어떤 클래스로 만들어지는지를 알아보면 match object가
생기는 것을 알 수 있다.

예제 20-17 : compile, match 객체에 대한 속성과 메서드 조회하기

패턴을 컴파일하면 Pattern 클래스의 인스턴스가 만들어진다. 이 클래스의 내부 구조부터
알아보겠다.

일단 소문자로 된 문자들을 인식하기 위해 패턴을 [a-z]+로 만들어서 compile 함수에 넣
어 새로운 인스턴스를 생성한다.

In :
```
import re

pattern = re.compile('[a-z]+',re.I)

print(pattern)
print(type(pattern))
```

Out:
```
re.compile('[a-z]+', re.IGNORECASE)
<class '_sre.SRE_Pattern'>
```

이 클래스에 속성과 메서드에서 스페셜 메서드를 제외한 것을 조회한다. 메서드들은 대부
분 모듈에 있는 함수들이 메서드로 들어와 있는 것을 알 수 있다.

In :
```
for i in dir(pattern) :
    if not i.startswith("_") :
        print(i)
```

```
Out:    findall
        finditer
        flags
        fullmatch
        groupindex
        groups
        match
        pattern
        scanner
        search
        split
        sub
        subn
```

위에서 생성된 인스턴스를 가지고 내부의 속성을 확인하면 flags에 대한 정보는 숫자로 그리고 pattern 속성은 패턴 문자열이 저장된 것을 알 수 있다.

```
In :    print(re.I)
        print(pattern.flags)
        print(pattern.pattern)
```

```
Out:    RegexFlag.IGNORECASE
        34
        [a-z]+
```

패턴에 이름을 지정한 그룹으로 만들어서 처리했다.

```
In :    import re

        pattern = re.compile('(?P<name>[a-z]+)',re.I)
        print(pattern.flags)
        print(pattern.pattern)
```

컴파일에서 만들어진 패턴 인스턴스 내의 search 매소드로 매칭된 결과를 가지는 Match 인스턴스를 만들었다.

```
In :    a = "python"

        mat = pattern.search(a)
```

```
print(type(mat))
```

Out: `<class '_sre.SRE_Match'>`

이 인스턴스 내부의 속성과 메서드를 확인한다.

In :
```
for i in dir(mat) :
    if not i.startswith("_") :
        print(i)
```

Out:
```
end
endpos
expand
group
groupdict
groups
lastgroup
lastindex
pos
re
regs
span
start
string
```

원본 문자열에서 검색을 시작하는 위치(pos), 원본 문자열에서 검색을 종료하는 위치 (endpos), start, end, span 메서드를 실행해도 동일한 정보가 나온다.

In :
```
print(mat.string)
print(mat.span())
print(mat.pos, mat.endpos)
print(mat.start(), mat.end())
```

Out:
```
python
(0, 6)
0 6
0 6
```

매칭의 대상은 전체 그룹과 그룹 안에 있는 세부 정보를 확인했고 그룹에 이름이 있으므로 groupdict 메서드로도 출력이 된다. 마지막 그룹은 처리된 마지막 그룹 이름이 출력되고 마지막 인덱스는 그 그룹이 마지막에 처리된 인덱스의 위치를 알려준다.

```
In :  print(mat.groups())
      print(mat.group(0))
      print(mat.groupdict())
      print(mat.lastgroup)
      print(mat.lastindex)

Out:  ('python',)
      python
      {'name': 'python'}
      name
      1
```

20.2.3 정규 표현식 검색 함수

정규 표현식 모듈에서 제공하는 주요 4개의 함수인 match, search, findall, finditer에 대해 자세히 알아보겠다. 이 함수들도 정규 표현식을 컴파일한 후 내부에 메서드가 있다. 사용법은 거의 동일하니 함수들을 이해하면 메서드도 동일하게 사용이 가능하다.

예제 20-18 : Match 함수 처리

문장을 처리할 때 패턴 내에 다양한 그룹이 있을 수 있다. 이때 각 그룹별로 처리된 결과를 조회할 수 있다. 일단 그룹명을 부여하지 않았으므로 1부터 순서대로 group 메서드의 인자로 처리하면 조회되는 것을 확인할 수 있다.

```
In :  import re

      text = "Artificial intelligence is wiser than man."

      mat = re.match("(.*) is (.*)? (.*) (.*)",text)
      print(mat.group())
      print(mat.group(1))
      print(mat.group(2))
      print(mat.group(3))
      print(mat.group(4))
```

```
    print(mat.groups())
```

Out: Artificial intelligence is wiser than man.
        Artificial intelligence
        wiser
        than
        man.
        ('Artificial intelligence', 'wiser', 'than', 'man.')

그룹에 이름을 부여하고 groupdict 메서드로 호출하면 그룹명이 키로 처리되고 매칭된 결과가 값으로 처리된다.

In :
```
import re

name = "문 용준"

mat = re.match("(?P<last>\w+)\W+(?P<first>\w+)", name)

if mat:
    d = mat.groupdict()
    print(d)
```

Out: {'last': '문', 'first': '용준'}

예제 20-19 : search 함수 처리

매칭 함수와의 차이점은 시작부터 처리하는 것이 아니라 매칭되는 순간부터 패턴이 처리된다.

In :
```
import re

value = "파이썬은 문법은 쉽지만 개념은 어렵다"

m = re.search("(개념.*)", value)
if m:
    print("search:", m.group(1))

m = re.match("(개념.*)", value)
if m:
```

```
        print("match:", m.group(1))
    else :
        print(" mismatching ")
```

Out: search: 개념은 어렵다
        mismatching

패턴 그룹에 이름을 부여해서 search 함수로 패턴을 매칭시킨 후에 나온 결과를 가지고
groupdict 메서드에 그룹의 이름이나 숫자를 부여해서 조회했다.

In :   **import re**

```
list_ = ["dog dot", "do don't", "dumb-dumb", "no match"]

for element in list_:
    m = re.search("(?P<first>d\w+)\W(?P<last>d\w+)", element)

    if m:
        print(m.groupdict())
```

Out: {'first': 'dog', 'last': 'dot'}
       {'first': 'do', 'last': 'don'}
       {'first': 'dumb', 'last': 'dumb'}

예제 20-20 : find 함수 처리들

함수 findall을 실행하면 실행 결과가 리스트로 출력된다.

In :   ```
import re

pattern = "(향수|수향)."
text = "향수 수향 향수 수향 "
mat = re.findall(pattern, text)

print(mat)
```

Out:   {'향수', '수향', '향수', '수향'}
```

모듈 내의 finditer 함수는 일단 반복자를 생성하고 호출할 때마다 매칭시킨 결과를 처리한다. 매칭된 것을 group 메서드로 조회해서 결과를 볼 수 있다.

```
In :   import re

       pattern = "(향수|수향)."
       text = "향수 수향 향수 수향 "
       mat = re.finditer(pattern, text)

       print(mat)

       for i in mat :
           print(i.group())
```

```
Out:   <callable_iterator object at 0x0000000005A9ECF8>
       향수
       수향
       향수
       수향
```

20.2.4 문자열 변경/분할 함수

문자열 내의 특정한 문자를 변경하거나 특정 문자를 기준으로 분리할 때 사용하는 함수들이다.

예제 20-21 : sub과 subn 함수 처리

정규 표현식 패턴에 맞는 경우에 대해 문자열을 변경해준다. 특정 단어를 지정해서 변경될 문자를 인자로 전달하면 기존 문자열을 변경한다. 문자열 자료형 내의 replace 메서드와 같은 기능을 처리한다.

```
In :   import re

       text =  "사랑이라는 한 소녀가 향수를 바르고 또 한 소년이 에프터쉐이브를 바르고 만나서"

       s = re.sub("한", "", text)
```

```
print(s)

print(text.replace("한", ""))
```

Out: 사랑이라는 소녀가 향수를 바르고 또 소년이 에프터쉐이브를 바르고 만나서
      사랑이라는 소녀가 향수를 바르고 또 소년이 에프터쉐이브를 바르고 만나서

Sub 함수에 변경될 값의 함수를 받아 함수의 실행 결과를 내부의 변경값으로도 사용이 가능하다. 숫자로 구성된 문자열에 이 숫자들을 제공해서 결과를 다시 문자열로 처리할 수도 있다.

보통 파일을 읽어서 처리할 때 내부가 문자열로 들어오므로 직접 값의 변경이 필요할 경우 이러한 패턴을 이용해서 변환도 가능하다.

In :
```
import re

def sequare(match) :
    num = int(match.group())
    return str(pow(num,2) )

s = re.sub("\d+", sequare, "1 2 3")
print(s)
```

Out: 1 4 9

subn 함수로 매칭되는 부분에 변경되는 횟수를 조정할 수 있다. 문자열의 변경도 변경되는 횟수를 조정할 수 있다. Sub 함수와 다른 점은 결과를 튜플로 표시한다. 결과값과 변경된 횟수가 동시에 나오는 것을 볼 수 있다.

In :
```
import re

text =  "사랑이라는 한 소녀가 향수를 바르고 또 한 소년이 에프터쉐이브를 바르고 만나서"

s = re.subn("한", "", text,1)
print(s)

print(text.replace("한", "",1))
```

Out: ('사랑이라는 소녀가 향수를 바르고 또 한 소년이 에프터쉐이브를 바르고 만나서', 1)
사랑이라는 소녀가 향수를 바르고 또 한 소년이 에프터쉐이브를 바르고 만나서

21

XML

XML(Extensible Markup Language)은 W3C에서 개발되어 특수한 목적을 갖는 마크업 언어
이다. 주로 다른 종류의 시스템, 특히 인터넷에 연결된 시스템끼리 데이터를 쉽게 주고받
을 수 있게 하여 HTML의 한계를 극복할 목적으로 만들어졌다.

✚ 알아볼 주요 내용

- XML 구조
- XML 내부 파싱 및 검색
- XML 문서에 대한 XPATH로 접근
- XML 문서 생성 및 파일 처리

21.1 XML

파이썬 XML 모듈은 XML을 파싱해서 내부의 Element를 찾아서 처리할 수 있는 함수나 메서드들을 제공한다.

21.1.1 XML

XML을 처리하기 위해서는 기본적인 구조를 이해해야 한다.

✚ 웰 폼(Well-formed) :

웰 폼 문서는 모든 XML의 구문을 허용한다. 예를 들어, 한 요소가 닫기 태그와 자체 닫기 없이 열기 태그를 가지고 있으면, 웰 폼이라고 부르지 않는다. 웰 폼이 아닌 문서는 XML 이 된다고 말하지 않는다. 순응 파서는 이를 처리하도록 허용하지 않는다.

✚ 유효 문서

유효 문서는 추가적으로 몇 가지 의미적 규칙을 허용한다. 이러한 규칙들은 사용자 정의 로 되어 있거나, XML 계획 또는 DTD로 포함된다. 예를 들어, 어느 문서가 정의되지 않은 태그를 포함하고 있으면, 유효한 것이 아니다. 유효화 파서는 이를 처리하도록 허용하지 않는다.

21.1.2 XML 구조

일단 간단히 XML로 문서를 작성하는 방법에 대해 알아보기로 하겠다.

예제 21-1 : xml prolog

XML 문서를 만들 때 XML 문서에 기본 정보를 선언하는 것을 xml prolog라고 한다. <?xml version="1.0" encoding="UTF-8" ?> 이 문장처럼 버전과 인코딩에 대한 기본 정보를 XML 문서의 최상단에 표시한다.

```
In :    <?xml version="1.0" encoding="UTF-8" ?>
        <note>
            <to>Tove</to>
            <from>Jandi</from>
            <heading>Reminder</heading>
            <body>Don't forget me this weekend!</body>
        <note>
```

XML은 반드시 하나의 root tag로부터 시작해야 한다. 모든 XML 문서에서 최상위 root가 하나만 존재한다.

```
In :    <root>
            <child>
                <subchild> ...</subchild>
            </child>
        </root>
```

항상 시작과 끝이 구성되어야 하므로 반드시 Element에 closing 태그를 가져야 한다.

```
In :    <p>This is a paragraph</p>

        <br />
```

주석 표시는 태크들이 무엇을 하는지를 추가적으로 표시할 수 있다. 이것을 주석이라고 하며 아래처럼 표시해서 적으면 XML 문서에서는 표현되지 않는다.

```
In :    <!-- This is a  comment -->
```

XML 문장이 길어지면 동일한 태그가 많아진다. 이를 구분하기 위해 태그를 관리할 네임스페이스를 지정할 수 있다. Xmlns: 네임스페이스 관리명 = "네임스페이스 구분명"을 지정하고 각 태그의 앞에 구분하는 네임스페이스를 지정해서 중복을 방지해야 한다.

```
In :    <root>
            <h:table  xmlns:h="http://www.w3.org/TR/html14/">
```

```
        <h:tr>
            <h:td>Apples</h:td>
            <h:td>Bananas</h:td>
        </h:tr>
    </h:table>
    <f:table xmlns:f="http://www.w3schools.com/furniture">
        <f:name>African Coffee Table </name>
        <f:width>80</width>
        <f:length>120</length>
    </f:table>
</root>
```

네임스페이스를 root 내의 속성으로 지정하고 하위 태그명에 이름을 붙여서 관리하는 것이 더 가독성이 높다.

```
In :    <root
        xmlns:h="http://www.w3.org/TR/html14/"
        xmlns:f="http://www.w3schools.com/furniture">
        <h:table>
            <h:tr>
                <h:td>Apples</h:td>
                <h:td>Bananas</h:td>
            </h:tr>
        </h:table>
        <f:table >
            <f:name>African Coffee Table </name>
            <f:width>80</width>
            <f:length>120</length>
        </f:table>
    </root>
```

21.2 XML 모듈

파이썬 내의 XML을 처리하는 모듈을 알아보겠다. 이 책에서는 xml.etee.ElementTree 패키지만 설명한다.

21.2.1 xml.ElementTree 패키지 내의 주요 클래스

ElementTree는 전체 XML 문서를 Tree로 나타내고 Element는 이 Tree에서 단일 노드를 나타낸다. 전체 문서와의 상호 작용(파일 읽기 및 쓰기)은 일반적으로 ElementTree 수준에서 수행되고, 단일 XML 요소 및 해당 하위 요소와의 상호 작용은 요소 수준에서 수행한다.

예제 21-2 : ElementTree 모듈

ElementTree 모듈 내의 클래스와 함수들을 확인해본다. 이 중에 Element, SubElement, ElementTree 클래스를 중심으로 알아보겠다.

```
In :   import xml.etree.ElementTree as ET


       count = 0
       for i in dir(ET) :
           if not i.startswith("_") :
               print(i, end=" ")
               count += 1
               if count % 5 == 0 :
                   print()
```

```
Out:   Comment Element ElementPath ElementTree HTML_EMPTY
       PI ParseError ProcessingInstruction QName SubElement
       TreeBuilder VERSION XML XMLID XMLParser
       XMLPullParser collections contextlib dump fromstring
       fromstringlist io iselement iterparse parse
       re register_namespace sys tostring tostringlist
       warnings
```

ElementTree 클래스는 XML 파일을 파싱하면 Elememt를 Tree 구조로 만들어서 태그들에 대한 정보를 검색하여 처리할 수 있는 메서드를 제공한다.

```
In :   import xml.etree.ElementTree as ET

       print(ET.ElementTree)

       count = 0
```

```
for i in dir(ET.ElementTree) :
    if not i.startswith("_") :
        print(i, end=" ")
        count += 1
        if count % 5 == 0 :
            print()
```

Out: `<class 'xml.etree.ElementTree.ElementTree'>`
`find findall findtext getiterator getroot`
`iter iterfind parse write write_c14n`

XML 파일을 파싱하면 root와 하위 Element 간의 Tree 구조를 만든다. 이런 형태의 관계를 구성하는 클래스이다.

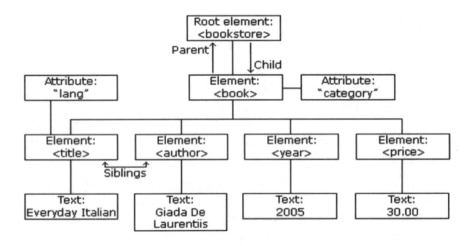

Element 클래스는 XML 태그에 가지는 정보를 보관해서 처리할 수 있는 클래스이다. 아래의 속성과 메서드를 이용해서 요소를 검색하거나 추가할 수도 있고 새로운 요소도 만들어서 추가가 가능하다.

In : **import xml.etree.ElementTree as ET**

```
print(ET.Element)

count = 0
for i in dir(ET.Element) :
    if not i.startswith("_") :
```

```
        print(i, end=" ")
        count += 1
        if count % 5 == 0 :
            print()
```

```
Out:    <class 'xml.etree.ElementTree.Element'>
        append attrib clear extend find
        findall findtext get getchildren getiterator
        insert items iter iterfind itertext
        keys makeelement remove set tag
        tail text
```

21.2.2 XML 문서 파싱하기

XML 문서를 가지고 파싱(parsing)을 하면 ElementTree 구조를 만들고 각 태그별로 Element 클래스의 인스턴스로 만들어진다. 파싱된 결과를 가지고 XML 문서들이 어떤 구조인지를 알아보겠다.

예제 21-3 : XML 문서 만들고 파싱하기

하나의 XML 문서를 만들어서 파일로 저장한다.

```
In :    %%writefile country_data.xml
        <?xml version="1.0"?>
        <data> Root 처리
            <country name="Liechtenstein">
                <rank>1</rank>
                <year>2008</year>
                <gdppc>141100</gdppc>
                <neighbor name="Austria" direction="E"/>
                <neighbor name="Switzerland" direction="W"/>
            </country>
            <country name="Singapore">
                <rank>4</rank>
                <year>2011</year>
                <gdppc>59900</gdppc>
                <neighbor name="Malaysia" direction="N"/>
            </country>
```

```
    <country name="Panama">
        <rank>68</rank>
        <year>2011</year>
        <gdppc>13600</gdppc>
        <neighbor name="Costa Rica" direction="W"/>
        <neighbor name="Colombia" direction="E"/>
    </country>
</data>
```

Out: `Writing country_data.xml`

ElementTree 모듈 내의 parse 함수를 통해 ElementTree 클래스를 만들어서 Tree를 만든다. ElementTree.getiterater 메서드를 통해 Tree를 구성한 Element를 전부 조회해 본다.

In :
```
import xml.etree.ElementTree as ET
tree = ET.parse('country_data.xml')

print(type(tree))
s = tree.getiterator()
for i in s :
    print(i)
```

Out:
```
<class 'xml.etree.ElementTree.ElementTree'>
<Element 'data' at 0x0000000005566D18>
<Element 'country' at 0x000000000558AB38>
<Element 'rank' at 0x000000000558A1D8>
<Element 'year' at 0x000000000558AC78>
<Element 'gdppc' at 0x000000000558A278>
<Element 'neighbor' at 0x000000000558AAE8>
<Element 'neighbor' at 0x000000000558AA98>
<Element 'country' at 0x000000000558A7C8>
<Element 'rank' at 0x000000000558A728>
<Element 'year' at 0x000000000558A2C8>
<Element 'gdppc' at 0x0000000005584138>
<Element 'neighbor' at 0x0000000005584188>
<Element 'country' at 0x00000000055841D8>
<Element 'rank' at 0x0000000005584228>
<Element 'year' at 0x0000000005584278>
<Element 'gdppc' at 0x00000000055842C8>
<Element 'neighbor' at 0x0000000005584318>
```

960

```
<Element 'neighbor' at 0x0000000005584368>
```

XML에서로 파싱한 Tree에서 getroot 메서드로 최상위 Element를 전달받는다. 이것을
출력해보면 Element 클래스의 인스턴스라는 것을 알 수가 있다.

```
In :   print(type(tree))
       root = tree.getroot()
       print(root)
       print(type(root))

Out:   <class 'xml.etree.ElementTree.ElementTree'>
       <Element 'data' at 0x0000000005566D18>
       <class 'xml.etree.ElementTree.Element'>
```

ElementTree 모듈 내의 ElementTree 클래스의 매개변수에 file과 파일명을 문자열로 입
력해서 파싱할 수 있다. 파싱한 결과에서 getroot 메서드를 통해 최상위 Element를 가져
오고 Element 객체로 만들어져 있는지를 확인한다.

```
In :   import xml.etree.ElementTree as ET
       tree = ET.ElementTree(file='country_data.xml')
       print(tree)
       root = tree.getroot()
       print(root)
       print(type(root))

Out:   <xml.etree.ElementTree.ElementTree object at 0x0000000005586D30>
       <Element 'data' at 0x0000000005566368>
       <class 'xml.etree.ElementTree.Element'>
```

예제 21-4 : Element 내부 속성과 메서드 확인하기

XML 각 태그들은 한 Element 객체의 인스턴스 객체이므로 최상위 인스턴스 객체 내에
있는 속성과 메서드를 확인해보면 Element 내의 태그 이름, 속성은 딕셔너리 자료형으로
제공하고 tail과 text 값을 출력한다.

```
In :   print(root)
       print(root.tag)
```

```
        print(root.attrib)
        print(root.tail)
        print(root.text)
```

```
Out:    <Element 'data' at 0x0000000005566368>
        data
        {}
        None
         Root 처리
```

root에서 getchildren 메서드를 호출해서 3개의 자식 Element를 가져온다. 그 내부의
name 속성을 get 메서드를 이용해서 검색한다.

```
In :    country = root.getchildren()
        print(country[0])
        print(country[0].get("name"))
        print(country[1])
        print(country[1].get("name"))
        print(country[2])
        print(country[2].get("name"))
```

```
Out:    <Element 'country' at 0x0000000005566048>
        Liechtenstein
        <Element 'country' at 0x00000000055668B8>
        Singapore
        <Element 'country' at 0x000000000558AEF8>
        Panama
```

root에서 getchildren 메서드를 호출해서 자식 Element 내의 keys와 items 메서드로
Element 내부 관리 속성들을 조회해서 가져온다.

```
In :    print(country[0])
        print(country[0].get("name"))
        print(country[0].keys())
        print(country[0].items())
```

```
Out:    <Element 'country' at 0x0000000005566048>
        Liechtenstein
        ['name']
        [('name', 'Liechtenstein')]
```

하위 태그에 대한 정보를 getchildren 메서드를 호출해서 검색한다.

```
In :    for i in country[0].getchildren() :
            print(i)
```

```
Out:    <Element 'rank' at 0x00000000055661D8>
        <Element 'year' at 0x0000000005566458>
        <Element 'gdppc' at 0x0000000005566548>
        <Element 'neighbor' at 0x0000000005566278>
        <Element 'neighbor' at 0x00000000055662C8>
```

21.2.3 XML 문서 순환 조회

파이썬에서 XML 문서도 반복자 자료형에 속한다. 순환을 편리하게 처리할 수 있으므로 어떻게 처리하는지를 알아보겠다.

예제 21-5 : 순회 처리 알아보기

하나의 XML 문서를 만든다.

```
In :    %%writefile doc.xml
        <?xml version="1.0" ?>
        <doc>
            <branch name="testing" hash="1cdfo45c">
                text, source
            </branch>
             <branch name="release01" hash="f200013e">
                test processing
                <sub-branch name="subrelease01">
                   xml, sgml, html
                </sub-branch>
            </branch>
            <branch name="invalid">
                xml parsing
            </branch>
        </doc>
```

```
Out:    Overwriting doc.xml
```

반복형이나 반복자로 점검하면 False가 나오지만 XML을 파싱한 결과의 클래스 내에 __
getitem__ 메서드가 존재하므로 반복형을 처리할 수 있다.

순환문으로 내부의 자식에 대한 정보를 확인해보면 3개 Element가 출력되는 것을 확인할
수 있다.

```
In :  import xml.etree.ElementTree as ET
      import collections.abc as cols

      tree = ET.ElementTree(file="doc.xml")
      root = tree.getroot()

      print(issubclass(type(root), cols.Iterable))
      print(issubclass(type(root), cols.Iterator))

      for i in root :
          print(i)
```

```
Out:  False
      False
      <Element 'branch' at 0x000000000559D8B8>
      <Element 'branch' at 0x000000000559D908>
      <Element 'branch' at 0x000000000559D9F8>
```

순환이 되므로 반복자를 만들어서 next 함수를 통해 반복자를 처리한다. 반복자인 경우는
Tree를 구성한 전체를 검색하는 것을 알 수 있다.

```
In :  a = root.iter()
      print(a)
      print(issubclass(type(a), cols.Iterable))
      print(issubclass(type(a), cols.Iterator))

      print(next(a))
      print(next(a))
      print(next(a))
      print(next(a))
      print(next(a))
      print(next(a))
```

```
Out:  <_elementtree._element_iterator object at 0x000000000558DEB8>
```

```
True
True
<Element 'doc' at 0x0000000005567F48>
<Element 'branch' at 0x000000000559D8B8>
<Element 'branch' at 0x000000000559D908>
<Element 'sub-branch' at 0x000000000559D958>
<Element 'branch' at 0x000000000559D9F8>
---------------------------------------------------------------------
StopIteration                         Traceback (most recent call last)
<ipython-input-13-9f7638537f59> in <module>()
      9 print(next(a))
     10 print(next(a))
---> 11 print(next(a))

StopIteration:
```

XML 문서를 반복해서 내부의 속성인 태그와 attrib를 출력한다. Root 요소에는 태그가
있지만 속성들을 가지고 있지 않아 빈 딕셔너리가 출력되고 자식 요소들에는 속성들이 있
어서 딕셔너리로 속성들을 출력하는 것을 볼 수 있다.

In :
```
import xml.etree.ElementTree as ET

tree = ET.ElementTree(file="doc.xml")
root = tree.getroot()

for child_tag in root :
    print(child_tag.tag, child_tag.attrib, child_tag.text)
```

Out:
```
branch {'name': 'testing', 'hash': '1cdfo45c'}
        text, source

branch {'name': 'release01', 'hash': 'f200013e'}
        test processing

branch {'name': 'invalid'}
        xml parsing
```

21.2.4 xpath를 이용해서 순환 처리

XML 문서를 순환할 때 특정 경로를 지정해서 주면 그 범위 내에 해당하는 요소들만 처리할 수 있다. Xpath로 접근할 수 있는 범위를 지정해서 처리하는 것을 알아본다.

예제 21-6 : 특정 태그 찾기

파싱된 root부터 특정 태그를 찾는 find 함수를 이용하면 찾고자 하는 태그의 이름을 넣어서 검색한다. 동일한 태그 중에 첫 번째로 만나는 것을 찾아준다.

동일한 태그들이 여러 개가 있을 경우 findall 메서드를 이용해서 검색한 후에 각 태그의 내부를 조회하는 것을 권장한다.

```
In :   import xml.etree.ElementTree as ET

       tree = ET.ElementTree(file="doc.xml")
       root = tree.getroot()

       print(root.find("branch").tag)
       print(root.findtext("branch"),end=" ")
       b = root.findall("branch")
       for child_tag in b :
           a = child_tag.text
           print(a, end = " ")
```

```
Out:   branch

               text, source

               text, source

               test processing

               xml parsing
```

특정 태그의 text를 조회하기 위해 findtext에 인자를 Xpath로 branch/sub-branch를 넣어서 찾으면 이 XML 문서에 하나만 있다는 값을 출력한다. 이것은 find 메서드로 검색해서 text 속성으로 조회하는 것과 동일하다.

966

```
In :    import xml.etree.ElementTree as ET

        tree = ET.ElementTree(file="doc.xml")
        root = tree.getroot()

        print(root.findtext("branch/sub-branch"))
        print(root.find("branch/sub-branch").text)

Out:            xml, sgml, html


                xml, sgml, html
```

예제 21-7 : 반복자를 이용해서 태그 찾기

ElementTree로 파싱한 Tree 구조의 iterfind 메서드에 Xpath로 branch를 지정해서 검색하면 동일한 태그인 branch가 검색되어 나온다. Find 메서드와의 차이점은 동일한 태그들이 있을 경우 전부 검색되어 나온다.

```
In :    import xml.etree.ElementTree as ET

        tree = ET.ElementTree(file="doc.xml")
        root = tree.getroot()

        for i in root.iterfind("branch") :
            print(i.tag, i.attrib, i.text)

Out:    branch {'name': 'testing', 'hash': '1cdfo45c'}
                text, source

        branch {'name': 'release01', 'hash': 'f200013e'}
                test processing

        branch {'name': 'invalid'}
                xml parsing
```

모든 하위 요소를 선택하려면 *를 이용해서 모든 것의 내부에 자식으로 sub-branch를 식별하라고 했다. 곧 "* //sub-branch"으로 지정된 하나의 효소만 식별되어 결과를 출력하는 것을 확인할 수 있다.

```
In :  import xml.etree.ElementTree as ET

      tree = ET.ElementTree(file="doc.xml")
      root = tree.getroot()

      for i in root.iterfind("*//sub-branch") :
          print(i.tag, i.attrib, i.text)

Out:  sub-branch {'name': 'subrelease01'}
              xml, sgml, html
```

XML문 내에서 특정 속성을 포함한 요소를 검색하도록 했다. 현재 branch 요소에 name 속성을 가진 것이 3개 중에 name 내의 명확한 값을 지정해서 검색이 가능하다.

```
In :  import xml.etree.ElementTree as ET

      tree = ET.ElementTree(file="doc.xml")
      root = tree.getroot()

      for i in root.iterfind("branch[@name='invalid']") :
          print(i.tag, i.attrib, i.text)

Out:  branch {'name': 'invalid'}
              xml parsing
```

문서에 있는 text를 조회해서 전부 출력해보자. itertext 메서드를 이용해서 전체를 조회할 수 있다.

```
In :  import xml.etree.ElementTree as ET

      tree = ET.ElementTree(file="doc.xml")
      root = tree.getroot()

      for i in root.itertext() :
          print(i, end="")

Out:
              text, source
```

```
        test processing

            xml, sgml, html



        xml parsing
```

21.2.5 XML 문서 생성하기

XML 모듈을 이용해서도 xml 문서를 만들 수 있다. Element 클래스를 이용해서 태그가
필요한 노드를 만들고 하위 노드도 추가해서 노드들 간의 관계를 가지고 붙이면 하나의
XML 문서 형태를 만든다. 이를 가지고 파일에 저장하면 XML 문서로 사용할 수 있다.

✚ XML 문서의 요소 추가하기

XML 문서를 구성하기 위해서는 root 요소부터 정의하고 그 자식들의 요소들을 추가해서
만들어야 한다.

예제 21-8 : Element 생성해서 요소 만들기

Element를 가지고 root와 child를 만들고 root에 append 메서드로 child 태그를 root
의 하위 태그로 붙인다.

```
In :    import xml.etree.ElementTree as ET

        root = ET.Element("root")
        print(root)
        print(root.tag)

        child = ET.Element("child")
        print(child)
        print(child.tag)

        root.append(child)
```

```
ET.dump(root)
```

Out:
```
<Element 'root' at 0x000000000567C4A8>
root
<Element 'child' at 0x000000000567C868>
child
<root><child /></root>
```

Element로 만들어서 append로 붙여도 되지만 SubElement 클래스를 이용하여 직접 하위 요소를 생성해서 dump 함수를 통해 문서를 확인한다.

In :
```python
import xml.etree.ElementTree as ET

root = ET.Element("root")
print(root)
print(root.tag)

ET.SubElement(root,"child2")

ET.dump(root)
```

Out:
```
<Element 'root' at 0x00000000056810E8>
root
<root><child2 /></root>
```

Element의 insert 메서드를 통해 요소의 위치를 지정해서 추가할 수 있다. 요소 child3를 만들고 2번째 위치에 넣으려면 insert 메서드를 이용해서 처리한다.

In :
```python
import xml.etree.ElementTree as ET

root = ET.Element("root")
print(root)
print(root.tag)

ET.SubElement(root,"child2")
child3 = ET.Element("child3")
root.insert(2,child3)

ET.dump(root)
```

```
<Element 'root' at 0x000000000567C458>
root
<root><child2 /><child3 /></root>
```

Element로 추가된 XML 문서의 요소 중 remove 메서드를 통해 특정 요소를 삭제할 수 있다.

In :

```
import xml.etree.ElementTree as ET

root = ET.Element("root")
print(root)
print(root.tag)

ET.SubElement(root,"child2")
child3 = ET.Element("child3")
root.insert(2,child3)

root.remove(child3)

ET.dump(root)
```

Out:

```
<Element 'root' at 0x000000000567CD68>
root
<root><child2 /></root>
```

✚ XML 문서의 요소 내에 속성 추가하기

각 요소들을 만들 때 내부에 속성을 추가할 수 있다. 속성에 대한 정보는 요소를 식별하기 위해서는 반드시 필요한 것이므로 요소를 정의할 때 속성에 대한 부분도 많이 고려되어야 한다.

예제 21-9 : Element 생성 시 속성 추가

Element 요소가 만들어지면 특성 속성은 attrib["속성명"] = 값을 넣어서 속성을 추가할 수 있다.

```
In :   import xml.etree.ElementTree as ET

       root = ET.Element("root", interesting="totally")

       print(sorted(root.keys()))

       for name, value in sorted(root.items()):
           print('%s = %r' % (name, value))
```

```
Out:   ['interesting']
       interesting = 'totally'
```

Element 내의 set 메서드를 이용해서 키와 값을 주고 속성을 추가할 수 있다.

```
In :   import xml.etree.ElementTree as ET

       root = ET.Element("root", interesting="totally")

       root.set("hello", "Huhu")

       print(sorted(root.keys()))

       for name, value in sorted(root.items()):
           print('%s = %r' % (name, value))
```

```
Out:   ['hello', 'interesting']
       hello = 'Huhu'
       interesting = 'totally'
```

Element 내에 들어와 있는 속성은 딕셔너리로 관리되므로 get 메서드로 확인하거나 인덱스를 통해 검색 및 갱신도 가능하다.

```
In :   attributes = root.attrib
       print(attributes["interesting"])
       print(attributes.get("no-such-attribute"))
       attributes["hello"] = "Guten Tag"
       print(attributes["hello"])
       print(root.get("hello"))
```

```
Out:   totally
       None
```

```
Guten Tag
Guten Tag
```

✦ XML을 문자열 처리하기

XML 문서를 만들어서 문자열로 볼 수도 있고 문자열 내에 들어간 XML를 바로 XML 문서로 전환도 가능하다.

예제 21-10 : XML 문서를 만들고 문자열로 보기

XML 문서를 만들고 이를 tostirng 함수로 출력하면 문자열로 보이는 것을 확인할 수 있다. ElementTree 클래스를 tostring 함수로 출력하면 예외가 발생하므로 Element 클래스로 만들어져 있는 인스턴스 객체를 인자로 넣어서 처리해야 한다.

```
In :  import xml.etree.ElementTree as ET
      root = ET.Element("root")
      print(root)
      print(root.tag)
      root.append( ET.Element("child1") )
      child2 = ET.SubElement(root, "child2")
      child3 = ET.SubElement(root, "child3")
      print(ET.tostring(root))
```

```
Out:  <Element 'root' at 0x0000000005605228>
      root
      b'<root><child1 /><child2 /><child3 /></root>'
```

문자열로 작성된 것을 fromstring으로 처리하면 파싱 처리가 된 상태로 변수에 할당이 된다. 이를 tostring으로 처리하면 바로 출력이 된다.

```
In :  import xml.etree.ElementTree as ET
      xml_ = ET.fromstring('''<?xml version="1.0"?>
      <!DOCTYPE root SYSTEM "test" [ <!ENTITY tasty "parsnips"> ]>
      <root>
      <a>&tasty;</a>
      </root>
```

```
                '''')

                print(ET.tostring(xml_))

Out:    b'<root>\n<a>parsnips</a>\n</root>'
```

예제 21-11 : XML 문서를 파일 저장하기

BytesIO에 저장된 XML 문서를 읽어와서 파싱을 처리하고 문자열로 출력해본다.

```
In :    from io import BytesIO
        import xml.etree.ElementTree as ET

        file_like_object = BytesIO(b"<root>data</root>")
        tree = ET.parse(file_like_object)
        root = tree.getroot()

        print(ET.tostring(root))

Out:    b'<root>data</root>'
```

StringIO로 처리된 경우도 이를 파싱하고 태그를 검색해서 처리가 가능하다.

```
In :    import xml.etree.ElementTree as ET
        from io import StringIO

        f = StringIO('<foo><bar></bar></foo>')
        tree = ET.parse(f)
        root = tree.getroot()
        print(root)

        r = root.find('bar')
        print(r.tag)

Out:    <Element 'foo' at 0x000000000566AA48>
        bar
```

파싱도 iterparse를 통해 반복자로 처리가 가능하다. 반복자로 만들어지면 한 번씩 실행해
서 결과를 가져와 처리가 가능하다. 특정 태그를 읽어서 그 내부의 text를 출력하게 했다.

```
In :  import xml.etree.ElementTree as ET
      from io import BytesIO
      some_file_like = BytesIO(b"<root><a><b>data</b></a><a><b/></a></root>")

      for event, element in ET.iterparse(some_file_like):
          if element.tag == 'b':
              print(element.text)
          elif element.tag == 'a':
              print("** cleaning up the subtree")
              element.clear()
```

```
Out:  data
      ** cleaning up the subtree
      None
      ** cleaning up the subtree
```

문자열로 XML 문서 하나를 만든다.

```
In :  import xml.etree.ElementTree as ET

      input = '''
      <stuff>
          <users>
              <user x="2">
                  <id>001</id>
                  <name>Chuck</name>
              </user>
              <user x="7">
                  <id>009</id>
                  <name>Brent</name>
                  </user>
              </users>
      </stuff>'''
```

특정 내부의 태그를 읽어와서 태그에 들어간 원소를 확인하고 자기 태그 내부의 속성과 자식 태그를 읽고 그 내부에 있는 태그의 텍스트를 조회해서 출력한다.

```
In :  stuff = ET.fromstring(input)
      lst = stuff.findall('users/user')
      print('User count:', len(lst))
```

```
for item in lst:
    print('Name', item.find('name').text)
    print('Id', item.find('id').text)
    print('Attribute', item.get("x"))
```

Out: FUser count: 2
Name Chuck
Id 001
Attribute 2
Name Brent
Id 009
Attribute 7

XML를 생성하고 ElementTree 클래스 내부의 write 메서드를 이용해서 파일에 저장한 뒤 바로 파일을 읽어 문자열로 출력한다.

In :
```
import xml.etree.ElementTree as ET

root = ET.Element('QuoteWerksXML')
tree = ET.ElementTree(root)
ver = ET.SubElement(root, "AppVersionMajor")
ver.text = '5.1'

tree.write(open('person.xml', 'wb'))

tree = ET.parse('person.xml')
root_ = tree.getroot()
print(ET.tostring(root_))
```

Out: b'<QuoteWerksXML><AppVersionMajor>5.1</AppVersionMajor></QuoteWerksXML>'

22

JSON

JSON은 JavaScript Object Notation의 약자로서 JavaScript 문법에 영향을 받아 개발된 Lightweight한 데이터 표현 방식이다. JSON은 데이터를 교환하는 한 포맷으로서 그 단순함과 유연함 때문에 널리 사용되고 있다. 특히 웹 브라우저와 웹 서버 사이에 데이터를 교환하는 데 많이 사용되고 있다.

✚ 알아볼 주요 내용

- JSON과 파이썬 자료형 비교
- JSON과 파이썬 간의 특화된 자료형 변환하는 법
- JSON으로 파일 저장 및 읽기

22.1 JSON 모듈

JSON 모듈은 파이썬을 가지고 JSON으로 변환하거나 JSON을 파이썬으로 변환하는 과정의 함수들을 제공하므로 처리를 쉽게 할 수 있다.

일단 기본적으로 JSON과 파이썬 간의 문자열 단위로 변환이 되는 기준부터 확인해보겠다.

22.1.1 JSON 인코딩/디코딩

파이썬 내의 자료형과 JSON이 가진 자료형으로 전환할 수 있도록 변환에 대한 규칙을 제공한다.

✚ JSON과 파이썬 자료형 매핑

JSON	설명	파이썬
object	순서가 없는 키와 값의 쌍	dict
array	순서가 있는 sequence들의 값	list
string	문자열	str
number (int)	double- precision in JavaScript	int
number (real)	floating-point format in JavaScript	float
true	Boolean	True
false	Boolean	False
null	empty	None

✚ JSON 인코딩과 디코딩

파이썬 object(딕셔너리, 리스트, 튜플 등)를 JSON 문자열로 변경하는 것을 JSON 인코딩이라 부른다. JSON 인코딩을 위해서는 우선 JSON 라이브러리를 import한 후, JSON. dumps() 메서드를 사용하여 파이썬 object를 문자열로 변환하면 된다.

JSON 문자열을 파이썬 자료형(딕셔너리, 리스트, 튜플 등)으로 변경하는 것을 JSON 디코딩
이라 부른다. JSON 디코딩은 JSON.loads() 메서드를 사용하여 문자열을 파이썬 자료형
으로 변경하게 된다.

예제 22-1 : JSON 모듈 이해하기

모듈 JSON 내에 있는 함수와 클래스를 조회해보면 JSON을 처리할 때 필요한 함수들과
클래스가 나온다.

```
In :  import json

      for i in dir(json) :
          if not i.startswith("_") :
              print(i)
```

```
Out:  JSONDecodeError
      JSONDecoder
      JSONEncoder
      codecs
      decoder
      detect_encoding
      dump
      dumps
      encoder
      load
      loads
      scanner
```

JSON 클래스를 이용해서 파이썬 문자열을 인코딩하여 JSON 문자열로 전환하고 이를 다
시 디코딩 처리해 파이썬 리스트로 처리한다.

```
In :  import json

      a = json.JSONEncoder().encode(['streaming API'])
      print(type(a),a)

      a = json.JSONDecoder().decode(a)
      print(type(a),a)
```

```
Out:   <class 'str'> ["streaming API"]
       <class 'list'> ['streaming API']
```

바이트 문자열을 통해 JSON으로 변환하면 TypeError가 발생한다.

```
In :   import json

       try :
           a = json.JSONEncoder().encode([b'streaming API'])

           print(type(a),a)
       except TypeError as e :
           print(e)
```

```
Out:   Object of type 'bytes' is not JSON serializable
```

예제 22-2 : JSON 함수를 이용해서 변환하기

dumps 함수를 이용해서 리스트를 JSON 문자열로 변환한다. 다시 loads 함수를 이용해서 JSON 문자열을 파이썬 객체인 리스트로 전환한 결과를 확인할 수 있다.

```
In :   import json

       list_ = ['foo', {'bar': ('baz', None, 1.0, 2)}]
       a = json.dumps(list_)
       print(type(a))
       print(a)

       b = json.loads(a)
       print(type(b))
       print(b)
```

```
Out:   <class 'str'>
       ["foo", {"bar": ["baz", null, 1.0, 2]}]
       <class 'list'>
       ['foo', {'bar': ['baz', None, 1.0, 2]}]
```

JSON으로 변환한 것을 출력할 때 sort_keys=True를 지정하면 순서대로 처리되며,

indent를 주면 JSON 스타일로 출력이 가능하다.

```
In :   import json
       d = {'a': 5, '6': 7}
       print(json.dumps(d))

       print(json.dumps(d, sort_keys=True, indent=4))
```

```
Out:   {"a": 5, "6": 7}
       {
           "6": 7,
           "a": 5
       }
```

JSON으로 변환할 때 compact style로 처리하기 위해 separators를 주고 출력하면 compact하게 출력이 되는 것을 확인할 수 있다.

```
In :   import json

       list_ = [1,2,3,{'4': 5, '6': 7}]

       print(json.dumps(list_, separators=(',', ':')))

       print(json.dumps(list_, sort_keys=True, indent=4))
```

```
Out:   [1,2,3,{"4":5,"6":7}]
       [
           1,
           2,
           3,
           {
               "4": 5,
               "6": 7
           }
       ]
```

22.1.2 객체 자료형에 대한 변환

JSON으로 변환이 안되는 객체에 대해서는 별도로 전환 가능하게 함수를 만들어서 JSON 함수에 연결하면 최종 처리된 결과를 가지고 변환한다.

✚ 파이썬 클래스나 인스턴스에 대해 JSON으로 전환

파이썬 인스턴스는 JSON으로 바로 전환이 되지 않으므로 defaults에 별도의 함수를 지정하여 JSON object로 변경한다.

예제 22-3 : 파이썬 클래스를 JSON으로 변환하기

사용자 클래스를 정의한 후에 하나의 인스턴스를 만들었다. 인스턴스는 JSON 스타일로 변환이 될 수 없으므로 내부의 속성만 딕셔너리로 전달하면 JSON의 자료형인 객체로 전환이 가능하다.

이를 위해 하나의 함수 jdefault를 만들어서 인스턴스의 Namespace만을 저장하도록 만들면 바로 JSON으로 변환을 할 수 있다. 이 변환 함수를 dumps 함수 내에 default 매개변수에 주면 이 함수의 처리 결과가 JSON 스타일에 맞게 변환이 되는 것을 확인할 수 있다.

```
In :   class User(object):
           def __init__(self, name, password):
               self.name = name
               self.password = password

       alice = User('Alice A. Adams', 'secret')

       def jdefault(o):
           return o.__dict__

       print(json.dumps(alice, default=jdefault))
```

```
Out:   {"name": "Alice A. Adams", "password": "secret"}
```

파이썬 set 자료형도 JSON에 매칭되는 자료형이 존재하지 않으므로 set 내부에 Name
space를 전달해서 구성하면 값만 처리되어 배열이 만들어지는 것을 확인할 수 있다.

```
In :   import json

       def jdefault(o):
           if isinstance(o, set):
               return list(o)
           return o.__dict__

       pets = set(['Tiger', 'Panther', 'Toad'])
       print(json.dumps(pets, default=jdefault))
```

```
Out:   ["Panther", "Tiger", "Toad"]
```

예제 22-4 : JSON을 파이썬 클래스로 변환하기

반대로 JSON을 파이썬에서 제공되는 자료형으로 변환을 하기 위해서는 loads 함수로 매
개변수인 object_pairs_hook에 특정 클래스를 지정해서 처리한다. JSON 객체는 파이썬
딕셔너리로 전환은 되지만 OrderedDict 자료형으로 변환하기 위해 object_pairs_hook
에 OrderedDict를 배정하면 변환이 되는 것을 알 수가 있다.

```
In :   import json
       from collections import OrderedDict

       data = json.loads('{"foo":1, "bar": 2}', object_pairs_hook=OrderedDict)

       print(type(data))
       print(json.dumps(data, indent=4))
```

```
Out:   <class 'collections.OrderedDict'>
       {
           "foo": 1,
           "bar": 2
       }
```

22.2 JSON 파일 처리

JSON과 파이썬 간에 변환을 하고 이를 파일에 저장한 뒤 저장된 파일을 읽어와서 다시 변환을 하는 방법을 알아보겠다.

22.2.1 파일 처리

JSON 모듈에서 dump/load 함수를 이용해서 파일에 저장하고 읽어오는 과정을 처리해보겠다.

예제 22-5 : 임시 파일 처리

임시적인 파일을 처리하기 위해 StringIO에서도 JSON이 변경이 되는지를 알아보자. dump 함수로 저장하고 이를 다시 읽은 다음 파이썬 객체로 처리되는 load 함수를 이용해서 확인해보면 파일과 거의 동일하게 처리되는 것을 확인할 수 있다.

```
In :    from io import StringIO
        import json

        io = StringIO()
        json.dump(['streaming API'], io)
        print(io.getvalue())

        io = StringIO(io.getvalue())
        print(type(io))
        print(json.load(io))

Out:    ["streaming API"]
        <class '_io.StringIO'>
        ['streaming API']
```

예제 22-6 : 파일 처리

파이썬 딕셔너리를 하나 지정하고 JSON 문자열 dumps로 지정한 뒤 이를 다시 파이썬으로 변환해서 출력해본다.

```
In :   import json

       data = {
           'name' : 'Song',
           'shares' : 100,
           'price' : 542.23
       }

       json_str = json.dumps(data)

       print(json_str)

       data = json.loads(json_str)
       print(data)

Out:   {"name": "Song", "shares": 100, "price": 542.23}
       {'name': 'Song', 'shares': 100, 'price': 542.23}
```

하나의 JSON 파일을 만들어서 dump로 지정한 뒤 JSON으로 변환한 것을 저장한다.

```
In :   with open('data.json', 'w') as f:
           json.dump(data, f)
```

다시 load 함수로 읽어와서 출력하면 동일한 결과가 출력되는 것을 알 수 있다.

```
In :   with open('data.json', 'r') as f:
           data = json.load(f)
           print(data)

Out:   {'name': 'Song', 'shares': 100, 'price': 542.23}
```

임의의 JSON으로 된 문자열을 파일로 저장한 후에 load 함수로 호출하고 이를 파이썬으
로 전환해서 처리할 수 있다. 파일에 저장된 것은 기본적으로 문자열로 되어 있기에 가능
한 것이다.

```
In :   import json

       f = open("file_txt.json",'w+')
       f.write('[{"a": "A", "c": 3.0, "b": [2, 4]}]')
```

```
f.flush()
f.seek(0)

a = json.load(f)
print(type(a))
print(a)
f.close()
```

Out:
```
<class 'list'>
[{'a': 'A', 'c': 3.0, 'b': [2, 4]}]
```

22.2.2 한글 처리

파이썬 내에서 한글로 처리된 부분을 JSON으로 변환한 것을 확인하면 uft-8로 변환된다.
다시 파이썬으로 변환하면 한글이 제대로 보이는 것을 볼 수 있다.

예제 22-7 : 한글 처리

파이썬에서 한글로 데이터를 넣고 JSON으로 변환해서 파일에 저장한다.

In :
```
import pprint
import json


book = {}
book['title'] = '한글로 처리하기'
book['tags'] = ('파이썬', 'Kindle', 'Light')
book['published'] = True
book['comment_link'] = None
book['id'] = 1024

with open('ebook.json',  'w') as f:
    json.dump(book, f)
```

이 파일을 읽어와서 출력하면 한글이 유니코드로 보이는 것을 알 수 있다.

In :
```
with open('ebook.json',  'rt') as f:
    book = json.load(f)
```

```
        print(json.dumps(book,indent=4))
```

Out:
```
{
    "title": "\ud55c\uae00\ub85c \ucc98\ub9ac\ud558\uae30",
    "tags": [
        "\ud30c\uc774\uc36c",
        "Kindle",
        "Light"
    ],
    "published": true,
    "comment_link": null,
    "id": 1024
}
```

JSON dump한 부분에 대한 한글을 유니코드 문자열에서 한글 표시 문자열로 보기 위해 pprint 함수로 출력하면 한글로 변환해서 처리되는 것을 알 수 있다.

In :
```
import pprint

pprint.pprint(book)
```

Out:
```
{'comment_link': None,
 'id': 1024,
 'published': True,
 'tags': ['파이썬', 'Kindle', 'Light'],
 'title': '한글로 처리하기'}
```

유니코드로 처리되어 있기 때문에 내부 속성에 직접 접근해서 한글로 표시되는 것을 알 수 있다.

In :
```
book["title"]
```

Out:
```
'한글로 처리하기'
```

23

CSV

파이썬에서 엑셀 등을 처리하고 데이터를 특정 포맷으로 처리가 가능하다. 이때 많이 사용되는 파일 구조가 CSV이다. CSV란 Comma-separated values의 약자로서 CSV 파일은 각 라인의 컬럼들이 콤마로 분리된 텍스트 파일 포맷이다.

23.1 CSV 파일

CSV 파일에 대한 특징을 알아보고 파일을 리스트나 딕셔너리 스타일로 읽고 처리해보자.

✚ 알아볼 주요 내용

- CSV 파일 처리
- TSV 파일 처리

23.1.1 CSV 파일의 특징

엑셀 파일에 있는 많은 특징을 제거해서 데이터만을 관리하는 구조이다. 반복자(iterator)이므로 한번 읽고 나면 처리가 소진된다. 다시 처리하려면 file.seek를 이용하여 제일 처음으로 가서 처리해야 한다.

✚ CSV 파일의 구조

- 값에 대한 유형이 없고, 모든 것이 문자열이다.
- 글꼴 크기 또는 색상에 대한 설정이 없다.
- 여러 개의 워크 시트가 없다.
- 셀 너비와 높이를 지정할 수 없다.
- 병합된 셀을 가질 수 없다.
- 이미지 또는 차트를 포함할 수 없다.

예제 23-1 : CSV 모듈

```
In :   import csv

       count = 0
       for i in dir(csv) :
           if not i.startswith("_") :
               print(i, end= " ")
               count += 1
               if count % 5 == 0 :
                   print()
```

```
Out:   Dialect DictReader DictWriter Error OrderedDict
       QUOTE_ALL QUOTE_MINIMAL QUOTE_NONE QUOTE_NONNUMERIC Sniffer
```

```
StringIO excel excel_tab field_size_limit get_dialect
list_dialects re reader register_dialect unix_dialect
unregister_dialect writer
```

예제 23-2 : CSV 파일은 반복자(Iterator)

주피터 노트북 셀에서 %%writefile 명령어를 이용해서 하나의 CSV 파일을 만든다.

```
In :  %%writefile data.csv
      1,2,3
      4,5,6
```

```
Out:  Writing data.csv
```

이 CSV 파일을 읽어온다. 이를 CSV를 처리할 수 있는 객체로 변환하기 위해 csv.reader
함수를 사용한다. 파일을 읽을 때와 다른 객체로 변환되는 것을 알 수 있다. 두 번째 인자
인 dialect는 내부에 지정된 CSV 기준에 대한 정보를 지정해서 처리할 수 있다. Dialect
에 대한 기본 정보만 확인하고 사용자 정의 등에 대한 설명은 다음 장에서 설명하겠다.

```
In :  import csv
      import collections.abc as cols

      data = open("data.csv","r")

      read = csv.reader(data,dialect='excel')

      print(type(read))

      for i in dir(read) :
         if not i.startswith("_") :
             print(i)
```

```
Out:  <class '_csv.reader'>
      dialect
      line_num
```

위의 dialect에 대한 속성을 확인해서 출력하고 CSV 파일을 읽은 클래스의 반복자 여부를
확인한다. Iterator의 상속 관계가 True라는 것을 확인할 수 있다.

```
In :    print(read.dialect.delimiter)
        print(read.line_num)

        print(issubclass(type(read),cols.Iterator))

Out:    ,
        0
        True
```

예제 23-3 : CSV 파일은 반복자(Iterator) 처리

파일을 오픈해서 reader 함수로 row를 처리한다. 2개의 행밖에 없기에 첫 번째 순환문만
처리된 것을 알 수 있다. 반복자는 두 번 처리할 수 없으므로 반복자의 특징을 그대로 반
영하고 있다.

```
In :    f = open("data.csv")
        c = csv.reader(f)
        for row in c:
            print(row)

        for row in c:
            print(row)

Out:    ['1', '2', '3']
        ['4', '5', '6']
```

파일을 두 번 처리하려면 이 파일이 첫 번째 위치로 다시 돌아가야 하며 이때 seek 메서드
를 이용해서 파일의 첫 번째로 간 후에 다시 처리하면 반복자가 다시 실행되는 것을 확인
할 수 있다.

```
In :    f = open("data.csv")
        c = csv.reader(f)
        for row in c:
            print(row)

        f.seek(0)
        for row in c:
            print(row)
```

```
Out:    ['1', '2', '3']
        ['4', '5', '6']
        ['1', '2', '3']
        ['4', '5', '6']
```

리스트 원소를 가지는 리스트를 CSV 파일로 출력하려면 파일을 오픈하고 writer 함수를 이용해서 CSV 파일을 저장할 객체를 만든다. 반복자나 반복형은 아니지만 파일 저장을 위한 writerrow 메서드를 이용해서 파일의 라인을 추가한다.

```
In :    import csv

        arrayofdata=[['A','B', "C"],
                    ['something','spam',2.334],
                    ['anything','spam',0]]

        with open('test.csv', 'w', newline='') as mycsvfile:
            thedatawriter = csv.writer(mycsvfile)
            print(thedatawriter)

            for row in arrayofdata:
                thedatawriter.writerow(row)
```

```
Out:    <_csv.writer object at 0x00000000054C4FC0>
```

저장된 파일을 오픈해서 읽으면 각 라인별로 리스트가 출력이 된다.

```
In :    f = open("test.csv")
        c = csv.reader(f)
        for row in c:
            print(row)
```

```
Out:    ['A', 'B', 'C']
        ['something', 'spam', '2.334']
        ['anything', 'spam', '0']
```

23.1.2 CSV: 딕셔너리(dict) 처리

헤더와 칼럼별 값에 대한 처리를 딕셔너리로 표시해서 행 단위로 관리할 수 있다. 파이썬 딕셔너리를 CSV로 처리해도 동일한 구조를 형성하므로 내부적으로 딕셔너리가 들어오면 CSV 파일로 처리될 수 있다.

예제 23-4 : CSV : DictWriter/DictReader

파이썬 딕셔너리를 처리하기 위해 fieldnames를 리스트로 정의한 후에 DictWriter로 CSV 인스턴스를 하나 만든다. 그리고 이 인스턴스의 writeheader 메서드를 실행해서 헤더부를 먼저 처리한 후에 writerow 메서드에 파이썬 딕셔너리를 매개변수로 전달하면 파일이 갱신되는 것을 확인할 수 있다.

```
In :  import csv
      with open('dic_file.csv', 'w') as csvfile:
          fieldnames = ['first_name', 'last_name']
          writer = csv.DictWriter(csvfile, fieldnames=fieldnames)
          writer.writeheader()
          writer.writerow({'first_name' : 'banana', 'last_name' : 'ssang'})
          writer.writerow({'first_name' : 'kong', 'last_name' : 'al'})
          writer.writerow({'first_name' : 'kong', 'last_name' : 'dal'})
```

출력된 파일을 확인해보면 뉴 라인이 입력되어 빈 라인이 추가된 것을 확인할 수 있다.

	A	B
1	first_name	last_name
2		
3	banana	ssang
4		
5	kong	al
6		
7	kong	dal

파일에 뉴 라인을 없애기 위해 open 함수에서 newline 매개변수를 지정하면 빈 라인은 사라지는 것을 확인할 수 있다. CSV 파일을 만들 때 newline='\r\n'이 기본이므로 '\n'으로 변경해야 한다.

```
In :  import csv
      with open('dic_file1.csv', 'w',newline="\n") as csvfile:
```

994

```
fieldnames = ['first_name', 'last_name']
writer = csv.DictWriter(csvfile, fieldnames=fieldnames)
writer.writeheader()
writer.writerow({'first_name' : 'banana', 'last_name' : 'ssang'})
writer.writerow({'first_name' : 'kong', 'last_name' : 'al'})
writer.writerow({'first_name' : 'kong', 'last_name' : 'dal'})
```

엑셀에서 확인해보면 빈 라인이 없이 입력이 된 것을 확인할 수 있다.

	A	B
1	firstname	last_name
2	banana	song
3	apple	song
4	cherry	song
5		

CSV 파일 두 개를 읽어서 파이썬 OrderDict으로 가져올 수 있다. 엑셀에서 빈 라인이 생긴 것과 달리 DictReader로 읽으면 OrderDict으로는 빈 라인을 제외하고 값이 들어온 경우만 처리되는 것을 알 수 있다.

```
In :    import csv
        with open('dic_file.csv', 'r') as csvfile:
            reader = csv.DictReader(csvfile)
            for row in reader:
                print(row)

Out:    OrderedDict([('first_name', 'banana'), ('last_name', 'ssang')])
        OrderedDict([('first_name', 'kong'), ('last_name', 'al')])
        OrderedDict([('first_name', 'kong'), ('last_name', 'dal')])
```

```
In :    import csv
        with open('dic_file1.csv', 'r') as csvfile:
            reader = csv.DictReader(csvfile)
            for row in reader:
                print(row)

Out:    OrderedDict([('first_name', 'banana'), ('last_name', 'ssang')])
        OrderedDict([('first_name', 'kong'), ('last_name', 'al')])
        OrderedDict([('first_name', 'kong'), ('last_name', 'dal')])
```

23.1.3 CSV 인용 기호 처리

CSV 파일의 헤더부를 제외하고 값만 처리하는 경우에는 리스트(list)로 처리가 가능하다. 읽을 때 일단 헤더부를 제거하고 내부 값만 행으로 처리하고 리스트에 저장해서 처리하는 방법을 알아보겠다.

예제 23-5 : CSV 인용 기호 넣고 처리

CSV 파일을 쓰기 위해서는 CSV 파일을 쓰기 모드로 오픈하고 파일 객체를 CSV.writer(파일 객체)에 넣으면 된다.

Quoting 인자 처리하는 4가지 처리 방식이 있다.

- 특수 문자가 있는 필드를 인용 처리(QUOTE_MINIMAL)
- 유형에 관계없이 모든 것을 인용 처리(QUOTE_ALL)
- 정수 또는 부동 소수점이 아닌 모든 필드를 인용 처리(QUOTE_NONNUMERIC)
- 출력 시에는 아무 것도 인용 처리를 안 함(QUOTE_NONE)

```
In :   import csv

       print(csv.QUOTE_MINIMAL)
       print(csv.QUOTE_ALL)
       print(csv.QUOTE_NONNUMERIC)
       print(csv.QUOTE_NONE)
```

```
Out:   0
       1
       2
       3
```

헤더에 Name, Profession, Age으로 처리하고 인용에는 |가 들어간다. 파일을 만든다.

```
In :   import csv

       with open('persons1.csv', 'w', newline='') as csvfile:
           filewriter = csv.writer(csvfile, delimiter=',',
```

```
                          quotechar='|', quoting=csv.QUOTE_ALL)
    filewriter.writerow(['Name', 'Profession', "Age"])
    filewriter.writerow(['Derek', 'Software Developer',33])
    filewriter.writerow(['Steve', 'Software Developer',44])
    filewriter.writerow(['Paul', 'Manager',55])
```

엑셀을 열어서 보면 데이터에 모두 인용 부호가 표시된 것을 알 수 있다.

	A	B	C
1	|Name|	|Profession	|Age|
2	|Derek|	|Software |	|33|
3	|Steve|	|Software |	|44|
4	|Paul|	|Manager|	|55|

이 파일을 읽고 다시 파이썬 리스트로 전환해서 읽어보면 문자열 사이에 인용 기호가 다들어가 있는 것을 알 수 있다.

```
In :   with open('persons1.csv', 'r') as f:
           reader = csv.reader(f)

           # read file row by row
           for row in reader:
               print(row)
```

```
Out:   ['|Name|', '|Profession|', '|Age|']
       ['|Derek|', '|Software Developer|', '|33|']
       ['|Steve|', '|Software Developer|', '|44|']
       ['|Paul|', '|Manager|', '|55|']
```

23.1.4 TSV

CSV 파일과 비슷하지만, 콤마 대신 Tab으로 컬럼을 분리하는 파일 포맷을 TSV 파일이라한다.

예제 23-6 : TSV 파일 처리하기

TSV 파일은 컬럼 delimiter만 차이가 나므로, CSV 모듈의 reader() 혹은 writer() 함수에서 delimiter='\t' 옵션만 지정해주면 나머지는 CSV와 동일하다.

```
In :  import csv

      with open('persons1.tsv', 'w', newline='') as csvfile:
          filewriter = csv.writer(csvfile, delimiter='\t')
          filewriter.writerow(['Name', 'Profession'])
          filewriter.writerow(['Derek', 'Software Developer'])
          filewriter.writerow(['Steve', 'Software Developer'])
          filewriter.writerow(['Paul', 'Manager'])
```

엑셀로 확인하면 구분자 세팅하는 부분만 차이가 있고 나머지는 동일하다.

	A	B
1	Name	Profession
2	Derek	Software Developer
3	Steve	Software Developer
4	Paul	Manager

파일을 읽어보면 구분자에 탭으로 표시된다.

```
In :  with open('persons1.tsv', 'r') as f:
          reader = csv.reader(f)

          # read file row by row
          for row in reader:
              print(row)

Out:  ['Name\tProfession']
      ['Derek\tSoftware Developer']
      ['Steve\tSoftware Developer']
      ['Paul\tManager']
```

CSV 파일 처리할 때에 delimiter를 정의하고 처리하면 데이터가 분리되어 처리된다.

```
In :   with open('persons1.tsv', 'r') as f:
           reader = csv.reader(f, delimiter='\t')

           # read file row by row
           for row in reader:
               print(row)

Out:   ['Name', 'Profession']
       ['Derek', 'Software Developer']
       ['Steve', 'Software Developer']
       ['Paul', 'Manager']
```

23.2 CSV dialect 처리

CSV 파일을 처리할 때 다양한 포맷이 있을 수 있으므로 이를 조정하기 위해 별도의 포맷을 등록한 후 지정해서 파일을 읽고 쓸 수 있다.

23.2.1 dialect 이해하기

파이썬에서 제공하는 기본 dialect을 조회하고 신규로 추가해서 dialect들을 확인해본다.

23.2.2 사용자 dialect 이용하기

사용자 지정 dialect을 이용해서 파일을 읽고 쓰기를 해보기로 하겠다.

예제 23-7 : 사용자 정의 dialect 등록하기

사용자 지정된 dialect은 Register_dialect 함수를 통해 등록한다.

```
In :   import csv
       csv.register_dialect(
           'mydialect',
           delimiter = ',',
```

```
        quotechar = '"',
        doublequote = True,
        skipinitialspace = True,
        lineterminator = '\r\n',
        quoting = csv.QUOTE_MINIMAL)
```

list_dialects 함수를 통해 사용자 dialect 등록된 것을 조회해본다.

In : **import csv**

csv.list_dialects()

Out: ['excel', 'excel-tab', 'unix', 'mydialect']

주피터 노트북에서 하나의 CSV 파일을 생성한다.

In : %%**writefile** test2.csv
```
first_name ,    last_name,              city
Aleshia,        Tomkiewicz  ,           St. Stephens Ward
Evan,           Zigomalas,              Abbey Ward
France,         Andrade,                East Southbourne and Tuckton W
Ulysses,        Mcwalters ,             Hawerby cum Beesby
Tyisha,         Veness ,                Greets Green and Lyng Ward
Eric,           Rampy ,                 Desborough
Marg,           Grasmick,               Bargate Ward
Laquita ,       Hisaw,                  Chirton Ward
Lura,           Manzella ,              Staple Hill Ward
```

Out: Writing test2.csv

등록된 사용자 dialect인 mydialect를 지정해서 reader로 읽으면 리스트 형태로 접근
이 가능하고 행에 대한 리스트를 가지고 포매팅 문자열에 배정하면 출력되는 것을 알 수
있다.

In : **with** open('test2.csv', 'r') **as** mycsvfile:
        thedata = csv.reader(mycsvfile, dialect='mydialect')
        for row **in** thedata:
            print(row[0]+"**\t \t**"+row[1]+"**\t \t**"+row[2])

```
Out:    first_name    last_name    city
        Aleshia      Tomkiewicz       St. Stephens Ward
        Evan    Zigomalas    Abbey Ward
        France       Andrade      East Southbourne and Tuckton W
        Ulysses      Mcwalters        Hawerby cum Beesby
        Tyisha       Veness       Greets Green and Lyng Ward
        Eric     Rampy    Desborough
        Marg     Grasmick     Bargate Ward
        Laquita      Hisaw    Chirton Ward
        Lura     Manzella     Staple Hill Ward
```

예제 23-8 : 파일을 생성하고 읽기 – DictReader 읽기

주피터 노트북에서 또 다른 CSV 파일을 생성한다.

```
In :    %%writefile test3.csv
        Name,       Phone numbers,     Address
        Aleshia,  01835-703597,    St. Stephens Ward
        Evan  ,   01937-864715,    Abbey Ward
        France,   01347-368222,    East Southbourne and Tuckton W
        Ulysses,  01912-771311 ,   Hawerby cum Beesby
        Tyisha,   01547-429341,    Greets Green and Lyng Ward
        Eric  ,   01969-886290,    Desborough
        Marg  ,   01865-582516,    Bargate Ward
        Laquita,  01746-394243,    Chirton Ward
        Lura  ,   01907-538509,    Staple Hill Ward

Out:    Writing test3.csv
```

DictReader로 파일을 생성하면 dict 자료형을 지원하므로 헤더 정보 처리는 index에 칼럼명을 넣고 처리한다.

```
In :    with open('test3.csv', 'r') as mycsvfile:
            dictofdata = csv.DictReader(mycsvfile, dialect='mydialect')
            for row in dictofdata:
                print(row['Name']+"\t "+row['Phone numbers']+"\t
        "+row['Address'])

Out:    Aleshia    01835-703597    St. Stephens Ward
        Evan       01937-864715    Abbey Ward
```

```
France    01347-368222    East Southbourne and Tuckton W
Ulysses   01912-771311    Hawerby cum Beesby
Tyisha    01547-429341    Greets Green and Lyng Ward
Eric  01969-886290    Desborough
Marg  01865-582516    Bargate Ward
Laquita   01746-394243    Chirton Ward
Lura  01907-538509    Staple Hill Ward
```

예제 23-9 : Dialect을 사용해서 파일 생성하고 읽기

새로 생성한 dialect를 이용해서 리스트로 만들어진 데이터를 가지고 CSV 파일을 생성한다.

```
In :    arrayofdata=[['A','B', "C"],
                ['something','spam',2.334],
                ['anything','spam',0]]

        with open('test4.csv', 'w', newline='') as mycsvfile:
            thedatawriter = csv.writer(mycsvfile, dialect='mydialect')
            for row in arrayofdata:
                thedatawriter.writerow(row)
```

이 파일을 읽고 출력한다.

```
In :    with open('test4.csv', 'r') as mycsvfile:
            thedata = csv.reader(mycsvfile, dialect='mydialect')
            for row in thedata:
                print(row[0]+"\t \t"+row[1]+"\t \t"+row[2])
```

```
Out:    A     B     C
        something     spam     2.334
        anything   spam     0
```

파이썬 공부과 데이터 분석 등을 공부하기 위해 아나콘다를 설치한다. 기본 설치 방식은 윈도우에 대해서만 설명한다. 리눅스나 맥 OS에서 처리하려면 각 버전에 맞게 설치하면 된다.

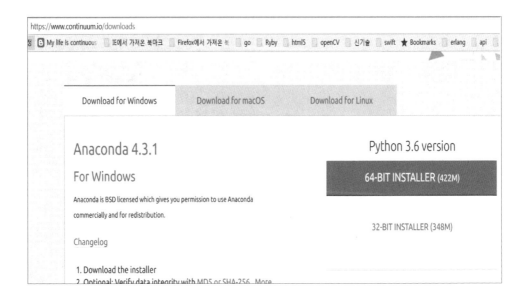

주피터 노트북 사용법

1. 아나콘다 네비게이터를 실행

아나콘다 네비게이터에서 launch 버튼을 눌러 주피터 노트북을 실행한다.

혹시 주피터 노트북에 password를 입력하라고 나올 때 크롬 브라우저를 기본 브라우저로 지정하면 이 부분은 사라진다.

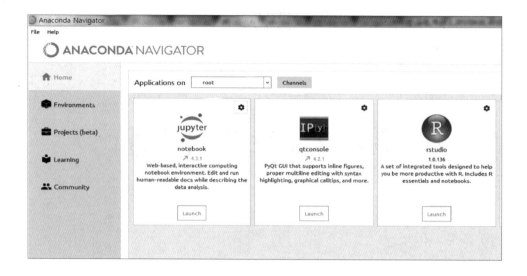

2. 주피터 노트북 파일 선택

New 버튼을 눌러 파이썬(Python)을 선택한다.

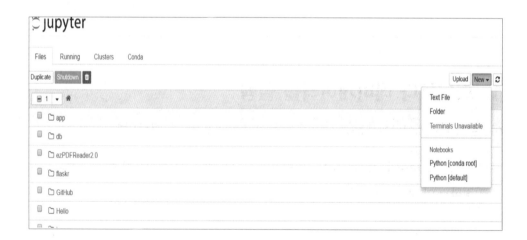

3. 주피터 노트북 파일 생성하기

파일이 별도의 브라우저 창으로 나타난다.

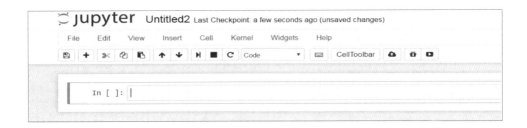

4. 주피터 노트북 파일명 바꾸기

파일명을 수정하기 위해 Untitled로 명명된 위치에 마우스를 가져간 후에 마우스 왼쪽 버튼을 누르면 변경 창이 뜬다.

5. cell 창 이해하기

✚ 프로그램 코드를 넣으려면 cell 표시가 되어 있어야 함

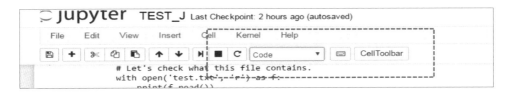

✚ 별도의 설명 자료를 넣으려면 Markdown으로 교체해서 처리해야 함

✚ 단축키 : Ctrl + Enter

Cell 창에 입력한 후 [Ctrl + Enter]를 누르면 실행된다.

```
In [2]:  10

Out[2]:  10
```

✚ 단축키 : Shift + Enter

Cell 창에 입력한 후 [Shift + Enter]를 누르면 실행되고 다음 cell 창이 하나 만들어진다.

```
In [3]:  20

Out[3]:  20
```

✚ 단축키 : Ctrl + Shift + "–"

현재 셀에서 새로운 셀을 나누기 위해 사용한다. 새로 만들어진 셀이 초록색으로 변한다.

```
In [ ]:

In [ ]:
```

✚ 단축키 : Esc

현재 실행을 위한 셀은 초록색으로 테두리가 있지만 ESC를 누르면 초록색이 사라지고 파란색으로 변경되어 편집 모드가 해제된다.

In [ ]: `"abc"`

In [ ]: `"abc"`

✚ 자동 완성 : Tab

모듈 등을 import하고 모듈명 다음에 점을 찍은 후에 Tab 키를 누르면 해당되는 함수나 클래스 또는 변수 등이 보인다.

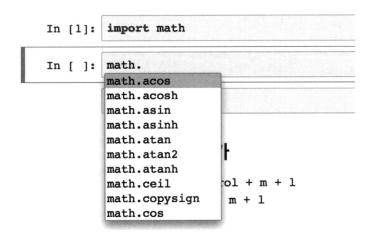

✚ 객체 정보 조회 : Shift + TAB

변수를 키인하고 [Shift + TAB]을 누르면 내부 특성이 조회된다.

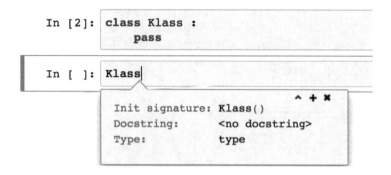

```
In [2]: class Klass :
            pass
```

```
In [ ]: Klass
```

```
Init signature: Klass()
Docstring:      <no docstring>
Type:           type
```

✚ 함수 정보 조회 : Shift + TAB

함수를 키인하고 [Shift + TAB]을 누르면 내부 특성이 조회된다.

```
In [3]: def add(x,y) :
            return x+y
```

```
In [ ]: add
```

```
Signature: add(x, y)
Docstring: <no docstring>
File:      ~/Documents/GitHub/python_book/python_gram/<ipython-input-3-b603eada704
c>
```

✚ Help 정보 조회 : ?

함수를 키인한 후에 ?를 입력하고 [Shift + Enter]로 실행하면 설명이 보인다.

```
In [4]: def add(x,y) :
            " add function "
            return x+y
```

```
In [5]: add?
```

```
Signature: add(x, y)
Docstring: add function
File:      ~/Documents/GitHub/python_book/python_gram/<ipython-input-4-f96abaf830df>
Type:      function
```

➕ 소스까지 조회 : ??

??(물음표 두 개)를 입력하고 [Shift + Enter]를 실행하면 소스도 출력한다.

```
In [6]: def add(x,y) :
            " add function "
            return x+y

In [7]: add??
```

```
Signature: add(x, y)
Source:
def add(x,y) :
    " add function "
    return x+y
File:      ~/Documents/GitHub/python_book/python_gram/<ipython-input-6-f96abaf830df>
Type:      function
```

➕ 파이썬 표현식을 입력 후에 실행하기

표현식을 입력하고 실행하면 결과 창에 나온다. _ 변수에는 최근 결과값이 들어가 있다.

```
In [8]: 10

Out[8]: 10

In [9]: _ + 20

Out[9]: 30
```

➕ 셀 단위로 함수 등 로직을 입력한 후에 호출 실행하기

함수가 정의된 모듈을 import하고 다른 셀에서 실행한다. 다음 셀에서 이를 가지고 실행하면 결과가 나오는 것을 확인할 수 있다.

```
In [10]: import operator as op

In [11]: op.add(3,4)

Out[11]: 7
```

✛ 셀에 라인 표기하기

Ctrl + "m"을 누른 후에 l을 누르면 셀에 라인이 생긴다. 이를 실행을 시키면 예외가 발생하는 곳에 라인 번호가 출력되고 로직 라인과 동일한 번호가 나온다.

```
1  def add(x,y) :
2      reurn x+y
```

```
  File "<ipython-input-13-568499ec6db8>", line 2
    reurn x+y
            ^
SyntaxError: invalid syntax
```

✛ 매직 command

%lsmagic으로 조회하면 내부의 매직 커맨드가 조회된다. 운영체제별로 나오는 결과가 조금 다를 수 있다.

명령어	설명
%pwd, %cd	현재 위치 및 다른 디렉터리로 이동
%history	명령어 히스토리 출력
%reset	모든 정의된 변수 삭제
%%capture	실행되는 명령에 대한 정보의 결과를 저장
%whos	현재 정의된 변수 표시
%pdoc, %psource	Help 기능 실행
%timeit	평균 실행 시간을 출력
%bookmark	디렉터리에 대한 별칭을 저장하고 쉽게 이동할 수 있게 해줌
%%writefile	현재 디렉터리에 파일 생성
%load	디렉터리에 있는 파일을 셀에 로딩
%run	py 프로램 파일을 실행
%matplotlib inline	matplotlib을 내부 셀에서 실행하기
%ls	현재 디렉터리의 파일들을 보기

명령어	설명
%magic	모든 매직 함수에 대한 상세 도움말 출력
%pdb	예외가 발생하면 자동적으로 디버거 진입(한 번 입력 시 ON, 다시 입력 시 OFF)
%debug	작성된 코드에 대한 디버그 처리

✦ %%writefile로 파일 생성하기

```
%%writefile doctest_simple3.py

from typing import TypeVar, Iterable, Tuple

T = TypeVar('T', int, float, complex)
Vector = Iterable[Tuple[T, T]]

def inproduct(v: Vector[T]) -> T:
    """
        >>> inproduct([(1,2)])
        2
    """
    return sum(x*y for x, y in v)
```

```
Writing doctest_simple3.py
```

✦ shell 명령어를 통해 doctest를 이용해서 테스트하기

```
!python -m doctest -v doctest_simple3.py
```
```
Trying:
    inproduct([(1,2)])
Expecting:
    2
ok
1 items had no tests:
    doctest_simple3
1 items passed all tests:
   1 tests in doctest_simple3.inproduct
1 tests in 2 items.
1 passed and 0 failed.
Test passed.
```

✦ %% 프로그래밍 언어를 넣고 그 내부에 로직을 넣어 실행하기

파이썬을 표시하고 내부에 함수를 정의한 뒤 실행을 시키면 결과가 나온다.

```
%%python

def add(x,y) :
    return x+y

if __name__ == "__main__" :
    print(add(10,10))
```

20

손에 잡히는 파이썬

주피터 노트북을 이용한 파이썬 프로그래밍

초판 1쇄 발행 | 2018년 3월 30일

지은이 | 문용준
펴낸이 | 김범준
기획 | 서현
책임편집 | 이동원
편집디자인 | 한지혜
표지디자인 | 김민정

발행처 | 비제이퍼블릭
출판신고 | 2009년 05월 01일 제300-2009-38호
주소 | 경기도 고양시 덕양구 통일로 140 삼송테크노밸리 B동 229호
주문/문의 | 02-739-0739   **팩스** | 02-6442-0739
홈페이지 | http://bjpublic.co.kr   **이메일** | bjpublic@bjpublic.co.kr

가격 | 44,000원
ISBN | 979-11-86697-57-3
한국어판 ⓒ 2018 비제이퍼블릭